4차 산업혁명과 함께하는 네트워크

네트워크 개론 3판

진혜진 지음

지은이 **진혜진** hjjin@kookmin.ac.kr

현재 국민대학교 소프트웨어융합대학 소프트웨어학부에서 조교수로 재직 중이다.
4차 산업혁명의 핵심인 빅데이터와 인공지능을 연구하고 있으며, SW중심대학사업단 참여 교수로서 다양한 과제를 수행 중이다.
공기업 등 다양한 기업의 전산학, 네트워크, 프로그래밍 관련 채용 문제 출제 위원으로 활동 중이며, 한국컴퓨터정보학회 · 한국정보처리학회 · 한국인터넷정보학회등에서 정회원으로 활동 중이다.

네트워크 개론 3판

초판발행 2019년 7월 5일
5쇄발행 2023년 3월 10일

지은이 진혜진 / **펴낸이** 전태호
펴낸곳 한빛아카데미(주) / **주소** 서울시 서대문구 연희로2길 62 한빛아카데미(주) 2층
전화 02-336-7112 / **팩스** 02-336-7199
등록 2013년 1월 14일 제2017-000063호 / **ISBN** 979-11-5664-452-1 93000

책임편집 유경희 / **기획** 변소현 / **편집** 강은희, 박민정 / **진행** 정지윤
디자인 김연정 / **전산편집** 박종희 / **제작** 박성우, 김정우
영업 김태진, 김성삼, 이정훈, 임현기, 이성훈, 김주성 / **마케팅** 길진철, 김호철, 심지연

이 책에 대한 의견이나 오탈자 및 잘못된 내용에 대한 수정 정보는 아래 이메일로 알려주십시오.
잘못된 책은 구입하신 서점에서 교환해 드립니다. 책값은 뒤표지에 표시되어 있습니다.
홈페이지 www.hanbit.co.kr / 이메일 question@hanbit.co.kr

4차 산업혁명과 함께하는 네트워크

네트워크 개론 3판

진혜진 지음

한빛아카데미
Hanbit Academy, Inc.

4차 산업혁명과 함께하는 네트워크!

사람들은 스마트폰이나 컴퓨터로 인터넷을 사용하면서 많은 시간을 보내고 있어서 인터넷은 익숙하게 받아들이지만 네트워크는 어렵게 생각하는 경향이 있다. 사실 수많은 네트워크를 연결해놓은 거대한 네트워크가 바로 인터넷인데 말이다. 이처럼 인터넷은 수많은 네트워크로 연결되어 있기 때문에 우리는 친구와 실시간으로 메시지를 주고받고, SNS에 일상 사진을 올릴 수 있다.

최근 이슈가 되고 있는 빅데이터, 사물 인터넷IoT, 인공지능AI, 클라우드 등 4차 산업혁명 기술의 중심에는 네트워크가 자리하고 있다. 이러한 기술은 기존 산업과 서비스에 융합되거나 여러 분야의 신기술과 결합되어 제품과 서비스가 네트워크로 연결된다. 4차 산업혁명 시대에는 모든 사물이 네트워크에 연결되어 끊임없이 축적되는 데이터를 인공지능이 스스로 분석 및 활용하여 부가가치를 창출하거나, 네트워크를 기반으로 데이터와 인공지능이 융합하여 자율주행차, AR/VR 등 혁신적인 융합 서비스를 제공한다. 다시 말해 네트워크는 4차 산업혁명과 함께하고 있는 것이다.

네트워크를 공부할 때는 네트워크의 기본 이론을 충분히 이해한 후 새로운 기술을 습득하는 것이 가장 중요하다. 네트워크의 기본 이론을 제대로 이해하지 못하면 새로운 기술을 이해하기 어려울 뿐더러 실무에 적용하기도 힘들기 때문이다. 그래서 이번 3판에서는 필자가 지금까지 강의해온 내용을 바탕으로 네트워크의 기본 원리를 명확하게 설명하는 데 중점을 두고, 독자가 좀 더 쉽게 접근할 수 있도록 전체 내용을 재구성했다. 또한 내용의 이해를 돕기 위해 다양한 예제와 그림을 추가하고 각 장 후반에 덤프 분석을 실었다. 와이어샤크 실습을 통해 실제 패킷을 분석해봄으로써 네트워크의 장애를 해결하는 데 도움이 될 것이다. 이에 더해 필자가 수년간 여러 기업의 전산학, 네트워크, 통신 관련 시험 문제 출제 위원으로 활동한 경험을 바탕으로 각 장에 기출문제를 추가했다. 네트워크 관련 시험을 준비 중인 독자는 기출문제를 유용하게 활용하기 바란다.

아무쪼록 이 책이 네트워크에 관심을 가지고 있거나 네트워크 공부를 시작하려는 독자에게 조금이나마 도움이 되고, 나아가 훌륭한 네트워크 전문가로 성장하는 데 디딤돌이 되었으면 하는 바람이다. 끝으로 기획부터 출간까지 많은 도움을 주신 강은희 대리님에게 깊이 감사드리며, 내 삶의 이유인 진콩이와 항상 응원해주는 가족에게 고마움을 전한다.

[3판의 새로운 점]

- **내용 구성:** 네트워크를 처음 공부하는 독자도 쉽게 접근할 수 있도록 내용 구성을 전면 수정했다. 3판은 크게 세 부분으로 구성되어 있다. 1~3장에서는 네트워크 설정, 분석 도구 설치, 네트워크 구성 및 통신을 다루어 네트워크의 가장 기본적인 내용을 이해할 수 있다. 4~7장에서는 OSI 참조 모델, TCP/IP 모델의 핵심 원리를 살펴보고 각 계층의 패킷을 직접 분석함으로써 TCP/IP 모델을 심층적으로 이해할 수 있다. 8~10장에서는 네트워크 서비스, 네트워크 관리 및 보안 이론과 덤프 분석을 통해 다양한 네트워크 기술을 학습할 수 있다.
- **덤프 분석:** LAN이나 TCP/IP를 학습할 때 네트워크 분석 도구를 사용하면 통신 중에 흘러가는 패킷을 캡처해서 네트워크의 개념을 좀 더 쉽게 이해할 수 있다. 3판에서는 접속 중인 웹 사이트의 통신 내용 등을 와이어샤크 실습을 통해 직접 분석할 수 있다.
- **기출문제:** 본문의 내용을 제대로 이해했다면 충분히 풀 수 있는 네트워크, 통신, 네트워크 관리사 관련 기출문제를 각 장에 추가했다.
- **다양한 예제와 그림:** 네트워크를 좀 더 쉽게 이해하고 실무 능력을 향상할 수 있도록 다양한 예제와 그림을 추가했다.
- **SELF-CHECK:** 네트워크의 기본 이론을 학습한 후 실습을 통해 한 번 더 확인할 수 있도록 각 장의 끝에 SELF-CHECK를 추가했다. 이론과 실습을 병행함으로써 네트워크에 대한 이해를 한층 더 높일 수 있을 것이다.

저자 진혜진

• 누구를 위한 책인가

- 네트워크 및 통신을 배우려는 컴퓨터 관련 학과 학생
- 기본 원리의 이해와 실습을 통해 네트워크 및 통신 기술을 학습하려는 일반 독자
- 네트워크 및 통신 관련 채용 시험이나 네트워크 관리사 시험을 준비 중인 수험생

• 강의 보조 자료

한빛아카데미 홈페이지에서 '교수회원'으로 가입하신 분은 인증 후 교수용 강의 보조 자료를 제공받을 수 있습니다. 한빛아카데미 홈페이지 상단의 〈교수전용공간〉 메뉴를 클릭하세요.

http://www.hanbit.co.kr/academy

• 관련 사이트

이 책의 실습 설명 중 네트워크 개론 사이트가 나오면 아래 주소에 접속하세요.

https://ai-network.co.kr/

• 연습문제 해답

이 책은 대학 강의용 교재로 개발되었으므로 연습/기출문제의 해답을 제공하지 않습니다.

• 무엇을 다루는가

이 책은 네트워크의 기본 원리를 비롯해 다양한 네트워크 관련 기술을 이론과 실습을 통해 체계적으로 다루고 있습니다.

1장 네트워크의 이해와 설정: 네트워크의 기본 개념을 이해하고 네트워크 분석 도구 설치와 유무선 네트워크 설정 방법을 학습합니다.

2장 네트워크의 구성: 다양한 네트워크 형태를 파악하고 통신망의 구성인 네트워크 접속 장치, 접속 형태, 전송 매체를 살펴봅니다.

3장 네트워크 통신: 다양한 네트워크 통신 방식과 통신 오류 검출 방법 및 LAN, WAN, 무선 LAN을 이해합니다.

4장 OSI 참조 모델: OSI 참조 모델과 네트워크 접속 계층을 이해하고 물리 계층, 데이터 링크 계층, 스위치를 살펴봅니다. 그리고 실습을 통해 Ethernet II 패킷을 분석합니다.

5장 네트워크 계층(IP): 프로토콜을 이해하고 네트워크 계층의 IP와 라우터를 살펴봅니다. 그리고 실습을 통해 IP, ARP 패킷을 분석합니다.

6장 전송 계층(TCP): 전송 계층을 이해하고 TCP, UDP를 살펴본 후, 실습을 통해 TCP 패킷을 분석합니다.

7장 응용 계층: 응용 계층을 이해하고 응용 계층 프로토콜 및 서비스를 살펴봅니다. 그리고 실습을 통해 HTTP 패킷을 분석합니다.

8장 네트워크 서비스: 인터넷 정보 서비스, 웹 서비스, 파일 전송 서비스, 메일 서비스를 이해한 후 실습을 통해 FTP 패킷을 분석합니다.

9장 네트워크 관리: 네트워크 관리를 이해하고 분석 도구, 관리 프로토콜, 관리 명령어를 익힌 후, 실습을 통해 트러블 슈팅을 분석합니다.

10장 네트워크 보안: 네트워크 보안을 이해하고 네트워크 공격 기술과 시스템 보안, 암호 보안, 메일 보안 기술을 살펴봅니다. 그리고 실습을 통해 GeoIP 기능을 테스트합니다.

• 이 책의 구성 요소

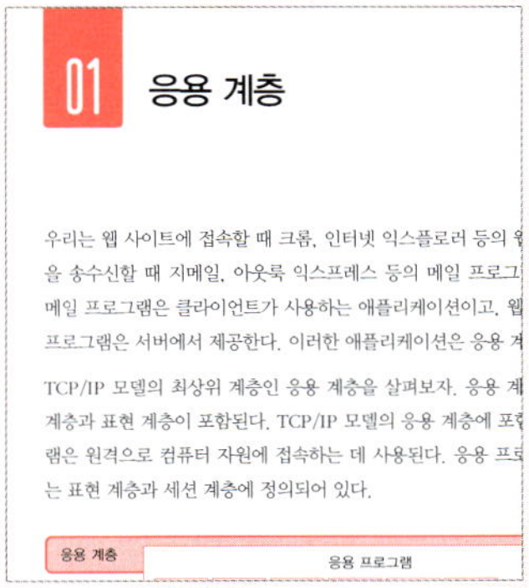

| 기본 이론 |

네트워크를 쉽게 이해할 수 있도록 다양한 그림과 예제를 이용하여 체계적으로 설명했습니다.

| 실습 |

네트워크 분석 도구인 와이어샤크 실습을 통해 실제 패킷을 분석해 봄으로써 좀 더 흥미롭게 네트워크에 다가갈 수 있습니다.

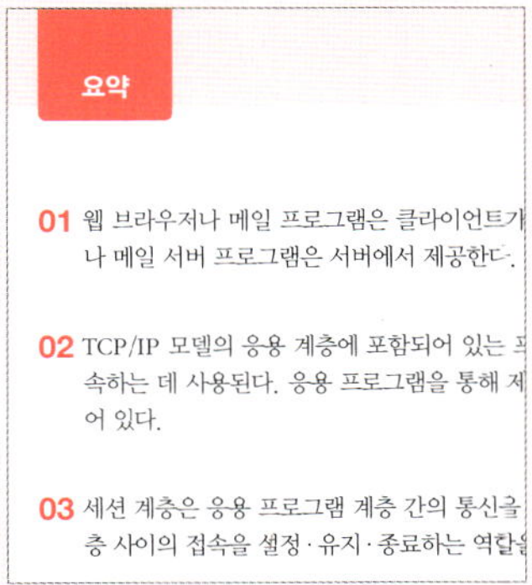

| 요약 |

본문 내용을 복습하면서 전체적인 그림을 그릴 수 있도록 각 장의 핵심 내용을 요약 · 정리했습니다.

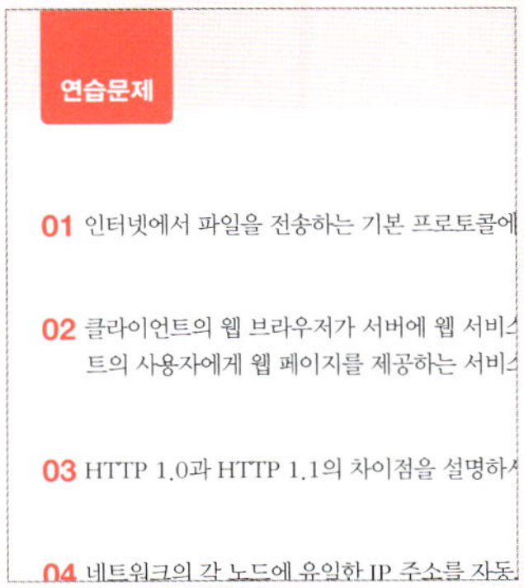

| 연습문제 |

본문에서 배운 내용을 자기 것으로 소화하고 응용력을 기를 수 있는 단답형 또는 서술형 문제로 구성했습니다.

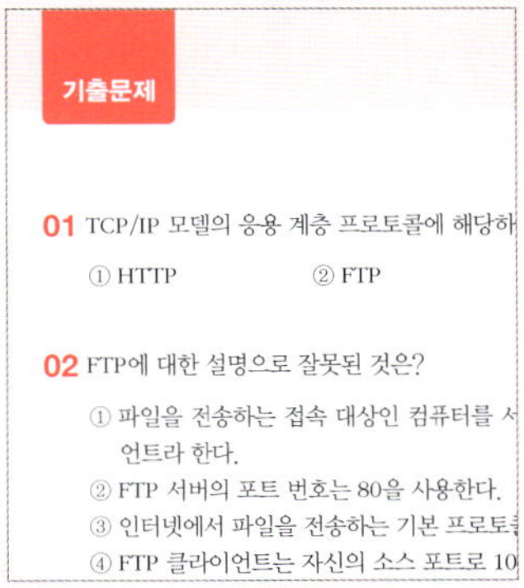

| 기출문제 |

본문 내용과 연관된 네트워크 및 통신 관련 시험의 기출문제를 수록했습니다.

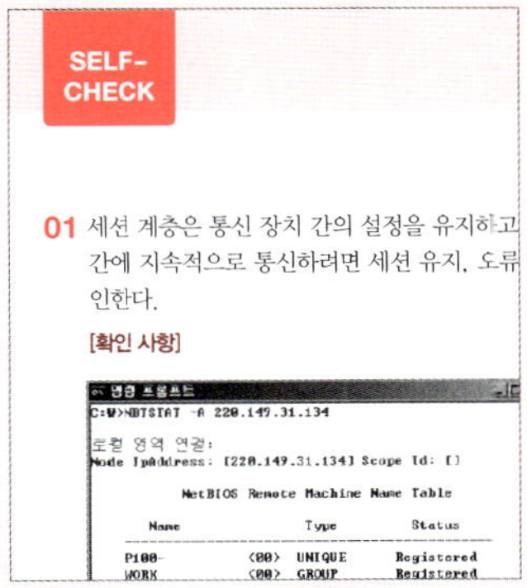

| SELF-CHECK |

네트워크 관련 이론을 직접 적용해 봄으로써 완전히 자기 것으로 만들 수 있는 과제를 제시했습니다.

• 실습 환경

실습은 와이어샤크를 컴퓨터에 설치한 후 진행합니다. 와이어샤크는 고성능 오픈 소스 네트워크 분석 도구로 누구나 자유롭게 컴퓨터에 설치하여 사용할 수 있으며, 소스코드가 공개되어 있으므로 자신에게 필요한 기능이나 새로운 프로토콜을 추가하여 개선할 수 있습니다. 자세한 실습 환경은 1장의 '2절 네트워크 분석 도구 설치'를 참고하기 바랍니다.

차례

Chapter 05 네트워크 계층(IP)

Chapter 10 네트워크 보안

CHAPTER 01

네트워크의 이해와 설정

학습목표

- 네트워크의 기본 개념을 이해한다.
- 네트워크 분석 도구 설치 방법을 익힌다.
- 유무선 네트워크를 설정하는 방법을 익힌다.
- 네트워크 설정 정보를 확인하는 명령어를 학습한다.

01 네트워크의 이해

1 네트워크의 개념

개인용 컴퓨터가 널리 보급되던 1980년대 초반까지만 해도 두 대 이상의 컴퓨터를 연결해서 사용하는 것은 관심 밖이었다. 그러나 개인용 컴퓨터를 다양한 분야에서 폭넓게 사용하면서 컴퓨터 간의 데이터 전송을 의미하는 네트워크 통신이 각광을 받기 시작했다. 수많은 컴퓨터를 네트워크로 연결함으로써 얻는 가치가 점점 커지면서 광역 네트워크의 필요성도 커진 것이다.

흔히 네트워크라고 하면 하나의 컴퓨터를 프린터, 스캐너 등의 장치와 연결하거나 데이터를 공유하는 형태를 떠올린다. 그러나 네트워크에는 사무실 내, 건물 내, 또는 광범위한 여러 건물에 분산된 컴퓨터나 장치도 포함될 수 있다. 또한 하나의 네트워크에 다수의 네트워크를 연결하여 음성, 오디오, 영상, 데이터 등을 전송할 수도 있다.

네트워크의 사전적 의미는 '모뎀이나 LAN, 케이블, 무선 매체 등 통신 설비를 갖춘 컴퓨터로 서로 연결하는 조직이나 체계, 통신망'이다. 즉 통신 설비로 두 대 이상의 컴퓨터를 서로 연결한 것을 말한다. 컴퓨터 두 대를 연결했든 그 이상을 연결했든 필요에 따라 여러 대를 연결한 것이 바로 네트워크이다.

이처럼 네트워크로 연결된 컴퓨터는 언제 어디서든 원하는 정보를 공유하여 활용할 수 있다. 컴퓨터를 연결하려면 하드웨어나 소프트웨어, 케이블 등의 매체가 필요하다. 따라서 네트워크는 여러 관련 기술의 집합이라고도 볼 수 있다. 네트워크를 이용하면 다수의 사용자가 공유 프로그램이나 공유 데이터에 접근할 수 있어 각자의 데이터나 프로그램을 개인용 컴퓨터에 따로 저장하는 불편을 덜게 된다.

다수의 컴퓨터를 네트워크로 연결했을 때의 장점은 다음과 같다.

■ 데이터 공유

여러 사용자가 동시에 같은 데이터에 접속해야 할 때 데이터 공유가 불가능하다면 사용자들은 똑같은 내용을 여러 개 만들어 서로 다른 디스크에 중복 저장해야 할 것이다. 그런데 한 컴퓨터에서 데이터를 수정하는 경우 나머지 컴퓨터의 데이터와 일치하지 않기 때문에 어떤 데이터가 최종인지 확인하기 어려운 상황이 발생할 수도 있다.

이러한 문제는 데이터를 서버인 중앙 컴퓨터에 저장하면 해결할 수 있다. 서버는 모든 사용자가 공유할 수 있는 자원을 제공하며, 사용자가 접근할 수 있도록 파일을 저장한 서버를 '파일 서버file server'라고 한다. 즉 하나의 데이터 파일에 해당하는 마스터 사본을 서버에 저장하고 필요할 때마다 사용자가 마스터 사본에 접근할 수 있게 하는 것이다.

네트워크로 공유된 파일을 여러 사용자가 함께 이용할 때는 특정 권한이 있는 사용자만 데이터를 읽고 수정할 수 있어야 한다.

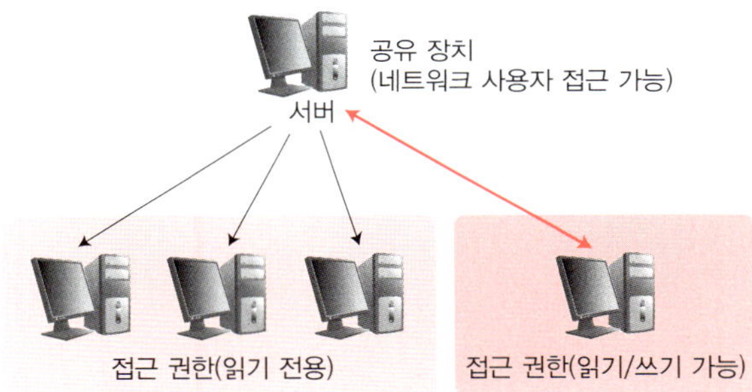

그림 1-1 데이터의 동시 접근

- **읽기 전용**: 공유 장치에 저장된 데이터를 읽기만 할 수 있다. 이 권한이 있는 사용자는 데이터를 읽을 수만 있고 수정할 수 없기 때문에 데이터가 변경되지 않는다.
- **읽기/쓰기**: 공유 장치에 저장된 데이터를 읽고 수정할 수 있다. 이 권한이 있는 사용자가 데이터를 수정하면 네트워크에 연결된 모든 사용자는 수정된 데이터를 공유한다.

■ 주변장치 공유

연구실이나 사무실에서 단일 네트워크로 컴퓨터들을 연결하는 이유 중 하나는 레이저 프린터 등 고가의 주변장치를 공유하려는 것이다. 최근에는 프린터 가격이 많이 내렸지만 한 연구실이나 사무실에서 사용자마다 프린터를 소유하는 것은 비용 면에서 효율적이지 않다. 프린터를 여러 대 구입하는 비용뿐만 아니라 운용 및 소모품 비용까지 더하면 부담이 더욱 커질 것이다. 이럴 때 하나의 프린터를 네트워크로 연결해서 공유하면 비용을 절약하면서도 프린터를 중앙 집중화할 수 있어 관리하기도 편하다. 또한 스풀링spooling 프로세스를 이용하면 다수의 사용자가 하나의 프린터에 여러 작업을 동시에 보낼 수 있고, 특정 작업에 우선순위를 부여하여 다른 작업보다 먼저 출력할 수도 있다. 다음 그림은 USB 병렬 케이블을 사용하여 프린터를 컴퓨터에 연결하고 네트워크의 다른 클라이언트와 공유하는 경우를 보여준다.

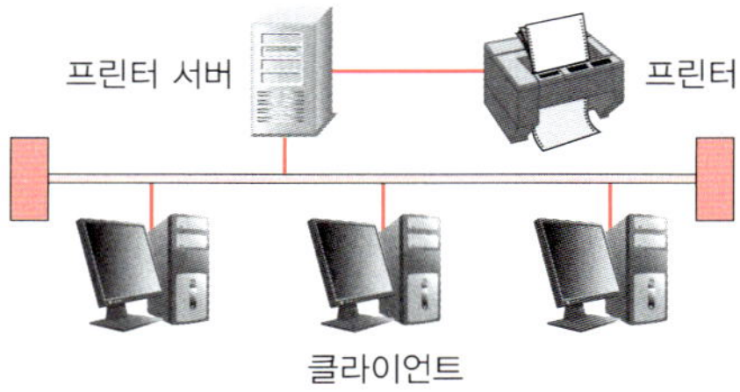

그림 1-2 프린터 공유

■ **능률적인 통신**

가장 널리 사용되는 데이터 통신의 예로 네트워크를 이용하여 문자나 음성 등의 메시지를 교환하는 이메일 송수신이 있다. 다른 사람에게 이메일을 보내려면 이메일 프로그램(아웃룩 익스프레스 등)에 수신자의 이메일 주소와 메시지를 입력한 뒤 메시지 전송을 해야 한다. 전송된 메시지는 메시지를 저장하는 서버(수신자 메일 서버)로 이동하고, 서버는 새로운 메시지가 도착했음을 수신자에게 알려준다. 그러면 수신자는 이메일 프로그램을 이용하여 서버에서 메시지를 받아 확인할 수 있다. 다음 그림은 이메일을 보내고 받는 과정을 보여준다.

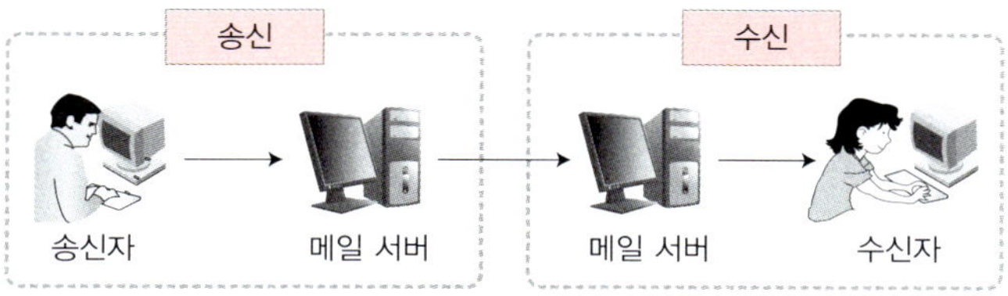

❶ 송신자가 이메일을 보낸다.
❷ 메시지가 서버에 저장된다.
❸ 서버가 수신자에게 메시지가 있음을 알린다.
❹ 수신자가 서버에서 메시지를 검색하여 이메일을 읽는다.

그림 1-3 이메일 송수신 과정

■ **손쉬운 백업**

데이터는 귀중한 자산이므로 데이터를 백업하는 일은 매우 중요하다. 네트워크를 이용하면 각 사용자가 접근 가능한 공유 저장장치 중 하나에 모든 데이터를 손쉽게 백업할 수 있다. 또한 사용자의 하드디스크에 있는 파일을 일정 기간마다 자동으로 백업하는 네트워크 백업 소프트웨어를 이용하면 파일을 매번 백업 서버에 직접 복사할 필요가 없다.

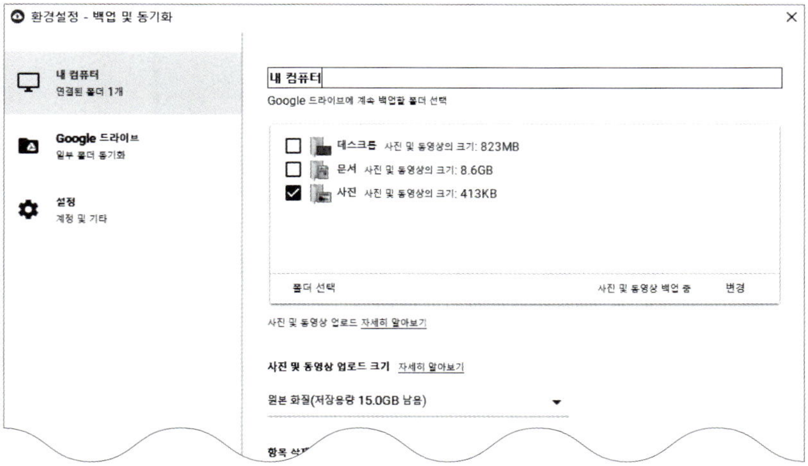

그림 1-4 구글 드라이브 백업

2 데이터 전송 규칙

컴퓨터 한 대는 네트워크라고 할 수 없지만 컴퓨터가 두 대 이상 연결되어 있으면 컴퓨터 네트워크가 되고 컴퓨터 간에 데이터를 주고받을 수 있다. 네트워크가 연결되면 컴퓨터 간의 파일 전송, 웹 사이트 접속, 메일 송수신과 같은 작업을 할 수 있다. 우리가 매일 사용하고 있는 인터넷은 전 세계의 작은 네트워크부터 큰 네트워크까지 연결된 거대한 네트워크이다. 전 세계가 네트워크로 연결되어 있기 때문에 우리는 인터넷으로 해외 웹 사이트에 접속할 수 있다.

웹 사이트에 접속하는 것은 물론이고 네트워크나 인터넷에서 데이터를 주고받는 데에는 규칙이 필요하다.

1. 패킷

웹 브라우저를 통해 웹 사이트의 내용을 보려면 규칙이 필요한데 이 규칙에는 패킷packet을 사용한다. 패킷은 컴퓨터 간에 데이터를 주고받을 때 네트워크를 통해 전송되는 데이터의 전송 단위(작은 조각)이다. 용량이 큰 데이터를 전송할 때는 작게 나누어서 보내는 것이 규칙이다. 용량이 큰 데이터를 그대로 보내면 데이터가 네트워크의 대역폭을 너무 많이 점유하여 다른 패킷의 흐름을 방해할 위험이 있기 때문이다. 다음 그림과 같이 용량이 큰 사진 데이터는 패킷으로 나누어 보내야 한다.

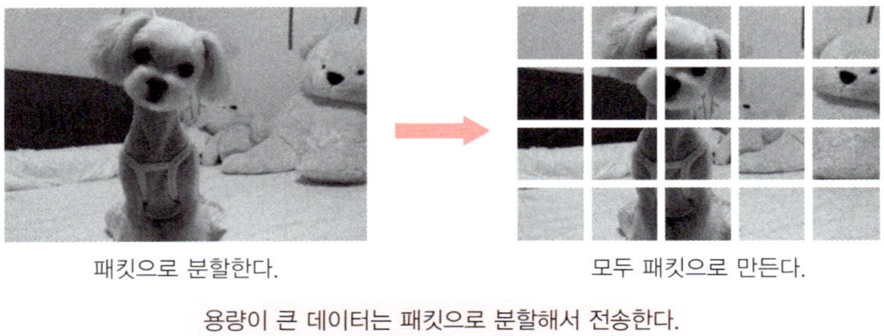

그림 1-5 용량이 큰 데이터의 패킷 분할

NOTE 대역폭(bandwidth)

네트워크에서 이용 가능한 신호의 최고 주파수와 최저 주파수의 차이를 말한다. 데이터를 전송할 수 있는 최대 전송 속도이며 기본 단위는 bps(bit per second)이다.

분할된 패킷을 수신지로 전송할 때 네트워크 상황에 따라 전송한 순서대로 도착하지 않을 수도 있기 때문에 수신지에서는 분할된 패킷을 원래대로 재결합하는 작업을 해야 한다. 또한 패킷이 전송될 때 네트워크가 지연되면 패킷이 늦게 도착하거나 손실될 수도 있다.

다음 그림과 같이 패킷은 순서 없이 랜덤으로 수신지에 도착한다. 그러나 송신 측에서 각 패킷에 순서대로 번호를 붙여서 전송하고 수신 측에서는 번호에 맞춰 재조립함으로써 각 패킷이 원래 위치에 자리 잡을 수 있다. 마지막 패킷이 도착한 후 사진 전체의 패킷을 번호 순서로 정렬하면 송신 측에서 보낸 원래의 사진이 되는 것이다(6장 참고).

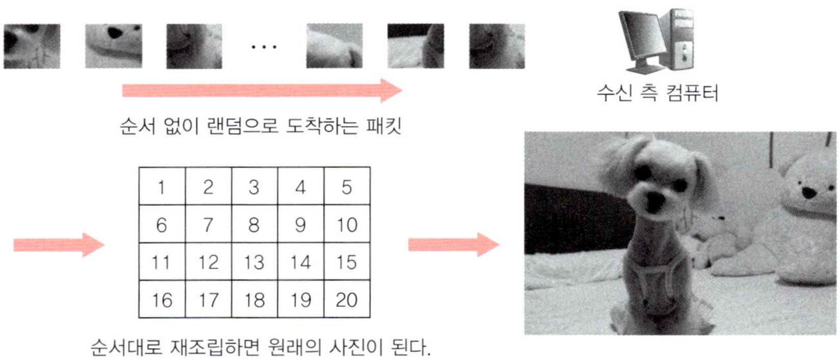

그림 1-6 패킷 재조립

2. 패킷 전송 과정

패킷은 헤더, 페이로드payload, 제어 요소 등을 포함하는 데이터 세그먼트이다. 헤더는 데이터의 형태와 데이터의 송수신지, 일련번호 등으로 구성되고, 페이로드는 실제 전송 데이터를 포함하는 부분이다.

영문 성 Jin을 메신저로 전송할 때 패킷이 전송되는 과정을 간단히 살펴보자. 각 문자에 해당하는 이진 값은 다음과 같다.

```
J: 1001010
i: 1101001
n: 1101110
```

❶ Jin이라는 데이터를 전송할 때 다음과 같이 패킷으로 분할해서 전송한다. 헤더의 일련번호는 이해하기 쉽게 간단한 숫자로 가정한다. 홀수 패리티 방식을 적용한다(3장 참고).

1	01001010	
2	11101001	
3	01101110	

❷ 전송된 데이터는 네트워크 상황에 따라 랜덤으로 도착한다. 다음은 inJ 형태로 도착한 경우이다.

2	11101001	
3	01101110	
1	01001010	

❸ 수신 측에 도착한 패킷은 헤더의 일련번호가 재조립되어 원래의 데이터인 Jin이 된다.

그림 1-7 SNS 전송 데이터

일련번호 순서대로 도착하지 않은 패킷을 원래대로 재조립할 수 있는 것은 디지털 데이터이기 때문이다.

3 비트와 바이트

모든 컴퓨터는 2진수 0과 1을 다루며, 0과 1의 집합을 디지털 데이터라고 한다. [그림 1-5]의 사진도 0과 1만으로는 나타낼 수 없지만 0과 1이 많이 모이면 나타낼 수 있다. 0과 1의 정보를 나타내는 최소 단위를 비트bit라고 한다. 비트는 0 또는 1을 모아서 나타낼 수 있으며, 8비트를 1바이트byte라고 한다. 컴퓨터는 이러한 바이트 단위로 데이터를 읽고 쓰는 작업을 한다.

그림 1-8 비트와 바이트

컴퓨터는 0과 1의 집합으로만 다루며, 키보드로 문자를 입력할 수 있는 것은 숫자와 문자의 대응 표인 문자 코드가 정해져 있기 때문이다. 웹 사이트에 접속했을 때 간혹 문자가 깨져 보이기도 하는데 이는 해당 문자 코드가 원인인 경우가 많다.

아스키코드ASCII code는 숫자, 기호, 알파벳을 다룰 수 있는 기본적인 문자 코드이다. 예를 들어 키보드의 A를 누르면 컴퓨터로 문자 코드가 전달되고, 컴퓨터는 A에 대응하는 문자 코드인 65를 확인하고 화면에 A를 표시한다. 사진과 마찬가지로 문자도 수신 측으로 문자에 해당하는 이진 값을 패킷으로 나누어 보내면 수신 측에서 패킷을 원래의 값으로 되돌린다. 따라서 문자 데이터도 패킷으로 나누어 네트워크에 전송하면 된다. 그러나 네트워크에 데이터를 전송할 때는 비트 정보가 전기 신호로 변환되기 때문에 실제 네트워크에서는 전기 신호가 전송된다(4장 참고).

02 네트워크 분석 도구 설치

네트워크 분석 도구는 네트워크상의 패킷을 가져와서 그 의미를 화면에 표시하는 소프트웨어이다. 컴퓨터로 웹 사이트에 접속하거나 친구에게 SNS 메시지를 보낼 때 전송되는 데이터는 실제로는 LAN 케이블 내부를 전기 신호 형태로 흐른다. 네트워크 분석 도구는 LAN 케이블을 지나는 전기 신호를 패킷 형태로 가져와서 이 패킷의 의미를 조사하는 덤프 분석을 수행할 수 있다. 네트워크 분석 도구는 LAN 케이블 등의 매개체를 지나는 신호를 가져와서 패킷을 캡처한다. 네트워크에 문제가 발생하거나 원인을 찾기 힘든 장애를 해결해야 할 때 패킷 캡처를 통해 많은 도움을 받을 수 있다.

1 네트워크 분석 도구의 필요성

네트워크 분석 도구는 크게 하드웨어 분석 도구와 소프트웨어 분석 도구로 구분할 수 있다. 하드웨어 분석 도구는 들고 다닐 수 있는 휴대 형태로, 네트워크에 직접 연결하여 패킷을 확인하거나 네트워크의 상태를 확인할 수 있다. 또한 하드웨어 분석 도구는 주로 네트워크에 장애가 발생했을 때 현장에 직접 들고 가서 장애를 해결하기 위해 사용한다. 가격이 비싼 편이어서 개인보다는 주로 기업에서 사용하는 분석 도구이며 사내 네트워크 시스템 관리 등에 이용되고 있다.

소프트웨어 분석 도구는 컴퓨터나 서버에 설치하여 네트워크 인터페이스 카드를 통해 네트워크에 접속한다. 오픈 소스 소프트웨어 분석 도구는 무료이므로 개인이나 학교뿐만 아니라 기업도 자유롭게 이용할 수 있으며, 일반적으로 다음과 같은 목적으로 사용된다.

- 네트워크 프로토콜의 내용을 학습할 수 있다.
- 개발자가 프로토콜 구현에 대해 디버깅할 수 있다.
- 네트워크 관리자가 네트워크의 장애를 해결할 수 있다.

LAN이나 TCP/IP를 학습할 때 네트워크 분석 도구를 사용하면 통신 중에 흘러가는 패킷을 캡처함으로써 네트워크의 개념을 좀 더 쉽게 이해할 수 있다. 따라서 개정 3판에서는 네트워크 기본 이론에 접속 중인 웹 사이트의 통신 내용을 와이어샤크Wireshark로 분석하는 내용을 추가했다. 네트워크 분석 도구가 필요한 장에서는 와이어샤크를 이용하여 직접 패킷을 캡처하는 방법을 확인할 수 있다. 네트워크의 기본 통신 내용을 와이어샤크를 이용한 분석으로 시작한다면 흥미롭게 네트워크에 다가갈 수 있을 것이다.

NOTE 와이어샤크를 이용한 패킷 캡처의 상세한 내용은 https://ai-network.co.kr/에서 확인할 수 있다.

2 와이어샤크 설치

와이어샤크는 고성능 오픈 소스 네트워크 분석 도구로, WinPcap 소프트웨어를 함께 사용하여 패킷을 캡처할 수 있다. 또한 누구나 자유롭게 컴퓨터에 설치해서 사용할 수 있으며, 소스코드가 공개되어 있으므로 자신에게 필요한 기능이나 새로운 프로토콜을 추가하여 개선할 수 있다.

NOTE **프로토콜(protocol)**

데이터를 송수신할 때의 통신 방법에 관한 약속 또는 통신 규약을 말한다.

네트워크를 지나는 패킷을 와이어샤크로 캡처하려면 패킷 캡처 드라이브가 필요하다. 윈도우용 패킷 캡처 드라이버인 WinPcap은 재배포할 때의 저작권 표시만을 조건으로 하는 라이선스이다. 와이어샤크는 GPLGNU General Public License 오픈 소스 소프트웨어 라이브러리 라이선스 형태로 배포되며, 소스코드뿐만 아니라 설치가 바로 가능한 형태로 제공되고 있다. WinPcap은 별도의 라이선스로 배포되고 와이어샤크 설치 프로그램에 포함되어 있다.

와이어샤크와 WinPcap을 설치하여 덤프 분석을 수행할 수 있는 환경을 만들어보자. 두 프로그램은 각각 공식 홈페이지에서 무료로 다운로드할 수 있다. 와이어샤크의 윈도우용 바이너리 패키지에는 WinPcap이 포함되어 있으며 단일 인스톨러에서 설치할 수 있다.

NOTE 와이어샤크를 설치할 때 일부 백신이나 개인 방화벽 등의 소프트웨어가 와이어샤크를 보안 위험 요소로 인식하여 제대로 설치되지 않는 경우가 있다. 이럴 때는 백신이나 방화벽의 목록에 와이어샤크를 추가하고 설치해야 한다.

❶ 와이어샤크 홈페이지(https://www.wireshark.org/)에 접속한다.

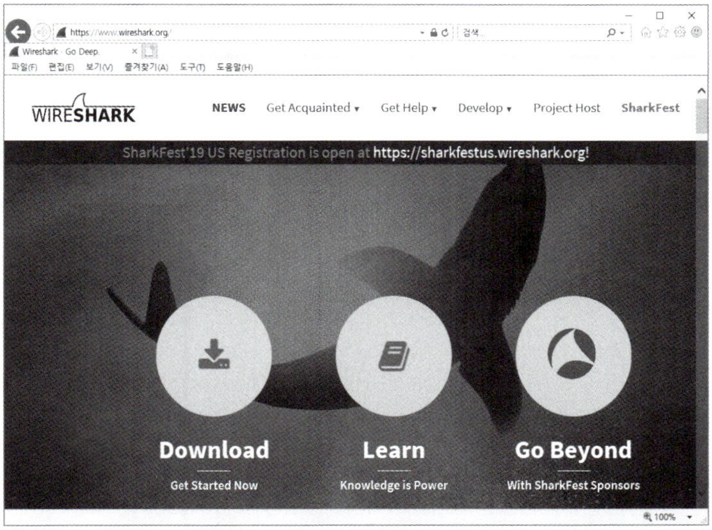

그림 1-9 와이어샤크 홈페이지 접속

❷ 〈Download〉를 클릭한 후 'Windows Installer(64-bit)'를 선택한다. 만약 32비트 윈도우 운영체제를 사용하고 있다면 'Windows Installer(32-bit)'를 선택한다.

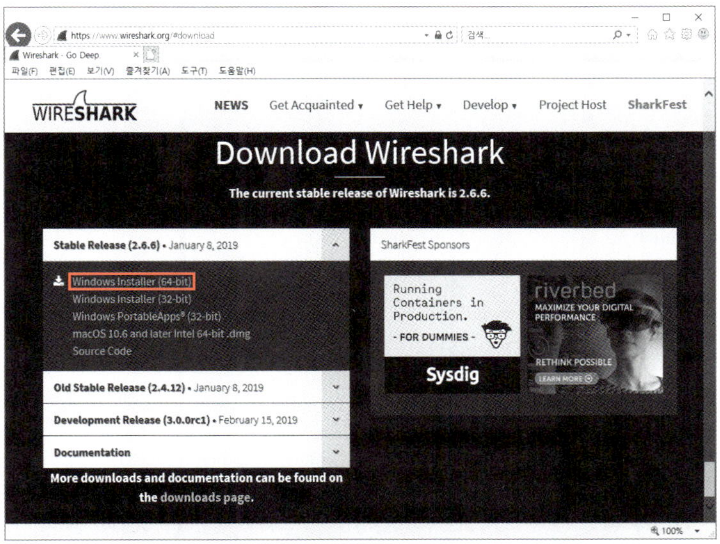

그림 1-10 'Windows Installer(64-bit)' 선택

NOTE 와이어샤크 버전이 계속 업데이트되고 있기 때문에 설치 시점에 이 책과 버전이 다를 수도 있다. 이 책에서는 패킷 분석의 기본적인 내용을 다루기 때문에 버전이 달라도 상관없다.

컴퓨터에 설치하지 않고 USB에 설치하는 경우 'Windows PortableApps®(32-bit)'를 다운로드하면 된다.

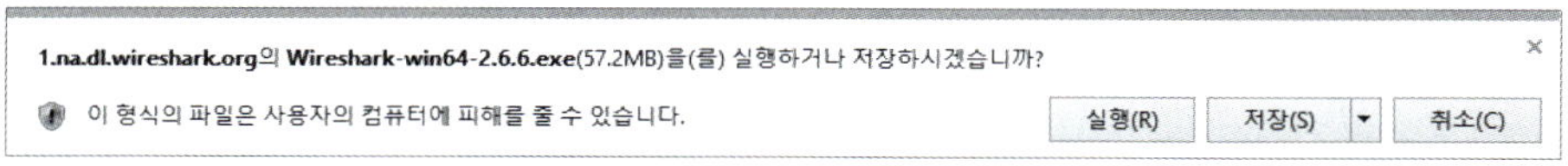

그림 1-11 실행 파일

컴퓨터 시스템 종류는 [제어판]-[시스템 및 보안]-[시스템]에서 확인할 수 있다.

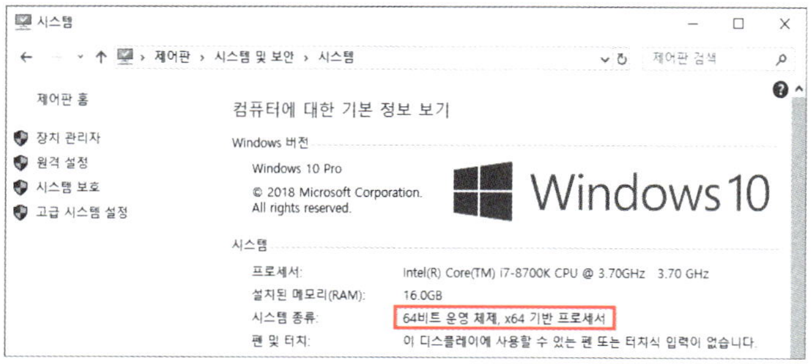

그림 1-12 시스템 종류

❸ 와이어샤크 설치 화면에서 〈Next〉를 클릭한다.

그림 1-13 와이어샤크 설치 화면

❹ 라이선스 동의 화면에서 〈I Agree〉를 클릭한다.

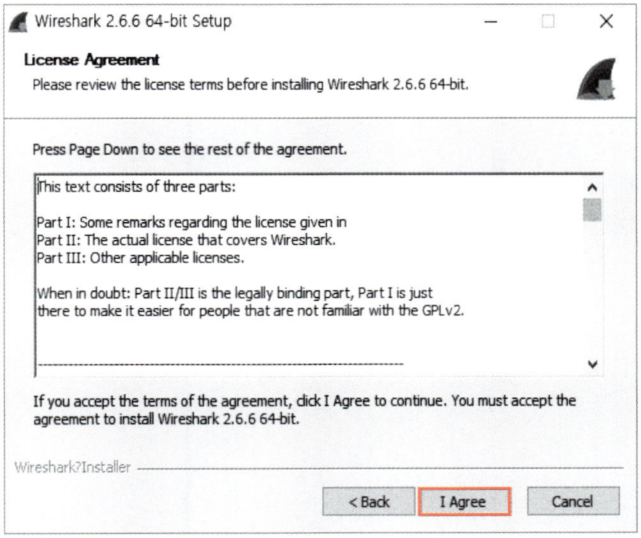

그림 1-14 라이선스 동의

❺ 설치할 컴포넌트를 선택한 후 〈Next〉를 클릭한다. 기본적으로 선택된 컴포넌트대로 진행하면 된다.

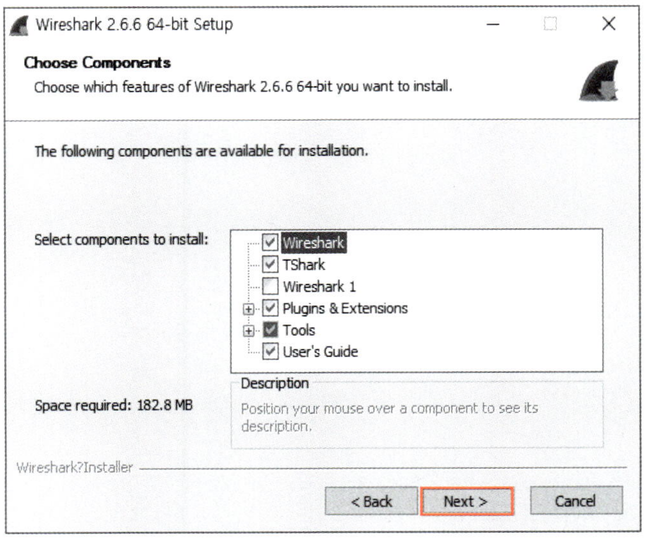

그림 1-15 설치할 컴포넌트 선택

❻ 추가할 태스크가 있으면 선택하고 〈Next〉를 클릭한다.

- 'Wireshark Start Menu Item'은 시작 메뉴 항목으로 shortcut을 생성한다.
- 'Wireshark Desktop Icon'은 데스크톱에 아이콘으로 shortcut을 생성한다.
- 'Wireshark Quick Launch Icon'은 시작 메뉴 옆에 빠른 실행 아이콘으로 shortcut을 생성한다.
- 'File Extensions'에서는 와이어샤크와 연관된 파일의 확장자를 선택할 수 있다. 'File Extensions'를 선택하면 다양한 확장자가 설정된다.

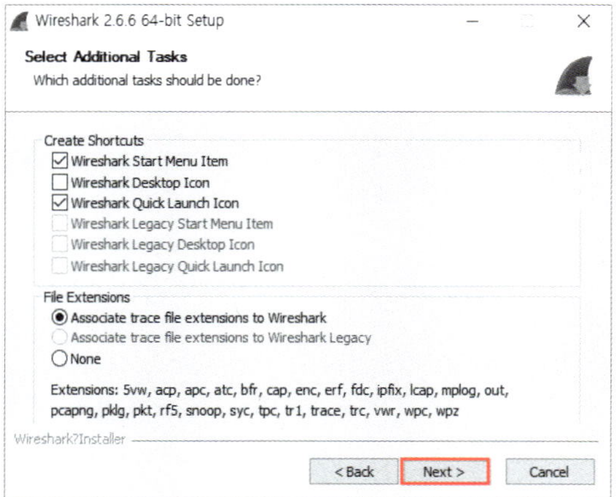

그림 1-16 추가할 태스크 선택

❼ 인스톨할 경로를 선택한다. 'Destination Folder'에 설치할 위치 경로를 입력하거나 〈Browse...〉를 클릭하여 설치 위치를 선택한다.

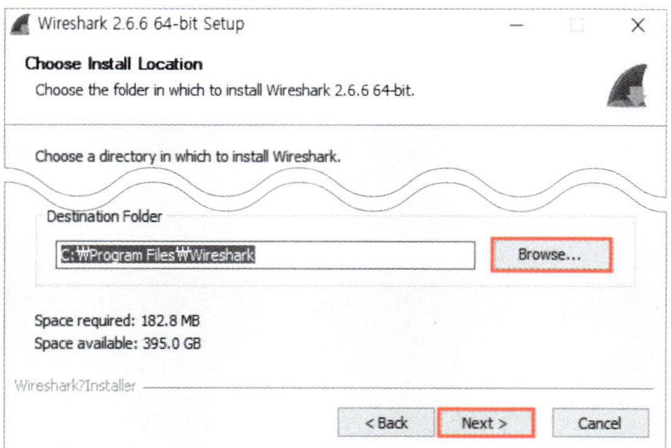

그림 1-17 인스톨할 경로 선택

❽ WinPcap을 설치할지 여부를 확인하는 화면이 나타난다. 'Install WinPcap 4.1.3'에 체크한 뒤 〈Next〉를 클릭하면 와이어샤크 설치가 진행된다.

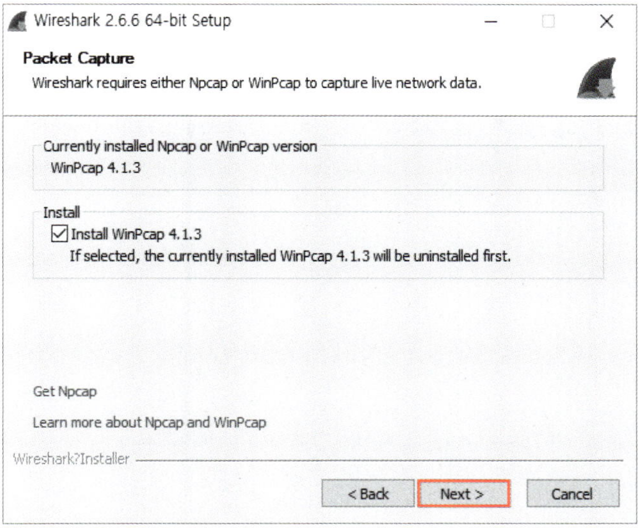

그림 1-18 WinPcap 설치 여부 확인

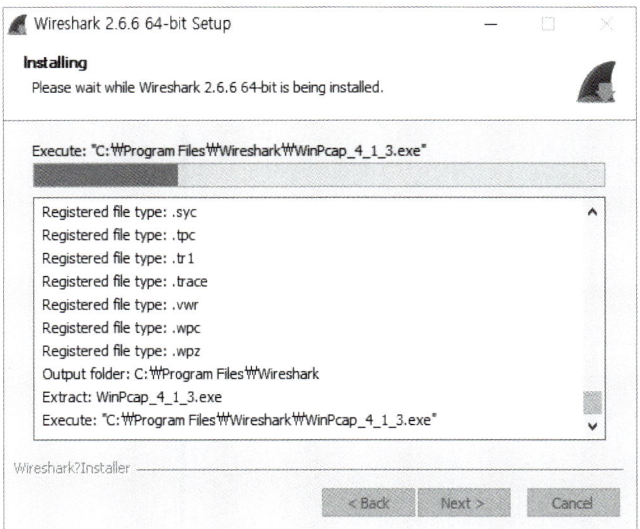

그림 1-19 와이어샤크 설치 진행

❾ 와이어샤크를 설치하는 도중에 WinPcap 설치 화면이 나오면 〈Next〉를 클릭한다.

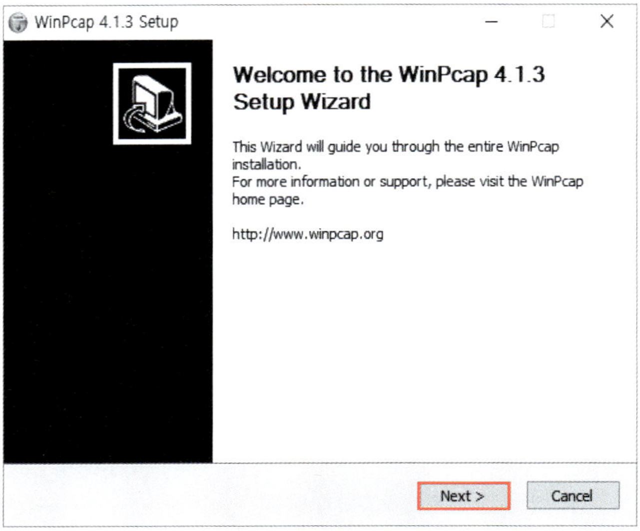

그림 1-20 WinPcap 설치 화면

❿ 라이선스 동의 화면이 나타나면 〈I Agree〉를 클릭한다.

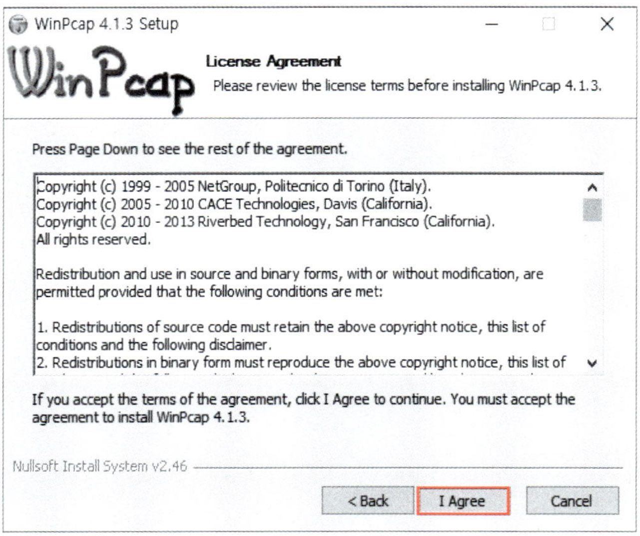

그림 1-21 라이선스 동의

⓫ WinPcap 설치 옵션을 설정한다. 컴퓨터가 부팅될 때 WinPcap도 자동으로 시작하도록 기본적으로 체크가 되어 있다. 〈Install〉을 클릭하면 WinPcap 설치가 시작된다.

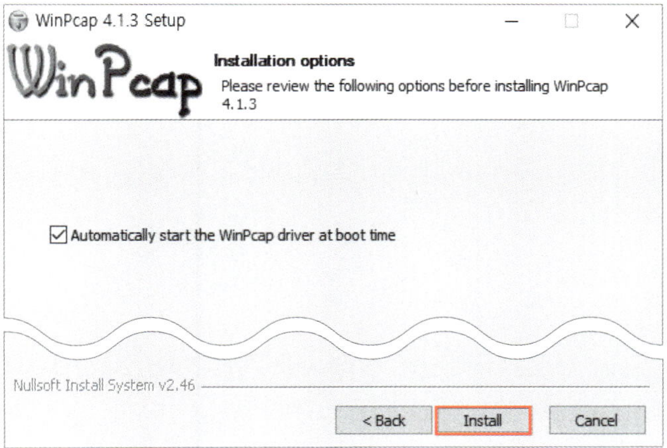

그림 1-22 WinPcap 설치 옵션

⓬ WinPcap 설치가 끝나면 〈Finish〉를 클릭한다.

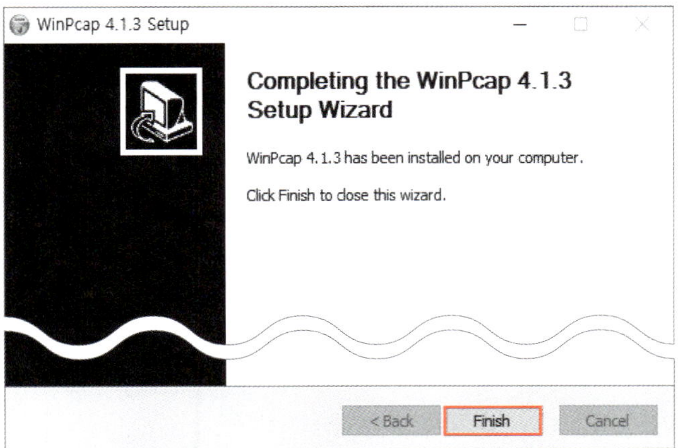

그림 1-23 WinPcap 설치 종료

⓭ WinPcap 설치가 끝나면 와이어샤크 설치 진행 화면으로 돌아간다. 와이어샤크 설치가 완료되면 〈Completed〉가 표시되고, 〈Next〉를 클릭하면 와이어샤크 설치 완료 화면이 나타난다.

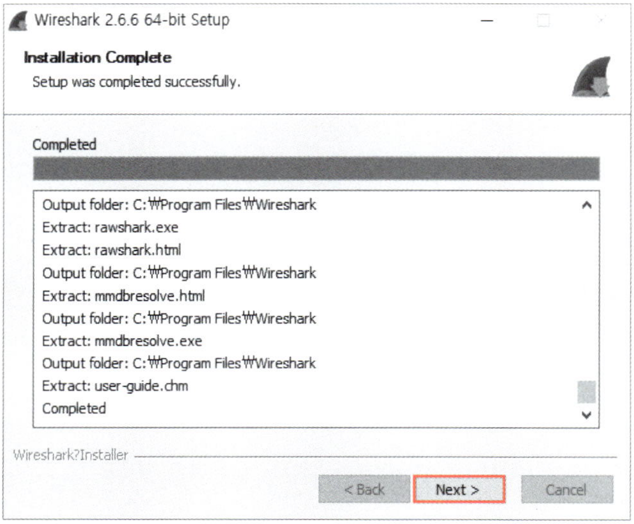

그림 1-24 와이어샤크 설치 화면

⓮ 와이어샤크 설치 완료 화면이 나타나면 〈Finish〉를 클릭한다.

- 'Run Wireshark 2.6.6 64–bit'에 체크하면 설치 완료 후 와이어샤크가 자동으로 실행된다.
- 'Show News'에 체크하면 와이어샤크 릴리스 노트를 참조할 수 있다.

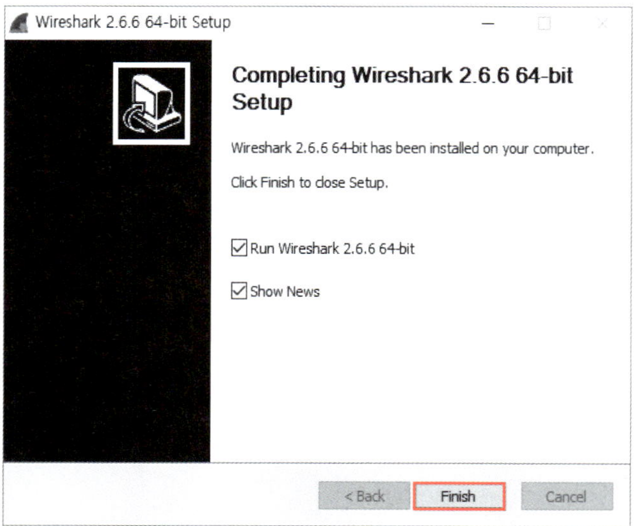

그림 1-25 와이어샤크 설치 완료

만약 와이어샤크와 WinPcap을 제거하고 싶다면 [제어판]-[프로그램]-[프로그램 및 기능]-[프로그램 제거 또는 변경]에서 제거할 수 있다.

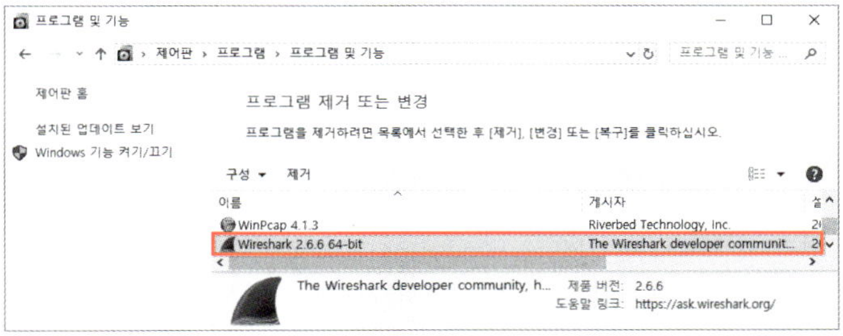

그림 1-26 와이어샤크와 WinPcap 제거

3 와이어샤크 실행

❶ 와이어샤크가 설치되면 [시작] 메뉴에서 와이어샤크를 실행할 수 있다. 설치 완료 창에서 'Run Wireshark 2.6.6 64-bit'에 체크했다면 자동으로 와이어샤크가 실행된다.

❷ 와이어샤크가 실행되면 와이어샤크에서 인식된 LAN 카드가 목록에 나타나며, 그중에서 캡처하려는 이더넷(네트워크 인터페이스)을 클릭하면 패킷 캡처가 시작된다(상어 등지느러미 아이콘을 클릭해도 바로 캡처를 시작할 수 있다). 또한 'Capture' 영역을 클릭하면 캡처 인터페이스 창이 나타나고 패킷을 캡처할 수 있는 LAN 카드가 표시된다. 캡처하려는 인터페이스를 선택한 후 〈Start〉를 클릭해도 패킷 캡처가 시작된다.

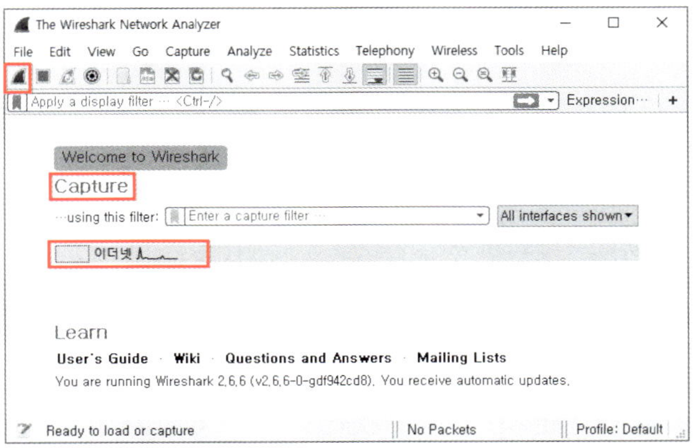

그림 1-27 와이어샤크 실행

패킷을 캡처하려면 윈도우의 관리자 권한으로 와이어샤크를 실행하고, 네트워크 통신을 하고 있는 올바른 인터페이스를 선택해야 한다. 통신하지 않는 인터페이스를 선택하면 패킷이 캡처되지 않는다.

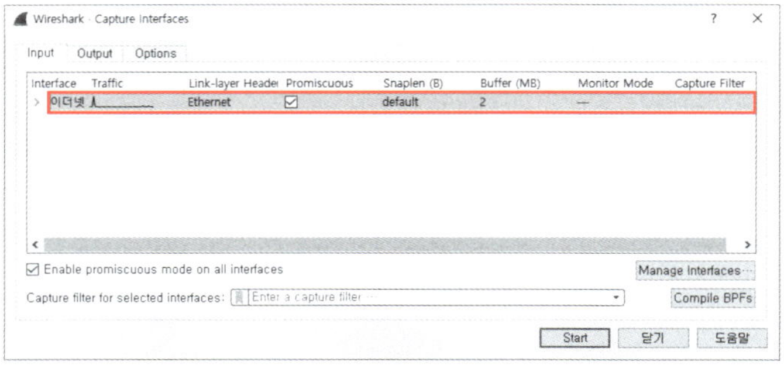

그림 1-28 캡처 인터페이스

❸ 와이어샤크가 실행되고 통신을 시작하지 않아도 많은 패킷이 화면에 표시된다. 크롬 등의 웹 브라우저나 지메일과 같은 이메일 프로그램 애플리케이션을 실행하지 않아도 그 뒤에서 운영체제나 상주 프로그램 등이 통신을 하고 있기 때문이다.

❹ 자주 접속하는 웹 사이트의 패킷을 캡처해보자. 웹 브라우저를 실행하여 웹 사이트에 접속한다.

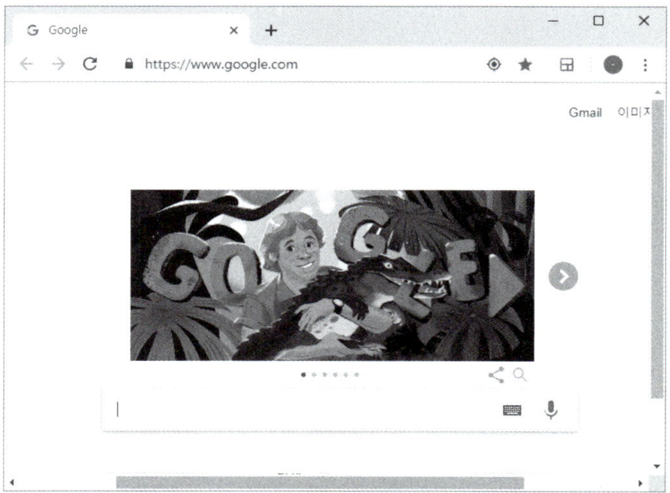

그림 1-29 웹 사이트 접속

웹 사이트의 패킷을 캡처할 때는 주의할 사항이 있다. 웹 브라우저는 한 번 접속한 웹 사이트의 내용을 저장하는 캐시 기능이 있기 때문에 한 번 접속한 웹 사이트의 경우 통신이 이루어지지 않고 디스크에 저장된 캐시를 사용하여 웹 사이트를 표시하므로 패킷을 제대로 캡처할 수 없다. 동일한 웹 사이트를 다시 읽어들일 때는 슈퍼 리로드(Ctrl을 누른 채 웹 브라우저의 새로 고침 버튼 클릭)를 하면 디스크에 캐시가 있더라도 서버로부터 모든 데이터를 다시 읽어들일 수 있다. 웹 사이트의 패킷을 캡처할 때는 슈퍼 리로드 기능을 사용하면 편리하다.

다음은 구글에 접속했을 때의 패킷 캡처 화면으로 많은 정보가 표시되고 있음을 확인할 수 있다. 툴바의 멈춤 아이콘(■)을 클릭하면 패킷 캡처가 정지된다.

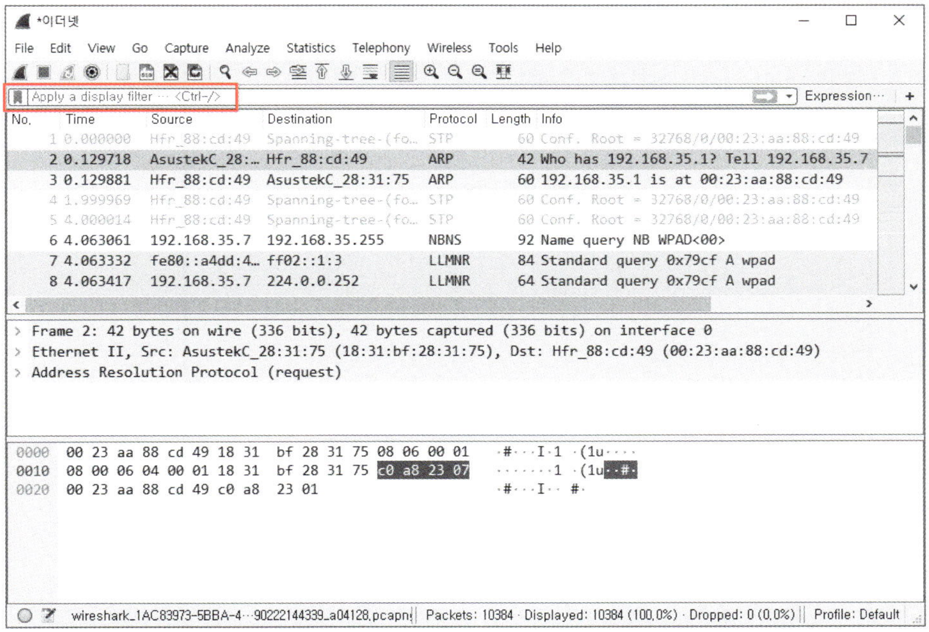

그림 1-30 패킷 캡처 화면

❺ 웹 사이트에 접속할 때 송수신되는 HTTPHyperText Transfer Protocol 패킷을 확인해보자. 한빛출판네트워크 웹 사이트에 접속하여 '네트워크 개론'을 검색했더니 화면에 많은 패킷이 나타났다. 이 중에서 HTTP 패킷만 나타나도록 화면 상단의 [Apply a display filter]에 'http'를 입력하고 Enter를 클릭한다.

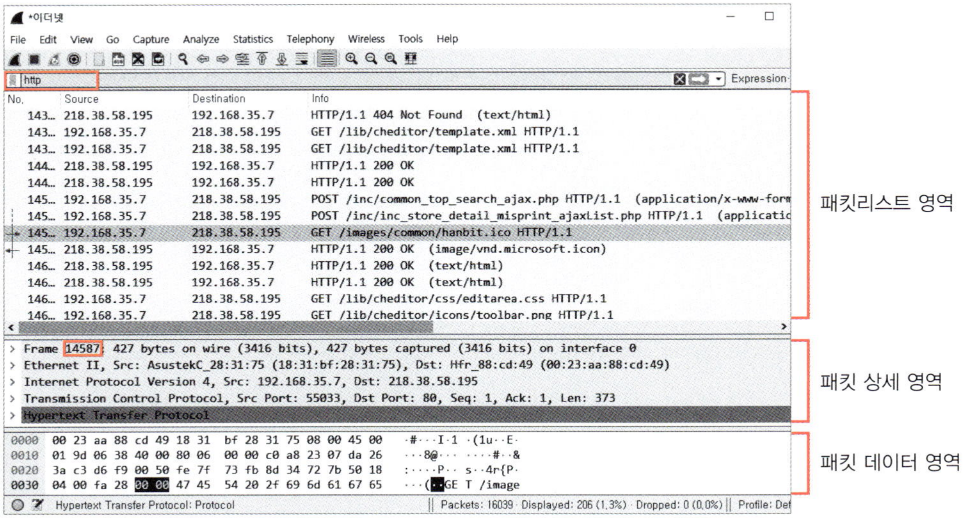

그림 1-31 HTTP 패킷

화면 상단의 패킷 리스트 영역에는 캡처된 패킷이 한 행에 하나씩 표시된다. 여기서 패킷 분석을 하기 위해 선택한 패킷([그림 1-31]의 14587번 패킷)은 진한 색으로 표시되고, 그 내용을 패킷 상세 영역과 패킷 데이터 영역에서 확인할 수 있다.

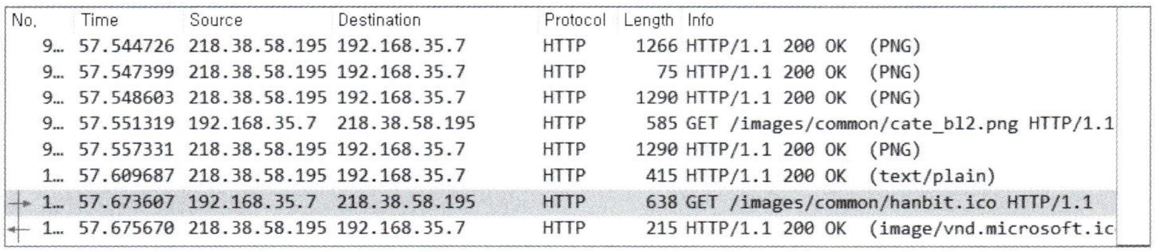

그림 1-32 패킷 리스트 영역

Source는 현재 컴퓨터의 IP 주소를, Destination은 접속한 웹 사이트의 IP 주소를 나타낸다. 자신이 사용하고 있는 컴퓨터의 IP 주소(192.168.35.7)는 명령 프롬프트(cmd) 창에서 ipconfig 명령어로 확인할 수 있고, 접속한 웹 사이트(한빛출판네트워크)의 IP 주소(218.38.58.195)는 'tracert 도메인명' 또는 'ping 도메인명'으로 확인할 수 있다.

```
관리자: 명령 프롬프트
Microsoft Windows [Version 10.0.17134.590]
(c) 2018 Microsoft Corporation. All rights reserved.

C:\Windows\system32>tracert www.hanbit.co.kr

최대 30홉 이상의
www.hanbit.co.kr [218.38.58.195](으)로 가는 경로 추적:

  1    <1 ms    <1 ms    <1 ms  192.168.35.1
  2    <1 ms    <1 ms    <1 ms  192.168.55.1
  3     *        *        *     요청 시간이 만료되었습니다.
  4     *        *        *     요청 시간이 만료되었습니다.
  5     *        *        *     요청 시간이 만료되었습니다.
  6     *        *        *     요청 시간이 만료되었습니다.
  7     *        *        *     요청 시간이 만료되었습니다.
  8     *        *        *     요청 시간이 만료되었습니다.
  9     *        *        *     요청 시간이 만료되었습니다.
 10     *        *        *     요청 시간이 만료되었습니다.
 11     3 ms     3 ms     1 ms  218.38.58.195

추적을 완료했습니다.
```

```
관리자: 명령 프롬프트
C:\Windows\system32>ipconfig

Windows IP 구성


이더넷 어댑터 이더넷:

   연결별 DNS 접미사. . . . :
   링크-로컬 IPv6 주소 . . . . : fe80::a4dd:4884:6d1b:e97%4
   IPv4 주소 . . . . . . . . . : 192.168.35.7
   서브넷 마스크 . . . . . . . : 255.255.255.0
   기본 게이트웨이 . . . . . . : 192.168.35.1

C:\Windows\system32>ping www.hanbit.co.kr

Ping www.hanbit.co.kr [218.38.58.195] 32바이트 데이터 사용:
218.38.58.195의 응답: 바이트=32 시간=1ms TTL=54
218.38.58.195의 응답: 바이트=32 시간=1ms TTL=54
218.38.58.195의 응답: 바이트=32 시간=1ms TTL=54
218.38.58.195의 응답: 바이트=32 시간=1ms TTL=54

218.38.58.195에 대한 Ping 통계:
    패킷: 보냄 = 4, 받음 = 4, 손실 = 0 (0% 손실),
왕복 시간(밀리초):
    최소 = 1ms, 최대 = 1ms, 평균 = 1ms
```

그림 1-33 IP 주소 확인

화면 중앙의 패킷 상세 영역에는 패킷의 의미가 통신 계층에 따라 트리 형태로 표시된다.

```
> Transmission Control Protocol, Src Port: 54746, Dst Port: 80, Seq: 1, Ack: 1, Len: 584
v Hypertext Transfer Protocol
  > GET /images/common/hanbit.ico HTTP/1.1\r\n
    Host: www.hanbit.co.kr\r\n
    Connection: keep-alive\r\n
    User-Agent: Mozilla/5.0 (Windows NT 10.0; Win64; x64) AppleWebKit/537.36 (KHTML, like Gecko) Chrome/7
    Accept: image/webp,image/apng,image/*,*/*;q=0.8\r\n
    Referer: http://www.hanbit.co.kr/store/books/look.php?p_code=B8069473976\r\n
    Accept-Encoding: gzip, deflate\r\n
    Accept-Language: ko-KR,ko;q=0.9,en-US;q=0.8,en;q=0.7\r\n
  > Cookie: PHPSESSID=9oi91lq6he10ktdioviomdvci7; _ga=GA1.3.241080138.1550814278; _gid=GA1.3.1271486862.1
```

그림 1-34 패킷 상세 영역

화면 하단의 패킷 데이터 영역에는 송수신한 데이터의 내용이나 통신 데이터로 전송된 요청(HTTP Request) 문자가 표시된다.

```
0110  63 63 65 70 74 3a 20 69  6d 61 67 65 2f 77 65 62   ccept: i mage/web
0120  70 2c 69 6d 61 67 65 2f  61 70 6e 67 2c 69 6d 61   p,image/ apng,ima
0130  67 65 2f 2a 2c 2a 2f 2a  3b 71 3d 30 2e 38 0d 0a   ge/*,*/* ;q=0.8··
0140  52 65 66 65 72 65 72 3a  20 68 74 74 70 3a 2f 2f   Referer:  http://
0150  77 77 77 2e 68 61 6e 62  69 74 2e 63 6f 2e 6b 72   www.hanb it.co.kr
0160  2f 73 74 6f 72 65 2f 62  6f 6f 6b 73 2f 6c 6f 6f   /store/b ooks/loo
0170  6b 2e 70 68 70 3f 70 5f  63 6f 64 65 3d 42 38 30   k.php?p_ code=B80
0180  36 39 34 37 33 39 37 36  0d 0a 41 63 63 65 70 74   69473976 ··Accept
0190  2d 45 6e 63 6f 64 69 6e  67 3a 20 67 7a 69 70 2c   -Encodin g: gzip,
01a0  20 64 65 66 6c 61 74 65  0d 0a 41 63 63 65 70 74    deflate ··Accept
01b0  2d 4c 61 6e 67 75 61 67  65 3a 20 6b 6f 2d 4b 52   -Languag e: ko-KR
```

그림 1-35 패킷 데이터 영역

4 캡처 파일 저장

❶ [File]–[Save]를 선택한 후 캡처 파일의 이름을 입력한다. 기본적으로 파일 형식은 확장자가 .pcapng로 설정되어 있다.

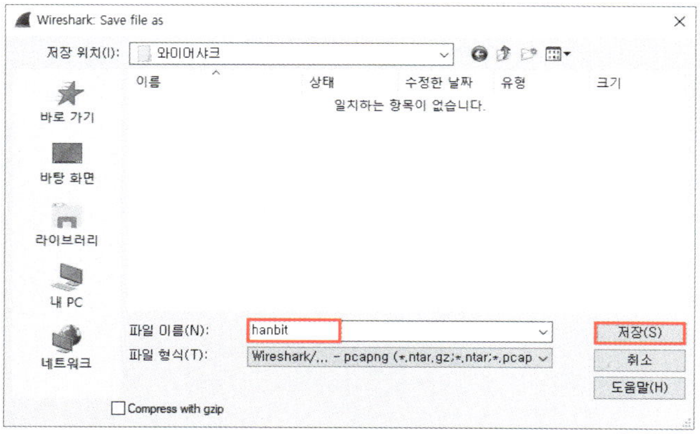

그림 1-36 캡처 파일 저장

❷ 캡처 파일을 저장한 폴더를 열어 보면 와이어샤크 모양의 'hanbit.pcapng' 파일이 생성된 것을 확인할 수 있다. 이 파일을 더블클릭하면 와이어샤크가 실행되면서 캡처 파일 내용이 화면에 나타난다.

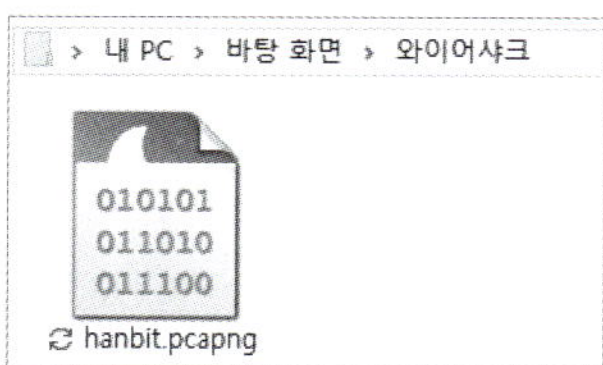

그림 1-37 캡처 파일 확인

와이어샤크는 패킷에서 데이터를 복원해서 추출할 수 있다. 캡처 파일 저장 경로를 탐색기에서 확인하면 HTTP 통신에서 이미지 파일이 출력되는 것을 확인할 수 있다(7장 참고).

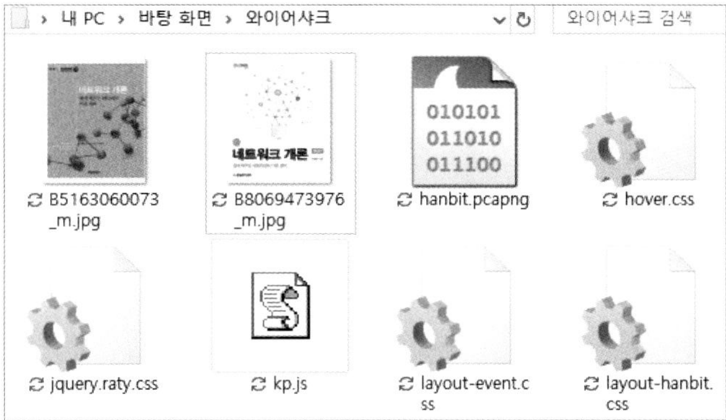

그림 1-38 데이터 복원 추출

03 네트워크 설정

컴퓨터를 처음 연결하여 네트워크 설정이 필요할 때는 다음과 같은 순서로 설정 및 테스트를 진행할 수 있다. 네트워크를 설정하고 사용하는 단계를 살펴보자.

❶ 필요한 하드웨어와 케이블을 확인한 뒤 컴퓨터에 LAN 카드(NIC) 또는 무선 LAN 카드를 설치하거나 연결한다(2장 참고).

❷ 가장 많이 사용하는 기술인 이더넷 네트워크 또는 무선 네트워크를 사용하여 컴퓨터를 연결한다. 이때 허브, 스위치, 라우터 등의 전송 매체가 필요하다(2장 참고).

❸ 유선 네트워크는 LAN 케이블을 꽂는 즉시 연결된다. 반면 무선 네트워크는 라우터가 연결된 컴퓨터에서 네트워크 설정을 확인해야 한다.

❹ 네트워크를 테스트하여 컴퓨터와 주변장치가 제대로 연결되었는지 확인한다.

1 유선 네트워크 설정(이더넷 네트워크)

다수의 컴퓨터를 네트워크로 연결하면 파일이나 프린터 등을 공유해서 사용하거나 인터넷으로 연결하여 다양한 작업이 가능하다. 인터넷 연결 상태는 [설정]-[Windows 설정]-[네트워크 및 인터넷]에서 확인할 수 있다.

그림 1-39 Windows 설정

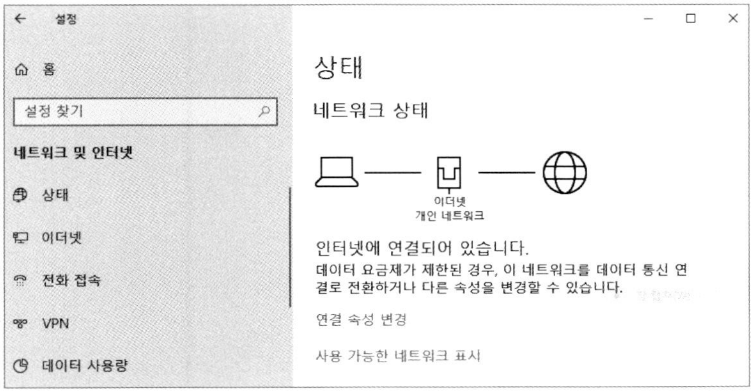

그림 1-40 네트워크 상태

'연결 속성 변경'을 클릭하면 네트워크 프로필을 변경할 수 있다. 프린터 및 파일 공유에 사용할 수 없게 하려면 '공용'을 선택하고, 사용자의 컴퓨터를 검색하고 프린터 및 파일 공유에 사용할 수 있게 하려면 '개인'을 선택한다.

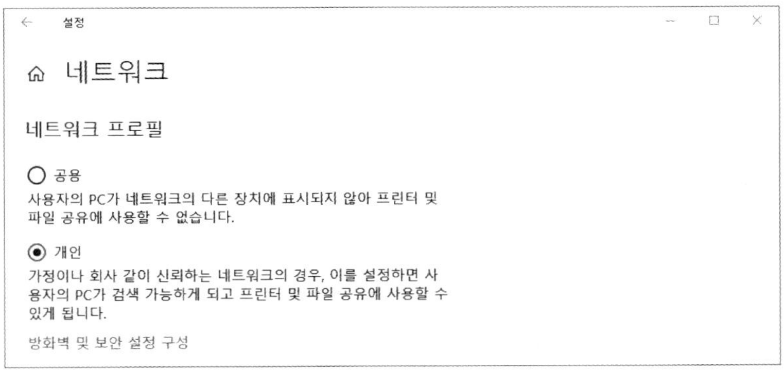

그림 1-41 네트워크 프로필

'사용 가능한 네트워크 표시' 또는 왼쪽의 [이더넷] 메뉴를 이용하여 네트워크 연결을 확인할 수도 있다.

그림 1-42 이더넷

'어댑터 옵션 변경'을 클릭하면 이더넷(네트워크) 상태를 확인할 수 있다. 또는 [제어판]-[네트워크 및 인터넷]-[네트워크 연결]에서도 확인할 수 있다.

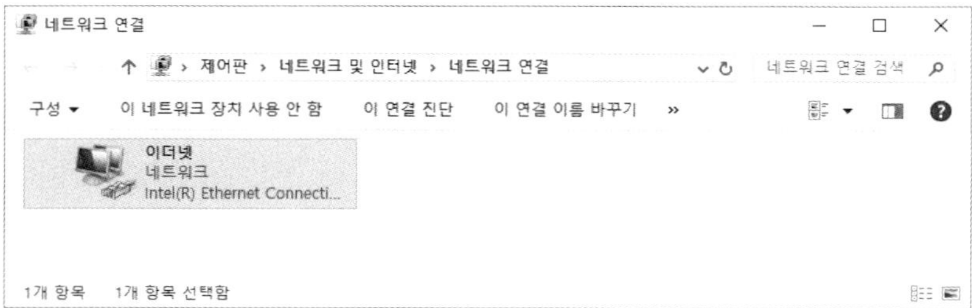

그림 1-43 이더넷(네트워크)

여기서는 네트워크 연결과 관련된 실시간 상태 정보(이더넷 상태)를 제공하며, 네트워크 및 인터넷 연결 여부와 인터넷 연결 시간, 속도 등을 확인할 수 있다. [이더넷 상태] 창의 '연결' 부분에서 현재 자신이 사용하고 있는 컴퓨터의 네트워크 연결 상태를 확인할 수 있다.

다음 그림에서는 네트워크가 IPv4에 연결되어 있다. IP는 'Internet Protocol'의 약자로, 인터넷에 연결되어 있는 모든 컴퓨터는 IP라는 인터넷 주소를 가지고 있다. IP에 대한 내용은 5장에서 자세히 다룰 것이다. '시간'은 인터넷에 연결된 시간을, '속도'는 컴퓨터의 최고 인터넷 속도를 나타낸다. '작업' 부분에서는 데이터 전송 단위인 패킷의 송수신을 바이트 단위로 보여준다. 네트워크 연결이 원활하면 패킷을 보내고 받는 바이트 수가 빠르게 변화하는 것을 볼 수 있다.

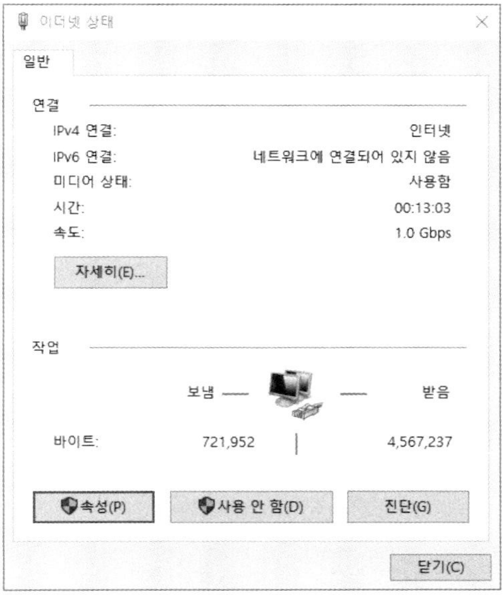

그림 1-44 네트워크 연결 상태 확인

현재 네트워크에 연결되어 있지 않으면 네트워크 상태가 '연결되지 않음'으로 표시되기 때문에 쉽게 네트워크를 진단하고 문제를 해결할 수 있다.

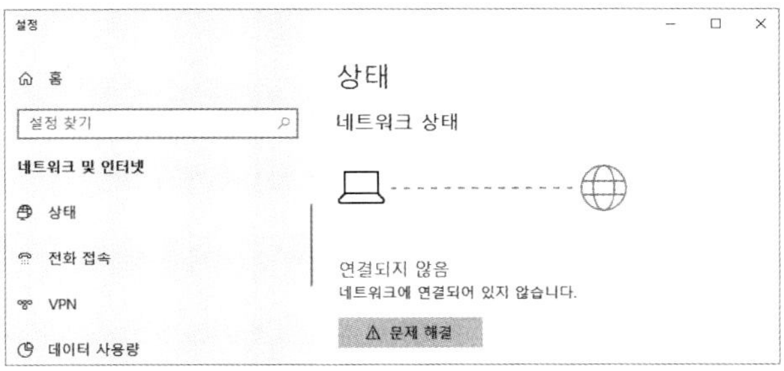

그림 1-45 네트워크에 연결되지 않은 경우

네트워크에 연결되지 않은 경우 〈문제 해결〉을 클릭하여 해결할 수 있다(컴퓨터에 LAN 케이블이 연결되어 있는 경우).

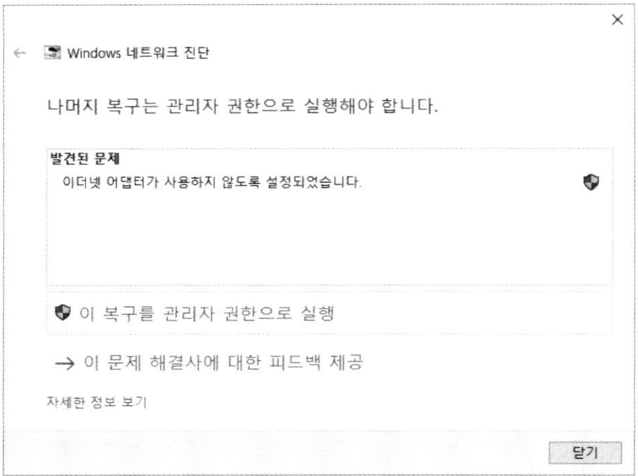

그림 1-46 네트워크에 연결되지 않은 경우의 문제 해결

'이 복구를 관리자 권한으로 실행'을 클릭하면 다음 그림과 같이 '문제 해결을 완료했습니다.'라는 메시지가 나타나고 네트워크에 연결된다.

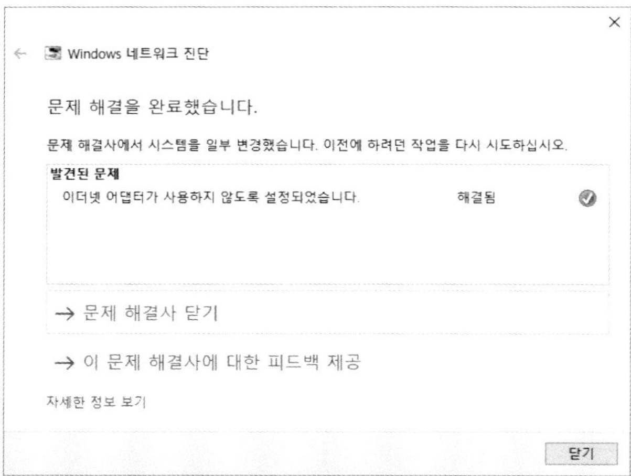

그림 1-47 네트워크 진단

다음은 네트워크가 정상적으로 연결되어 네트워크 개론 사이트에 접속된 모습이다.

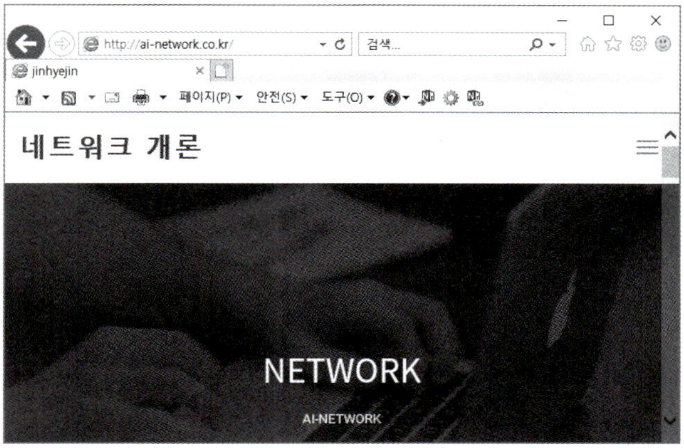

그림 1-48 네트워크 개론 사이트 접속

이제 유선 네트워크를 설정하고 사용하는 단계를 살펴보자.

❶ 필요한 하드웨어를 확인한 뒤 컴퓨터에 LAN 카드(NIC)를 설치하거나 연결한다(2장 참고).

❷ 이더넷 네트워크를 사용하여 컴퓨터를 연결한다. 이때 허브, 스위치, 라우터 등의 전송 매체가 필요하다(2장 참고).

❸ 집이나 사무실에서 유선 네트워크를 연결할 때는 컴퓨터에 이더넷 케이블을 직접 연결한다.

❹ 네트워크를 테스트하여 컴퓨터와 주변장치가 제대로 연결되었는지 확인한다. 다음 그림과 같이 현재 사용 중인 컴퓨터와 네트워크 인프라 장치(유무선 공유기), 프린터 등이 표시되어야 한다.

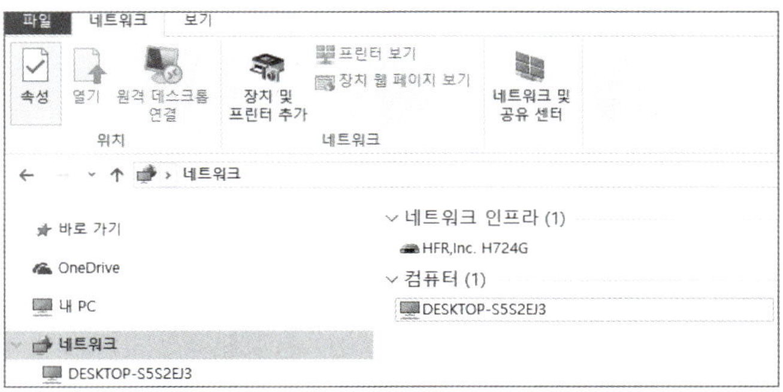

그림 1-49 네트워크 장치 연결 확인

그림 1-50 현재 사용 중인 컴퓨터와 네트워크 인프라 장치 확인

만약 탐색기에서 네트워크 컴퓨터 및 네트워크상에 있는 컴퓨터가 보이지 않을 때는 [제어판]-[모든 제어판 항목]-[관리 도구]-[컴퓨터 관리]-[서비스 및 응용 프로그램]-[서비스]를 선택한 후 'Function Discovery Resource Publication'을 더블클릭한다.

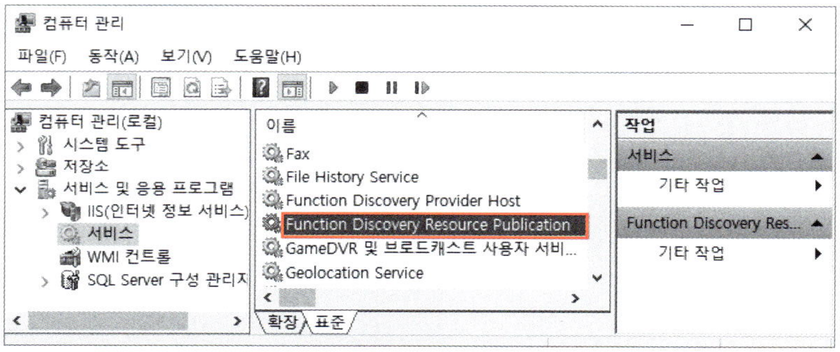

그림 1-51 네트워크상에 있는 컴퓨터가 보이지 않는 경우

Function Discovery Resource Publication은 해당 컴퓨터와 이 컴퓨터에 연결된 리소스를 게시하여 네트워크에서 검색될 수 있게 하는 서비스이다. [일반] 탭에서 '시작 유형'으로 '자동'을 선택하고 '서비스 상태'에서 〈시작〉-〈적용〉-〈확인〉을 클릭하면 현재 사용 중인 컴퓨터와 네트워크 인프라 장치를 확인할 수 있다.

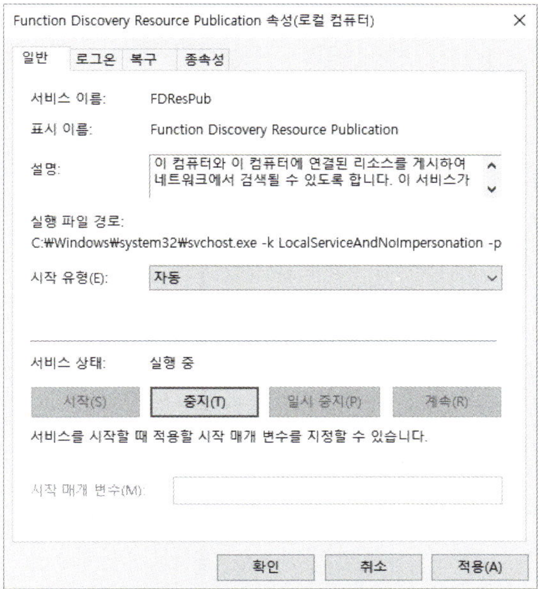

그림 1-52 Function Discovery Resource Publication

2 무선 네트워크 설정

최근 강의실이나 커피숍 등 공공장소에서 노트북(랩톱)을 사용하는 사람이 눈에 자주 띈다. 유선 네트워크는 케이블이 연결된 곳에서만 인터넷을 사용할 수 있지만, 무선 네트워크는 장소의 제약 없이 어디서든 자유롭게 인터넷을 사용할 수 있기 때문이다.

많은 사람이 가정에서도 무선 네트워크를 사용한다. 침대에 편하게 누워 웹 서핑을 하거나 메신저로 대화를 하고, 다른 방에 있는 프린터로 문서를 출력한다. 이 모든 일이 가능한 것은 무선 네트워크의 장점 중 하나인 네트워크의 유연성 때문이다.

무선 네트워크를 설정하고 사용하는 단계를 살펴보자.

❶ 필요한 하드웨어를 확인한 뒤 컴퓨터에 무선 LAN 카드(NIC)를 설치하거나 연결한다(2장 참고).

❷ 무선 네트워크를 사용하여 컴퓨터를 연결한다. 이때 허브, 스위치, 라우터 등의 전송 매체가 필요하다(2장 참고). 무선 네트워크 설정과 네트워크 테스트 방법을 좀 더 자세히 살펴보자.

❷-1 무선 네트워크는 라우터(게이트웨이)가 연결된 컴퓨터에서 네트워크 설정을 확인할 수 있다. '네트워크에 연결되어 있지 않습니다.'라는 메시지가 나타나면 '사용 가능한 네트워크 표시'를 클릭한다.

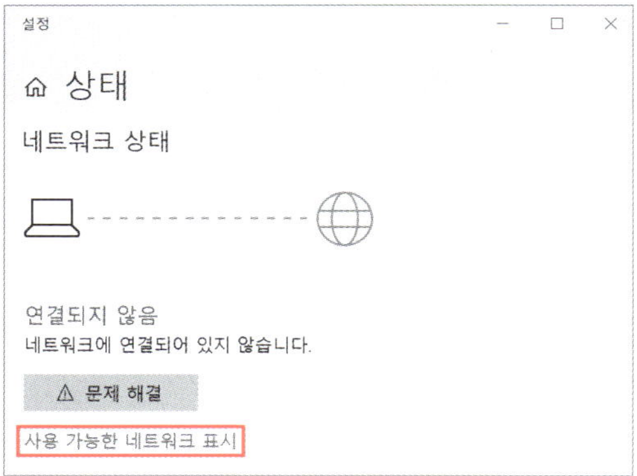

그림 1-53 네트워크에 연결되지 않은 경우

❷-2 보안 적용된 네트워크 중 연결할 네트워크를 선택한 뒤 연결을 클릭하면 연결된 네트워크를 확인할 수 있다.

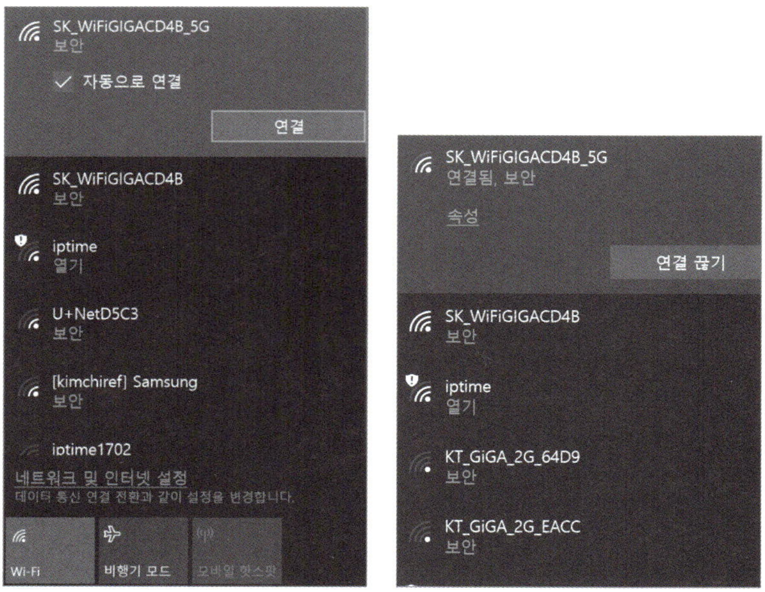

그림 1-54 연결된 네트워크 확인

❷-3 [설정]–[Windows 설정]–[네트워크 및 인터넷]에서 해당 네트워크에 연결된 모습을 확인할 수 있다.

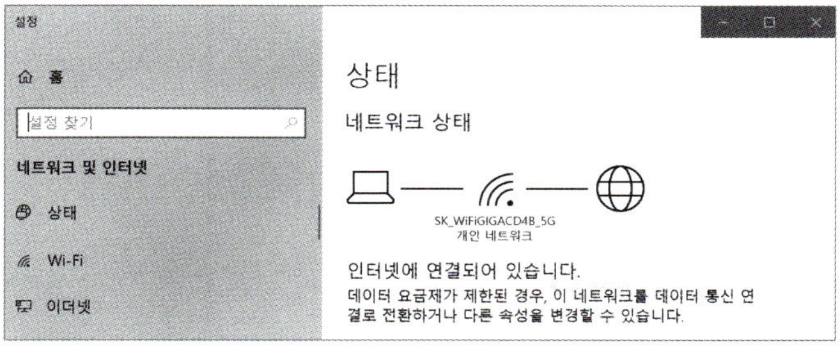

그림 1-55 무선 네트워크 연결 확인

[제어판]–[네트워크 및 인터넷]–[네트워크 및 공유 센터]에서도 활성 네트워크와 Wi-Fi 상태를 확인할 수 있다.

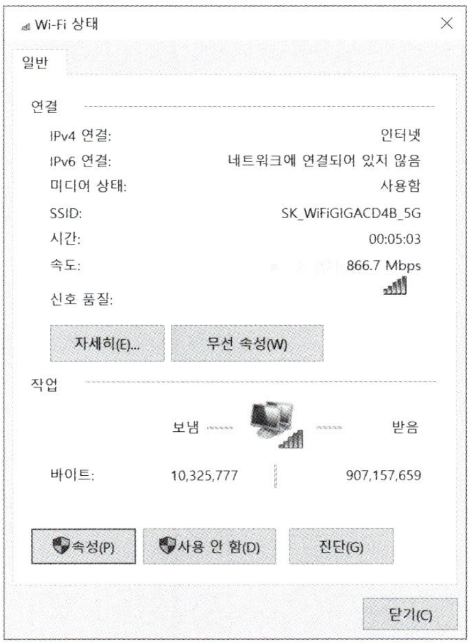

그림 1-56 무선 네트워크 연결 상태 확인

유선 네트워크와 마찬가지로 다수의 컴퓨터를 무선 네트워크로 연결하면 파일이나 프린터 등을 공유하여 사용할 수 있고 인터넷으로 연결하여 다양한 작업도 가능하다.

❸ 네트워크를 테스트하여 컴퓨터와 주변장치가 제대로 연결되었는지 확인한다. 다음 그림과 같이 현재 사용 중인 컴퓨터와 네트워크의 다른 모든 컴퓨터, 네트워크 인프라 장치(유무선 공유기, 게이트웨이 등)가 표시되어야 한다.

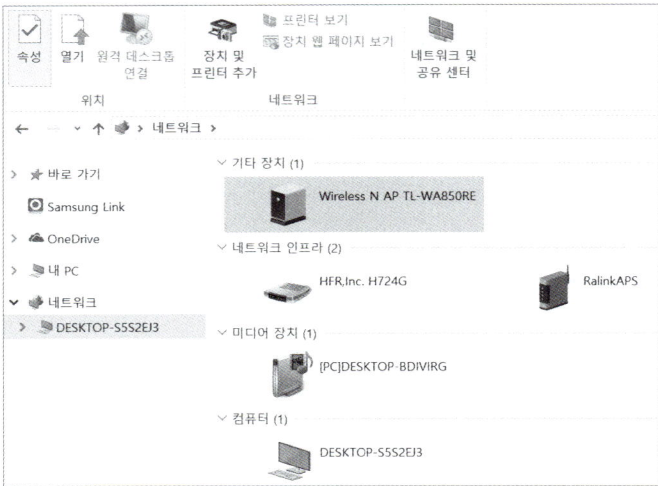

그림 1-57 무선 네트워크 연결 확인

그림 1-58 네트워크 설정 테스트 결과 화면

3 네트워크 명령어

명령 프롬프트에서 명령어를 입력하면 네트워크 설정 정보를 확인할 수 있다.

■ hostname 명령어

컴퓨터 이름을 확인할 수 있다.

```
명령 프롬프트
C:₩Users₩hjjin>hostname
DESKTOP-S5S2EJ3
```

그림 1-59 hostname 명령어

■ net user 명령어

컴퓨터 사용자 계정을 확인할 수 있다.

```
명령 프롬프트
C:₩Users₩hjjin>net user

₩₩DESKTOP-S5S2EJ3에 대한 사용자 계정

-------------------------------------------------------------------------------
--
Administrator            DefaultAccount           Guest
hjjin                    test                     WDAGUtilityAccount
명령을 잘 실행했습니다.
```

그림 1-60 net user 명령어

■ ipconfig 명령어

컴퓨터의 네트워크 설정 정보(IP 주소, 게이트웨이 등)를 확인할 수 있다. IP 주소는 네트워크에 연결된 모든 장치에 있는 고유 주소이며, 이 IP 주소로 서로 통신할 수 있다.

```
명령 프롬프트

C:₩Users₩hjjin>ipconfig

Windows IP 구성


이더넷 어댑터 이더넷:

   연결별 DNS 접미사. . . . :
   링크-로컬 IPv6 주소 . . . . : fe80::a4dd:4884:6d1b:e97%4
   IPv4 주소 . . . . . . . . . : 192.168.35.7
   서브넷 마스크 . . . . . . . : 255.255.255.0
   기본 게이트웨이 . . . . . . : 192.168.35.1

C:₩Users₩hjjin>
```

그림 1-61 ipconfig 명령어

■ ipconfig/all 명령어

컴퓨터의 실제 주소(MAC, 물리적 주소)를 확인할 수 있다.

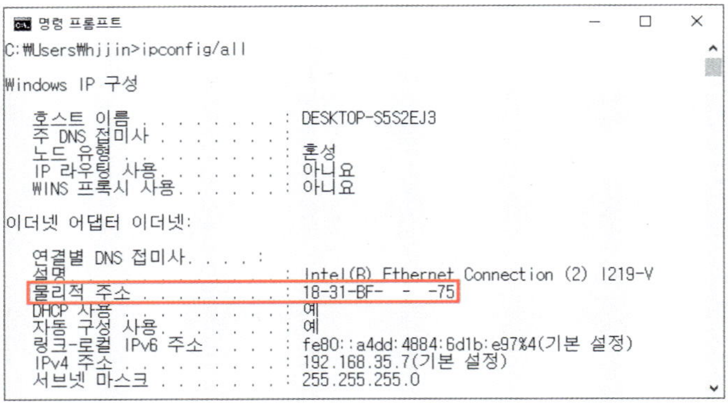

그림 1-62 ipconfig/all 명령어

- **ipconfig/release 명령어**

  현재 IP 주소를 해제할 수 있다. 할당받은 IP 주소가 해제되면서 네트워크 연결이 끊긴다.

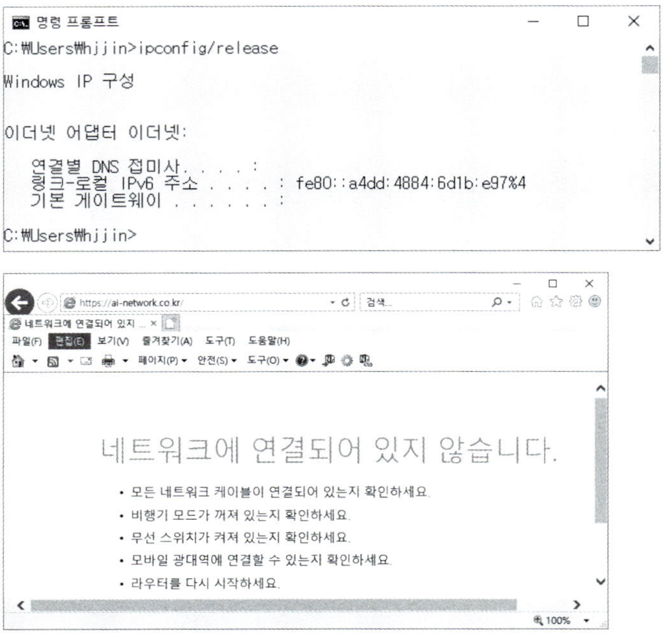

그림 1-63 ipconfig/release 명령어

■ ipconfig/renew 명령어

네트워크에서 DHCP를 사용할 때 컴퓨터의 새로운 IP 주소를 얻을 수 있다. IP 주소를 생성함으로써 네트워크에 연결된다.

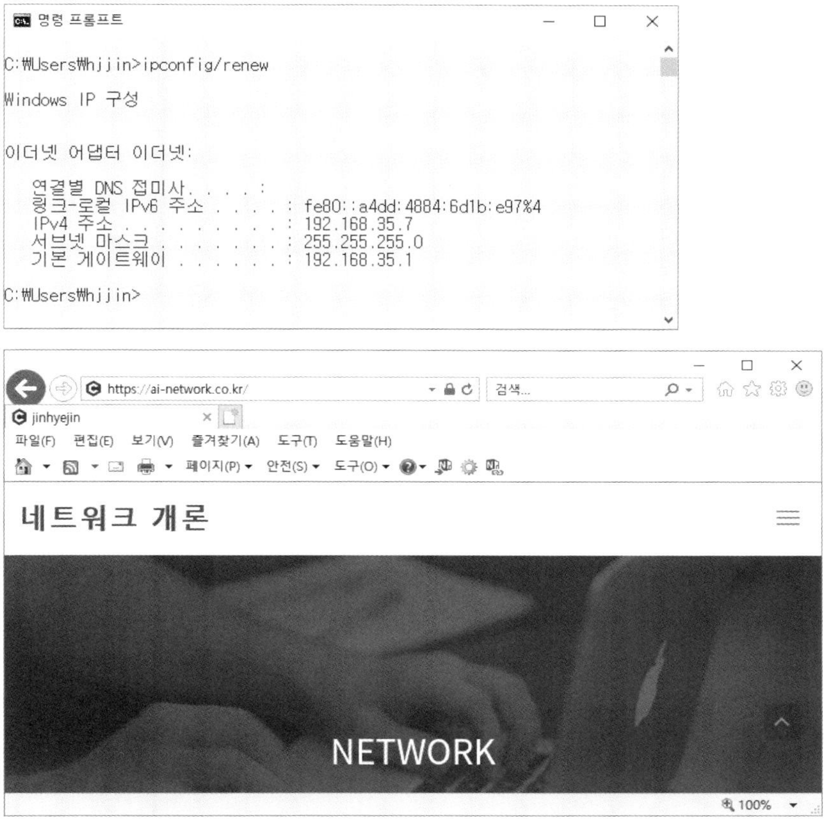

그림 1-64 ipconfig/renew 명령어

■ ping 명령어

컴퓨터의 네트워크 상태를 점검하거나 진단하는 명령어(ping IP 주소)로, 컴퓨터가 네트워크에 제대로 연결되었는지 확인할 수 있다. 문제가 있을 때는 응답이 없거나 왕복 시간이 오래 걸린다.

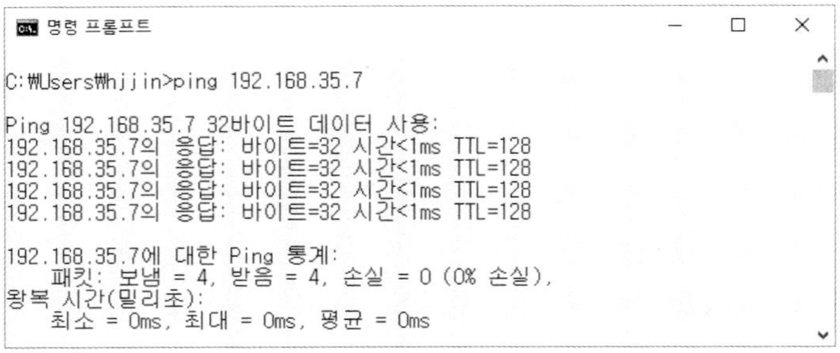

그림 1-65 ping 명령어

요약

01 네트워크는 모뎀이나 LAN, 케이블, 무선 매체 등 통신 설비를 갖춘 컴퓨터로 서로 연결하는 조직이나 체계, 통신망을 말한다.

02 네트워크는 두 대 이상의 컴퓨터를 케이블 등으로 연결하여 서로 데이터를 교환할 수 있도록 만든 시스템이다.

03 다수의 컴퓨터를 네트워크로 연결했을 때의 장점은 데이터 공유, 주변장치와 공유, 능률적인 통신, 손쉬운 백업 등이다.

04 패킷은 컴퓨터 간에 데이터를 주고받을 때 네트워크를 통해 전송되는 데이터의 전송 단위로 헤더, 페이로드, 제어 요소 등을 포함하는 데이터 세그먼트이다.

05 네트워크를 이용하여 데이터를 다른 컴퓨터로 전송하려면 데이터 전송 단위인 패킷으로 분할해야 한다.

06 대역폭은 네트워크에서 이용 가능한 신호의 최고 주파수와 최저 주파수의 차이를 말한다.

07 0과 1의 정보를 나타내는 최소 단위를 비트라고 한다. 비트는 0 또는 1을 모아서 표시할 수 있으며, 8비트를 1바이트라고 한다.

08 네트워크 분석 도구는 LAN 케이블을 지나는 전기 신호를 패킷 형태로 가져와서 이 패킷의 의미를 조사하는 덤프 분석을 수행할 수 있다.

09 HTTP는 웹 사이트에 접속할 때 송수신되는 프로토콜이다.

10 IP는 'Internet Protocol'의 약자로, 인터넷에 연결되어 있는 모든 컴퓨터는 IP라는 인터넷 주소를 가지고 있다. 인터넷에 연결된 컴퓨터는 IP 주소를 할당받아야 한다.

11 접속한 웹 사이트의 IP 주소는 'tracert 도메인명' 또는 'ping 도메인명'으로 확인할 수 있다.

12 다수의 컴퓨터를 네트워크로 연결하면 파일이나 프린터 등을 공유하여 사용할 수 있고 인터넷으로 연결하여 다양한 작업도 가능하다.

13 유선 네트워크는 케이블이 연결된 곳에서만 인터넷을 사용할 수 있지만, 무선 네트워크는 장소의 제약 없이 어디서든 자유롭게 인터넷을 사용할 수 있다.

14 컴퓨터와 주변장치가 제대로 연결되었는지 확인하려면 네트워크를 테스트한다. 현재 사용 중인 컴퓨터와 네트워크의 다른 모든 컴퓨터, 네트워크 인프라 장치가 표시되어야 한다.

15 무선 네트워크는 라우터(게이트웨이)가 연결된 컴퓨터에서 네트워크 설정을 확인할 수 있다.

16 명령 프롬프트에서 네트워크 명령어를 입력하면 네트워크 설정 정보를 확인할 수 있다.

- ipconfig/all 명령어: 컴퓨터의 실제 주소(MAC, 물리적 주소)를 확인할 수 있다.
- ipconfig/release 명령어: 현재 IP 주소를 해제할 수 있다. 할당받은 IP 주소가 해제되면서 네트워크 연결이 끊긴다.
- ping 명령어: 컴퓨터의 네트워크 상태를 점검하거나 진단할 수 있다.

연습문제

01 다수의 컴퓨터를 네트워크로 연결했을 때의 장점을 설명하시오.

02 패킷에 대해 설명하시오.

03 네트워크를 설정하고 사용하는 네 단계를 설명하시오.

04 패킷 전송 과정에 대해 설명하시오.

05 비트와 바이트에 대해 설명하시오.

06 무선 네트워크가 제대로 연결되었는지 확인하는 방법을 설명하시오.

07 네트워크 분석도구의 필요성에 대해 설명하시오.

08 컴퓨터의 네트워크 설정 정보(IP 주소, 게이트웨이 등)를 확인할 수 있는 명령어는 무엇인가?

09 컴퓨터의 네트워크 상태를 점검하거나 진단할 수 있는 명령어는 무엇인가?

기출문제

01 네트워크에 대한 설명으로 가장 잘못된 것은?

① 모뎀이나 LAN, 케이블, 무선 매체 등 통신 설비를 갖춘 컴퓨터로 서로 연결하는 조직이나 체계, 통신망이다.
② 통신 설비로 두 대 이상의 컴퓨터를 서로 연결한 것을 말한다.
③ 대역폭은 네트워크를 통해 전송되는 데이터의 최소 전송 단위이다.
④ 하나의 네트워크에 다수의 네트워크를 연결함으로써 음성, 오디오, 영상, 데이터 등도 전송할 수 있다.

02 다수의 컴퓨터를 네트워크로 연결했을 때 얻을 수 있는 장점으로 거리가 먼 것은?

① 데이터 독점 ② 주변장치 공유
③ 능률적인 통신 ④ 손쉬운 백업

03 패킷에 대한 설명으로 잘못된 것은?

① 네트워크를 통해 한 컴퓨터에서 다른 컴퓨터로 데이터를 전송하려면 패킷으로 분할해야 한다.
② 패킷은 헤더, 페이로드, 제어 요소 등을 포함하는 데이터 세그먼트이다.
③ 헤더는 데이터의 형태와 데이터의 송수신지, 일련번호 등으로 구성된다.
④ 제어 요소는 실제 전송 데이터를 포함하는 부분이다.

04 네트워크 분석 도구에 대한 설명으로 잘못된 것은?

① 네트워크상의 패킷을 가져와서 그 의미를 화면에 표시해주는 소프트웨어이다.
② 컴퓨터나 서버에 설치해서 하드디스크를 통해 네트워크에 접속한다.
③ LAN 케이블을 지나는 전기 신호를 패킷 형태로 가져와서 가져온 패킷의 의미를 조사하는 덤프 분석을 수행할 수 있다.
④ LAN 케이블 등의 매개체를 지나는 신호를 가져와서 패킷을 캡처한다.

05 고성능 오픈 소스 네트워크 분석 도구인 와이어샤크로 패킷을 캡처했을 때 확장자로 올바른 것은?

① pdf ② pcapng ③ tiff ④ xls

06 네트워크 개론 웹 사이트(ai-network.co.kr)에 접속할 때 송수신되는 프로토콜로 올바른 것은?

① IP ② TCP ③ HTTP ④ UDP

07 현재 사용하고 있는 컴퓨터의 IP 주소를 확인하고 싶을 때 사용하는 네트워크 명령어로 올바른 것은?

① hostname ② netuser ③ ipconfig ④ ping

08 웹 사이트의 IP 주소를 확인할 수 있는 네트워크 명령어로 올바른 것은?(2개)

① ping 도메인명 ② arp 도메인명
③ tracert 도메인명 ④ mac 도메인명

09 컴퓨터의 네트워크 설정 정보(IP 주소, 게이트웨이 등)를 확인할 수 있는 명령어는?

10 컴퓨터의 네트워크 상태를 점검하거나 진단하는 명령어는?

11 네트워크를 통해 데이터를 전송할 때 데이터가 전송되는 기본 단위는?

12 무선 네트워크는 (   )가 연결된 컴퓨터에서 네트워크 설정을 확인할 수 있다.

SELF-CHECK

01 현재 사용하고 있는 컴퓨터의 유선 네트워크를 설정한 후 제대로 연결되었는지 테스트한다. 유선 네트워크에 연결된 상태라면 네트워크 연결을 끊은 상태에서 실습한다.

[확인 사항]

- 웹 사이트에 연결되는 것을 확인한다.
- 인터넷 연결 여부를 확인한 뒤 네트워크를 설정한다.
- 컴퓨터와 주변장치가 제대로 연결되었는지 확인하기 위해 네트워크 테스트를 한다. 현재 사용 중인 컴퓨터와 네트워크 접속 장치(유무선 공유기, 프린터) 등이 표시되어야 한다.

02 현재 사용하고 있는 컴퓨터와 노트북(무선 LAN 카드가 설치되어 있어야 함) 등에 무선 네트워크를 설정한 후 제대로 연결되었는지 테스트한다. 무선 네트워크에 연결된 상태라면 네트워크 연결을 끊은 상태에서 실습한다.

[확인 사항]

- 인터넷 연결 여부를 확인한다.
- 컴퓨터와 주변장치가 제대로 연결되었는지 확인하기 위해 네트워크 테스트를 한다. 현재 네트워크에 연결되어 있는 모든 컴퓨터와 장치(기타, 미디어, 네트워크 인프라)의 네트워크 추가 여부를 확인한다.

03 네트워크 명령어를 사용하여 네트워크 설정 정보를 확인한다.

[확인 사항]

- 컴퓨터 이름
- 컴퓨터 사용자 계정
- 네트워크 설정 정보
- 컴퓨터의 MAC 주소
- 네트워크 상태 점검(진단)

CHAPTER 02

네트워크의 구성

학습목표

- 네트워크의 구성을 이해한다.
- 다양한 네트워크의 형태를 이해한다.
- 통신망 구성의 기본인 네트워크 접속 장치를 파악한다.
- 네트워크 접속 형태의 종류와 특징을 파악한다.
- 네트워크 전송 매체의 종류와 특징을 파악한다.

01 네트워크의 구성

집에서 인터넷을 사용하려면 가장 먼저 무엇을 결정해야 할까? 일반적으로 인터넷을 개통할 때는 ISP(인터넷 서비스 제공자)와 인터넷 회선을 결정해야 한다. 필자의 집은 SK브로드밴드 ISP와 인터넷 회선으로 광랜을 사용하고 있다. 우리가 집에서 네트워크를 구성할 때는 ISP와 네트워크를 연결하기 위해 인터넷 공유기가 필요하다.

인터넷 공유기는 집이나 소규모 기업에서 인터넷에 접속할 때 사용하는 브로드밴드 라우터이다. 가정용으로 만든 라우터라고 생각하면 된다. 최근에는 라우터의 기능뿐만 아니라 허브, 스위칭 허브, 방화벽과 같은 다양한 기능도 제공한다.

집에서의 LAN 구성을 살펴보면 보통은 인터넷 공유기를 중심으로 사설망(내부 인터넷망)을 구성하고 다양한 기기를 연결해서 사용한다. 연결 방식은 크게 유선과 무선으로 나뉘는데, LAN 케이블이 필요하면 유선, 필요하지 않으면 무선이라고 생각하면 된다. 필자의 집에서는 컴퓨터가 유선으로 연결되어 있고 노트북과 스마트폰, 프린터는 무선으로 연결되어 있다.

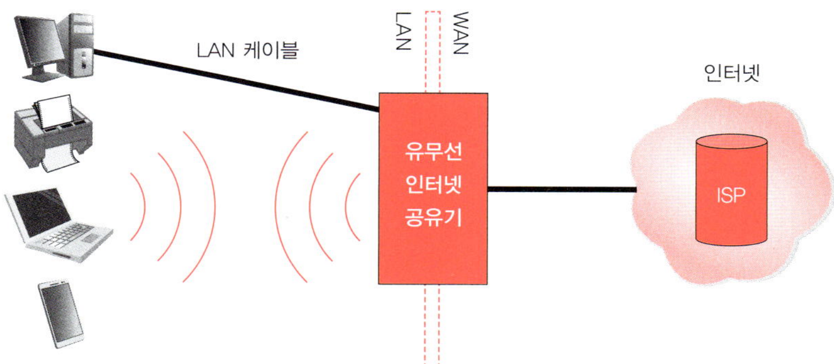

그림 2-1 우리 집 네트워크

이어서 네트워크를 구성하는 요소를 살펴보자.

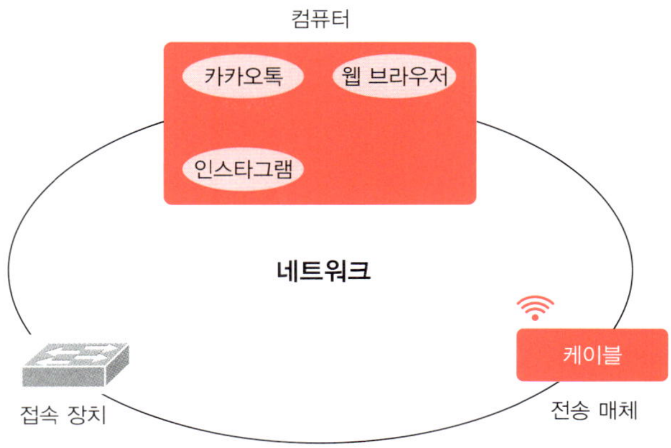

그림 2-2 네트워크 구성 요소

■ PC(컴퓨터나 서버)

우리는 거의 매일 웹 브라우저를 통해 웹 서핑을 하거나 이메일을 주고받으면서 네트워크를 사용하고 있다. 카카오톡으로 친구들과 대화를 나누거나 인스타그램에 다양한 사진을 업로드한다. 웹 브라우저나 카카오톡, 인스타그램은 모두 애플리케이션의 종류이다. 이 밖에도 다양한 애플리케이션이 있으며 네트워크를 사이에 두고 다양한 데이터를 송수신한다.

■ 네트워크 접속 장치

네트워크 접속 장치는 애플리케이션의 데이터를 정상적으로 전송하기 위한 장치이다. 네트워크 접속 장치에는 다양한 종류가 있지만 가장 기본적인 것으로 스위치와 라우터를 들 수 있다. 스위치는 한 네트워크 내부에서 데이터 전송을 수행하는 장치이며, 컴퓨터를 스위치에 연결하는 것은 네트워크에 연결하는 것과 같은 의미이다. 즉 스위치는 네트워크 입구에 해당한다.

라우터는 서로 다른 네트워크를 구분 짓고 연결하는 장치이다. 대부분의 집은 네트워크가 하나뿐이지만 기업의 사내 네트워크에는 많은 네트워크가 존재하는데, 이러한 네트워크를 연결하는 것이 바로 라우터이다. 기술적인 의미의 네트워크는 라우터에 의해 구분되는 범위이다(5장 참고).

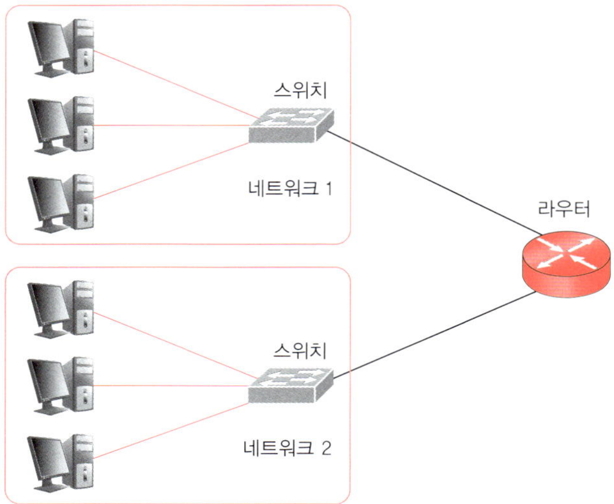

그림 2-3 스위치와 라우터

위 그림과 같이 스위치는 여러 대의 컴퓨터를 네트워크에 연결하기 위해 한 네트워크 안에서의 데이터 전송을 담당하고, 라우터는 네트워크를 구분 짓고 서로 연결하는 역할을 담당한다.

■ **네트워크 전송 매체**

컴퓨터와 네트워크 접속 장치는 전송 매체에 의해 서로 연결된다. 전송 매체는 크게 유선 전송 매체와 무선 전송 매체로 나뉘는데, 유선 전송 매체는 일반적으로 케이블을 말한다. 케이블에는 다양한 종류가 있으므로 네트워크 규격에 맞는 케이블을 사용해야 한다.

무선 전송 매체는 전파를 말하며, 네트워크 통신에 이용되는 전파는 규격에 따라 전파의 파장이나 주파수가 지정되어 있다. 앞에서 살펴본 애플리케이션의 데이터는 0과 1이라는 디지털 신호로 이루어져 있기 때문에, 네트워크에서 데이터를 송신할 때는 전송 매체에 따라 디지털 데이터가 물리적 신호로 변환된다.

02 네트워크의 형태

네트워크가 어떻게 구조화되는지 알아야 여러 가지 형태의 네트워크와 작동 방식을 이해할 수 있다. 많은 사람이 이용하는 버스를 생각해보자. 서울 시내만 운행하는 시내버스(근거리 네트워크)와 서울에서 지방까지 운행하는 고속버스(광역 네트워크)가 있듯이 네트워크도 거리와 크기에 따라 구분할 수 있다.

1 근거리 네트워크

근거리 네트워크Local Area Network, LAN는 범위가 건물 안이나 특정 지역인 네트워크로 유선 케이블, 적외선 링크, 무선 송수신기 등을 이용하여 통신한다. 한 건물 또는 인접한 건물군 내에 있는 네트워크는 하나의 LAN으로 간주된다. 집이나 빌딩 안에 있는 사무실 등 지리적으로 제한된 곳에서 컴퓨터와 프린터, 스캐너 등을 연결할 수 있는 네트워크가 바로 LAN이다.

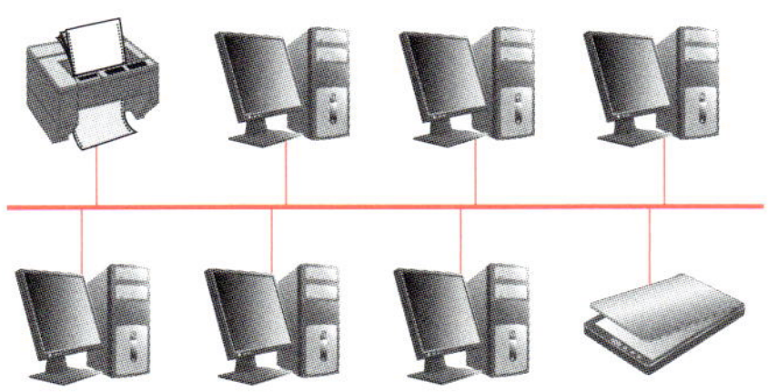

그림 2-4 LAN

인터넷을 사용하다 보면 LAN 카드, LAN 케이블 등 LAN이라는 용어를 자주 접하게 되는데, 이때 LAN은 짧은 거리를 네트워크로 연결한 것을 말한다. 집에서 인터넷을 이용할 때나 PC방, 사무실 등 작은 규모로 컴퓨터를 연결할 때 LAN을 사용한다.

상황에 따라서는 서로 다른 LAN을 함께 연결하는 것이 도움이 되기도 한다. 예를 들어 같은 학과에 속해 있는 연구실 2개는 각각의 LAN을 사용하는데 두 연구실 간에 데이터 통신이 필요할 때는 두 LAN 간에 하나의 링크를 만들어야 한다. 이것이 어떻게 가능한지 이해하려면 네트워크의 데이터 전송 원리와 서로 다른 네트워크 유형의 데이터 공유 방법을 알아야 한다.

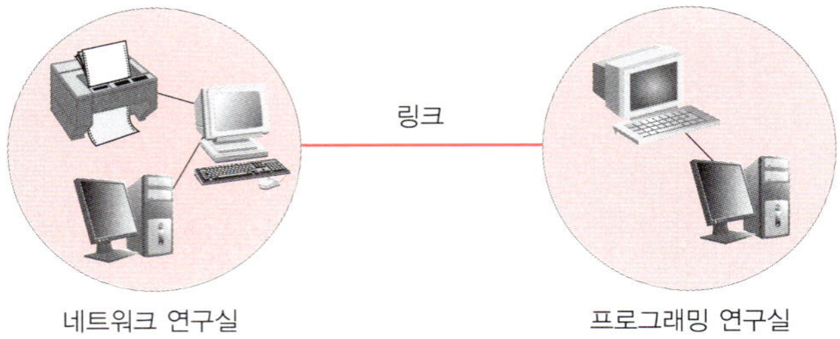

그림 2-5 LAN의 구성

각 LAN은 특정한 프로토콜로 운용된다. 프로토콜은 데이터를 송수신하는 일련의 규칙으로, 하나의 LAN이 여러 프로토콜을 이용할 수도 있다(5장 참고).

2 광역 네트워크

광역 네트워크Wide Area Network, WAN는 2개 이상의 LAN을 넓은 지역에 걸쳐 연결한 것을 말한다. 예를 들어 대학교의 캠퍼스가 서울과 지방에 있을 때 서울 캠퍼스와 지방 캠퍼스가 데이터와 프로그램 등을 공유하기 위해 라우터를 연결하여 광역 네트워크를 구성하기도 한다. 또한 LAN에 포함되지 않은 원격의 컴퓨터들도 WAN을 이용하여 서로 통신할 수 있다.

WAN은 ISP가 제공하는 서비스를 사용하여 구축된 네트워크이다. ISP는 인터넷 상용 서비스 사업을 하고 있는 SK브로드밴드, KT 등과 같은 통신 사업자를 말한다. 예를 들어 서울 캠퍼스와 지방 캠퍼스는 지리적으로는 떨어져 있지만 ISP의 서비스를 사용하여 네트워크를 구축할 수 있다.

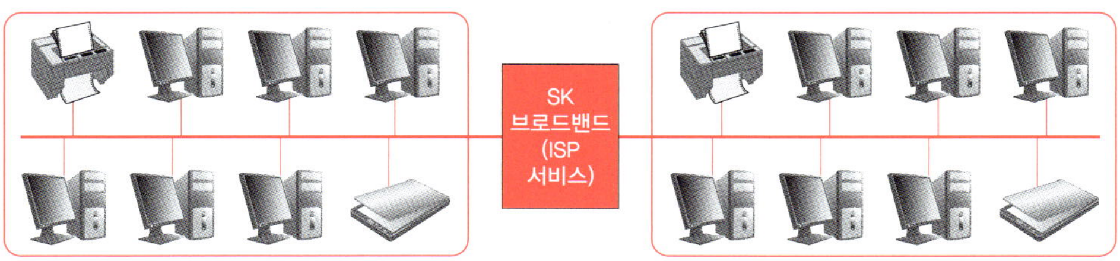

그림 2-6 WAN

LAN은 연결하는 거리가 짧은 만큼 신호가 약해지거나 오류가 발생할 확률이 낮지만, WAN은 멀리 떨어진 LAN과 연결되어 있어 신호가 약해지거나 오류가 발생할 확률이 더 높다. 거리가 멀어지는 만큼 속도가 떨어지기 때문에 WAN이 LAN보다 느리다.

LAN과 WAN의 또 다른 차이점은 데이터 전송에 들어가는 비용이다. 예를 들어 연구소에서 케이블로 컴퓨터들을 연결하여 네트워크를 구성할 때는 케이블 설비를 연구소가 소유하므로 데이터 전송 비용이 고정적이다. 그러나 원거리로 데이터를 전송할 때는 WAN을 사용하므로 보통 데이터 전송 설비(고속 회선이나 무선 기술 등)를 임대하는 비용이 많이 든다.

3 인트라넷

인트라넷intranet은 인터넷에서 사용하는 회선과 여러 기반 기술을 이용하여 구축하는 사설 네트워크를 말한다. 예를 들어 여러 지방에 분산된 대학교 캠퍼스를 전용 회선을 사용한 네트워크로 연결한다면 비용이 만만치 않을 것이다. 이럴 때 인터넷을 이용하면 쉽게 해결할 수 있다. 각 캠퍼스에서 가장 가까운 ISP까지만 연결하면 되기 때문이다. 아무리 멀리 떨어져 있어도 각 캠퍼스를 ISP까지만 연결하면 인터넷을 이용하여 저렴한 비용으로 사설 네트워크를 구축할 수 있다.

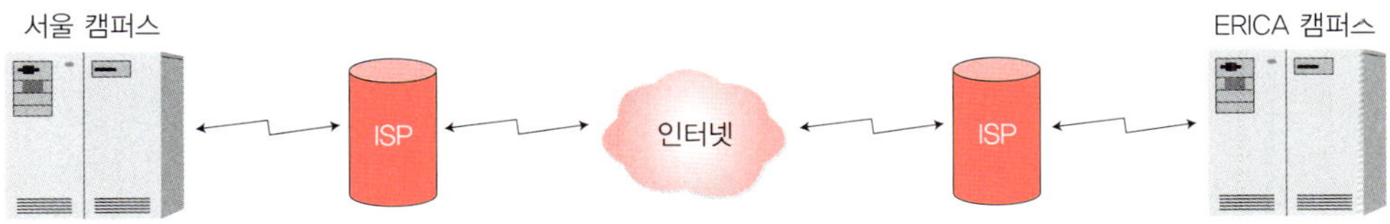

그림 2-7 한양대학교의 인트라넷 구성

인트라넷을 이용하면 모든 캠퍼스에서 문서 관리, 메신저, 게시판, 전자 결재 등을 공개되지 않는 웹 페이지에서 처리할 수 있다.

그림 2-8 한양대학교의 인트라넷

03 네트워크 접속 장치

네트워크 접속 장치는 통신망(근거리 통신망, 광역 통신망) 구성에 가장 기본이 되는 하드웨어이다. 물리적으로 떨어져 있는 다양한 형태의 근거리 통신망을 연결하면 좀 더 복잡하고 큰 광역 통신망을 형성할 수 있으며, 근거리 통신망을 연결하는 데에는 다양한 접속 장치가 필요하다. 컴퓨터나 네트워크 장치는 LAN 카드(NIC)를 사용하여 네트워크에 연결할 수 있다. 또한 허브, 중계기, 스위치, 게이트웨이, 라우터 등을 사용하여 네트워킹 문제를 해결한다. 여기서는 컴퓨터를 네트워크로 연결하는 데 사용하는 허브, 스위치, 라우터, 무선 컴퓨터와 무선 장치를 유선 네트워크에 연결하는 데 사용하는 장치(WAP)를 살펴보자.

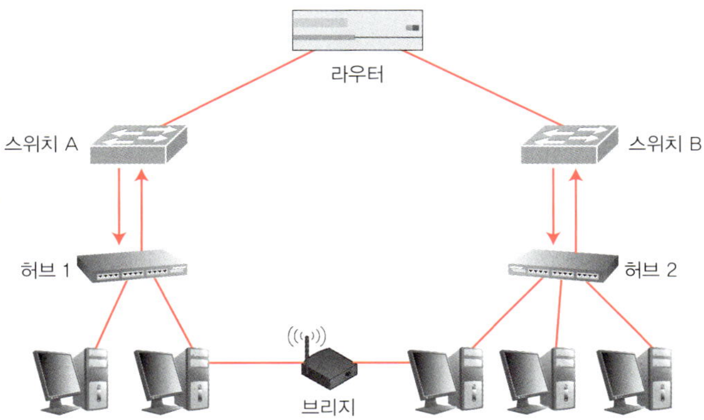

그림 2-9 접속 장치로 연결된 네트워크

1 LAN 카드

LAN 카드Network Interface Card, NIC는 두 대 이상의 컴퓨터로 네트워크를 구성하기 위해 외부 네트워크와 빠른 속도로 데이터를 송수신할 수 있도록 컴퓨터 내에 설치하는 확장 카드를 말한다. 네트워크에 연결하는 물리적 장치에는 반드시 하나 이상의 LAN 카드가 있어야 한다. LAN 카드는 전송 매체에 접속하는 역할과 데이터 입출력 및 송수신, 프로토콜 처리 등을 담당한다. LAN 카드는 마더보드의 확장 슬롯에 설치하며, 네트워크 케이블을 연결하는 외부 포트를 포함하고 있다.

NOTE 확장 슬롯(extended slot)

컴퓨터 본체 내부에 있는 소켓이다. 메모리, 하드디스크 인터페이스 보드, 그래픽 보드, 사운드 보드, LAN 보드 등의 확장 보드를 데이터 통로로 접속할 수 있도록 설계되어 있다.

그림 2-10 LAN 카드(왼쪽)와 USB 무선 LAN 카드(오른쪽)

컴퓨터의 LAN 카드 정보는 [제어판]-[하드웨어 및 소리]-[장치 관리자]-[네트워크 어댑터]에서 확인할 수 있다.

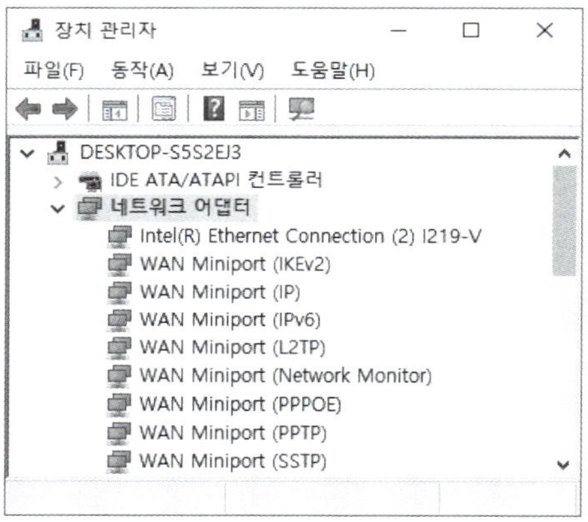

그림 2-11 LAN 카드 정보 확인

각 LAN 카드에는 주민등록번호처럼 고유의 식별 코드가 있다. 이렇게 LAN 카드에 할당된 48비트의 물리적 주소를 MAC 주소Media Access Control address라고 한다. 이 주소는 사용자의 컴퓨터와 물리적 네트워크 사이의 인터페이스 역할을 하며, LAN 카드의 MAC 주소는 [시작]-[모든 프로그램]-[보조프로그램]-[명령 프롬프트(cmd)]에서 ipconfig/all 명령어를 입력하면 확인할 수 있다.

물리적 주소(MAC 주소)에서 앞의 24비트는 LAN 칩셋 제조사를 의미하는 고유 코드이고, 뒤

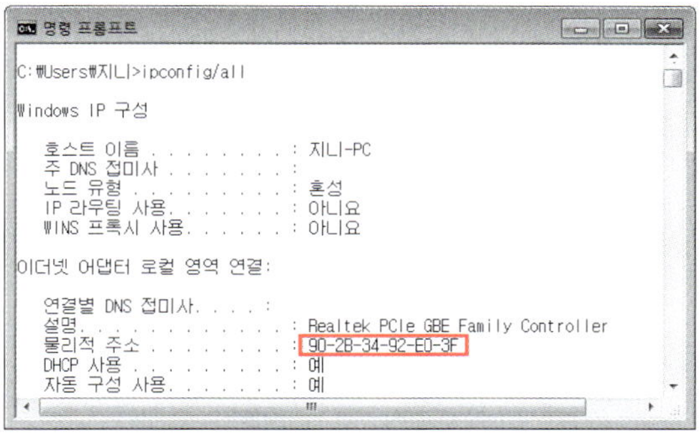

그림 2-12 MAC 주소 확인

의 24비트는 제품의 일련번호와 같이 부여되는 것이므로 전 세계에서 유일한 내 컴퓨터만의 LAN 카드 고유 번호이다(예 92-E0-3F). 실제로 네트워크 통신을 할 때 하드웨어가 사용하는 주소는 LAN 카드에 할당된 MAC 주소이다.

컴퓨터에 내장된 LAN 카드에 이상이 생기면 인터넷 연결이 끊기는데, 이때 ping 명령어를 이용하여 네트워크 상태를 점검하고 진단할 수 있다. [시작]-[모든 프로그램]-[보조프로그램]-[명령 프롬프트(cmd)]에서 ping 127.0.0.1 또는 ping localhost 명령어를 입력하면 된다.

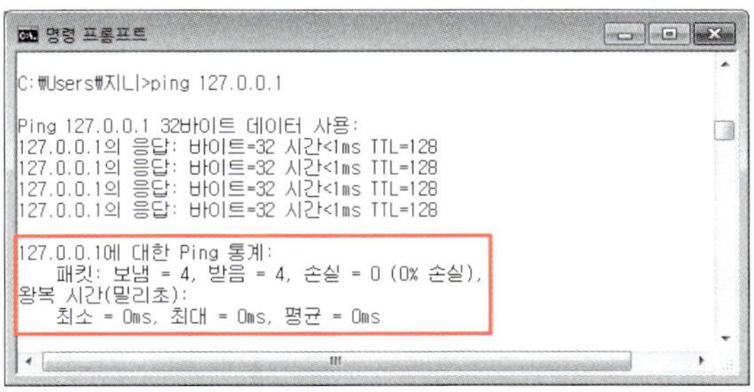

그림 2-13 네트워크 상태 진단

출력 결과 중 127.0.0.1의 응답 부분은 ping 전송 요청에 대한 해당 컴퓨터의 수신 상태를 나타낸다. 32바이트 크기의 패킷을 보낸 후 1ms(밀리초, 1/1000초) 만에 수신한 것이다. 총 네 번의 ping 요청을 전송하고 네 번 모두 1ms 내의 빠른 응답을 받았으니 네트워크 연결 상태가 원활하다고 판단할 수 있다. 응답 시간이 느리다면 패킷 송수신에 병목 현상이 발생한 것이다. [그림 2-13]에서 Ping 통계에 출력된 내용은 패킷을 송신한 후 모두 제대로 수신했음을 보여준다.

2 허브

허브hub는 여러 개의 입력 및 출력 포트가 있는 특수한 형태의 네트워크 장치이다. 네트워크에 연결할 컴퓨터가 두 대뿐일 때는 허브를 사용하지 않고 두 컴퓨터의 네트워크 카드를 케이블로 직접 연결하면 된다. 하지만 연결할 컴퓨터가 세 대 이상이라면 허브를 사용해야 편리하게 연결할 수 있다. 한 포트에서 수신된 신호는 허브의 다른 모든 포트로 즉시 재전송되며, 모든 입력과 출력이 서로 연결되어 있어 여러 개의 노드가 똑같은 중계기를 공유할 수 있다.

허브를 사용하면 네트워크에 연결된 컴퓨터끼리 통신할 수 있다. 각 컴퓨터는 이더넷 케이블(UTP)을 사용하여 허브의 각 포트에 연결되고, 한 컴퓨터에서 다른 컴퓨터로 전송되는 데이터는 허브를 통과한다. 더미 허브는 수신되는 데이터의 의도한 대상을 식별할 수 없기 때문에 데이터를 보내는 컴퓨터를 비롯하여 연결된 모든 컴퓨터에 데이터를 보낸다. 더미 허브는 데이터를 주고받을 수는 있으나 동시에 수행하지는 못하므로 스위치보다 느린 것이 단점이지만, 네트워크 접속 장치 중에서 가장 간단하고 저렴하다.

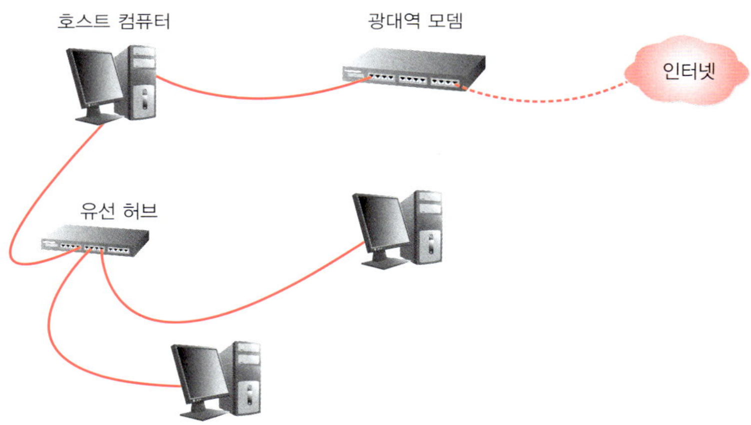

그림 2-14 허브로 연결된 네트워크

허브에는 더미 허브dummy hub, 스위칭 허브switching hub, 스태커블 허브stackable hub, 인텔리전트 허브intelligent hub 등이 있다.

■ **더미 허브**

데이터를 네트워크의 다른 컴퓨터로 전송하는 장치로, 단순히 컴퓨터와 컴퓨터 간의 네트워크를 중계하는 역할을 한다. 네트워크의 전체 대역폭을 노드 수만큼 분할해서 사용하기 때문에 허브에 연결된 노드 수가 증가하면 네트워크의 속도가 떨어진다. 예를 들어 100Mbps 대역폭을 제공하는 이더넷에 4포트 허브로 컴퓨터 다섯 대를 연결하면 각 컴퓨터는 25Mbps 대역폭만 할당받는다. 즉 허브에 연결된 컴퓨터의 수가 어느 정도 이상이면 전체 네트워크의 전송 속도가 급격히 떨어지는데 이를 '네트워크 트래픽'이라고 한다. 이러한 이유로 더미 허브는 연결하는 노드 수가 적은 소규모 네트워크(10여 대 이하)를 구축하는 데 사용한다.

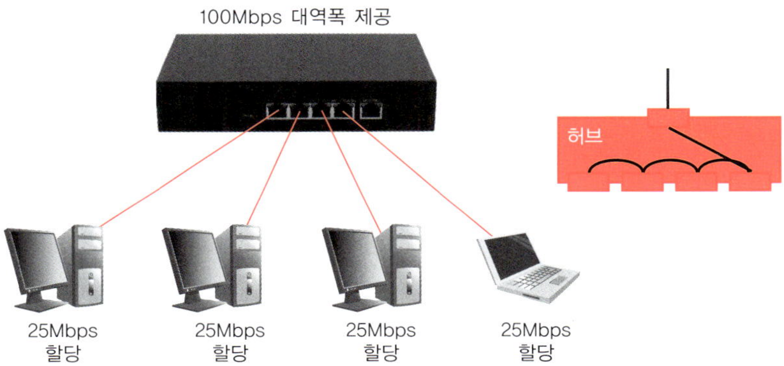

그림 2-15 더미 허브

- **스위칭 허브**

전체 대역폭을 컴퓨터 노드 수만큼 나누어 사용하는 문제점을 해결한 접속 장치이다. 단순히 전송하는 기능을 넘어 수신지 주소로 스위칭하는 기능이 있고, 노드들을 각각 점대점으로 접속시키기 때문에 네트워크의 효율이 훨씬 높다. 예를 들어 100Mbps 대역폭을 제공하는 이더넷에 4포트 허브로 컴퓨터 다섯 대를 연결하면 각 컴퓨터는 100Mbps 대역폭을 보장받는다. CSMA/CDCarrier Sense Multiple Access with Collision Detection(반송파 감지 다중 접근/충돌 검출) 방식의 네트워크에서도 충돌이 발생하지 않기 때문에 더미 허브보다 전송 속도가 훨씬 빠르다.

그림 2-16 24포트 기가비트 스위칭 허브

NOTE

스위칭(switching)

수신 측 주소를 읽어 그 주소의 단말기로만 데이터를 보내는 기능을 말한다. 반면에 더미 허브는 받은 데이터를 접속된 모든 단말기에 전송한다.

점대점(point-to-point)

노드들이 동등하게 링크를 공유하는 특성을 말한다.

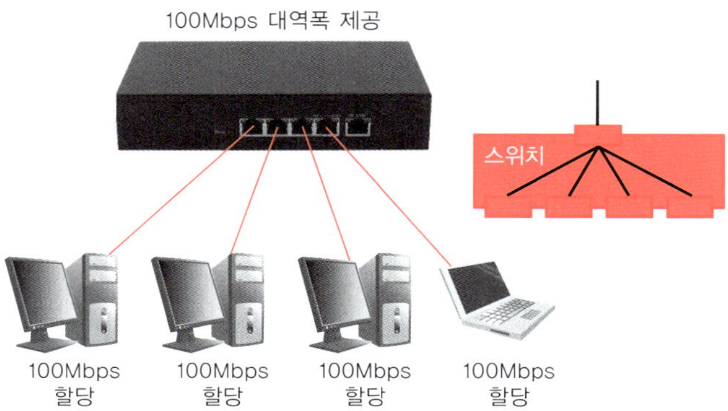

그림 2-17 스위칭 허브

■ 스태커블 허브

스택 접속 포트를 갖춘 허브로, 허브와 허브 사이를 연결하여 용량을 확장할 수 있다. 중규모 이상의 네트워크는 스태커블 허브를 여러 층 쌓아서 구성한다. 일반 포트를 이용하여 여러 더미 허브를 연결하면 컴퓨터 사이에 데이터 전송 속도의 차이가 발생할 수 있다. 하지만 스태커블 허브를 사용하면 여러 허브가 하나의 허브처럼 동작하기 때문에 전송 속도의 차이가 적다.

스태킹을 위한 장치는 마스터 허브master hub와 슬레이브 허브slave hub로 구성된다. 스태킹된 허브는 하나의 장치처럼 인식되기 때문에 네트워크 관리자는 허브 한 대만 관리하면 된다. 스태킹되는 포트는 별도로 2포트 이상이 제공되고 최대 규격 범위까지 스태킹이 가능하다.

그림 2-18 스태커블 허브

NOTE 스태킹(stacking)

허브에서 제공하는 포트 수를 초과할 때는 두 대 이상의 장치가 필요하다. 스태킹은 두 대 이상의 장치를 하나의 시스템으로 관리하기 위해 여러 층으로 쌓아서 연결하는 기능을 말한다.

■ 인텔리전트 허브

신호의 조절과 변경 등 다양한 지능형 기능을 포함한 허브를 말한다. 네트워크 관리 시스템Network Management System, NMS을 이용하여 데이터 제어와 분석이 가능하며, 모든 단말기가 영향을 받는 충돌이 발생했을 때 충돌을 일으키는 포트를 강제로 차단하여 나머지 단말기가 문제없이 통신할 수 있다.

3 스위치

스위치switch는 컴퓨터에 할당되는 대역폭을 극대화하는 장치로, 허브와 달리 근거리 통신망이 제공하는 대역폭을 컴퓨터로 모두 전송한다. 예를 들어 고속 이더넷 스위치는 연결된 컴퓨터의 수에 상관없이 보편적으로 100Mbps 대역폭을 제공하며 1G 또는 10G 대역폭을 제공하기도 한다.

그림 2-19 16포트 고속 이더넷 스위치

스위치는 데이터를 하드웨어로 처리하므로 브리지보다 처리 속도가 빠르다. 또한 브리지는 연결되는 포트에 똑같은 속도를 지원하는 반면 스위치는 서로 다른 속도를 연결하는 기능을 제공한다. 브리지가 보통 2~3개 정도의 포트를 제공한다면, 스위치는 몇 십 개나 몇 백 개의 포트를 제공한다.

스위치는 허브와 동일한 방식으로 작동하지만 수신하는 데이터의 수신 컴퓨터를 식별할 수 있으므로 데이터를 수신하기로 되어 있는 컴퓨터에만 데이터를 보낸다. 또한 스위치는 데이터를 동시에 송수신할 수 있으므로 허브보다 빠른 속도로 데이터를 보낸다. 따라서 홈 네트워크에 많은 컴퓨터를 연결했거나, 음악이나 동영상을 공유해야 하거나, 네트워크 게임처럼 컴퓨터 간에 많은 데이터를 전송해야 하는 작업에는 허브 대신 스위치를 사용하는 것이 좋다.

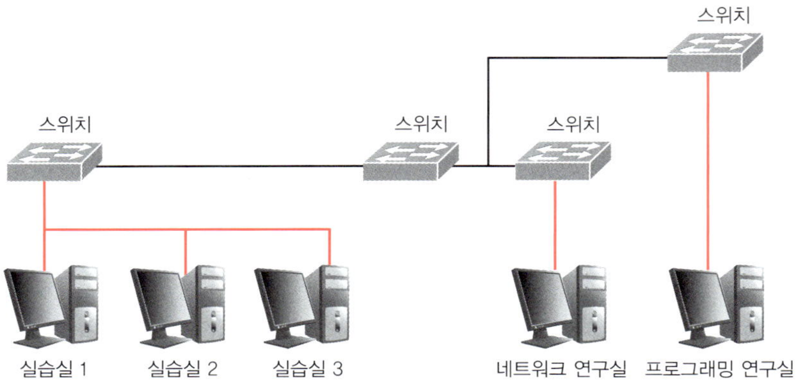

그림 2-20 스위치가 있는 네트워크

4 브리지

브리지bridge는 2개 이상의 근거리 통신망을 연결하여 하나의 네트워크로 만드는 장치로, 수신지 주소에 따라 특정 네트워크 트래픽만 통과시킬 수 있도록 설계된 특수한 형태의 네트워크 스위치이다. 근거리 통신망에서 하나의 장치가 데이터를 송신할 때 다른 장치도 데이터를 송신하면 충돌이 발생한다. 이처럼 네트워크에 노드가 많아지면 충돌이 발생할 확률이 높고 통신 속도도 떨어지는데 브리지를 이용하면 이러한 문제를 해결할 수 있다. 브리지는 받은 신호를 증폭하고 입력과 출력을 연결하는 스위치와 비슷한 역할을 하지만, 전체 네트워크의 트래픽을 줄이기 위해 네트워크를 세그먼트 단위로 분할한다는 점이 스위치와 다르다.

NOTE 세그먼트(segment)

하나의 허브나 스위치로 구성된 가장 작은 규모의 네트워크를 말한다. 네트워크의 대역폭을 증가시키기 위해 여러 개의 세그먼트로 나누어 관리한다.

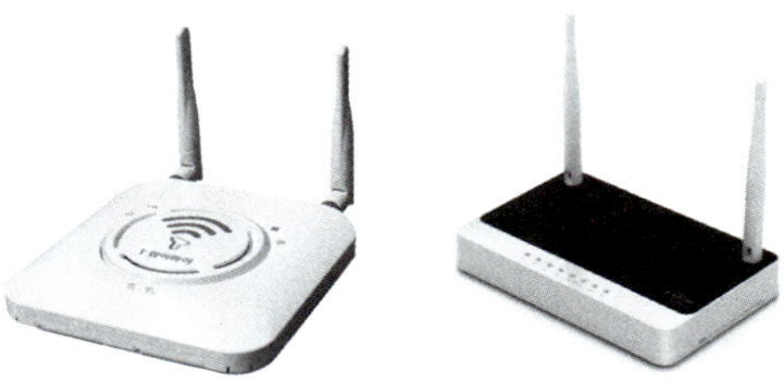

그림 2-21 브리지

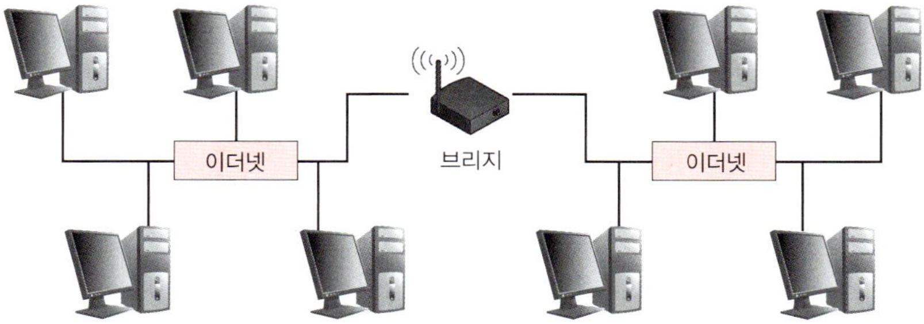

그림 2-22 브리지가 있는 네트워크

5 게이트웨이

게이트웨이gateway는 종류가 다른 2개 이상의 네트워크를 서로 접속하여 정보를 주고받을 수 있는 장치이다. 근거리 통신망 등 하나의 네트워크를 다른 네트워크와 연결할 때 사용된다. 브리지와 달리 게이트웨이는 서로 다른 프로토콜 통신망 간에도 프로토콜을 변환하여 정보를 주고받을 수 있다.

그림 2-23 게이트웨이

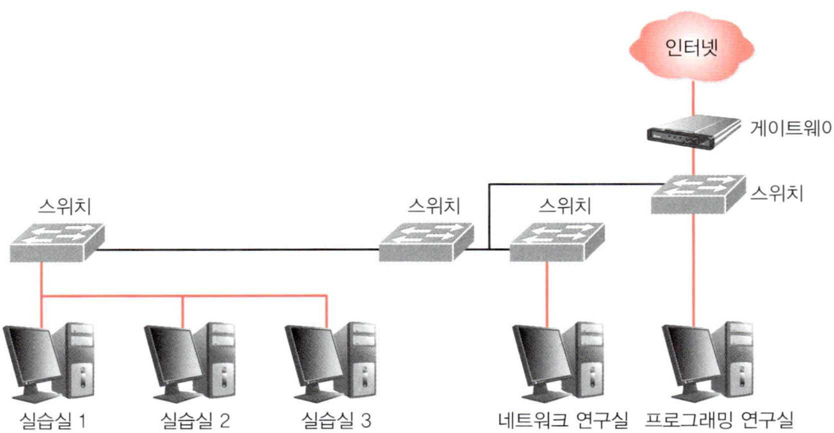

그림 2-24 게이트웨이가 있는 네트워크

6 중계기

중계기repeater는 접속 시스템의 수를 증가시키거나 네트워크 전송 거리를 연장하기 위해 사용하는 장치로, 네트워크에서 신호를 수신하여 증폭한 후 다음 구간으로 재전송하는 역할을 한다. 네트워크에서 데이터를 전송할 때 케이블에 따라 전송 거리에 제약이 있을 수 있는데, 흔히 사용하는 UTP 케이블은 보통 100m 정도까지만 가능하다. 따라서 전송 거리가 100m 이상일 때는 중계기를 이용하여 신호를 재전송해야 한다.

그림 2-25 중계기

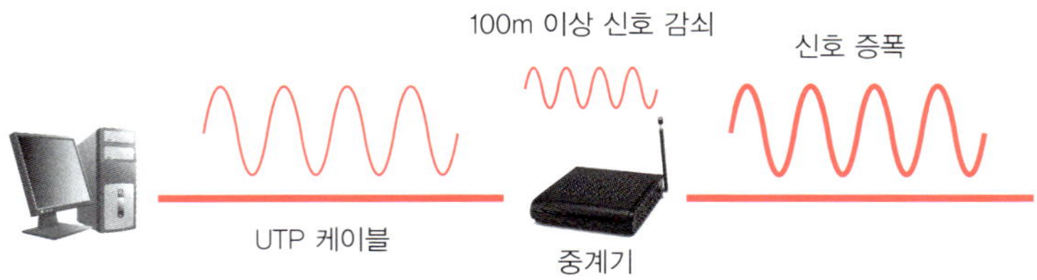

그림 2-26 중계기 사용

광섬유 케이블도 수 km에서 수백 km로 전송 거리가 제한적이다. 이때 중계기는 케이블 전송 거리 제약에 의한 신호 감쇠 문제를 해결해주기 때문에 중계기를 여러 개 사용하여 먼 거리까지 데이터를 전송할 수 있다. 장거리로 전송하면 신호가 약해지거나 감쇠되는데, 중계기는 노드 사이의 케이블에서 신호를 증폭하여 이를 해결한다. 중계기는 신호를 증폭하기만 할 뿐 데이터의 내용을 변경하지 않는다. 중계기는 통신망을 구성하는 세그먼트를 확장하거나 서로 연결하는 데 주로 사용하며, 간혹 물리적 저항과 임피던스로 신호의 감쇠가 발생하면 신호를 재생하고 타이밍을 재조정하기도 한다.

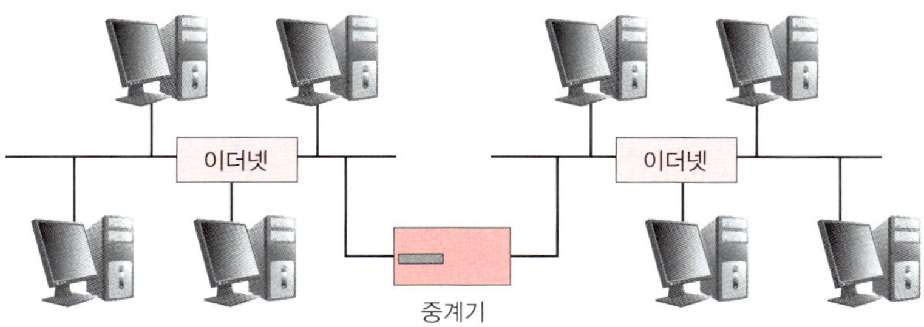

그림 2-27 중계기가 있는 네트워크

NOTE 임피던스(impedance)

회로에서 전압이 가해졌을 때 전류의 흐름을 방해하는 정도로, 교류 전류의 방해를 의미한다.

7 라우터

라우터router는 서로 다른 네트워크 간에 통신하는 데 사용하는 장치로, 구조가 다른 망을 연결할 수 있어 근거리 통신망LAN과 대도시 통신망MAN, 광역 통신망WAN을 연결하는 데 이용된다. 또한 IP 주소를 바탕으로 데이터가 수신지까지 갈 수 있는 경로를 검사하여 효율적인 경로를 선택하는 라우팅routing 기능도 수행한다. 라우팅은 라우터에 있는 라우팅 테이블이 결정하는데, 라우팅 테이블은 인터넷상에서 수신지의 주소를 토대로 경로상의 다음 주소를 결정하여 그 경로로 데이터를 보낸다. 라우팅 테이블은 라우터 간의 정보 교환을 동적으로 변경할 수 있다.

그림 2-28 라우터

라우터의 또 다른 특징은 다음과 같다.

- 오류 패킷의 폐기 기능과 혼잡 제어 기능을 수행한다.
- 논리 주소에 따라 네트워크 트래픽의 방향을 지정한다.
- 둘 이상의 네트워크를 연결하는 데 사용한다.
- 웹 페이지 요청을 수신지로 전송하는 데 결정적인 역할을 한다.

라우터를 사용하면 서로 다른 네트워크(홈 네트워크와 인터넷) 간에 데이터를 전송할 수 있다. 라우터에는 이더넷 케이블을 사용한 유선 라우터와 무선 라우터가 있다. 라우터는 방화벽과 같은 일차적인 보안 기능을 제공하며, 허브나 스위치보다 가격이 비싸다.

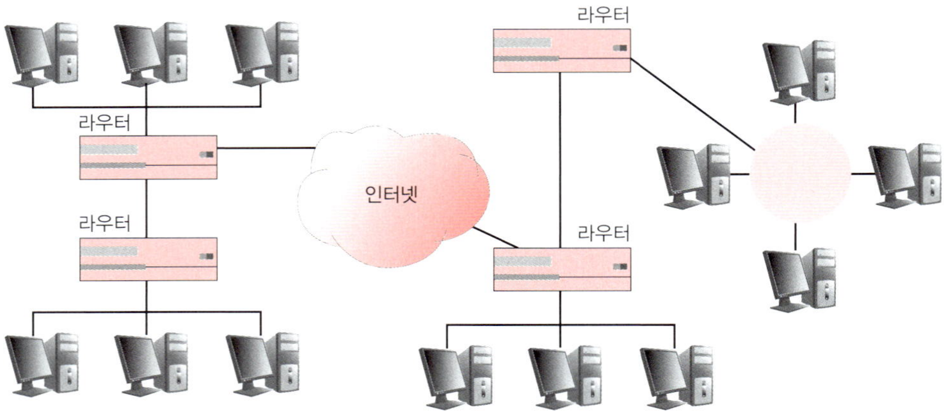

그림 2-29 라우터가 있는 네트워크

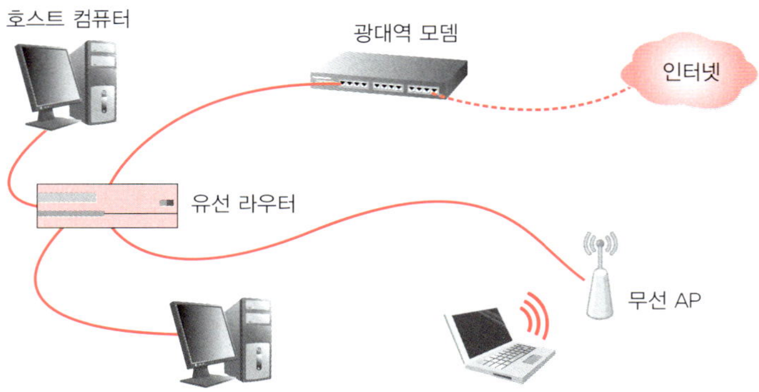

그림 2-30 무선 AP와 유선 라우터가 있는 네트워크

노트북(무선 컴퓨터) 등의 무선 접속 장치를 유선 네트워크에 무선으로 연결하는 데 사용하는 장치인 AP는 유선 이더넷 네트워크에 무선 액세스를 제공한다. AP는 허브나 스위치, 유선 라우터에 연결되어 무선 신호를 전송한다. AP는 위치를 이동하면서도 계속해서 네트워크에 무선으로 액세스할 수 있다. 공항이나 커피숍 등 공공장소에서 공용 무선 네트워크를 사용하여 인터넷에 무선으로 연결할 때는 AP를 이용한다. 그러나 무선 기능을 제공하는 라우터는 컴퓨터를 무선으로 연결할 때 AP가 필요하지 않다.

NOTE AP(Access Point)

무선 LAN 카드로 서로 간의 네트워크를 연결하는 장치를 말한다.

04 네트워크 접속 형태

전송 매체와 프로토콜이 결정되면 다양한 형태로 컴퓨터를 구성할 수 있다. 네트워크의 구성을 '네트워크 토폴로지network topology'라고도 하는데, 이는 네트워크에 연결되어 있는 노드와 링크가 물리적 또는 논리적으로 배치되어 있는 방식을 말한다. 여기서 노드는 네트워크에 연결된 주소가 있는 통신 장치를 말하고 컴퓨터, 프린터, 복합기 등이 하나의 노드가 될 수 있다. 링크 하나에 2개 이상의 노드가 연결되며, 2개 이상의 링크가 접속 형태를 구성한다.

네트워크 접속 형태는 네트워크에 연결된 여러 노드의 물리적인 배열이 아닌 상호 연결 방법을 보여준다. 예를 들어 성형 접속 형태는 네트워크의 모든 노드가 별 모양인데, 이는 허브에 물리적으로 놓여 있는 모습이 아니라 상호 연결 방법을 나타낸다.

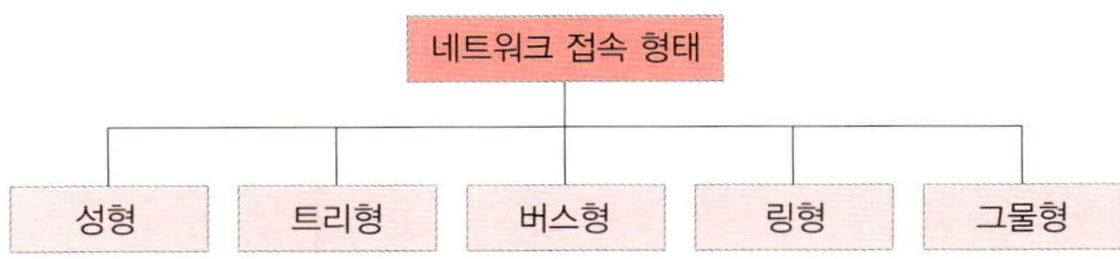

그림 2-31 네트워크 접속 형태에 따른 분류

> **NOTE** 네트워크 접속 형태에는 노드들이 동등하게 링크를 공유하는 점대점 관계, 한 노드는 전송을 제어하고 다른 노드는 제어 장치로 전송하는 주종(primary-secondary) 관계가 있다. 링형과 그물형은 점대점 관계에 적합하고, 성형과 트리형은 주종 관계에 적합하다. 그리고 버스형은 점대점 관계와 주종 관계에 모두 적합하다.

네트워크 접속 형태에는 성형star topology, 버스형bus topology, 트리형tree topology, 링형ring topology, 그물형mesh topology, 혼합형hybrid topology 등이 있으며, 사용 목적에 따라 확장성, 전송 효율, 경제성 등을 기준으로 결정한다.

1 성형

성형은 가장 일반적인 네트워크 구성 형태로 전화망에서 유래했다. 네트워크 중앙에 위치한 허브가 모든 노드를 연결하는데, 허브가 회선 교환 방식을 사용하여 통신하려는 노드 2개에 전용 회선을 만들어준다. 성형은 일대일로 구성되는 점대점의 확장 형태라고 할 수 있다.

성형에서는 모든 노드가 중앙의 허브에 연결되어 통신하므로 허브가 통신망의 처리 능력과 신뢰성을 좌우한다. 성형에서 하나의 케이블은 허브 같은 중앙의 네트워크 장치하고만 연결되므로 배선 문제는 해당 노드에만 영향을 줄 뿐 네트워크 전체에 영향을 미치지 않는다. 따라서 링형이나 버스형 접속 형태처럼 한 노드만 고장이 나도 네트워크 전체가 다운되는 일이 발생하지 않는다.

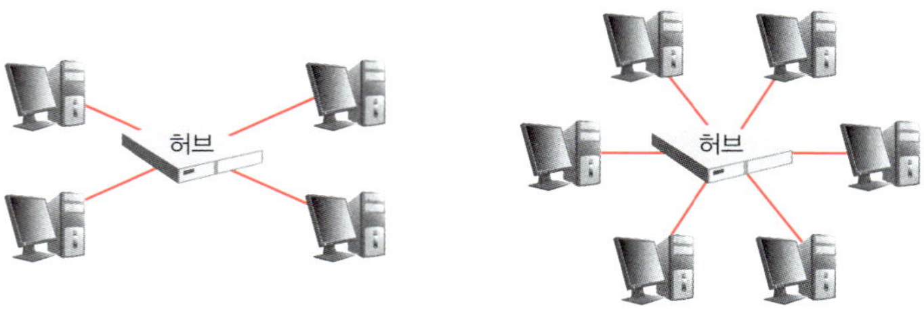

그림 2-32 성형 접속 형태

성형은 중앙에 위치한 메인프레임(허브)에 터미널을 연결한 메인프레임 시스템의 형태이다. 빠른 속도로 작동하는 메인프레임 시스템은 많은 입출력 장치를 신속하게 제어하여 여러 사용자가 함께 사용할 수 있는 컴퓨터 시스템으로 대기업, 은행, 병원 등에서 활용하고 있다. 각 장치가 직접 연결되어 있지 않기 때문에 직접적으로 통신할 수 없으며, 중앙에 있는 제어 장치(허브)가 교환 역할을 한다. 송신 측에서 수신 측으로 데이터를 전송할 때는 데이터를 중앙의 허브로 보내면 허브가 주소가 가리키는 수신지로 데이터를 전송한다.

■ 장점

- 성형에서는 각 장치와 다른 장치를 연결하는 링크 하나와 I/O 포트 하나만 필요하므로 설치 비용이 저렴하고, 중앙 집중적인 구조이므로 유지·보수나 확장이 용이하다.
- 링크 하나가 끊어져 작동하지 않을 때 그 링크만 영향을 받고 다른 링크는 영향을 받지 않는다(안전성). 이러한 특징 덕분에 결함을 쉽게 식별하고 분리할 수 있기 때문에 허브는 링크에서 발생한 문제를 점검하여 결함이 발견된 링크를 우회하는 역할을 한다.

■ 단점

- 중앙에 있는 전송 제어 장치에 장애가 발생하면 전체 네트워크가 작동할 수 없고, 통신량

이 많으면 전송이 지연된다.

- 각 노드가 중앙 허브와 연결되어야 하므로 다른 접속 형태(링형, 버스형)보다 많은 케이블을 연결해야 한다.

2 버스형

버스형은 모든 네트워크 노드와 주변장치가 파이프 등의 일자형 케이블(버스)에 연결되어 있는 형태이다. 다음 그림과 같이 버스형에서는 하나의 긴 케이블이 네트워크의 모든 장치를 연결하는 중추 네트워크 역할을 한다. 모든 노드는 하나의 케이블에 연결되어 있고, 케이블의 시작과 끝에는 터미네이터라는 장치를 붙여서 신호가 케이블로 되돌아오는 것을 막는다.

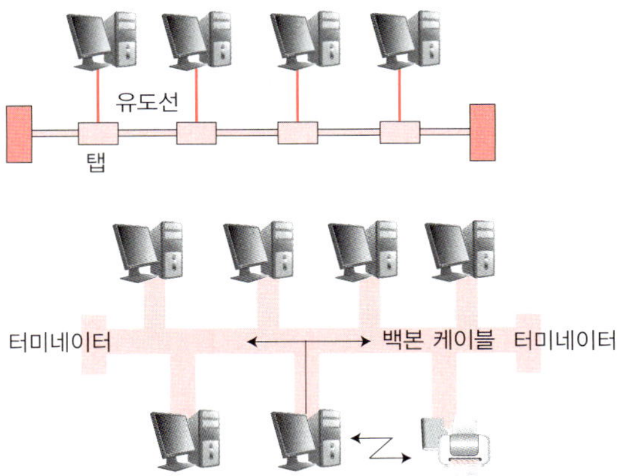

그림 2-33 버스형 접속 형태

NOTE 터미네이터(terminator)

LAN의 전기 신호가 양끝에서 반사되는 것을 방지하기 위해 덧붙이는 종단기이다.

버스형에서는 케이블에 연결되어 있는 하나의 노드가 데이터를 전송하면 브로드캐스팅되어 나머지 노드가 수신할 수 있다. 연결된 다른 노드들은 데이터의 수신 측 주소가 자신이면 수신하고, 그렇지 않으면 흘려보낸다.

NOTE 브로드캐스팅(broadcasting)

하나의 송신 측이 다수의 수신 측 단말을 지정하여 동일한 정보나 메시지를 동시에 전송하는 것을 말한다.

노드는 탭과 유도선으로 버스에 연결된다. 탭은 주 케이블의 연결 장치나 전선의 금속성에 연결하기 위해 케이블의 피복에 구멍을 낸 것이고, 유도선은 주 케이블과 장치를 연결하는 선을 말한다. 신호가 중추 네트워크를 따라 이동할 때 그 에너지의 일부가 열로 반환되므로 신호는 멀리 이동할수록 점점 약해진다. 이러한 이유로 버스가 수용할 수 있는 탭 수와 탭 간 거리가 제한된다.

■ **장점**

- 간단히 설치할 수 있고 케이블 비용이 적게 든다. 또한 장치를 추가하기 쉽고 고장이 나도 전체 네트워크에 영향을 미치지 않는다.
- 중추 케이블을 가장 효과적으로 설치할 수 있고 다양한 길이의 유도선으로 노드를 연결할 수 있기 때문에 성형이나 트리형 접속 형태보다 사용하는 케이블양이 적다. 예를 들어 성형에서는 같은 공간에 있는 네트워크 장치 4개가 허브까지 도달하는 데 장치별로 케이블이 필요하지만 버스형에서는 중추 케이블이 전체적으로 설치되어 있으므로 각 유도선을 가장 가까운 중추 케이블과 연결하면 된다.

■ **단점**

- 장비 수가 많아지면 네트워크 성능이 저하되고, 중앙 케이블이 고장 나면 전체 네트워크가 작동하지 않는다.
- 버스 케이블에 결함이나 파손이 발생하면 모든 전송을 중단하고, 끊어진 한쪽 지역에 있는 장치 간에도 전송할 수 없다. 손상된 지역에서는 양방향으로 잡음이 일어나기 때문이다.
- 재구성이나 결합, 분리가 어렵다. 버스형은 일반적으로 설치 시점에 최고의 효율을 내도록 설계되므로 새로운 장치를 추가하기 어려울 수도 있다. 또한 탭에서 일어나는 신호의 반사는 신호의 질을 떨어뜨리는 원인이 되기도 한다. 이러한 문제는 주어진 길이의 케이블에 연결하는 장치의 간격과 장치 수를 제한함으로써 조절할 수 있다. 결국 새 장치를 추가하려면 중추 케이블을 교체하거나 변경해야 한다.
- 베이스밴드 전송 방식에서는 케이블의 전송 거리가 멀어지면 신호가 점점 약해지기 때문에 중계기를 사용해야 한다.
- 한 노드에서 데이터를 전송할 때 다른 노드에서 먼저 데이터를 전송하는 중이면 충돌이

발생하므로 나중에 다시 전송해야 한다. 트래픽이나 연결된 노드 수가 많으면 충돌이 잦아져서 네트워크의 성능이 떨어진다.

NOTE 베이스밴드(baseband) 전송 방식

데이터를 전송할 때 신호를 변조하지 않고 그대로 보내는 전송 방식이다.

3 트리형

트리형은 성형의 변형으로, 중앙에 있는 전송 제어 장치에 모든 장비를 연결하는 것이 아니라 트리 모양의 노드에 전송 제어 장치를 두고 노드를 연결하는 형태이다. 그러나 다음 그림에서 보듯이 장치 대부분이 중앙 허브가 아닌 중앙 허브에 연결된 2차 허브에 연결되어 있다. 트리의 최상위 노드에 위치한 허브는 하위의 노드를 제어하는데, 이러한 구조는 상위 노드가 하위 노드를 직접 제어하는 계층적 네트워크에 적합하다.

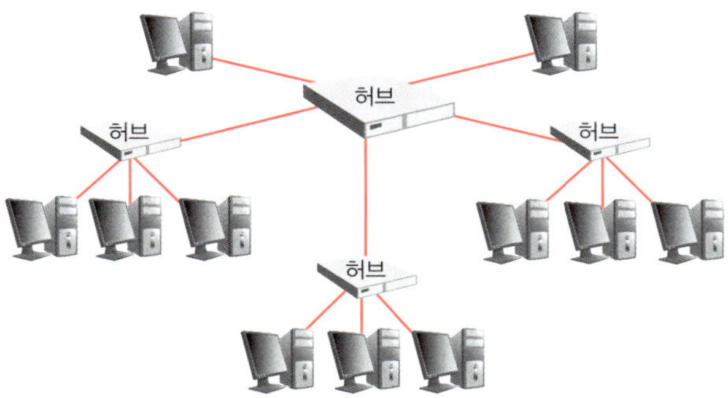

그림 2-34 트리형 접속 형태

트리형에서 중앙에 있는 허브는 능동적인 허브이다. 능동적인 허브에는 데이터를 전송하기 전에 받은 비트 패턴을 재생하는 하드웨어 장치인 중계기가 포함된다. 중계기가 포함되면 신호의 재생 측면에서도 데이터의 전송이 쉽고 신호의 이동 거리 또한 늘어난다.

■ 장점

- 제어가 간단하여 관리나 네트워크 확장이 쉽다(성형과 유사).
- 중앙에 있는 하나의 전송 제어 장치에 많은 장비를 연결할 수 있어 각 장비 간의 데이터 전송 거리를 늘릴 수 있다.

• 여러 컴퓨터를 분리하거나 우선순위를 부여할 수 있다. 예를 들어 특정한 2차 허브에 연결된 컴퓨터에 더 높은 우선순위를 부여할 수 있다.

■ **단점**

• 중앙에 트래픽이 집중되어 병목 현상이 발생할 수 있으며, 중앙의 전송 제어 장치가 다운되면 전체 네트워크에 장애가 발생한다.

4 링형

링형은 노드가 링에 순차적으로 연결된 형태로, 모든 컴퓨터를 하나의 링으로 연결한다. 각 노드는 인접한 두 노드와 연결되고 전체 네트워크는 하나의 링을 형성한다. 하나의 노드에서 보낸 데이터는 링을 따라 한 방향으로 전송되고, 이를 수신한 노드는 자신이 수신지가 아니면 매번 신호를 재생하여 다음 노드로 전송하기 때문에 버스형과 달리 잡음에 강하고 전송 도중의 오류를 줄일 수 있다. 수신지 노드가 데이터를 수신하면 그 데이터가 링에서 제거된다. 링형 네트워크에 있는 각 노드는 중계기를 포함하고 있으며, 다른 기기가 보낸 신호를 받으면 중계기가 이를 재생하여 데이터를 전송한다.

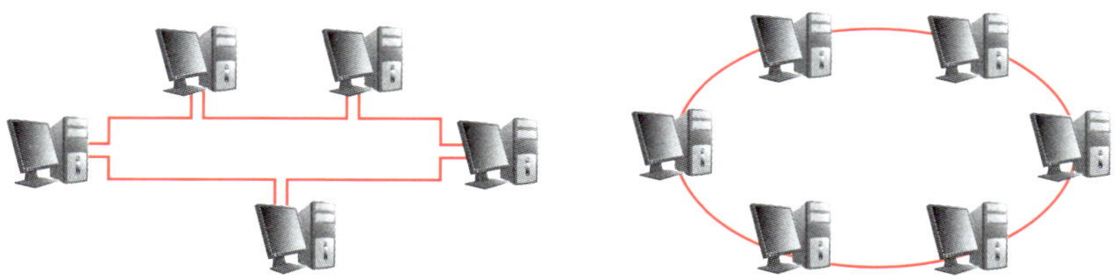

그림 2-35 링형 접속 형태

링형에는 링의 한 방향으로만 데이터를 전송하는 단순 링형single ring과 양방향으로 전송하는 이중 링형double ring이 있다. 단순 링형에서는 송신 측이 전송한 데이터를 이웃 컴퓨터가 받아 수신 측 주소를 확인하고, 자신이 수신지가 아니면 다음 컴퓨터로 데이터를 전송하는 과정을 반복하여 수신지에 데이터가 전송된다. 그래서 네트워크에 연결된 컴퓨터 중 하나라도 고장이 나면 네트워크 전체가 다운된다. 반면 이중 링형에서는 한 방향으로 데이터를 전송하다 장애가 발생하면 반대 방향으로 데이터를 전송한다.

■ 장점

- 구조가 단순하여 설치와 재구성이 쉽고, 장애가 발생해도 복구 시간이 빠르다.
- 각 장치는 바로 이웃하는 장치에만 연결되어 있고, 장치를 추가하거나 삭제할 때는 연결선 2개만 움직이면 된다. 이때 유일한 제약은 송신 매체와 통신량에 대한 고려(링의 최대 길이와 장치 수)이다.
- 일반적으로 신호가 항상 순환하므로 한 장치가 특정한 시간 내에 신호를 받지 못하면 경보를 한다. 이 경보는 네트워크 운영자에게 문제의 발생과 위치를 알려준다.
- 성형보다 케이블 비용을 많이 줄일 수 있다.

■ 단점

- 링을 제어하는 절차가 복잡하고, 새로운 장비를 연결하려면 링을 절단한 후 장비를 추가해야 한다.
- 단순 링형의 경우 링에 결함(네트워크 내 한 장치가 사용 불가능한 경우)이 생기면 전체 네트워크를 사용할 수 없다. 이러한 약점은 이중 링형이나 스위치를 사용하여 해결할 수 있다.

5 그물형

그물형은 중앙에 제어하는 노드가 없고 모든 노드가 서로 전용의 점대점으로 연결되는 형태이다. 이때 전용은 연결된 두 장치 간의 통신만 담당하는 링크가 있음을 의미하며, 그물형에서는 $n(n-1)/2$개의 물리적 채널이 필요하다. 이처럼 많은 링크를 수용하려면 네트워크의 모든 장치가 $n-1$개의 입출력 포트를 가지고 있어야 한다. 그물형은 네트워크가 복잡하고 많은 통신 회선이 필요하기 때문에 비용이 많이 들지만 신뢰성이 높아 중요한 네트워크에 주로 사용한다.

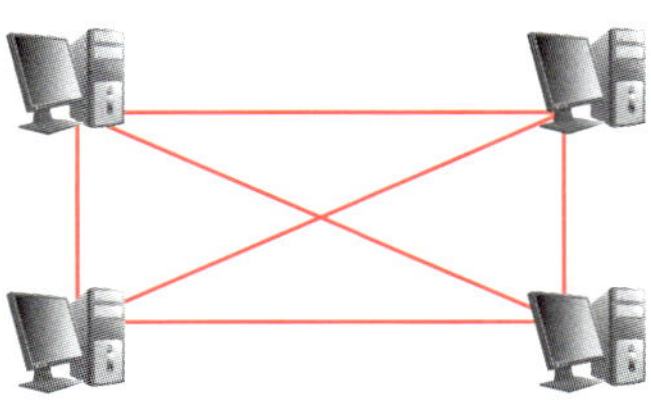

그림 2-36 그물형 접속 형태

■ 장점

- 전용 링크를 통해 데이터를 전송하므로 많은 장치를 공유하는 링크에서 발생하는 통신량 문제를 해결할 수 있다.
- 한 링크가 고장 나더라도 전체 시스템에는 큰 문제가 발생하지 않는다. 일부 통신 회선에 장애가 발생하면 다른 경로를 통해 데이터를 전송하면 된다.
- 모든 메시지를 전용선으로 보내기 때문에 수신자만 받을 수 있다. 따라서 비밀 유지와 보안에 유리하다.
- 결함의 식별과 분리가 비교적 쉽고, 전송에 문제가 있다고 생각되는 링크는 관리자가 우회하도록 설정할 수 있다. 즉 관리자는 문제가 발생한 곳을 쉽게 찾아 그 원인을 바로 해결할 수 있다.

■ 단점

- 노드를 다른 모든 노드와 연결해야 하므로 설치와 재구성이 어렵다.
- 필요한 전선의 용적이 벽 속이나 천장, 바닥 아래 등 전선을 수용할 공간보다 클 수도 있다.
- 네트워크가 복잡하고 많은 통신 회선이 필요하기 때문에 각 링크와 연결되는 하드웨어(I/O 포트와 전선)에 엄청난 비용이 들기도 한다.

6 혼합형

소규모 네트워크가 아니라면 순수한 버스형, 링형, 성형 접속 형태를 실제로 보기는 어렵다. 노드 수가 상대적으로 많은 실제 네트워크에서는 효율을 높이고 결함 허용 능력을 증대하기 위해 혼합형 접속 형태를 사용한다. 즉 네트워크 서브넷을 서로 연결하여 규모가 큰 접속 형태를 만들기 위해 여러 접속 형태를 결합할 수 있다. 예를 들어 다음 그림과 같이 회사의 한 부서는 버스형을 사용하고 다른 부서는 링형을 사용하기로 결정했다면 이 둘을 성형의 중앙 제어 장치로 연결할 수 있을 것이다.

NOTE 서브넷(subnet)

대규모 네트워크를 구성하는 개별 네트워크를 말한다.

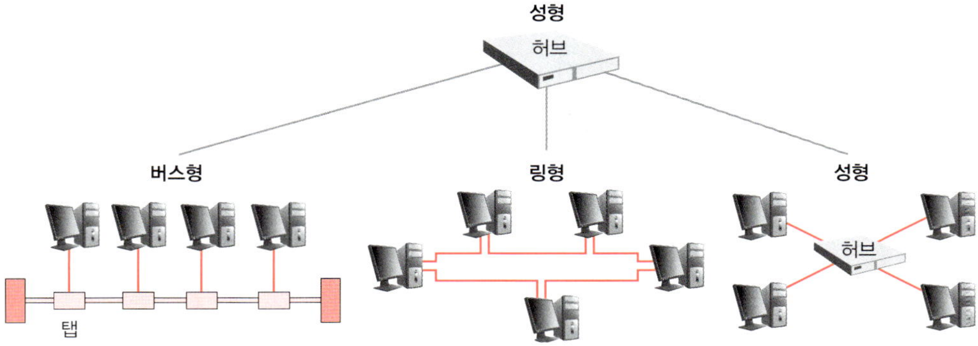

그림 2-37 혼합형 접속 형태

05 네트워크 전송 매체

네트워크 접속 장치는 데이터를 표현하기 위해 신호를 사용하는데, 이 신호는 전자기적인 에너지 형태로 한 노드에서 다른 노드로 전송된다. 전자기 신호는 전송 매체나 진공, 공기를 통해 이동할 수 있다.

전송 매체는 송신 측과 수신 측을 연결하는 물리적 선로를 말한다. 네트워크는 접속 형태와 관계없이 노드와 노드, 서버를 연결하기 위해 매체를 사용한다. 여기서 매체는 데이터를 송신 측에서 수신 측으로 전송하는 데 필요한 케이블이나 와이어 등을 말한다. 데이터를 전송할 때 다양한 전송 매체를 이용하며, 각 매체는 전송 지연, 대역폭 등 고유한 특성을 가지고 있다. 대역폭은 전송 매체를 지나는 신호의 최저 주파수와 최대 주파수의 차이로, 대역폭이 클수록 더 많은 데이터를 전송할 수 있다.

NOTE 주파수(frequency)

주기적 파동의 시간적 변화 빈도를 가리키는 진동수를 말하며, 단위는 Hz이다.

네트워크 기술의 발전과 더불어 음성, 영상 등 멀티미디어 정보량이 급격하게 증가하면서 방대한 양의 정보를 전송하기에 적합한 전송 매체가 필요하게 되었다. 이러한 전송 매체의 특성을 자세히 살펴보자.

1 전송 매체의 분류

전송 매체는 크게 유선 전송 매체와 무선 전송 매체로 구분할 수 있다. 한 노드에서 다른 노드로 전송되는 통로를 제공하는 유선 전송 매체에는 동축 케이블, 꼬임선, 광섬유 케이블 등이 있다. 그리고 무선 전송 매체는 라디오 방송이나 마이크로파 등이 전파되는 진공, 공기, 해수 등이 그 예이다.

유무선 전송 매체의 특성은 매체 자체의 특성과 신호의 특성에 따라 달라진다. 동축 케이블과 꼬임선은 전류 형태로 신호를 받고 금속성 도선을 사용하지만, 광섬유 케이블은 빛의 형태로 신호를 받고 유리나 플라스틱 케이블을 사용한다. 1990년대 초까지는 굵은 동축 케이블(10BASE-5 규격)을 근거리 통신망에 사용하고 얇은 동축 케이블(10BASE-2 규격)을 노드 연결용으로 활용했으나, 1990년대 중반 이후부터는 노드 연결 및 근거리 통신망에 UTP 케이블을, 광역 통신망에 광섬유 케이블을 활용하고 있다.

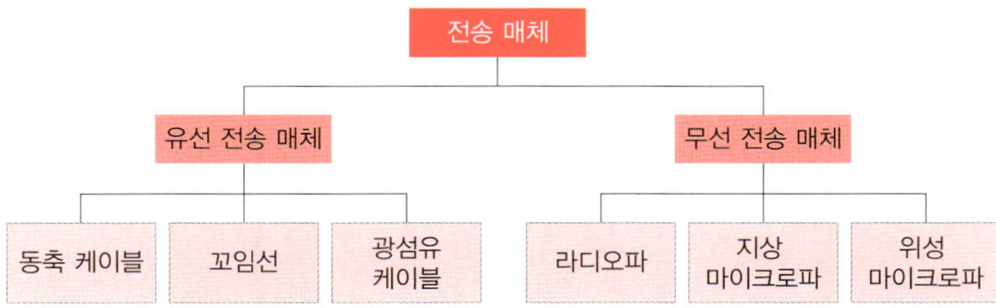

그림 2-38 전송 매체의 종류

2 유선 전송 매체(유도 매체)

■ 동축 케이블

동축 케이블coaxial cable은 케이블 TV 시스템에서 사용하는 케이블 방식과 유사하다. 동축 케이블은 2개의 전도체, 즉 케이블 가운데에 있는 와이어와 이 와이어를 감싸는 차폐용 그물망으로 구성된다. 절연체는 와이어와 차폐용 그물망 사이에 들어 있다.

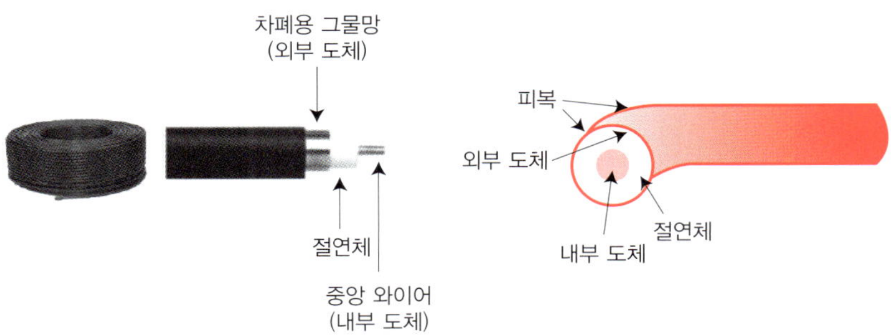

그림 2-39 동축 케이블의 모양과 내부 구조

동축 케이블은 10BASE-5 규격의 굵은 케이블과 10BASE-2 규격의 얇은 케이블로 나뉜다. 10BASE-2 동축 케이블은 중계기를 사용하지 않고 최대 185m까지 전송할 수 있으며,

쉽게 구부러지기 때문에 사무실의 컴퓨터에 직접 연결할 수 있다. 그러나 10BASE-5 동축 케이블은 최대 약 500m까지 연결할 수 있으며, 쉽게 구부러지지 않기 때문에 사무실의 컴퓨터는 드롭drop 케이블(꼬임선을 많이 사용)을 이용하여 10BASE-5 동축 케이블과 연결한다.

10BASE-5 동축 케이블 10BASE-2 동축 케이블

그림 2-40 동축 케이블의 종류

표 2-1 10BASE-2 동축 케이블과 10BASE-5 동축 케이블

구분	10BASE-2	10BASE-5
데이터 전송 속도	보통 10Mbps	보통 10Mbps
외부 간섭	전기적 간섭에 영향 받지 않음	전기적 간섭에 영향 받지 않음
최대 사용 길이	185m	500m
설치 유지	쉬움	어려움
설치 비용	저가	고가(광섬유 케이블보다는 저렴)

동축 케이블은 꼬임선보다 주파수가 높고 데이터 전송이 빠르며 외부 신호와 전자파를 차단하는 능력이 뛰어나다. 이러한 특성 때문에 동축 케이블은 주로 유선 방송, 케이블 TV, 근거리 통신망 등에 사용된다.

표 2-2 베이스밴드 동축 케이블과 브로드밴드 동축 케이블

구분	베이스밴드(기저대역) 동축 케이블	브로드밴드(광대역) 동축 케이블
용도	디지털 신호 전송(LAN)	아날로그 신호 전송(케이블 TV)
전송 거리	수백 m~1km	수십 km
전송 속도	수십 Kbps~500Mbps	수십 Kbps~수백 Mbps

■ 꼬임선

꼬임선twisted pair(이중 나선 케이블)은 플라스틱으로 덮인 두 가닥의 절연된 구리선을 나선

형으로 꼬아서 만든다. 한 쌍이 하나의 통신 회선 역할을 하며, 여러 쌍을 묶어 하나의 케이블을 형성하고 보호용 외피로 이를 감싼다. 구리선을 꼬는 이유는 두 선 사이 전기적 신호의 간섭을 최소화하기 위함이다.

꼬임선은 네트워크 접속 형태 중 성형에 많이 사용하며, 동축 케이블이나 광섬유 케이블보다 설치하기 쉽다. 또한 전화선과 동일한 방식으로 설치하므로 근거리 통신망을 구성할 때 비용이 적게 든다. 꼬임선은 만들기 쉽고 비용이 저렴하기 때문에 다양한 전송 매체에 사용된다. 꼬임선은 흔히 볼 수 있는 전화선 커넥터와 생김새가 비슷한 커넥터를 사용하여 연결할 수 있고 전송 거리는 100m이다. 일반적으로 꼬임선은 100Mbps 이상을 지원하는 규격을 사용한다. 전송 속도가 10Mbps에 불과한 동축 케이블은 대용량 데이터를 송수신하기에는 속도가 느리기 때문이다.

꼬임선은 외부 신호의 간섭을 최소화하기 위해 금속망으로 전선을 감싸는 차폐 보호망을 사용하는데, 사용 여부에 따라 UTP 케이블Unshielded Twist Pair cable, FTP 케이블Foil screened Twist Pair cable, STP 케이블Shielded Twist Pair cable로 구분된다.

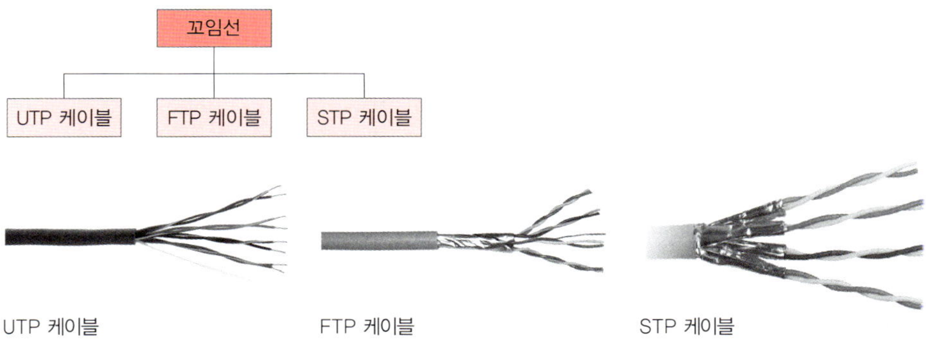

그림 2-41 꼬임선의 종류

UTP 케이블은 전기적 신호의 간섭을 줄이기 위해 케이블을 나선형으로 꼬아놓은 형태이며 별도의 피복이 없다. 데이터 보호망이 없어서 가격이 저렴하고 쉽게 만들 수 있기 때문에 네트워크 케이블의 90% 이상을 점유하고 있다. UTP 케이블은 근거리 통신망을 구성하는 전송 매체로 사용되며, 전송 거리와 전송 능력에 따라서 여러 카테고리로 구분된다. 카테고리 5는 100Mbps의 속도로 데이터를 전송할 수 있다.

NOTE 보편적으로 사용하는 LAN 선이 카테고리 5e에 해당하고 전송 속도는 1Gbps이다.

FTP 케이블은 전기적 신호의 간섭을 줄이기 위해 전체 케이블에 피복을 씌운 형태이고, STP 케이블은 전체 케이블에 피복을 씌운 후 알루미늄박 등의 금속 물질로 한 번 더 감싼 형태이다. STP 케이블은 겉면의 외부 피복, 즉 알루미늄박이 네 가닥의 선을 감싸고 있다. 이 차폐재는 접지 역할까지 하기 때문에 외부의 잡음을 차단할 수 있으며 전기적 신호 간섭에 대해 좋은 성능을 보인다.

이처럼 꼬임선은 피복의 정도에 따라 전기적 신호의 간섭에 대한 효과가 달라지며, STP-FTP-UTP 순으로 간섭의 영향을 덜 받는다. 꼬임선은 아날로그 및 디지털 신호에 흔히 쓰이는 전송 매체이며, 건물 내의 통신 수단으로 유용하게 사용된다.

표 2-3 회선 성능에 따른 등급

등급	전송 속도	사용 용도
카테고리 1	낮은 전송 속도	전화망
카테고리 2	4Mbps	낮은 속도의 데이터 통신(음성 통신)
카테고리 3	10Mbps	이더넷 10Base-T
카테고리 4	16Mbps	토큰링과 10Base-T
카테고리 5	100Mbps	고속 회선(100Base-T, 10Base-T)
카테고리 6	1Gbps	100Base-T, IEEE 802.3, IEEE 802.5, 기가비트 이더넷

NOTE 카테고리 6

카테고리 5보다 대역폭이 넓고 데이터 전송 속도가 1Gbps로 늘어난다. 카테고리 5와 선 배열 및 개수는 동일하지만, 전파 오류를 최대한 줄여주는 격벽이 추가되어 선 두께가 훨씬 두껍다.

■ 광섬유 케이블

광섬유 케이블optical fiber cable은 머리카락보다 가늘어서 휘어지는 전송 매체이다. 꼬임선처럼 구리선에 전기를 통하게 하여 데이터를 전송하는 것이 아니라 빛을 이용하여 데이터를 전송하기 때문에 휘는 범위에 한계가 있다. 그러나 구리선을 전송 매체로 했을 때 발생하는 문제점인 잡음의 영향을 받지 않는다. 광섬유 케이블은 근거리 통신망과 광역 통신망 분야에서 주목받는 전송 매체이다.

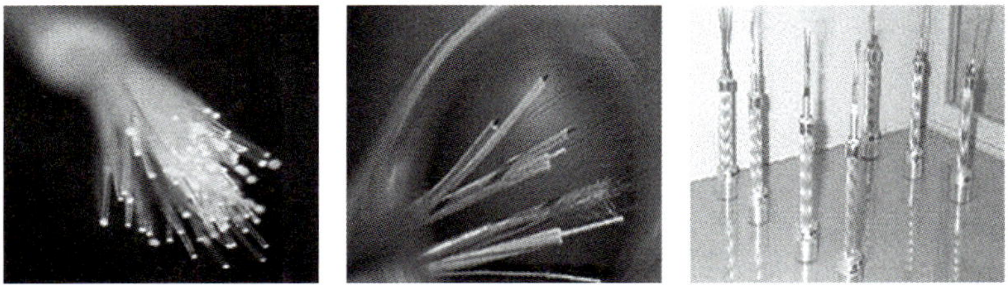

그림 2-42 광섬유 케이블

표 2-4 유선 전송 매체의 비교

구분	동축 케이블	꼬임선	광섬유 케이블
장점	• 설치가 용이함 • 꼬임선보다 큰 대역폭을 지원함 • 꼬임선보다 최대 전송 속도가 빠름	• 저렴함 • 비교적 안정적 • 광섬유 케이블보다 설치가 용이함	• 높은 대역폭을 지원함 • 감쇠 현상 비율이 낮음 • 외부 간섭에 강함
단점	• 카테고리 3의 UTP 케이블보다 비쌈 • 설치 기술에 따라 관리가 어려움 • 광섬유 케이블보다 감쇠 현상 비율이 높음 • (경우에 따라) 전기적 신호의 간섭에 민감함	• 고속 전송에 부적합함 • 감쇠 현상 비율이 높음 • 전기적 신호의 간섭에 민감함	• 구축 비용이 비쌈 • 설치가 복잡함

3 무선 전송 매체(비유도 매체)

무선 통신에서는 공간으로 전파되는 전자파를 매개체로 데이터를 전송한다. 전자파는 주파수 범위에 따라 특성이 다르므로 전파 방식이나 사용 용도에 따라 적합한 주파수 범위를 사용해야 한다.

■ 라디오파

라디오파radio wave는 1888년 독일의 물리학자 하인리히 헤르츠Heinrich Hertz가 실험으로 처음 입증했다. 이후 1895년 굴리엘모 마르코니Guglielmo Marconi의 무선 전신기 실험으로 본격적으로 이동통신에 사용되었다. 라디오파는 빛의 속도(초당 30만 km)로 데이터를 전송하면서도 진공 상태나 대기를 통과할 수 있어 데이터 전송에 유용하게 이용된다. 또한 방향성이 없는 무선파를 사용하므로 마이크로파처럼 파라볼라 안테나parabolic antenna를 사용할 필요도 없다.

라디오파는 주파수에 따라 다양한 영역으로 나눌 수 있는데, 파장이 긴 것은 3km에 이르기도 한다. 신호의 강약을 조절하여 데이터를 보내는 방법을 'AM(진폭 변조)', 주파수를 변조하여 데이터를 보내는 방법을 'FM(주파수 변조)'이라고 한다. FM 방송은 100MHz 정도의 주파수를 사용하고 파장이 3m 정도이며, AM 방송은 750kHz의 주파수를 사용하고 파장이 400m 정도이다.

표 2-5 무선 주파수 대역

파장	약어	주파수 대역	주요 용도
초장파(Very Low Frequency)	VLF	3~30kHz	장거리 무선 항해, 해상 통신
장파(Low Frequency)	LF	30~300kHz	무선 전화국
중파(Medium Frequency)	MF	300kHz~3MHz	AM 방송, 항공
단파(High Frequency)	HF	3~30MHz	단파 라디오, HAM
초단파(Very High Frequency)	VHF	30~300MHz	VHF TV, FM 방송
극초단파(Ultra High Frequency)	UHF	300MHz~3GHz	UHF TV, 이동통신(지상 마이크로파)
센티미터파(Super High Frequency)	SHF	3~30GHz	위성통신 레이다(위성 마이크로파)
밀리미터파(Extremely High Frequency)	EHF	30~300GHz	미사일, 우주 통신 등

NOTE 주파수 대역(frequency band)

전파를 이용하여 통신할 때 그 서비스에 할당된 주파수 범위를 말한다.

라디오파는 파장에 따라 초단파VHF, 단파HF, 중파MF, 장파LF 등으로 나뉘며 종류에 따라 달리 사용된다. 초단파는 FM 라디오 방송, VHF TV 방송에 사용된다. 또한 단파는 경찰 라디오, 항공기 라디오에, 중파는 AM 라디오 방송에, 장파는 선박용 AM 라디오 방송에 사용된다.

■ 마이크로파

마이크로파microwave는 극초단파UHF, 센티미터파SHF, 밀리미터파EHF와 같이 주파수가 매우 높은 전파를 말하며, 통신과 레이다 등 광범위한 용도로 사용된다. 마이크로파처럼 파장이 짧으면 직진, 흡수, 반사 등 광파와 유사한 성질을 띠게 된다. 마이크로파에는 300MHz~300GHz의 무선 주파수 대역이 포함되지만 실제로는 1~40GHz 대역폭을 주로 사용한다. 30~300GHz 대역은 마이크로파로 분류하기도 하지만 밀리미터파로 취급하는 경우가 많다.

300MHz~3GHz의 주파수 대역을 사용하는 지상 마이크로파terrestrial microwave 통신은 동축 케이블 등의 유선 통신 선로를 설치하기 힘든 지역에서 주로 사용한다. 유선 전송 매체를 설치할 수 없는 지역에 파라볼라 안테나를 설치하여 전파를 전송한다. 파라볼라 안테나는 접시 모양의 반사기로 전파를 반사하는데, 이 안테나를 전파 수신에 사용하면 한 방향에서 오는 전파만 효율적으로 수신할 수 있다. 간혹 건물 옥상에 설치된 파라볼라 안테나가 눈에 띄는데, 이는 전파를 송수신하여 무선 통신을 하기 위한 것이다.

지상 마이크로파는 점대점 전송에는 적합하지만 장거리 전송 시에는 장애물에 취약하므로 도달 거리를 증가시키려면 중계기를 설치해야 한다. 이동통신은 마이크로파 범위의 무선 주파수를 사용하여 이동 단말기와 통신하는 시스템으로, 지상 마이크로파를 사용하여 기지국과 이동 단말기 간에 전파를 송수신한다.

한편 위성 마이크로파는 지상에서 약 35,860km 상공에 있는 위성을 이용하여 지상의 여러 기지국을 연결한다. 3~30GHz의 높은 주파수를 사용하므로 전송 대역폭이 넓고 대용량의 고품질 통신이 가능하다. 하지만 기후에 따라 데이터 전송 시 손실과 지연이 발생할 수도 있다. 위성통신은 지구 궤도를 돌고 있는 정지위성을 중계기로 사용하여 기지국 사이의 데이터를 전송하는 마이크로파 통신이다.

그림 2-43 위성 마이크로파 통신 구성 예

요약

01 근거리 네트워크(LAN)는 범위가 건물 안이나 특정 지역인 네트워크로 유선 케이블, 적외선 링크, 무선 송수신기 등을 이용하여 통신한다.

02 광역 네트워크(WAN)는 2개 이상의 LAN을 넓은 지역에 걸쳐 연결하는 것을 말한다.

03 인트라넷은 인터넷에서 사용하는 회선과 여러 기반 기술을 이용하여 구축하는 사설 네트워크를 말한다.

04 컴퓨터나 네트워크 장치는 LAN 카드(NIC)를 사용하여 네트워크에 연결할 수 있다. 또한 허브, 중계기, 스위치, 게이트웨이, 라우터 등을 사용하여 네트워킹 문제를 해결한다.

05 더미 허브는 데이터를 네트워크의 다른 컴퓨터로 전송하는 장치로, 단순히 컴퓨터와 컴퓨터 간의 네트워크를 중계하는 역할을 한다.

06 스위칭 허브는 전체 대역폭을 컴퓨터 노드 수만큼 나누어 사용하는 문제점을 해결한 접속 장치이다.

07 스위치는 컴퓨터에 할당되는 대역폭을 극대화하는 장치로, 허브와 달리 근거리 통신망이 제공하는 대역폭을 컴퓨터로 모두 전송한다.

08 브리지는 2개 이상의 근거리 통신망을 연결하여 하나의 네트워크로 만드는 장치로, 수신지 주소에 따라 특정 네트워크 트래픽만 통과시킬 수 있도록 설계된 특수한 형태의 네트워크 스위치이다.

09 게이트웨이는 종류가 다른 2개 이상의 네트워크를 서로 접속하여 정보를 주고받을 수 있는 장치이다.

10 중계기는 접속 시스템의 수를 증가시키거나 네트워크 전송 거리를 연장하기 위해 사용하는 장치로, 네트워크에서 신호를 수신하여 증폭한 후 다음 구간으로 재전송하는 역할을 한다.

11 라우터는 서로 다른 네트워크 간에 통신하는 데 사용하는 장치로, 구조가 다른 망을 연결할 수 있어 근거리 통신망과 대도시 통신망, 광대역 통신망을 연결하는 데 이용된다.

12 성형 접속 형태는 가장 일반적인 네트워크 구성 형태로 전화망에서 유래했다. 네트워크 중앙에 위치한 허브가 모든 노드를 연결한다.

13 버스형 접속 형태는 모든 네트워크 노드와 주변장치가 파이프 등의 일자형 케이블(버스)에 연결되어 있다.

14 트리형 접속 형태는 성형의 변형으로, 중앙에 있는 전송 제어 장치에 모든 장비를 연결하는 것이 아니라 트리 모양의 노드에 전송 제어 장치를 두고 노드를 연결한다.

15 링형 접속 형태는 노드가 링에 순차적으로 연결된 것으로, 모든 컴퓨터를 하나의 링으로 연결한다.

16 그물형 접속 형태는 중앙에 제어하는 노드가 없고 모든 노드가 서로 전용의 점대점으로 연결된다.

17 노드 수가 상대적으로 많은 실제 네트워크에서는 효율을 높이고 결함 허용 능력을 증대하기 위해 혼합형 접속 형태를 사용한다.

18 한 노드에서 다른 노드로 전송되는 통로를 제공하는 유선 전송 매체에는 동축 케이블, 꼬임선, 광섬유 케이블 등이 있다. 그리고 무선 전송 매체는 라디오 방송이나 마이크로파 등이 전파되는 진공, 공기, 해수 등이 그 예이다.

19 동축 케이블은 케이블 TV 시스템에서 사용하는 케이블 방식과 유사하다.

20 꼬임선은 네트워크 접속 형태 중 성형에 많이 사용하며, 동축 케이블이나 광섬유 케이블보다 설치하기 쉽다.

21 광섬유 케이블은 머리카락보다 가늘어서 휘어지는 전송 매체이다.

22 무선 통신에서는 공간으로 전파되는 전자파를 매개체로 데이터를 전송한다.

23 FM 방송은 100MHz 정도의 주파수를 사용하고 파장이 3m 정도이며, AM 방송은 750kHz의 주파수를 사용하고 파장이 400m 정도이다.

24 이동통신은 300MHz~3GHz의 극초단파를 사용한다.

25 마이크로파는 극초단파, 센티미터파, 밀리미터파와 같이 주파수가 매우 높은 전파를 말하며, 통신과 레이다 등 광범위한 용도로 사용된다.

연습문제

01 근거리 네트워크, 캠퍼스 네트워크, 광역 네트워크에 대해 설명하시오.

02 두 대 이상의 컴퓨터로 네트워크를 구성할 때 외부 네트워크와 빠른 속도로 데이터를 송수신할 수 있도록 컴퓨터에 설치하는 확장 카드는 무엇인가?

03 더미 허브와 스위칭 허브의 차이점을 설명하시오.

04 브리지와 라우터에 대해 설명하시오.

05 무선 AP와 유선 라우터가 있는 네트워크에 대해 설명하시오.

06 다섯 가지 네트워크 접속 형태의 장단점을 설명하시오.

07 대역폭에 대해 설명하시오.

08 동축 케이블의 종류에 대해 설명하시오.

09 베이스밴드 동축 케이블과 브로드밴드 동축 케이블을 비교하여 설명하시오.

10 UTP 케이블, FTP 케이블, STP 케이블에 대해 설명하시오.

11 무선 전송 매체에 대해 설명하시오.

12 인트라넷과 인터넷의 차이점을 설명하시오.

기출문제

01 네트워크에서 이용 가능한 최대 전송 속도로 정보를 전송할 수 있는 단위 시간당 전송량으로 올바른 것은?

① 대역폭　　② 클록　　③ 주파수　　④ 바이트

02 LAN에 대한 설명으로 가장 거리가 먼 것은?

① 건물 안이나 특정 지역을 범위로 하는 네트워크이다.
② ISP가 제공하는 서비스를 사용하여 구축된 네트워크이다.
③ 유선 케이블, 적외선 링크, 무선 송수신기 등을 이용하여 통신한다.
④ LAN은 연결하는 거리가 짧은 만큼 WAN보다 신호가 약해지거나 오류가 발생할 확률이 낮다.

03 다음 중 네트워크 구성 요소로 잘못된 것은?

① 컴퓨터　　② 접속 장치　　③ 전송 매체　　④ 패리티 비트

04 스위칭 허브에 대한 설명으로 잘못된 것은?

① 전체 대역폭을 각 컴퓨터 노드 수만큼 나눠서 사용하는 문제점을 해결한 접속 장치이다.
② 단순히 전송하는 기능을 넘어 수신지 주소로 스위칭하는 기능이 있다.
③ 노드들을 각각 점대점으로 접속시키기 때문에 네트워크의 효율이 훨씬 낫다.
④ 여러 대의 컴퓨터를 손쉽게 연결하는 장치이다.

05 라우터에 대한 설명으로 잘못된 것은?

① 서로 다른 네트워크 간에 통신하는 데 사용하는 장치이다.
② 효율적인 경로를 선택하는 라우팅 기능을 수행한다.
③ 라우팅은 라우터에 있는 라우팅 테이블이 결정한다.
④ 오류 패킷의 폐기 기능과 혼잡을 제어하는 기능이 없다.

06 트리형 접속 형태에 대한 설명으로 잘못된 것은?

① 제어가 간단하여 관리나 네트워크 확장이 쉽다.
② 각 장비 간의 데이터 전송 거리를 늘릴 수 있다.
③ 중앙에 트래픽이 집중되는 병목 현상이 발생하지 않는다.
④ 여러 컴퓨터를 분리하거나 우선순위를 부여할 수 있다.

07 다음 중 유선 전송 매체의 종류로 잘못된 것은?

① 라디오파　② 동축 케이블　③ 꼬임선　④ 광섬유 케이블

08 UTP 카테고리 5에 해당하는 전송 속도로 올바른 것은?

① 4Mbps　② 10Mbps　③ 16Mbps　④ 100Mbps

09 무선 주파수 대역인 초단파 파장을 나타내는 약어로 올바른 것은?

① VLF　② LF　③ VHF　④ SHF

10 인터넷에서 사용하는 회선과 여러 기반 기술을 이용하여 구축하는 사설 네트워크는?

SELF-CHECK

01 집, 학교, 회사, 연구실 등에서 사용하는 네트워크 형태를 살펴보고 어떤 형태에 속하는지 확인한다.

02 자신이 사용하는 컴퓨터의 LAN 카드 정보를 확인한다(네트워크 어댑터에서 확인할 수 있다).

03 접속하려는 웹 사이트를 ping 테스트한 후 네트워크 상태를 확인 및 분석한다.

[확인 사항]

다음은 한빛출판네트워크 사이트의 네트워크 상태를 ping 테스트한 결과이다.

```
명령 프롬프트

C:₩Users₩지니>ping hanb.co.kr

Ping HANB.CO.KR [218.237.65.4] 32바이트 데이터 사용:
218.237.65.4의 응답: 바이트=32 시간=9ms TTL=54
218.237.65.4의 응답: 바이트=32 시간=4ms TTL=54
218.237.65.4의 응답: 바이트=32 시간=6ms TTL=54
218.237.65.4의 응답: 바이트=32 시간=4ms TTL=54

218.237.65.4에 대한 Ping 통계:
    패킷: 보냄 = 4, 받음 = 4, 손실 = 0 (0% 손실),
왕복 시간(밀리초):
    최소 = 4ms, 최대 = 9ms, 평균 = 5ms
```

04 집, 학교, 회사, 연구실 등에서 사용하는 네트워크 접속 장치를 확인한다. 특히 허브, 스위치, 라우터 등이 어떤 네트워크 장치에 연결되어 있는지 중점적으로 살펴본다.

05 집, 학교, 회사, 연구실 등에서 사용하는 네트워크 유무선 전송 매체(동축 케이블, 꼬임선, 광섬유 케이블 등)를 직접 찾아 확인한다.

CHAPTER 03

네트워크 통신

학습목표

- 네트워크 통신 방식을 이해한다.
- 통신 오류 검출 방법을 익힌다.
- 근거리 네트워크의 개념과 특징을 이해한다.
- 광역 네트워크의 개념과 특징을 이해한다.
- 무선 네트워크의 개념과 특징을 이해한다.

01 통신 방식

다른 컴퓨터에 데이터 전송 서비스를 제공하는 컴퓨터를 '서버'라 하고, 서버가 보내주는 데이터 서비스를 수신하는 컴퓨터를 '클라이언트'라 한다. 서버는 네트워크 전체를 제어하거나 감시하고 다른 네트워크와의 연결을 주도한다. 또한 데이터, 파일 등의 소프트웨어와 팩스, 프린터 등의 하드웨어 자원을 공유할 수 있도록 도와주는 역할도 한다.

서버는 클라이언트(사용자)로부터 요청을 받아 서비스를 제공하는데 이러한 시스템을 '클라이언트/서버 시스템'이라 한다.

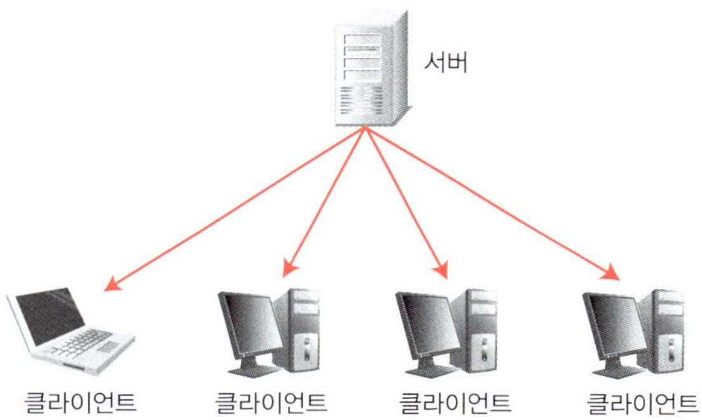

그림 3-1 서버와 클라이언트의 데이터 전송 관계

1 LAN에서 통신하는 방식

LAN에서 통신하는 방식에는 유니캐스트unicast, 브로드캐스트broadcast, 멀티캐스트multicast가 있다.

■ **유니캐스트**

네트워크에서 가장 많이 사용하는 유니캐스트는 서버와 클라이언트의 일대일 통신 방식을 말한다. 편지 봉투에 보내는 사람과 받는 사람의 주소를 적어서 보내는 것처럼 통신할 때 송신지와 수신지의 주소(MAC 주소)를 사용한다.

유니캐스트 방식으로 프레임(네트워크에서 데이터를 주고받는 단위)을 전송하면 네트워크의 모든 컴퓨터는 프레임을 전송받아 LAN 카드에서 자신의 MAC 주소와 비교한다. 예를 들어 데이터를 송신하려는 컴퓨터의 MAC 주소를 90-2B-35-91-E0-3F, 수신하려는 컴퓨터의 MAC 주소를 90-2B-34-92-C0-5F라고 하자. 통신을 하려면 전송되는 프레임 안에 항상 송신지 주소(90-2B-35-91-E0-3F)와 수신지 주소(90-2B-34-92-C0-5F), 즉 MAC 주소가 있어야 한다.

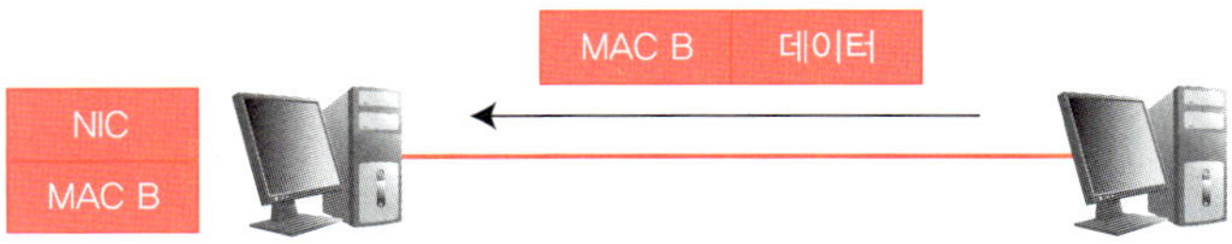

그림 3-2 유니캐스트 발생

자신의 MAC 주소와 수신지의 MAC 주소가 동일하면 전송된 데이터를 수신하고, 자신의 MAC 주소와 수신지의 MAC 주소가 동일하지 않으면 해당 프레임을 버린다. 이 방식은 각 컴퓨터의 CPU에 영향을 주지 않아 컴퓨터의 성능이 떨어지지 않는다.

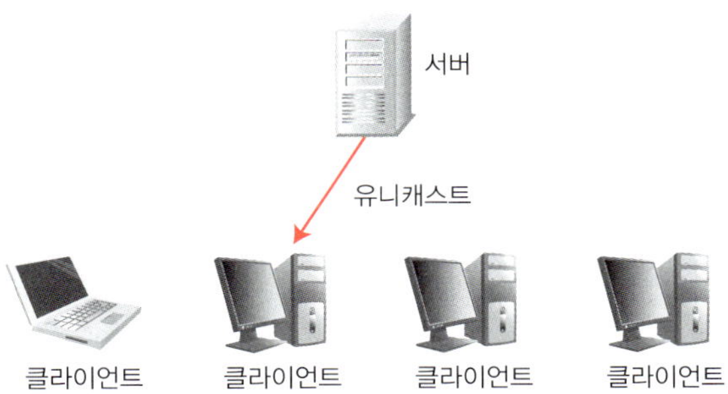

그림 3-3 유니캐스트 방식

■ 브로드캐스트

브로드캐스트는 로컬 LAN(라우터로 구분된 공간)에 있는 모든 네트워크 단말기에 데이터를 보내는 방식으로, 서버와 클라이언트가 일 대 모두로 통신하는 데이터 전송 서비스이다. 브로드캐스트의 주소는 FF-FF-FF-FF-FF-FF로 미리 정해져 있다.

브로드캐스트 주소가 오면 LAN 카드는 자신의 MAC 주소와 같지 않아도 패킷을 CPU에 보낸다. 이러한 방식은 LAN 카드의 MAC 주소와 다르면 프레임을 버림으로써 CPU에 영향을 주지 않는 유니캐스트에 비해 CPU가 할 일이 늘어나 컴퓨터의 성능이 떨어진다.

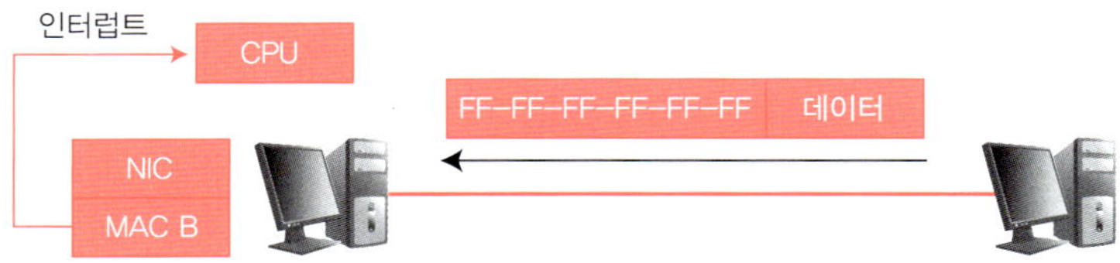

그림 3-4 브로드캐스트 발생

브로드캐스트는 네트워크의 전체 노드로 프레임을 전송하기 때문에 전체 네트워크 트래픽이 증가한다. 프레임을 받은 모든 LAN 카드는 CPU로 프레임을 전송하여 전체 컴퓨터의 성능이 저하된다. LAN 카드가 요청한 일을 처리하느라 CPU가 다른 일을 못하기 때문이다.

처음 컴퓨터를 사용할 때는 상대방 컴퓨터의 MAC 주소를 알지 못하므로 상대방 컴퓨터의 MAC 주소를 알아내기 위해 ARPAddress Resolution Protocol로 동작하는데 이 ARP가 바로 브로드캐스트이다. 브로드캐스트는 다른 라우터를 찾거나, 라우터끼리 데이터를 교환하거나, 서버가 서비스를 제공하려고 모든 클라이언트에 알릴 때 등 여러 상황에서 사용할 수 있다. 하지만 불특정 다수에게 전송되는 서비스라 수신을 원치 않는 클라이언트도 수신하게 되므로 네트워크의 성능 저하를 초래하기도 한다.

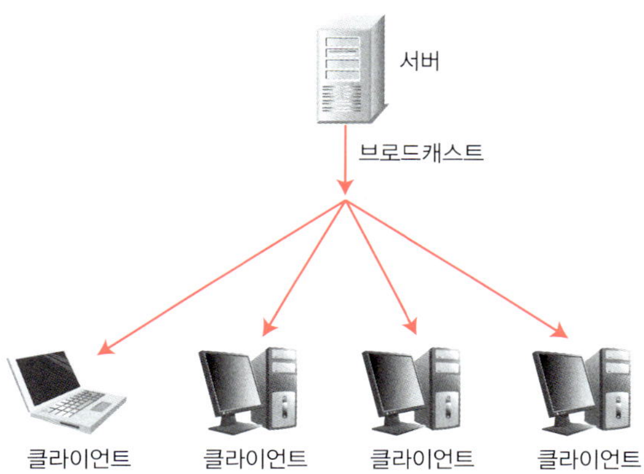

그림 3-5 브로드캐스트 방식

■ **멀티캐스트**

사용자가 100명인 네트워크에서 80명에게만 똑같은 데이터를 동시에 전송한다고 가정해보자. 일대일로 통신하는 유니캐스트에서는 80명의 주소로 일일이 데이터를 전송해야 한다. 서버 입장에서는 똑같은 데이터를 80번이나 전송해야 하므로 일이 많아지고, 네트워크 입장에서도 똑같은 데이터를 80번이나 전송하니 트래픽이 가중된다.

반면 브로드캐스트의 경우 모든 사용자(100명)에게 데이터를 전송하므로 서버는 브로드캐스트 주소를 사용하여 한 번에 80명에게 데이터를 전송할 수 있다. 하지만 데이터를 전송받을 필요가 없는 20명에게도 데이터가 전송된다는 것이 문제이다. 브로드캐스트는 데이터를 무조건 CPU로 전송하기 때문에 컴퓨터 자체의 성능이 떨어지는데 이를 가장 쉽게 해결할 수 있는 방법이 바로 멀티캐스트이다.

멀티캐스트는 특정 그룹에만 한 번에 데이터를 전송할 수 있기 때문에 유니캐스트처럼 반복해서 보낼 필요도 없고, 브로드캐스트처럼 데이터를 받을 필요가 없는 컴퓨터에 보내지 않아도 된다. 현재 많이 사용하는 애플리케이션에서는 이러한 기능이 필요하므로 멀티캐스트가 인기를 끌고 있다.

하지만 멀티캐스트는 스위치나 라우터가 지원할 때만 사용할 수 있다. 스위치나 라우터가 멀티캐스트를 지원하지 않으면 스위치는 브로드캐스트처럼 모든 포트로 전송하고, 브로드캐스트를 막아버리는 기능이 있는 라우터가 멀티캐스트까지 모두 막아버리기 때문이다.

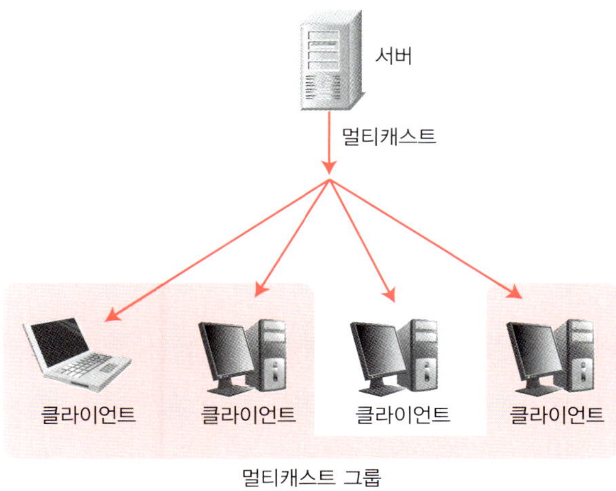

그림 3-6 멀티캐스트 방식

앞서 예로 든 LAN에서 통신하는 방식은 다음과 같다. 유니캐스트는 가장 많이 사용하는 통신 방식으로 수신지 주소(MAC 주소)를 적어 특정 컴퓨터에만 데이터를 전송하고, 브로드캐스트는 영역 안에 있는 모든 컴퓨터에 한 번에 데이터를 전송한다. 그리고 유니캐스트와 브로드캐스트의 장점을 결합한 멀티캐스트는 특정 그룹의 컴퓨터에만 한 번에 데이터를 전송하여 해당 그룹 이외의 컴퓨터에는 영향을 주지 않는다(단, 스위치와 라우터가 멀티캐스트 기능을 지원해야 한다).

NOTE 애니캐스트(anycast)

IPv6에 등장한 개념으로 송신 노드에서 수신자 그룹의 가장 가까운 노드로 데이터그램을 전송하는 라우팅 기법이다.

2 전송 방향에 따른 통신 방식

통신은 떨어져 있는 두 지점 간에 정보를 전송하는 것을 말한다. 두 장치 간에 데이터를 전송할 때는 데이터 전송 방향에 따라 단방향simplex 통신과 양방향duplex 통신으로 나눌 수 있다. 양방향 통신은 정보를 주고받는 시점에 따라 다시 반이중half-duplex 통신과 전이중full-duplex 통신으로 나뉜다.

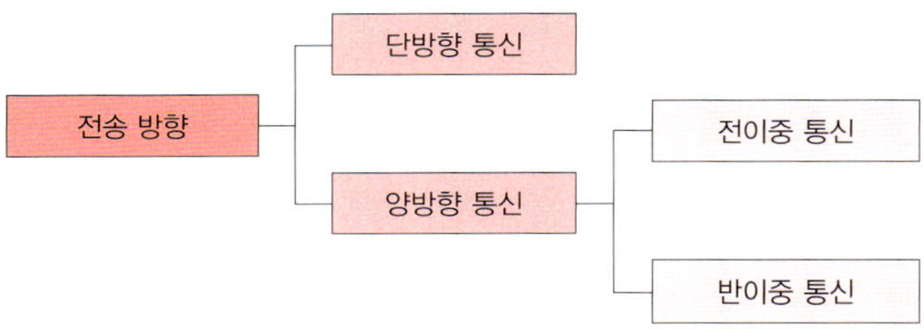

그림 3-7 전송 방향에 따른 통신 방식

■ 단방향 통신

송신 측과 수신 측이 고정되어 있고, 통신 채널을 통해 접속된 두 단말기 사이에서 데이터가 한쪽 방향으로만 전송되는 통신 방식이다. 단방향 통신에서 전기적으로 신호를 보내려면 송신 측과 수신 측을 연결하는 회로를 구성해야 하므로, 단방향 전송일지라도 전송로는 2개가 필요하다. 대표적인 단방향 통신은 예전에 많이 사용했던 무선 호출기와 라디오, 아날로그 TV 방송, 모니터, 키보드 등이다.

그림 3-8 단방향 통신

■ 양방향 통신

통신 채널을 통해 접속된 두 단말기 사이에서 데이터의 송수신이 모두 가능한 통신 방식이다. 양방향 통신은 데이터의 송수신을 한 번씩 번갈아가면서 할 수 있는 반이중 통신과 송수신을 동시에 할 수 있는 전이중 통신으로 구분된다.

❶ 반이중 통신

통신 채널에 접속된 단말기 두 대 중 어느 한쪽이 데이터를 송신하면 상대방은 수신만 할 수 있는 통신 방식이다. 송신 측과 수신 측이 정해져 있지 않으며, 양쪽 단말기의 상호 협력에 따라 송신 방향이 바뀐다. 다음 그림과 같이 반이중 통신은 하나의 통신 채널을 이용하여 교대로 데이터를 송수신할 수 있으며, 대표적인 예로 휴대용 무전기와 모뎀을 이용한 데이터 통신을 들 수 있다.

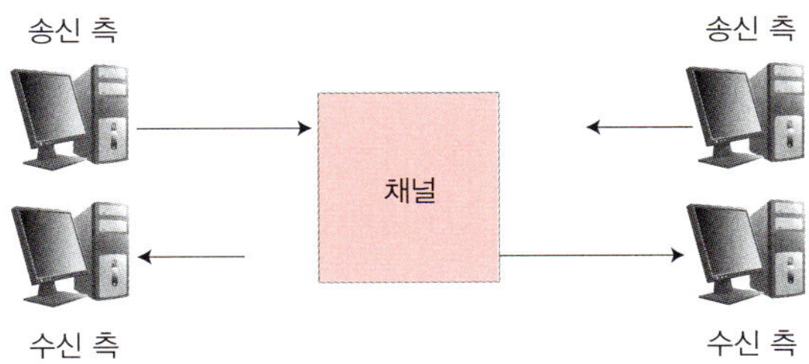

그림 3-9 반이중 통신

❷ 전이중 통신

통신 채널에 접속된 단말기 두 대가 동시에 데이터를 송수신할 수 있는 통신 방식이다. 다음 그림과 같이 전이중 통신은 통신 채널 2개를 이용하여 한 번에 데이터를 송수신할 수 있다. 반이중 통신이 양방향 통행이 가능한 1차선 도로라면, 전이중 통신은 양방향 통행이 가능한 2차선 도로에 비유할 수 있다. 전이중 통신은 차가 기다리지 않고 동시에 양쪽 방향으로 갈 수 있어 전송 효율이 높기 때문에 전송해야 할 데이터가 많을 때 유리하다. 하지만 통신 채널을 2개 이용하므로 반이중 통신보다 비용이 많이 든다.

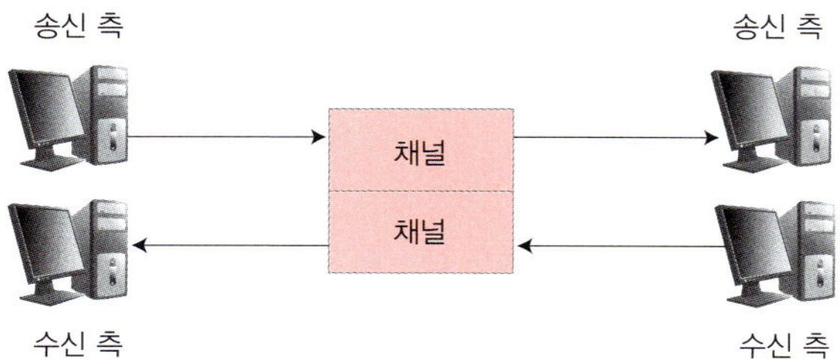

그림 3-10 전이중 통신

3 직렬 전송과 병렬 전송

장치 사이에 데이터를 전송할 때 몇 가지 고려해야 할 사항이 있다. 예를 들어 여러 데이터를 한꺼번에 전송할 것인가, 아니면 한 번에 하나씩만 전송할 것인가, 그리고 데이터를 하나씩 전송한다면 어떤 방식을 사용할 것인가 등을 고려해야 한다. 데이터 전송은 2진 데이터를 전압이나 전류의 변화로 표현한 신호에 실어 보내는 것을 말하며, 데이터 비트를 전송하는 방법에 따라 직렬 전송과 병렬 전송으로 나눌 수 있다.

■ 직렬 전송

하나의 정보를 나타내는 각 데이터 비트를 직렬로 나열한 후 하나의 통신 회선을 사용하여 순차적으로 1비트씩 송신하는 방식이다. 하나의 통신 회선을 사용하기 때문에 송신 측에서는 데이터를 1비트씩 송신하고, 수신 측에서는 수신되는 비트를 일정한 단위로 모아서 수신한다. 직렬 전송은 병렬 전송보다 데이터 전송 속도가 느리지만, 원거리 데이터 전송에는 통신 회선이 하나만 필요하므로 경제적이다.

그림 3-11 직렬 전송

컴퓨터 등의 장치 내부에는 주로 병렬 입출력을 사용하기 때문에 외부로 데이터를 보내려면 병렬 데이터를 직렬 데이터로 변환해야 한다. 수신 측에서는 이렇게 변환된 직렬 데이터를 다시 병렬 데이터로 변환한다.

직렬 전송은 하나의 통신 회선을 사용하여 신호를 연속으로 전송하므로 정확하게 송수신하려면 데이터의 시작과 끝에 관한 정보를 수신 측이 알고 있어야 한다. 송수신 측이 약속한 패턴을 이용하여 데이터의 송수신 타이밍을 일치시키는 것을 '동기식 전송'이라고 한다. 그리고 송수신 간에 동기를 맞추지 않고 문자 단위로 구분하여 전송하는 방식을 '비동기식 전송'이라고 한다.

■ 동기화

송신 측이 전송 매체를 이용하여 한 번에 1비트씩 메시지를 보내고, 수신 측이 비트의 시작과 끝을 판별하여 적당한 타이밍으로 회선을 샘플링해서 각 비트의 값을 읽어내야 한다. 송신 측이 전송한 데이터의 각 비트를 수신 측이 정확하게 수신해야 하며, 송신 비트 시간 간격(TS)과 수신 비트 시간 간격(TR)이 다를 수도 있으므로 적절한 방법으로 동기화synchronization를 해야 한다.

두 시스템 간 컴퓨터의 속도 차이(클록 오차)로 송신 비트 시간 간격(TS)과 수신 비트 시간 간격(TR)이 정확하게 일치하지 않는다. 따라서 송신 측이 전송한 데이터의 각 비트를 수신 측이 정확히 수신할 수 있도록 해야 하는데 이를 '동기화'라고 한다.

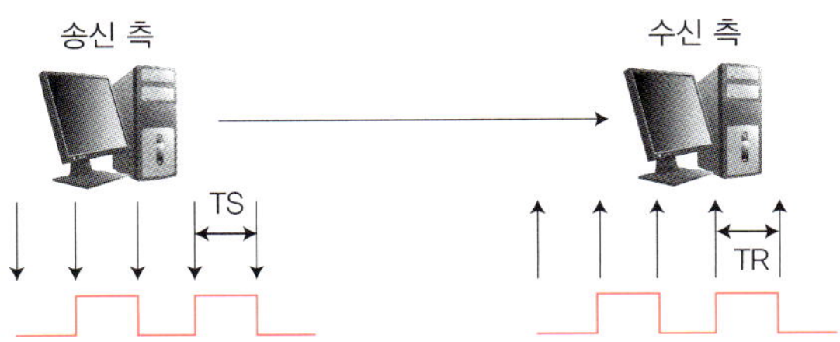

그림 3-12 동기화

데이터를 전송할 때 각 비트의 시작과 끝을 서로 맞추지 않으면 송신 측이 보낸 데이터를 수신 측이 정확히 추출해낼 수 없다. 이때 송신 측과 수신 측 간의 클록을 동기화하는 방법으로 동기식 전송과 비동기식 전송을 사용한다. 동기식 전송의 경우 송신기와 수신기가 하나의 기준 클록에 보조를 맞추어 동작하고, 비동기식 전송의 경우 송신기와 수신기가 별도의 독립적인 클록 신호를 이용하여 데이터 비트열의 송신과 수신을 수행한다.

■ 동기식 전송

송신기와 수신기가 동일한 클록을 사용하여 데이터를 송수신하는 방식이다. 송신기에서

비트열의 데이터를 전송하는 데 사용한 클록 신호를 수신기가 사용하여 타이밍의 오류 없이 정확하게 데이터를 수신한다. 동기식 전송에서는 전송할 데이터를 블록으로 구성하여 시작 비트start bit나 정지 비트stop bit를 부착하지 않은 채 전송하며, 수신기가 데이터 블록의 시작과 끝을 정확히 인식할 수 있도록 프레임 레벨의 동기화가 필요하다.

동기식 전송의 경우 미리 정해진 수만큼 문자열을 한 묶음으로 만들어 일시에 전송하는데, 비트와 데이터 간에 간격 없이 차례대로 비트를 전송하기 때문에 데이터가 끊어지지 않는 0과 1의 문자열로 전송된다. 수신 측은 차례대로 문자열을 수신한 후 문자나 바이트로 분리하여 의미 있는 데이터로 재구성한다.

동기식 전송의 대표적인 예는 일정한 시간 간격으로 정보를 전송하는 파일 업로드와 다운로드이다. 미리 정해진 수만큼 블록을 구성하여 일시에 전송하면 수신 측에서는 블록의 시작과 끝을 식별하기 위해 데이터 블록과 각종 제어 정보를 합친 프레임 레벨의 동기화를 요구한다. 또한 데이터 블록의 시작과 끝을 알리기 위해 전송 제어 문자를 사용한다.

동기식 전송은 수신 측에서 제거해야 할 별도의 데이터가 없고 많은 데이터를 한꺼번에 보낼 수 있어 비동기식 전송보다 속도가 빠르다. 이러한 이유로 동기식 전송은 고속 데이터 전송에 많이 사용된다. 하지만 수신 측에서 비트를 계산해야 하고, 문자를 조립하는 별도의 기억장치가 필요하므로 가격이 다소 높다는 것이 단점이다.

동기식 전송에는 비트 단위로 동기화하는 비트 지향 동기화 기법과 문자 단위로 동기화하는 문자 지향 동기화 기법이 있다.

❶ 비트 지향 동기화 기법

전송하는 모든 데이터 단위를 일련의 비트로 처리함으로써 동기화에 필요한 데이터까지 비트로 표현한다. 데이터 블록의 처음과 끝에 8비트의 플래그 비트(01001100)를 표시하여 동기를 맞추는 방식인 비트 지향 동기화 기법은 데이터의 시작과 끝을 알리는 시작 플래그start flag로 시작해서 종료 플래그stop flag로 끝난다. 또한 플래그 등의 패턴을 구별하기 위해 0비트를 삽입한다stuffing.

예를 들어 플래그 패턴이 '0111110'일 때 송신 측에서 데이터의 연속된 5개의 1 뒤에 0을 삽입하여 전송하면(01111100) 수신 측에서는 수신된 데이터의 연속된 5개의 1 뒤에 있는 0을 제거한다(0111110).

시작 플래그	주소	제어 필드	데이터 블록	FCS (오류 검출 필드)	종료 플래그

그림 3-13 비트 지향 동기화 기법

❷ 문자 지향 동기화 기법

모든 데이터 단위를 문자 단위로 처리함으로써 동기화에 필요한 데이터까지 문자로 표현한다. 문자 지향 동기화 기법에서 사용하는 동기 문자는 SYN, 문장의 시작을 알리는 STXStart-of-TeXt, 문장의 끝을 알리는 ETXEnd-of-TeXt 등이다.

SYN	SYN	STX	데이터	ETX	BCC
동기 문자		문장 시작	전송 데이터	문장 끝	블록 검사 문자

그림 3-14 문자 지향 동기화 기법

■ 비동기식 전송

긴 데이터 비트열을 연속으로 전송하는 대신 한 번에 한 문자씩 전송함으로써 수신기가 새로운 문자의 시작점에서 재동기하도록 하는 방식이다. 비동기 전송에서는 문자 단위로 재동기하기 위해 맨 앞에는 한 문자의 시작을 알리는 시작 비트를 두고 맨 뒤에는 한 문자의 끝을 알리는 정지 비트를 둔다. 보통 시작 비트는 1비트를 사용하고 정지 비트는 1~2비트 정도를 사용한다. 전송하는 문자는 시작 비트 바로 뒤에 오는데 문자의 종류에 따라 5~8비트이다. 문자 비트열 뒤에는 패리티 비트parity bit가 뒤따르며, 2진수 1의 개수는 패리티 비트를 포함하여 홀수 또는 짝수 값이다.

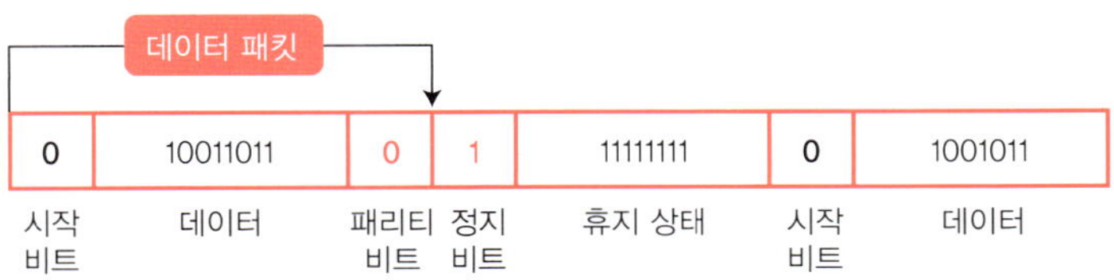

그림 3-15 비동기식 전송

비동기식 전송에서는 하나의 문자를 전송한 후 휴지 상태idle에 들어가는데 이때가 바로 동기화되는 시간이다. 문자를 전송하지 않을 때 송수신 측은 휴지 상태이며, 송신기는 다음 문자를 보낼 준비가 될 때까지 정지 비트를 계속 전송한다(11111111). 문자를 연속으로 보낸다면 문자 간의 시간 간격이 일정하고 길이는 정지 비트와 같다.

연속으로 입력한 문자 사이에도 시간 간격이 있기 때문에 비동기식 전송에서는 한 문자를 전송할 때마다 데이터의 앞뒤에 시작 비트와 정지 비트를 첨부해서 전송한다. 그러면 수신 측에서는 이 정보를 이용하여 데이터의 시작과 끝을 판별한다.

비동기식 전송은 시작 비트와 정지 비트 사이의 간격이 가변적이므로 전송하려는 정보가 불규칙하게 발생할 때 주로 사용하며, 사용자가 키보드로 입력한 정보를 메신저로 전송하는 경우를 예로 들 수 있다. 또한 접속 장치와 기기가 간단하므로 동기식 전송보다 비용이 적게 들지만 문자당 2~3비트의 오버헤드가 발생하기도 한다.

표 3-1 동기식 전송과 비동기식 전송의 특징

동기식 전송	비동기식 전송
• 블록 단위 전송 • 정확한 비트 전송 • 고속 통신에 사용	• 문자 단위 전송 • 정확한 비트 전송을 보장하지 않음 • 저속 통신에 사용

■ 병렬 전송

부호를 구성하는 비트 수와 같은 양의 통신 회선을 사용하여 여러 데이터 비트를 동시에 병렬로 전송하는 방식으로, 비트 n개를 전송하는 데 회선 n개를 사용한다. 병렬 전송에서는 송신 측과 수신 측 단말기 간에 여러 개의 통신 회선을 사용하므로 여러 비트의 데이터를 한 번에 송신할 수 있다. 보통 컴퓨터와 같은 단말기가 사용하는 병렬 데이터를 그대로 송수신하기 때문에 직렬 전송에 비해 입출력 구조가 단순하고, 동일한 조건의 직렬 전송보다 n배 빠르게 데이터를 전송한다. 하지만 병렬 전송은 거리에 비례해서 선로 비용이 많이 들기 때문에 전송 속도가 빨라야 하는 짧은 거리의 데이터 전송에 주로 사용한다.

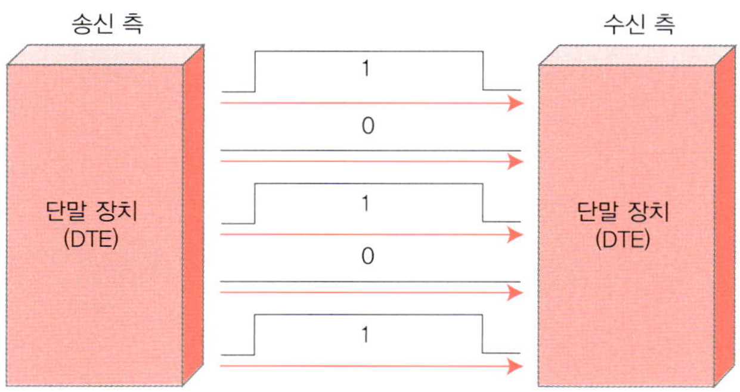

그림 3-16 병렬 전송

컴퓨터에서 사용하는 병렬 포트는 8비트의 데이터를 동시에 전송할 수 있어 일반적으로 프린터를 연결할 때나 컴퓨터 간의 파일 전송에 사용한다. 병렬 포트를 사용하면 많은 데이터를 동시에 주고받을 수 있기 때문에 근거리에 있는 두 컴퓨터의 병렬 포트를 케이블로 연결하면 일대일 통신을 할 수 있다.

02 통신 오류 검출

수신 측으로 전송한 데이터는 송신 측의 데이터와 동일해야 하지만 다양한 원인으로 데이터 오류가 발생할 수도 있다. 따라서 신뢰할 수 있는 네트워크 통신을 하려면 오류를 검출·수정해야 한다. 먼저 오류의 종류를 간단히 살펴보자.

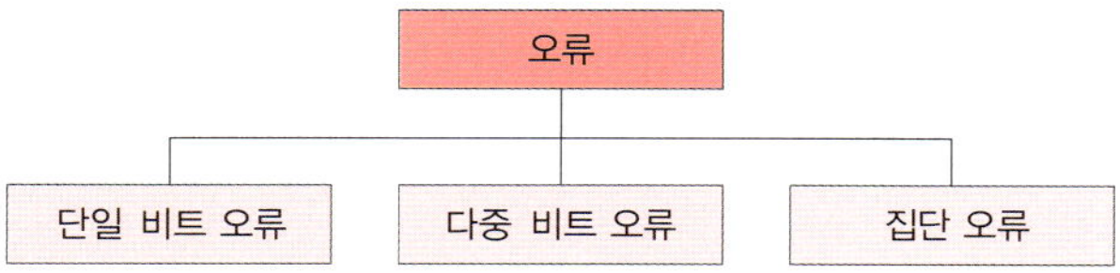

그림 3-17 오류의 종류

■ **단일 비트 오류**single-bit error

데이터 단위 중 하나의 비트만 변경하는 오류를 말한다.

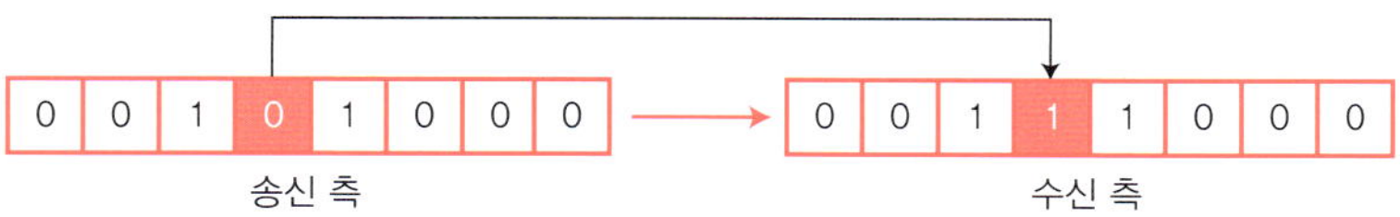

그림 3-18 단일 비트 오류

■ **다중 비트 오류**multiple-bit error

데이터 단위 중 2개 이상의 비연속적인 비트를 변경하는 오류를 말한다.

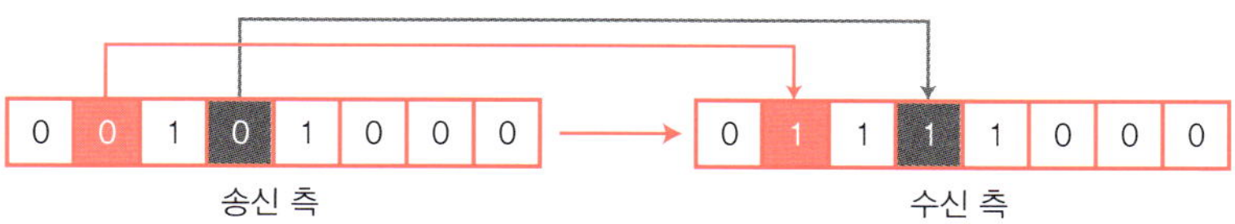

그림 3-19 다중 비트 오류

■ **집단 오류**burst error

데이터 단위 중 2개 또는 그 이상의 연속적인 비트를 변경하는 오류를 말한다.

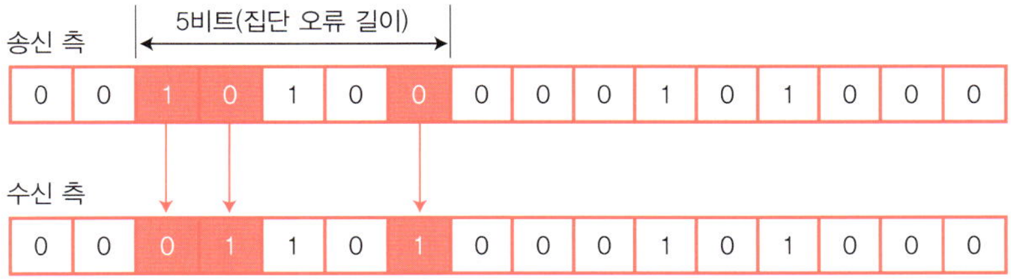

그림 3-20 집단 오류

송신 측이 보내려는 데이터 외에 별도로 잉여(중복)분의 데이터를 추가해서 전송하면 수신 측은 이 잉여 데이터를 검사하여 오류를 검출할 수 있다. 오류를 검출하는 방식에는 패리티 비트 검사parity bit check, 블록 합 검사block sum check, 순환 중복 검사Cyclic Redundancy Check, CRC 등이 있다.

1 패리티 비트 검사

패리티 비트 검사는 전송하는 데이터마다 패리티 비트를 하나씩 추가하여 홀수 또는 짝수 검사 방법으로 오류를 검출한다. 예를 들어 7비트의 데이터를 전송할 때 1비트의 검사 비트를 추가로 전송하여 수신 측에서 데이터 전송 중 발생한 오류를 검출할 수 있도록 하는 것이다. 추가로 전송되는 1비트는 패리티 비트라고 한다. 패리티 비트의 값은 데이터 코드 내에 있는 1의 수를 계산함으로써 결정된다.

그림 3-21 패리티 비트 검사

■ 홀수 패리티odd parity 방식

전체 비트에서 1의 개수가 홀수가 되도록 패리티 비트를 정하는 것을 말한다. 데이터 비트에서 1의 개수가 짝수이면 패리티 비트를 1로 정하여 전송되는 전체 데이터에 있는 1의 개수는 홀수가 된다.

■ **짝수 패리티**even parity **방식**

전체 비트에서 1의 개수가 짝수가 되도록 패리티 비트를 정하는 것을 말한다. 데이터 비트에서 1의 개수가 홀수이면 패리티 비트를 1로 정하여 전송되는 전체 데이터에 있는 1의 개수는 짝수가 된다.

표 3-2 패리티 비트 검사 적용 예

7비트 데이터	패리티 포함 8비트	
	짝수 패리티	홀수 패리티
0100101(3)	10100101	00100101
0111010(4)	00111010	10111010
1101011(5)	11101011	01101011

■ **인코딩**encoding

7비트 데이터가 0100111인 경우를 살펴보자. 짝수 패리티 방식을 사용하면 0100111에서 1이 4개이므로 짝수이다. 여기에 패리티 비트 0을 추가해도 전송되는 전체 데이터에 있는 1의 개수는 짝수가 된다(00100111).

■ **디코딩**decoding

00100111에서 패리티 비트는 0이므로 1의 개수가 짝수인지 확인한다. 짝수 패리티 방식은 패리티 비트를 포함해서 각각 XOR 연산을 한 후 결과가 0(1의 개수가 짝수)이면 오류가 없는 것이고, 1(1의 개수가 홀수)이면 오류가 검출된 것이다.

예 0 XOR 0 XOR 1 XOR 0 XOR 0 XOR 1 XOR 1 XOR 1 = 0

XOR 함수는 오류 검출과 수정 코드를 쓰는 시스템에서 많이 이용된다. 패리티 비트는 2진 데이터를 전송할 때 오류를 검출하려는 목적으로 사용한다. 패리티 비트를 포함한 데이터를 전송하면 수신 측에서는 오류를 검사하는데, 이때 패리티 비트가 전송되지 않았으면 오류를 검출한다. 전송 장치에서 패리티 비트를 생성하는 회로를 '패리티 생성기'라고 한다.

예를 들어 2진 데이터 1100010을 전송하기 위해 전체 1의 개수가 3개인 홀수가 주어졌다.

표 3-3 짝수 패리티 생성기의 예

3변수 정보			패리티 비트	3변수 정보			패리티 비트
X	Y	Z	P	X	Y	Z	P
0	0	0	0	1	0	0	1
0	0	1	1	1	0	1	0
0	1	0	1	1	1	0	0
0	1	1	0	1	1	1	1

이 데이터는 전송되기 전에 패리티 발생기를 통과한다. 패리티 발생기는 1의 개수를 세고 패리티 비트를 끝에 덧붙인다(홀수이므로 1). 11100010으로 1의 전체 개수가 4개인 짝수가 된다.

시스템은 네트워크를 거쳐 확장된 전체 데이터 단위를 전송한다. 수신 측에 전송되면 수신 측은 8개의 비트를 짝수 패리티 검사 함수로 통과시킨다. 11100010을 검사하면 1의 개수가 짝수이므로 데이터 단위 비트열이 통과된다. 전송 중에 데이터 단위 비트열이 손상되었다면(11100010 대신 11110010을 수신한 경우) 패리티 검사기는 1의 개수가 홀수임을 감지하여 어딘가에서 데이터 오류가 발생했음을 알아채고 전체 데이터 단위를 받지 않는다.

홀수 패리티 방식의 검사 원리도 이와 동일하다. 예를 들어 전송하려는 데이터가 1101001일 때, 1의 개수를 홀수로 만들기 위해 패리티 비트를 1로 지정한다(11101001). 데이터를 전송받은 수신 측은 패리티 비트를 포함한 데이터 내 1의 개수를 세어 홀수인지 판단한 후 홀수가 아니면 재전송을 요청한다.

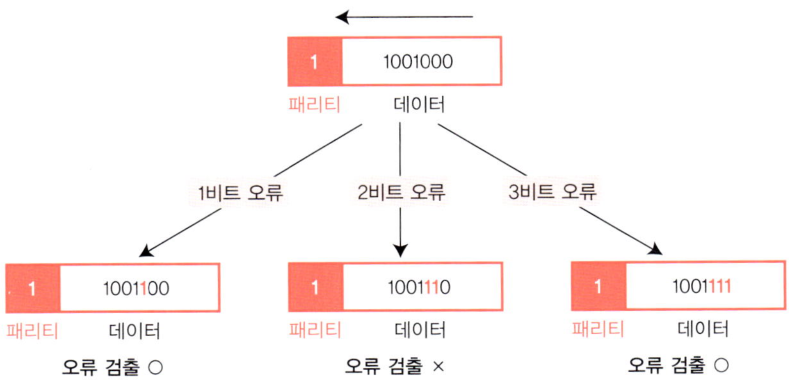

그림 3-22 홀수 패리티 검사 오류 검출 예

패리티 검사는 모든 단위 비트열 오류를 검출할 수는 없다. 데이터를 전송할 때 홀수 개의 비트에 오류가 발생하면 오류가 검출되지만, 짝수 개의 비트에 오류가 발생하면 오류를 검출할 수 없다(11011001: 짝수 개의 오류가 발생하여 1의 개수가 홀수인 경우). 전송 중에 두 비트가 변경되어 비트열이 손상되었음에도 패리티 검사를 통과하기 때문이다.

예를 들어 HyeJin이라는 단어를 전송할 때 패리티 검사를 적용해보자. 다음은 짝수 패리티 방식을 적용한 경우이다. 문자에 해당하는 2진 값은 [표 3-4]를 참고한다.

'HyeJin'이라는 단어 송신
1001000 1111001 1100101 1001010 1101001 1101110

패리티 비트 적용(even) 후 전송
01001000 11111001 01100101 11001010 01101001 11101110

수신된 정보(accept)
01001000 11111001 01100101 11001010 01101001 11101110

수신된 정보(reject, 재전송 요구: 1의 개수가 홀수인 경우)
01101000 11111001 01101101 11001010 01101001 11101110

오류 검출이 불가능한 경우(짝수 개의 비트 오류 발생) → 블록 합 검사로 오류 검출 가능
01111000 11100001 01100101 11001010 01101001 11101110

2 블록 합 검사

블록 합 검사는 문자를 블록으로 전송하면 오류 확률이 높아지므로 오류 검출 능력을 향상하기 위해 수평 패리티와 수직 패리티를 적용하여 문자 블록을 이차원적으로 검사하는 방식이다. 행 단위 패리티에 열 단위의 오류 검사를 수행할 수 있는 열 패리티 문자를 추가하여 이중으로 오류 검출 작업을 수행한다. 추가된 열 패리티 문자는 '블록 검사 문자Block Check Character, BCC'라고 한다.

블록 합 검사를 사용하면 한 데이터에서 짝수 개의 오류가 발생하더라도 오류를 검출할 수 있다. 그러나 몇 개의 사용자 데이터를 전송한 후 검사 데이터를 추가로 전송하기 때문에 패리티 방식보다 많은 오버헤드가 발생한다.

표 3-4 문자에 해당하는 2진 값

2진수	8진수	10진수	16진수	문자	2진수	8진수	10진수	16진수	문자
100 0001	101	65	41	A	110 0001	141	97	61	a
100 0010	102	66	42	B	110 0010	142	98	62	b
100 0011	103	67	43	C	110 0011	143	99	63	c
100 0100	104	68	44	D	110 0100	144	100	64	d
100 0101	105	69	45	E	110 0101	145	101	65	e
100 0110	106	70	46	F	110 0110	146	102	66	f
100 0111	107	71	47	G	110 0111	147	103	67	g
100 1000	110	72	48	H	110 1000	150	104	68	h
100 1001	111	73	49	I	110 1001	151	105	69	i
100 1010	112	74	4A	J	110 1010	152	106	6A	j
100 1011	113	75	4B	K	110 1011	153	107	6B	k
100 1100	114	76	4C	L	110 1100	154	108	6C	l
100 1101	115	77	4D	M	110 1101	155	109	6D	m
100 1110	116	78	4E	N	110 1110	156	110	6E	n
100 1111	117	79	4F	O	110 1111	157	111	6F	o
101 0000	120	80	50	P	111 0000	160	112	70	p
101 0001	121	81	51	Q	111 0001	161	113	71	q
101 0010	122	82	52	R	111 0010	162	114	72	r
101 0011	123	83	53	S	111 0011	163	115	73	s
101 0100	124	84	54	T	111 0100	164	116	74	t
101 0101	125	85	55	U	111 0101	165	117	75	u
101 0110	126	86	56	V	111 0110	166	118	76	v
101 0111	127	87	57	W	111 0111	167	119	77	w
101 1000	130	88	58	X	111 1000	170	120	78	x
101 1001	131	89	59	Y	111 1001	171	121	79	y
101 1010	132	90	5A	Z	111 1010	172	122	7A	z

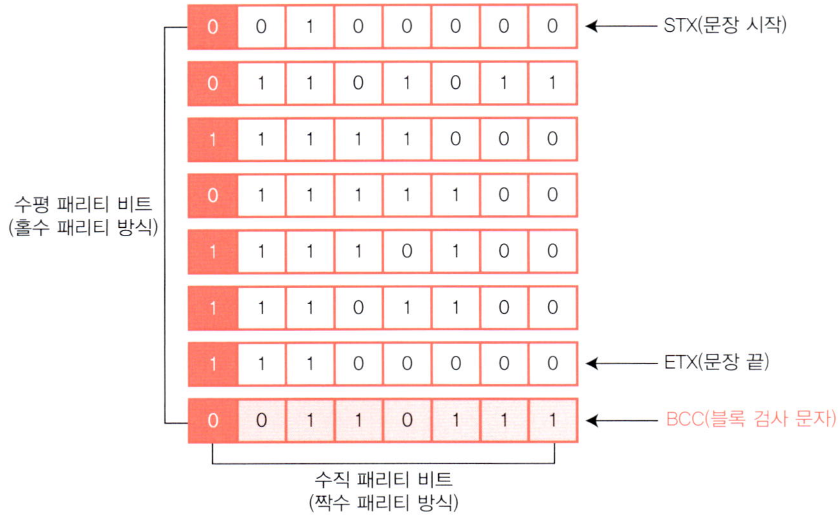

그림 3-23 블록 합 검사

'HyeJin'이라는 단어를 전송하는 데 블록 합 검사를 적용한 경우를 살펴보자.

❶ 송신 측: 수평 패리티 검사는 홀수 패리티를 적용하고, 수직 패리티 검사는 짝수 패리티를 적용하여 프레임(단어) 끝에 1 0 0 1 1 0 0 1 BCC 를 추가해서 전송한다.

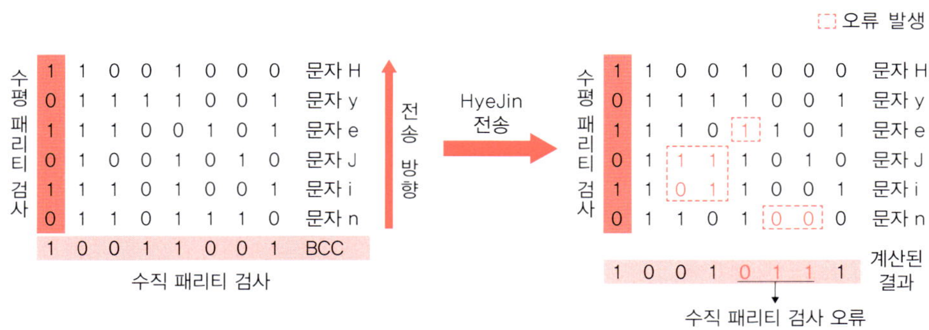

그림 3-24 'HyeJin'을 전송할 때의 블록 합 검사

❷ 수신 측: 수신된 프레임의 문자에 대해 BCC를 계산(1 0 0 1 0 1 1 1 계산된 결과)하고 송신 측이 전송한 BCC와 비교하여 오류를 검출한다. 이때 두 값이 같으면 오류가 없는 것이다. 만약 두 값이 다르면 1비트 오류는 위치까지 알 수 있고, 2비트 오류의 경우 위치는 알 수 없으나 오류 여부는 판단이 가능하다.

블록 합 검사라도 연속된 2개의 문자에서 같은 위치의 2비트가 오류일 때는 오류를 검출할 수 없다. J(11) 문자와 i(01) 문자를 전송하다가 각 문자당 2비트에 오류가 발생했는데도 불구하고 수직 패리티 검사를 해보면 송신 측의 BCC(01)와 일치하기 때문에 오류 검출이 불가능하다.

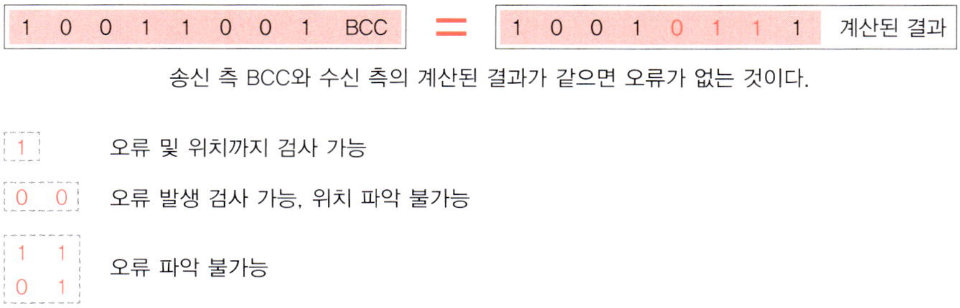

그림 3-25 블록 합 오류 검출 여부

3 순환 중복 검사

순환 중복 검사는 정확히 오류를 검출하기 위해 다항식 코드를 사용하는 방식이다. 오류가 없을 때는 계속 발생하지 않다가 오류가 발생하면 그 주위에 집중적으로 오류를 발생시키는 집단 오류를 검출하는 능력이 탁월하고 단순하게 구현할 수 있다.

■ 다항식

CRC 발생기는 0과 1의 스트링보다는 대수 다항식polynomial으로 표현하며, 하나의 다항식은 하나의 제수divisor로 표현한다.

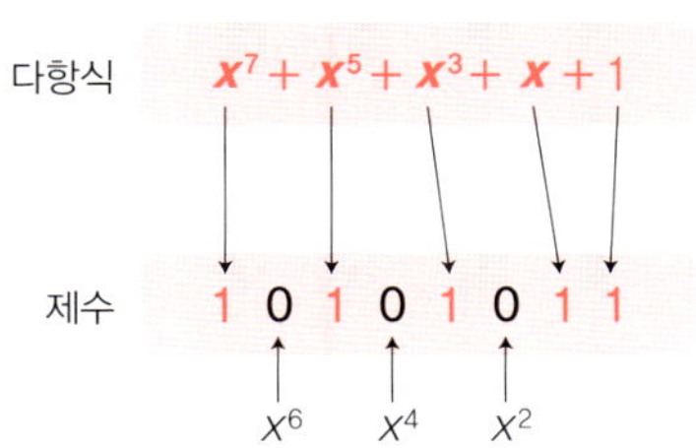

그림 3-26 다항식 표현의 예

CRC-12

$x^{12} + x^{11} + x^3 + x + 1$

CRC-16

$x^{16} + x^{15} + x^2 + 1$

주로 WAN에서 사용

CRC-ITU-T

$x^{16} + x^{12} + x^5 + 1$

주로 WAN에서 사용

CRC-32

$x^{32} + x^{26} + x^{23} + x^{22} + x^{16} + x^{12} + x^{11} + x^{10} + x^8 + x^7 + x^5 + x^4 + x^2 + x + 1$

주로 LAN에서 사용

그림 3-27 생성 다항식

다항식을 이용한 순환 중복 검사의 오류 검출 과정을 살펴보자.

❶ 송신 측이 데이터를 전송하기 전에 송수신 측은 동일한 생성 다항식을 결정한다.

❷ 송신 측은 K 비트의 전송 데이터를 생성 다항식으로 나눈 n 비트의 나머지 값을 구한다. K 비트의 전송 데이터에 n 비트의 나머지 값을 추가하여 K+n 비트의 데이터를 수신 측에 전송한다.

❸ 수신 측은 수신된 K+n 비트의 데이터를 생성 다항식으로 나눈다. 나머지가 0이면 오류가 없는 것이고, 0이 아니면 오류가 발생한 것이다.

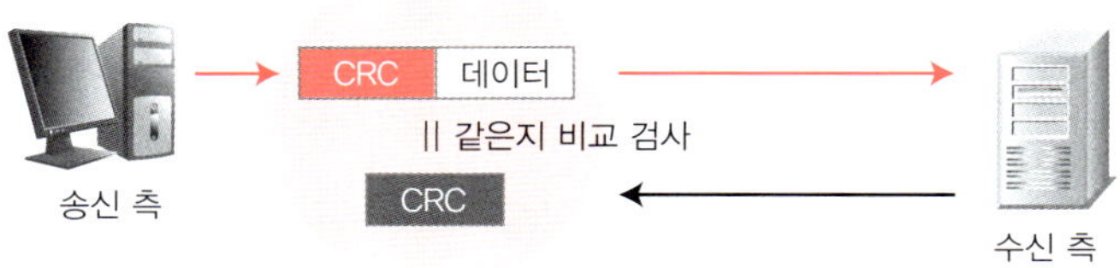

그림 3-28 순환 중복 검사 과정

- 송신 측
  ⓐ 데이터 전송
  ⓑ 오류 검출 코드 계산
  ⓒ CRC 추가
- 수신 측
  ⓐ 데이터 수신
  ⓑ 오류 검출 코드 계산
  ⓒ 수신된 CRC와 계산된 CRC 비교 검사
  ⓓ 동일하지 않으면 오류 검출 신호 발생

CRC는 패리티 검사처럼 데이터마다 추가 비트를 붙이지 않아도 되지만, 프레임의 실제 내용으로 계산되는 프레임 검사 순서Frame Check Sequence, FCS를 프레임 끝에 추가해서 전송해야 한다.

순환 중복 검사 과정을 좀 더 자세히 살펴보자.

- 전송 데이터 다항식 $P(x)$ = 10101101($x^7+x^5+x^3+x^2+1$)
- 생성 다항식 $G(x)$ = 11101($x^4+x^3+x^2+1$)

FCS 비트 수는 생성 다항식(제수)보다 1비트 작은 4비트이다.

1단계

$P'(x)$: 전송 데이터 다항식 $P(x)$를 FCS의 비트 수만큼 왼쪽 시프트shift한다(왼쪽 시프트한 후 빈자리에는 0이 들어간다).

$P(x)$ = 10101101을 FCS 비트 수만큼 왼쪽 시프트
$P'(x)$ = 101011010000

2단계

$P'(x)$를 $G(x)$로 나누어 나머지를 계산한다. 나눗셈 연산은 캐리(overflow, borrow)를 무시하고 XOR(mod−2)을 수행한다.

XOR 연산: 서로 다른 값일 때는 1, 같은 값일 때는 0을 반환한다.

송신 측 과정

```
11101 | 101011010000
        11101
         10001
         11101
          11000
          11101
           10110
           11101
            10110
            11101
             10110
             11101
              10110
              11101
               1011
```

11101: 생성 다항식
0000: FCS 비트 수
1011: 나머지

3단계

$P''(x)$ = 101011011011

4단계

$P''(x)$를 수신 측으로 전송한다.

5단계

수신 측에서는 전송받은 $P''(x)$를 생성 다항식으로 나눈다. 나머지가 0이면 오류가 없는 것이고, 0이 아니면 오류가 발생한 것이다.

수신 측 과정

```
11101 | 101011011011
        11101
         10001
         11101
          11000
          11101
            10111
            11101
             10100
             11101
              10011
              11101
               11101
               11101
                   0
```

11101: 생성 다항식
1011: 송신 측 나머지 값
0: 나머지

03 근거리 네트워크

여러 가지 형태의 네트워크와 그 동작을 이해하려면 먼저 네트워크가 어떻게 구조화되어 있는지 알아야 한다. 네트워크의 주요 범주에는 근거리 네트워크LAN, 대도시 네트워크MAN, 광역 네트워크WAN 등이 있으며 각각은 소유자, 규모, 거리, 물리적 구조에 따라 구분할 수 있다.

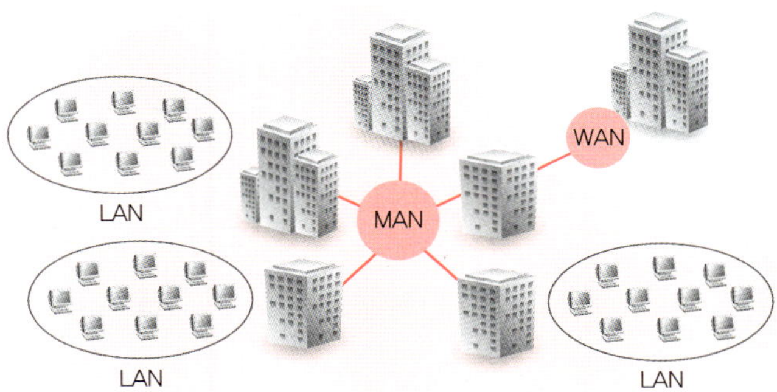

그림 3-29 네트워크의 형태

NOTE 대도시 네트워크(Metropolitan Area Network, MAN)

LAN과 WAN의 중간 정도 규모 네트워크를 말한다.

빌딩이나 건물 내로 한정된 네트워크를 '근거리 통신망'이라 하고, 전화선이나 다른 통신 서비스를 사용하여 물리적으로 떨어져 있는 컴퓨터를 연결한 네트워크를 '광역 통신망'이라 한다. 하지만 표준화된 정의는 없으며, 우리가 흔히 사용하는 인터넷은 광역 통신망의 대표적인 예이다.

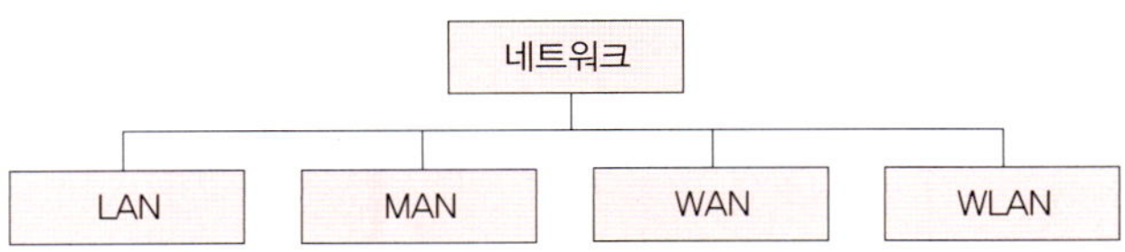

그림 3-30 네트워크의 범주

1 근거리 네트워크

근거리 네트워크LAN는 한 건물이나 대학 내 캠퍼스처럼 비교적 가까운 지역에 한정된 통신망을 말한다. 컴퓨터뿐만 아니라 가까운 거리에 있는 프린터, 팩스, 단말기 등의 네트워크 장비를 연결·접속하여 통신할 수 있도록 구성한 네트워크 시스템을 통칭한다. 어떤 조직이나 단체에서 정보가 교환되는 내용을 살펴보면 광역 통신보다는 근거리 통신이 많이 발생한다. 최근에는 정보 처리 기기를 연결해서 분산 처리하는 일이 증가하여 여기에 LAN을 이용하고 있다.

개인용 컴퓨터 한두 대만 연결하여 LAN을 구성할 수도 있고, 대학이나 회사에서처럼 다른 유형의 컴퓨터와 네트워크 장비를 대규모로 연결하여 LAN을 구성할 수도 있다. 일반적으로 한 건물이나 인접한 건물에 있는 네트워크는 하나의 LAN으로 간주한다. LAN의 최대 범위는 수백 m에서 수 km이고, 한 나라 전체나 대륙 간에 걸쳐 연결되는 WAN과 대조된다.

LAN은 사설망으로 구축하며, 하나의 전송 매체에 연결된 모든 장치가 LAN을 공유한다. 또한 하나의 장치가 전송한 데이터는 모든 장치에 연결되어 브로드캐스팅된다. LAN에서 양방향 전송을 의미하는 브로드캐스팅은 한 전송 매체에 연결된 모든 장치가 수신하는 것을 말한다.

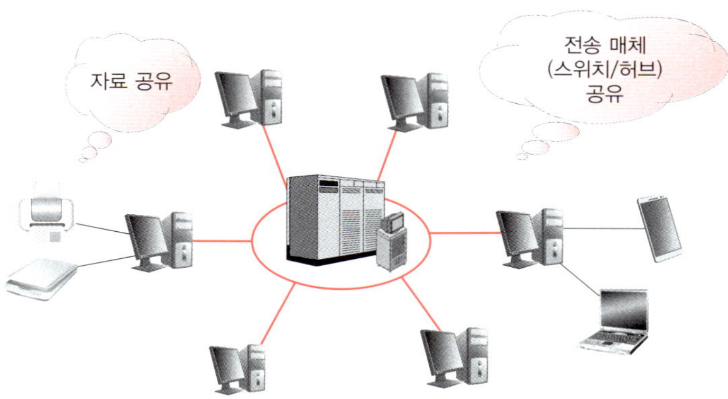

그림 3-31 LAN의 구성

LAN의 데이터 전송 비율은 계속 증가해왔다. 초기에는 주로 10~100Mbps의 이더넷을 사용했으나 최근에는 빠른 전송이 필요하여 고속 이더넷fast ethernet, 기가비트 이더넷gigabit ethernet, ATMAsynchronous Transfer Mode, FDDIFiber Distributed Data Interface, 무선 LAN 등 다양한 네트워크를 사용하고 있다.

LAN은 다양한 장치와 연결하기 쉽고, 재배치와 확장이 자유로우며, 음성·사진·동영상 등 다양한 종류의 데이터를 처리할 수 있다. 또한 꼬임선과 광섬유 케이블 등의 전송 매체를 사용하여 신뢰성이 높고 고속 전송도 가능하다. 그리고 LAN은 단일 기관이나 단일 그룹 내에 설치할 수 있어 인트라넷 등을 구축하는 데 쓰이기도 한다. 현재는 고속 이더넷과 기가비트 이더넷을 주로 사용하고 있다.

■ LAN의 발전 과정

1980년대에 컴퓨터가 보급되고 정보 처리 수요가 증가하면서 한정된 구역 내에서 여러 정보 기기를 연결하는 일이 많아졌는데 이는 LAN이 탄생하는 계기가 되었다.

표 3-5 LAN의 발전 과정

연도	발전 내용
1950~1960년	• 일괄 처리(batch) 방식(전형적인 제한적 일괄 처리 방식) 사용
1960~1970년	• 컴퓨터와 터미널 간에 온라인을 사용함으로써 컴퓨터를 이용하는 공간적 제약에서 탈피
1970~1980년	• 컴퓨터 처리 속도와 저장 용량이 증가함에 따라 주변장치와의 공유 필요성 제기 • 데이터의 중복, 제한된 컴퓨터의 연산 능력과 리소스 부족 등 컴퓨터 간의 통신 필요성 증대 • LAN에서 불가능한 조직적인 네트워크가 필요함에 따라 WAN의 필요성 제기 • 일괄 처리를 뛰어넘어 분산 처리 체계 확립 • 1976년 제록스가 이더넷 발표(전송 속도 3Mbps) • 1979년 10Mbps 이더넷 발표 • 1970년대 말 LAN 제품(네트워크 시스템의 HyperChannel)이 출시되면서 CSMA 방식의 네트워크 상용화
1980~1990년	• PC와 다양한 정보 처리 수요의 폭발적 증가 • 산업 또는 사무 현장의 각 부서에서 컴퓨터와 주변장치, OA 기기 등의 통신 처리 필요성 증대 • 1980년 10Mbps Ver 1.0 이더넷 발표 • 1982년 이더넷 Ver 2.0 발표 후 LAN 표준화 작업 추진 • 1985년 IEEE의 표준화위원회에서 LAN 표준화 제정 • IEEE에서 LAN 표준화(CSMA/CD→이더넷)
1990~2000년	• 1991년 ATM 포럼 창설 • 1995년 고속 이더넷 표준 제정(IEEE 802.3u) • 1990년대 중반까지는 주로 텍스트 위주의 데이터 통신(백본 네트워크로 100Mbps의 FDDI 또는 10Mbps의 굵은 이더넷 활용) • 1990년대 중반 이후 인터넷이 상용화되면서 그래픽과 동영상 데이터를 주로 사용(노드를 연결하는 망으로 10Mbps의 가는 이더넷 또는 16Mbps의 토큰링을 주로 사용) • 1998년 기가비트 이더넷 표준 제정(IEEE 802.3z)
2000년~현재	• 10Mbps 이더넷과 고속 이더넷을 일반 노드 연결용 망으로 활용 • 기가비트 이더넷과 ATM LAN, LAN 스위치를 백본 네트워크로 구축 • 네트워크의 용도나 규모에 따라 유연하고 다양한 속도의 LAN 구축

■ LAN의 특징

- 단일 기관의 소유로 수 km 범위 내의 지역으로 한정된다.
- 네트워크 기기에 상관없이 서로 통신이 가능하다.
- 광역 전송 매체를 사용하여 고속 통신이 가능하고, 많은 사용자가 단일 매체로 지연 없이 데이터를 주고받을 수 있다.
- 좁은 구간에서 통신하는 네트워크이기 때문에 전송 지연 시간이 짧고, 양질의 통신 회선을 사용하여 통신 품질이 우수하다.
- 컴퓨터뿐만 아니라 프린터 등의 주변장치를 쉽게 연결하여 사용할 수 있고 확장하기도 쉽다.
- 서버를 이용하여 데이터를 쉽게 관리할 수 있다.
- 전송 특성이 좋은 매체(동축 케이블, 광섬유 케이블 등)를 사용하여 신뢰성 있는 데이터를 전송할 수 있다.
- 저렴한 네트워크 단말기를 사용하기 때문에 경제적인 면에서 유리하다.
- 보안 기능과 사용자 통제 기능을 사용하여 외부의 침입을 체계적으로 관리할 수 있다.
- 텍스트뿐만 아니라 음성, 비디오, 영상 정보 등을 전송함으로써 종합적으로 정보를 처리할 수 있다.

2 LAN 전송 방식

LAN에서 케이블을 이용하여 데이터를 전송하는 방식은 채널 사용법에 따라 두 가지로 나뉜다. 컴퓨터에서 나오는 디지털 신호를 그대로 전송하는 베이스밴드baseband 방식과 디지털 신호를 아날로그 신호로 변조해서 보내는 브로드밴드broadband 방식이 그것이다.

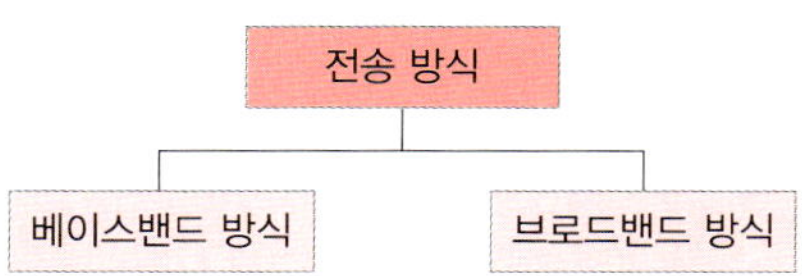

그림 3-32 LAN 전송 방식의 구분

NOTE 변조(modulation)

신호 주파수를 변조하거나 신호의 형을 변경하는 조작을 말한다.

■ 베이스밴드 방식

데이터를 전송할 때 디지털 신호를 변조하지 않고 직접 전송하는 방식으로, 이더넷이 대표적이다. 베이스밴드 방식은 하나의 케이블에 단일 통신 채널을 형성하여 데이터를 전송한다. 채널 하나에 신호 하나만 전송하기 때문에 모뎀이 필요 없고 비용도 경제적이다.

일반적으로 LAN은 아날로그 전송보다 속도가 빠른 디지털 전송을 지원하므로 단일 채널인 베이스밴드 방식을 사용한다. 베이스밴드 방식은 공유할 수 있는 채널이 하나라 충돌을 방지하기 위해 시간을 분할하여 채널 전송 권한을 부여하는 다중화 방식을 사용하며, 구성이 간단한 CSMA/CD 방식이나 토큰링 방식도 사용하고 있다.

■ 브로드밴드 방식

부호화된 데이터를 아날로그 신호로 변조하고 필터 등을 사용하여 제한된 주파수만 동축케이블 등의 전송 매체에 전송하는 방식이다. 브로드밴드 방식은 케이블 TV와 유사하며, 하나의 케이블에 다수의 통신 채널을 형성하여 데이터를 동시에 전송한다. 디지털 신호를 아날로그 신호로 변환하려면 베이스밴드 방식과 달리 모뎀이 필요하여 비용이 부담되지만, 전송 거리를 수십 km까지 늘릴 수 있다는 것이 장점이다.

브로드밴드 방식은 할당된 주파수 대역을 단일 케이블에 분할(FDM)한 후 분할된 주파수 대역으로 독립된 통신 채널을 형성하여 데이터를 동시에 전송하는 아날로그 전송 방식이다. 동축 케이블이나 광케이블을 사용하며, 음성이나 영상 데이터 등 다중 신호를 하나의 케이블로 동시에 전송할 수 있다. 브로드밴드 방식은 전송 매체의 주파수를 여러 대역으로 나누어 각기 다른 데이터를 전송하는 토큰버스 방식을 사용한다.

NOTE FDM(Frequency Division Multiplex)

주파수 분할 다중 전송 방식을 말한다.

표 3-6 베이스밴드 방식과 브로드밴드 방식

구분	베이스밴드 방식	브로드밴드 방식
채널 수	단일 채널/단일 케이블	다수 채널/단일 케이블
채널 신호	양방향 통신(디지털)	단방향 통신(아날로그)
접속 형태	버스형 또는 링형	버스형 또는 트리형
전송 매체	동축 케이블, 꼬임선, 광섬유 케이블	동축 케이블
전송 거리	10km 이하	10km 이상(LAN의 경우 10km 이하)
장점	단순한 기술, 저비용, 설치 용이	적은 수의 채널, 원거리 전송 가능
단점	제한된 서비스, 전송 거리 제약	복잡한 기술, 고비용
데이터의 종류	데이터	데이터, 음성, 영상
일반적 용도	빌딩	대도시 통신망
응용 분야	소규모 데이터 전송	대규모 멀티미디어 전송

3 매체 접근 제어 방식

LAN에서는 여러 대의 컴퓨터가 하나의 통신 회선을 공유하므로 데이터를 전송할 때 전송 매체의 접속을 제어하지 않으면 데이터 충돌이 발생하여 신뢰성 있는 통신을 할 수 없다. 데이터 충돌을 방지하기 위해 LAN에 연결된 모든 장치는 정의된 규칙에 따라 전송 매체에 접근하는데 이를 '매체 접근 제어Media Access Control, MAC'라고 한다.

NOTE 매체 접근 제어(Media Access Control, MAC)

전송 매체의 제어 방식으로, LAN에서 사용하는 토큰링, 토큰버스, CSMA/CD 등이 있다.

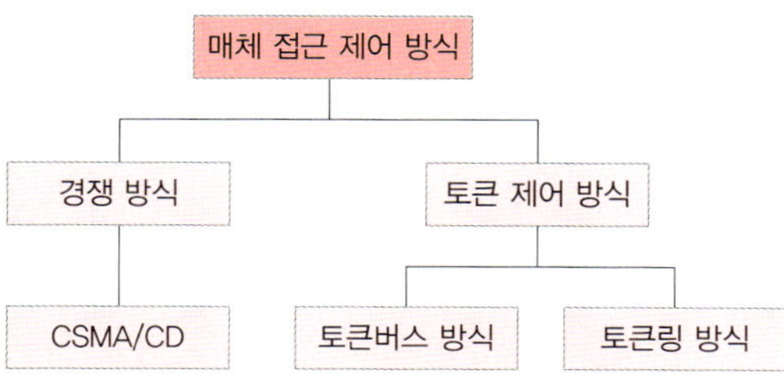

그림 3-33 매체 접근 제어 방식의 종류

매체 접근 제어와 관련된 표준화는 IEEE의 프로젝트 802가 주도하며, LAN에서는 보통 분산 제어 방식을 사용한다. 매체 접근 제어 방식은 경쟁 방식과 토큰 제어 방식으로 구분된다. 경쟁 방식은 언제나 매체에 접근할 수 있으며, 대표적인 예로 CSMA/CD 방식이 있다. 토큰 제어 방식은 전송 권한을 부여하는 토큰을 사용하여 정해진 순서나 시간에 따라 매체에 접근할 수 있으며, 대표적인 예로 토큰버스token bus와 토큰링token ring 방식이 있다.

■ CSMA/CD

CSMA/CD 방식은 버스형 통신망으로 알려진 이더넷에 주로 사용한다. 동축 케이블에 연결된 컴퓨터를 서로 접속시키는 방식으로, 모든 컴퓨터는 버스(케이블)에 연결되어 있고 전송 매체는 컴퓨터로 공유할 수 있다.

이더넷 방식은 제록스Xerox에서 개발한 802.3 표준이다. 충돌의 위험은 있지만 구현하기 쉽기 때문에 현재 LAN에서 가장 많이 사용하는 기술이며, 프레임 구조에 기반을 둔 다양한 종류의 네트워크를 구성할 수 있다.

CSMA/CD 방식은 데이터를 송신하기 전에 반송파 여부를 감지하는데, 반송파가 감지되면 다른 컴퓨터(스테이션)가 데이터를 송신하는 중이라고 판단하여 데이터를 전송하지 않는다. 하지만 반송파가 감지되지 않으면 컴퓨터가 전송 매체를 사용하지 않는 것으로 판단하여 데이터를 전송한다. 이 방식은 듣고 나서 송신을 시작한다는 의미에서 'LBTListen Before Talk'라고도 한다.

예를 들어 A 컴퓨터가 B 컴퓨터로 데이터를 전송하는 경우를 생각해보자. A 컴퓨터는 먼저 다른 컴퓨터가 데이터를 전송하고 있는지 확인해야 한다(반송파 감지carrier sense). 다른 컴퓨터가 데이터를 전송하는 중이면 데이터 전송이 끝날 때까지 기다리고, 그렇지 않으면 데이터 전송을 시작할 것이다. 하지만 다른 컴퓨터가 데이터를 전송하지 않는다고 판단하여 A 컴퓨터가 데이터를 전송하기 시작한 순간 B 컴퓨터도 똑같이 판단하여 거의 동시에 데이터를 전송하면 A 컴퓨터와 B 컴퓨터 사이에 충돌이 발생한다. 그러면 A 컴퓨터와 B 컴퓨터는 충돌을 인지하고(충돌 검출collision detection) 데이터 전송을 중단한 후 임의의 시간 동안 대기했다가 다시 전송을 시도한다. 이때 대기 시간은 랜덤으로 처리되는데, A 컴퓨터의 대기 시간이 짧아서 먼저 전송을 시도하면 B 컴퓨터는 LBT 알고리즘에 따라 전송하지 못하고 A 컴퓨터의 전송이 끝날 때까지 기다렸다가 전송을 시도한다.

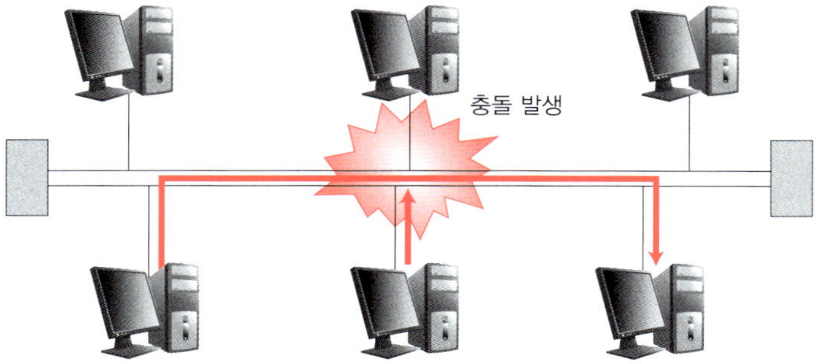

그림 3-34 CSMA/CD 방식의 예

그렇다면 CSMA/CD 방식의 동작 원리를 살펴보자.

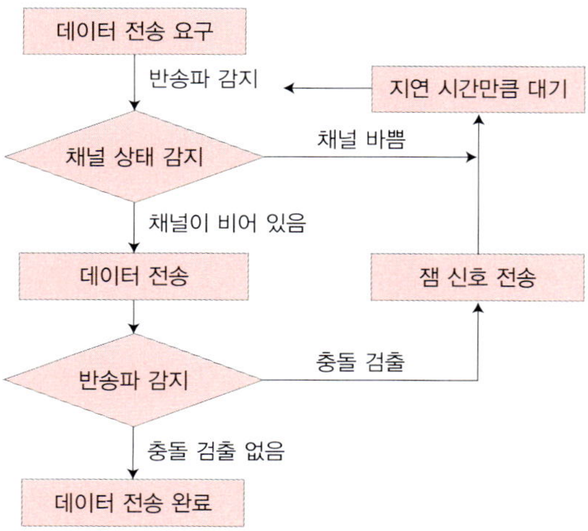

그림 3-35 CSMA/CD 방식의 동작 원리

- CSMA/CD 방식은 데이터를 전송하기 전에 통신 회선이 사용 중인지 판단하기 위해 반송파 감지를 사용한다. 반송파 감지는 전송할 데이터가 있을 때 먼저 채널에 전송 중인 트래픽이 있는지 확인하여 활동이 감지되면 전송을 보류하고 나중에 전송을 시도하는 수단이다.
- 반송파가 감지되면 동축 케이블에 접속된 다른 컴퓨터가 데이터를 전송 중인 것으로 인식하여 일정 시간 기다렸다가 전송을 시도한다.
- 반송파가 감지되지 않으면 채널이 비어 있는 것으로 인식(동축 케이블에 정보 전송이 없음을 확인)하고 각 노드 중 어느 것이든 채널을 사용하여 데이터를 전송할 수 있다. 이를 '다중 액세스multiple access'라고 한다.

- 각 노드는 메시지를 보낸 직후 충돌 여부를 항상 확인하는데 이를 '충돌 검출'이라고 한다. 충돌 검출은 컴퓨터 두 대 이상이 동시에 패킷을 전송했을 때 충돌하는 것을 방지하기 위해 수행하는 작업이다. 충돌 현상이 일어나면 일정 시간 동안 기다린 후 재전송할 수 있으며, 대기 시간이 랜덤으로 처리되므로 특정 컴퓨터는 오랜 시간 계속 기다려야 하는 경우도 있다.
- 패킷을 수신한 컴퓨터는 패킷의 헤더 부분에 있는 수신 측 주소를 확인한 후 자신이 수신지이면 처리하여 사용자에게 전달하고, 자신이 수신지가 아니면 수신된 패킷을 무시한다.

앞에서 설명한 CSMA/CD 방식의 원리를 요약해보자. OSI 참조 모델의 데이터 링크 계층에 해당하는 LLC 계층으로부터 데이터 송신 요구를 받은 MAC 계층은 매체가 비어 있는지 반송파로 확인하여 비어 있으면 데이터를 송신한다. 그러나 여러 컴퓨터가 동시에 데이터를 전송할 때는 전송 매체의 충돌 발생 여부를 조사하여 충돌이 감지되면 데이터 전송을 중지하고 모든 컴퓨터에 잼jam 신호를 송신하여 충돌 사실을 알린다. 그러면 이 신호를 수신한 컴퓨터는 설정된 시간만큼 대기한 후 CSMA/CD 프로토콜을 이용하여 재전송을 시도한다.

CSMA/CD 방식은 보통 버스형과 트리형 접속 형태의 LAN에 많이 사용하며, 프로토콜을 구현하기 쉬워 가격이 저렴하다. 하지만 전송 지연으로 거리에 제약이 있어 이더넷은 케이블 길이가 최대 500m 이하로 제한되고, 이를 초과한 케이블을 사용할 때는 중계기를 이용한다.

또한 CSMA/CD 방식은 통신량이 적을 때는 채널 이용률이 90% 이상으로 높지만, 통신량이 많아지면 충돌 횟수가 증가함으로써 채널 이용률이 떨어져 지연 시간을 예측할 수 없다는 것이 단점이다. 그러나 채널은 수동적이므로 어느 한 기기가 고장 나도 다른 기기의 통신에 전혀 영향을 미치지 않는다는 장점이 있다.

■ 토큰 제어 방식

접속된 노드 사이를 토큰이라는 패킷이 순차적으로 순환하는 동안 토큰을 얻어 전송하고, 전송이 완료되면 토큰을 반납하는 방식이다. CSMA/CD 방식처럼 충돌 현상이 발생하지는 않지만 자신에게 토큰이 올 때까지 기다려야 한다는 것이 단점이다. 구성 방식에 따라 토큰버스 방식과 토큰링 방식으로 구분되며, 두 가지 방식은 형태만 다를 뿐 절차는 동일하다.

❶ 토큰링 방식

IBM에서 개발한 LAN 방식으로, 1984년 당시 IBM에서 개발한 모든 컴퓨터와 컴퓨터 관련 제품을 연결하는 네트워크 솔루션으로 도입되었다. 1985년에는 IEEE 802.5 표준으로 자리 잡았다. 다음 그림과 같이 토큰링 방식은 링을 따라 순환하는 토큰을 이용하는 것이다.

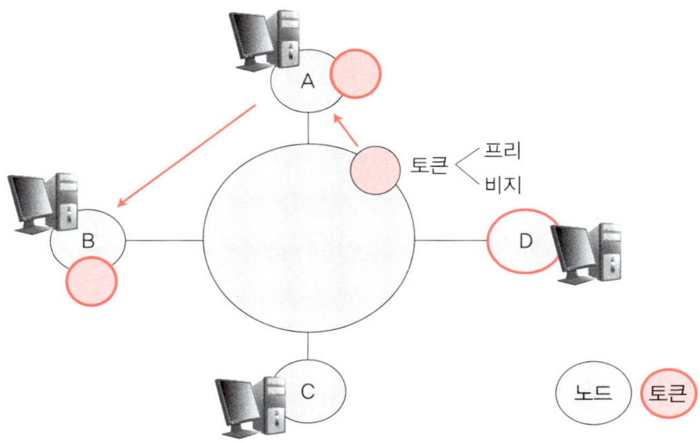

그림 3-36 토큰링 방식의 동작 원리

모든 컴퓨터가 휴지 상태일 때의 토큰을 프리 토큰free token이라고 하며, 데이터를 전송하려는 컴퓨터는 이 프리 토큰이 자신에게 올 때까지 대기해야 한다. 프리 토큰이 해당 컴퓨터에 도착하면 비지 토큰busy token으로 상태를 바꾼 후 토큰 뒤에 전송할 데이터 프레임을 붙여 다음 컴퓨터로 전송한다. 이때 다른 컴퓨터는 프리 토큰을 얻을 수 없어 데이터 전송이 불가능하지만, 전송된 프리 토큰 뒤의 프레임에서 주소 정보를 읽어 자신의 주소이면 이 정보를 복사한다. 토큰을 사용 중인 컴퓨터가 데이터 전송을 완료하면, 다시 순회하여 돌아온 비지 토큰을 프리 토큰으로 변경하여 다음 컴퓨터에 데이터 전송 기회를 준다.

토큰링 방식의 장점은 각 컴퓨터(노드)마다 전송 기회가 공평하게 주어진다는 것이다. 전송 권한을 얻는 대기 시간이 정해져 있어 과부하가 일어나도 성능 저하가 심하지 않기 때문에 CSMA/CD 방식보다 실시간 처리가 필요한 분야에 적합하다. 그러나 구현하기 어렵고 토큰의 운용 관리가 복잡하다.

- 데이터를 전송하려는 컴퓨터는 토큰이 자신에게 도착할 때까지 기다리고, 토큰이 자신에게 도착하면 데이터 패킷을 실어 전송한다.
- 전송된 패킷은 동축 케이블에 연결된 각 컴퓨터를 거쳐 패킷을 처음 전송한 컴퓨터에 다

시 전송된다.

- 패킷을 처음 전송한 컴퓨터는 자신이 이전에 전송한 패킷을 수신하고 자신에게 있는 토큰을 다음 컴퓨터로 전송한다.
- 패킷에는 수신 측의 주소가 있는데, 동축 케이블에 연결된 컴퓨터는 패킷이 링을 순환할 때 자신이 수신지인 패킷이면 패킷을 복사해서 처리하고, 그렇지 않으면 수신된 패킷을 다음 컴퓨터로 전송한다.

❷ 토큰버스 방식

이더넷과 토큰링의 특징을 합친 형태이다. 실제로 토큰버스 방식은 실시간으로 처리해야 하는 공장 자동화에 많이 응용된다. 물리적으로는 버스형 접속 형태를 띠고 있지만 버스의 모든 컴퓨터는 논리적으로 링형 접속 형태를 띤다. 즉 토큰버스는 물리적으로 연결되었지만 토큰 전달은 논리적인 순서로 이루어진다. 토큰은 논리적인 링형 접속 형태를 따라 순환하고 이 토큰을 확보한 컴퓨터가 일정 시간 동안 전송 권한을 가진다.

토큰은 일정 시간이 지나면 논리적인 순서대로 다음 컴퓨터로 전송된다. 토큰을 받은 컴퓨터는 전송할 데이터가 없으면 다음 컴퓨터로 전송하고, 전송할 데이터가 있으면 토큰을 받아 데이터를 전송한 후 다음 컴퓨터로 토큰을 전송한다.

토큰버스 방식은 CSMA/CD 방식과 달리 채널에서 데이터 충돌이 발생하지 않기 때문에 한 패킷을 전송하는 데 걸리는 시간이 일정하다. 따라서 실시간 처리가 요구되는 시스템에 적합한 방식이다.

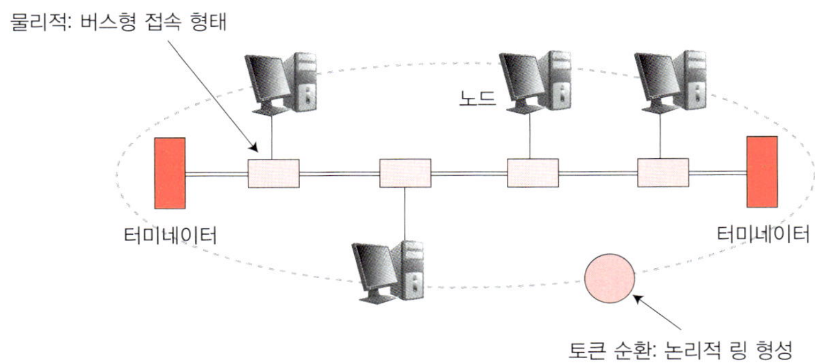

그림 3-37 토큰버스 방식의 동작 원리

4 이더넷

LAN을 구축하기 위해 이더넷, 토큰링, FDDI 등 많은 네트워크 통신 기술이 개발되었으며, LAN에서는 이더넷을 가장 많이 사용한다. 1977년 제록스는 동축 케이블을 사용하여 10Mbps 전송 속도를 지원할 수 있는 이더넷을 개발하여 1985년 표준화했다. 이는 빠르게 확산되어 1990년에는 설치가 용이하고 가격이 저렴한 UTP 기반 이더넷을 표준화함으로써 전 세계 시장을 장악했으며, 현재 연구실이나 사무실은 UTP 기반의 이더넷으로 통신망이 구축되어 있다.

1995년 UTP와 광케이블 기반의 고속 이더넷을 표준화함으로써 100Mbps의 LAN이 시작되었고, 1998년 광케이블 기반의 기가비트 이더넷을 표준화함으로써 지역 백본망 구축에도 적용하게 되었다. 또한 2002년에 개발된 10Gbps 이더넷은 지역 백본망을 넘어 국가적인 백본망 도입을 가능하게 했다.

NOTE 백본(backbone)

LAN에서 WAN으로 연결하는 하나의 회선이나 여러 회선의 모음인 기간망을 말한다.

표 3-7 이더넷의 발전 과정

연도	발전 내용
1977년	동축 케이블 기반 이더넷 개발(10Base-5)
1985년	IEEE 802.3 표준화위원회에서 동축 케이블 기반 이더넷 표준화(10Base-5, 10Base-2)
1990년	IEEE 802.3i 표준화위원회에서 UTP 기반 이더넷 표준화(10Base-T)
1995년	IEEE 802.3u 표준화위원회에서 100Mbps 고속 이더넷 표준화(100Base-TX/FX)
1998년	IEEE 802.3z 표준화위원회에서 1Gbps 이더넷 표준화(1000Base-SX/LX/CX)
2002년	IEEE 802.3ae 표준화위원회에서 10Gbps 이더넷 표준화(10GBase-S/L/E)

제록스에서 개발한 이더넷은 가장 대표적인 LAN 구성 방식으로서 CSMA/CD 방식을 사용한다. 현재 대부분의 LAN은 이더넷에 해당된다. 이더넷은 각 물리적 링크를 유일한 MAC 주소를 사용하는 포트와 연결하는 버스형 접속 형태의 구조이다. 이제 네트워크에서 패킷이나 프레임이 전송되는 과정을 살펴보자.

먼저 큰 논리적 트렁크 포트 내에서 MAC 주소가 있는 포트를 선택하는데(MAC 선택 알고리

표 3-8 LAN의 구성 방식

종류	설명
이더넷	• 1976년 제록스에서 개발하여 인텔, DEC과 함께 표준화 • IEEE 802.3의 표준안으로 채택 • 10Mbps 속도로 CSMA/CD 알고리즘 사용 • 10Base-2, 10Base-T
고속 이더넷	• 1990년대 이더넷을 확장하여 개발 • 100Mbps 속도 • 100Base-T(이더넷에서 NIC 등 개선)
기가비트 이더넷	• 1Gbps 속도 • 고속 이더넷에 비해 2~3배의 비용으로 10배의 속도 • 이더넷 방식 그대로 사용 가능(호환성이 좋음)
FDDI	• 미국표준협회(ANSI)와 ITU-T가 표준화 • 전송 매체로 광섬유를 사용하여 고속의 LAN 구현 가능 • 넓은 대역폭과 빠른 전송이 필요한 백본망에 많이 사용

즘), 이는 전송한 프레임이 수신지 네트워크 장치로 순서대로 도착할 수 있게 한다. 이를 위해 알고리즘은 세션이라는 프레임 집합을 만들고, 세션 내의 모든 프레임에는 동일한 송수신지 주소가 있다. MAC 선택 알고리즘은 트렁크 내의 동일한 물리적 링크를 사용하여 송수신지로 모든 프레임이 전송될 수 있게 한다.

보통 이더넷은 매체의 종류와 배선 방식, 전송 지원 속도에 따라 이더넷, 고속 이더넷, 기가비트 이더넷, FDDI 등으로 구분된다.

■ 이더넷

❶ 10Base-5(동축 케이블 기반 이더넷)

최초의 IEEE 802.3 표준인 10Base-5는 굵은(직경 10mm 정도) 동축 케이블을 전송 매체로 사용하는 이더넷 구성 방식이다. 10Base-5의 10은 전송 속도가 10Mbps라는 의미이고, Base는 베이스밴드 전송 방식(디지털 신호 전송), 5는 한 세그먼트의 최장 거리가 500m임을 나타낸다.

10Base-5는 안정성 있는 데이터 전송을 보장하지만 전송 매체가 단절되면 전체 통신망이 다운될 수도 있다. 또한 케이블의 두께와 무게 때문에 설치하기 어렵고 가격이 비싸다. 10Base-5 이더넷은 두꺼운 케이블을 직접 컴퓨터에 연결할 수 없기 때문에 별도의 AUI 케이블을 사용해서 연결해야 한다. 10Base-5 이더넷의 케이블 길이는 중계기를 사용하면

최대 2.5km까지 확장할 수 있다.

❷ 10Base-2(동축 케이블 기반 이더넷)

10Base-2는 얇은(직경 4mm 정도) 동축 케이블을 전송 매체로 사용하는 이더넷 구성 방식이다. 10Base-5와 성능이 같고 한 세그먼트의 최장 거리가 200m이며 베이스밴드 전송 방식을 사용한다. 10Base-2는 설치가 용이하고 설치 비용이 저렴하지만, 10Base-5와 마찬가지로 전송 매체가 단절되면 전체 통신망이 다운될 수도 있다.

❸ 10Base-T(UTP 케이블 기반 이더넷)

10Base-T는 UTP 케이블을 사용하는 베이스밴드 방식의 신호 전송 기술로, 10Mbps 속도를 지원하는 이더넷 LAN 기술이다. 대부분의 사무실에서는 10Base-T에서 발전한 UTP 케이블 기반의 이더넷을 사용한다.

10Base-T의 10은 전송 속도가 10Mbps라는 의미이고, Base는 베이스밴드 전송 방식(디지털 신호 전송), T는 전송 매체로 카테고리 3이나 카테고리 5에 해당하는 UTP 케이블을 사용한다는 것을 나타낸다. 10Base-T는 안정성이 뛰어나고 관리가 용이하지만 초기 설치 비용이 많이 든다는 것이 단점이다.

버스 형태를 띤 10Base-5, 10Base-2 이더넷과 달리 10Base-T 이더넷은 성형 구조이다. 10Base-T 이더넷의 모든 통신 장치는 중앙의 허브와 UTP 케이블로 연결되고, 100Mbps까지 전송이 가능하며, 최대 길이는 100m이다.

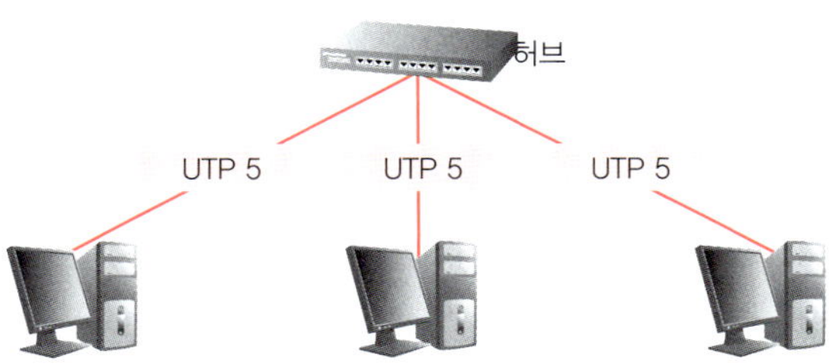

그림 3-38 성형 구조인 10Base-T 이더넷

■ 고속 이더넷

고속 이더넷은 10Mbps용 이더넷과의 호환을 유지하면서 전송 매체의 길이를 줄여 약 100Mbps 고속 전송이 가능한 방법으로 '100Base-T'라고도 한다. 기존의 10Base-T 이더넷과 프레임 포맷이 같고, 매체 접근 방식도 CSMA/CD로 동일하다. 고속 이더넷의 케

이블 길이는 최대 100m로 제한되며 짧은 케이블은 전송을 빠르게 한다. 또한 고속 이더넷은 FDDI와 달리 적은 비용으로 고속 LAN 환경을 구축할 수 있다.

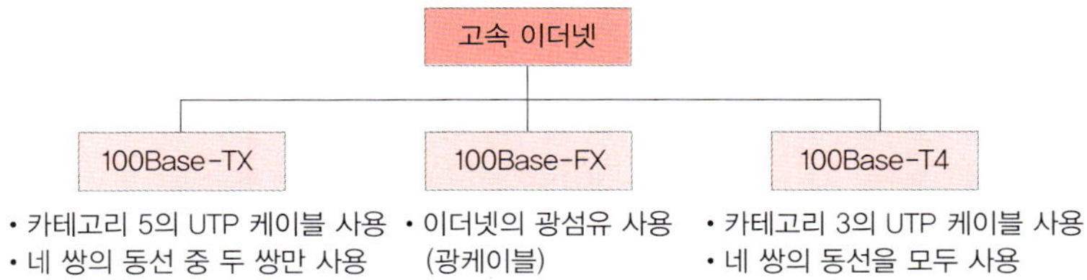

그림 3-39 고속 이더넷의 종류

100Base-TX는 100Mbps 전송 속도를 지원하는 이더넷으로 IEEE 802.3u에서 표준화되었으며, 전송 매체로 카테고리 5의 UTP 케이블 또는 STP를 사용한다. 그리고 100Base-FX는 IEEE 802.3z로 표준화되었으며, 광섬유를 이용하여 100Mbps 전송 속도를 지원하는 이더넷이다.

■ 기가비트 이더넷

약 1Gbps의 전송 속도를 지원하는 이더넷으로, 기존의 이더넷뿐만 아니라 고속 이더넷과도 호환이 가능하고, UTP 이더넷 케이블을 교체하거나 프로토콜을 변경하지 않고도 간단하게 고속 이더넷으로 업그레이드할 수 있다. 따라서 이더넷을 사용하는 많은 네트워크가 점차적으로 기가비트 이더넷으로 전환되고 있다.

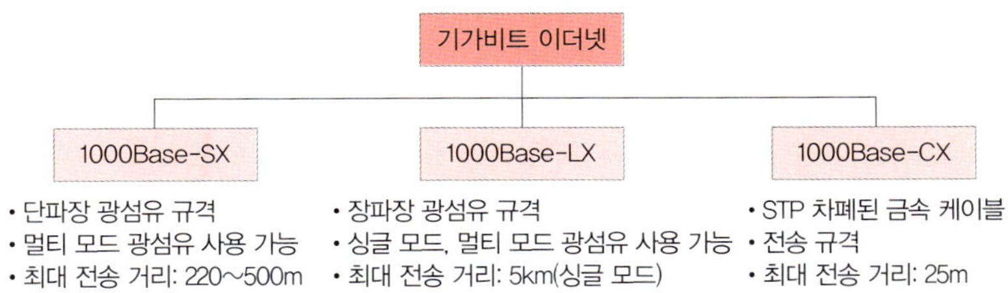

그림 3-40 기가비트 이더넷의 종류

1000Base-T는 1Gbps 전송 속도를 지원하는 이더넷으로 카테고리 5나 6의 UTP 케이블을 전송 매체로 사용한다.

■ FDDI

FDDI는 이더넷과 토큰링 방식만큼 많이 활용되지는 않지만 LAN의 고속 컴퓨터 연결이나 백본으로 주로 사용한다. 전송 매체로 광섬유를 사용하므로 전송 속도가 고속(100Mbps)이며, 매체 접근 방식으로 토큰 제어 방식을 사용하고, 통신망은 링형 접속 형태를 띠고 있다. 토큰링 방식과 유사한 형태이지만 다른 LAN 구조와 달리 이중 링 구조를 사용한다. 광섬유로 연결된 링의 한 부분이 끊어지면 구리선처럼 끊긴 부분을 연결하지 못하고 라인 전체를 교체해야 하며, 교체 작업이 완료될 때까지 통신망을 사용할 수 없기 때문에 이중 링 구조를 사용하는 것이다. 전송 매체로 광섬유를 사용하므로 구리선보다 가격이 비싸고 설치 및 유지·보수가 어렵지만 데이터의 내구성과 안정성, 고속 전송 등이 장점이다.

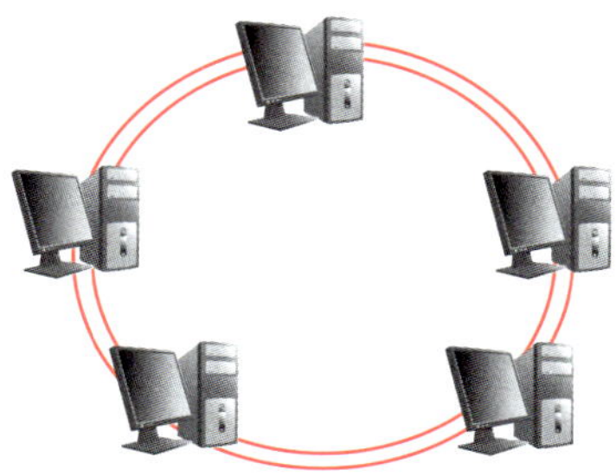

그림 3-41 FDDI의 구조

04 광역 네트워크

광역 네트워크WAN는 2개 이상의 LAN이 넓은 지역에 걸쳐 연결되어 있는 것을 말한다. 예를 들어 본사는 서울에 있고 공장은 지방에 있는 기업을 생각해보자. 본사와 공장이 데이터나 프로그램을 공유한다면 기존의 전화선 등에 라우터를 연결하여 WAN을 구성할 것이다. 또한 멀리 떨어진 컴퓨터들이 LAN의 일부가 아니더라도 WAN을 이용하여 서로 통신할 수 있다.

WAN은 한 국가 내에서 또는 국가와 국가를 연결하는 수백, 수천 km 이상의 네트워크로, 우리가 매일 사용하는 인터넷은 WAN의 가장 대표적인 예이다. LAN은 연결 가능한 범위가 제한되지만 WAN은 전용선, 위성, 광케이블 등을 이용하여 전 세계적으로 연결할 수 있다. MAN과 마찬가지로 통신 사업자가 서비스를 제공·관리하는 WAN은 LAN보다 더 먼 거리를 연결할 수 있으나 네트워크를 구축하는 데 비용이 많이 들고 LAN보다 연결 속도가 느리다.

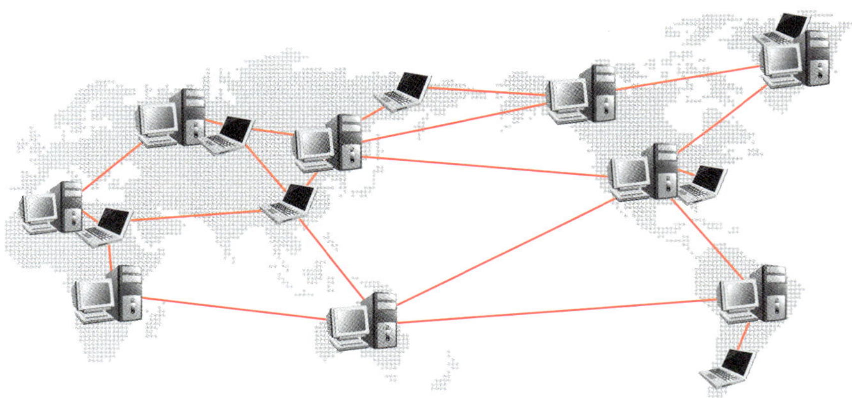

그림 3-42 광역 네트워크

교환 통신망은 통신망 노드의 전송 기능을 이용하여 데이터를 수신 측까지 전송하는 통신망을 말한다. 상호 연결된 노드의 모임으로 구성되며, 노드를 경유하여 송신 측에서 수신 측으로 데이터가 전송된다.

다음 그림은 일반적인 교환 통신망의 그물형 접속 형태를 나타낸 것이다. 데이터는 노드에서 노드로 교환되면서 연결된 적절한 경로를 통해 최종적으로 수신 측까지 전송된다.

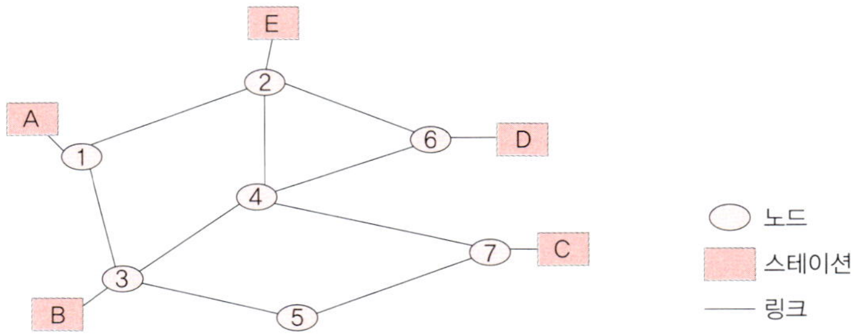

그림 3-43 교환 통신망의 구성

B 스테이션에서 C 스테이션으로 데이터를 전송하는 경우, 데이터는 먼저 노드 3으로 전송되고 노드 4와 7 또는 노드 5와 7을 거쳐 C 스테이션으로 전송된다. 노드 4와 5처럼 다른 노드에만 연결된 노드는 네트워크에서 데이터를 교환하는 역할을 한다. 반면에 노드 1과 3처럼 하나 이상의 스테이션에 접속된 노드는 교환뿐만 아니라 접속된 스테이션에 데이터를 송수신하는 역할도 한다.

스테이션과 노드 간의 링크는 보통 전용적인 점대점으로 연결되며, 노드와 노드 간의 링크는 일반적으로 다중화된 링크이다. 노드는 네트워크에 전부 연결되거나 부분적으로 연결되는 형태로, 큰 네트워크는 대개 부분적으로 연결된다.

교환 통신망은 데이터를 송신 측에서 수신 측으로 전송할 때 한 링크에서 다른 링크로 데이터를 교환하는 방법에 따라 회선 교환circuit switching, 메시지 교환message switching, 패킷 교환packet switching 등으로 나눌 수 있다. 이러한 교환 방식의 원리와 특징을 자세히 살펴보자.

1 회선 교환

회선 교환은 두 스테이션 사이에 전용 통신 경로가 있음을 의미한다. 데이터를 전송하기 전에 하나의 물리적 경로를 설정하며, 통신을 종료할 때까지 이 경로를 독점한다. 경로를 설정할 때 지연이 발생하지만 일단 경로를 설정하면 사용자에게 투명하게 데이터를 전송할 수 있다. 전화 시스템은 회선 교환 방식의 대표적인 예이다.

회선 교환 방식에서는 노드 간에 통신을 시작하기 전에 신호 방식을 이용하여 회선을 설정한다. 그러면 회선 교환기(노드)는 비어 있는 회선을 고정적으로 할당한다. 이렇게 설정된 회선

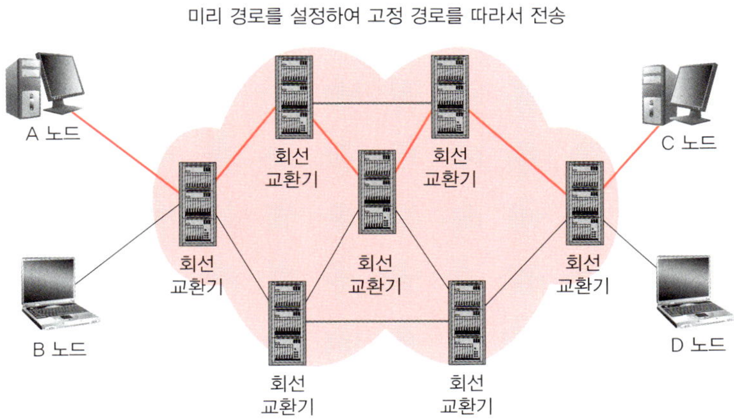

그림 3-44 회선 교환

은 사용 여부에 관계없이 점유되어 있으므로 다른 데이터를 전송하는 데 사용될 수 없으며, 데이터 전송이 끝나면 할당받은 회선의 연결을 해제한다. 회선 교환은 데이터의 전송 개시 전에 송신 측과 수신 측 사이에 직접적인 경로를 설정한 후 전송하는 것으로, 다음과 같이 5단계 프로세스를 거친다.

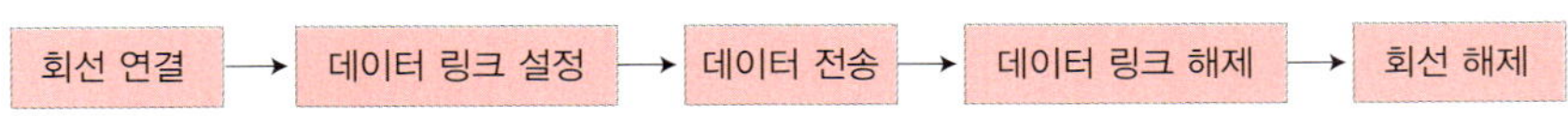

그림 3-45 회선 교환의 5단계 프로세스

회선 교환기는 회선 설정 및 해제, 데이터 전송 기능을 수행하며, 데이터를 전송하기 전에 장치 간에 회선을 설정해야 한다. 여기서 회선은 전송 링크를 시분할이나 주파수 분할로 다중화했을 때의 한 채널에 해당한다. 우리가 전화를 걸 때 상대방의 전화번호를 눌러 해당 전화번호의 전용 회선을 설정하는 것과 같은 원리이다. 회선을 설정한 후 데이터는 항상 고정된 경로를 통해 전송되고, 데이터 전송이 완료되면 점유했던 회선이 해제되어 다른 통신에 사용할 수 있다.

■ 장점

- 회선을 전용선처럼 사용할 수 있어 많은 데이터를 전송할 수 있다.
- 경로가 설정되면 사용자에게는 고정적인 전송률로 정보를 전송할 수 있다.
- 경로가 설정되면 교환 노드에서 처리 지연이 거의 없다.
- 실시간으로 음성이나 동영상 등의 미디어를 전송하는 데 적합하다.

■ 단점

- 오류 없이 데이터를 전송해야 하는 데이터 서비스에는 부적절하다.
- 설정되면 데이터를 그대로 투과시키므로 오류 제어 기능이 없다.
- 데이터를 전송하지 않는 기간에도 회선을 독점하므로 비효율적이다.

회선 교환 방식은 위와 같은 문제점을 가지고 있어 이를 보완한 효율적인 교환 기술이 등장하게 되었다.

2 메시지 교환

메시지 교환은 회선 교환의 비효율적인 회선 이용을 개선한 데이터 통신 교환 방식으로, 가변 길이의 메시지 단위로 저장/전송 방식에 따라 데이터를 교환한다. 저장/전송 방식은 도착한 메시지를 일단 저장한 후 다음 노드로 가는 링크가 비어 있으면 전송하는 것으로 '축적 전송 store-and-forward'이라고도 한다.

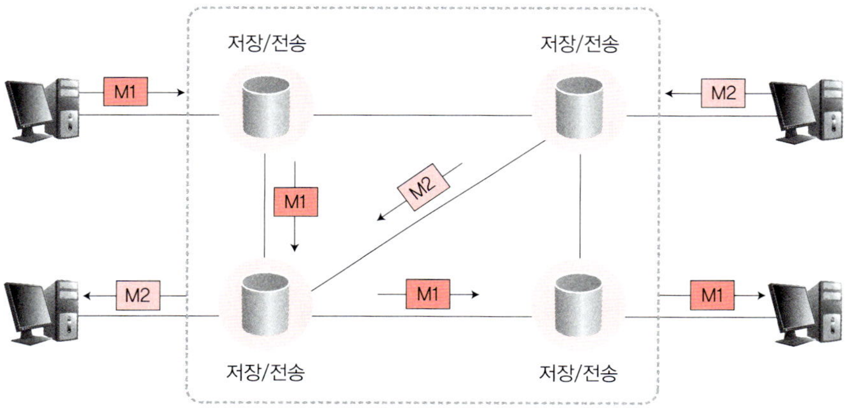

그림 3-46 메시지 교환

메시지 교환은 회선 교환과 달리 송신 측과 수신 측 간에 데이터를 전송하는 전용 통신로가 필요 없으며, 저장/전송 방식으로 링크를 동적으로 공유하여 메시지를 전송한다. 여기서 메시지는 논리적인 데이터 단위로 이메일이나 컴퓨터 파일 등이 포함되며 길이가 다양하다. 메시지 교환은 패킷 교환과 유사하지만 패킷 단위로 교환하는 것이 아니라 메시지 단위로 교환한다는 점이 다르다.

메시지 교환기는 하드디스크가 있는 컴퓨터로 구현되고, 수신되는 메시지는 교환기의 하드디스크에 저장된다. 그 후 교환기는 메시지를 완전히 수신하면 오류를 검사하고, 오류가 없으면 경로를 결정하여 다음 교환기로 메시지를 보낸다. 먼저 도착해서 전송을 기다리는 메시지가 있으면 이 메시지가 모두 전송될 때까지 지연시켰다가 전송한다. 그러므로 메시지 교환은 메시지의 지연이 비교적 길고 가변적이어서 실시간 통신이나 대화형 데이터 통신보다는 전송 지연이 크게 문제되지 않는 이메일이나 파일 전송 등에 적합하다.

메시지 교환 방식은 초기 이메일 시스템에서 사용했으나 처리 지연 때문에 지금은 거의 사용하지 않는다. 현재는 메시지 교환의 단점을 개선한 패킷 교환을 주로 사용하고 있다.

3 패킷 교환

패킷 교환에서는 네트워크로 전송되는 모든 데이터가 송수신지 정보를 포함하는 패킷으로 구성되며, 이 패킷은 표준과 프로토콜을 사용하여 생성한다. 데이터는 네트워크를 통해 전송되기 전에 패킷이라는 작은 조각으로 나뉘고, 각 패킷은 고유 번호가 있어 수신지에 전송되었을 때 원래의 데이터로 재결합해서 구성할 수 있다.

패킷을 편지가 들어 있는 편지 봉투에 비유하면, 편지 봉투에 보내는 사람의 주소와 받는 사람의 주소를 쓰는 것처럼 패킷도 마찬가지로 데이터의 앞부분에 정보를 붙인다. 이는 패킷을 받아야 할 채널의 번호, 패킷의 형식 등 패킷이 안전하게 최종 수신지로 전송되는 데 필요한 정보이다.

패킷의 크기는 옥텟octet으로 나타내는데 1옥텟은 8비트(1바이트)와 같다. 보통 128옥텟의 패킷을 사용하며, 제어 정보 부분을 제외한 패킷의 크기는 ITU-T의 표준안에 최고 4096옥텟으로 정의되어 있다.

패킷은 기본적으로 헤더 부분, 데이터 부분, 순환 중복 검사로 이루어져 있다.

- **헤더**: 패킷의 송신지와 수신지, 패킷 번호, 플래그 정보, 패킷 길이 등의 정보가 들어 있다.
- **데이터**: 각 시스템에서 패킷의 최대 길이는 정해져 있다. 데이터의 크기가 최대 길이보다 크면 작은 조각으로 쪼개져서 여러 개의 패킷으로 나뉘어 전송된다.
- **순환 중복 검사**: 수신된 정보에 오류가 포함되어 있는지 검사할 수 있도록 송신 측이 원래의 데이터에 별도로 데이터를 추가해서 보내는데 이를 순환 중복 검사라고 한다. 수신

측은 이 추가 데이터를 검사하여 오류를 검출한다. 순환 중복 검사를 통해 동기식 전송에서 보다 효율적이고 강력한 오류 검출이 가능하다.

패킷 교환은 회선 교환과 메시지 교환의 장점을 수용하고 단점을 최소화한 것이다. 저장/전송 방식을 사용한다는 점이 메시지 교환과 비슷하나, 메시지 교환은 하나의 메시지 단위로 전송하고 패킷 교환은 적당한 크기로 메시지를 분할해서 전송한다. 이러한 패킷 교환의 장점을 아래에 정리했다.

- 네트워크가 일종의 버퍼 기능을 수행하므로 처리 속도가 다른 통신 기기 간에도 데이터를 전송할 수 있다.
- 노드와 노드 간의 회선을 다수의 패킷이 공유하므로 전송이 없는 상태에서도 회선을 점유하는 회선 교환보다 전송 효율이 높다.
- 패킷별로 우선순위를 적용하여 우선순위가 높은 패킷을 먼저 전송할 수 있다.
- 데이터를 전송할 때 과부하가 일어나면 전송 지연이 발생하지만 패킷 송신은 가능하다.

패킷 교환에서는 전송할 수 있는 패킷의 최대 길이가 제한되며(최대 1,024비트), 최대 길이보다 긴 메시지는 여러 개의 패킷으로 분할하고 각 패킷에 헤더를 부착한다. 헤더에는 네트워크의 경로를 찾아 패킷을 목적지에 전송하는 최소한의 정보가 포함되어야 한다. 다음 그림은 데이터를 분할하고 패킷으로 변환하여 전송하는 과정을 보여준다.

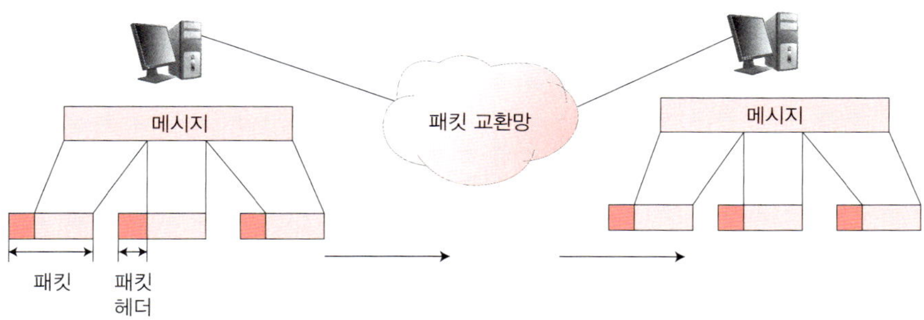

그림 3-47 패킷 변환 후 전송

전송 경로를 따라 각 패킷이 수신되면 일단 버퍼에 저장하고, 먼저 도착한 패킷의 전송이 완료되면 다시 다음 노드로 전송한다. 패킷이 수신지에 도착할 때까지 저장 및 다음 노드로 전송하는 과정을 반복한다. 이때 패킷은 물리적으로 회선을 연결하지 않고 회선의 상황에 따라 패킷 내의 주소를 이용하여 경로를 배정(라우팅)하며, 수신지에 전송된 패킷은 원래 패킷의 순서대로 재결합되어 최종 스테이션(단말)으로 전송된다.

이 방식은 데이터 전송 전에 회선을 설정하는 회선 교환과 달리 패킷의 수신 측 주소 정보를 바탕으로 교환기(라우터)가 상황에 따라 적절한 전송 경로를 결정한 후 데이터를 전송한다. 예를 들어 패킷의 길이가 128바이트라면 정보가 128바이트 단위로 분할되고 필요한 제어 정보가 추가된다. 또한 패킷의 길이는 메시지의 길이, 네트워크 지연 시간 등 다양한 변수를 고려하여 결정한다.

회선 교환은 많은 데이터를 연속으로 보내는 데 적합하고, 패킷 교환은 네트워크 통신과 같이 간헐적인 정보를 보내는 데 적합하다. 패킷 교환은 메시지 교환과 거의 비슷한 방식이지만 다음과 같은 차이가 있다.

표 3-9 패킷 교환과 메시지 교환

구분	패킷 교환	메시지 교환
데이터 단위	패킷	메시지
데이터 길이	일정(최대 1,024바이트)	일정하지 않음
데이터 저장 시간	일정 시간	장시간
수신 데이터 결합	재결합	없음

패킷 교환은 현재 WAN용 교환 방식으로 널리 사용하고 있으며, 접속 방식에 따라 데이터그램datagram 패킷 교환과 가상 회선virtual circuit 패킷 교환으로 구분된다.

■ **데이터그램 패킷 교환**

데이터를 전송하기 전에 논리적인 연결을 설정하지 않고 패킷마다 송신 측과 수신 측의 주소를 추가하여 독립적으로 전송하는 방식이다. 독립적으로 전송되는 각 패킷을 데이터그램이라고 하며, 패킷을 수신한 교환 노드(라우터)는 네트워크 상황에 따라 최적의 경로를 선택하여 패킷을 전송한다. 하나의 메시지에서 분할된 여러 패킷은 서로 다른 경로로 전송할 수 있으며, 송신 측에서 전송하는 순서와 수신 측에 도착하는 순서가 다를 수도 있다(랜덤으로 전송). 패킷이 모두 전송되면 수신 측은 원래의 메시지로 패킷을 재결합한다. 송수신 측 간의 이러한 통신 방식을 '비연결 지향형'이라고 한다.

■ 가상 회선 패킷 교환

데이터를 전송하기 전에 송신 측과 수신 측 사이에 논리적인 연결을 설정하여 모든 패킷을 전송하는 방식으로, 이때 설정된 연결을 가상 회선이라고 한다. 각 패킷에는 가상 회선 식별 번호Virtual Circuit Identifier, VCI가 포함되고, 모든 패킷을 전송하면 가상 회선이 해제된다.

데이터그램 패킷 교환과 달리 가상 회선 패킷 교환에서는 각 패킷이 전송된 순서대로 수신 측에 도착한다. 이 방식은 패킷을 전송하기 전에 경로를 설정하는 가상 회선을 연결한 후 데이터를 전송하기 때문에 '연결 지향형'이라고 하며, 데이터 전송 시 데이터 전용 경로가 설정된다. 송수신 측 어느 한쪽이 경로를 해제하는 회선 교환 방식과 달리 데이터를 전송할 때만 경로를 설정하고 전송이 끝나면 해제한다.

데이터그램 패킷 교환의 경우 패킷마다 교환 노드(라우터)가 경로를 선택하지만 가상 회선 패킷 교환의 경우 데이터 전송 전 경로 설정을 한 번만 수행한다. 따라서 정해진 시간 안에 데이터를 보낼 때와 다량의 데이터를 연속으로 보낼 때는 가상 회선 패킷 교환이 적합하고, 짧은 메시지를 일시적으로 보낼 때는 데이터그램 패킷 교환이 적합하다. 네트워크의 어느 한 노드가 다운되면 데이터그램 패킷 교환은 다른 최적의 경로로 패킷을 보내지만 가상 회선 패킷 교환은 그 노드를 지나는 모든 가상 회선을 잃기 때문에 신뢰성 면에서는 데이터그램 패킷 교환이 더 우수하다.

4 ATM 교환

ATM 교환cell switching은 데이터를 고정 길이인 셀로 나누어 전송하는 방식을 말한다. 즉 전송 데이터를 48바이트의 고정 길이로 분할하고 5바이트의 제어 정보를 추가하여 53바이트의 셀을 생성한 후 전송한다. 셀은 패킷과 비슷하지만 패킷은 가변 길이이고 셀은 고정 길이이며, 셀은 패킷보다 크기가 아주 작다. 고정 길이인 셀을 이용하여 저속 전송의 경우 빈 셀을 전송하거나 다른 사용자에게 채널을 양보하고, 고속 전송의 경우 연속으로 전송한다. 이처럼 셀의 길이가 고정되어 있기 때문에 특정 셀의 위치를 찾으면 다음 셀의 위치도 쉽게 알 수 있는데 이를 '셀 동기'라고 한다.

ATM 교환은 회선 교환과 패킷 교환의 장점을 도입한 방식으로, 광케이블을 이용한 전송 기술의 발달로 정보를 고속으로 보낼 수 있고 오류도 거의 없다. 따라서 패킷 재전송과 같은 복잡한 제어를 할 필요가 없고 교환기나 단말기의 소프트웨어적인 부담도 덜 수 있다. ATM 교환은 모든 과정이 하드웨어로 처리되기 때문에 전송 지연이 적으며 음성, 화상, 데이터 등의 멀티미디어 통신에 적합하다.

5 교환 방식의 특징

앞에서 살펴본 교환 방식의 특징을 비교하여 살펴보자.

표 3-10 교환 방식의 특징

회선 교환	메시지 교환	데이터그램 패킷 교환	가상 회선 패킷 교환
• 전용 전송로가 있음 • 전체 전송을 위해 전송로 설립 • 실시간 대화식 사용 가능 • 메시지 저장 불가능	• 전용 전송로가 없음 • 축적 전송이므로 대화식 불가능 • 메시지는 파일로 저장 • 메시지마다 경로 설정	• 전용 전송로가 없음 • 대화식 사용 가능(빠른 응답 시간) • 패킷을 전송할 때까지 저장 가능 • 패킷마다 경로 설정	• 전용 전송로가 없음 • 대화식 사용 가능 (빠른 응답 시간) • 패킷을 전송할 때까지 저장 가능 • 전체 전송을 위해 경로 설정

이러한 교환 방식의 특징에 따라 다음과 같이 응용 분야나 상황에 맞는 것을 적용하고 있다.

- 데이터 통신에는 전송 링크를 효율적으로 활용할 수 있는 메시지 교환이나 패킷 교환의 저장/전송 방식이 적합하다.
- 음성이나 동영상 등의 실시간 통신에는 회선 교환이 적합하다.
- 대화형 데이터 통신에는 메시지 교환보다는 응답 시간이 빠른 패킷 교환이 적합하다.

05 무선 네트워크

무선 LAN은 제2차 세계대전 중 미군이 적에게 도청당하지 않고 안전하게 음성 통신을 하기 위해 개발한 기술이다. 이후 스펙트럼 확산, 극초단파UHF, 적외선InfRared, IR 방식이 개발되면서 무선 LAN은 네트워크의 한 부분을 담당하는 기술로 자리 잡았다.

NOTE 스펙트럼 확산(spread spectrum)

특정 데이터를 전송하는 데 필요한 대역폭보다 훨씬 넓은 대역폭을 사용하여 데이터를 전송하는 기법이다.

이동성과 편리성을 극대화하고, 유선으로 연결하기 어려운 환경에서도 네트워크를 실현하기 위해 개발된 무선 LAN은 복잡한 배선 없이 무선으로 LAN을 구축하는 통신 규격을 말한다. 무선 LAN을 통해 한정된 공간에서 케이블을 연결하지 않아도 무선 주파수나 적외선(빛) 기술을 이용하여 허브에서 각 단말기까지 네트워크 환경을 구축할 수 있다.

무선 LAN은 전 세계적으로 인정된 주파수 대역을 사용하기 때문에 국내에서 사용하던 무선 LAN 카드를 외국에서도 사용할 수 있다. 또한 상호 간섭이 있는 곳에서도 수신 강도가 강한 속성이 있는 대역 확산 기술을 이용한다.

무선 LAN은 유선 LAN에 비해 데이터 전송 속도가 느리지만 단말기를 자유롭게 옮길 수 있고 복잡하게 얽힌 선이 없어 작업 환경이 쾌적하다. 또한 AP를 이용하면 사용자 간의 인터넷 연결도 가능하다. 무선 인터넷 공유기는 AP에 인터넷 공유 기능을 접목한 것으로, 인터넷 회선을 공유하면 가정에서도 효율적으로 사용할 수 있다. 현재 무선 LAN은 무선 주파수RF를 사용한다.

무선 기술에서 전기적 신호는 증폭된 후 안테나를 통해 전자기파 형태로 방사된다. 이 전자기파는 공기로 이동하여 또 다른 안테나에 수집된 후 다시 전기적 신호로 변환된다.

무선 네트워크에는 휴대전화나 차량의 라디오와 동일한 기술을 사용한다. 라디오 주파수의 전 범위, 즉 스펙트럼은 세계 정부 기관이 주파수 대역별로 나누었는데, 각 주파수 대역은 특정 목적별로 할당되어 있다. 2.4GHz 주파수 대역은 허가가 필요 없는 아마추어용으로 할당되었으며 가정과 사무용 무선 네트워크에 가장 적합하다.

IEEE는 2.4GHz 대역을 사용하는 무선 네트워크 표준인 802.11을 제정했으며, 이후 802.11a, 802.11b가 추가되어 무선 네트워크용으로 사용되고 있다. 가정에 무선 홈 네트워크 시스템이 설치되어 있다면 802.11 무선 표준 중 하나를 사용하고 있는 것이다. 무선 표준은 무선 네트워크 컴퓨터와 무선 장치 사이의 데이터 전송을 가능하게 한다. 최근 무선 LAN을 구성하는 AP나 무선 LAN 카드 등의 가격이 낮아지면서 무선 LAN의 보급이 급격히 늘어났다.

그림 3-48 무선 LAN 카드

표 3-11 무선 LAN의 장단점

장점	단점
• 케이블 배선이 필요 없어 LAN의 설치 및 네트워크 구축이 용이 • 단말기의 이동이 자유로움 • 유지 · 보수가 비교적 편함	• 전송 속도가 유선 LAN보다 느림 • 접속 장치가 유선 LAN보다 비쌈

1 무선 LAN의 표준

초당 메가비트Mbps를 전송할 수 있는 무선 LAN 제품은 1993년부터 본격적으로 사용되기 시작했다. 우리나라에서는 1994년에 2.4GHz 대역을 무선 LAN용 주파수로 할당하여 2.4GHz 대역의 출력 제한 범위 내 제품이라면 허가 없이 자유롭게 사용할 수 있다. 1997년에는 IEEE 802.11 표준을 적용한 무선 LAN이 등장하고, 1999년 9월에는 고속 무선 LAN의 표준 규격인 IEEE 802.11b가 확정되었다.

IEEE 802.11a는 5GHz 고주파수 대역을 사용하여 6~53Mbps의 속도를 낼 수 있지만, 고주파수 사용은 장애물이 많은 실내 환경에서 전송 효율이 떨어지는 문제점이 있다. IEEE

802.11b는 최대 통신 속도가 11Mbps이며, IEEE 802.11g는 802.11b와 같은 주파수 대역을 사용하여 최대 54Mbps의 속도를 낼 수 있는 표준이다.

IEEE 802.11 표준은 무선 주파수나 적외선 전송을 사용할 수 있는 중간 크기의 LAN을 정의하고 있다. 이 표준은 두 종류의 서비스인 BSSBasic Service Set(기본 서비스 집합)와 ESSExtended Service Set(확장 서비스 집합)를 정의한다. IEEE 802.11 표준은 무선 LAN의 블록을 형성함으로써 BSS를 정의한다. BSS는 상주하거나 이동하는 무선 지국과 AP로 알려진 선택 사항인 중앙 기본 지국으로 구성되어 있다. AP가 없는 BSS는 독립형 네트워크로, 다른 BSS에 데이터를 전송할 수 없는 애드혹 구조이다.

ESS는 AP가 있는 둘 이상의 BSS로 구성되며 보통 유선 LAN이 되는 분산 시스템으로 AP를 연결한다. IEEE 802.11 표준은 분산 시스템을 제한하지 않으므로 토큰링 또는 이더넷처럼 IEEE LAN도 될 수 있다.

2 무선 LAN의 규격

무선 LAN은 IEEE 802.11 규격을 준수하는 기기로 구성되어 있다. IEEE 802.11은 미국 국가 표준을 개발하는 IEEE가 승인한 무선 LAN 표준화 기술로, IEEE가 규정한 무선 LAN 규격은 802.11a, 802.11b, 802.11g, 802.11n, 802.11ac 등이다. 802.11a, 802.11b, 802.11g는 예전 규격이고 지금은 802.11n이나 802.11ac를 주로 사용한다.

집에서 유무선 네트워크를 사용하기 위한 무선 공유기의 통신 규격에 IEEE 802.11ac/a/b/

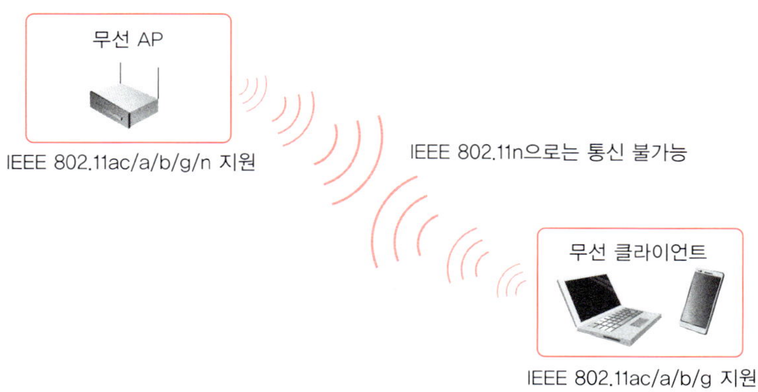

그림 3-49 무선 LAN 규격에 따른 통신

g/n이라고 쓰여 있다면 5개 규격을 모두 지원한다는 뜻이다. 하지만 무선 공유기가 IEEE 802.11n을 지원하더라도 무선 클라이언트(노트북, 스마트폰)가 그 규격을 지원하지 않으면 사용할 수 없다. 자신이 사용 중인 무선 클라이언트가 지원하는 무선 LAN 규격을 확인해보자.

■ 802.11

2Mbps 속도를 지원하는 무선 네트워크 기술이다. 2.4GHz 주파수를 사용하며, 규격이 엄격하지 않아 제품 간 호환성이 부족하고 속도가 느려 널리 사용되지 않았다.

■ 802.11a

5GHz 주파수를 사용하고, OFDM 기술로 최대 54Mbps의 전송 속도를 제공하며, 이더넷과 같은 CSMA/CD 방식을 사용한다. 5GHz 주파수는 2.4GHz 주파수에 비해 다른 단말기(블루투스 기기, 무선 전화기)의 간섭이 적고, 더 넓은 주파수 대역을 사용할 수 있다는 것이 장점이다. 그러나 2.4GHz 주파수 대역에서 최대 54Mbps 전송 속도를 제공하는 802.11g 규격이 등장하여 현재 거의 사용하지 않는다.

NOTE OFDM(Orthogonal Frequency Division Multiplexing, 직교 주파수 분할 다중 방식)

다중 반송파를 이용하여 디지털 데이터를 인코딩하는 방식으로, 하나의 정보를 여러 개의 반송파로 분할하고 분할된 반송파 간의 간격을 최소로 하기 위해 직교성을 부가하여 다중화하는 기술이다.

■ 802.11b

Wi-Fi Wireless Fidelity 라고도 하는 802.11b는 2.4~2.5GHz 주파수를 사용하고, 최대 전송 속도는 11Mbps이며, 이더넷과 같은 CSMA/CD 방식을 사용한다. 이 규격에 맞춘 제품이 다양하게 출시되었다.

■ 802.11g

2.4GHz 주파수를 사용하고, 최대 전송 속도는 54Mbps이며, 이더넷과 같은 CSMA/CD 방식을 사용한다. 2.4GHz 주파수를 사용하므로 802.11b와 쉽게 호환된다.

■ 802.11n

2.4GHz와 5GHz 주파수를 사용하며, 2.4GHz 주파수의 경우 최대 300Mbps의 전송 속도를 제공한다. 새롭게 구축되는 무선 LAN 환경은 대부분 802.11n 규격이다.

표 3-12 무선 LAN의 규격

규격	주파수 대역	최대 전송 속도
IEEE 802.11a	5GHz	54Mbps
IEEE 802.11b	2.4GHz	11Mbps
IEEE 802.11g	2.4GHz	54Mbps
IEEE 802.11n	2.4GHz, 5GHz	300Mbps(2.4GHz의 경우)
IEEE 802.11ac	5GHz	6.9Gbps
IEEE 802.11ad	60GHz	6.7Gbps

3 무선 LAN의 구성 방식

■ 국부 무선 LAN 접속

사무실에 전체적으로 무선을 설치하는 방식으로 소규모 단위 부서나 지사별로 사용 가능하다. 각 단말 장치가 분산 제어 방식으로 파일을 공유한다.

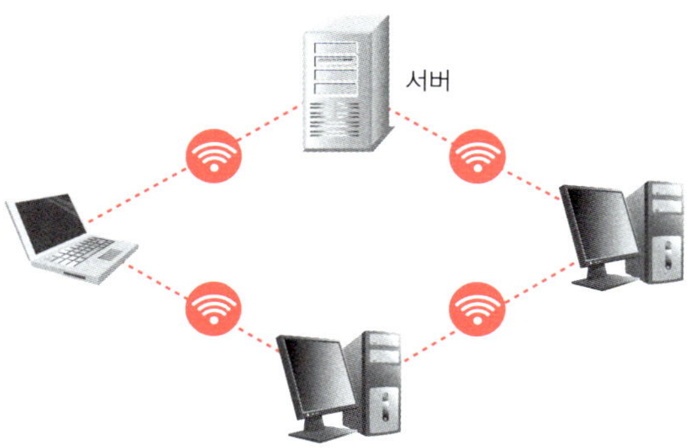

그림 3-50 국부 무선 LAN 접속

■ 서버를 공유하는 무선 LAN 접속

유선 LAN에 접속된 서버에 무선 LAN 카드를 추가해서 구성하는 방식으로, 기존 서버에 무선 단말 장치를 접속하는 비용이 저렴하다.

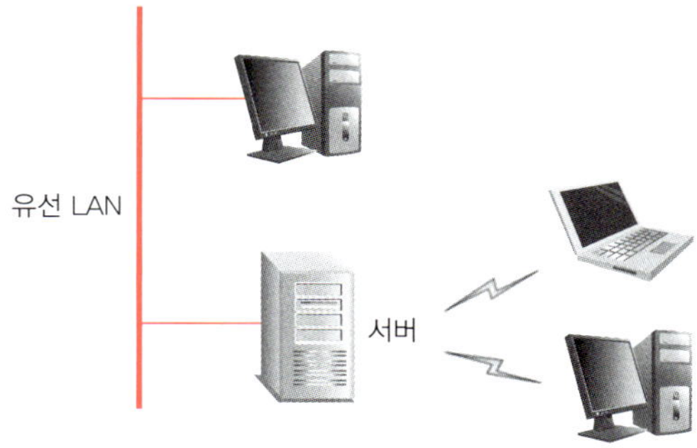

그림 3-51 서버를 공유하는 무선 LAN 접속

■ AP를 이용한 무선 LAN 접속

이더넷 또는 유선 백본에 유무선 신호를 변환하는 AP를 설치하는 방식으로, 무선 단말 장치에서 기존 네트워크의 파일이나 프린터 등을 공유할 수 있다.

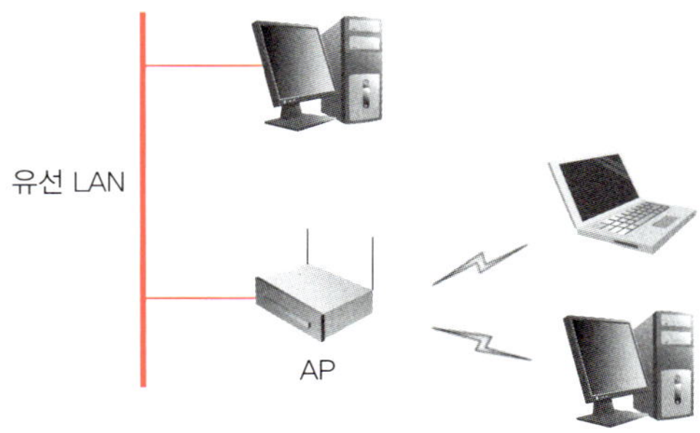

그림 3-52 AP를 이용한 무선 LAN 접속

4 무선 LAN의 통신 방식

무선 LAN의 기본 단위는 여러 개의 노드(단말)로 구성된 BSS이며, 무선 LAN은 애드혹 모드ad-hoc mode와 하부 구조 모드infrastructure mode로 분류된다. 애드혹은 [그림 3-53]에서 보듯이 단일 BSS만으로 된 네트워크이다. 이동성이 높은 단말기 사이의 일시적인 연결을 지원하며, 스마트폰의 보급과 함께 중요성이 커지고 있다.

하부 구조는 [그림 3-54]에서 보듯이 BSS 사이를 연결하기 위해 BSS마다 AP를 사용한다. 하나의 BSS를 관리하는 AP는 기지국과 같은 역할을 한다. 하부 구조는 DSDistribution System라는 무선망으로 연결되어 전체가 하나의 ESS를 형성한다. ESS 내의 모든 노드 간에는 연결이 보장되므로 하나의 큰 BSS로 볼 수 있다.

■ **애드혹 모드**

일반 가정에서 많이 사용하는 애드혹 모드는 컴퓨터에 무선 LAN 카드를 장착하여 연결하는 방법으로 일대일 통신이 기본이다. 외부 네트워크에 직접 연결되어 있지 않아도 네트워크를 구성하는 컴퓨터 중 하나가 외부 네트워크에 연결되어 있으면 간접적으로 외부 네트워크에 액세스할 수 있다. 적은 수의 컴퓨터를 사용하고 비교적 작은 데이터를 공유하는 응용 프로그램에서 많이 사용한다.

애드혹 모드는 무선 LAN 장착 컴퓨터 간의 네트워크 구성이 간편하고, 추가 장비가 필요 없기 때문에 구성 비용이 저렴하여 외부 네트워크 공유가 가능하다. 그러나 외부 네트워크에 독립적으로 인식되지 않으며, 서버에 큰 부하가 걸릴 때 처리 문제가 발생할 수 있다.

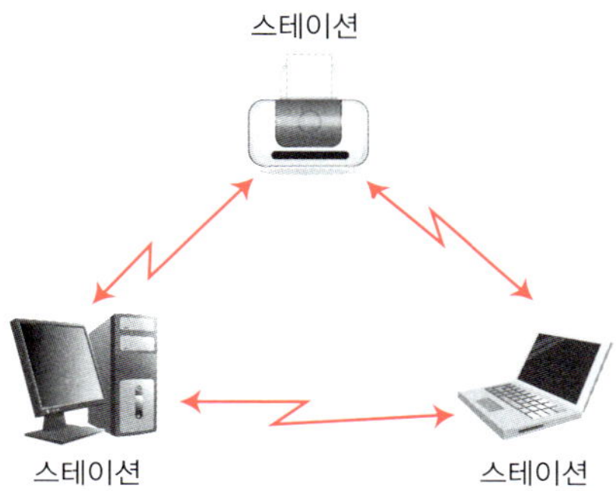

그림 3-53 애드혹 모드

■ **하부 구조 모드**

하부 구조 모드는 개방형 네트워크 프로토콜을 사용함으로써 다른 기종 간의 연결뿐만 아니라 서버의 부하를 최소화하여 노드 수가 증가하더라도 문제가 되지 않는다. 또한 중앙 집중식으로 정보를 공유하기 때문에 애드혹 모드보다 빠른 속도로 액세스할 수 있으며, 많은 수의 컴퓨터도 효과적으로 공유할 수 있다.

하부 구조 모드에서는 데이터 전송을 AP가 전담하므로 효율적인 관리가 가능하고, IP가 독립적으로 인식되어 외부 네트워크에 직접 접속된다. 또한 대규모 무선 네트워크를 구축할 수 있으며, 중앙 집중식으로 정보를 공유하여 빠른 속도로 액세스할 수 있다. 하지만 AP가 필요하기 때문에 별도의 비용이 발생한다.

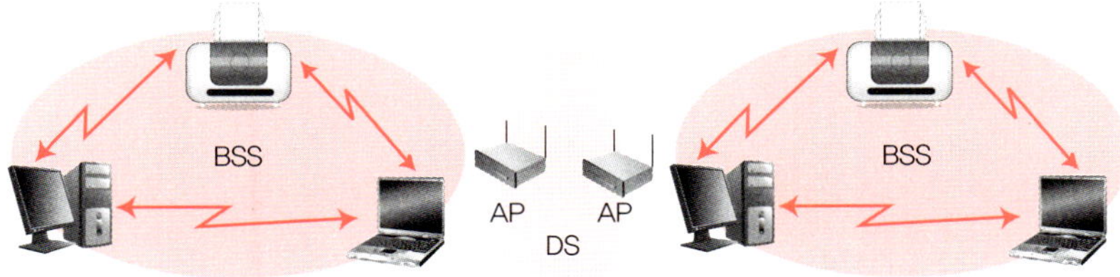

그림 3-54 하부 구조 모드

5 매체 접근 제어 방식

이더넷에서 사용하는 CSMA/CD를 무선 LAN에서 사용하면 무선 LAN 환경에서 발생하는 문제를 해결할 수 없기 때문에 802.11 개발자들은 무선 LAN을 위한 액세스 프로토콜을 만들었다. 이것이 바로 CSMA/CD와 유사한 CSMA/CACarrier-Sense Multiple-Access with Collision Avoidance이다.

기존의 CSMA/CD로는 무선 LAN에서 발생하는 숨겨진 터미널hidden terminal 문제를 해결할 수 없다. 2개의 스테이션과 하나의 AP로 구성된 네트워크에서 두 스테이션 모두 AP 범위 안에서 연결되어 있을 때 두 스테이션이 서로 충돌을 일으킬 수 있기 때문이다. 예를 들어 A가 데이터를 전송하고 있을 때 이를 알지 못하는 B가 데이터를 전송하면 결국 충돌이 발생하여 채널이 낭비된다.

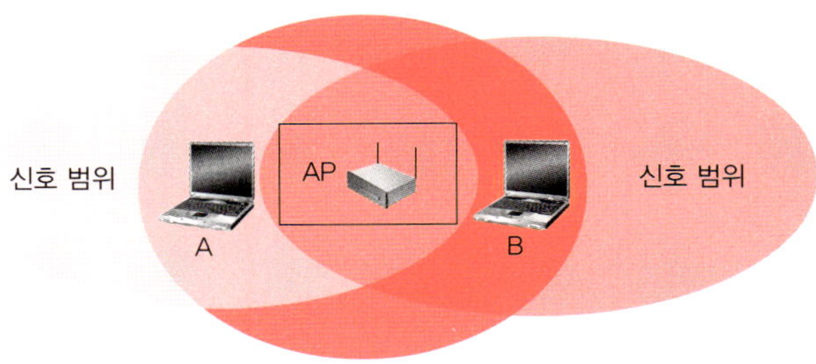

그림 3-55 무선 LAN 접근 방법

이 문제를 해결하기 위해 802.11은 RTSRequest To Send와 CTSClear To Send 제어 프레임으로 채널 사용을 미리 예약하고 전송한다. 송신 측에서 데이터를 전송할 때 먼저 AP로 필요한 총시간을 담은 RTS 프레임을 보내고, AP는 CTS 프레임을 브로드캐스팅하여 응답한다. 즉 CTS 프레임은 범위 내에 있는 A와 B를 포함한 모든 스테이션에 전달되고, CTS 프레임을 받은 B

는 CTS 프레임의 시간만큼 전송 대기한다.

■ CSMA/CA

전송 매체를 올바르게 공유하고 있다는 것을 확실히 하기 위해 무선 LAN은 CSMA/CA 기법을 사용한다. 다음 그림과 같이 A 컴퓨터가 B 컴퓨터에 프레임을 전송하는 경우를 생각해보자. 프레임을 전송하기 전에 A 컴퓨터는 짧은 제어 메시지를 전송해본다. B 컴퓨터는 제어 메시지를 수신한 후 전송 준비가 되었음을 나타내는 또 다른 제어 메시지를 A 컴퓨터에 보내어 응답한다. A 컴퓨터는 B 컴퓨터가 보낸 제어 메시지를 수신한 후 프레임을 전송하기 시작한다. C 컴퓨터는 A 컴퓨터의 전송을 수신하지는 않지만 B 컴퓨터의 전송은 수신한다. 일단 B 컴퓨터가 응답을 보내면 안테나의 전송 범위 안에 있는 모든 컴퓨터는 패킷의 전송을 기다린다.

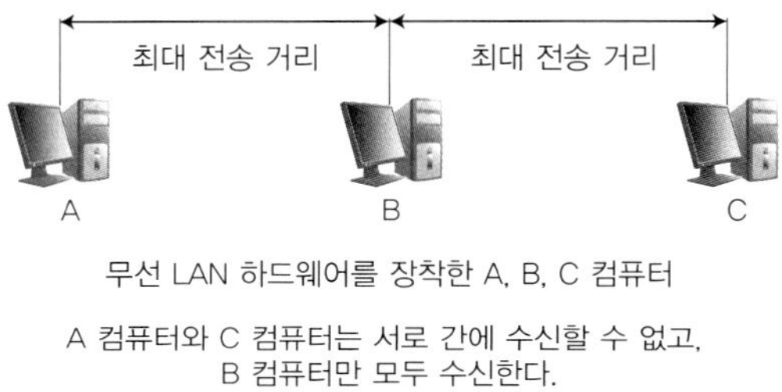

그림 3-56 CSMA/CA의 동작 원리

CSMA/CA에서도 제어 메시지의 충돌이 발생하기도 하지만 쉽게 처리할 수 있다. A 컴퓨터와 C 컴퓨터가 동시에 B 컴퓨터에 패킷을 전송하면 제어 메시지도 동시에 전송하여 충돌이 발생한다. 충돌이 발생하면 송신자들은 제어 메시지를 재전송하는 랜덤 대기를 적용할 것이다. 제어 메시지는 프레임보다 훨씬 작은 크기이므로 두 번째 충돌이 발생할 확률이 이더넷보다 낮아진다. 두 제어 메시지 중 하나는 무사히 도착하고 B 컴퓨터는 응답을 전송한다.

■ 데이터 암호화

유선 LAN은 스위치나 허브 등 내부 네트워크 장치에 물리적으로 연결되어 있어 네트워크 장치를 잘 관리하면 어느 정도 보안을 유지할 수 있다. 하지만 무선 LAN은 눈에 보이지 않는 전파를 사용하기 때문에 해당 전파가 전송되는 지역에 있는 모든 컴퓨터는 네트워크 신호를 수신할 수 있다.

802.11b 표준에서는 WEPWired Equivalent Privacy이라는 데이터 암호화 기술로 모든 데이터를 암호화해서 전송한다. WEP은 미리 정해놓은 암호화 키를 사용하므로 암호화 키를 모르면 데이터를 전송할 수 없다. WEP에서는 처음 인증에 사용하는 암호는 고정이지만 데이터 전송 중에 주기적으로 암호를 변경해서 사용한다.

WEP은 데이터 암호화로 어느 정도 보안을 유지하지만 무선 LAN의 규모가 커지면서 WEP 키를 사용자에게 전송하는 과정이 불편해졌다. 따라서 802.11 표준에서는 802.1x 인증을 사용할 수 있게 한다. 802.1x는 네트워크 액세스를 제어하는 포트 기반의 보안 표준을 말한다. 802.1x 인증은 사용자 계정을 이용하는 것으로, 무선 인터넷 서비스와 같이 규모가 큰 무선 LAN에 적합하다.

NOTE WEP(Wired Equivalent Privacy)

무선 LAN 사이의 보안에 사용되는 기술을 말한다.

6 무선 네트워크 이름

SSIDService Set IDentifier는 IEEE 802.11 표준으로 연결하려는 네트워크를 알려주는 식별자(이름)이다. SSID는 우리가 사용하고 있는 Wi-Fi의 네트워크 이름이라고 생각하면 된다. Wi-Fi는 무선 접속 장치(AP)가 설치된 곳의 일정 범위 안에서 전파를 이용하여 무선 인터넷을 할 수 있는 근거리 네트워크 기술이다. Wi-Fi 네트워크의 SSID에 한 번 연결한 기기는 일반적으로 나중에 동일한 이름의 SSID가 있으면 다시 연결을 시도한다.

우리 집에 있는 무선 SSID가 SK이고, 친구 집에 있는 공유기의 무선 SSID도 SK라고 가정하자. 친구 집에 가서 Wi-Fi를 연결하기 위해 SK를 선택하면 연결 중이라고 뜨지만 연결되지는 않는다. 친구 집의 Wi-Fi 존에서 스마트폰이 우리 집의 Wi-Fi를 찾기 때문이다.

이처럼 동일한 SSID를 가진 Wi-Fi가 여러 개 잡히는 경우, 어떤 장치는 가장 강력한 신호의 Wi-Fi에 자동으로 연결하려고 시도하고 어떤 장치는 가장 먼저 검색된 Wi-Fi에 연결하려고 시도한다. SSID는 그 지역의 여러 Wi-Fi 중에서 확실히 구분할 수 있도록 고유한 이름으로 설계해야 한다. 공유기(라우터) 제조 업체의 기본 이름을 사용해도 되지만 네트워크 관리자가 해당 네트워크에 적합한 이름으로 변경하는 것이 좋다. SSID는 대·소문자를 구분하여 최대 32자로 만들 수 있으며 밑줄, 마침표, 하이픈 등의 일부 특수 문자도 사용 가능하다.

IEEE 규약에 따르면 무선 LAN의 서비스를 구분하는 것은 BSS이고, BSS의 핵심이 바로 SSID이다. SSID는 AP와 단말기 간에 발생한 모든 데이터 패킷의 헤더에 붙이는 식별자이다. Wi-Fi의 모든 패킷은 헤더에 SSID가 포함되어 있다.

헤더	데이터	푸터
SSID(Wi-Fi 이름)	전송할 데이터	발신 정보

그림 3-57 Wi-Fi의 패킷 구조

무선 LAN에서 무선 AP와 무선 클라이언트가 서로 연결할 때 내부적으로 이루어지는 통신 방식을 살펴보자.

> **NOTE** 무선 LAN을 구현하는 장비인 무선 AP는 무선 액세스 포인트, 무선 공유기라고도 부른다. 무선 AP와 무선 클라이언트를 연결할 때 혼선을 피하기 위해 AP의 고유 이름인 SSID를 사용한다. 또한 무선 클라이언트가 자동으로 무선 AP를 찾아서 통신하게 하려면 네트워크 이름, 인증, 암호화, 암호화 키를 설정해야 한다.

❶ 무선 AP는 자신을 알리는 신호인 비콘beacon을 네트워크에 있는 모든 기기에 주기적으로 전송한다. 무선 클라이언트는 이 신호를 잡아서 연결하는 것이다.

❷ 신호를 받은 무선 클라이언트는 자신의 SSID와 동일한지 무선 AP에 문의한다.

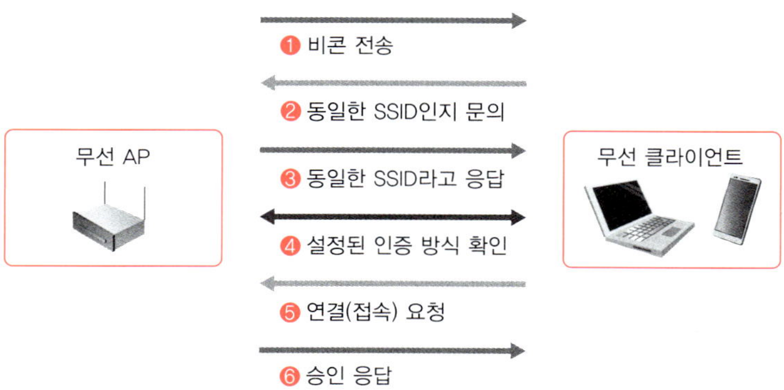

그림 3-58 무선 공유기와 스마트폰의 연결

❸ 동일한 SSID이면 무선 AP가 응답을 하고 서로의 존재를 알게 된다.

❹, ❺ 설정된 인증 방식이 올바른지 확인받은 후 무선 클라이언트는 무선 AP에 연결(접속)을 요청한다.

❻ 무선 AP로부터 승인을 받으면 연결하여 통신할 수 있다.

7 무선 주파수 대역

무선 AP와 무선 클라이언트 사이의 거리가 멀어지면 전파가 약해지기 때문에 접속이 끊기거나 통신 속도가 느려지기도 한다. 따라서 이러한 문제를 해결하기 위해 무선 AP를 여러 대 설치한다.

무선 LAN은 여러 클라이언트를 동시에 연결할 수 있도록 주파수 대역을 분할하는데, 이 주파수 대역을 채널이라고 부른다. 다음 그림과 같이 무선 AP A가 노트북과 스마트폰을 연결하여 통신할 때 무선 AP A와 노트북, 스마트폰에는 같은 채널을 설정해야 한다. 즉 같은 주파수 대역을 사용해야 한다. 전파가 겹치는 무선 AP(무선 공유기)들의 채널이 같으면 주파수가 겹쳐서 전파 간섭이 생기고 통신 속도가 느려지기 때문에 무선 AP A와 B는 채널을 다르게 설정해야 한다. 채널이 다르면 주파수가 다르기 때문에 전파가 겹치더라도 간섭이 일어나지 않아 통신 속도가 느려지지 않는다. 만약 같은 채널을 사용하고 싶다면 전파가 겹치지 않도록 멀리 떨어뜨려서 설치해야 한다.

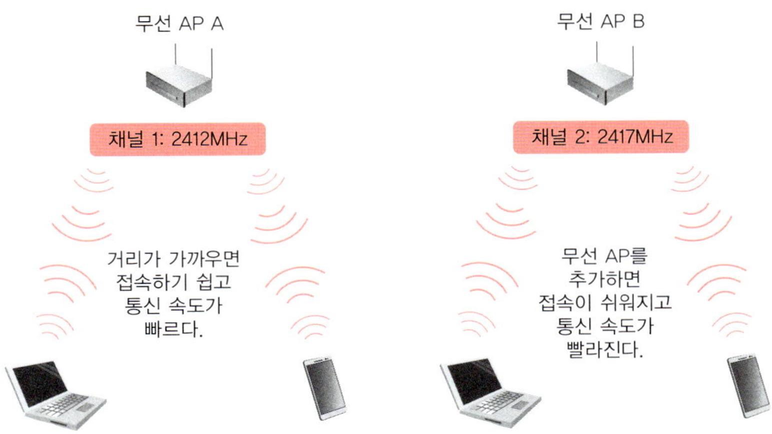

그림 3-59 무선 공유기를 여러 대 설치한 경우

IEEE 802.11b와 IEEE 802.11g는 서로 다른 채널이라도 일부에서 같은 주파수 대역을 사용하기 때문에 간섭이 발생할 수 있으므로 주의해야 한다. 반면에 IEEE 802.11a는 각 채널이 서로 다른 주파수 대역을 사용하기 때문에 전파가 겹쳐도 문제가 발생하지 않는다.

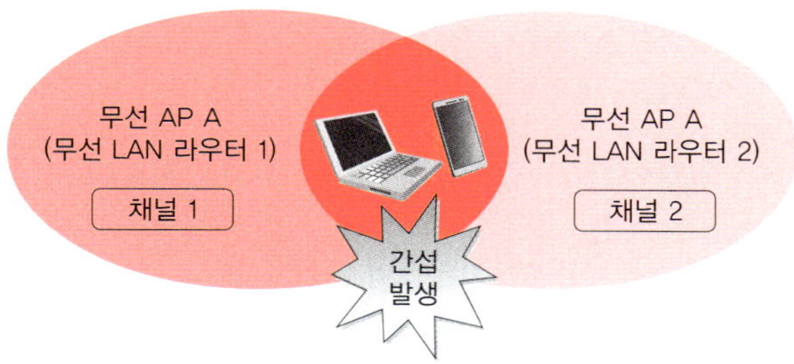

그림 3-60 IEEE802.11b와 IEEE802.11g 간섭 발생의 예

기본적으로 무선 AP는 최적의 채널을 찾아 자동으로 설정하기 때문에 우리는 채널 설정 부분을 신경 쓸 필요가 없다. 하지만 연결이 불안정하거나 네트워크 속도가 느리다면 채널 문제일 수도 있는데, 이럴 때는 채널을 수동으로 변경하는 것도 하나의 해결 방법이다.

사용 중인 무선 공유기의 설정은 웹 브라우저로 확인할 수 있다. 필자는 SK브로드밴드 무선 공유기를 사용하고 있어 무선 공유기 접속 주소가 http://192.168.35.1/이다.

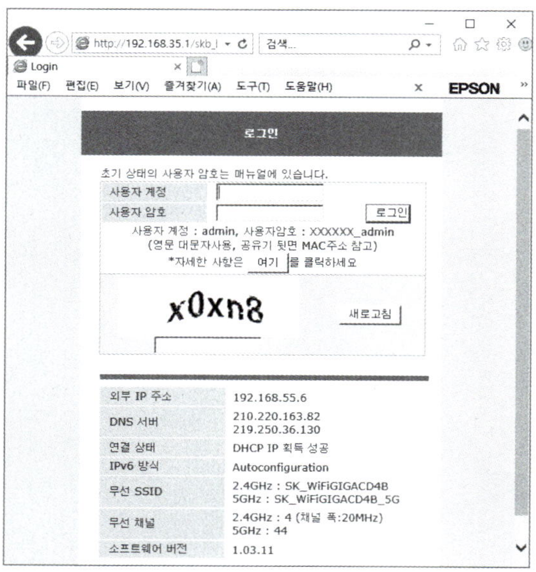

그림 3-61 무선 공유기 설정 화면

사용 중인 공유기의 접속 주소를 모를 때는 cmd 창에서 'ipconfig'를 입력한 후 기본 게이트웨이 주소를 확인하면 된다.

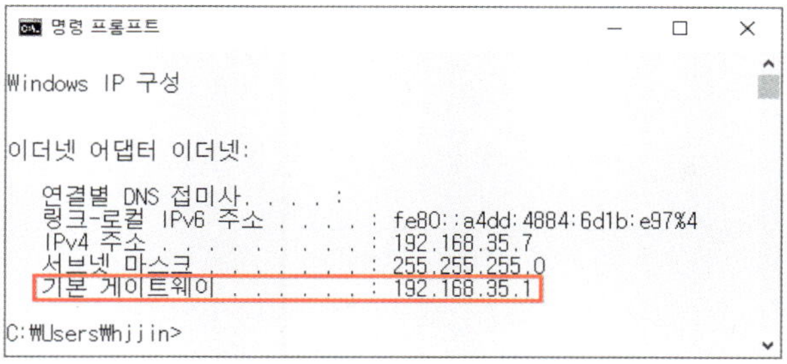

그림 3-62 유무선 공유기 접속 주소 확인

공유기 설정 화면에 로그인하면 무선 AP의 SSID를 확인할 수 있다.

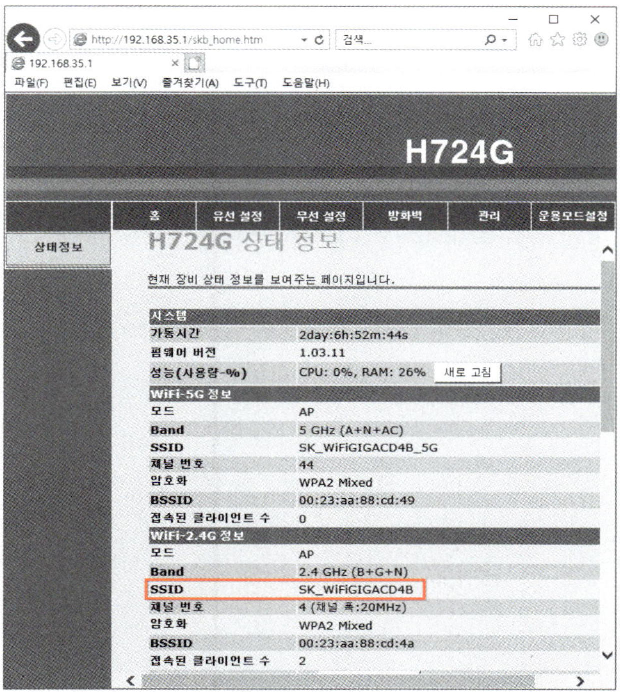

그림 3-63 SSID 확인

요약

01 다른 컴퓨터에 데이터 전송 서비스를 제공하는 컴퓨터를 서버라 하고, 서버가 보내주는 데이터 서비스를 수신하는 컴퓨터를 클라이언트라 한다.

02 네트워크에서 가장 많이 사용하는 유니캐스트는 서버와 클라이언트의 일대일 통신 방식을 말한다.

03 브로드캐스트는 로컬 LAN(라우터로 구분된 공간)에 있는 모든 네트워크 단말기에 데이터를 보내는 방식으로, 서버와 클라이언트가 일 대 모두로 통신하는 데이터 전송 서비스이다.

04 유니캐스트는 수신지 주소(MAC 주소)를 적어 특정 컴퓨터에만 데이터를 전송하고, 브로드캐스트는 영역 안에 있는 모든 컴퓨터에 한 번에 데이터를 전송한다. 그리고 유니캐스트와 브로드캐스트의 장점을 결합한 멀티캐스트는 특정 그룹의 컴퓨터에만 한 번에 데이터를 전송하여 해당 그룹 이외의 컴퓨터에는 영향을 주지 않는다.

05 애니캐스트는 IPv6에 등장한 개념으로 송신 노드에서 수신자 그룹의 가장 가까운 노드로 데이터그램을 전송하는 라우팅 기법이다.

06 통신은 떨어져 있는 두 지점 간에 정보를 전송하는 것을 말한다. 두 장치 간에 데이터를 전송할 때는 데이터 전송 방향에 따라 단방향 통신과 양방향 통신으로 나눌 수 있다.

07 직렬 전송은 하나의 정보를 나타내는 각 데이터 비트를 직렬로 나열한 후 하나의 통신 회선을 사용하여 순차적으로 1비트씩 송신하는 방식이다.

08 병렬 전송은 부호를 구성하는 비트 수와 같은 양의 통신 회선을 사용하여 여러 데이터 비트를 동시에 병렬로 전송하는 방식으로, 비트 n개를 전송하는 데 회선 n개를 사용한다.

09 동기식 전송의 대표적인 예는 일정한 시간 간격으로 정보를 전송하는 파일 업로드와 다운로드이다.

10 비동기식 전송은 전송하려는 정보가 불규칙하게 발생할 때 주로 사용하며, 사용자가 키보드로 입력한 정보를 메신저로 전송하는 경우를 예로 들 수 있다.

11 블록 합 검사는 문자를 블록으로 전송하면 오류 확률이 높아지므로 오류 검출 능력을 향상하기 위해 수평 패리티와 수직 패리티를 적용하여 문자 블록을 이차원적으로 검사하는 방식이다. 그러나 연속된 2개의 문자에서 같은 위치의 2비트가 오류일 때는 오류를 검출할 수 없다.

12 순환 중복 검사는 정확히 오류를 검출하기 위해 다항식 코드를 사용하는 방식이다.

13 LAN에서 케이블을 이용하여 데이터를 전송하는 방식은 채널 사용법에 따라 두 가지로 나뉜다. 컴퓨터에서 나오는 디지털 신호를 그대로 전송하는 베이스밴드 방식과 디지털 신호를 아날로그 신호로 변조해서 보내는 브로드밴드 방식이 그것이다.

14 데이터 충돌을 방지하기 위해 LAN에 연결된 모든 장치는 정의된 규칙에 따라 전송 매체에 접근하는데 이를 매체 접근 제어라고 한다.

15 CSMA/CD 방식은 동축 케이블에 연결된 컴퓨터를 서로 접속시키는 방식으로, 모든 컴퓨터는 버스(케이블)에 연결되어 있고 전송 매체는 컴퓨터로 공유할 수 있다.

16 토큰 제어 방식은 접속된 노드 사이를 토큰이라는 패킷이 순차적으로 순환하는 동안 토큰을 얻어 전송하고, 전송이 완료되면 토큰을 반납하는 것이다.

17 LAN을 구축하기 위해 이더넷, 토큰링, FDDI 등 많은 네트워크 통신 기술이 개발되었으며, LAN에서는 이더넷을 가장 많이 사용한다.

18 FDDI는 이더넷과 토큰링 방식만큼 많이 활용되지는 않지만 LAN의 고속 컴퓨터 연결이나 백본으로 주로 사용한다.

19 광역 네트워크(WAN)는 2개 이상의 LAN이 넓은 지역에 걸쳐 연결되어 있는 것을 말한다.

20 교환 통신망은 데이터를 송신 측에서 수신 측으로 전송할 때 한 링크에서 다른 링크로 데이터를 교환하는 방법에 따라 회선 교환, 메시지 교환, 패킷 교환 등으로 나눌 수 있다.

21 IEEE가 규정한 무선 LAN 규격은 802.11a, 802.11b, 802.11g, 802.11n, 802.11ac 등이다. 802.11a, 802.11b, 802.11g는 예전 규격이고 지금은 802.11n이나 802.11ac를 주로 사용한다.

22 무선 LAN의 기본 단위는 여러 개의 노드(단말)로 구성된 BSS이며, 무선 LAN은 애드혹 모드와 하부 구조 모드로 분류된다.

23 SSID는 IEEE 802.11 표준으로 연결하려는 네트워크를 알려주는 식별자(이름)이다.

24 Wi-Fi는 무선 접속 장치(AP)가 설치된 곳의 일정 범위 안에서 전파를 이용하여 무선 인터넷을 할 수 있는 근거리 네트워크 기술이다.

25 무선 LAN은 여러 클라이언트를 동시에 연결할 수 있도록 주파수 대역을 분할하는데, 이 주파수 대역을 채널이라고 부른다.

연습문제

01 유니캐스트, 브로드캐스트, 멀티캐스트, 애니캐스트에 대해 설명하시오.

02 송신 측과 수신 측이 고정되어 있고, 통신 채널을 통해 접속된 두 단말기 사이에서 데이터가 한쪽 방향으로만 전송되는 통신 방식은 무엇인가?

03 통신 채널을 통해 접속된 두 단말기 사이에서 데이터의 송수신이 모두 가능한 통신 방식은 무엇인가?

04 반이중 통신과 전이중 통신의 대표적인 예는 무엇인가?

05 동기식 전송과 비동기식 전송의 차이점을 설명하시오.

06 패리티 비트 검사, 블록 합 검사, 순환 중복 검사에 대해 설명하시오.

07 문자를 블록으로 전송하면 오류 확률이 높아지므로 오류 검출 능력을 향상하기 위해 수평 패리티와 수직 패리티를 적용하여 문자 블록을 이차원적으로 검사하는 방식은 무엇인가?

08 송수신 측 순환 중복 검사 과정을 수행하시오.

- 전송 데이터 다항식 $P(x) = 10101101(x^7+x^5+x^3+x^2+1)$
- 생성 다항식 $G(x) = 1101(x^3+x^2+1)$

09 복잡한 주파수 변경을 하지 않고 디지털 신호를 전송 매체에 그대로 실어 전송하며, 이더넷으로 대표되는 방식은 무엇인가?

10 CSMA/CD 방식에 대해 설명하시오.

11 토큰링 방식과 토큰버스 방식에 대해 설명하시오.

12 LAN 구성 방식의 종류를 설명하시오.

13 회선 교환, 패킷 교환, 메시지 교환에 대해 설명하시오.

14 무선 LAN의 장단점을 설명하시오.

15 채널에 대해 설명하시오.

16 컴퓨터에 무선 LAN 카드를 장착하여 연결하는 방법으로 일반 가정에서 많이 사용하며 일대일 통신이 기본인 것은 무엇인가?

17 CSMA/CA의 동작 원리를 설명하시오.

18 무선 AP와 무선 클라이언트의 연결 과정을 설명하시오.

기출문제

01 (IPv4)LAN에서 통신하는 방식으로 가장 거리가 먼 것은?

① 유니캐스트
② 멀티캐스트
③ 브로드캐스트
④ 애니캐스트

02 반이중 통신에 대한 설명으로 잘못된 것은?

① 송신 측과 수신 측이 미리 고정되어 있다.
② 통신 채널에 접속된 두 대의 단말기 중 어느 한쪽이 데이터를 송신하면 상대방은 수신만 할 수 있다.
③ 하나의 통신 채널을 이용하여 교대로 데이터를 송수신할 수 있다.
④ 휴대용 무전기와 모뎀을 이용한 데이터 통신이 해당한다.

03 비트 지향 동기화 기법에 대한 설명으로 잘못된 것은?

① 전송하는 모든 데이터 단위를 일련의 비트로 처리함으로써 동기화에 필요한 데이터까지 비트로 표현한다.
② 사용하는 동기 문자에는 SYN, 문장의 시작을 알리는 STX, 문장의 끝을 알리는 ETX 등이 있다.
③ 데이터 블록의 처음과 끝에 8비트의 플래그 비트를 표시하여 동기를 맞추는 방식이다.
④ 비트 지향 동기화 기법은 데이터의 시작과 끝을 알리는 시작 플래그로 시작해서 종료 플래그로 끝난다.

04 홀수 패리티 검사 방식을 적용한 예로 올바른 것은?

① 00011000
② 10101010
③ 11001100
④ 10010001

05 순환 중복 검사 과정을 수행할 때 송신 측의 나머지 값으로 올바른 것은?

- 전송 데이터 다항식 $P(x)$ = 10101101($x^7+x^5+x^3+x^2+1$)
- 생성 다항식 $G(x)$ = 11101($x^4+x^3+x^2+1$)

① 0011
② 0110
③ 1011
④ 1100

06 CSMA/CD 방식에 대한 설명으로 잘못된 것은?

① 전송 지연으로 인한 거리에 제약이 없어 리피터가 필요 없다.
② 보통 버스형과 트리형 접속 형태의 LAN에 많이 사용한다.
③ 여러 컴퓨터가 동시에 데이터를 전송할 때는 전송 매체의 충돌 발생 여부를 조사하여 충돌이 감지되면 데이터 전송을 중지하고 모든 컴퓨터에 잼 신호를 송신하여 충돌 사실을 알린다.
④ OSI 참조 모델의 데이터 링크 계층에 해당하는 LLC 계층으로부터 데이터 송신 요구를 받은 MAC 계층은 매체가 비어 있는지 반송파로 확인하여 비어 있으면 데이터를 송신한다.

07 10Base-2에 대한 설명으로 잘못된 것은?

① 브로드밴드 방식을 사용한다.
② 전송 매체로 얇은 동축 케이블을 사용하는 이더넷 구성 방식이다.
③ 10Base-5와 성능이 같고, 한 세그먼트의 최장 거리는 200m이다.
④ 설치가 용이하고 설치 비용이 저렴하다.

08 패킷 교환 방식에 대한 설명으로 잘못된 것은?

① 처리 속도가 다른 통신 기기 간에도 정보를 전송할 수 있다.
② 전송이 없는 상태에서도 회선을 점유하는 회선 교환 방식에 비해 전송 효율이 높다.
③ 우선순위가 높은 패킷을 먼저 전송할 수 없다.
④ 데이터를 전송할 때 과부하가 생기면 전송 지연이 발생한다.

09 IEEE 802.11ac의 주파수 대역으로 올바른 것은?

① 1.3GHz ② 2.4GHz ③ 5GHz ④ 60GHz

10 부호화된 데이터를 아날로그로 변조하고 필터 등을 사용하여 제한된 주파수만 동축 케이블 등 전송 매체에 전송하는 방식은?

11 IEEE 802.11 무선 네트워크 표준으로 연결하려는 네트워크를 알려주는 식별자(이름)는?

SELF-CHECK

01 자신의 영문 이름을 전송한다고 가정하고 패리티 검사를 해본다. 영문 이름의 2진 값은 [표 3-4]를 참고한다.

'HyeJin'이라는 단어 송신
1001000 1111001 1100101 1001010 1101001 1101110

패리티 비트 적용(even) 후 전송
01001000 11111001 01100101 11001010 01101001 11101110

수신된 정보(accept)
01001000 11111001 01100101 11001010 01101001 11101110

수신된 정보(reject, 재전송 요구: 1의 개수가 홀수인 경우)
01101000 11111001 01101101 11001010 01101001 11101110

오류 검출이 불가능한 경우(짝수 개의 비트 오류 발생) → 블록 합 검사로 오류 검출 가능
01111000 11100001 01100101 11001010 01101001 11101110

02 자신의 영문 이름을 전송한다고 가정하고 블록 합 검사를 해본다.

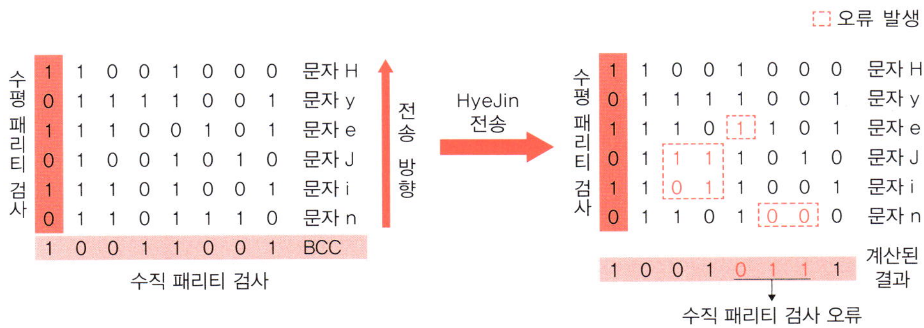

03 집, 학교, 회사, 연구실 등의 무선 네트워크 환경(무선 LAN) 구성 방식을 살펴본다. 무선 LAN 접속이 어떻게 구성되어 있는지 그림으로 그리고, 구성 방식 중 어디에 속하는지 확인한다.

[구성 방식의 예]

- 국부 무선 LAN 접속
- 서버를 공유하는 무선 LAN 접속
- AP를 이용한 무선 LAN 접속

CHAPTER 04

OSI 참조 모델

학습목표

- OSI 참조 모델의 기본 개념을 이해한다.
- 네트워크 접속 계층을 이해한다.
- 와이어샤크를 통해 패킷을 분석한다.

01 OSI 참조 모델의 개요

네트워크 기술이 발전하면서 기종이 다른 컴퓨터 간에 통신할 때 하드웨어와 소프트웨어의 호환이 필요함에도 각 통신 업체는 호환성을 감안하지 않은 채 자신의 시스템에만 적용되는 개별 네트워크 구조를 사용했다. 예를 들어 IBM과 DEC 등은 1970년대 후반부터 자신만의 네트워크 구조를 각각 발표했다. IBM의 SNA System Network Architecture와 DEC의 DNA Digital Network Architecture는 타사의 네트워크 구조를 전혀 고려하지 않고 개발한 것이라 네트워크 구조와 프로토콜 등에 차이가 있어 어려움을 겪었다.

이를 해결하기 위해 국제표준화기구 International Organization for Standardization, ISO는 서로 다른 컴퓨터 간의 통신 기능을 일곱 계층으로 구분하여 각 계층마다 표준화된 서비스와 프로토콜을 규정했다. 이에 따라 각 계층의 원인을 분석할 수 있어 문제 해결이 쉬워지고, 네트워크 장비의 문제 없이 데이터를 송수신할 수 있게 되었다.

NOTE 계층화

통신 기술의 도입과 통신 기능의 확장을 쉽게 하기 위해 프로토콜을 몇 개의 계층으로 나누는 것을 말한다.

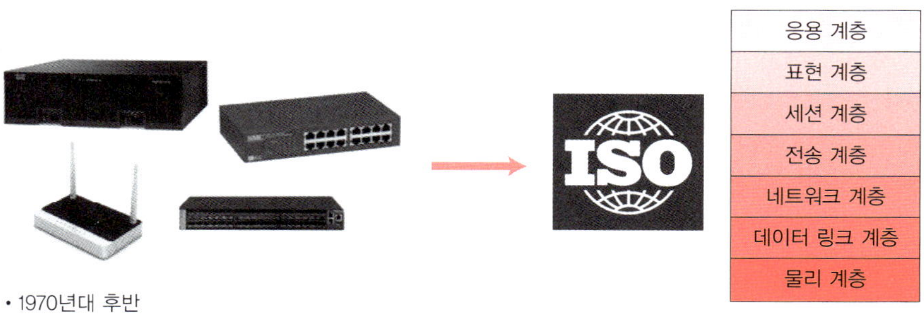

- 1970년대 후반
- 서로 다른 통신 업체 장비 간의 호환 필요
- 각 시스템에만 적용되는 개별 네트워크 구조 사용

1984년 국제표준화기구의 OSI 참조 모델 발표

그림 4-1 OSI 참조 모델

통신 회선, 구조, 프로토콜 등에 차이가 있으면 수많은 컴퓨터와 네트워크 장비를 연결하여 통신하는 데 어려움이 많다. 이에 1978년 국제표준화기구는 서로 다른 컴퓨터가 네트워크 구조에 상관없이(개방형) 통신할 수 있도록 국제 표준인 OSIOpen System Interconnection(개방형 시스템 상호 연결) 참조 모델을 만들었다. 컴퓨터 벤더가 같아야만 서로 통신할 수 있으므로 개방형 통신을 목적으로 OSI 참조 모델을 제안한 것이다. OSI 참조 모델의 목적은 기본적인 하드웨어나 소프트웨어의 논리적인 변경 없이 시스템 간의 통신을 개방하는 것이다. OSI 참조 모델은 프로토콜이 아니라 유연하면서 안전하고 상호 연동이 가능한 네트워크 구조를 설계하고 이해하는 모델이다.

다음 그림은 기종이 다른 컴퓨터 시스템 간에 통신할 수 있는 네트워크를 설계하는 OSI 참조 모델의 계층 구조를 보여준다. 서로 연관된 7개 계층으로 구성되었으며, 각 계층에는 네트워크를 이용하여 데이터를 전송하는 일련의 과정이 규정되어 있다.

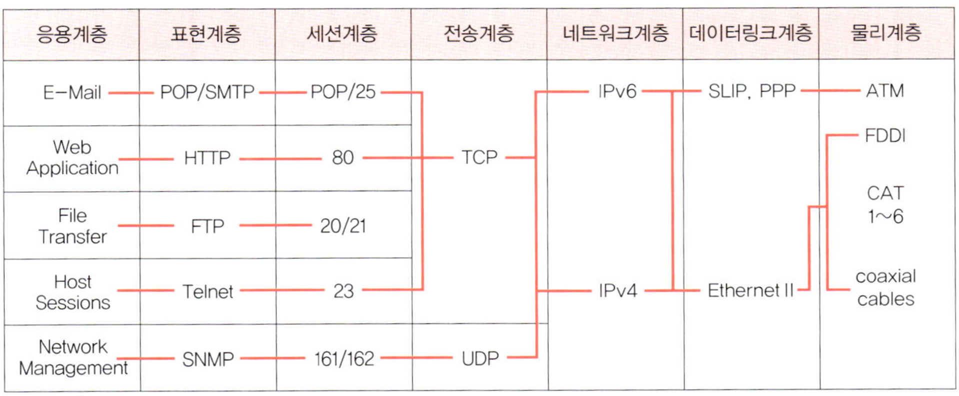

그림 4-2 OSI 참조 모델의 계층 구조

OSI 참조 모델의 물리 계층physical layer, 데이터 링크 계층data link layer, 네트워크 계층network layer은 하나의 시스템에서 다른 시스템으로 전송되는 데이터의 물리적인 면(전기적 규격, 물리 주소, 전송 시간 등)과 패킷 전달 등을 처리하는 부분이다. 상위 계층의 헤더가 포함된 데이터를 전체 데이터로 인식하고 전체 데이터에 자신의 헤더를 붙여 하위 계층으로 전송한다. 그리고 전송 계층transport layer은 통신할 때 두 시스템 간의 연결을 확인하고 원격 시스템 간의 데이터 전송을 보장한다. 물리 계층, 데이터 링크 계층, 네트워크 계층과 세션 계층session layer, 표현 계층presentation layer, 응용 계층application layer을 연결하고, 하위 계층이 전송한 데이터를 상위 계층이 사용할 수 있는 형태로 변환한다. 한편 세션 계층, 표현 계층, 응용 계층은 호스트 내부에서 처리하는 기능으로, 서로 관련이 없는 소프트웨어 시스템 간의 호환성을 제공한다.

02 OSI 참조 모델의 데이터 전송

앞에서 살펴보았듯이 OSI 참조 모델은 각각 특정 기능을 수행하는 7개 계층, 즉 물리 계층(1계층), 데이터 링크 계층(2계층), 네트워크 계층(3계층), 전송 계층(4계층), 세션 계층(5계층), 표현 계층(6계층), 응용 계층(7계층)으로 이루어져 있다. 각 계층은 헤더와 데이터 단위data unit, protocol data unit로 정의되며, 헤더에는 각 계층의 기능과 관련된 정보가 포함된다. 송신 측이 헤더를 생성해서 추가하면 수신 측의 해당 계층이 이 헤더를 사용한다.

데이터 단위는 물건을 배송할 때 상자 단위로 포장하는 것처럼 헤더를 추가한 데이터를 전송하는 기본 단위이다. 상위 계층이나 하위 계층 사이에 주고받는 것을 '서비스 데이터 단위Service Data Unit, SDU'라 하고, 같은 계층 사이에 주고받는 것을 '프로토콜 데이터 단위Protocol Data Unit, PDU'라고 한다.

데이터 단위는 상위 계층이 전송하려는 데이터인 SDU에 제어 정보인 PCIProtocol Control Information를 추가한 것으로, 제어 정보에는 흐름 제어 정보, 오류 제어 정보, 주소 정보 등이 포함된다. 이 데이터 단위는 송신 측이나 수신 측의 다음 계층에 데이터 정보를 전송할 때 사용된다.

일반적으로 데이터 단위를 패킷이라고 하며, OSI 참조 모델 데이터 링크 계층의 PDU는 프레임, 네트워크 계층의 PDU는 패킷, 전송 계층의 PDU는 세그먼트로 라벨을 붙인다.

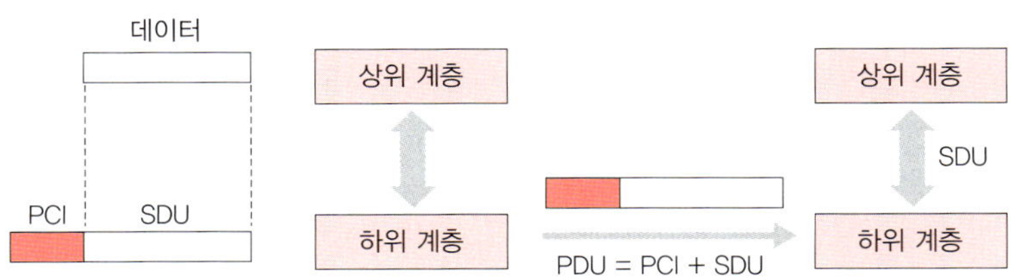

그림 4-3 데이터 단위

OSI 참조 모델에서는 데이터가 응용 계층에서 하위 계층으로 순차적으로 전송되며, 물리 계층과 응용 계층을 제외한 나머지 계층에서는 데이터의 시작과 끝부분에 헤더나 트레일러 형태로 정보를 추가한다. 시작 부분에 추가되는 헤더는 데이터 링크 계층, 네트워크 계층, 전송 계층, 세션 계층, 표현 계층의 데이터에 추가되고, 끝부분에 추가되는 트레일러는 데이터 링크 계층의 데이터에만 추가된다.

다음 그림과 같이 응용 계층의 데이터는 하위 계층인 표현 계층으로 전송되고, 표현 계층에서는 이 데이터에 표현 계층과 관련된 헤더를 추가하여 세션 계층으로 전송한다. 또한 세션 계층에서는 데이터와 표현 계층 헤더에 세션 계층 헤더를 추가하여 전송 계층으로 전송한다. 헤더와 트레일러가 추가된 데이터(데이터 링크 계층)는 물리 계층에서 수신 측 시스템에 전송할 수 있는 형태로 변환된다. 물리 계층을 거쳐 데이터를 보낼 때는 전자적 신호로 변환하여 전송 매체를 통해 수신 측으로 전송한다.

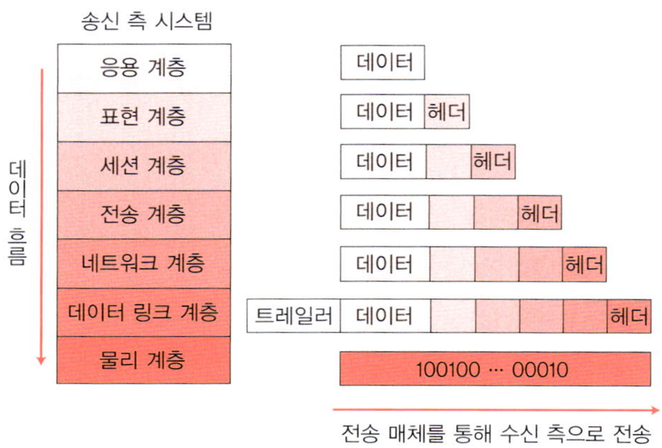

그림 4-4 OSI 참조 모델에서의 데이터 전송(송신 측)

수신 측에 데이터가 도착하면 전기적 신호로 변환되었던 데이터가 수신 측의 물리 계층으로 전송되어 디지털 형태로 복원된다. 수신된 데이터가 상위 계층에 전송되면 각 계층은 송신 측 계층에서 추가된 헤더와 트레일러를 제거한 후 각 계층에서 해야 할 일을 수행한다. 최종적으로 응용 계층에 데이터가 전송되면 데이터를 적절한 형태로 변환하여 수신자에게 전송한다.

OSI 참조 모델은 데이터 처리 과정을 계층으로 구분함으로써 각 계층을 다른 계층과 독립적으로 설계할 수 있다. 또한 서로 다른 시스템이 통신할 때 특정 계층만 제외하고 모든 계층의 프로그램을 동일하게 사용할 수 있다. 즉 모든 계층이 유선 케이블에서 통신을 다루도록 프로그래밍되어 있다면 물리 계층만 유선 케이블에서 무선 LAN으로 변경하고 나머지 계층은 변경하지 않은 채 사용할 수 있다.

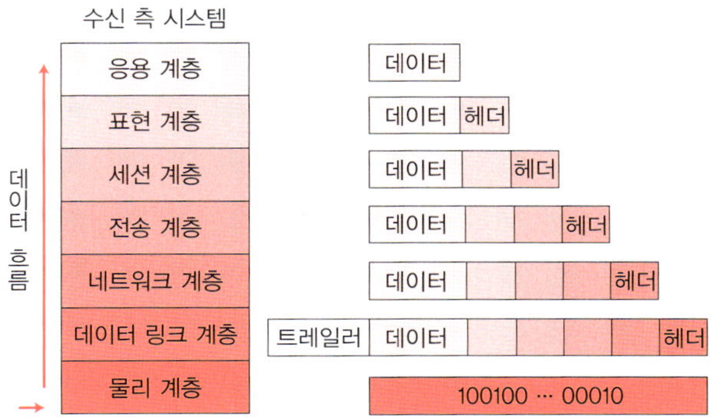

그림 4-5 OSI 참조 모델에서의 데이터 전송(수신 측)

다음 그림은 서로 다른 시스템 간에 데이터를 전송하는 경우의 관련 계층을 보여준다. 송신 측 시스템에서 수신 측 시스템으로 데이터를 전송하는 도중에 많은 중간 노드를 거치지만, 실제 네트워크 프로토콜은 OSI 참조 모델의 7계층을 모두 사용하지 않고 물리 계층, 데이터 링크 계층, 네트워크 계층만 사용한다.

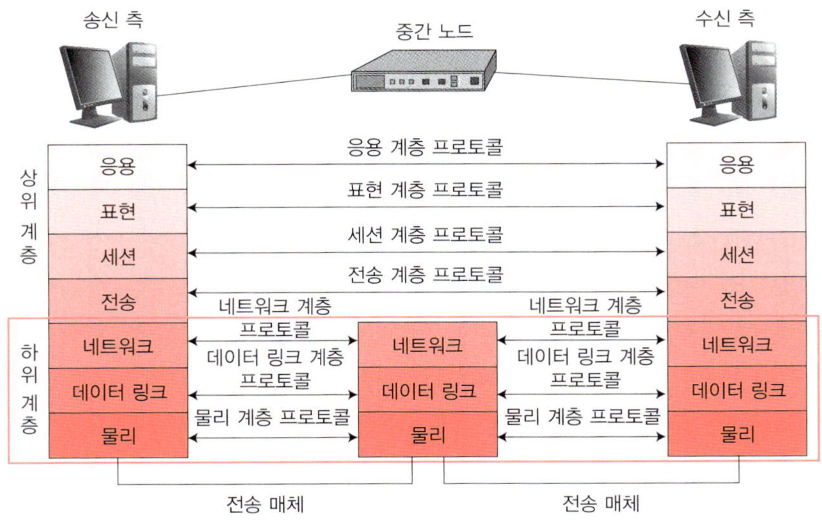

그림 4-6 서로 다른 시스템 간의 데이터 전송

03 네트워크 접속 계층

OSI 참조 모델의 물리 계층(1계층), 데이터 링크 계층(2계층), 네트워크 계층(3계층), 전송 계층(4계층), 세션 계층(5계층), 표현 계층(6계층), 응용 계층(7계층)은 서로 독립적이므로 어느 한 계층의 변경이 다른 계층에 영향을 미치지 않는다. 기능에 필요한 몇 개의 계층만 표준화하면 정상적으로 통신할 수 있다.

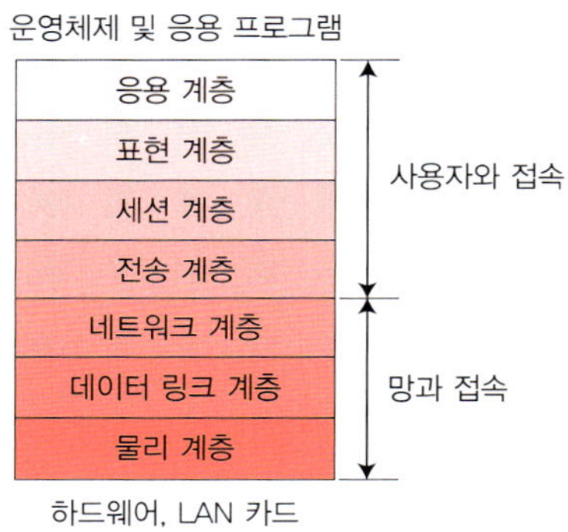

그림 4-7 OSI 참조 모델 7계층

OSI 참조 모델의 7계층을 4계층으로 단순화하면 보다 쉽게 이해할 수 있다. [그림 4-8]과 같이 4계층으로 이루어진 것을 TCP/IP 모델이라고 하며 현재는 대부분 TCP/IP 모델을 사용하고 있다. TCP/IP 모델의 4계층은 네트워크 접속 계층, 네트워크 계층, 전송 계층, 응용 계층으로, OSI 참조 모델의 물리 계층과 데이터 링크 계층이 합쳐져 네트워크 접속 계층이 되고 세션 계층, 표현 계층, 응용 계층이 합쳐져 응용 계층이 된다. 또한 각 계층에는 다양한 프로토콜이 있다.

TCP/IP 모델은 주로 하나의 네트워크나 다른 네트워크의 송신지에서 수신지까지 데이터를 주고받으며, 네트워크 접속 계층에서 하는 일은 LAN과 WAN을 연결하여 인터넷을 구성하는 것이다. [그림 4-9]는 이더넷을 사용한 네트워크 접속 계층의 예로, 컴퓨터에 연결된 LAN 카드를 통해 프레임이 허브, 라우터 등 물리적인 연결 중간에 전송되는 과정을 보여준다. 또한

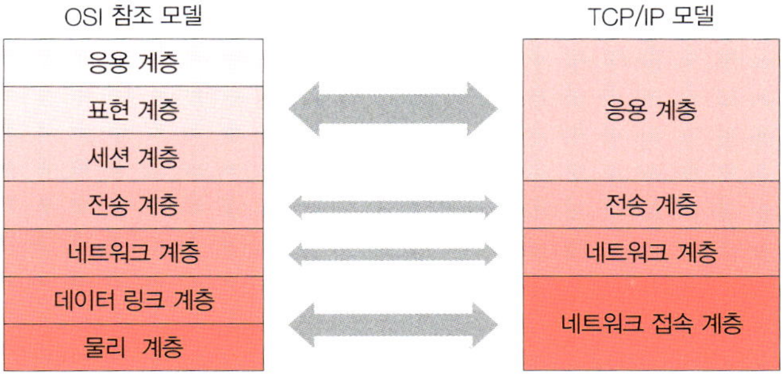

그림 4-8 OSI 참조 모델과 TCP/IP 모델

물리적 링크 구성과 흐름 제어, 오류 제어 등을 담당하며, OSI 참조 모델의 물리 계층과 데이터 링크 계층이 이에 해당한다.

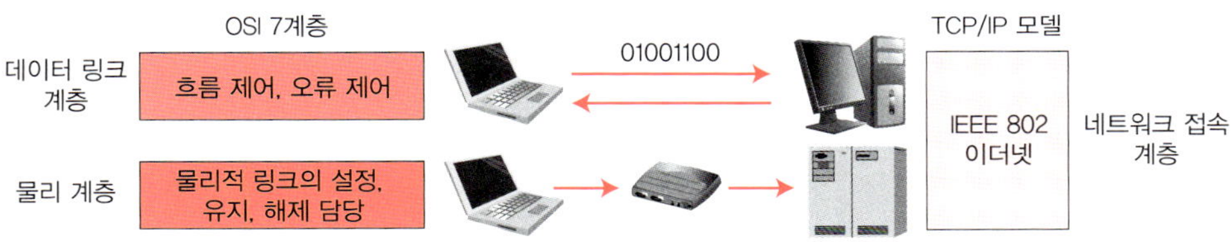

그림 4-9 네트워크 접속 계층

4~7장에서 TCP/IP 모델의 4계층을 자세히 다룬다. TCP/IP 모델의 네트워크 접속 계층에 해당하는 물리 계층과 데이터 링크 계층을 자세히 살펴보자.

04 물리 계층

물리 계층은 두 시스템 간에 데이터를 전송하기 위해 링크를 활성화하고 관리하는 전기적·기계적·기능적·절차적 특성 등을 정의한다. 또한 물리 계층은 허브, 라우터, LAN 카드, 케이블 등 전송 매체를 통해 비트를 전송하며, 물리적인 네트워크 장치의 사양은 물리 계층에 의해 결정된다. 상위 계층인 데이터 링크 계층에서 형성된 데이터(프레임)를 전기 신호나 광신호로 바꾸어 송수신하는 물리 계층은 편지를 수신자에게 배송하는 운송 차량에 비유할 수 있다.

1 물리 계층의 특성

OSI 참조 모델의 최하위 계층인 물리 계층은 상위 계층이 전송한 데이터(프레임)를 물리적 매체를 통해 다른 시스템에 전기 신호로 전송한다. LAN 카드, 케이블, 허브, 라우터 등 물리적인 것과 데이터 전송에 사용하는 전압 등 기본적인 것이 물리 계층에 속한다.

그림 4-10 물리 계층의 예

■ 기계적 특성

- 시스템과 주변장치를 연결하기 위해 정의한다.
- 물리적 접속에 필요한 커넥터의 모양, 내부의 핀 수, 각 핀의 위치 등을 정의한다(ISO 2100, 2593, 4902, 4903).

  예 ISO 2100-25 핀의 DTE/DCE 간 인터페이스용 커넥터 핀을 정의한다.

■ 전기적 특성

- 두 시스템 간 상호 접속 회로의 전기적 특성 등을 정의한다.
- 출력 전압, 전원 전압, 2진수의 논리적 표현을 정의한다.

■ 기능적 특성

- 상호 접속 회로의 기능을 정의한다.
- 데이터, 제어, 타이밍, 접지 및 절차를 정의한다.
- CCITT 권고안 V.24에 정의되어 있다.

■ 절차적 특성

- 데이터 전송에 필요한 순서를 정의한다.
- 동작 종료의 절차, 물리 연결의 활성화 및 비활성화를 정의한다.
- CCITT 권고안 X.20, X.21에 정의되어 있다.

물리 계층은 물리적 매체를 통해 비트 흐름을 전송하는 데 필요한 기능을 조정한다. 또한 네트워크의 두 노드를 물리적으로 연결하는 신호 방식 등을 다루며, 데이터 링크 계층에서 한 단위의 데이터를 받고 통신 링크(전송 매체)를 따라 전송할 수 있는 형태로 변환한다.

2 물리 계층의 데이터 단위

다음 그림은 물리 계층에서 데이터 단위를 전송하는 모습을 보여준다. 송신 측의 물리 계층은 데이터 링크 계층에서 0과 1로 구성된 비트열의 데이터(프레임)를 받아 전기 신호로 변환한 후 전송 매체를 통해 수신 측에 보낸다. 그러면 수신 측의 물리 계층은 전기 신호를 0과 1로 구성된 비트열로 복원하여 데이터 링크 계층에 전송한다.

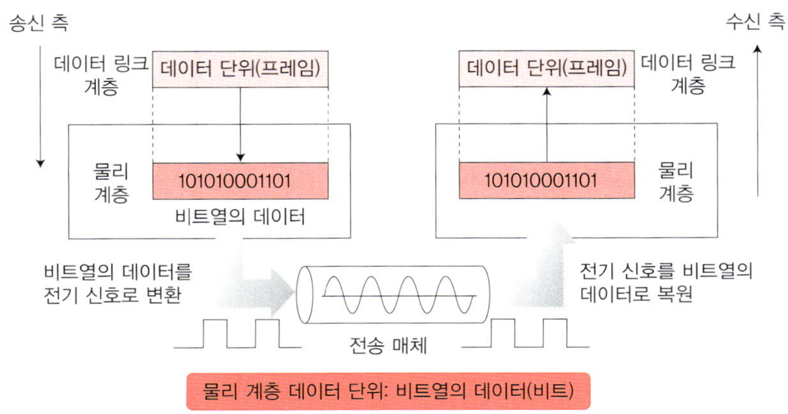

그림 4-11 물리 계층의 데이터 단위

0과 1을 어떻게 전기 신호로 변환하는지 간단히 살펴보자. 컴퓨터는 네트워크를 통해 데이터를 송수신할 수 있도록 메인보드에 내장형 LAN 카드가 포함되어 있거나 별도의 LAN 카드를 가지고 있다. 0 또는 1로 이루어진 데이터 단위가 컴퓨터 내부에 있는 LAN 카드로 전송되면 LAN 카드는 0과 1을 전기 신호로 변환한다. 즉 물리 계층은 컴퓨터와 네트워크 접속 장치를 연결하고 컴퓨터와 네트워크 접속 장치 간에 전송되는 데이터를 전기 신호로 변환하는 계층이다. 물리 계층의 기능은 다음과 같다.

- **회선 구성**: 점대점, 다중점 등 2개 이상 장치의 회선 구성을 결정한다.
- **데이터 전송 모드**: 단방향, 양방향 등 연결된 시스템 간의 데이터 전송 모드를 결정한다.
- **접속 형태**: 성형, 버스형, 트리형 등 네트워크 접속 형태를 결정한다.
- **전송 매체 유형**: 허브, 케이블 등 데이터를 전송하는 물리적 장치를 결정한다.

표 4-1 물리 계층의 예와 주요 기능

계층	네트워크 장비	예	주요 기능
물리 계층 (1계층)	허브, 라우터 케이블	이더넷, RS-232C, 10Base-T, 10Base-2	물리적 매체를 통해 비트의 흐름 전송

3 물리 계층의 네트워크 접속 장치

물리 계층에서 동작하는 네트워크 접속 장치인 리피터는 신호의 세기가 약해지면 전기 신호를 복원하고 증폭한다. 또한 멀리 떨어져 있는 상대방과 통신할 수 있도록 파형을 정상으로 만드는 기능을 한다. 하지만 최근에는 다른 네트워크 접속 장치가 리피터의 기능을 지원하기 때문에 리피터를 쓸 필요가 없어졌다.

물리 계층에서 동작하는 또 다른 네트워크 접속 장치는 허브이다. 허브는 리피터 허브라고도 부르며, 실제로 통신하는 통로인 포트가 여러 개이다. 리피터는 일대일 통신만 가능하지만 허브는 포트가 여러 개이므로 여러 컴퓨터와도 통신할 수 있는 접속 장치이다. 리피터와 마찬가지로 허브는 일그러진 전기 신호를 복원하고 증폭한다. 컴퓨터에서 보낸 전기 신호가 허브에 도착하는 동안 잡음의 영향으로 파형이 변경되기도 하는데, 허브는 이러한 파형을 정상으로 되돌리는 기능을 한다.

허브는 특정 포트로부터 데이터를 받으면 그 데이터를 해당 포트를 제외한 나머지 포트로 전송하는 특징이 있다. 다음 그림과 같이 컴퓨터 1이 컴퓨터 3에 데이터를 전송하면 컴퓨터 3만 데이터를 받는 것이 아니라 컴퓨터 2와 컴퓨터 4에도 데이터가 전송된다. 허브는 전기 신호를 모든 포트로 보내기 때문에 더미 허브라고 불리기도 한다. 이처럼 컴퓨터 2와 컴퓨터 4에 불필요한 데이터가 전송되어 비효율적이기 때문에 이를 해결하기 위해 데이터 링크 계층에서 동작하는 스위치가 등장하게 되었다.

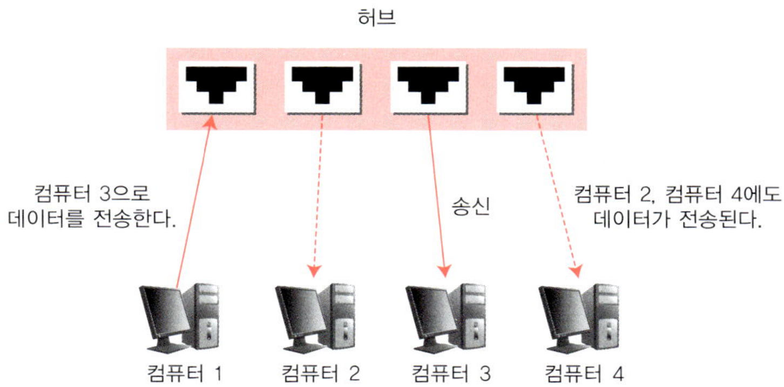

그림 4-12 더미 허브에서의 데이터 전송

05 데이터 링크 계층

데이터 링크 계층은 물리적 링크를 이용하여 신뢰성 있는 데이터를 전송하는 계층으로, 네트워크를 통해 데이터를 전송할 때 전송로 역할을 한다. 데이터 링크 계층에서는 비트를 프레임이라는 논리적 단위로 구성한다. 즉 전송하려는 데이터에 인접한 노드(시스템)의 주소가 더해진다. 이 주소는 최종 수신지의 주소가 아니라 전송되는 다음 노드의 주소이다.

또한 데이터 링크 계층은 물리 계층에서 발생하는 오류를 검출하고 복구하는 오류 제어 기능, 동기화, 흐름 제어 등을 담당하며, 과도한 양의 데이터를 한 번에 전송하지 않도록 데이터양을 조절한다. 따라서 데이터 링크 계층은 편지를 운송 차량에 적재하여 각 운송 차량을 고속도로로 보내고 편지가 안전하게 배송되도록 하는 것에 비유할 수 있다.

1 데이터 링크 계층의 특성

OSI 참조 모델의 두 번째 계층인 데이터 링크 계층은 물리 계층의 바로 위에 위치한다. 데이터 링크 계층은 시스템 간에 오류 없이 데이터를 전송하기 위해 네트워크 계층으로부터 받은 데이터 단위(패킷)를 프레임으로 구성하여 물리 계층으로 전송한다. 즉 네트워크 계층으로부터 데이터 단위를 받아 주소와 제어 정보 같은 의미 있는 비트를 시작 부분(이더넷 헤더)과 끝 부분(트레일러)에 추가한다.

전송된 데이터는 최종 수신지에 도착하기까지 많은 곳을 통과한다. 데이터 링크 프레임의 헤더와 트레일러에는 송신지에서 수신지로 데이터를 전송하는 데 필요한 여러 가지 정보(거쳐야 하는 곳의 물리 주소나 최종 수신지로 가기 위해 프레임이 거쳐야 하는 곳의 정보)가 들어 있다.

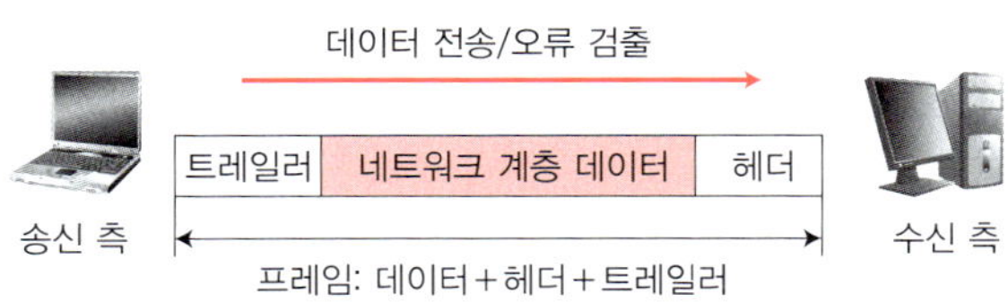

그림 4-13 데이터 링크 계층에서의 데이터 전송 예

데이터 링크 계층의 프로토콜은 수신자가 제대로 수신할 수 있도록 전송을 제어하고, 전송 도중에 발생한 오류를 교정하는 일 등을 담당한다. 또한 시작과 끝부분은 해당 프레임이 어느 부분에 해당하는지, 도착한 프레임이 손상되지 않고 잘 도착했는지 등의 정보도 전송한다. 데이터 링크 계층에서 시작과 끝부분은 송신 노드로 추가하고 수신 노드로 검사 및 해석한다. 수신 노드가 프레임을 받으면 시작과 끝부분을 삭제한 후 남은 데이터 단위를 네트워크 계층으로 보낸다.

2 데이터 링크 계층의 데이터 단위

다음 그림은 데이터 링크 계층의 데이터 단위를 보여준다.

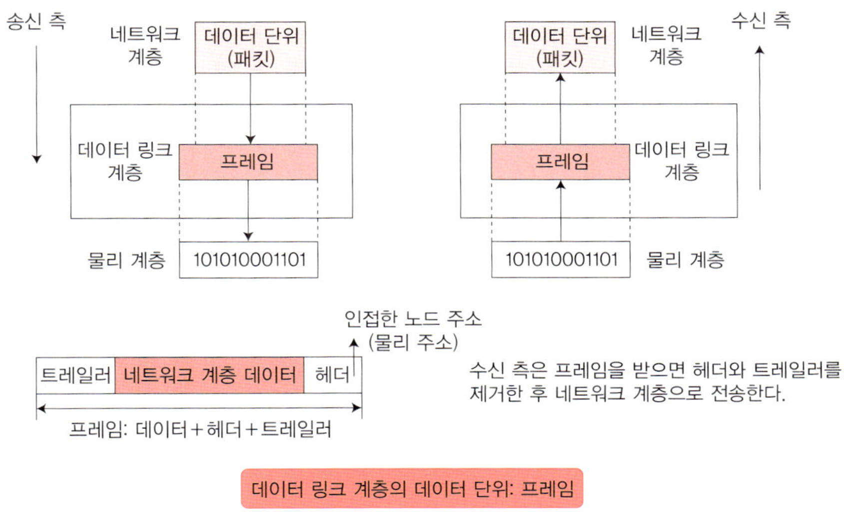

그림 4-14 데이터 링크 계층의 데이터 단위

데이터 링크 계층의 기능은 다음과 같다.

- **주소 지정**: 이 계층에서 추가된 시작과 끝부분에는 가장 최근에 데이터가 지나온 노드(시스템)와 다음에 접근할 노드의 물리 주소가 포함된다.
- **순서 제어**: 데이터를 순차적으로 전송하기 위해 프레임 번호 부여 기능을 수행한다. 수신 노드에서 식별 번호를 추가하여 프레임의 순서를 제어한다.
- **흐름 제어**: 한 번에 전송할 수 있는 데이터양을 조절하고, 연속으로 프레임을 전송할 때

수신 여부를 확인하는 기능을 수행한다.

- **오류 처리**: 오류 검출과 정정 기능을 수행하고, 오류가 발생한 프레임의 재전송을 요구할 수 있다.
- **프레임**: 데이터를 전송할 때 처리가 쉽도록 프레임 단위로 전송한다.
- **동기화**: 헤더에는 수신 측에 프레임이 도착했음을 알리는 비트가 있고, 트레일러에는 프레임의 끝을 나타내는 비트와 오류를 제어하는 비트 등이 있다.
- **데이터 링크 설정**: 전송할 데이터의 앞에는 헤더를, 뒤에는 트레일러를 추가하여 물리 계층으로 전달하는데, 헤더와 트레일러에는 송신 측 주소와 수신 측 주소 등의 정보가 포함된다. 수신 측의 데이터 링크 계층은 헤더와 트레일러를 삭제한 후 수신 측의 네트워크 계층으로 전달한다.

3 데이터 링크 계층의 규칙

LAN에서 데이터를 송수신하려면 데이터 링크 계층의 기술이 필요하다. 데이터 링크 계층은 네트워크 접속 장치 간에 신호를 주고받는 규칙을 정하는 계층이다. 가장 일반적으로 사용되는 규칙은 이더넷으로, 이더넷은 허브와 같은 네트워크 접속 장치에 연결된 컴퓨터와 데이터를 전송받을 때 사용한다.

■ 이더넷 헤더

이더넷 헤더는 수신지 MAC 주소(6바이트), 송신지 MAC 주소(6바이트), 유형(2바이트)의 총 14바이트로 구성되어 있다.

수신지 MAC 주소 (6바이트)	송신지 MAC 주소 (6바이트)	유형 (2바이트)

그림 4-15 이더넷 헤더의 구조

이더넷 유형은 이더넷으로 전송되는 상위 계층 프로토콜의 종류를 나타낸다. 유형 번호에는 프로토콜을 식별하는 16진수 번호가 들어 있다.

이더넷 헤더 외에 데이터 뒤에 추가하는 트레일러는 FCSFrame Check Sequence라고 하며, 이는 데이터 송신 도중에 오류가 발생하는지 확인하는 용도로 사용한다. 이처럼 이더넷 헤더와 트레일러가 추가된 데이터를 프레임이라고 한다.

표 4-2 프로토콜을 식별하는 유형 번호(16진수)

유형 번호	프로토콜
0800	IPv4
0806	ARP
8035	RARP
814C	SNMP over Ethernet
86DD	IPv6

■ 이더넷 데이터 전송 규칙

물리 계층에서 설명했듯이 허브를 사용하는 LAN 환경에서는 특정 컴퓨터 한 대에 데이터를 전송하려고 해도 나머지 컴퓨터에 전기 신호가 전달된다. 그래서 이런 경우 데이터의 내용을 못 보게 하는 규칙이 정해져 있다. 이 규칙에 따라 데이터에 수신지 정보를 추가해서 전송하고, 수신지 이외의 컴퓨터는 데이터를 받더라도 무시하게 된다.

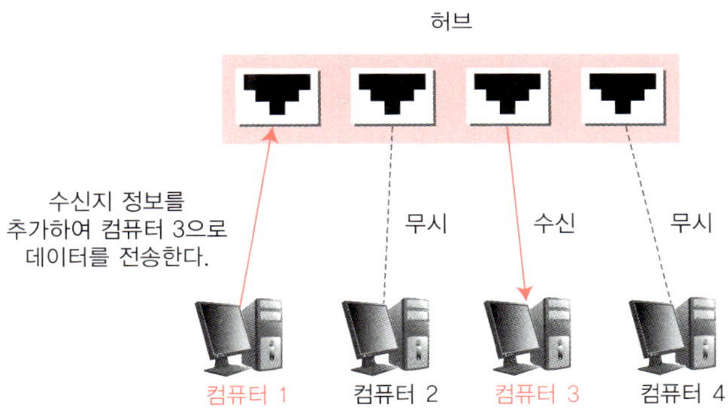

그림 4-16 이더넷 전송 규칙

여러 컴퓨터가 동시에 데이터를 전송하면 데이터가 충돌할 수도 있는데, 이더넷은 여러 컴퓨터가 동시에 데이터를 전송해도 충돌이 발생하지 않는 구조로 되어 있다. 즉 데이터가 동시에 케이블을 지나갈 때 충돌이 발생하지 않도록 데이터를 전송하는 시점을 늦춘다. 이더넷에서 데이터의 충돌을 막기 위한 규칙(시점을 늦추는 방법)으로는 CSMA/CD 방식을 사용하고 있다.

CSMA/CD에서 CS는 데이터를 전송하려는 컴퓨터가 케이블에 데이터 신호가 흐르고 있는지 확인하는 규칙이고, MA는 케이블에 데이터 신호가 흐르고 있지 않으면 데이터를 전

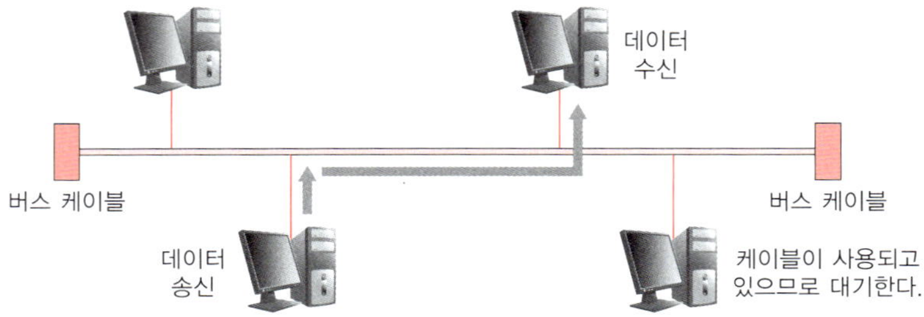

그림 4-17 CSMA/CD

송해도 된다는 규칙이며, CD는 충돌이 발생하는지 확인하는 규칙이다. 이러한 규칙으로 데이터를 송수신하면 충돌이 일어나지 않는다. 그러나 최근에는 효율이 좋지 않다는 이유로 CSMA/CD를 거의 사용하지 않으며, 네트워크 충돌이 일어나지 않는 스위치를 사용하고 있다(6절에서 자세히 다룰 것이다).

4 데이터 링크 계층의 데이터 전송 과정

이더넷 헤더를 이용한 네트워크 통신을 간단히 살펴보자. 허브에 연결된 컴퓨터 또는 노트북의 MAC 주소가 다음 그림과 같을 때 컴퓨터 1에서 컴퓨터 3으로 데이터를 전송하는 경우를 생각해보자. 컴퓨터 1은 이더넷 헤더에 데이터 수신지인 컴퓨터 3의 MAC 주소(18-31-BF-14-34-76)와 컴퓨터 1의 MAC 주소(18-31-BF-18-32-74)를 추가하여 데이터를 전송한다.

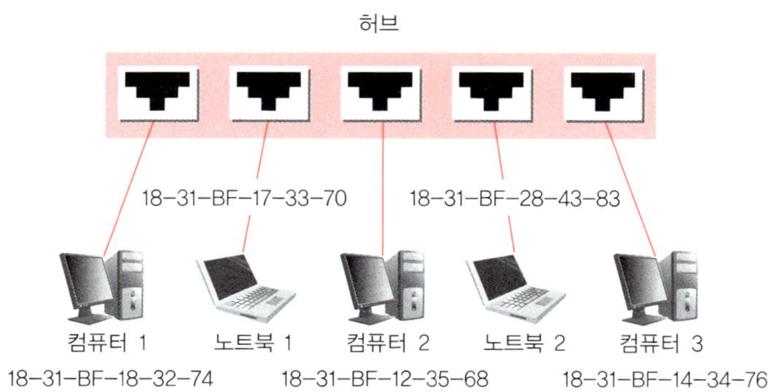

그림 4-18 허브에 연결된 MAC 구조

데이터 링크 계층에서 데이터에 이더넷 헤더와 트레일러를 추가하여 프레임을 생성하고, 물리 계층에서 이 프레임 비트열을 전기 신호로 변환하여 네트워크를 통해 전송한다.

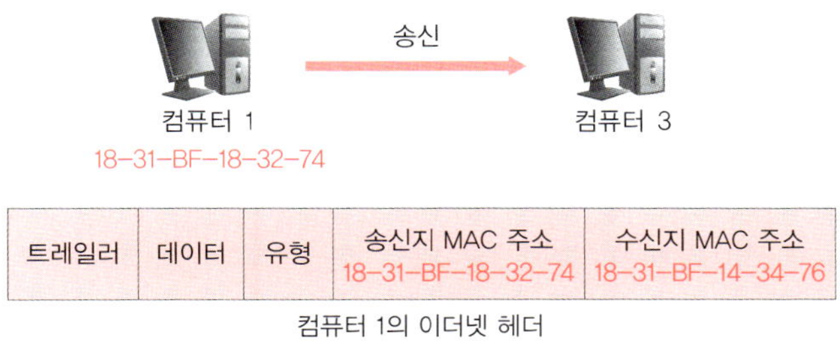

그림 4-19 데이터 링크 계층의 데이터 전송 과정 1

컴퓨터 1이 보낸 데이터를 허브의 ❶번 포트로 수신하고 ❷~❺번 포트로 전송한다. 데이터가 노트북 1에서 컴퓨터 3까지 전송되지만 노트북 1, 컴퓨터 2, 노트북 2는 수신지 MAC 주소가 자신의 MAC 주소와 다르므로 데이터를 파기하고 컴퓨터 3은 자신의 MAC 주소와 수신지 MAC 주소가 같으므로 데이터를 수신한다. 컴퓨터 3의 물리 계층에서는 전기 신호로 전송된 데이터를 비트열로 변환하고 데이터 링크 계층에서는 이더넷 헤더와 트레일러를 제거한 후 데이터를 수신한다.

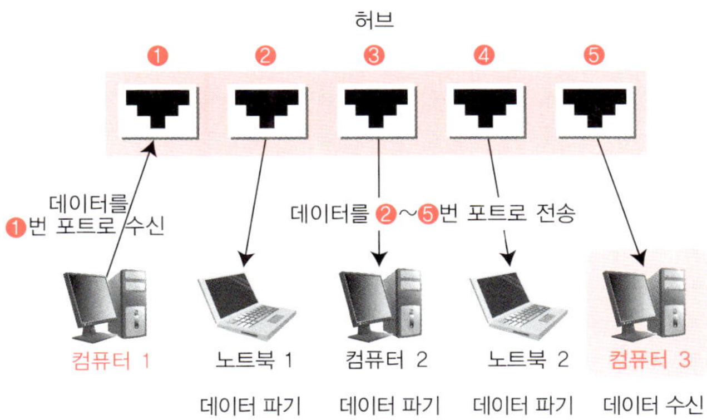

그림 4-20 데이터 링크 계층의 데이터 전송 과정 2

컴퓨터 1과 노트북 1이 동시에 컴퓨터 3에 데이터를 전송할 때 충돌이 감지되면 노트북 1은 잠시 대기한 후 데이터를 다시 전송하는 CSMA/CD 방식을 사용한다. 이때 CSMA/CD 규칙에 따라 데이터 충돌이 발생하지 않는다.

LAN의 표준이 개발될 당시에는 프로토콜이 서로 맞지 않아도 다른 회사끼리 사용이 가능했는데, 이는 데이터 링크 계층을 매체 접근 제어Media Access Control, MAC와 논리 링크 제어Logical Link Control, LLC라는 하위 계층으로 나누어 정의했기 때문이다. MAC 계층은 동일 채널을 공유하는 통신 방법을 제어하는 역할을 하고, LLC 계층은 데이터를 전송하기 위해 각 장비를 연결·유지하는 역할을 한다.

표 4-3 데이터 링크 계층의 예와 주요 기능

계층	네트워크 장비	예	프로토콜	주요 기능
데이터 링크 계층 (2계층)	브리지, 스위치	IEEE 802.2(LLC) IEEE 802.3(CSMA/CD) IEEE 802.5(토큰링)	MAC, PPP	오류 없이 프레임(비트 모음)을 전달하는 역할

06 스위치

1 충돌 도메인

데이터 링크 계층의 네트워크 접속 장치인 스위치를 사용하면 허브와 달리 데이터 충돌이 발생하지 않는다. 스위치는 스위칭 허브 또는 레이어2 스위치라고도 부르며, 겉모습이 허브와 비슷하지만 기능은 완전히 다르다. (더미) 허브는 회선 하나를 송수신에 사용하는 반이중 통신 방식으로, 동시에 데이터를 전송할 때 충돌이 발생한다. 충돌이 발생할 때 그 영향이 미치는 범위를 충돌 도메인이라고 하며, 허브는 접속되어 있는 모든 컴퓨터가 하나의 충돌 도메인이 된다.

그러나 스위치는 데이터를 동시에 송수신할 수 있는 전이중 통신 방식으로, 충돌이 발생하지 않고 충돌 도메인의 범위도 좁다. 네트워크를 지연시키지 않기 위해서라도 충돌 도메인의 범위를 좁히는 것은 매우 중요하다. 허브를 사용하면 충돌로 인해 네트워크 지연이 발생하기 때문에 최근에는 스위치를 사용한다.

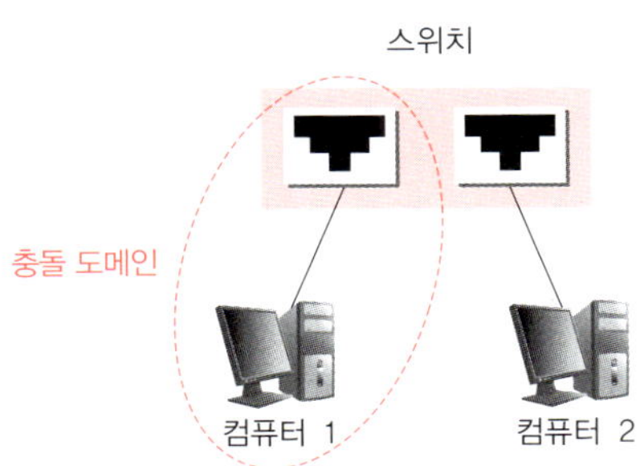

그림 4-21 스위치의 충돌 도메인

2 MAC 주소 학습 기능

스위치는 데이터 링크 계층에서 동작하고 스위치 내부에는 MAC 주소 테이블(또는 브리지 테이블)이 있다. MAC 주소 테이블은 스위치의 포트 번호와 해당 포트에 연결되어 있는 컴퓨터의 MAC 주소가 등록되어 있는 데이터베이스이다. 스위치의 전원을 켠 상태에서는 MAC 주소 테이블에 아무것도 등록되어 있지 않지만, 컴퓨터에서 수신지 MAC 주소가 추가된 프레임이 전송되면 MAC 주소 테이블을 확인하여 송신지 MAC 주소가 등록되어 있지 않으면 MAC 주소를 포트와 함께 등록한다. 이는 더미 허브에는 없는 기능으로 MAC 주소 학습 기능이라고 한다.

그림 4-22 스위치(5-포트 이더넷 스위치)

컴퓨터 1에서 컴퓨터 3으로 데이터를 전송한 시점에는 컴퓨터 3의 수신지 MAC 주소가 MAC 주소 테이블에 등록되어 있지 않기 때문에 송신 포트인 ❶번 포트 이외의 ❷~❺번 포트에 프레임이 전송되는데, 이러한 프레임 전송을 플러딩flooding이라고 한다. 다음 그림에서는 컴퓨터 3의 MAC 주소가 등록되어 있지 않아 노트북 1, 컴퓨터 2, 노트북 2, 컴퓨터 3으로 데이터가 전송된다. 스위치의 MAC 주소 테이블에 컴퓨터 3의 MAC 주소가 등록되어 있다면 노트북 1, 컴퓨터 2, 노트북 2로는 데이터가 전송되지 않고 컴퓨터 3에만 데이터가 전송될 것이다.

MAC 주소 테이블
(MAC 주소와 포트 번호 등록)

포트	MAC 주소
❶	18-31-BF-18-32-74
❷	
❸	
❹	
❺	

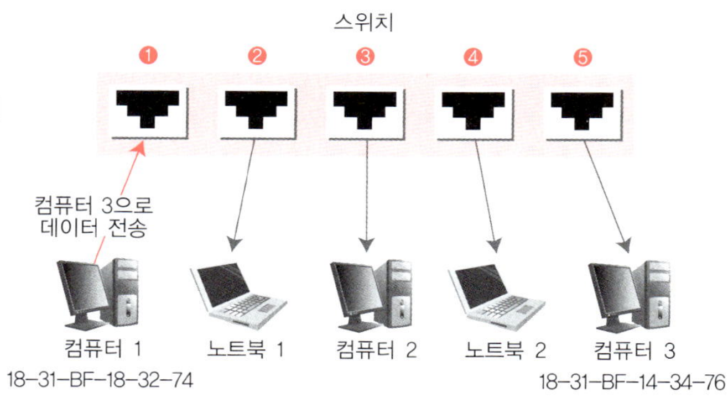

그림 4-23 플러딩

MAC 주소가 등록되어 있으면 수신지 컴퓨터에만 데이터가 전송되는데, 이처럼 MAC 주소를 기준으로 수신지를 선택하는 것을 MAC 주소 필터링이라고 한다. 즉 필터링을 통해 불필요한 데이터를 네트워크에 전송하지 않는 것이다.

포트	MAC 주소
❶	18-31-BF-18-32-74
❷	
❸	
❹	
❺	18-31-BF-14-34-76

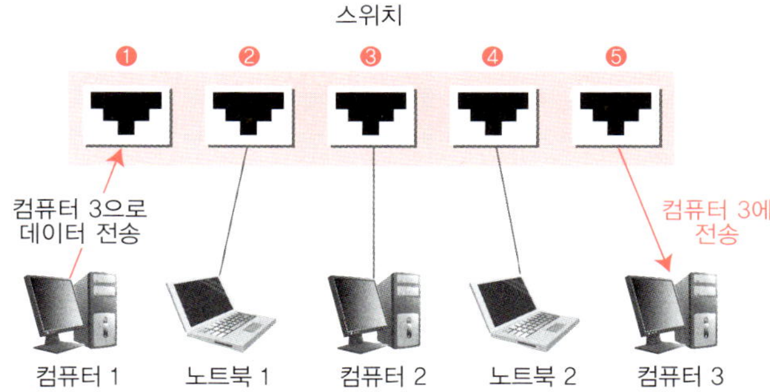

그림 4-24 MAC 주소 필터링

앞의 예에서 컴퓨터 1이 노트북 1에 데이터를 전송하는 경우를 생각해보자. MAC 주소 테이블에 노트북 1의 MAC 주소가 아직 등록되어 있지 않기 때문에 수신지 MAC 주소를 알 수 없어 플러딩이 발생한다. 따라서 데이터가 노트북 1, 컴퓨터 2, 노트북 2, 컴퓨터 3에 전송된다. 노트북 1의 MAC 주소가 MAC 주소 테이블에 등록되어 있어야만 불필요한 데이터를 네트워크에 전송하지 않는다.

07 실습 Ethernet II 덤프 분석

1장에서 설치한 와이어샤크를 이용하여 네트워크 접속 계층의 패킷을 분석해보자. 여기서는 Ethernet II 덤프 분석을 해볼 것이다. 패킷에 포함되어 있는 Ethernet II 헤더를 확인한 후 패킷 상세 영역을 확인하면서 간단한 덤프 분석을 실습해보자.

웹 페이지를 보고 있을 때 지나가는 패킷을 캡처하여 어떤 헤더와 필드가 포함되어 있는지 확인할 수 있다. 와이어샤크를 실행하고 자주 이용하는 웹 페이지에 접속한다. 필자는 네트워크 개론 사이트에 접속했다. 패킷 중에서 Info 열에 GET / HTTP/1.1로 표시되어 있는 패킷을 분석해보자.

No.	Time	Source	Destination	Protocol	Length	Info
4…	7.687694	211.115.106.…	192.168.35.7	HTTP	406	HTTP/1.1 200 OK
4…	7.688169	192.168.35.7	211.115.106.76	HTTP	362	GET /jk?c=53&p=HYwHFFsHyAPyOnSsD7kRekoiJS_jEcATiUbNdtHHtnc=&k=1
4…	7.688418	192.168.35.7	117.52.91.252	HTTP	321	GET / HTTP/1.1
4…	7.690873	211.115.106.…	192.168.35.7	HTTP	244	HTTP/1.1 200 OK
4…	7.691701	117.52.91.252	192.168.35.7	HTTP	631	HTTP/1.1 301 Moved Permanently (text/html)
4…	7.704352	192.168.35.7	117.52.91.252	HTTP	317	GET / HTTP/1.1

그림 4-25 분석할 패킷 선택

1 헤더 확인

패킷의 데이터 영역을 살펴보면 네트워크를 지나는 패킷은 16진수로 표시된다. 실제로는 0과 1로 된 데이터가 전기 신호나 무선 전파 등으로 변환되어 전송된다. 0과 1로 정보를 나타내는 2진수를 와이어샤크에서는 16진수로 나타낸다. 16진수 문자 2개는 1바이트이다.

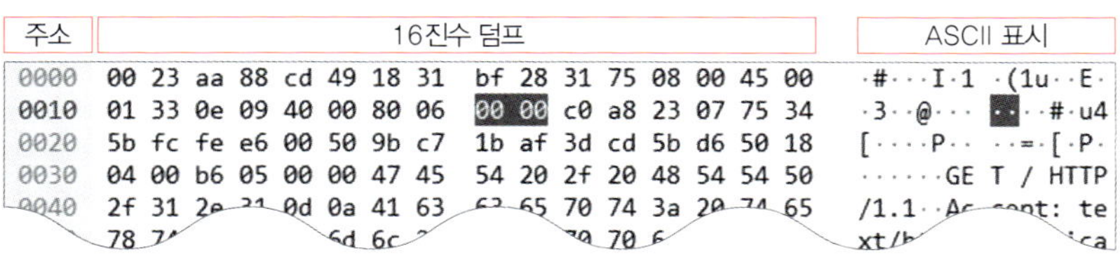

• 주소(번지): 패킷 위치를 나타낸다.
• 16진수 덤프: 실제 데이터의 내용이 나타난다.
• ASCII 표시: 데이터의 내용을 문자로 보여준다.

그림 4-26 패킷 데이터 영역

패킷 데이터 영역을 살펴보자.

- 패킷 데이터 영역에서는 패킷의 위치를 나타내는 주소(번지) 뒤에 1바이트마다 공백을 두고 1행에 16바이트가 표시된다.
- 패킷 데이터 영역의 맨 오른쪽에는 ASCII 문자 코드에 따라 1바이트 데이터가 한 문자로 표시된다.
- ASCII 문자 코드에는 GET / HTTP/1.1 키워드가 포함되어 있다.
- 그 밖에도 Accept:, User-Agent 등의 문자를 확인할 수 있는데, 이는 웹 브라우저가 홈페이지를 보여주기 위해 보내는 요청 메시지 중 일부이다.
- ASCII 표시에는 문자 코드에 없는 문자나 컴퓨터 제어 문자 등이 제대로 표시되지 않기도 한다.
- 패킷 상세 영역을 확인해보면 프로토콜 트리 형태로 Frame, Ethernet II 등이 나열되어 있다.

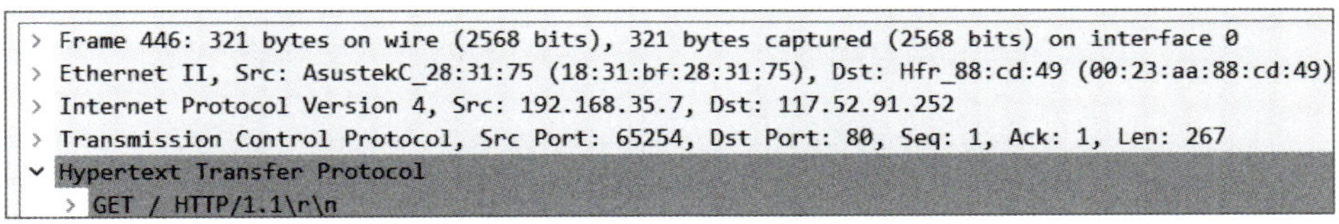

그림 4-27 패킷 상세 영역

이러한 정보를 헤더라고 하며 하나의 패킷에 복수의 헤더가 포함되어 있다. 와이어샤크는 인터넷이나 LAN 프로토콜을 기반으로 패킷의 덤프(패킷 데이터 영역)로부터 해당 패킷의 의미를 분석하여 패킷 상세 영역을 통해 보여준다. 패킷 상세 영역에는 패킷 데이터 영역의 내용을 바탕으로 해당 패킷의 의미를 분석한 내용이 나타난다. 패킷의 형식에 대한 규칙이나 규격은 프로토콜마다 각각 정의되어 있는데, 예를 들어 LAN 표준에 대해서는 IEEE가 사양을 규정했다.

2 Ethernet II 헤더

패킷 상세 영역을 확인하면서 간단히 덤프 분석을 해보자. 패킷에 포함된 헤더를 확인하기 위해 Frame 부분을 펼치면 패킷 전체에 대한 설명이 나타난다.

```
∨ Frame 446: 321 bytes on wire (2568 bits), 321 bytes captured (2568 bits) on interface 0
  > Interface id: 0 (\Device\NPF_{1AC83973-5BBA-4E66-BCC8-0E39537AEB06})
    Encapsulation type: Ethernet (1)
    Arrival Time: Apr  2, 2019 06:32:34.546310000 대한민국 표준시
    [Time shift for this packet: 0.000000000 seconds]
    Epoch Time: 1554154354.546310000 seconds
    [Time delta from previous captured frame: 0.000249000 seconds]
    [Time delta from previous displayed frame: 0.000249000 seconds]
    [Time since reference or first frame: 7.688418000 seconds]
    Frame Number: 446
    Frame Length: 321 bytes (2568 bits)
    Capture Length: 321 bytes (2568 bits)
    [Frame is marked: True]
    [Frame is ignored: False]
    [Protocols in frame: eth:ethertype:ip:tcp:http]
    [Coloring Rule Name: HTTP]
    [Coloring Rule String: http || tcp.port == 80 || http2]
```

그림 4-28 패킷 상세 영역(Frame)

- **Interface id**: 패킷을 캡처한 인터페이스 번호이다.
- **Encapsulation type**: 패킷의 캡슐화 종류이다. Ethernet (1)은 Ethernet II 패킷으로 캡슐화되어 있음을 나타낸다.
- **Arrival Time**: 패킷을 캡처한 시간이다.
- **Epoch Time**: 유닉스 시각 형식의 시리얼 값이다.
- **Time since reference or first frame**: 최초 패킷을 캡처한 시점부터 현재 선택되어 있는 패킷을 캡처한 시점까지의 경과 시간을 초로 나타낸 것이다.
- **Frame Number**: 처음 캡처한 패킷의 번호를 1로 하여 그 뒤에 캡처한 패킷의 번호가 연번으로 나타난다.
- **Frame Length**: 패킷의 크기이다.
- **Capture Length**: 캡처했을 때의 프레임 크기로 단위는 바이트이다. 일반적으로 Frame Length와 동일한 값이다.
- **Protocols in frame**: 패킷에 포함되어 있는 헤더이다.
- **Coloring Rule Name**: 와이어샤크가 컬러링에 사용한 규칙 이름이다.
- **Coloring Rule String**: 와이어샤크가 컬러링에 사용한 규칙의 표시 필터이다.

위의 정보는 캡처했을 때의 정보를 바탕으로 와이어샤크가 생성한 것으로, 선택한 패킷에 따라 표시되지 않는 정보도 있다.

Ethernet II를 살펴보자. Ethernet II 부분의 > 기호를 클릭하면 Ethernet II에 관한 설명이

나타난다.

```
v Ethernet II, Src: AsustekC_28:31:75 (18:31:bf:28:31:75), Dst: Hfr_88:cd:49 (00:23:aa:88:cd:49)
  v Destination: Hfr_88:cd:49 (00:23:aa:88:cd:49)
      Address: Hfr_88:cd:49 (00:23:aa:88:cd:49)
      .... ..0. .... .... .... .... = LG bit: Globally unique address (factory default)
      .... ...0 .... .... .... .... = IG bit: Individual address (unicast)
  v Source: AsustekC_28:31:75 (18:31:bf:28:31:75)
      Address: AsustekC_28:31:75 (18:31:bf:28:31:75)
      .... ..0. .... .... .... .... = LG bit: Globally unique address (factory default)
      .... ...0 .... .... .... .... = IG bit: Individual address (unicast)
    Type: IPv4 (0x0800)
```

그림 4-29 패킷 상세 영역(Ethernet II)

- **Destination**: 수신지 NIC(LAN 카드)가 표시된다. LAN 카드를 지정하기 위해 LAN 카드마다 미리 부여되어 있는 MAC 주소를 사용한다. MAC 주소의 크기는 6바이트로, 앞의 3바이트는 LAN 카드를 만든 벤더명을 나타내는 번호이고, 뒤의 3바이트는 기기를 식별할 수 있는 유일한 번호이다. 앞의 3바이트로부터 벤더명을 변환할 수 있는 경우에는 제조사의 이름이 표시된다.
- **Source**: 송신지 LAN 카드가 MAC 주소로 표시되어 있다. 8비트 위치에(.... ...0) IG bit로 표시되어 있는 부분으로 멀티캐스트 통신인지 유니캐스트 통신인지 식별할 수 있으며, 0은 유니캐스트 통신을 나타낸다. 7비트 위치(.... ..0.)에 LG bit라고 되어 있는데, 이 부분을 통해 원래 부여된 주소와 다른 로컬 관리 주소인지 확인할 수 있다. 0 그리고 factory default는 LAN 카드의 MAC 주소가 공장 출하 시의 주소(원래 부여된 주소)를 사용하고 있음을 나타낸다.
- **Type**: 이더 타입으로 Ethernet II 뒤에 이어지는 헤더 형식을 지정한다. IPv4는 IP 헤더가 다음에 이어진다는 것을 의미한다.

실제로 Ethernet II에서는 와이어샤크가 캡처한 부분보다 앞에 프리앰블preamble이 있다. 프리앰블은 패킷의 타이밍을 동기화하기 위한 부분으로 8바이트이다. 프리앰블은 101010…으로 표시되고 마지막 1바이트는 10101011과 같은 형태이다. 와이어샤크에서 프리앰블 필드는 패킷을 캡처해도 나타나지 않지만 비동기 방식인 LAN에서는 타이밍을 맞추기 위해 필요한 필드이다.

Ethernet II 헤더 중에서 FCS도 패킷 캡처에는 나타나지 않는다. 4바이트인 FCS는 패킷의 내용에 오류가 있는지 확인하므로 FCS의 내용을 바탕으로 패킷의 내용이 깨지지 않았는지 확인할 수 있다. 패킷에 따라서는 최소 프레임 크기인 64바이트에 맞추기 위한 데이터로 패딩

부분이 표시되는 경우도 있다. 패딩으로 삽입되는 문자열은 운영체제나 기기에 따라 다르다.

다음 표에 Ethernet II 헤더의 내용을 정리했다.

표 4-4 Ethernet II 필드

Destination	수신지 LAN 카드(6바이트): 수신지 LAN 카드를 MAC 주소로 지정한다.
Source	송신지 LAN 카드(6바이트): 송신지 LAN 카드를 MAC 주소로 지정한다.
Type	이더 타입(2바이트): Ethernet II에 이어지는 패킷의 헤더 형식을 지정한다.

3 Ethernet II 덤프 분석

네트워크를 지나가는 패킷을 캡처하여 통신 내용을 파악하는 것을 덤프 분석이라고 한다. 패킷에 캡슐화되어 있는 각 프로토콜의 헤더 내용 중 필드 항목이나 데이터의 부호를 조사하여 네트워크의 내용을 이해할 수 있다. Ethernet II는 TCP/IP 모델의 네트워크 인터페이스 계층(OSI 참조 모델의 데이터 링크 계층) 프로토콜이다. TCP/IP 모델에서는 Ethernet II 프레임 형식(RFC 894)이 표준으로 사용되고 있다.

NOTE Ethernet II 프레임 형식은 DEC, 인텔, 제록스를 중심으로 정해졌기 때문에 DIX 규격이라고도 한다.

홈페이지에 접속할 때의 네트워크 흐름을 추적하면서 패킷에 포함된 프로토콜 내부에 대해 덤프 분석을 해보자. 웹 브라우저를 통해 원하는 웹 사이트에 접속한다. 필자는 http://kwmooc.kw.ac.kr/ko에 접속했다. 패킷 리스트 영역에서 프레임을 하나 선택한 후 패킷 상세 영역에 있는 Ethernet II를 클릭한다.

No.	Time	Source	Destination	Protocol	Length	Info
11082	12.902025	223.194.4.242	192.168.35.7	HTTP	908	HTTP/1.1 200 OK (text/html)
11084	12.903613	192.168.35.7	223.194.4.242	HTTP	735	GET /modules/system/system.base.css?plrh1o HTTP/1.1
11085	12.904071	192.168.35.7	223.194.4.242	HTTP	776	GET /sites/all/modules/bootstrap_modules/views_slidesh

```
v Ethernet II, Src: AsustekC_28:31:75 (18:31:bf:28:31:75), Dst: Hfr_88:cd:49 (00:23:aa:88:cd:49)
  > Destination: Hfr_88:cd:49 (00:23:aa:88:cd:49)
  > Source: AsustekC_28:31:75 (18:31:bf:28:31:75)
    Type: IPv4 (0x0800)
```

그림 4-30 패킷 리스트 영역, 패킷 상세 영역(Ethernet II)

Destination 필드에는 Ethernet II의 수신지를 나타내는 MAC 주소가 있다. 필자의 경우 수신지 MAC 주소가 00:23:aa:88:cd:49이다. 수신지 주소가 Broadcast인 경우도 있는데, 이는 LAN에 연결된 모든 수신지로 일제히 프레임을 전송한다는 것을 의미한다.

Destination 필드를 클릭하여 진하게 표시되면 패킷 데이터 영역을 확인해본다. 패킷 데이터 영역의 00 23 aa 88 cd 49 부분이 선택된 상태로 되어 있는데, 이를 통해 수신지 MAC 주소가 6바이트임을 확인할 수 있다.

그림 4-31 패킷 데이터 영역(Destination 필드)

패킷 상세 영역의 Source 필드를 살펴보자. 이 필드에는 송신지를 나타내는 MAC 주소가 지정되어 있다. 앞의 3바이트는 LAN 카드의 제조사명(AsustekC)이고 뒤의 3바이트는 LAN 카드별로 부여된 고유한 제조 번호(28:31:75)이며, 이 둘이 합쳐진 형태(AsustekC_28:31:75)로 표시된다. 그 뒤의 괄호 속 내용은 16진수 6바이트로 나타낸 실제 MAC 주소이다.

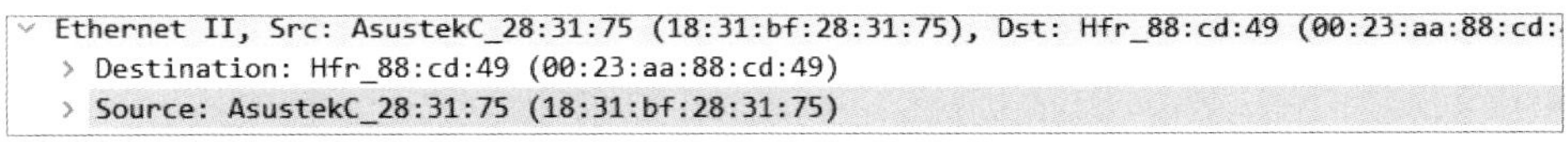

그림 4-32 패킷 상세 영역(Source 필드)

MAC 주소에는 OUI나 제조사별 ID 외에 특별한 의미를 가진 비트가 포함되어 있다. Ethernet II 헤더의 Destination 필드와 Source 필드를 펼쳐보자. MAC 주소의 여덟 번째 비트는 유니캐스트나 멀티캐스트를 나타내는 데 사용된다. 여덟 번째 비트가 1이면 멀티캐스트 또는 브로드캐스트 통신 방식을 의미하고, 0이면 일반적으로 유니캐스트 통신을 의미한다.

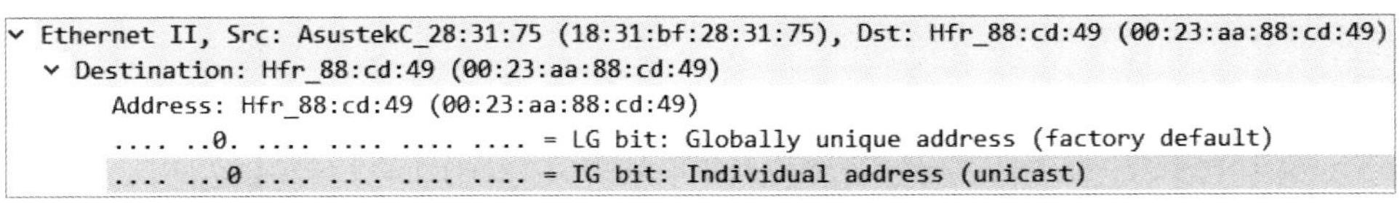

그림 4-33 Ethernet II 헤더(Destination 필드)

MAC 주소의 일곱 번째 비트는 MAC 주소의 종류를 나타내는 데 사용된다. 일곱 번째 비트가 1이면 LAN에서 네트워크 관리자가 교체한 관리 MAC 주소이며, 원칙적으로는 MAC 주소를 변경할 수 없다. 일곱 번째 비트가 0이면 일반적으로 MAC 주소가 공장 출하 시에 부여된 단 하나의 주소임을 의미한다.

패킷 상세 영역의 Type 필드를 살펴보자. 여기서 필드는 Ethernet II 헤더 다음에 이어질 캡슐화 형식을 2바이트로 지정하는 부분으로 이더 타입 필드라고도 한다. 주요 이더 타입 값과 캡슐화된 프로토콜의 대응 관계는 다음 표와 같다.

표 4-5 이더 타입

이더 타입 값	프로토콜
0x0800	IPv4
0x86dd	IPv6
0x0806	ARP
0x809b	Apple Talk
0x80d5	IBM SNA Service on Ether

필자의 경우 이더 타입 값이 0x0800이고 IPv4가 지정되어 있다. 이더 타입 값을 변경함으로써 Ethernet II는 다양한 패킷을 캡슐화할 수 있다. 이더 타입 필드의 값과 의미는 인터넷에서 사용하는 다양한 주소나 이름의 표준화를 수행하는 기관인 IANAInternet Assigned Numbers Authority가 결정한다.

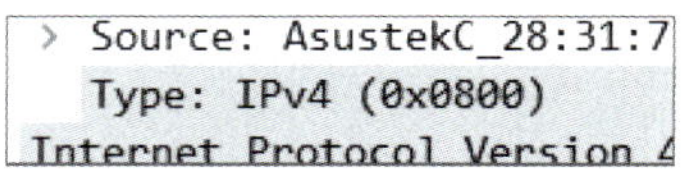

그림 4-34 패킷 상세 영역(Type 필드)

요약

01 1978년 국제표준화기구는 서로 다른 컴퓨터가 네트워크 구조에 상관없이(개방형) 통신할 수 있도록 국제 표준인 OSI 모델을 만들었다.

02 OSI 참조 모델은 서로 연관된 7개 계층으로 구성되었으며, 각 계층에는 네트워크를 이용하여 데이터를 전송하는 일련의 과정이 규정되어 있다.

03 OSI 참조 모델에서 각 계층은 상위 계층의 요구에 따라 서비스를 제공하고, 하위 계층은 필요한 서비스를 요구할 수 있다.

04 OSI 참조 모델의 물리 계층, 데이터 링크 계층, 네트워크 계층은 하나의 시스템에서 다른 시스템으로 전송되는 데이터의 물리적인 면(전기적 규격, 물리 주소, 전송 시간 등)과 패킷 전달 등을 처리하는 부분이다.

05 OSI 참조 모델에서는 데이터가 응용 계층에서 하위 계층으로 순차적으로 전송되며, 물리 계층과 응용 계층을 제외한 나머지 계층에서는 데이터의 시작과 끝부분에 헤더나 트레일러 형태로 정보를 추가한다.

06 송신 측 시스템에서 수신 측 시스템으로 데이터를 전송하는 도중에 많은 중간 노드를 거치지만, 실제 네트워크 프로토콜은 OSI 참조 모델의 7계층을 모두 사용하지 않고 물리 계층, 데이터 링크 계층, 네트워크 계층만 사용한다.

07 물리 계층은 두 시스템 간에 데이터를 전송하기 위해 링크를 활성화하고 관리하는 전기적·기계적·기능적·절차적 특성 등을 정의한다.

08 데이터 링크 계층은 시스템 간에 오류 없이 데이터를 전송하기 위해 네트워크 계층으로부터 받은 데이터 단위(패킷)를 프레임으로 구성하여 물리 계층으로 전송한다.

09 데이터 링크 계층은 네트워크 접속 장치 간에 신호를 주고받는 규칙을 정하는 계층으로, 가장 일반적으로 사용되는 규칙은 이더넷이다.

10 스위치는 데이터를 동시에 송수신할 수 있는 전이중 통신 방식으로, 충돌이 발생하지 않고 충돌 도메인의 범위도 좁다.

11 MAC 주소가 등록되어 있으면 수신지 컴퓨터에만 데이터가 전송되는데, 이처럼 MAC 주소를 기준으로 수신지를 선택하는 것을 MAC 주소 필터링이라고 한다.

12 와이어샤크는 인터넷이나 LAN 프로토콜을 기반으로 패킷의 덤프(패킷 데이터 영역)로부터 해당 패킷의 의미를 분석하여 패킷 상세 영역을 통해 보여준다.

연습문제

01 (   ) 모델은 컴퓨터 네트워크의 기능을 어떻게 구성해야 하는지 보여준다.

02 OSI 참조 모델은 (   ) 계층으로 구성되어 있다.

03 하위 계층에서 상위 계층으로 패킷이 이동함에 따라 헤더는 (   )된다.

04 국제표준화기구와 OSI 참조 모델은 어떤 관련이 있는지 설명하시오.

05 OSI 7계층이 무엇이고, 왜 필요한지 설명하시오.

06 OSI 7계층에서 신뢰성 있는 데이터 전송을 보장하는 계층은 무엇인가?

07 OSI 7계층에서 네트워크의 전기적 명세와 관련이 있는 계층은 무엇인가?

08 Ethernet II 헤더의 필드에 대해 설명하시오.

09 MAC 주소 필터링에 대해 설명하시오.

10 스위치의 특징을 설명하시오.

01 OSI 참조 모델의 계층으로 잘못된 것은?

① 물리 계층 ② 데이터 링크 계층
③ 전송 계층 ④ 분석 계층

02 OSI 참조 모델의 데이터 전송에 대한 설명으로 잘못된 것은?

① 각 계층은 헤더와 데이터 단위로 정의되는데, 헤더에는 각 계층의 기능과 관련된 정보가 포함된다.
② 송신 측이 헤더를 생성하여 추가하면 수신 측에서 해당 계층이 이 헤더를 사용한다.
③ 데이터 단위는 상위 계층에서 전송을 원하는 데이터인 SDU에 제어 정보인 PCI를 추가한 것으로, 제어 정보에는 흐름 제어 정보, 오류 제어 정보, 주소 정보 등이 포함된다.
④ 상위 계층이나 하위 계층 사이에 주고받는 것을 프로토콜 데이터 단위(PDU)라고 한다.

03 물리 계층에 대한 설명으로 잘못된 것은?

① 물리 계층은 물리적 매체를 통해 비트 흐름을 전송하는 데 필요한 기능을 조정한다.
② 네트워크의 두 노드를 물리적으로 연결해주는 신호 방식 등을 다룬다.
③ 데이터 링크 계층에서 한 단위의 데이터를 받고 통신 링크를 따라 전송할 수 있는 형태로 변환한다.
④ 송신 측의 물리 계층은 데이터 링크 계층에서 전기 신호를 받아 0과 1로 구성된 비트열의 데이터로 변환한 후 전송 매체를 통해 수신 측에 보낸다.

04 데이터 링크 계층에 대한 설명으로 잘못된 것은?

① 물리적 링크를 이용하여 신뢰성 있는 데이터를 전송하는 계층이다.
② 네트워크를 통해 데이터를 전송할 때 전송로 역할을 한다.
③ 물리 계층에서 발생할 수 있는 오류를 검출하고 복구하는 오류 제어 기능, 동기화, 흐름 제어 등을 담당한다.
④ 응용 계층에서 데이터 단위를 받아 주소와 제어 정보 같은 의미 있는 비트를 시작 부분(이더넷 헤더)과 끝부분(트레일러)에 추가한다.

05 IPv4에 해당하는 이더넷 유형 번호로 올바른 것은?

① 0800 ② 0806 ③ 8035 ④ 814C

06 스위치에 대한 설명으로 잘못된 것은?

① 허브와 달리 데이터 충돌이 발생하지 않는다.
② 회선 하나를 송신과 수신이 번갈아가면서 사용하는 반이중 통신 방식이다.
③ 스위치는 데이터 링크 계층에서 동작하고 스위칭 허브 또는 레이어2 스위치라고 부른다.
④ 스위치는 충돌 도메인의 범위가 좁다.

07 와이어샤크로 패킷을 분석할 때 패킷의 크기를 나타내는 Ethernet II 헤더의 필드로 올바른 것은?

① Epoch Time
② Frame Number
③ Frame Length
④ Time since reference or first frame

SELF-CHECK

01 웹 페이지를 보고 있을 때 지나가는 패킷을 캡처하여 어떤 헤더와 필드가 포함되어 있는지 확인해본다. 와이어샤크를 실행하고 자주 이용하는 웹 페이지에 접속한 후 패킷 중에서 Info 열에 GET / HTTP/1.1로 표시되어 있는 패킷을 분석한다.

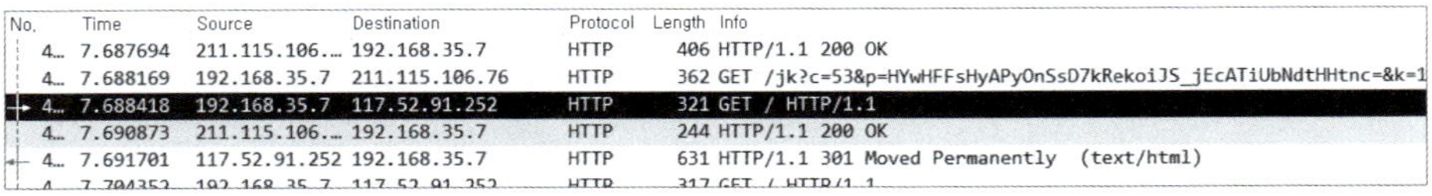

02 Ethernet II 덤프 분석을 수행해본다. 패킷 리스트 영역에서 프레임을 하나 선택한 후 패킷 상세 영역에 있는 Ethernet II를 클릭한다.

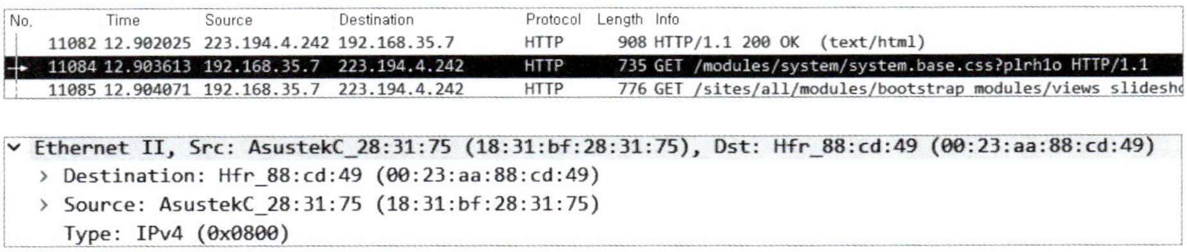

CHAPTER 05

네트워크 계층(IP)

학습목표

- 프로토콜을 이해한다.
- 네트워크 계층을 이해한다.
- IP의 기본 개념과 체계를 이해한다.
- 라우터를 이해한다.
- 네트워크 계층 프로토콜을 이해한다.
- 와이어샤크를 통해 패킷을 분석한다.

01 프로토콜의 이해

프로토콜은 서로 다른 시스템에 있는 개체 간에 성공적으로 데이터를 전송하는 통신 규약을 말한다. 개체에는 데이터베이스 관리 시스템, 전자우편 시스템, 사용자 프로그램 등이 포함되며, 시스템은 하나 이상의 개체를 보유한 컴퓨터를 의미한다. 프로토콜은 계층적 구조로 정의되고 각 계층의 역할을 구분한다. 이는 편지 배달 과정을 편지를 써서 우체통에 넣는 단계, 편지를 수거하는 단계, 편지를 지역별로 구분하는 단계, 지역별로 차량에 싣는 단계 등으로 세분하는 것에 비유할 수 있다.

이러한 세분화 과정을 각 사용자가 통신하는 하드웨어와 소프트웨어에 임의로 적용한다면 매우 비효율적일 것이다. 따라서 사용자에게 유용한 네트워크 기능을 단계별로 세분하여 모듈화함으로써 공통으로 사용할 수 있게 하는 표준화의 필요성이 제기되었다. 프로토콜은 시스템 간의 통신과 관련된 복잡한 상호 작용을 세분하여 계층화한 것이기 때문에 이해하기 쉽고, 각 계층 간 표준 인터페이스가 정의되어 있어 이 표준만 따르면 다른 업체의 시스템과도 호환이 가능하다.

네트워크를 처음 공부할 때 자주 접하는 용어 중 하나가 바로 프로토콜이다. 인터넷을 이용한다면 기본적으로 두 가지 이상의 프로토콜을 사용하고 있는 셈이다. 인터넷의 기본 프로토콜인 TCP/IP와 원하는 웹 사이트의 웹 페이지를 볼 수 있는 HTTP가 그것이다. 인터넷으로 이메일을 주고받으려면 SMTP, POP3 등의 프로토콜을 사용해야 하고, 인터넷으로 데이터나 파일을 업로드 또는 다운로드하려면 FTP 등의 프로토콜을 사용해야 한다.

프로토콜은 두 나라 간의 의정서 또는 의례에서 유래된 용어로, 네트워크에서 통신하려는 두 시스템 간에 무엇을, 언제, 어떻게 통신할 것인지 미리 정해놓은 약속이다. 시스템의 차이로 인해 통신이 되지 않는 문제가 발생할 수 있기 때문에 서로 다른 시스템 간의 통신에는 일련의 표준이 필요한데 이러한 규약이 바로 프로토콜이다.

예를 들어 각기 다른 언어를 사용하는 나라의 사람들이 의사소통을 하는 경우를 생각해보자. 언어의 차이 때문에 의사소통에 어려움을 겪을 것이 뻔한데, 이럴 때 영어와 같은 국제 공용어를 지정한다면 문제를 해결할 수 있을 것이다. 이와 마찬가지로 컴퓨터 두 대가 데이터를 송수신할 때는 누가 먼저 데이터를 보낼 것인지, 오류 제어와 오류 수정은 어떤 방법으로 할 것인지, 데이터 블록의 형태는 어떻게 할 것인지 등을 미리 정의해야 한다.

❶ 오류 없이 정보가 수신되면 확인 응답(ACK) 신호를 보낸다.
❷ 오류가 있으면 부정 응답(NAK) 신호를 보낸다.
❸ 부정 응답 신호를 받으면 이전에 보내온 정보를 다시 전송한다.
❹ 만약 10회 이상 오류가 발생하면 통신을 중단한다.

그림 5-1 프로토콜의 예

다시 말해 프로토콜은 네트워크에 연결된 컴퓨터끼리 데이터를 주고받을 수 있도록 미리 약속한 전송 규약(규칙)이다. 컴퓨터 운영체제에서 네트워크의 기능이 제대로 구현된 것은 윈도우 95부터라고 볼 수 있다. 당시 불기 시작한 인터넷 열풍은 윈도우 95가 인터넷 표준 프로토콜인 TCP/IP를 제대로 지원했기 때문이라고 해도 과언이 아닐 정도로 네트워크 환경 지원은 운영체제에서 아주 중요한 부분이다. 그러므로 이 장에서는 대표적인 인터넷 표준 프로토콜인 TCP/IP 및 TCP/IP 모델의 두 번째 층인 네트워크 계층을 자세히 살펴보자.

02 인터넷 표준 프로토콜

우리가 사용하는 인터넷에는 수많은 네트워크가 연결되어 있다. 나라마다 사용하는 언어와 규칙이 다르듯이 인터넷에 연결된 네트워크의 종류와 사용하는 프로토콜 또한 매우 다양하다. 이러한 네트워크는 서로 다른 기종의 컴퓨터로 구성되어 있어 네트워크 간에 공통으로 사용할 수 있는 프로토콜의 필요성이 대두되었다. 이에 따라 인터넷에서 컴퓨터 간의 통신이 가능하도록 표준화하여 채택한 통신 규약이 바로 TCP/IP이다.

네트워크와 네트워크를 연결하는 데 사용하는 프로토콜인 TCP/IP는 '전송 제어 프로토콜Transmission Control Protocol, TCP'과 '인터넷 프로토콜Internet Protocol, IP'을 의미한다. 인터넷에서 사용하는 응용 프로그램은 대부분 TCP/IP를 이용하여 데이터를 교환한다.

일반적으로 TCP/IP는 TCP와 IP뿐만 아니라 FTPFile Transfer Protocol(파일 전송), 텔넷telnet(원격 로그인), SMTPSimple Mail Transfer Protocol(이메일) 등 상위 응용 계층의 프로토콜도 포함된 개념이다. 즉 TCP/IP는 인터넷에 접속하는 프로토콜 중에서 가장 중요한 기능을 하는 TCP와 IP 또는 여러 프로토콜의 집합을 말한다. TCP/IP를 지원하는 네트워크에 연결된 컴퓨터는 TCP/IP를 지원하는 소프트웨어만 있으면 아무런 문제 없이 다른 기종의 컴퓨터와 통신할 수 있다.

인터넷에 연결된 컴퓨터를 호스트라고 하며, 호스트는 데이터를 패킷이라는 단위로 분할하여 전송한다. 아주 긴 데이터를 전송하는 경우, TCP/IP는 데이터를 여러 개의 패킷으로 분할하여 각 패킷에 데이터의 내용뿐만 아니라 패킷의 일련번호와 수신 측의 주소 등 다양한 정보를 추가하여 전송한다.

IP는 패킷으로 변환된 데이터를 네트워크를 통해 멀리 떨어진 호스트에 보내며, TCP는 전송된 패킷에 오류가 발생하면 재전송을 요청하고 재전송된 패킷에 오류가 없으면 원래의 데이터로 재결합한다. 즉 TCP는 데이터의 흐름을 제어하거나 데이터가 정확한지 검사하는 것이고, IP는 데이터 패킷을 전송하는 것이다. 이처럼 TCP/IP는 인터넷의 두 호스트 간 데이터 흐름의 정확성을 보장하는 프로토콜이다.

OSI 참조 모델 7계층은 네트워크를 세분하여 표준으로 정했지만 TCP/IP 등 실제 프로토콜은 이보다 더 간단한 구조로 되어 있다. 4장에서는 TCP/IP 모델의 네트워크 접속 계층을 살펴보았는데 이번 장에서는 TCP/IP 모델의 네트워크 계층에 해당하는 프로토콜을 중심으로 살펴보자.

1 TCP/IP 프로토콜의 구조

TCP/IP 프로토콜은 네트워크 접속 계층, 네트워크 계층, 전송 계층, 응용 계층으로 구분된다. TCP/IP 계층 구조의 특정 계층에서 실행되는 프로토콜은 상위 계층에서 실행되는 프로세스가 된다. 예를 들어 네트워크 계층에서 실행되는 프로토콜은 전송 계층에서 실행되는 프로세스이고, 전송 계층에서 실행되는 프로토콜은 응용 계층에서 실행되는 프로세스이며, 응용 계층에서 실행되는 프로토콜은 사용자나 응용 프로그램이다. 다음 그림은 OSI 참조 모델의 7계층에 대응되는 TCP/IP 프로토콜의 계층을 보여준다.

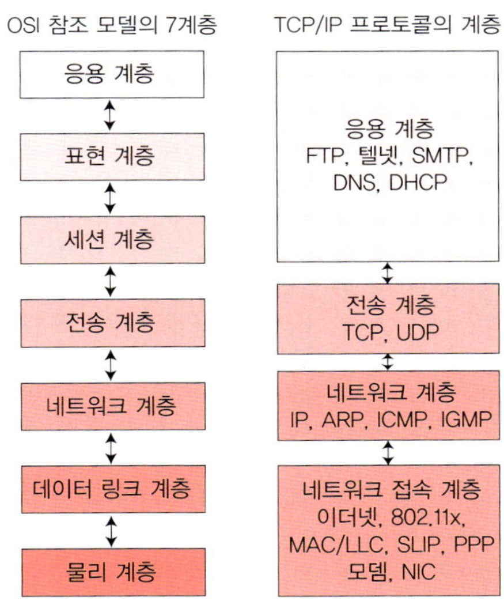

그림 5-2 OSI 참조 모델의 7계층과 TCP/IP 프로토콜의 계층

■ 네트워크 접속 계층

TCP/IP의 경우 하위 계층인 물리 계층과 데이터 링크 계층을 특별히 정의하지 않았으며, 단지 모든 표준 및 임의 네트워크를 지원할 수 있도록 하고 있다. 네트워크 접속 계층은 운영체제의 네트워크 카드와 디바이스 드라이버 등 하드웨어적인 요소와 관련된 모든

것을 지원하는 계층이다. 데이터 링크 계층의 역할을 하는 TCP/IP 프로토콜에는 이더넷, 802.11x, MAC/LLC, SLIP, PPP 등이 있다.

네트워크 접속 계층의 송신 측 컴퓨터에서는 상위 계층으로부터 전달받은 패킷에 물리 주소인 MAC 주소 정보가 있는 헤더를 추가해서 프레임을 만들어 하위 계층인 물리 계층에 전달한다. 수신 측 컴퓨터는 데이터 링크 계층에서 추가한 헤더를 제거하고 상위 계층인 네트워크 계층에 전달한다. 이때 프레임의 크기는 네트워크 토폴로지가 결정한다.

■ **네트워크 계층**

네트워크 계층은 인터넷 계층이라고도 하며, 네트워크의 패킷 전송을 제어한다. 네트워크 계층 프로토콜은 IP, ARP, ICMP, IGMP이다.

TCP/IP에서 가장 중요한 프로토콜 중 하나인 IP는 네트워크의 주소 체계를 관리하고, 데이터그램을 정의하며, 전송에 필요한 경로를 결정한다. 네트워크 계층의 역할은 데이터그램을 정확한 수신지로 전송하는 것이며, 여기서 데이터그램은 IP 프로토콜에서 다루는 패킷 데이터를 말한다. 데이터그램에 있는 정보는 송신지 주소와 수신지 주소, 보내는 데이터, 몇 가지 제어 필드 등이다.

네트워크 계층의 송신 측 컴퓨터에서는 상위 계층으로부터 전달받은 패킷에 논리 주소인 IP 주소를 포함한 헤더를 추가하여 하위 계층인 네트워크 접속 계층에 전달한다. 또한 수신 측 컴퓨터에서는 하위 계층으로부터 전달받은 프레임의 헤더 정보를 확인한 후 송신 측 컴퓨터의 네트워크 계층에서 추가한 헤더를 제거하고 상위 계층인 전송 계층에 전달한다.

그림 5-3 네트워크 계층의 패킷 정보(송신 측)

■ 전송 계층

상위 계층에서 볼 때 전송 계층은 호스트 간의 데이터 전송을 담당하는 계층으로, TCP와 UDP 프로토콜을 사용한다. 전송 계층의 역할은 네트워크 양단의 송수신 호스트 간에 신뢰성 있는 전송 기능을 제공하는 것이며, OSI 참조 모델의 세션 계층 일부와 전송 계층이 이에 해당한다.

TCP/IP에는 시스템의 논리 주소와 포트가 있어 각 상위 계층의 프로세스를 연결하여 통신한다. TCP는 전송되는 패킷에 오류와 중복이 없게 하고, 보낸 순서대로 상대편이 받을 수 있도록 신뢰성 있는 데이터 전송을 보장하는 프로토콜이다. 신뢰성이 있는 만큼 헤더의 오류 코드에 대응할 수 있는 각종 정보가 들어 있다.

전송 계층의 송신 측 컴퓨터에서는 상위 계층으로부터 전달받은 데이터를 효율적으로 전송하기 위해 패킷 단위로 분할한다. 또한 수신 측 컴퓨터에서는 하위 계층으로부터 전달받은 패킷을 원래의 데이터로 재결합한다. 수신 측 컴퓨터의 동작은 다음과 같다.

- 송신 측 컴퓨터에서 패킷을 생성할 때 TCP를 이용하면 해당 패킷에 TCP 헤더 정보가 포함되고, UDP를 이용하면 해당 패킷에 UDP 헤더 정보가 포함된다.
- 수신 측 컴퓨터는 전송받은 패킷의 헤더 정보를 통해 TCP를 이용하여 만든 패킷인지, 아니면 UDP를 이용하여 만든 패킷인지 알아낸다. 그리고 TCP 패킷이면 TCP 프로토콜을 사용하여 재결합하고, UDP 패킷이면 UDP 프로토콜을 사용하여 재결합한다.

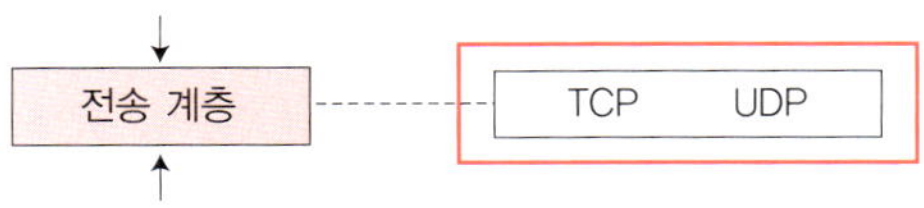

그림 5-4 전송 계층 프로토콜

TCP는 패킷을 정확히 전송하기 위해 패킷 헤더 부분에 일련번호 등의 추가 정보를 포함하지만, UDP는 정확한 패킷 전송을 보장하지 않기 때문에 패킷 헤더 부분에 추가 정보가 없다. TCP는 전송되지 않은 패킷이 있으면 재전송하기 때문에 원본 데이터와 일치하는 데이터를 재결합할 수 있다. 또한 전송된 패킷의 도착 순서가 바뀌어도 패킷의 일련번호를 이용하여 원본과 일치하는 데이터를 재결합할 수 있다.

한편 UDP는 전송되지 않은 패킷이 있어도 이를 무시하고 패킷이 도착하는 순서대로 데이터를 재결합하기 때문에 원본과 일치하는 데이터의 재결합을 보장하지 않는다. 하지만 정확한 데이터 전송보다는 빠른 전송이 필요한 멀티미디어 통신에서는 UDP가 TCP보다 더 유용하다. 최근 인터넷을 이용한 멀티미디어 통신이 활성화되면서 UDP의 활용도가 커지고 있다.

■ 응용 계층

TCP/IP 프로토콜의 범위에는 응용 계층의 프로토콜까지 포함되며, 이러한 프로토콜은 FTP(파일 전송), SMTP(이메일), SNMPSimple Network Management Protocol(네트워크 관리) 등이다. TCP/IP 프로토콜을 이용한 응용 프로그램 중에서 우리가 직접 사용하는 인터넷 메일 프로그램(아웃룩 익스프레스)이나 웹 브라우저(인터넷 익스플로러) 등을 응용 계층으로 분류할 수 있다. TCP/IP 프로토콜을 지원하려면 서버 컴퓨터에 프로토콜을 서버 형태로 서비스하는 '데몬Damon'이라는 프로그램이 있어야 한다. 또한 서버 프로그램과 연동하여 작업을 수행하는 원격지의 프로그램을 클라이언트라고 하며, 하나의 서비스를 제공하려면 클라이언트의 요청을 처리하는 서버 프로그램, 즉 데몬이 필요한데, 이러한 관계를 보통 '클라이언트/서버 시스템'이라고 한다.

2 TCP/IP 주소의 구조

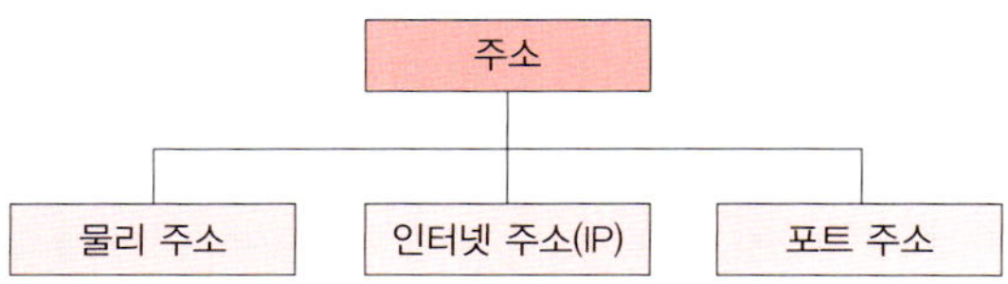

그림 5-5 TCP/IP에서 사용하는 주소

■ 물리 주소

물리 주소(MAC 주소)는 링크 주소 또는 통신망에서 정의된 노드의 주소, 이더넷 네트워크 인터페이스 카드(NIC) 6바이트(48비트) 주소 등을 말한다. MAC 주소는 이더넷에서 각 호스트를 구별하기 위해 모든 이더넷 카드에 개별적으로 부여하는 고유한 식별 번호로, 회사에서 제품을 제작할 때 할당하기 때문에 임의로 지정할 수 없다. 윈도우 운영체제를 사용하는 컴퓨터에서는 ipconfig/all 명령어로 MAC 주소를 확인할 수 있다.

물리 주소는 네트워크 접속 계층의 논리적 구성 단위인 프레임에서 사용된다. 이더넷은 6바이트(48비트) 물리 주소를 사용하며, FDDI나 토큰링처럼 다른 주소 형태를 사용하는 것도 있다.

■ 인터넷 주소

인터넷에서는 물리 주소와는 별도로 호스트를 식별할 수 있는 유일한 주소를 지정해야 한다. 현재 인터넷에 연결된 호스트를 유일하게 식별할 수 있는 32비트 주소 체계를 인터넷 주소로 사용하며, 주민등록번호나 학번처럼 IP 주소를 중복해서 사용할 수 없다.

163.152.19.114
163.152.18.73

그림 5-6 인터넷 주소의 예

■ 포트 주소

인터넷 통신의 최종 목적은 한 프로세스가 다른 프로세스와 통신할 수 있게 하는 것이다. A 컴퓨터에서 FTP를 이용하여 B 컴퓨터의 파일을 다운로드하면서 텔넷을 이용하여 C 컴퓨터에도 접속해서 통신하는 경우, 동시에 발생하는 프로세스를 처리하려면 각 프로세스를 식별하는 방법이 필요하다. 즉 프로세스 식별 주소가 있어야 한다. TCP/IP 구조에서는 포트 주소를 사용하여 이를 식별하며, TCP/IP 포트 주소의 길이는 16비트이다.

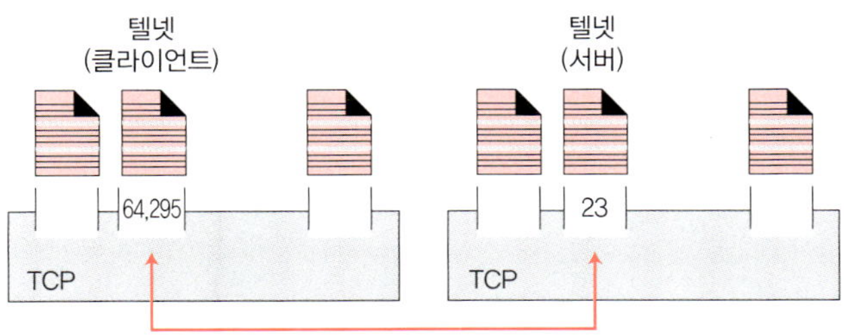

그림 5-7 포트 주소

또한 TCP 메시지의 헤더에는 오류 검사 기능을 담당하는 순서 번호, 확인 응답 번호 등의 필드와 송수신 포트 번호의 정보가 들어 있다. 포트 번호는 해당 호스트에서 접근하려는 서비스를 말한다. 친구에게 전화를 걸어 통화하는 경우에 비유하자면 송수신자의 전화번호는 IP 주소에, 전화를 거는 사람과 받는 사람은 포트 번호에 해당한다.

인터넷에 흩어져 있는 호스트와 통신하려면 해당 호스트에 접속하는 IP 주소와 함께 이용하려는 서비스에 접근하는 포트 번호도 알아야 한다. 따라서 TCP는 송신한 데이터가 수신지에 정확하게 도착했는지 확인하는 역할을 한다고 볼 수 있다.

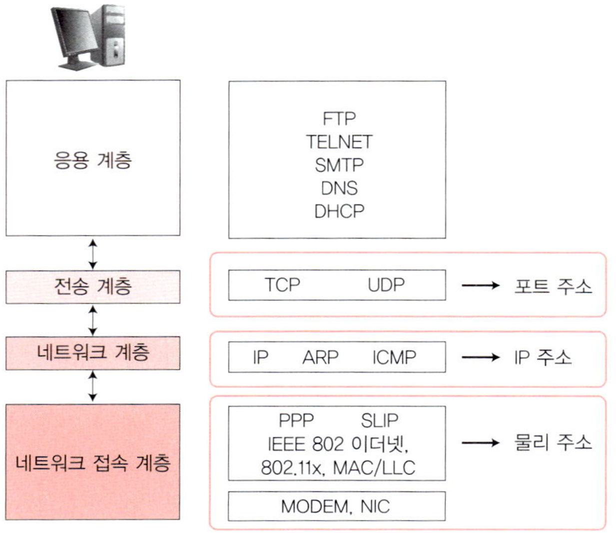

그림 5-8 계층과 주소의 관계

03 네트워크 계층

1 네트워크 계층의 필요성

전 세계의 컴퓨터는 수많은 네트워크로 연결되어 있고 네트워크는 서로 연결되어 거대한 인터넷을 형성한다. 4장에서 설명했듯이 다른 네트워크에 있는 수신지로 데이터를 전송하려면 네트워크 계층의 기술이 필요하다.

데이터 링크 계층은 이더넷 규칙을 기반으로 데이터의 전송을 담당하며, 이 규칙에 따라 같은 네트워크에 있는 컴퓨터에는 데이터를 전송할 수 있지만 다른 네트워크나 인터넷으로는 데이터를 전송할 수 없다. 즉 수많은 네트워크가 연결된 환경에서는 데이터 링크 계층의 기능만으로는 다른 네트워크로 데이터를 전송하기 어렵다. 이때 서로 다른 네트워크 간의 통신을 가능하게 하는 것이 네트워크 계층이고, 네트워크 계층을 통해 다른 네트워크로 데이터를 전송하려면 라우터라는 네트워크 접속 장치가 필요하다.

쉽게 말해 집에서 인터넷을 사용하기 위해 설치하는 인터넷 공유기가 바로 라우터이다. 인터넷 공유기는 가정용이나 소규모 기업용으로 만든 라우터로 브로드밴드 라우터라고도 부른다. 집에 인터넷 공유기를 설치하면 인터넷에 연결되어 해외에 있는 친구에게도 데이터를 전송할 수 있다. 다시 말해 라우터는 데이터를 전송할 수신지가 정해지면 수신지 컴퓨터까지 어떤 경로가 최적인지 알려주는 기능을 한다.

네트워크를 통해 데이터를 전송하려면 수신지 주소를 반드시 알아야 한다. LAN에서는 MAC 주소만으로도 통신이 가능하지만 다른 네트워크에는 데이터를 전송할 수 없다. 따라서 MAC 주소가 아닌, 네트워크를 식별할 수 있는 주소가 필요한데 이를 IP 주소라고 한다. [그림 5-9]에서 보듯이 IP 주소는 어떤 네트워크의 어떤 컴퓨터인지 구분할 수 있게 해주는 인터넷 주소이다.

IP 주소가 있으면 다른 네트워크에 있는 수신지 컴퓨터를 지정할 수 있다. IP 주소로 수신지 컴퓨터를 지정할 뿐만 아니라 데이터를 어떤 경로로 전송할지도 결정해야 하는데, 이처럼 수신지 컴퓨터의 IP 주소까지 어떤 경로로 데이터를 전송할지 결정하는 것을 라우팅이라고 한

그림 5-9 IP 주소

다. 라우팅은 라우터가 수행하며, 라우터를 사용하여 거리에 상관없이 다른 네트워크에 데이터를 전송할 수 있다. 또한 라우터는 라우팅 테이블을 통해 경로 정보를 등록하고 관리한다.

데이터를 다른 네트워크의 수신지 컴퓨터로 전송하려면 라우터가 필요하다고 했지만 실제로 이것은 IP가 있어서 가능한 일이다. 네트워크 계층에서 IP 프로토콜을 사용하여 캡슐화할 때 데이터에 IP 헤더가 추가되는데 이를 IP 패킷이라고 한다. 데이터 링크 계층에서는 프레임이라는 용어를 사용하지만 네트워크 계층에서는 IP 패킷이라는 용어를 사용하는 것처럼 각 계층에 따라 사용하는 용어가 다르다.

2 네트워크 계층의 역할

네트워크 계층은 데이터 전송과 경로 선택 기능을 제공하고, 라우팅 프로토콜을 사용하여 최적의 경로를 선택한다. 데이터를 전송할 수신 측의 주소를 찾고 수신된 데이터의 주소를 확인하여 자신의 것이면 전송 계층으로 전송한다.

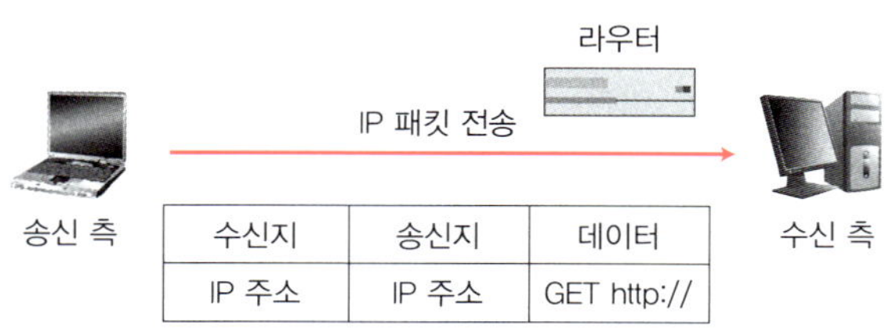

그림 5-10 네트워크 계층의 예

OSI 참조 모델 7계층의 세 번째 계층인 네트워크 계층은 패킷을 송신 측에서 수신 측으로 전송한다. 즉 전송 개체 사이에 안정적으로 전송할 수 있도록 서비스를 제공한다.

데이터 링크 계층은 인접한 두 노드 사이의 전송을 담당하는 반면, 네트워크 계층은 각 패킷이 송신지에서 최종 수신지까지 정확하게 전송되도록 경로를 책임진다. 네트워크 계층에서는 논리 주소인 IP 주소를 헤더에 포함하여 전송하기 때문에 송신지에서 수신지까지 주소가 바뀌지 않고 유지된다. 또한 네트워크 계층은 스위칭과 라우팅 관련 서비스를 제공한다.

스위칭은 데이터를 전송하기 위해 물리 링크를 임시로 연결하여 더 긴 링크를 만드는 것을 말한다. 스위치 연결의 대표적인 예로 전화를 들 수 있다. 통화 중에는 두 회선이 연결되어 단일 전용 링크가 되고, 수신지까지 같은 경로를 사용하여 패킷을 보낸다.

송신지에서 수신지로 패킷을 보낼 때 단일 또는 복수의 경로가 생길 수 있는데, 라우팅은 복수의 경로일 때 최적의 경로를 찾는 것을 말한다. 집에서 학교에 가는 길을 비유하면, 학교에 가는 방법이 한 가지뿐인 학생도 있고 버스, 지하철, 도보 등 여러 가지 방법으로 학교에 갈 수 있는 학생도 있겠지만 각 학생은 가장 빠른 경로를 선택할 것이다. 이와 마찬가지로 각 패킷은 수신지까지 서로 다른 경로를 거쳐 전송되어 원래 순서대로 재결합된다.

라우팅과 스위칭은 데이터와 함께 송신지 및 수신지 주소를 포함한 헤더를 추가한다. 이 주소는 데이터 링크 계층의 헤더에 포함된 물리 주소와 다르다. 데이터 링크 계층의 주소는 한 노드에서 다음 노드로 프레임이 이동함에 따라 변경되는 현재와 다음 노드의 물리 주소일 뿐이지만 네트워크 계층의 주소는 송신지와 최종 수신지의 주소로 전송 도중 바뀌지 않는다. [그림 5-11]은 네트워크 계층에서 논리 주소가 포함된 헤더를 추가하는 것을 보여준다.

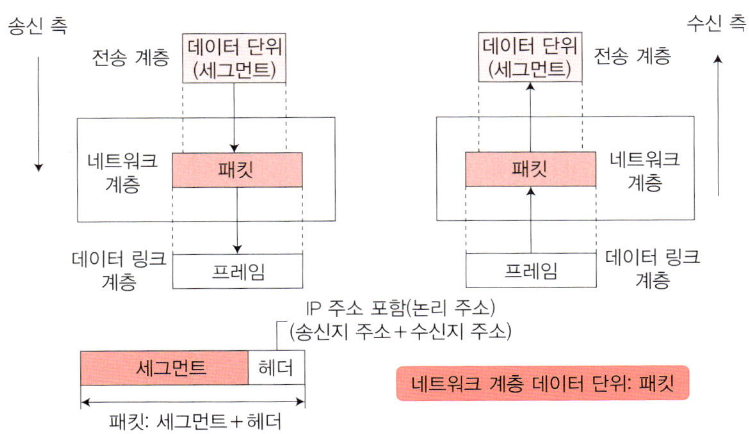

그림 5-11 네트워크 계층의 데이터 단위

네트워크 계층의 기능을 정리하면 다음과 같다.

- **논리 주소 지정**: 송신지와 수신지 주소를 헤더에 포함한다.
- **라우팅**: 다양한 경로 중 패킷의 경로를 설정한다.
- **주소 변환**: 대응하는 물리 주소를 찾기 위해 논리 주소를 해석한다.
- **다중화**: 하나의 물리적 회선만 사용하여 많은 장치에 데이터를 동시에 전송한다.
- **패킷 순서 제어**: 도착하는 패킷의 순서를 바로잡아 상위 계층의 메시지를 재구성하는 데 사용한다.

표 5-1 네트워크 계층의 예와 주요 기능

계층	네트워크 장비	예	프로토콜	주요 기능
네트워크 계층 (3계층)	라우터, L3 스위치	주소 지정, 단편화, 라우팅	IP, ICMP, IGMP	다중 네트워크 링크에서 패킷을 송신지에서 수신지로 전달

04 IPv4

집 주소가 있어야 우편 서비스를 이용할 수 있듯이 네트워크에 접속된 각 컴퓨터에도 고유한 식별 번호가 있어야 정확하게 데이터를 송수신할 수 있다. 따라서 인터넷에 연결된 모든 컴퓨터에는 고유 주소가 부여되는데 이것이 IP 주소이다.

IP 버전은 IPv4와 IPv6가 있다. 현재 주로 사용하는 IP 주소 체계인 IPv4 Internet Protocol version 4는 32비트의 IP 주소로 2^{32}(약 43억)개의 컴퓨터에 할당할 수 있다.

1 공인 IP 주소와 사설 IP 주소

IP 주소는 공인 IP 주소와 사설 IP 주소로 구분되며 공인 IP 주소는 ISP가 제공한다. IPv4는 주소가 고갈되었기 때문에 인터넷에 직접 연결되는 컴퓨터나 라우터에는 공인 IP 주소를 할당하고 집이나 회사의 LAN에 연결되는 컴퓨터에는 사설 IP 주소를 할당하는 정책을 시행하고 있다.

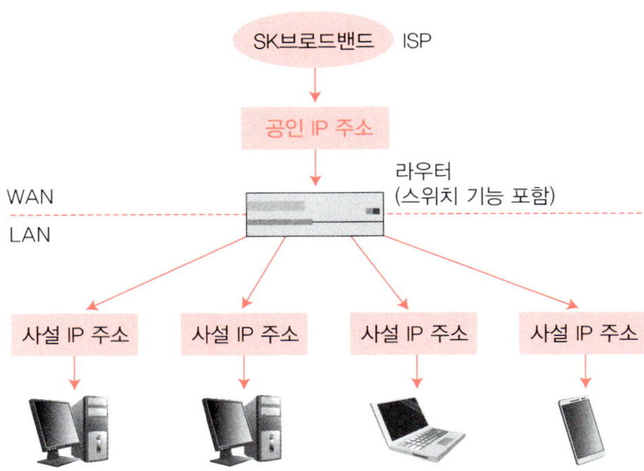

그림 5-12 IP 주소로 연결된 환경의 예

집에서 인터넷에 연결하는 컴퓨터가 여러 대라면 공인 IP 주소를 사용할 수 있는 수가 한정되므로 컴퓨터 한 대당 공인 IP 주소를 할당하기가 쉽지 않다. 그래서 ISP가 제공하는 공인 IP 주소는 라우터에만 할당하고, LAN 안에서 사용하는 컴퓨터나 노트북을 인터넷에 연결할 때는 LAN의 네트워크 관리자가 자유롭게 사설 IP 주소를 할당하거나 라우터의 DHCP(IP 주소를 자동으로 할당하는 프로토콜) 기능을 이용하여 주소를 자동으로 할당한다.

일반 가정의 네트워크 환경을 생각해보자. 필자의 집에서는 공인 IP 주소와 사설 IP를 통해 두 대의 컴퓨터와 노트북, 스마트폰을 인터넷에 연결하여 사용하고 있다. 공인 IP 주소 하나로 집(LAN)에 있는 여러 컴퓨터(사설 IP)를 인터넷에 연결하는 환경을 만들 수 있다.

2 IPv4

IP 주소는 2진수 32비트를 구분하기 쉽게 10진수로 표시하여 사용한다. 컴퓨터가 이해하려면 2진수가 필요하지만 사람이 읽기 쉽게 8비트 단위로 나누어 표시하며, 이것을 좀 더 읽기 쉽게 8비트를 10진수로 변환한 것이 IPv4이다. IP 주소는 10진수로 표시하지만 실제로 IP 주소는 2진수로 되어 있다는 것을 잊지 말자.

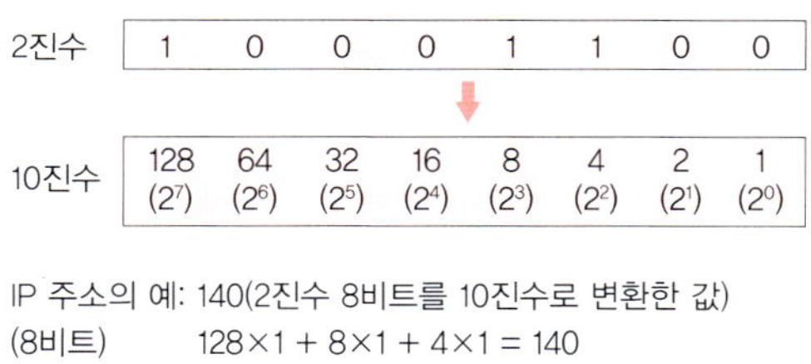

그림 5-13 2진수 8비트를 10진수로 변환

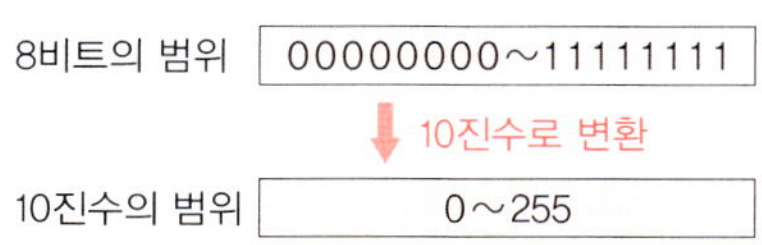

그림 5-14 10진수의 범위

즉 IP 주소는 8비트 크기의 필드 4개를 모아서 구성한 32비트(4바이트) 논리 주소이다. 예를 들면 163.152.19.114처럼 .(마침표)로 구분한 10진수 4개로 구성된다. 1바이트(8비트)가 가질 수 있는 10진수는 0~255이므로 IP 주소의 값은 0.0.0.0부터 255.255.255.255이지만 특별한 용도로 사용하는 예약된 주소와 IP 주소 규정 등이 있어 실제로 사용할 수 있는 주소는 한정적이다.

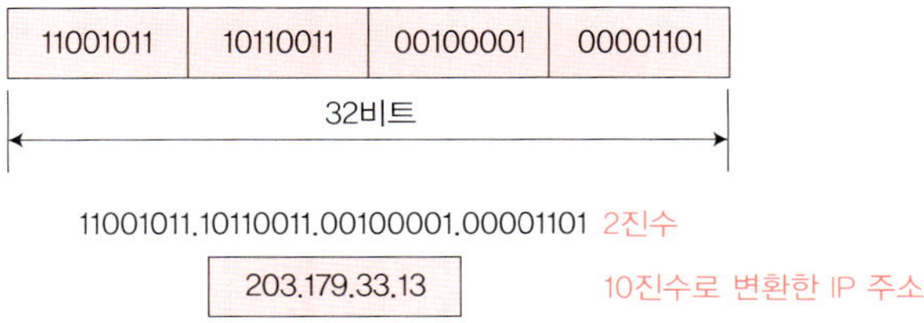

그림 5-15 IP 주소의 구조

숫자로 표현된 IP 주소는 기억하기 어렵다는 것이 단점인데 이는 도메인 이름이라는 별칭을 사용함으로써 해결할 수 있다. 예를 들어 163.152.18.73이라는 IP 주소를 사용하는 고려대 정보 네트워크 연구실의 서버는 도메인 이름이 infornet.korea.ac.kr이다. 도메인 이름은 숫자로 된 IP 주소를 쉽게 기억하기 위한 것일 뿐, 인터넷에서 컴퓨터를 찾으려면 숫자로 된 IP 주소가 있어야 한다. 따라서 사용자가 입력한 도메인 이름에 해당하는 IP 주소를 찾아주는 DNS 서버가 필요하다.

NOTE DNS 서버는 도메인 이름을 IP 주소로 변환하는 서버이다.

집 주소가 시, 동, 번지로 구분되는 것처럼 IP 주소도 네트워크 ID와 호스트 ID로 구분된다. 네트워크 주소는 네트워크 자체를 나타내는 주소로 다른 네트워크와 구분하는 역할을 하고, 호스트 주소는 해당 네트워크에 속한 호스트(컴퓨터)의 주소를 나타낸다.

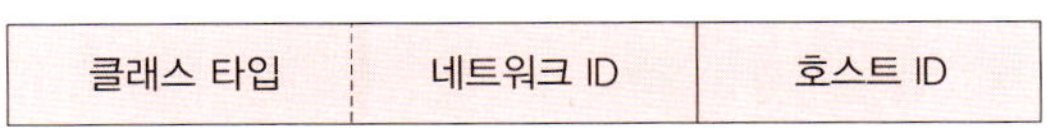

그림 5-16 네트워크 주소

네트워크 ID는 전체 네트워크가 좀 더 작은 네트워크로 분할된, 각 호스트가 속한 네트워크를 대표한다. 네트워크 ID는 8비트, 16비트, 24비트 크기로 분류된다. 그리고 호스트 ID는 네트워크 주소로 표현하는 네트워크 내부에서 각 호스트의 주소를 표현하는 역할을 하며, 전체 32비트에서 네트워크 주소를 제외한 나머지에 해당한다. 즉 네트워크 ID는 어떤 네트워크인지를 나타내고 호스트 ID는 해당 네트워크의 어느 컴퓨터인지를 나타내며, 이 두 가지 정보가 합쳐져서 IP 주소가 된다.

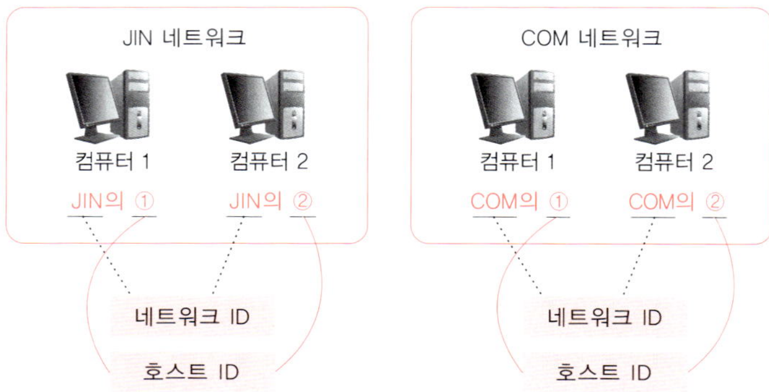

그림 5-17 네트워크 ID와 호스트 ID

3 IPv4의 클래스 구조

IP 주소는 비트로 구분하지만 네트워크 ID를 크게 만들거나 호스트 ID를 작게 만들어서 네트워크의 크기를 조정할 수 있다. 네트워크의 크기는 클래스 개념으로 구분하며, IP 주소는 네트워크의 규모에 따라 A, B, C, D, E 클래스로 나뉜다. 이 중 D 클래스는 IP 멀티 캐스팅용으로, E 클래스는 연구 및 특수 용도로 사용하는 주소이므로 일반 네트워크에서는 A 클래스(대규모 네트워크 주소), B 클래스(중형 네트워크 주소), C 클래스(소규모 네트워크 주소)를 사용할 수 있다. 다음 그림과 같이 IP 주소 맨 처음 바이트의 첫 1비트가 0이면 A 클래스, 첫 2비트가 10이면 B 클래스, 첫 3비트가 110이면 C 클래스, 첫 4비트가 1110이면 D 클래스, 첫 4비트가 1111이면 E 클래스이다.

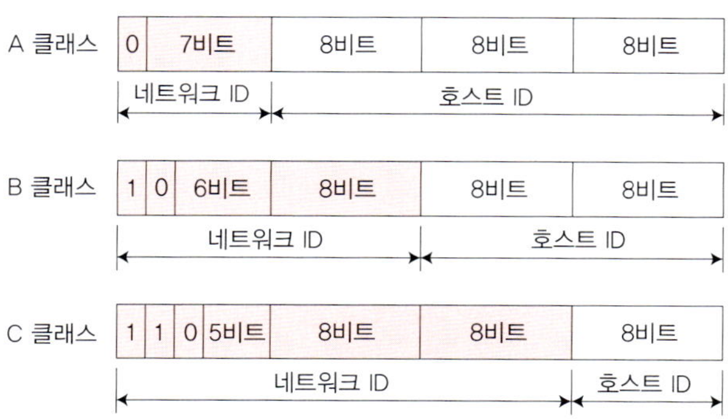

그림 5-18 A, B, C 클래스의 IP 주소 구성

- A 클래스는 처음 8비트가 네트워크 ID이고 다음 24비트가 호스트 ID이다.
- B 클래스는 처음 16비트가 네트워크 ID이고 다음 16비트가 호스트 ID이다.
- C 클래스는 처음 24비트가 네트워크 ID이고 다음 8비트가 호스트 ID이다.

공인 IP 주소와 사설 IP 주소를 포함한 클래스의 범위를 살펴보자.

■ A 클래스

A 클래스는 네트워크 ID로 8비트, 호스트 ID로 24비트를 사용한다. [그림 5-18]을 보면 네트워크 주소의 가장 왼쪽 비트가 0으로 고정되어 있는데, 이것이 A 클래스를 구분하는 식별자이다. 첫 번째 바이트의 첫 비트가 0이기 때문에 맨 처음 숫자는 0~127로 시작하고 범위는 0.0.0.0~127.255.255.255이다. 하지만 0.0.0.0은 사용하지 않는 주소이고 127.×.×.×는 시스템 루프백 주소(가상으로 할당한 인터넷 주소)라 사용하지 않는다. 그러므로 실제로 사용하는 주소는 1~126으로 1.0.0.0~126.255.255.255이다.

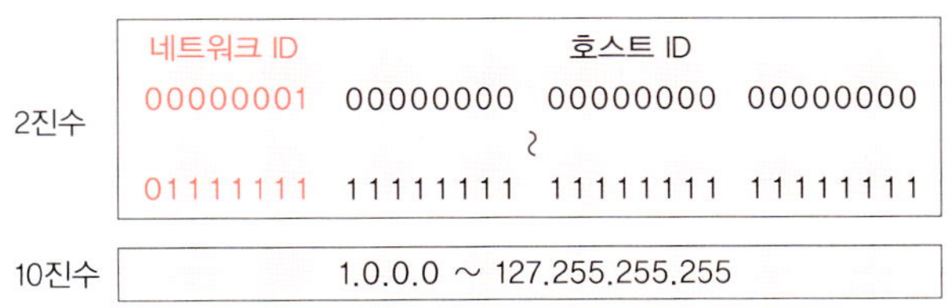

그림 5-19 A 클래스의 IP 주소 범위

A 클래스의 기본 네트워크 마스크network mask는 255.0.0.0이고, 4바이트로 구성되며, 네트워크 주소를 구분하는 역할을 한다. 예를 들어 A 클래스의 IP 주소가 1.1.1.2인 경우를 생각해보자. 1.1.1.2와 255.0.0.0을 비트 AND 연산해서 나온 결과가 네트워크 주소이다. 네트워크 주소가 1.0.0.0이고 나머지 1.1.2가 호스트 주소가 되는 것이다.

A 클래스 네트워크는 네트워크 126개로 구성하고 총 24비트를 호스트 주소로 배정할 수 있으므로 호스트 2^{24}=16,777,216개로 구성된다. 그러나 호스트 주소 비트가 모두 0이거나(0.0.0) 모두 1인 주소(255.255.255)는 제외되어 실제로는 호스트 16,777,214개로 구성된다.

- 맨 왼쪽 비트가 0이고 첫 번째 옥텟이 네트워크 ID(7비트)이다.
- 네트워크를 2^7=128개 중 126개 사용할 수 있다(2개는 특수 목적에 사용한다).

- 호스트를 2^{24}=16,777,216개 중 16,777,214개 사용할 수 있다(호스트 ID가 모두 0인 것과 모두 1인 것은 특별한 의미가 있는 주소이다).
- 대형 기관 및 기업에서 사용한다.

■ B 클래스

B 클래스는 네트워크 ID에 16비트, 호스트 ID에 16비트를 배정하며, B 클래스를 구분하는 식별자는 10으로 시작한다. B 클래스의 IP 주소는 128~191로 시작하고 기본 네트워크 마스크는 255.255.0.0이다. 네트워크 주소는 128.0.0.0~191.255.0.0이고, 호스트 주소는 2바이트로 호스트 65,534개를 구성할 수 있다. 이는 A 클래스와 동일하게 네트워크 주소(0.0)와 브로드캐스트 주소(255.255)를 제외한 호스트의 수이다. 예를 들어 IP 주소가 128.1.1.1인 호스트는 128.1.0.0 네트워크에 속하며 호스트 주소는 1.1이다.

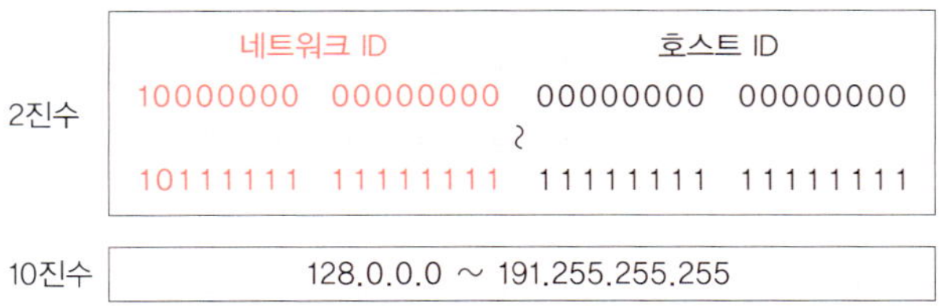

그림 5-20 B 클래스의 IP 주소 범위

- 맨 왼쪽 2비트가 10이고 옥텟이 2개인 네트워크 ID(14비트)이다.
- 네트워크를 2^{14}=16,384개 사용할 수 있다.
- 호스트 ID로 16비트를 사용할 수 있다.
- 호스트(라우터)를 2^{16}=65,536개 중 65,534개 사용할 수 있다(2개는 특별한 주소이다).
- 중형 기관 및 기업에서 사용한다.

■ C 클래스

소규모 네트워크에서 가장 많이 사용하는 C 클래스를 구분하는 식별자는 110으로 시작한다. C 클래스는 호스트 배정에 총 8비트를 사용할 수 있으므로 호스트를 최대 254개 사용할 수 있다. C 클래스의 IP 주소는 192~223으로 시작하고 기본 네트워크 마스크는 255.255.255.0이다. 네트워크 ID는 192.0.0.0~223.255.255.0이고, 호스트 ID는 1바이트로 호스트 ID는 254개 사용할 수 있다(0, 255 제외). 예를 들어 IP 주소가

200.100.100.100인 호스트는 200.100.100.0 네트워크에 속하며 호스트 주소는 100이다.

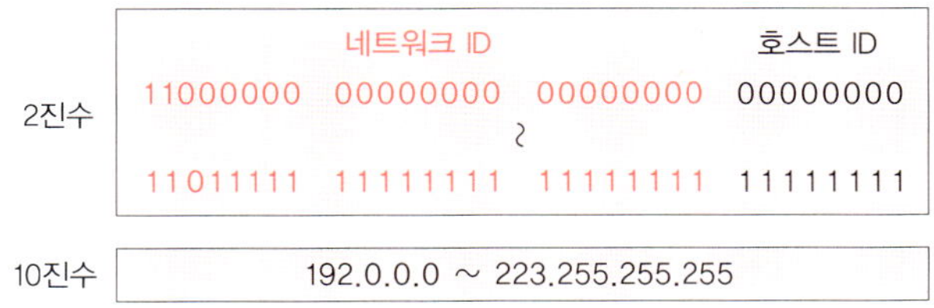

그림 5-21 C 클래스의 IP 주소 범위

- 맨 왼쪽 3비트가 110이고 옥텟이 3개인 네트워크 ID(21비트)이다.
- 네트워크를 2^{21}=2,097,152개 사용할 수 있다.
- 호스트 ID로 8비트를 사용할 수 있다.
- 호스트(라우터)를 254개 사용할 수 있다.
- 소규모 기관에서 사용한다.

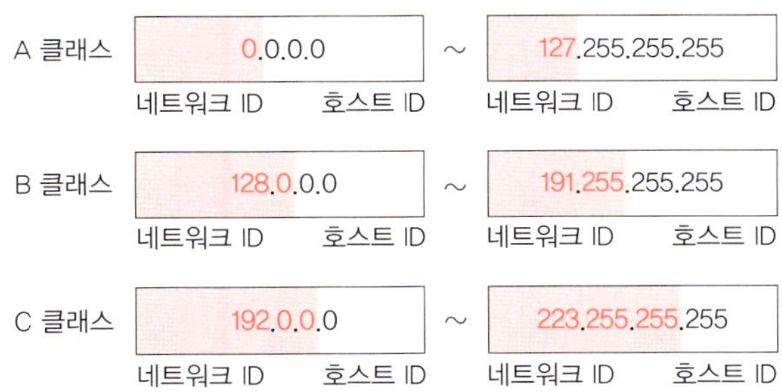

그림 5-22 10진 표기법으로 나타낸 클래스

■ IP 주소 범위

인터넷과 연결하지 않고 개별적으로 구성한 네트워크는 A, B, C 클래스의 어떤 IP 주소를 사용해도 되지만 인터넷에 연결하려면 할당받은 공인 IP 주소를 사용해야 한다. 공인 IP 주소와 사설 IP 주소의 범위는 별도로 정해져 있다. IP 주소 중에는 인터넷에서 사용하지 않는 주소가 있는데 이것이 바로 사설 IP 주소이다. 사설 IP 주소는 IP 주소의 부족을 해결하기 위해 사용하는 것으로, 사설 IP 주소의 범위는 [표 5-3]과 같다. 사설 IP 주소는 공인 IP 주소로 사용할 수 없으니 기억해두기 바란다.

표 5-2 클래스별 공인 IP 주소의 범위

클래스	공인 IP 주소의 범위
A 클래스	1.0.0.0~9.255.255.255 11.0.0.0~126.255.255.255
B 클래스	128.0.0.0~172.15.255.255 172.32.0.0~191.255.255.255
C 클래스	192.0.0.0~192.167.255.255 192.169.0.0~223.255.255.255

표 5-3 클래스별 사설 IP 주소의 범위

클래스	사설 IP 주소의 범위
A 클래스	10.0.0.0~10.255.255.255
B 클래스	172.16.0.0~172.31.255.255
C 클래스	192.168.0.0~192.168.255.255

일반 가정의 LAN에서는 주로 C 클래스의 사설 IP 주소인 192.168.x.x(예 192.168.35.7)를 사용하는데, ipconfig 명령으로 확인할 수 있다.

```
C:₩Users₩hjjin>ipconfig

Windows IP 구성


이더넷 어댑터 이더넷:

   연결별 DNS 접미사. . . . :
   링크-로컬 IPv6 주소 . . . . : fe80::a4dd:4884:6d1b:e97%4
   IPv4 주소 . . . . . . . . . : 192.168.35.7
```

그림 5-23 사설 IP 주소 확인

■ D 클래스

멀티캐스트(데이터 수신 대상이 네트워크에 연결된 일부 컴퓨터) 용도로 사용하는 D 클래스의 IP 주소는 224~239로 시작한다.

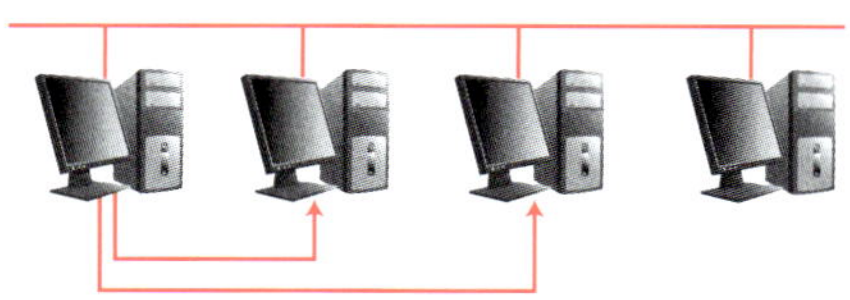

그림 5-24 멀티캐스트

■ E 클래스

연구 및 특수 용도로 사용되는 E 클래스의 IP 주소는 240~255로 시작한다. 255.255.255.255는 전체 컴퓨터에 대한 브로드캐스트(데이터 수신 대상이 네트워크에 연결된 전체 컴퓨터) 주소로 사용한다.

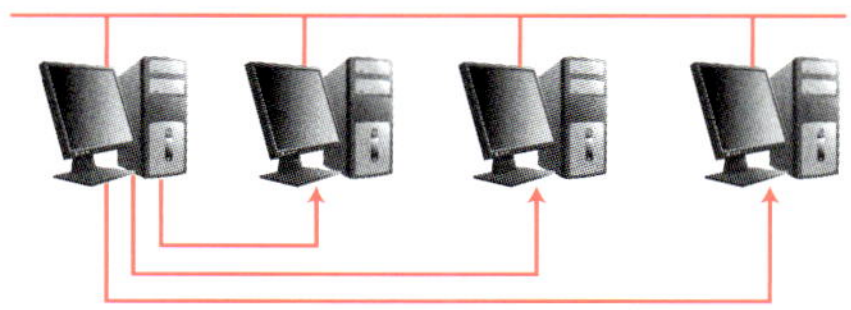

그림 5-25 브로드캐스트

4 네트워크 주소와 브로드캐스트 주소

컴퓨터에 할당할 수 없는 특별한 IP 주소인 네트워크 주소와 브로드캐스트 주소에 대해 알아보자. 네트워크 주소와 브로드캐스트 주소는 컴퓨터나 라우터가 자신의 IP로 사용할 수 없는 주소이다.

집에서 많이 사용하는 C 클래스의 사설 IP 주소를 생각해보자. 네트워크 주소는 호스트 ID가 2진수로 00000000이고 10진수로 0인 주소이다. 브로드캐스트 주소는 호스트 ID가 2진수로 11111111이고 10진수로 255인 주소이다. 즉 호스트 ID가 10진수로 0이면 네트워크 주소이고, 호스트 ID가 10진수로 255이면 브로드캐스트 주소이다.

10진수: 192.168.35.0
2진수: 11000000.10101000.00100011.00000000
네트워크 ID / 호스트 ID

그림 5-26 네트워크 주소

10진수: 192.168.35.255
2진수: 11000000.10101000.00100011.11111111
네트워크 ID / 호스트 ID

그림 5-27 브로드캐스트 주소

네트워크 주소는 전체 네트워크에서 작은 네트워크를 식별할 때 사용되고, 호스트 ID가 10진수로 0이면 그 네트워크 전체를 대표하는 주소가 된다. 전체 네트워크의 대표 주소가 네트워크 주소라고 생각하면 된다.

IP 주소가 192.168.35.1~192.168.35.5인 컴퓨터는 192.168.35.0(네트워크 주소)의 네트워크에 있다고 볼 수 있다. 브로드캐스트 주소는 네트워크에 있는 모든 컴퓨터에 동시에 데이터를 전송할 때 사용되는 전용 IP 주소이다. 전체 네트워크에 데이터를 전송할 때는 호스트 ID에 255를 설정하면 된다. 브로드캐스트 주소 192.168.35.255로 데이터를 전송하면 네트워크에 있는 모든 컴퓨터가 데이터를 받는다. 네트워크 주소와 브로드캐스트 주소는 자신의 IP 주소로 설정할 수 없다는 것을 기억해두자.

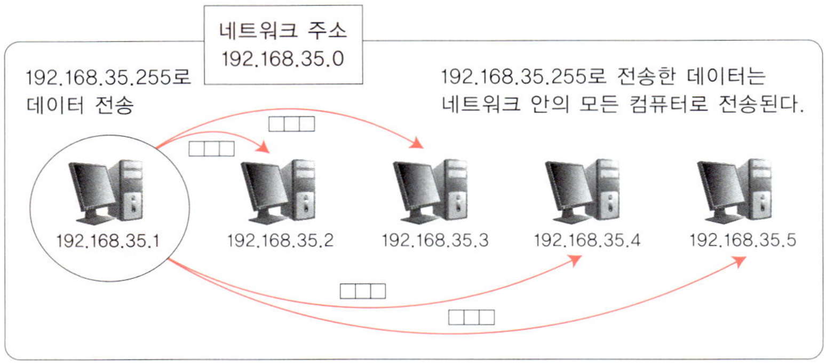

그림 5-28 네트워크 범위

5 서브넷의 구조

A 클래스 네트워크는 호스트 ID가 24비트이고 IP 주소를 16,777,214개 사용할 수 있다. 이 많은 컴퓨터가 브로드캐스트 패킷을 전송한다면 모든 컴퓨터에 패킷이 전송되어 네트워크가 혼잡해질 것이다. 이때 A 클래스의 대규모 네트워크를 좀 더 작은 네트워크로 분할하여 브로드캐스트로 전송되는 패킷의 범위를 좁힐 수 있는데, 네트워크를 분할하는 것을 서브넷팅subnetting이라 하고 분할된 네트워크를 서브넷subnet이라 한다. 이렇게 하면 더 많은 네트워크를 생성함으로써 IP 주소를 보다 효율적으로 활용할 수 있다.

네트워크 ID가 8비트이고 호스트 ID가 24비트인 A 클래스를 서브넷팅하여 작은 네트워크로 분할해보자. 서브넷팅을 하면 네트워크 ID+호스트 ID로 구성되었던 A 클래스가 네트워크 ID+서브넷 ID+호스트 ID로 변경된다. 즉 호스트 ID에서 비트를 빌려 서브넷으로 만든다.

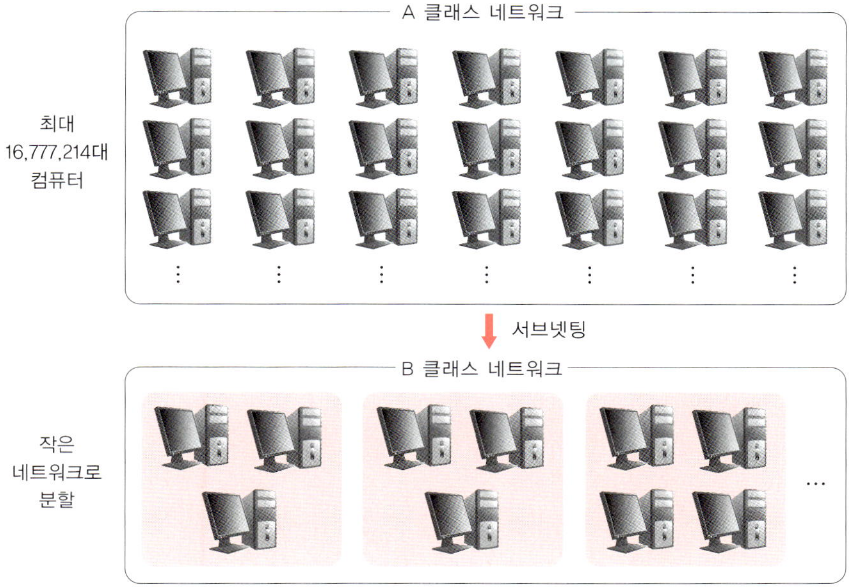

그림 5-29 서브넷팅

A 클래스 서브넷팅 전

| 00000000 | 00000000 | 00000000 | 00000000 |

네트워크 ID / 호스트 ID

A 클래스 서브넷팅 후

| 00000000 | 00000000 | 00000000 | 00000000 |

네트워크 ID / 서브넷 ID / 호스트 ID

그림 5-30 A 클래스의 서브넷팅 전후

6 서브넷 마스크

서브넷 마스크는 IP 주소를 서브넷팅하는 경우 어디까지 네트워크 ID이고 어디부터 호스트 ID인지 판단하기 어려울 때 사용한다. 서브넷 마스크는 네트워크 ID와 호스트 ID를 식별하기 위한 32비트의 값으로 A 클래스는 255.0.0.0, B 클래스는 255.255.0.0, C 클래스는 255.255.255.0이다.

그림 5-31 클래스별 서브넷 마스크

C 클래스의 IP 주소를 서브넷팅하는 방법을 살펴보자. C 클래스이므로 네트워크 ID가 24비트인데 네트워크 ID를 26비트로 변경하려면 2비트를 호스트 ID에서 빌려야 한다. 따라서 네트워크 ID가 24비트, 서브넷 ID가 2비트, 호스트 ID가 6비트가 된다.

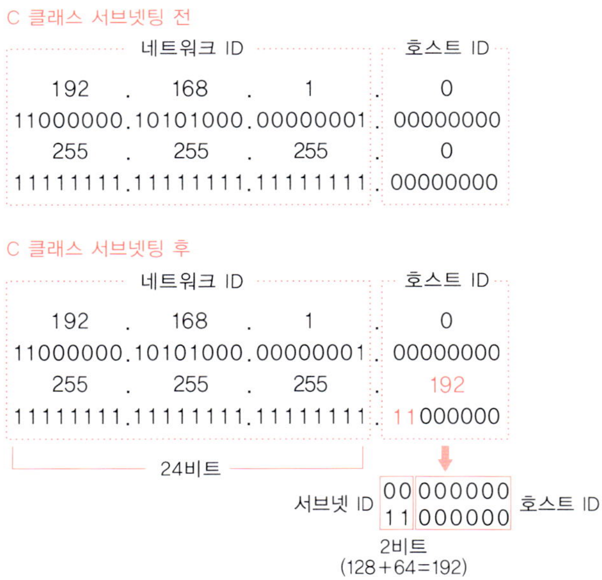

그림 5-32 C 클래스 서브넷팅 전후

서브넷 마스크를 슬래시(/비트 수)로 나타내는 프리픽스prefix 표기법을 사용할 수도 있다. 예를 들어 프리픽스 표기법을 사용하면 255.255.0.0은 /16이 되고 255.255.255.0은 /24가 된다.

16비트 → /16

11111111.11111111.00000000.00000000

255 255 0 0

24비트 → /24

11111111.11111111.11111111.00000000

255 255 255 0

그림 5-33 프리픽스 표기법

[그림 5-32]에서 네트워크의 서브넷 마스크는 255.255.255.192인데 이것을 프리픽스 표기법으로 바꾸면 네트워크 ID와 서브넷 ID가 26비트, 즉 /26이 된다.

255 . 255 . 255 . 192

11111111.11111111.11111111.11000000

26비트 /26

그림 5-34 서브넷 마스크의 프리픽스 표기법

7 IP 프로토콜

IP는 컴퓨터 간에 통신하기 위해 TCP/IP 프로토콜의 네트워크 계층에서 사용하는 프로토콜이다. IP는 레이어3 스위치나 라우터 등의 중계 장치를 사용하여 라우팅을 하는 기능을 가지고 있다. TCP는 오류가 발생하면 데이터를 재전송할 수 있는 신뢰성 있는 연결 지향형 프로토콜인 반면, IP는 데이터가 제대로 수신되었는지 확인하는 기능이 없는 비연결형 프로토콜이다. 즉 IP는 최선을 다해 패킷을 수신지까지 전송하지만 전송 완료를 보장하지는 않는다.

비연결형 데이터그램 프로토콜은 각 데이터그램을 독립적으로 처리하고 수신지까지 다른 경로로 전송할 수 있다. 여러 송신지에 데이터그램을 보내면 순서가 뒤바뀌어 도달하기도 하고 일부는 전송 도중 분실 또는 훼손되기도 한다. 통신 접속 절차나 패킷 전체의 내용이 정상인지는 상위 계층인 TCP에서 확인한다.

연결형connection-oriented 서비스와 비연결형connectionless 서비스의 차이점을 다음과 같다.

■ **연결형 서비스**

송수신자 간에 논리적인 연결을 확립하고 데이터를 전송하는 방법이다. 패킷 순서가 서로 맞지 않을 위험성이 낮고 오류가 발생하면 재전송하기 때문에 신뢰성이 있다. 연결형 서비스는 전송 계층에 해당되는 기능으로, 다음 장에서 살펴볼 TCP 방식이다.

■ **비연결형 서비스**

송수신자 간에 논리적인 연결을 확립하지 않은 채 데이터를 전송하는 방법이다. 오류가 발생해도 재전송하지 않기 때문에 신뢰성이 없지만 전송 속도가 빨라 중요도가 낮은 데이터 전송에 많이 사용한다. 비연결형 서비스는 UDP 방식이며, 신뢰성 있는 데이터 전송을 할 수 없어 상위 계층인 TCP 등에서 신뢰성을 보장해야 한다.

IP는 TCP/IP 네트워크를 통해 전송하는 데이터의 기본 단위를 정의하며, 데이터를 전송할 최적의 경로를 선택하는 라우팅 기능을 수행한다. 다음 그림은 네트워크에서 송신 측이 동일한 수신 측으로 전송하는 데이터그램이 다양한 경로를 통해 도착하는 것을 보여준다. 이때 전송 경로는 매번 달라진다.

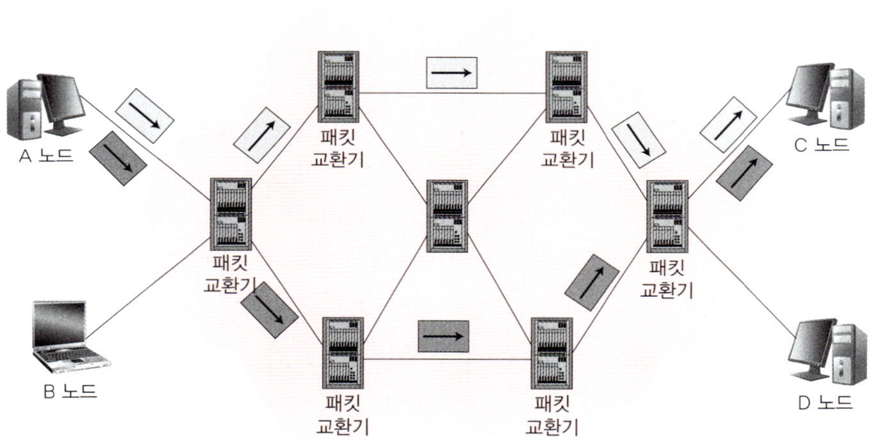

그림 5-35 비연결형 데이터 전송

8 데이터그램의 구조

IP 계층의 패킷을 데이터그램이라고 한다. 데이터그램은 가변 길이이며 헤더와 데이터 부분으로 구성된다. IPv4는 가변 길이 헤더를 가지고 있으나 실제로 인터넷에서 사용되는 IP 패킷에는 통상적으로 IP 옵션 등의 헤더가 사용되지 않는다. 이때 IPv4 헤더는 거의 고정 길이로 20바이트이다.

그림 5-36 IPv4 헤더 형식

■ 버전

IP 헤더 안에 있는 버전Version 필드는 4비트로, 인터넷 버전을 규정하며 현재 버전은 4이다. IP 소프트웨어는 버전 필드를 검사하여 버전이 4이면 IP 소프트웨어의 모든 필드를 버전 4 프로토콜에서 지정한 형식으로 해석한다.

■ 헤더 길이

IP 헤더 안에 있는 다음 4비트 필드는 데이터그램 헤더의 전체 길이를 4바이트 단위로 나타낸다. 헤더 길이Header LENgth, HLEN 필드를 검사함으로써 IP와 응용 프로그램은 어디에서 데이터를 발견할 수 있는지 정확히 알게 된다.

■ 서비스 유형

Differentiated Services Field는 패킷의 대역을 제어하는 QoSQuality of Service(서비스 품질 제어)에 이용된다. 이전에는 이 필드를 Type Of ServiceTOS라고 했으며, 실제로 TOS 필드로 사용되기도 한다. TOS 필드는 통신의 품질을 결정하는 1바이트 필드로, 처음 3비트는 해당 패킷의 우선순위를 나타내고 다음 4비트는 서비스 유형service type을 나타내며 마지막 1비트에는 예약되었음을 의미하는 0이 들어간다.

			D	T	R	C	
Precedence			TOS 비트				

D(Delay bit, 지연 비트): 1로 설정하면 최소한의 지연으로 데이터 전송을 요청한다.
T(Throughtput bit, 처리량 비트): 1로 설정하면 IP 라우터는 처리량이 가장 큰 경로를 따라 데이터그램을 전송한다.
R(Reliavility bit, 신뢰성 비트): 1로 설정하면 데이터그램의 손실 없이 전송한다.
C(Cost bit, 비용 비트): 1로 설정하면 데이터가 최소 비용으로 수신지에 전송된다.

Delay	Throughtput	Reliavility	Cost
1	0	0	0
0	1	0	0
0	0	1	0
0	0	0	1
0	0	0	0

그림 5-37 서비스 유형 필드(8비트)

우선순위는 범위의 값이 0~7인 3비트의 서브 필드로, 라우터에 혼잡이 발생하여 데이터그램의 일부를 폐기해야 한다면 우선순위가 가장 낮은 데이터그램을 먼저 폐기한다. 그러나 라우터는 대부분 이 필드를 무시한다. TOS는 IP 데이터그램을 전달하는 QoS 기능을 제공하기 위해 고안된 4비트의 서브 필드로, 각 비트는 0 또는 1의 값을 가질 수 있으나 오직 한 비트만 1의 값을 가진다.

TOS 비트의 다섯 가지 서비스 유형은 [표 5-4]와 같다. 서비스 유형에 따라 지연, 처리량, 신뢰성, 비용 등을 설정할 수 있으며, 상호 배타적이어서 하나의 값이 1로 설정되면 나머지 값은 무조건 0이다.

표 5-4 TOS 서비스 유형

TOS 비트	서비스 유형
0000	표준
0001	최소 비용
0010	높은 신뢰성
0100	높은 처리율
1000	낮은 지연

■ 전체 길이

전체 길이Total Length 필드는 16비트로, IP 헤더와 IP 데이터그램의 길이를 바이트 단위로 정의한다. IP 데이터그램의 길이와 헤더 길이를 이용하여 상위 계층으로부터 받은 데이터 길이를 구할 수 있다. 헤더의 바이트 단위 길이는 HLEN 필드 값에 4를 곱하여 구한다.

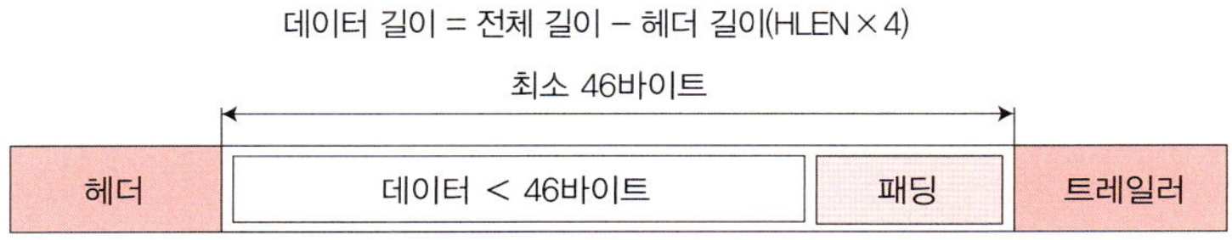

그림 5-38 데이터 길이

전체 길이 필드가 16비트이므로 IP 데이터그램 전체 길이의 최댓값은 $2^{16}-1$(65,535)바이트이다. 이 중 20~60바이트는 헤더이고 나머지는 상위 계층으로부터 받은 데이터이다.

■ 식별

네트워크에서는 데이터그램을 전송하기 위해 더 작은 조각으로 분할하기 때문에 패킷의 단편이 재결합할 때 동일한 메시지의 일부임을 식별할 수 있다. 식별Identification 필드는 각 데이터그램에 설정하는 고유한 번호로, 식별자 필드의 길이는 16비트이다.

■ 플래그

호스트 컴퓨터는 식별자, 플래그Flags, 단편 오프셋Fragmentation Offset 필드를 데이터 링크 계층으로 분할한 IP 패킷의 재결합에 이용한다. 패킷의 분할을 제어하는 플래그는 3비트로 구성되며, 첫 번째 비트는 사용하지 않고 두 번째와 세 번째 비트만 사용한다.

■ 단편 오프셋

단편 오프셋 필드는 13비트이며, 단편화된 패킷을 재결합할 때 플래그 필드, 식별 필드와 결합해서 사용한다. 분할된 조각은 원본 데이터에서 자리 표시 필드의 역할을 한다.

■ 라이프 타임

패킷이 네트워크에서 생존할 수 있는 시간을 규정하는 라이프 타임Time To Live, TTL 필드는 데이터그램이 통과하는 최대 라우터 수를 제어하기 위해 사용한다. 데이터그램이 라우터를 통과할 때마다 라이프 타임 필드의 값이 1씩 감소하며, 값이 계속 감소하여 0이 되면 라우터는 해당 데이터그램을 폐기함으로써 수신지를 찾지 못한 패킷이 네트워크 트래픽을 증가시키는 것을 막는다. 라이프 타임은 보통 운영체제에서 이미 정해져 있기 때문에 사용자는 라우터 수를 고민할 필요가 없다.

■ **프로토콜**

IP 헤더의 8비트 프로토콜 필드로, IP 계층의 서비스를 사용하는 상위 계층의 프로토콜(TCP, ICMP, IGMP, UDP 등)이 무엇인지 정의한다. 프로토콜 필드는 IP 데이터그램을 전송해야 하는 최종 수신지의 프로토콜을 나타낸다. 예를 들어 프로토콜 필드의 값이 4이면 패킷의 데이터 영역에는 UDP 세그먼트가 들어 있다. 정보를 전송하는 여러 프로토콜을 나타내는 필드의 값을 [표 5-5]에 정리했다.

표 5-5 프로토콜의 필드 값

주소	프로토콜
1	ICMP
2	IGMP
3	TCP
4	UDP
5	OSPF

■ **검사합**

검사합checksum은 TCP/IP 프로토콜에서 많이 사용하는 오류 제어 방법으로, 패킷 전송 중 발생하는 헤더 부분의 오류를 검사한다. 송신자가 전송하는 패킷에 검사합을 함께 보내면 수신자는 패킷과 함께 검사합을 계산하여 조건을 만족하면 패킷을 받아들이고, 그렇지 않으면 패킷을 폐기한다. 또한 검사합은 IP 데이터그램의 데이터를 제외한 헤더에서만 수행된다. IP 패킷의 헤더는 각 라우터를 지날 때마다 변경되지만 데이터는 변하지 않는다.

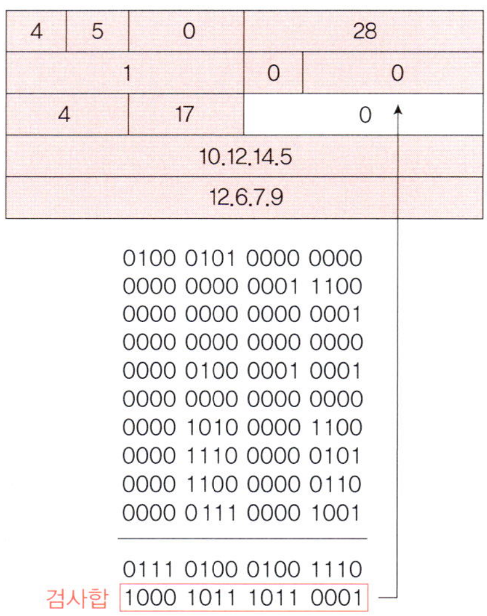

그림 5-39 검사합

검사합이 수행되는 과정을 간단히 살펴보자.

❶ 송신 측은 IP 데이터그램의 검사합 필드를 0으로 만든다.

❷ 패킷을 16비트 단위로 나눈 뒤 모두 합한다.

❸ 구한 합의 1의 보수를 구한다.

❹ 구한 검사합을 검사합 필드에 저장한다.

❺ 수신 측은 받은 패킷을 16비트 단위로 나눈 뒤 모두 합한다.

❻ 값이 모두 1로 나오면 패킷을 받아들이고, 그렇지 않으면 패킷을 폐기한다.

■ **송신지 주소**

32비트의 송신지 주소Source Address 필드는 송신지의 IP 주소를 정의하며, IP 데이터그램이 송신지에서 수신지까지 전송되는 동안 이 주소 값을 유지해야 한다.

■ **수신지 주소**

32비트의 수신지 주소Destination Address 필드는 수신지의 IP 주소를 정의하며, IP 데이터그램이 송신지에서 수신지까지 전송되는 동안 이 주소 값을 유지해야 한다.

■ **옵션**

IP 헤더에 부가적인 필드를 제공하는 데 사용되는 가변 길이의 선택 사항 옵션이다. 현재 대부분의 IPv4 옵션은 거의 사용되지 않는다.

05 라우터

(레이어2) 스위치만 있는 네트워크에서는 모든 컴퓨터와 스위치가 동일한 네트워크에 속한다. 허브도 스위치와 마찬가지로 네트워크를 분할할 수 없지만 라우터는 네트워크를 분할할 수 있다.

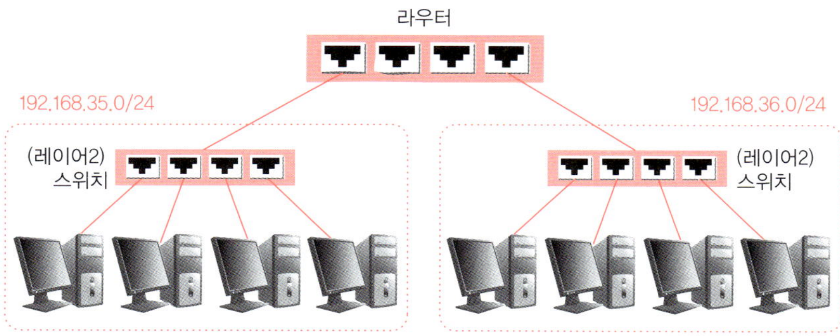

• 192.168.35.0/24와 192.168.36.0/24는 서로 다른 네트워크이다.
• 라우터는 네트워크를 분할한다.

그림 5-40 스위치의 네트워크 분할

네트워크로 분할한 뒤 다른 네트워크에 있는 컴퓨터로 데이터를 전송하려면 라우터의 IP 주소(192.168.35.1)를 설정해야 한다. 이는 네트워크의 출입구를 설정하는 것으로 기본 게이트웨이라고 한다. 기본 게이트웨이는 ipconfig 명령으로 확인할 수 있다.

```
C:\Users\hjjin>ipconfig

Windows IP 구성


이더넷 어댑터 이더넷:

   연결별 DNS 접미사. . . . :
   링크-로컬 IPv6 주소 . . . . : fe80::a4dd:4884:6d1b:e97%4
   IPv4 주소 . . . . . . . . . : 192.168.35.7
   서브넷 마스크 . . . . . . . : 255.255.255.0
   기본 게이트웨이 . . . . . . : 192.168.35.1
```

그림 5-41 기본 게이트웨이 확인

다음 그림과 같이 컴퓨터 1이 컴퓨터 5에 데이터를 전송하는 경우를 생각해보자. 컴퓨터 1이 다른 네트워크에 있는 컴퓨터 5에 데이터를 전송하려면 기본 게이트웨이(192.168.35.1)를 설정해야 한다. 컴퓨터 1이 다른 네트워크에 있는 컴퓨터 5에 데이터를 전송할 때 어디로 전송해야 할지 모르기 때문에 네트워크의 출입구인 게이트웨이를 지정하고 먼저 라우터로 데이터를 전송한다. 컴퓨터 1이 192.168.35.0/24 네트워크에 속해 있기 때문에 라우터의 IP 주소인 192.168.35.1로 설정한 것이다.

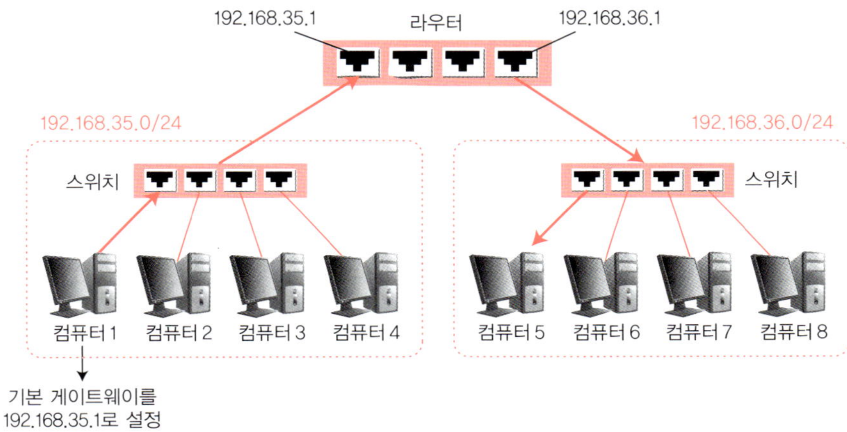

그림 5-42 라우터의 IP 주소

게이트웨이를 설정하는 방법을 잠깐 살펴보자. [이더넷 상태] 창에서 〈속성〉을 클릭하여 [이더넷 속성] 창이 나타나면 '인터넷 프로토콜 버전 4(TCP/IPv4)'를 선택한 후 〈속성〉을 클릭하여 설정할 수 있다. 다음 그림과 같이 '자동으로 IP 주소 받기'에 체크되어 있으면 네트워크 외부에 접속할 때 사용되는 기본 게이트웨이가 자동으로 설정된다. 기본 게이트웨이를 설정했지만 라우팅 기능이 추가되지 않았기 때문에 아직은 다른 네트워크의 컴퓨터에 데이터를 전송할 수 없다.

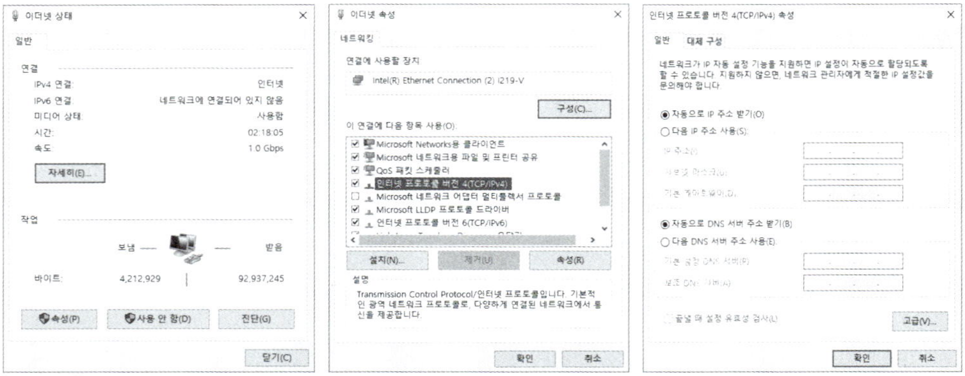

그림 5-43 게이트웨이 설정

■ 라우팅 테이블

현재 네트워크에서 다른 네트워크로 데이터를 전송할 때는 라우팅의 경로 정보를 바탕으로 최적의 경로로 데이터를 전송한다. 각 라우터의 라우팅 테이블에 경로 정보가 등록되어 있어 라우팅이 가능한 것이다. 이제 컴퓨터 1에서 다른 네트워크의 컴퓨터 5에 데이터를 전송할 수 있다.

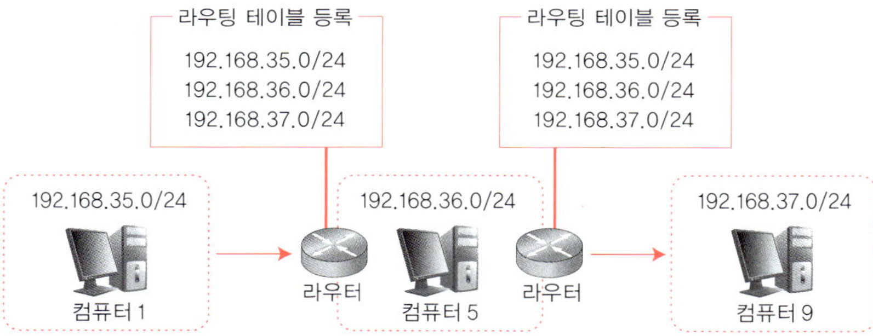

그림 5-44 라우팅 테이블의 경로 정보

라우팅 테이블은 자동으로 등록하는 방법과 네트워크 관리자가 수동으로 등록하는 방법이 있다. 자동으로 등록하는 방법은 대규모 네트워크에 적합하고, 수동으로 등록하는 방법은 소규모 네트워크에 적합하다. 대규모 네트워크에서는 정보를 하나하나 라우터에 등록하기가 어렵고, 등록된 내용이 변경되면 수동으로 수정해야 하기 때문에 자동으로 등록한다. 자동으로 등록하는 방법은 라우터 간에 경로 정보를 서로 교환하여 라우팅 테이블 정보가 자동으로 변경된다.

라우터 간에 정보를 교환하기 위한 프로토콜을 라우팅 프로토콜이라고 하며, 라우팅 프로토콜을 설정하여 라우터 간에 경로 정보를 서로 교환하고 그것을 라우팅 테이블에 등록한다. 대표적인 라우팅 프로토콜은 RIP, OSPF 등이다.

■ **라우팅 과정**

내가 사용하고 있는 컴퓨터에서 패킷이 어떤 방식으로 라우터 등을 경유하여 전 세계의 서버로 중계되는지 살펴보자.

❶ 패킷을 수신하면 라우터는 IP 헤더의 수신지 IP 주소를 확인하고 이 IP 주소와 서브넷 마스크의 논리합$_{AND}$을 계산하여 네트워크 주소를 확인한다.

❷ 수신지 네트워크 주소를 바탕으로 라우터의 라우팅 테이블을 검색한다. 라우팅 테이블에는 수신지 네트워크와 서브넷 마스크, 해당 네트워크에 도달하기 위한 다음 단계의 중계 라우터$_{next\ hop}$, 전송을 위한 인터페이스가 기술되어 있다.

❸ 수신 경로를 확인한 후 IP 패킷의 라이프 타임$_{TTL}$ 값에서 1을 빼고 IP 헤더의 검사합을 다시 계산하여 데이터 링크 계층의 헤더를 교체한다.

❹ 각 라우터나 레이어3 스위치가 이러한 처리를 반복함으로써 다음 네트워크로 계속 중계한다.

ping 네트워크 명령을 사용하여 라우팅 과정을 살펴보자.

❶ ping을 실행할 때 패킷의 수명인 TTL 값을 변경하여 패킷의 수신지를 확인한다. 처음에 TTL을 1로 하여 ping을 실행해보면 패킷이 최초 중계 장치에 도착해서 라우팅을 할 때 TTL이 1 줄어들어 0이 된다. 이때는 해당 중계 장치가 TTL 시간 초과 오류 메시지를 리턴한다(TTL=1이면 192.168.35.1에서 오류가 리턴된다).

❷ TTL을 2로 하여 ping을 실행하면 최초 중계 장치에서는 TTL이 2−1=1이 되고, 두 번째 중계 장치에서는 TTL이 1−1=0이 된다. TTL 시간 초과 오류 메시지가 리턴된다(TTL=2이면 192.168.55.1에서 오류가 리턴된다).

❸ TTL을 늘려가면서 수신지 서버로부터 응답 메시지가 돌아올 때까지 ping을 실행한다. ping을 실행할 때 TTL 값에 따라 서로 다른 IP 주소로부터 오류 메시지가 리턴되는데, 이는 TTL 값을 이용하여 패킷이 중계되고 있다는 의미이다.

```
명령 프롬프트
Microsoft Windows [Version 10.0.17134.829]
(c) 2018 Microsoft Corporation. All rights reserved.

C:\Users\hjjin>ping www.kw.ac.kr -i 1

Ping info.kw.ac.kr [223.194.1.80] 32바이트 데이터 사용:
192.168.35.1의 응답: 전송하는 동안 TTL이 만료되었습니다.
192.168.35.1의 응답: 전송하는 동안 TTL이 만료되었습니다.
192.168.35.1의 응답: 전송하는 동안 TTL이 만료되었습니다.
192.168.35.1의 응답: 전송하는 동안 TTL이 만료되었습니다.

223.194.1.80에 대한 Ping 통계:
    패킷: 보냄 = 4, 받음 = 4, 손실 = 0 (0% 손실),

C:\Users\hjjin>ping www.kw.ac.kr -i 2

Ping info.kw.ac.kr [223.194.1.80] 32바이트 데이터 사용:
192.168.55.1의 응답: 전송하는 동안 TTL이 만료되었습니다.
192.168.55.1의 응답: 전송하는 동안 TTL이 만료되었습니다.
192.168.55.1의 응답: 전송하는 동안 TTL이 만료되었습니다.
192.168.55.1의 응답: 전송하는 동안 TTL이 만료되었습니다.

223.194.1.80에 대한 Ping 통계:
    패킷: 보냄 = 4, 받음 = 4, 손실 = 0 (0% 손실),

C:\Users\hjjin>ping www.kw.ac.kr -i 17

Ping info.kw.ac.kr [223.194.1.80] 32바이트 데이터 사용:
223.194.1.80의 응답: 바이트=32 시간=11ms TTL=239
223.194.1.80의 응답: 바이트=32 시간=4ms TTL=239
223.194.1.80의 응답: 바이트=32 시간=4ms TTL=239
223.194.1.80의 응답: 바이트=32 시간=21ms TTL=239

223.194.1.80에 대한 Ping 통계:
    패킷: 보냄 = 4, 받음 = 4, 손실 = 0 (0% 손실),
왕복 시간(밀리초):
    최소 = 4ms, 최대 = 21ms, 평균 = 10ms
```

그림 5-45 TTL ping 실행

최근에는 보안상의 이유로 라우터나 방화벽이 ping 명령에 이용되는 프로토콜인 ICMP Internet Control Message Protocol를 차단하기도 하는데, 이런 경우 테스트를 제대로 할 수 없다.

06 IPv6

1 IPv6 도입의 필요성

한 조직이 A 클래스의 주소를 할당받으면 호스트 1,600만 개를 할당받을 수 있다. 그러나 C 클래스는 주소를 256개만 할당받을 수 있는데 이 수는 충분치 못하다. 또한 D 클래스와 E 클래스에서도 주소 수백만 개가 낭비되고 있다. 다시 말해 IPv4는 산술적으로 주소를 43억 개 할당할 수 있지만 클래스별 주소 분류 방식 때문에 사용하지 않는 주소가 많다. 4차 산업혁명 시대에는 단말기마다 IP가 부여되는 환경이 필요하므로 IPv4를 사용하면 IP 주소가 부족하다.

인터넷의 폭발적인 성장으로 32비트로 구성된 IPv4 주소 공간(약 40억 개)은 이미 고갈된 상태이다. IPv6는 전 세계 60억 인구가 1인당 53,731,028개의 주소를 할당받을 수 있기 때문에 주소 부족 현상이 일어나지 않을 것이다. IPv6는 128비트로 구성되며, 긴 주소를 쉽게 읽을 수 있도록 16비트씩 콜론(:)으로 나누어 각 필드를 16진수로 표현하는 방법을 사용한다. 기존의 IPv4 주소도 하위 32비트는 IPv4 주소를 그대로 채우고 상위 비트는 모두 0으로 채워 IPv6 주소로 표현할 수 있다.

■ IPv6의 특징

IPv6 주소의 길이는 128비트로, 이는 32비트인 IPv4 주소와 비교하면 주소 공간 길이가 4배 증가한 것이다. IPv6는 옵션을 기본 헤더에서 분리하여 필요할 때마다 기본 헤더와 상위 계층 데이터 간에 새로운 확장 헤더를 삽입해서 사용할 수 있다. 대부분의 옵션은 라우터로 검사할 필요가 없으므로 라우팅이 더 빠르다. IPv6의 경우 새로운 기술이나 응용 분야에서 요구되는 프로토콜의 확장을 허용하도록 설계했으며, 서비스 유형 필드를 삭제하고 플로우 레이블flow label 항목을 추가하여 송신자가 패킷에 특별한 처리를 요청할 수 있다. 또한 암호화와 인증 옵션 기능 등 IPv4보다 향상된 보안 환경을 제공한다.

■ IPv6 주소 체계

IPv6 주소와 IPv4 주소는 구조가 다르다. ipconfig 명령을 실행하여 IP 주소를 확인해보자. '링크-로컬 IPv6 주소'를 보면 현재 사용 중인 fe80::으로 시작하는 주소는 LAN 세그먼트 내에서만 유효한 IPv6 주소인데 이를 링크-로컬 주소라고 한다. 링크-로컬 주소는 DHCP 서버 등이 없어도 자동으로 설정되는 주소이다(동일한 링크 내에서만 유효한 자동 설정 주소이다).

```
명령 프롬프트

C:\Users\hjjin>ipconfig

Windows IP 구성

이더넷 어댑터 이더넷:

   연결별 DNS 접미사. . . . :
   링크-로컬 IPv6 주소 . . . . : fe80::a4dd:4884:6d1b:e97%4
   IPv4 주소 . . . . . . . . . : 192.168.35.7
   서브넷 마스크 . . . . . . . : 255.255.255.0
   기본 게이트웨이 . . . . . . : 192.168.35.1
```

그림 5-46 유효화되어 있는 IPv6

IPv6 주소의 128비트는 2바이트의 영역 8개로 나뉘며, 16진수 표기법에서 2바이트는 16진수 4개로 나타낼 수 있으므로 IPv6 주소는 16진수 32개로 표현된다. IPv6 주소에서 앞의 64비트는 네트워크 주소를 의미하고, 뒤의 64비트는 네트워크에 연결된 통신 장비 등에 할당되는 인터페이스 주소를 의미한다.

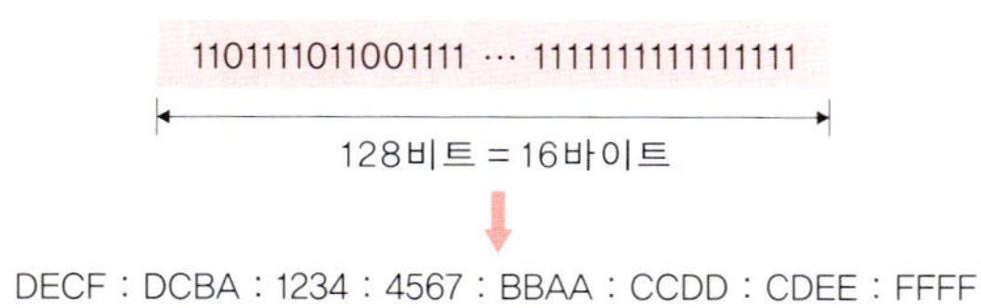

	/0~/16	~/32	~/48	~/64	~/80	~/96	~/112	~/128
16진수 표기법	0000:	0000:	0000:	0000:	0000:	0000:	0000:	0000:
기술적 경계	64비트 네트워크 주소				인터페이스 주소			

그림 5-47 IPv6 주소 표기

IPv6의 주소 필드는 네트워크 프리픽스 부분(fe80::) 64비트와 인터페이스 ID 부분 64비트로 이루어져 있다. IPv6에서는 IP 주소의 후반부를 호스트 ID가 아닌 인터페이스 ID라고 부른다. 인터페이스 ID는 고정 길이(64비트)이며 일반적으로 EUI-64 주소를 사용한다.

이더넷에서는 48비트 MAC 주소를 시작 부분 24비트와 끝부분 24비트로 나누고 그 사이에 FFFE를 삽입한다. 인터페이스 ID 부분에는 MAC 주소를 기반으로 한 EUI-64 주소 이외에도 다양한 주소를 이용하여 인터페이스를 지정할 수 있다.

이더넷의 MAC 주소를 ipconfig/all 명령으로 확인해보자. 위 규칙에 따라 변환한 EUI-64 주소는 1831:BFFF:FE28:3175가 된다. 그러나 실제 주소(링크-로컬 IPv6 주소)를 보면 a4dd:4884:6d1b:e97%4가 인터페이스 ID로 사용되고 있으며 서로 일치하지 않는다.

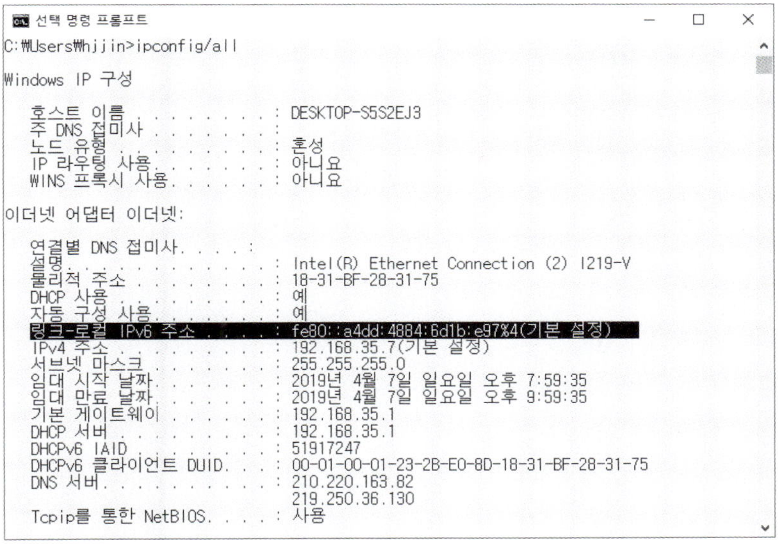

그림 5-48 링크-로컬 IPv6 주소

윈도우를 비롯해 최근의 운영체제에서는 인터페이스 ID에 MAC 주소를 기반으로 생성된 EUI-64 주소를 사용하지 않을 때가 있다. 기기 고유의 MAC 주소를 사용하여 인터페이스 ID를 지정하면 IP 주소를 통해 간단하게 기기를 확인할 수 있기 때문에 보안상의 이유로 해시 함수를 이용하여 일시적으로 생성된 익명 IPv6 주소를 디폴트로 인터페이스 ID로 지정하고 있다.

128비트의 IP 주소는 두 콜론 사이에 있는 4개의 수(섹션)에서 앞쪽의 0을 생략함으로써 줄여서 표현할 수 있다. 이와 같은 생략 방식을 이용하면 0056은 56으로, 000D는 D로, 0000은 0으로 나타낼 수 있다.

생략 전	FDCB : BA78 : 0005 : 2340 : BBFF : 0000 : ASDD : FFFF
생략 후	FDCB : BA78 : 5 : 2340 : BBFF : 0 : ASDD : FFFF

그림 5-49 생략된 주소

연속된 0으로만(2바이트 이상) 구성된 섹션은 다음 그림과 같이 0을 모두 지우고 콜론 2개로 대치할 수 있는데 이는 주소당 한 번만 허용된다. 예를 들어 섹션 2개에 0이 있다면 그 중 주소 하나에만 생략 방식을 적용할 수 있다.

생략 후	FDCB : 0 : 0 : 0 : 0 : ASDD : 0 : FFFF
콜론으로 대치	FDCB :: ASDD : 0 : FFFF

그림 5-50 연속된 0이 생략된 주소

■ IPv6 헤더

IPv6의 각 패킷은 기본 헤더와 페이로드로 구성되고 IPv6의 헤더는 구조가 간결하다. 원칙적으로 IPv4의 기본적인 형식을 계승하고 있지만 IPv4에서 별로 사용되지 않았던 기능은 제거되었다. IPv6에는 새로운 필드가 추가되어 IPv4와 동등한 기능을 실현하고 있다.

IPv6의 헤더는 옵션을 이용한 가변 길이 헤더로 되어 있지 않고 추가 기능은 다음 헤더 필드를 이용하여 확장 헤더로 캡슐화한다. 즉 IPv6의 헤더는 고정 길이 40바이트로 형식이 간단하다. IPv4에는 있었으나 제거된 필드는 헤더 길이, 식별자, 플래그, 단편 오프셋, 검사합, 옵션, 패팅이며, IPv4와 거의 동일한 기능을 하는 필드이면서 명칭만 변경된 것은 TOS, 라이프 타임, 전체 길이, 프로토콜이다.

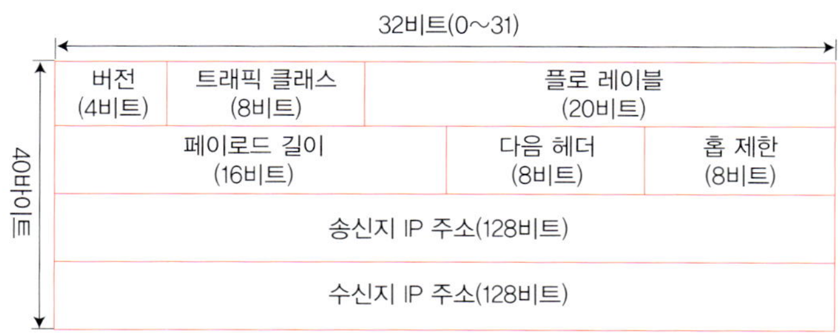

그림 5-51 IPv6의 헤더 형식

IPv6 기본 헤더의 종류는 다음과 같다.

- **버전(4비트)**: IP 버전을 나타내며 값은 6이다.
- **트래픽 클래스(8비트)**: IPv4의 TOS 필드 명칭이 바뀐 것이다. QoS용 필드로 일반적으로 0이 들어간다.
- **플로 레이블(20비트)**: 미사용 필드로 일반적으로 0이 들어간다.
- **페이로드 길이(16비트)**: IPv4의 전체 길이 필드 명칭이 바뀐 것이다. 기본 헤더를 제외한 IP 데이터그램의 전체 길이를 규정한다.
- **다음 헤더(8비트)**: IPv4의 프로토콜 필드 명칭이 바뀐 것이다. 데이터그램에서 기본 헤더의 다음 헤더를 정의한다.

표 5-6 다음 헤더 코드(필드 값)

코드	다음 헤더	코드	다음 헤더
00	홉-바이-홉 옵션	44	분할 헤더 옵션
02	IGMP	50	ESP 헤더
06	TCP	51	인증 헤더
17	UDP	59	헤더 없음
43	라우팅 헤더 옵션	60	수신지 옵션 헤더

- **홉 제한(8비트)**: IPv4의 라이프 타임 필드 명칭이 바뀐 것이다. 중계 가능한 라우터의 수를 나타내며, 중계할 때마다 값이 줄어들고 0이 되면 패킷을 폐기한다.
- **송신지 IP 주소(128비트)**: 송신지의 IPv6 주소를 지정한다.
- **수신지 IP 주소(128비트)**: 수신지의 IPv6 주소를 지정한다.

IPv4와 IPv6의 패킷 헤더를 비교해보면, IPv6는 헤더 길이가 고정되어 있어 헤더 길이 필드가 제거되고 서비스 유형 필드도 제거되었다. IPv4의 전체 길이 필드도 제거되고 페이로드 길이 필드로 대체되었다. 식별, 플래그, 옵션 필드는 기본 헤더에서 제거되고 확장 헤더에 포함되었으며, 프로토콜 필드는 IPv6에서 다음 헤더 필드로 대체되었다. IPv6는 패킷을 전송할 때 평소에는 IPv6 기본 헤더만으로 구성된 패킷을 사용하지만 필요시 용도에 맞는 확장 헤더를 기본 헤더 뒤에 추가하여 라우팅 효율을 향상할 수 있다.

IPv6 확장 헤더의 종류는 다음과 같다.

- **홉-바이-홉 옵션 헤더**Hop-by-Hop Option Header: 경로상의 각 홉에서 배달 또는 전달 처리 옵션을 지정하기 위해 사용한다.
- **목적지 옵션 헤더**Destination Option Header: 패킷의 목적지에서 배달 또는 전달 처리 옵션을 지정하기 위해 사용한다.
- **라우팅 헤더**Routing Header: 패킷이 목적지에 가는 동안 경유해야 할 라우터를 지정한다.
- **단편화 헤더**Fragmentation Header: 요청한 페이로드가 MTU보다 크면 IPv6 송신지에서 페이로드를 조각내고, 단편화 옵션 헤더를 사용하여 리어셈블 정보를 제공하여 Destination Node가 재결합한다.
- **AH 헤더**Authentication Header: IPSec의 인증 헤더이다.
- **ESP 헤더**Encapsulating Security Payload Header: IPSec의 인증 및 암호화 헤더이다.

■ 프리픽스

IPv6 주소의 프리픽스는 IPv4 주소에서 사용하던 서브넷과 유사한 개념이다. IPv4 주소에서 사용하던 /16, /24, /32 등의 서브넷이 IPv6 주소에서는 길어진 주소 체계를 이용한 /48, /64, /128 등으로 표현된다.

- 2019:DB8::/32
  2019:0DB8:0000:0000:0000:0000:0000:0000~2019:0DB8:FFFF:FFFF:FFFF:FFFF:FFFF:FFFF
- 2019:DB8:4567::/48
  2019:0DB8:4567:0000:0000:0000:0000:0000~2019:0DB8:4567:FFFF:FFFF:FFFF:FFFF:FFFF
- 2019:DB8:1234:0::/64
  2019:0DB8:1234:0000:0000:0000:0000:0000~2019:0DB8:1234:0000:FFFF:FFFF:FFFF:FFFF

■ IPv6 주소의 장점

- **확대된 주소 공간**: 주소의 길이가 128비트로 증가하여 2,128개의 주소를 생성할 수 있다.
- **단순해진 헤더 포맷**: IPv4 헤더의 불필요한 필드를 제거하여 보다 빠른 처리가 가능하다.
- **간편해진 주소 설정 기능**: IPv6 프로토콜에 내장된 주소 자동 설정 기능을 이용하여 플러그 앤드 플레이 설치가 가능하다.
- **강화된 보안 기능**: IPv6에서는 IPSec 기능을 기본 사항으로 제공한다.
- **개선된 모바일 IP**: IPv6 헤더에서 이동성을 지원한다.

2 IPv4에서 IPv6로의 전환 기술

인터넷에는 수많은 시스템이 있기 때문에 IPv4에서 IPv6로 변환하는 데 많은 시간이 필요하다. 모든 변환은 IPv4와 IPv6 시스템이 공존할 때 발생하는 문제를 하나하나 해결해나가면서 점차적으로 진행해야 한다. 전환 기술은 IPv4 네트워크망과 IPv6 네트워크망 간에 주소 변환기를 이용하여 IP를 상호 연동시키고, 게이트웨이를 이용하여 IPv4와 IPv6 주소 체계를 호환하는 기술이다. 이 기술은 IPv4 클라이언트가 IPv6 서버에 접속하거나, 반대로 IPv6 클라이언트가 IPv4 서버에 접속할 때 사용한다.

전환 기술은 어떤 계층을 거쳐서 변환하는지에 따라 응용 계층 게이트웨이 방식, 전송 계층 릴레이 방식, 헤더 변환 방식으로 구분할 수 있다.

■ **응용 계층 게이트웨이 방식(응용 계층)**

응용 계층 게이트웨이 방식은 변환(트랜잭션) 서비스를 위한 ALG(응용 수준 게이트웨이)로, 웹 사이트 정보를 숨기고 캐시 메커니즘으로 서비스의 성능을 향상하는 데 사용한다. ALG가 IPv4와 IPv6 프로토콜을 동시에 지원할 때는 두 프로토콜 간 변환 메커니즘으로 사용할 수 있다.

응용 계층 게이트웨이 방식은 응용 계층에서 변환되며, 각 서비스는 IPv4와 IPv6에 밀폐되어 있어 FTP, DNS, 텔넷 서비스 등 응용 프로토콜에 내장된 주소를 변환하는 데 용이하다. 하지만 각 서비스를 위한 ALG는 IPv4와 IPv6에서 모두 실행되어야만 한다. 응용 계층 게이트웨이 방식 기술에는 SQUID가 있다.

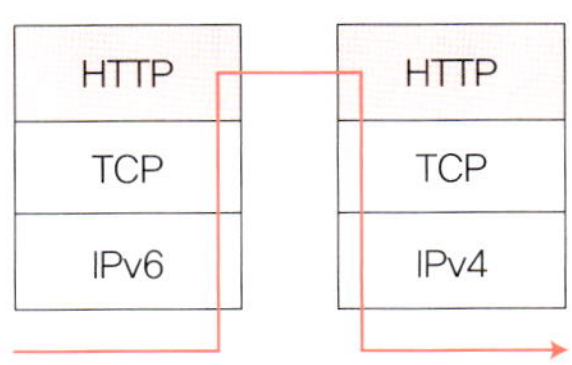

그림 5-52 응용 계층 게이트웨이 방식

■ **전송 계층 릴레이 방식(전송 계층)**

전송 계층 릴레이 방식은 TCP/UDP의 IPv4 세션과 TCP/UDP의 IPv6 세션을 중간에서 릴레이한다. 이때 TCP 릴레이 서버는 다음과 같은 동작 과정을 거쳐 전송 계층에서 전환된다.

❶ TCP 요청이 릴레이 서버에 도착하면 네트워크 계층은 수신지가 서버의 주소가 아니어도 TCP 요청을 TCP 계층으로 전송한다. 그러면 서버는 TCP 패킷을 전송받아 송신지 호스트와 TCP를 연결한다.

❷ 서버는 실제 수신지로 TCP 연결을 하나 더 생성하고, 연결이 2개 구축되면 이 중 하나에서 데이터를 읽어 나머지 하나의 연결에 기록한다.

전송 계층 릴레이 방식에서는 IPv4와 IPv6가 각 세션에 밀폐되어 있으므로 헤더 변환 방식처럼 ICMP 변환 문제가 발생하지 않는다. 그러나 응용 프로토콜에 내장된 IP 주소가 변환되지 않는다는 것이 단점이다. 전송 계층 릴레이 방식 기술에는 TRT Transport Relay Translator와 SOCKS 게이트웨이 기술이 있다.

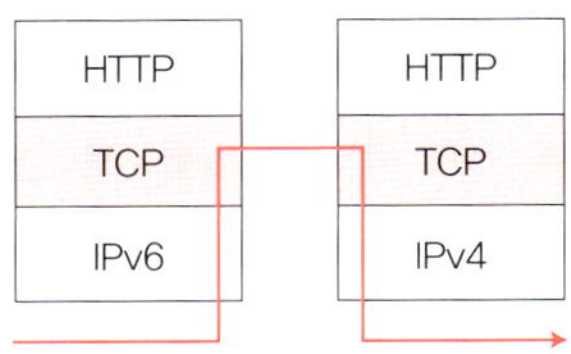

그림 5-53 전송 계층 릴레이 방식

■ **헤더 변환 방식(네트워크 계층)**

헤더 변환 방식은 네트워크 계층(IP)에서 IPv6 패킷 헤더를 IPv4 패킷 헤더로 또는 IPv4 패킷 헤더를 IPv6 패킷 헤더로 변환하는 것이다. 인터넷은 대부분 IPv6를 사용하므로 헤더 변환이 필요 없지만 IPv4를 사용할 때는 헤더 변환이 필요하다. 송신 측에서는 IPv6를 사용하려 하는데 수신 측이 이것을 이해하지 못한다면 수신 측이 이해할 수 있는 IPv4 형식으로 패킷의 헤더 형식을 변환해야 한다.

헤더 변환은 IP 계층에서의 변환을 의미하며, IPv4 패킷을 IPv6로 또는 그 반대로 헤더를 변환하는 것은 SIIT Stateless IP/ICMP Translation에서 정의한다. SIIT 방식에 기반을 둔 헤더 변환의 예로는 NAT-PT Network Address Translation-Protocol Translation를 들 수 있다.

헤더 변환은 IP 계층에서만 이루어지므로 다른 방식보다 속도가 빠르다. 하지만 NAT와 마찬가지로 IP 계층 변환에 따른 어려움이 있으며(응용 프로토콜에 내장된 IP 계층 주소 변환 시), 이러한 문제를 해결하려면 DNS-ALG, FTP-ALG 등의 응용 게이트웨이를 별도로 추가해야 한다.

헤더를 변환할 때 IPv4 패킷을 IPv6 패킷 여러 개로 분할하는데, 이는 IPv6의 헤더 길이가 IPv4보다 20바이트 더 길기 때문이다.

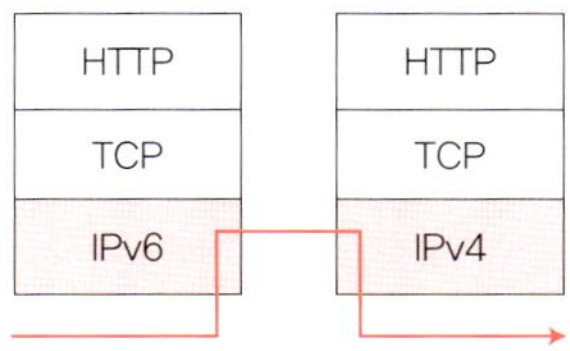

그림 5-54 헤더 변환 방식

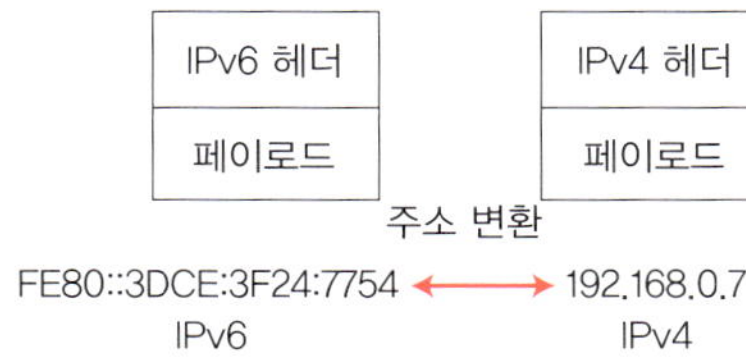

그림 5-55 헤더 변환의 예

냉장고, 에어컨, TV 등의 가전제품과 이동통신 단말기, PDA Personal Digital Assistant, 노트북, 데스크톱 등이 하나의 네트워크로 연결되는 홈 네트워킹 시대이다. 이제는 냉장고에 장착된 터치스크린으로 인터넷 서핑을 하거나 이메일을 확인하고 필요한 식품을 바로 주문할 수도 있다. 휴대용 단말기를 사용하여 집 밖에서 업무를 처리하거나 집 안의 에어컨, 가스레인지 등을 조작하는 일도 그리 놀랍지 않다.

이처럼 집 안의 가전제품을 네트워크로 묶어 인터넷에 접속하려면 해결해야 할 과제가 있다. 먼저 각 제품에 IP를 할당하고, 원활한 인터넷 접속이 보장되어야 하며, 바이러스 대비책도 마련되어야 한다. 이러한 과제의 해결 방안으로 대두되고 있는 것이 인터넷 주소 체계인 IPv6이다. IPv6를 적용한 분야는 무선 통신, 정보 가전, ITS Intelligent Transportation Systems(지능형 교통 시스템) 등 무한하다. IPv6는 IPv4가 상업화를 전제로 설계되지 않아 발생한 보안이나 서비스 품질 문제를 완벽하게 개선한 것으로 평가받고 있다.

07 네트워크 계층 프로토콜

TCP/IP에서 네트워크 계층 프로토콜은 IP, ARP, ICMP, IGMP로 구성된다. 전송 계층의 패킷은 세그먼트 형태로 네트워크 계층에 전송되고, 네트워크 계층의 데이터는 IP 헤더가 추가된 IP 데이터그램으로 동작한다. 이처럼 네트워크 계층에서는 송신할 때 상위 계층의 패킷에 IP 주소 정보를 포함한 헤더를 추가하여 하위 계층으로 전송한다. 그리고 수신할 때는 하위 계층으로부터 전송받은 패킷의 헤더 정보를 확인한 후 헤더를 제거한 채 상위 계층으로 전송한다.

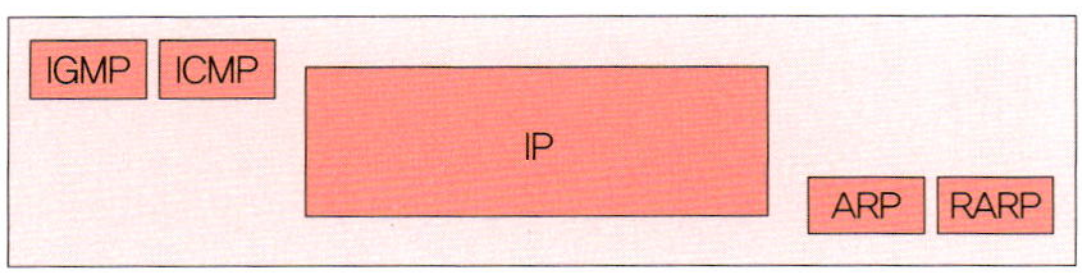

그림 5-56 네트워크 계층 프로토콜

송신 측 시스템이 수신 측 시스템으로 패킷을 전송할 때 이 패킷은 물리적인 네트워크를 통과한다. 따라서 패킷이 수신 측 시스템에 도착하려면 수신 측의 논리 주소뿐만 아니라 물리 주소도 알아야 한다. ARP는 IP 주소를 받아 네트워크 카드의 물리 주소인 MAC 주소로 변환하는 프로토콜이고, RARPReverse ARP는 물리 주소인 MAC 주소를 IP 주소로 변환하는 역주소 변환 프로토콜이다.

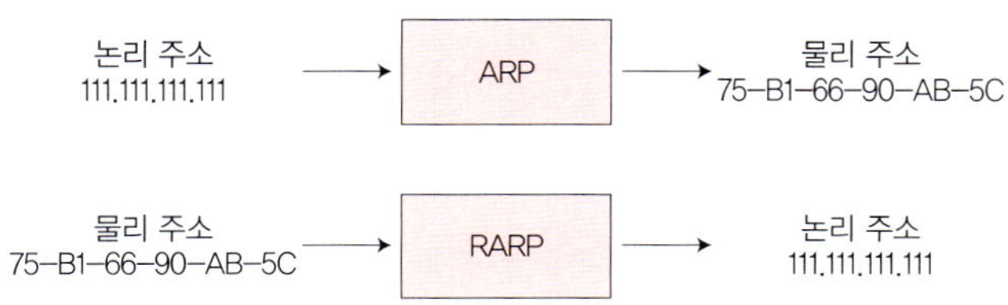

그림 5-57 ARP와 RARP

패킷을 전송할 때 IP 주소 등의 논리 주소를 사용하더라도 최종적으로 수신지 네트워크 카드로 신호를 전송할 때는 네트워크 카드의 물리 주소인 MAC 주소를 사용한다.

1 주소 변환 프로토콜(ARP)

IP 프로세스는 물리 주소인 MAC 주소를 모르기 때문에 최종 수신지 호스트까지 신호를 전송하려면 기본 게이트웨이에서 수신지 IP 주소와 관련이 있는 네트워크 카드(LAN 카드)의 MAC 주소를 알아야 한다. 이때 논리 주소인 IP 주소를 물리 주소인 MAC 주소로 매핑하는 것이 바로 주소 변환 프로토콜ARP이다.

네트워크 카드의 물리 주소는 제조 업체에서 생산할 때 결정되므로 네트워크 카드를 교체하면 MAC 주소도 바뀐다. 하지만 IP 주소는 네트워크 카드를 교체해도 동일한 주소를 사용할 수 있다. ARP V 표준은 RFC 826을 따르며, ARP 명령어를 사용하면 네트워크에 등록된 하드웨어 주소를 확인할 수 있다.

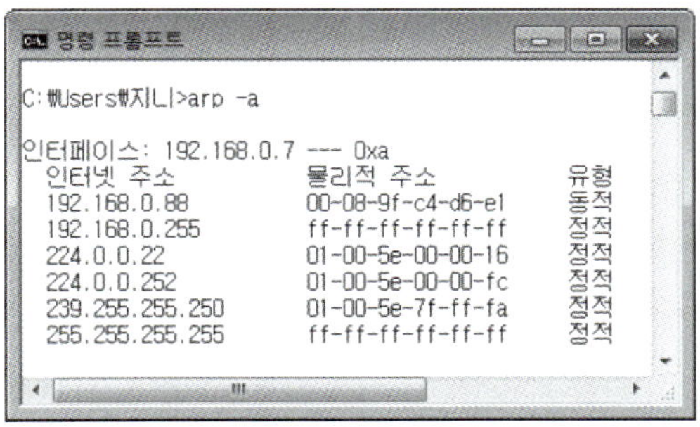

그림 5-58 모든 ARP 테이블을 확인하는 arp -a 명령어

송신지 호스트에서 수신지 호스트로 신호를 전송하는 방식을 살펴보자. 먼저 게이트웨이에서 모든 네트워크 카드로 매핑된 MAC 주소를 브로드캐스팅한다. 그 후 동일 네트워크 내에 있는 모든 네트워크 카드를 자신의 MAC 주소와 비교하여 일치하면 상위 계층으로 프레임을 전송하고, 일치하지 않으면 폐기하여 신호를 전송한다.

송신지 호스트에서 수신지 호스트로 신호를 전송할 때 수신지 게이트웨이까지는 MAC 주소를 알 필요가 없다. 하지만 수신지 게이트웨이에 도달한 후 수신지 호스트까지 신호를 전송하려면 ARP가 동작해야 한다. ARP의 신호 전송은 두 가지 동작으로 완성된다. 하나는 수신지 호스트의 MAC 주소를 알아내는 것이고, 또 하나는 해당 MAC 주소로 데이터를 전송하는 것이다. ARP 통신 송수신은 IP 주소를 키로 하여 MAC 주소를 질의하는 ARP 요청 브로드캐스트와 해당 IP 주소를 사용하고 있는 기기가 질의한 곳으로 MAC 주소 및 IP 주소를 응답하는 ARP 응답 유니캐스트의 조합으로 구성된다.

■ IP 주소와 MAC 주소 매핑

A 호스트 컴퓨터에서 C 호스트 컴퓨터로 신호를 전송한다고 가정해보자. 각 호스트 컴퓨터의 IP 주소와 MAC 주소가 [그림 5-59]와 같을 때 IP 주소로 MAC 주소를 매핑하는 절차는 다음과 같다.

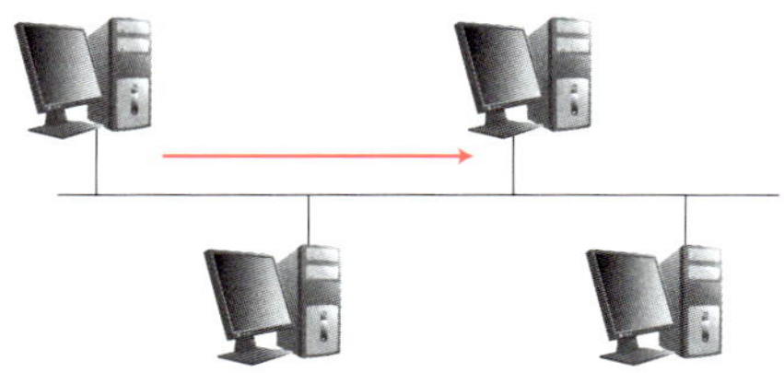

그림 5-59 IP 주소와 MAC 주소의 매핑 절차

❶ A 호스트 컴퓨터는 응용 프로그램이나 서비스를 이용하여 메시지를 작성하고 C 호스트 컴퓨터의 IP 주소를 입력한다.

❷ ARP는 C 호스트 컴퓨터의 IP 주소에 해당하는 MAC 주소를 알아내기 위해 ARP 캐시에 해당 정보가 들어 있는지 확인하고, 정보가 있으면 메시지를 전송한다.

❸ 해당 MAC 주소가 없으면 모든 호스트 컴퓨터로 ARP 요청(브로드캐스트) 신호를 전송하며, 이때 ARP 요청 신호에 자신의 MAC 주소(00-00-F0-71-00-35)와 수신지의 IP 주소(163.152.17.73)를 포함한다.

❹ ARP 요청 신호를 모든 호스트 컴퓨터가 수신한다.

❺ C 호스트 컴퓨터는 요청 신호의 IP 주소가 자신의 것이므로 자신의 MAC 주소를 ARP 응답(유니캐스트) 신호로 A 호스트 컴퓨터에 전송한다.

❻ 다른 호스트 컴퓨터는 요청한 주소에 해당하는 MAC 주소를 알지 못하므로 응답하지 못하고, A 호스트 컴퓨터는 C 호스트 컴퓨터의 MAC 주소를 자신의 ARP 캐시에 저장한다.

ARP 요청은 LAN에 연결되어 있는 모든 컴퓨터 중에 "이 IP 주소를 사용하는 컴퓨터가 있다면 MAC 주소를 알려주세요."라고 전체 컴퓨터에 요청하는 것이고, ARP 응답은 ARP 요청에 대해 "내가 그 IP 주소를 사용하는 컴퓨터입니다. 나의 MAC 주소를 알려줄게요."라고 응답하는 것이다.

■ MAC 주소로 데이터 전송

C 호스트 컴퓨터의 MAC 주소를 알아내면 A 호스트 컴퓨터는 다음과 같은 과정을 거쳐 A 호스트 컴퓨터에서 작성한 메시지를 C 호스트 컴퓨터로 전송한다.

❶ A 호스트 컴퓨터는 C 호스트 컴퓨터의 MAC 주소(00-23-71-00-F0-00)로 프레임을 만들어 하위 계층으로 전송하고, 하위 계층에서는 전기 신호로 만들어 전송한다.

❷ 모든 호스트 컴퓨터는 A 호스트 컴퓨터가 전송한 신호를 수신한다.

❸ C 호스트 컴퓨터는 자신의 MAC 주소와 일치하므로 신호를 수신하고, 나머지 호스트 컴퓨터는 신호를 폐기한다.

이러한 신호 방식에서는 결국 모든 호스트 컴퓨터가 신호를 받으므로 네트워크 분석기 또는 네트워크 모니터 등 특정 프로그램을 사용하여 모든 신호를 받아 처리할 수 있다.

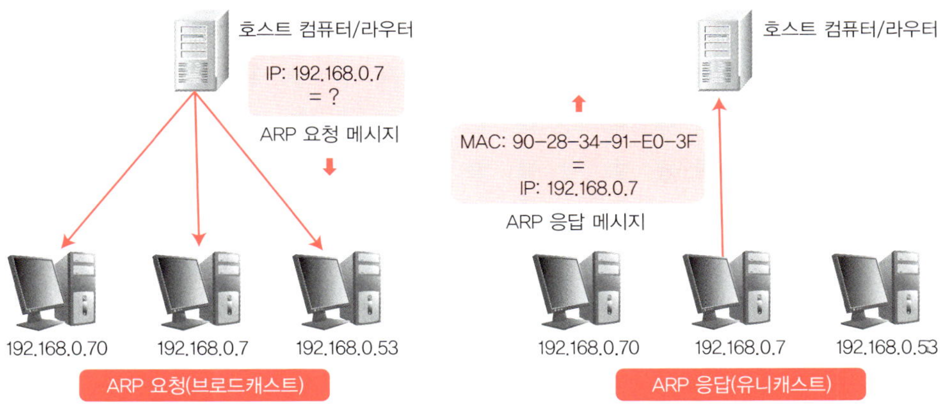

그림 5-60 ARP 요청과 응답 동작 과정

ARP 요청을 보낸 컴퓨터와 ARP 응답을 보낸 컴퓨터 모두 일시적으로 ARP 캐시 테이블에 IP 주소와 MAC 주소의 조합을 저장한다. 이렇게 하면 통신할 때마다 ARP 신호를 주고받지 않아도 되기 때문에 효율적이다. 보통 ARP 캐시 테이블에는 수명을 설정하여 그 시간이 경과하면 ARP 캐시 값을 제거하게 한다. 윈도우의 ARP 캐시 수명은 120초로 되어 있다.

ARP 요청은 LAN에서 브로드캐스트로 전송되고, ARP 응답은 LAN에서 유니캐스트로 전송된다. 이러한 ARP 송수신은 동일한 LAN의 컴퓨터끼리, 즉 데이터 링크 계층으로 한정된다. 동일한 LAN의 IP 주소라면 직접 ARP 처리를 실행함으로써 주소를 변환할 수 있다.

2 역주소 변환 프로토콜(RARP)

역주소 변환 프로토콜RARP은 호스트 컴퓨터의 물리 주소를 알고 있을 때 IP 주소를 알아내는 데 사용한다. RARP는 컴퓨터를 네트워크에 처음 연결할 때나 디스크가 없는 컴퓨터를 부팅할 때 사용하는 프로토콜로 이더넷, 토큰링, FDDI 등 근거리 통신망에서 사용할 수 있다.

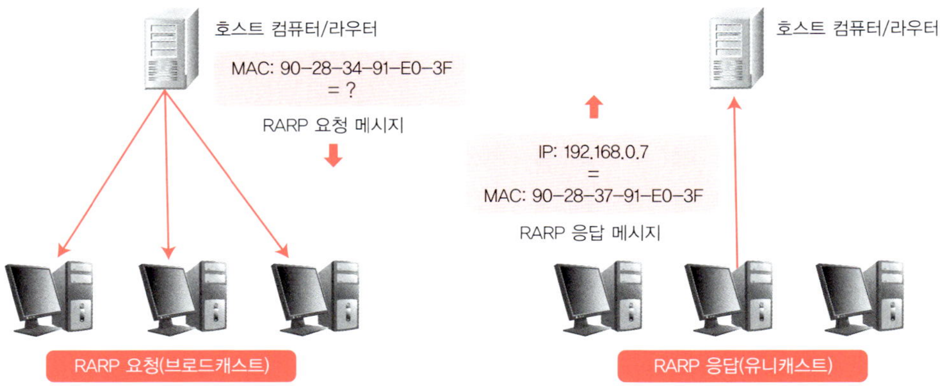

그림 5-61 RARP 요청과 응답 동작 과정

3 인터넷 제어 메시지 프로토콜(ICMP)

네트워크의 호스트나 라우터에서는 예상치 못한 상황이나 오류가 발생할 수도 있는데, 인터넷 제어 메시지 프로토콜ICMP은 라우터에서 발생한 오류를 송신 측으로 전송하는 데 사용하는 프로토콜이다. ICMP는 네트워크 계층에서 상주하지 않고 다음 그림과 같이 IP 데이터그램에 캡슐화되어 인터넷으로 전송된다.

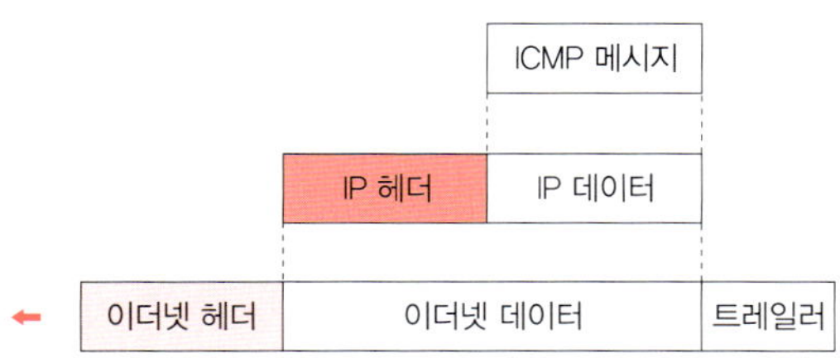

그림 5-62 ICMP 메시지 캡슐화

ICMP는 수신지 호스트나 라우터가 도달 가능한지 결정하며, 시간을 초과한 IP 데이터그램이나 헤더의 부적합한 정보가 있는 데이터그램 등 잘못된 IP 데이터그램을 수신하고 있다는 것을 통지하여 메시지를 상호 교환한다. ICMP의 처음 4바이트는 모든 메시지가 동일한 형식이고 나머지 부분은 메시지에 따라 달라진다.

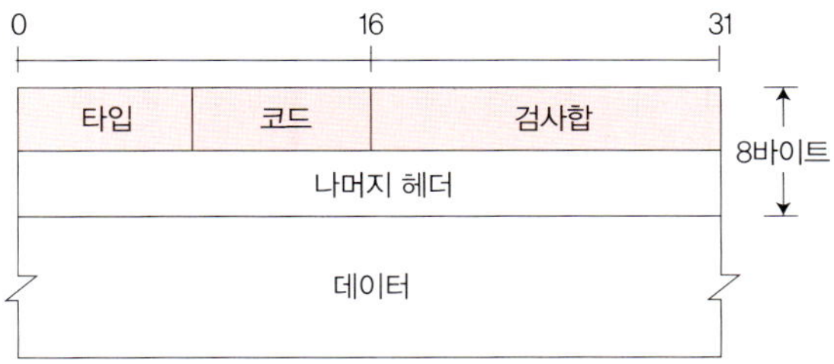

그림 5-63 ICMP의 내용

- **타입**: ICMP 메시지의 15개 종류 중 무엇인지 명시한다.
- **코드**: 메시지의 종류를 타입보다 좀 더 세분화하는 추가적인 코드이다.
- **검사합**: 메시지의 오류를 검사한다.
- **나머지 헤더**: 타입과 코드 값에 따라 변경된다.

ICMP 메시지는 네트워크의 문제 진단 등 질의 메시지와 IP 패킷 처리 도중 발생한 문제를 보고할 때 사용하는 오류 메시지로 구분된다.

■ ICMP 질의 메시지

ICMP는 질의하거나 응답하여 정보를 구하는 데 사용할 수 있는데 이러한 유형을 질의 메시지라고 한다. ICMP 질의 메시지의 일반적인 유형은 다음과 같다.

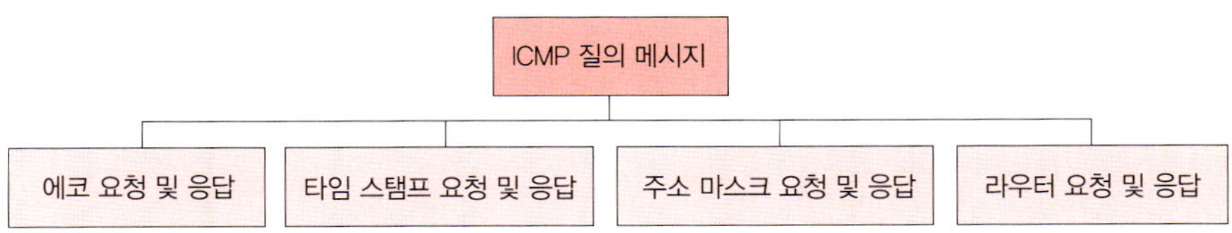

그림 5-64 ICMP 질의 메시지의 유형

- **에코 요청 및 응답**: ping 프로토콜을 구현하는 데 사용하는 메시지로, 에코 요청 메시지는 어떤 컴퓨터의 ICMP 소프트웨어로도 전송할 수 있다. 이후 ICMP 소프트웨어는 에코

요청 메시지에 대해 에코 응답 메시지를 전송할 것을 요청받는다.

- **타임 스탬프 요청 및 응답**: 호스트나 라우터에서 현재 날짜와 시간을 지시하는 메시지로, 여러 가지 상황에서 경과 시간을 측정하는 도구로 사용된다. 두 시스템 간에 IP 데이터그램이 오고 가는 데 필요한 왕복 시간round trip time을 결정한다.
- **주소 마스크 요청 및 응답**: 호스트의 서브넷 마스크를 알아보는 데 사용한다.
- **라우터 요청 및 응답**: 다른 네트워크의 호스트에 데이터를 전송할 때 자신의 네트워크에 연결된 라우터의 주소를 요청하기 위해 사용한다.

■ ICMP 오류 메시지

가장 일반적인 ICMP 메시지로, 전송을 시도할 때나 IP 데이터그램을 전송하는 도중에 발생하는 다양한 형태의 오류 상태를 통보한다. ICMP 오류 메시지의 일반적인 발생 유형은 다음과 같다.

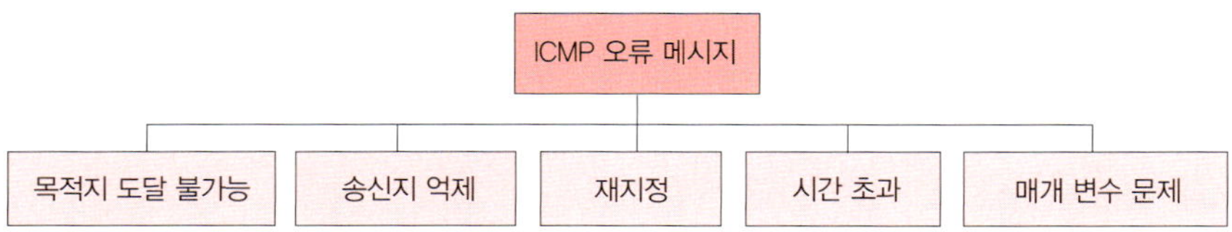

그림 5-65 ICMP 오류 메시지 발생 유형

- **목적지 도달 불가능**: 데이터그램을 최종 목적지로 전달할 수 없을 때 라우터는 데이터그램을 생성한 호스트에 목적지 도달 불가능 메시지를 전송한다. 이 메시지에는 지정 목적지 호스트에 도착할 수 없는 이유 또는 목적지가 부착된 네트워크에 도착할 수 없는 이유를 명시한다. 목적지 도달 불가능 메시지는 라우터가 원격 시스템으로 가는 경로를 찾지 못할 때, 목적지 시스템의 특정 포트 번호가 현재 응답할 수 없을 때, 기타 여러 가지 문제가 발생했을 때 생성된다.
  - Network Unreachable(네트워크에 도달할 수 없음): 오류를 보고하는 라우터의 라우팅 테이블에서 수신지 네트워크의 경로를 찾지 못할 때 이 오류 메시지가 생성된다. 사용자를 인터넷에서 라우팅할 수 없는 사설 주소에 연결할 때, 손상되거나 오래된 라우팅 테이블이 있는 라우터에 데이터그램을 전송할 때 발생한다.
  - Host Unreachable(호스트에 도달할 수 없음): IP 데이터그램을 최종 수신지 시스템에 전송하지 않았음을 나타내며, 최종 단계의 라우터가 수신지 시스템에 이르는 방법을 찾지 못할 때 이 오류 메시지가 생성된다.

- Protocol Unreachable(프로토콜에 도달할 수 없음): 수신지 시스템에서 특정 전송 프로토콜을 사용할 수 없음을 나타내며, 사용자가 비표준 전송 프로토콜을 사용하여 프로그램을 지원하지 않는 다른 호스트와 통신할 때 이 오류 메시지가 생성된다.
- Port Unreachable(포트에 도달할 수 없음): 수신지 시스템에서 특정 수신지 포트 번호를 사용하지 않았음을 나타내며, 대부분 UDP 때문에 이 오류 메시지가 생성된다. TCP는 원격 시스템과 연결하는 데 3-way 핸드셰이킹을 사용하므로, 수신지 시스템에 해당 포트를 사용하는 응용 프로그램이 없으면 수신지 시스템의 TCP 스택은 TCP 리셋 플래그를 사용하여 연결 요청을 거부한다.
- Source Route Failed(송신지 라우팅을 수행할 수 없음): 다음 단계의 라우터가 유효하지 않거나 라우터가 다음 단계의 라우터에 데이터그램을 전송하지 못할 때 이 오류 메시지가 생성된다.

• **송신지 억제**: 송신지 시스템이 너무 많은 데이터를 전송하면 수신지 시스템은 송신지 시스템에 ICMP 송신지 억제Source Quench 오류 메시지를 보내 전송 속도를 줄일 것을 요구한다. 이때 송신지 시스템이 전송 속도를 늦추지 않으면 혼잡으로 일부 패킷을 분실할 가능성이 크다. 송신지 억제 메시지는 서버에 혼잡이 발생했다고 송신지 시스템에 알리고 전송 속도를 늦출 것을 요구한다. 이러한 메시지는 집중적인 트래픽 흐름을 제어하는 데 효과적이다.

• **재지정**: 라우터가 다른 네트워크로 가는 패킷을 송신해야 할 때는 적절한 다음 라우터의 주소를 알아야 한다. 송신 측 노드에 적합하지 않은 경로를 설정했다고 판단하면 노드를 재지정하는 오류 메시지를 전송한다. 이 오류 메시지에는 지정 호스트 변경이나 네트워크 변경을 명시한다.

• **시간 초과**: 라우터가 데이터그램에 있는 라이프 타임 필드를 0으로 감소시킬 때마다 라우터는 데이터그램을 소멸시키고 시간 초과 메시지를 보낸다. 또한 주어진 데이터그램에서 모든 단편이 도착하기 전에 재조립 타이머가 끝나면 호스트는 시간 초과 메시지를 보낸다.

- Time-to-live Exceeded in Transit: IP 데이터그램을 최종 수신지에 전송하기도 전에 데이터그램의 활성화 시간Time-to-live 값이 0에 도달했을 때 이 오류 메시지를 사용한다. 라이프 타임 필드는 데이터그램이 거칠 수 있는 최대 단계의 수를 나타내므로 라우터는 활성화 시간 값이 0인 데이터그램을 전송하지 못한다. 이때는 데이터그램을 소멸시켜야 하며, 송신자에게 삭제했음을 알린다.
- Fragment Reassembly Time Exceeded: 수신지 시스템이 주어진 시간(유닉스에서

는 대부분 60초로 설정) 내에 모든 단편을 수신하지 못했을 때 이 오류 메시지를 사용한다. 일반적으로 이 오류 메시지는 전송 과정에서 어떤 단편을 분실했으며, 모든 단편이 지정된 시간 내에 도착하지 않았음을 알린다.

- **매개변수 문제**: 라우터나 호스트는 데이터그램의 IP 헤더 매개변수에서 문제를 발견하면 데이터그램을 폐기한다.

■ ICMP 오류 메시지를 생성하지 않을 때

- ICMP 오류 메시지를 전송하는 데이터그램에서는 오류 메시지를 생성하지 않는다.
- 멀티캐스트 주소가 있는 데이터그램에서는 오류 메시지를 생성하지 않는다.
- 127.0.0.0이나 0.0.0.0 등 특수한 주소가 있는 데이터그램에서는 오류 메시지를 생성하지 않는다.

4 인터넷 그룹 메시지 프로토콜(IGMP)

인터넷 그룹 메시지 프로토콜Internet Group Message Protocol, IGMP은 인터넷에 연결한 컴퓨터가 멀티캐스트 그룹을 주위의 라우터에 알릴 수 있는 수단을 제공하는 프로토콜이다. 멀티캐스팅은 네트워크의 한 호스트 컴퓨터가 미리 지정된 다수의 컴퓨터에 메시지를 보낼 수 있도록 허용한다. 또한 IGMP는 하나의 라우터와 여러 호스트 컴퓨터로 구성된 서브 네트워크에서 라우터와 호스트 컴퓨터가 어떤 멀티캐스트 그룹에 속하는지 알려준다. IGMP는 멀티캐스트 라우터가 주기적으로 서브넷 호스트 컴퓨터 그룹에 IGMP 쿼리 메시지를 전송하고, 호스트 컴퓨터는 IGMP 쿼리 메시지에 응답하며, 자신이 가입하려는 그룹 주소 정보를 IGMP 리포트 메시지를 이용하여 라우터에 알려주는 방식으로 동작한다.

08 실습 IP, ARP 덤프 분석

와이어샤크로 패킷을 분석할 때 패킷의 헤더 구성을 살펴보는 것이 좋다. 즉 패킷 전체의 구성을 생각하는 것이 중요하다. 4장에서 살펴보았듯이 웹 페이지를 조회할 때의 패킷을 보면 와이어샤크에서는 표시되지 않는 프리어셈블 필드 뒤에 Ethernet II 헤더가 있고 그다음에 IP 헤더, TCP 헤더, HTTP 헤더와 같은 식으로 헤더가 겹겹이 쌓여 있다. 와이어샤크에서는 표시되지 않지만 끝에 FCS도 포함되어 있다.

■ 프로토콜과 계층

각 헤더에 등장하는 주소의 경우 Ethernet II 헤더에는 MAC 주소, IP 헤더에는 IP 주소, TCP 헤더에는 포트 번호, HTTP 헤더에는 URI가 사용되고 있다. 프로토콜은 각 헤더에서 어떤 필드 값을 표시할지, 어떤 것을 주소로 사용할지에 대한 일정한 규칙이며, Ethernet II, IP, TCP, HTTP가 겹겹이 쌓여 있어 이를 프로토콜 스택이라고도 한다. 각각의 프로토콜은 주소를 가지고 있고 층별로 기능이 나뉘어 있다. 층을 나눔으로써 주소가 복잡해지지 않고 층별로 하드웨어나 소프트웨어를 준비할 수 있다. 따라서 인터넷 익스플로러 대신 크롬을 사용하거나 유선 LAN 카드 대신 무선 LAN 카드를 사용할 수 있는 것이다.

표 5-7 프로토콜과 계층

프로토콜	계층(예)	주소	기능
Ethernet II	네트워크 접속 계층(LAN 카드)	MAC 주소	인접 장치 간의 통신
IP	네트워크 계층(운영체제)	IP 주소	종단 장치 간의 라우팅
TCP	전송 계층(운영체제의 프로세스)	포트 번호	프로세스 간의 통신
HTTP	응용 계층(애플리케이션)	URI	클라이언트와 서버 간의 통신

■ 덤프 분석 시 주의 사항

윈도우에서 덤프 분석을 할 때 주의해야 할 사항이 있다. 윈도우는 웹 브라우저를 열고 웹 페이지를 검색하지 않더라도 제어용 패킷으로 시작해서 네트워크 통신을 수행하기 때문에 많은 패킷이 섞여 있다. 패킷이 다수 캡처되더라도 필터 툴바의 텍스트 박스에 'tcp or http or arp' 등을 입력하고 Enter를 클릭하면 해당 패킷만 확인할 수 있다.

tcp or http or arp

No.	Time	Source	Destination	Protocol	Length	Info
10	16.326521	192.168.35.7	211.115.106.79	TCP	54	50314 → 80 [RST, ACK] Seq=1 Ack=1 Win=0 Len=0
13	16.329545	192.168.35.7	211.115.106.207	TCP	66	50315 → 80 [SYN] Seq=0 Win=64240 Len=0 MSS=1460 WS=256 SACK_PERM=1
14	16.332189	211.115.106.…	192.168.35.7	TCP	66	80 → 50315 [SYN, ACK] Seq=0 Ack=1 Win=29200 Len=0 MSS=1460 SACK_PERM=1 WS=1024
15	16.332217	192.168.35.7	211.115.106.207	TCP	54	50315 → 80 [ACK] Seq=1 Ack=1 Win=65536 Len=0
16	16.332277	192.168.35.7	211.115.106.207	HTTP	386	GET /jk?c=2&p=PGsOb0WYXu4bLZ0HvzearT1YNL50L9SXZRRz1ZARVlk=&k=1 HTTP/1.1

그림 5-66 필터 툴바

ARP, DNS, HTTP 패킷을 항상 캡처할 수 있는 것은 아니다. ARP의 경우 수행된 결과를 ARP 캐시에 일시적으로 저장한다. 저장 시간이 디폴트로 2분으로 설정되어 있기 때문에 2분 동안은 ARP 캐시에 있는 내용을 사용하므로 ARP 패킷을 캡처할 수 없다. DNS 쿼리 결과나 HTTP 웹 페이지도 캐시된다. 패킷이 제대로 캡처되지 않으면 약간의 시간을 두고 다시 캡처하거나, 웹 브라우저의 임시 파일을 삭제하거나, 웹 사이트에 접속할 때 슈퍼리로드(Ctrl+F5) 기능을 이용한다.

1 IP 덤프 분석

Internet Protocol의 헤더 부분을 확인해보자. 패킷 리스트 영역에 있는 프레임을 선택한 후 패킷 상세 영역에서 Internet Protocol의 > 기호를 클릭한다.

dns

No.	Time	Source	Destination	Protocol	Length	Info
42840	63.145028	192.168.35.7	210.220.163.82	DNS	74	Standard query 0x63d7 A gms.ahnlab.com
3	2.074386	192.168.35.7	210.220.163.82	DNS	73	Standard query 0x6406 A www.naver.com
42531	49.020015	192.168.35.7	210.220.163.82	DNS	93	Standard query 0x677b A livetileedge.dsx.mp.microsoft.com

그림 5-67 덤프 분석을 수행할 패킷 선택

```
v Internet Protocol Version 4, Src: 192.168.35.7, Dst: 210.220.163.82
    0100 .... = Version: 4
    .... 0101 = Header Length: 20 bytes (5)
  > Differentiated Services Field: 0x00 (DSCP: CS0, ECN: Not-ECT)
    Total Length: 59
    Identification: 0x179d (6045)
  > Flags: 0x0000
    Time to live: 128
    Protocol: UDP (17)
    Header checksum: 0x0000 [validation disabled]
    [Header checksum status: Unverified]
    Source: 192.168.35.7
    Destination: 210.220.163.82
```

그림 5-68 패킷 상세 영역

- IP 헤더는 Ethernet II보다 큰 헤더라는 것을 확인할 수 있다.
- IP 헤더의 처음에 있는 Version 필드는 4비트이고, 여기에 IP 버전이 지정되어 있다. Version: 4는 패킷이 IPv4임을 나타낸다.
- Version 필드를 클릭하면 16진수로 4(0x04)가 패킷 데이터 영역에도 표시된다.

```
v Internet Protocol Version 4, Src: 192.168.35.7, Dst: 210.220.163.82
    0100 .... = Version: 4

0000  00 23 aa 88 cd 49 18 31  bf 28 31 75 08 00 45 00   ·#···I·1 ·(1u··E·
```

그림 5-69 Version 필드, 패킷 데이터 영역

- 패킷 데이터 영역을 살펴보면 45라는 값이 있다.
- 45에서 4는 IP 버전을, 5는 헤더의 길이를 나타낸다. 4바이트(32비트)×5=20바이트이므로 Header Length는 20바이트라는 것을 알 수 있다.
- Differentiated Services Field에는 1바이트 값이 표시되며 패킷의 대역을 제어하는 QoS에 사용된다. 처음 6비트는 패킷을 식별하는 필드인 DSCP$_{\text{DiffServ Code Point}}$이다. DSCP는 패킷별로 전송 우선순위나 지연의 정도를 클래스로 분류한다.

```
  v Differentiated Services Field: 0x00 (DSCP: CS0, ECN: Not-ECT)
      0000 00.. = Differentiated Services Codepoint: Default (0)
      .... ..00 = Explicit Congestion Notification: Not ECN-Capable Transport (0)
    Total Length: 59
    Identification: 0x179d (6045)
  > Flags: 0x0000

0000  00 23 aa 88 cd 49 18 31  bf 28 31 75 08 00 45 00   ·#···I·1 ·(1u··E·
```

그림 5-70 Differentiated Services Field

- Total Length 필드에는 IP 패킷의 전체 크기가 2바이트로 표시된다. IP 패킷은 Ethernet II뿐만 아니라 브로드밴드에서 사용하는 PPP 등과 같은 다양한 레이어2 프로토콜을 사용할 수 있으므로 데이터 링크에 따라 크기를 변경할 수 있게 되어 있다. Total Length에 따라 IP 패킷은 논리상 최대 65,535(FF)바이트까지 크기를 지정할 수 있다. Total Length에서 Header Length를 빼면 IP 패킷의 페이로드(데이터) 크기를 알 수 있다.
- Flags 필드는 큰 IP 패킷을 한 번에 보낼 수 없을 때 여러 개의 IP 패킷으로 분할하거나 재결합하는 단편화와 재조립에 사용된다. 최초 플래그는 예약 비트$_{\text{Reserved bit}}$이다. Don't fragment 비트가 1(ON)이 되면 단편화가 금지되고 단편화가 발생하면 패킷이 파기된다.
- More fragment 비트는 단편화가 금지되지 않은 경우(Don't fragment=0)에 이어서 단편화가 있는지 여부를 구별하기 위해 사용한다. 분할된 패킷이 이 뒤에 계속 나타나면

More fragment 비트는 1(ON)이 된다. 지금 분석하고 있는 패킷은 단편화 처리를 하지 않기 때문에 예약 비트, Don't fragment 비트, More fragment 비트에 각각 0이 삽입되었다.

- Fragment offset은 분할된 패킷이 전체에서 어느 위치에 있는지를 저장한다. IP 데이터그램은 최대 65,535바이트이지만 그중에서 몇 바이트째인지(위치)를 13비트로 지정하기 위해 Fragment offset 값에 4바이트를 제곱한 값이 실제 페이로드의 위치가 된다.

```
v Flags: 0x0000
    0... .... .... .... = Reserved bit: Not set
    .0.. .... .... .... = Don't fragment: Not set
    ..0. .... .... .... = More fragments: Not set
    ...0 0000 0000 0000 = Fragment offset: 0
```

그림 5-71 Flags 필드

- 다음에 오는 Time to live$_{TTL}$는 IP 패킷의 수명을 나타내는 1바이트 필드이다. TTL은 송신 측에서 처음 설정되고 라우터 등의 중계 장치를 통과할 때마다 1씩 감소한다. 통신 도중에 TTL 값이 0이 되면 해당 패킷이 폐기된다.
- Protocol 필드에는 IP 다음 레이어의 헤더를 1바이트로 나타낸다. Protocol 필드의 대표적인 값[프로토콜(프로토콜 번호)]은 ICMP(1), TCP(6), UDP(17) 등이다.
- Header checksum은 IP 헤더의 내용을 확인하기 위한 필드로, 헤더에 오류가 없는지 검사하는 데 사용한다.

2 ARP 덤프 분석

Ethernet II 헤더 뒤에 ARP 헤더가 캡슐화되어 송신되는 ARP 패킷은 Ethernet II 프레임의 최소 크기인 64바이트이다. ARP 패킷을 송신할 때 Ethernet II 헤더의 타입에는 0x0806이 사용된다. ARP 패킷에 대해 덤프 분석을 수행해보자.

```
v Ethernet II, Src: AsustekC_28:31:75 (18:31:bf:28:31:75),
  > Destination: Broadcast (ff:ff:ff:ff:ff:ff)
  > Source: AsustekC_28:31:75 (18:31:bf:28:31:75)
    Type: ARP (0x0806)
v Address Resolution Protocol (request)
```

그림 5-72 Ethernet II 헤더 타입(ARP)

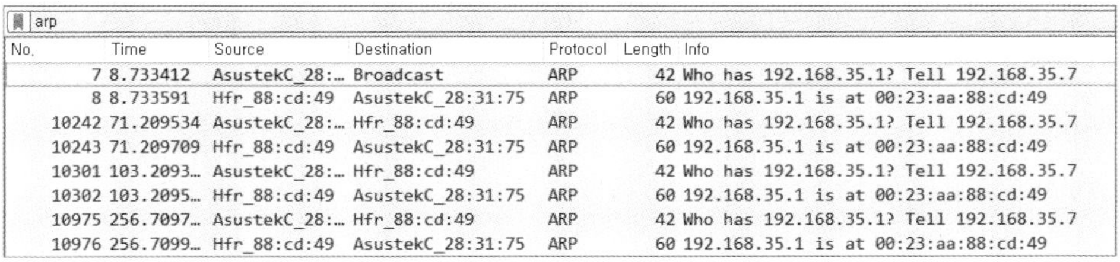

그림 5-73 덤프 분석을 수행할 패킷 선택(ARP)

패킷 리스트 영역에서 7번과 8번 프레임의 ARP 패킷을 살펴보자. Info 열에 Who has…로 표시된 패킷이 ARP 요청 프레임이고, …is at…으로 표시된 프레임이 ARP 응답 프레임이다. 이 두 패킷을 ARP 시퀀스라고 한다.

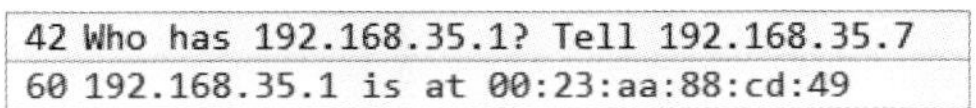

그림 5-74 ARP 시퀀스

7번 프레임의 ARP 요청을 살펴보자. Info 열에 있는 Who has… 패킷을 선택한 후 패킷 상세 영역에서 Ethernet II를 클릭한다.

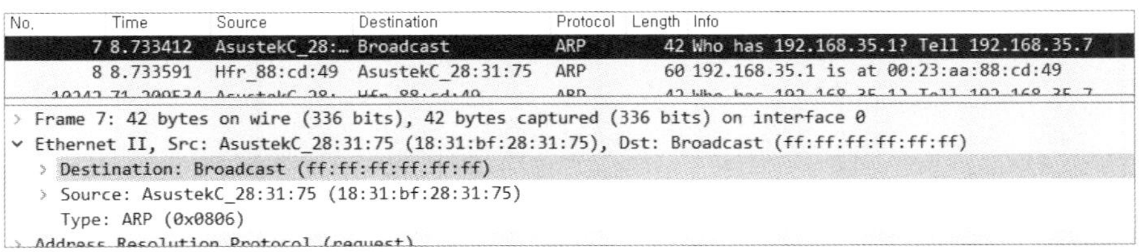

그림 5-75 Who has… 패킷

- 수신지 MAC 주소를 지정하는 Destination 필드가 Broadcast로 되어 있다. 이때 패킷 데이터 영역의 ff:ff:ff:ff:ff:ff 부분이 진하게 표시될 것이다.

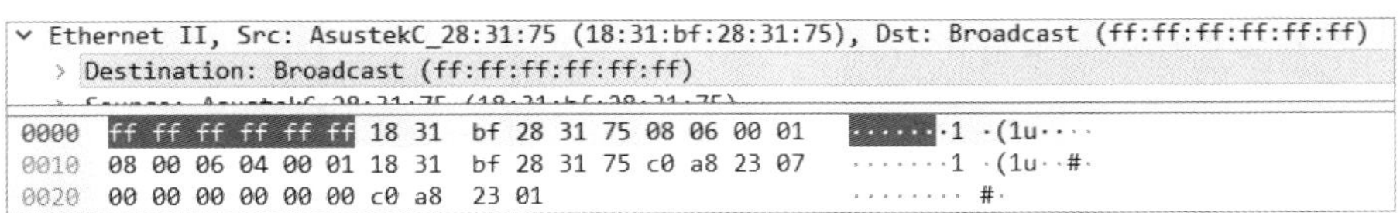

그림 5-76 ff:ff:ff:ff:ff:ff 부분

- ARP 요청은 LAN에 연결되어 있는 모든 컴퓨터 및 장치에 질의할 필요가 있다. 따라서 수신자 주소에 브로드캐스트를 사용한다. 이번에는 해당 패킷의 Address Resolution

Protocol을 클릭한다. 헤더가 펼쳐지고 상위에 2바이트의 Hardware type 필드(데이터 영역의 00 01)가 나타난다.

- Hardware type은 데이터 링크 계층의 프로토콜 종류를 지정하는 필드이며, (1)은 Ethernet II를 사용한다는 것을 의미한다.

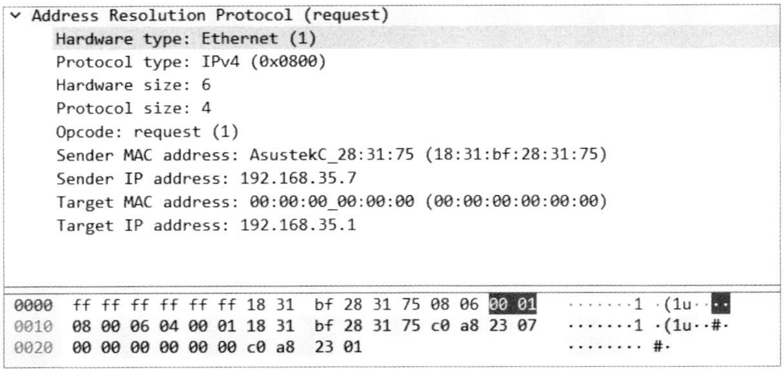

그림 5-77 ARP 패킷 분석

- Protocol type 필드에는 네트워크 계층의 프로토콜이 2바이트로 지정된다. 0800은 네트워크 계층의 IPv4를 나타낸다.

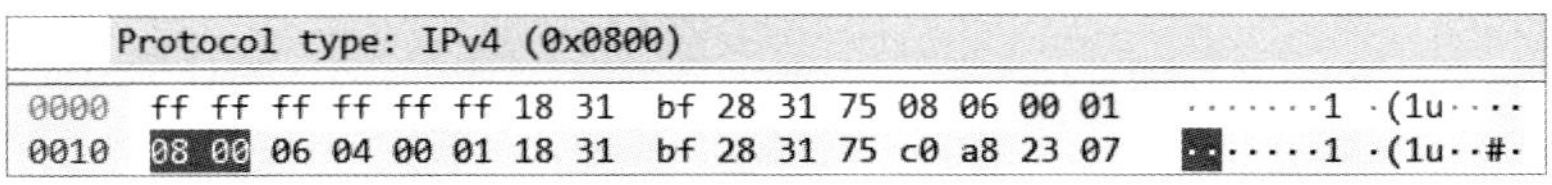

그림 5-78 Protocol type 필드

- Hardware size 필드는 데이터 링크 계층의 주소 크기를 나타내며, MAC 주소의 크기인 6이 지정되어 있다.
- Protocol size 필드는 네트워크 계층의 프로토콜 주소 크기를 나타내며, IP 주소의 크기인 4가 지정되어 있다. Hardware size 필드와 Protocol size 필드는 IP 주소와 MAC 주소를 교환하는 것을 의미한다.
- 2바이트인 Opcode 필드에는 ARP로 수행하는 작업의 종류를 지정한다. request(1)은 IP 주소를 바탕으로 MAC 주소를 질의하는 ARP 요청 브로드캐스트를 의미한다.
- 6바이트인 Sender MAC address는 ARP 요청을 질의하는 송신지 컴퓨터의 MAC 주소를 지정하는 필드이며, 자신이 사용하는 컴퓨터의 MAC 주소가 들어간다.

- 4바이트인 Sender IP address는 ARP 요청을 하는 송신지 컴퓨터의 IP 주소를 지정하는 필드이며, 자신이 사용하는 컴퓨터의 IP 주소가 들어간다.
- 6바이트인 Target MAC address는 통신할 수신지 컴퓨터의 MAC 주소를 지정하는 필드이다. LAN에서 통신하려면 수신지 컴퓨터의 MAC 주소를 알아야 하는데, 처음에는 수신지 컴퓨터의 MAC 주소를 모르는 상태이므로 ARP 요청에서 Target MAC address 필드에 아무것도 지정하지 않고(수신지 컴퓨터의 MAC 주소를 지정하지 않고) 모두 0으로 채워서 LAN 전체에 브로드캐스트로 보낸다. 패킷 데이터 영역을 보면 00 00 00 00 00 00이다.

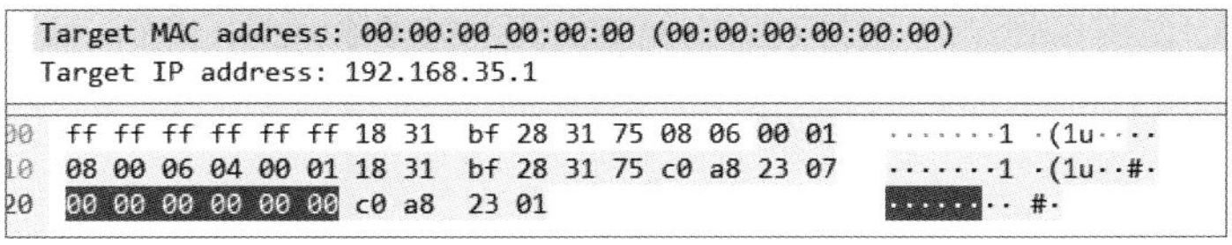

그림 5-79 Target MAC address

- 4바이트인 Target IP address는 통신할 수신 컴퓨터의 IP 주소를 지정하는 필드이다.

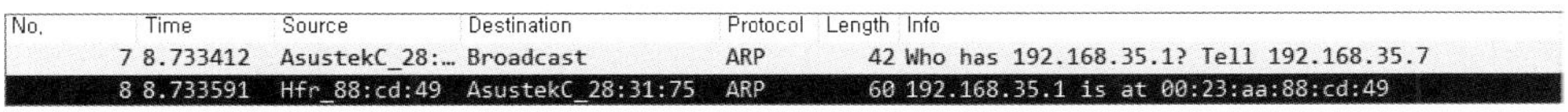

그림 5-80 패킷 리스트 영역의 8번 프레임 선택

Info 열에 있는 …is at… 패킷을 선택한 후 패킷 상세 영역에서 Ethernet II를 클릭한다.

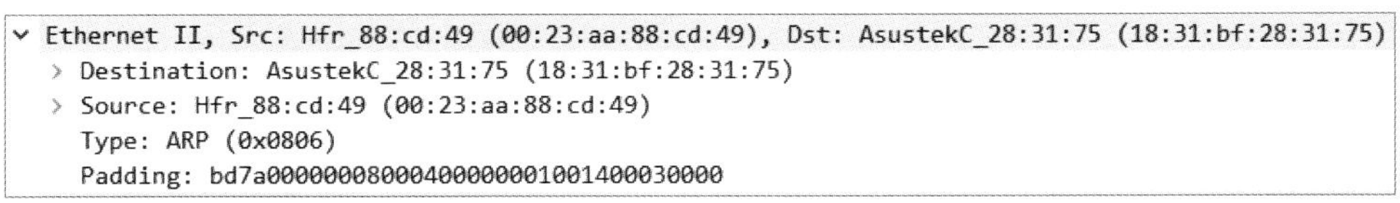

그림 5-81 ARP 응답 유니캐스트 패킷

- Destination 필드에는 수신지(본인) 컴퓨터의 MAC 주소가 지정된다.
- 송신지 주소를 나타내는 Source 필드에는 ARP 요청으로 질의한 기본 게이트웨이의 IP 주소를 사용하는 라우터의 MAC 주소가 지정된다.

패킷 상세 영역에서 Address Resolution Protocol을 클릭한다.

```
> Frame 8: 60 bytes on wire (480 bits), 60 bytes captured (480 bits) on interface 0
> Ethernet II, Src: Hfr_88:cd:49 (00:23:aa:88:cd:49), Dst: AsustekC_28:31:75 (18:31:bf:28:31:75)
v Address Resolution Protocol (reply)
    Hardware type: Ethernet (1)
    Protocol type: IPv4 (0x0800)
    Hardware size: 6
    Protocol size: 4
    Opcode: reply (2)
    Sender MAC address: Hfr_88:cd:49 (00:23:aa:88:cd:49)
    Sender IP address: 192.168.35.1
    Target MAC address: AsustekC_28:31:75 (18:31:bf:28:31:75)
    Target IP address: 192.168.35.7
```

그림 5-82 Address Resolution Protocol(ARP 응답)

- Hardware type, Protocol type, Hardware size, Protocol size 필드의 값은 ARP 요청과 같다.
- Opcode 필드는 ARP 요청과 달리 reply(2)이다. 이 값을 통해 ARP 응답 유니캐스트라는 것을 알 수 있으며, 이 패킷을 ARP 응답 패킷이라고 한다.
- ARP 응답 패킷은 ARP 요청으로 질의를 받은 IP 주소를 사용하는 컴퓨터의 MAC 주소를 응답하는 패킷이다.
- 6바이트인 Sender MAC address 필드에는 ARP 응답을 수행하는 라우터나 컴퓨터의 MAC 주소가 지정된다. LAN 구간 내의 컴퓨터와 통신하는 것이 아니라 라우터를 경유하여 LAN 외부와 통신하므로 외부 네트워크의 출구가 되는 기본 게이트웨이의 MAC 주소를 지정하는 것이다.
- 4바이트인 Sender IP address 필드에는 ARP 응답의 송신지 IP 주소가 지정된다(라우터의 IP 주소가 지정되어 있다). LAN 구간 내에서는 직접 통신하는 컴퓨터가 ARP 응답을 하고, LAN 외부에서는 기본 게이트웨이가 되는 기기가 ARP 응답을 한다.

ARP 캐시 테이블에는 ARP 질의 응답 결과가 질의한 컴퓨터와 응답한 컴퓨터 양쪽에 저장된다. arp 명령에 테이블을 나타내는 −a 옵션을 붙여 실행하면 ARP 캐시 테이블을 확인할 수 있다. arp 명령을 사용할 때는 기존의 ARP 캐시를 미리 삭제하는 것이 좋다. ARP 캐시를 삭제하는 옵션은 −d이며, arp −d 명령은 관리자 권한으로 실행해야 한다.

통신을 하고 있지 않을 때 arp −a 명령을 실행하면 'ARP 항목을 찾을 수 없습니다.'라고 나타난다. 192.168.35.1 ping 명령을 실행하여 ARP 요청과 ARP 응답을 수행한 경우에는 arp −a의 실행 결과와 같이 인터넷 주소와 물리 주소의 조합이 ARP 캐시 테이블에 저장되는 것을 확인할 수 있다. 클라이언트 컴퓨터(192.168.35.7)에서 인터넷 접속을 시도하므로 기본 게이트웨이 IP 주소(192.168.35.1)와 MAC 주소(00−23−aa−88−cd−49)가 ARP 캐시에 동적으로 등록되어 있다.

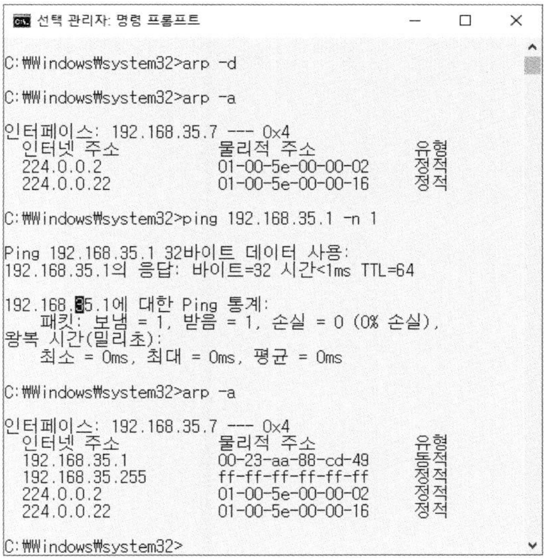

```
선택 관리자: 명령 프롬프트

C:₩Windows₩system32>arp -d

C:₩Windows₩system32>arp -a

인터페이스: 192.168.35.7 --- 0x4
  인터넷 주소           물리적 주소           유형
  224.0.0.2             01-00-5e-00-00-02     정적
  224.0.0.22            01-00-5e-00-00-16     정적

C:₩Windows₩system32>ping 192.168.35.1 -n 1

Ping 192.168.35.1 32바이트 데이터 사용:
192.168.35.1의 응답: 바이트=32 시간<1ms TTL=64

192.168.35.1에 대한 Ping 통계:
    패킷: 보냄 = 1, 받음 = 1, 손실 = 0 (0% 손실),
왕복 시간(밀리초):
    최소 = 0ms, 최대 = 0ms, 평균 = 0ms

C:₩Windows₩system32>arp -a

인터페이스: 192.168.35.7 --- 0x4
  인터넷 주소           물리적 주소           유형
  192.168.35.1          00-23-aa-88-cd-49     동적
  192.168.35.255        ff-ff-ff-ff-ff-ff     정적
  224.0.0.2             01-00-5e-00-00-02     정적
  224.0.0.22            01-00-5e-00-00-16     정적

C:₩Windows₩system32>
```

그림 5-83 arp 명령

요약

01 시스템의 차이로 인해 통신이 되지 않는 문제가 발생할 수 있기 때문에 서로 다른 시스템 간의 통신에는 일련의 표준이 필요한데 이러한 규약을 프로토콜이라고 한다.

02 TCP/IP는 인터넷에서 컴퓨터 간의 통신이 가능하도록 표준화하여 채택한 통신 규약이다.

03 TCP/IP 프로토콜은 네트워크 접속 계층, 네트워크 계층, 전송 계층, 응용 계층으로 구분된다.

04 TCP/IP 계층 구조의 특정 계층에서 수행되는 프로토콜은 상위 계층에서 수행되는 프로세스가 된다.

05 상위 계층에서 볼 때 전송 계층은 호스트 간의 데이터 전송을 담당하는 계층으로, TCP와 UDP 프로토콜을 사용한다.

06 IP 주소는 인터넷에 연결된 모든 컴퓨터에 부여되는 고유 주소이다.

07 IPv4 주소는 8비트 크기의 필드 4개를 모아서 구성한 32비트(4바이트) 논리 주소이다. 163.152. 19.114처럼 .(마침표)로 구분한 10진수 4개로 구성된다.

08 IPv4 주소를 효율적으로 배정하기 위해 클래스라는 개념을 도입했다.

09 IPv4 주소 맨 처음 바이트의 첫 1비트가 0이면 A 클래스, 첫 2비트가 10이면 B 클래스, 첫 3비트가 110이면 C 클래스, 첫 4비트가 1110이면 D 클래스, 첫 4비트가 1111이면 E 클래스이다.

10 IP 주소는 네트워크 ID와 호스트 ID로 구분된다. 네트워크 주소는 네트워크 자체를 나타내는 주소로 다른 네트워크와 구분하는 역할을 하고, 호스트 주소는 해당 네트워크에 속한 호스트(컴퓨터)의 주소를 나타낸다.

11 IP 주소 중에는 인터넷에서 사용하지 않는 주소가 있는데 이를 사설 IP 주소라고 한다. IP 주소의 부족을 해결하기 위해 사설 IP 주소를 사용한다.

12 네트워크 주소와 브로드캐스트 주소는 컴퓨터나 라우터가 자신의 IP로 사용할 수 없는 주소이다.

13 서브넷 마스크는 네트워크 ID와 호스트 ID를 식별하기 위한 32비트의 값으로 A 클래스는 255.0.0.0, B 클래스는 255.255.0.0, C 클래스는 255.255.255.0이다.

14 서브넷 마스크를 슬래시(/비트 수)로 나타내는 프리픽스 표기법을 사용할 수도 있다. 예를 들어 프리픽스 표기법을 사용하면 255.255.0.0은 /16이 되고 255.255.255.0은 /24가 된다.

15 전환 기술은 IPv4 네트워크망과 IPv6 네트워크망 간에 주소 변환기를 이용하여 IP를 상호 연동시키고, 게이트웨이를 이용하여 IPv4와 IPv6 주소 체계를 호환하는 기술이다.

16 TCP/IP에서 네트워크 계층 프로토콜은 IP, ARP, ICMP, IGMP로 구성된다.

17 ARP는 IP 주소를 받아 네트워크 카드의 물리 주소인 MAC 주소로 변환하는 프로토콜이고, RARP는 물리 주소인 MAC 주소를 IP 주소로 변환하는 역주소 변환 프로토콜이다.

18 네트워크의 호스트나 라우터에서는 예상치 못한 상황이나 오류가 발생할 수도 있는데, ICMP는 라우터에서 발생한 오류를 송신 측으로 전송하는 데 사용하는 프로토콜이다.

19 IGMP는 인터넷에 연결한 컴퓨터가 멀티캐스트 그룹을 주위의 라우터에 알릴 수 있는 수단을 제공하는 프로토콜이다.

20 단편 오프셋은 단편화된 패킷을 재결합할 때 플래그 필드, 식별 필드와 결합해서 사용한다.

21 (레이어2) 스위치만 있는 네트워크에서는 모든 컴퓨터와 스위치가 동일한 네트워크에 속한다. 허브도 스위치와 마찬가지로 네트워크를 분할할 수 없지만 라우터는 네트워크를 분할할 수 있다.

22 네트워크로 분할한 뒤 다른 네트워크에 있는 컴퓨터로 데이터를 전송하려면 라우터의 IP 주소를 설정해야 한다. 이는 네트워크의 출입구를 설정하는 것으로 기본 게이트웨이라고 한다.

23 IPv6의 주소 필드는 네트워크 프리픽스 부분(fe80::) 64비트와 인터페이스 ID 부분 64비트로 이루어져 있다.

24 ARP 요청은 LAN에서 브로드캐스트로 전송되고, ARP 응답은 LAN에서 유니캐스트로 전송된다.

연습문제

01 프로토콜의 필요성에 대해 설명하시오.

02 IP 주소 체계에 대해 설명하시오.

03 소규모 네트워크에서 가장 많이 사용하는 C 클래스에 대해 설명하시오.

04 연결형 서비스와 비연결형 서비스의 차이점을 설명하시오.

05 ARP와 RARP에 대해 설명하시오.

06 응용 계층 게이트웨이 방식, 전송 계층 릴레이 방식, 헤더 변환 방식의 차이점을 설명하시오.

07 ICMP의 질의 메시지 유형에 대해 설명하시오.

08 네트워크의 각 노드에 유일한 IP 주소를 자동으로 할당하고 관리하는 서비스는 무엇인가?

09 TCP/IP 주소의 구조에 대해 설명하시오.

10 라우팅에 대해 설명하시오.

11 DNS 서버의 필요성에 대해 설명하시오.

12 네트워크 주소와 브로드캐스트 주소에 대해 설명하시오.

13 검사합이 수행되는 과정을 설명하시오.

14 IPv6 주소 표기법에 대해 설명하시오.

15 네트워크 계층(IP)에서 IPv6 패킷 헤더를 IPv4 패킷 헤더로 또는 IPv4 패킷 헤더를 IPv6 패킷 헤더로 변환하는 방식은 무엇인가?

16 라우터에서 발생한 오류를 송신 측으로 전송하는 데 사용하는 프로토콜은 무엇인가?

01 TCP/IP에서 사용하는 주소로 잘못된 것은?

① 물리 주소 ② 인터넷 주소 ③ 포트 주소 ④ 경로 주소

02 네트워크 계층에 해당하는 프로토콜로 잘못된 것은?

① IP ② ICMP ③ UDP ④ IGMP

03 A 클래스의 공인 IP 주소 범위로 올바른 것은?

① 1.0.0.0~9.255.255.255 ② 128.0.0.0~172.15.255.255
③ 192.0.0.0~192.167.255.255 ④ 192.169.0.0~223.255.255.255

04 B 클래스의 서브넷 마스크로 올바른 것은?

① 255.0.0.0 ② 255.255.0.0
③ 255.255.255.0 ④ 255.255.255.255

05 패킷이 네트워크에서 생존할 수 있는 시간을 규정하는 IPv4 헤더 필드로 올바른 것은?

① 버전 ② 헤더 길이 ③ 단편 오프셋 ④ 라이프 타임

06 라우터에 대한 설명으로 잘못된 것은?

① 스위치와 마찬가지로 라우터는 네트워크를 분할(분리)할 수 없다.
② 네트워크로 분할한 다음에 다른 네트워크에 있는 컴퓨터로 데이터를 전송하려면 라우터의 IP 주소를 설정해야 한다.
③ 현재 네트워크에서 다른 네트워크로 데이터를 전송할 때 라우팅의 경로 정보를 기반으로 최적의 경로로 데이터를 전송한다.
④ 라우터 간에 정보를 교환하기 위한 프로토콜을 라우팅 프로토콜이라고 하는데, 이 라우팅 프로토콜을 설정하여 라우터 간에 경로 정보를 서로 교환하고 그것을 라우팅 테이블에 등록한다.

07 IPv6 주소의 특징으로 잘못된 것은?

① 확대된 주소 공간 ② 복잡해진 헤더 포맷
③ 간편해진 주소 설정 기능 ④ 개선된 모바일 IP

08 호스트 컴퓨터의 물리 주소를 알고 있을 때 IP 주소를 알아내는 데 사용하며, 컴퓨터를 네트워크에 처음 연결할 때나 디스크가 없는 컴퓨터를 부팅할 때 사용하는 프로토콜로 올바른 것은?

① ARP ② RARP ③ TCP ④ HTTP

09 인터넷에 연결한 컴퓨터가 멀티캐스트 그룹을 주위의 라우터에 알릴 수 있는 수단을 제공하는 프로토콜로 올바른 것은?

① SMTP ② FTP ③ IGMP ④ DHCP

10 HTTP 프로토콜에서 사용하는 주소로 올바른 것은?

① MAC 주소 ② IP 주소 ③ URI ④ 포트 번호

01 자신이 사용하는 컴퓨터의 TCP/IP를 확인한다. 네트워크 계층에 해당하는 IP 주소를 확인한다. [네트워크 및 공유 센터]-[이더넷]을 선택한 후 〈자세히〉를 클릭하면 네트워크 연결 세부 정보에서 IP 정보를 확인할 수 있고, 〈속성〉을 클릭하면 TCP/IP 속성을 확인할 수 있다.

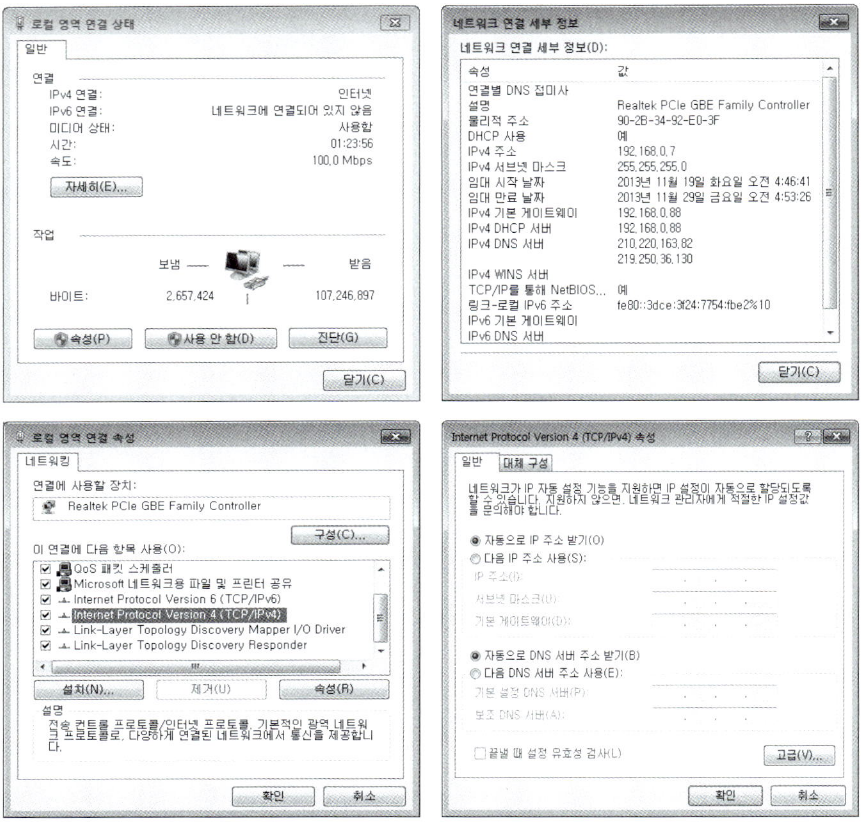

02 학교나 사무실에서 사용하는 컴퓨터의 IP 주소를 확인한 후 IP 주소 체계 클래스(A, B, C, D, E) 중 어디에 속하는지 알아본다.

[참고 사항]

- A 클래스: IP 주소의 시작이 0~127
- B 클래스: IP 주소의 시작이 128~191
- C 클래스: IP 주소의 시작이 192~223
- D 클래스: IP 주소의 시작이 224~239
- E 클래스: IP 주소의 시작이 240~255

03 ARP 명령어를 사용하여 네트워크에 등록된 물리 주소를 확인한다.

명령 프롬프트

```
C:\Users>ARP -A

인터페이스: 117.16.44.150 --- 0xb
  인터넷 주소           물리적 주소           유형
  117.16.44.62          90-2b-34-58-34-ae     동적
  117.16.44.66          90-2b-34-56-e0-eb     동적
  117.16.44.68          a4-ba-db-fb-a7-49     동적
  117.16.44.104         6c-62-6d-5e-1c-10     동적
  117.16.44.105         00-1e-8f-af-9a-33     동적
  117.16.44.108         50-46-5d-73-b8-70     동적
  117.16.44.109         a8-20-66-59-82-44     동적
  117.16.44.114         e8-11-32-14-12-8b     동적
  117.16.44.129         e8-11-32-32-f8-86     동적
  117.16.44.142         e8-11-32-32-be-ef     동적
  117.16.44.208         54-04-a6-47-c1-d7     동적
  117.16.44.212         00-25-22-86-6c-9a     동적
  117.16.44.222         00-25-22-b0-82-4b     동적
  117.16.45.11          00-15-99-96-5b-06     동적
  117.16.45.20          00-13-77-c2-1d-26     동적
  117.16.45.51          00-24-54-fb-56-13     동적
  117.16.45.101         00-24-54-fa-f6-19     동적
  117.16.45.241         02-04-96-52-c9-8b     동적
  117.16.45.242         02-04-96-52-ce-49     동적
  117.16.45.254         00-00-5e-00-01-0a     동적
  117.16.45.255         ff-ff-ff-ff-ff-ff     정적
  224.0.0.22            01-00-5e-00-00-16     정적
  224.0.0.252           01-00-5e-00-00-fc     정적
  225.6.7.8             01-00-5e-06-07-08     정적
  239.255.255.250       01-00-5e-7f-ff-fa     정적
```

04 ping 네트워크 명령을 사용하여 라우팅을 살펴본다.

```
명령 프롬프트
Microsoft Windows [Version 10.0.17134.829]
(c) 2018 Microsoft Corporation. All rights reserved.

C:\Users\hjjin>ping www.kw.ac.kr -i 1

Ping info.kw.ac.kr [223.194.1.80] 32바이트 데이터 사용:
192.168.35.1의 응답: 전송하는 동안 TTL이 만료되었습니다.
192.168.35.1의 응답: 전송하는 동안 TTL이 만료되었습니다.
192.168.35.1의 응답: 전송하는 동안 TTL이 만료되었습니다.
192.168.35.1의 응답: 전송하는 동안 TTL이 만료되었습니다.

223.194.1.80에 대한 Ping 통계:
    패킷: 보냄 = 4, 받음 = 4, 손실 = 0 (0% 손실),

C:\Users\hjjin>ping www.kw.ac.kr -i 2

Ping info.kw.ac.kr [223.194.1.80] 32바이트 데이터 사용:
192.168.55.1의 응답: 전송하는 동안 TTL이 만료되었습니다.
192.168.55.1의 응답: 전송하는 동안 TTL이 만료되었습니다.
192.168.55.1의 응답: 전송하는 동안 TTL이 만료되었습니다.
192.168.55.1의 응답: 전송하는 동안 TTL이 만료되었습니다.

223.194.1.80에 대한 Ping 통계:
    패킷: 보냄 = 4, 받음 = 4, 손실 = 0 (0% 손실),

C:\Users\hjjin>ping www.kw.ac.kr -i 17

Ping info.kw.ac.kr [223.194.1.80] 32바이트 데이터 사용:
223.194.1.80의 응답: 바이트=32 시간=11ms TTL=239
223.194.1.80의 응답: 바이트=32 시간=4ms TTL=239
223.194.1.80의 응답: 바이트=32 시간=4ms TTL=239
223.194.1.80의 응답: 바이트=32 시간=21ms TTL=239

223.194.1.80에 대한 Ping 통계:
    패킷: 보냄 = 4, 받음 = 4, 손실 = 0 (0% 손실),
왕복 시간(밀리초):
    최소 = 4ms, 최대 = 21ms, 평균 = 10ms
```

05 ARP 패킷은 Ethernet II 헤더 뒤에 ARP 헤더가 캡슐화되어 송신된다. ARP 덤프 분석을 수행한다.

arp

No.	Time	Source	Destination	Protocol	Length	Info
7	8.733412	AsustekC_28:…	Broadcast	ARP	42	Who has 192.168.35.1? Tell 192.168.35.7
8	8.733591	Hfr_88:cd:49	AsustekC_28:31:75	ARP	60	192.168.35.1 is at 00:23:aa:88:cd:49
10242	71.209534	AsustekC_28:…	Hfr_88:cd:49	ARP	42	Who has 192.168.35.1? Tell 192.168.35.7
10243	71.209709	Hfr_88:cd:49	AsustekC_28:31:75	ARP	60	192.168.35.1 is at 00:23:aa:88:cd:49
10301	103.2093…	AsustekC_28:…	Hfr_88:cd:49	ARP	42	Who has 192.168.35.1? Tell 192.168.35.7
10302	103.2095…	Hfr_88:cd:49	AsustekC_28:31:75	ARP	60	192.168.35.1 is at 00:23:aa:88:cd:49
10975	256.7097…	AsustekC_28:…	Hfr_88:cd:49	ARP	42	Who has 192.168.35.1? Tell 192.168.35.7
10976	256.7099…	Hfr_88:cd:49	AsustekC_28:31:75	ARP	60	192.168.35.1 is at 00:23:aa:88:cd:49

CHAPTER 06

전송 계층(TCP)

학습목표

- 전송 계층을 이해한다.
- TCP의 기본 개념과 체계를 이해한다.
- UDP의 기본 개념과 체계를 이해한다.
- 전송 계층 프로토콜을 이해한다.
- 와이어샤크를 통해 패킷을 분석한다.

01 전송 계층

네트워크 계층에서 다른 네트워크로 데이터를 전송하는 데에는 라우터가 필요하다. 라우터의 라우팅 기능을 이용하여 데이터를 전송할 때 라우팅 정보가 잘못되거나, 많은 라우터를 경유하는 도중에 라우터에 문제가 생기거나 패킷이 손상되면 데이터가 수신지에 도착하지 못할 수도 있다. 물리 계층, 데이터 링크 계층, 네트워크 계층을 이용하면 수신지에 데이터를 전송할 수 있지만 전송 중인 데이터가 손상되거나 분실되더라도 이러한 계층에서는 아무것도 해줄 수가 없다.

한편 전송 계층은 수신지에 신뢰할 수 있는 데이터를 전송하기 위해 필요한 계층이다. 전송 계층은 오류를 점검하는 기능이 있기 때문에 데이터에 오류가 발생하면 재전송을 요청할 수 있다. 즉 네트워크 계층에서는 수신지까지 데이터를 전송하고, 전송 계층에서는 데이터가 제대로 도착했는지 확인한다. 또한 전송 계층은 전송된 데이터의 수신지가 어떤 애플리케이션인지 식별하는 기능이 있다.

수신지에 데이터가 도착했을 때 그 데이터가 어떤 응용 프로그램에서 사용하는 것인지 판단해야 한다. 전송 계층은 다음 그림과 같이 웹 페이지에서 사용하는 데이터가 도착하면 어떤 애플리케이션(예 크롬, 아웃룩)에 전송해야 하는지 알려준다.

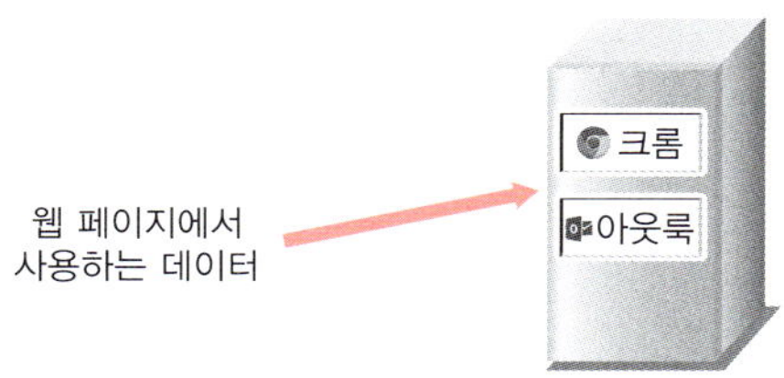

그림 6-1 전송 계층의 필요성

1 전송 계층

전송 계층은 프로토콜(TCP, UDP)과 관련된 계층으로 오류 복구와 흐름 제어 등을 담당하며,

두 시스템 간에 신뢰성 있는 데이터를 전송한다. 또한 네트워크 계층에서 전송된 데이터를 세션 계층의 어느 애플리케이션에 보낼지 판독하고, 네트워크 계층으로 전송할 경로를 선택한다. 현재 가장 많이 사용하는 TCP, UDP는 전송 계층의 대표적인 예이다.

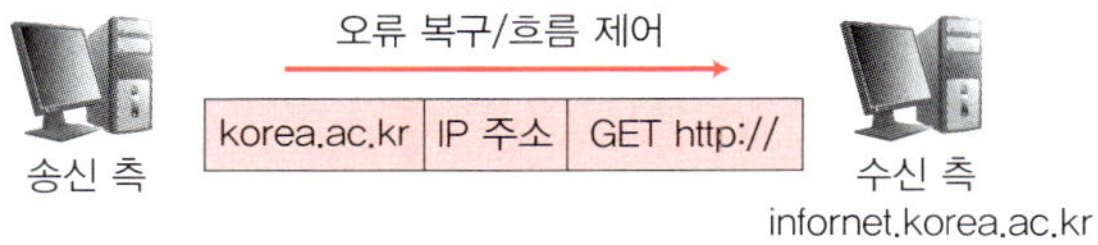

그림 6-2 전송 계층의 예

OSI 참조 모델의 네 번째 계층인 전송 계층은 시스템 종단 간에 투명한 데이터를 양방향으로 전송하는 계층으로, 네트워크 계층에서 전송한 데이터와 실제 운영체제의 프로그램이 연결되는 통신 경로라고 할 수 있다. 예를 들어 네이버의 웹 서버까지 많은 장비를 통과하는 경우 실제로는 물리 계층, 데이터 링크 계층, 네트워크 계층까지만 통신하고 서버에 도착한 후에는 웹 서버가 특정 경로로 통신한다(TCP 80).

송신 측에서는 데이터를 패킷으로 분할하고, 수신 측에서는 패킷을 결합하여 순서대로 재조립한다. 즉 두 프로세스 사이에서 데이터를 전송하기 위해 세션 계층에서 받은 데이터를 패킷 단위로 분할하여 네트워크 계층으로 전송한다. 또한 응용 프로세스 사이에서 데이터를 확실하게 송수신한다.

네트워크 계층은 각 패킷의 전송을 담당하지만 패킷 간의 관계를 인식하지 못하여 각 패킷이 별개의 데이터에 속해 있는 것처럼 각각을 독립적으로 다룬다. 전송 계층은 전송하려는 데이터를 여러 개의 패킷으로 나누어 네트워크 계층에 보내는데, 이때 패킷을 독립적으로 전송하기 때문에 송신하는 순서와 수신 측에서 수신하는 순서가 달라질 수도 있다. 한편 전송 계층은 전체 데이터를 수신 측에 올바르게 전송하려고 하므로, 수신한 데이터의 순서를 재설정하고 오류가 있는 패킷을 재전송할 수 있다. 즉 송신하려는 데이터를 패킷으로 분할하고, 수신한 패킷을 재조립한다.

2 전송 계층의 데이터 단위

다음 그림은 전송 계층, 네트워크 계층, 세션 계층의 관계를 보여준다. 전송 계층의 데이터 헤더에는 포트 주소, 소켓 주소, 순서 번호 등이 포함된다. 전송 계층은 세션 계층에서 온 데이터를 수신할 때 데이터를 전송할 수 있는 세그먼트로 나누고, 수신 측에서 재조립할 수 있도록 헤더에 순서를 표시한다.

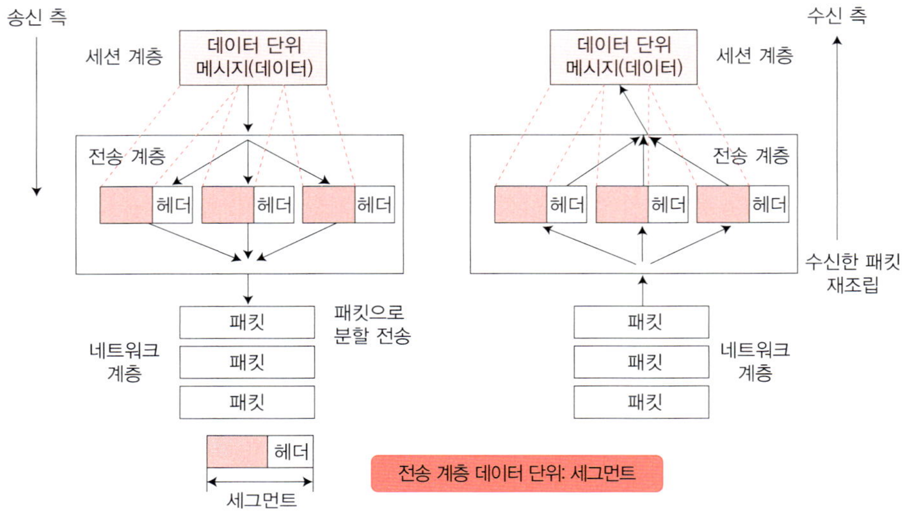

그림 6-3 전송 계층의 데이터 단위

네트워크 계층은 전송해야 하는 시스템에 각 패킷을 전송하는 역할을 하고, 전송 계층은 해당 시스템의 응용 프로그램에 모든 데이터를 전송하는 역할을 한다. 전송 계층의 기능은 다음과 같다.

- **연결 제어**: 패킷을 하나의 경로로 보낼 것인지 결정한다.
- **수신지로 데이터 전송**: 수신지에서 데이터의 모든 패킷 전송과 도착을 검사한다.
- **단편화**: 데이터를 전송 가능한 단편(세그먼트)으로 나누고 순서 번호를 기록한다.
- **재조립**: 수신지의 전송 계층에서 순서 번호에 따라 데이터를 올바르게 재조립한다.

표 6-1 전송 계층의 예와 주요 기능

계층	네트워크 장비	프로토콜	주요 기능
전송 계층(4계층)	게이트웨이	TCP, UDP	신뢰성 있는 통신을 보장하고, 헤더에는 세그먼트를 포함

TCP를 사용하는 전송 계층의 예를 살펴보자. 송신 측에서 데이터(01001100)를 보내면 TCP의 포트 번호 80번을 이용하여 수신 측으로 데이터를 안전하게 전송한다.

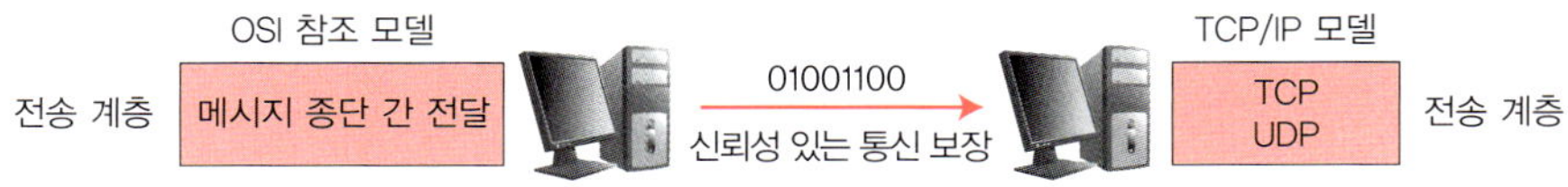

그림 6-4 OSI 참조 모델과 TCP/IP 모델의 전송 계층 비교

3 전송 계층의 통신 방식

전송 계층은 데이터를 수신지까지 문제없이(신뢰성, 정확성) 빠르고 효율적으로(효율성) 전송해야 한다. 신뢰할 수 있고 데이터를 정확하게 전송하는 통신을 연결형 통신이라 하고, 효율적으로 데이터를 전송하는 통신을 비연결형 통신이라 한다. 연결형 통신은 수신 측과 확인해 가면서 통신하는 방식이고, 비연결형 통신은 수신 측의 확인을 거치지 않고 일방적으로 데이터를 전송하는 방식이다.

다음 그림과 같이 연결형 통신은 신뢰성이 우선이므로 데이터를 전송할 때 여러 번 확인하고 전송하지만, 비연결형 통신은 효율성이 우선이므로 확인 절차 없이 일방적으로 데이터를 전송한다. 예를 들어 인터넷을 통해 동영상을 재생할 때는 신뢰할 수 있고 정확한 데이터 전송보다는 빠른 전송이 요구되기 때문에 비연결형 통신을 사용한다. 데이터 전송이 지연되어 동영상이 끊기는 것보다는 데이터가 약간 손실되더라도 끊김 없이 보는 것이 더 좋기 때문이다.

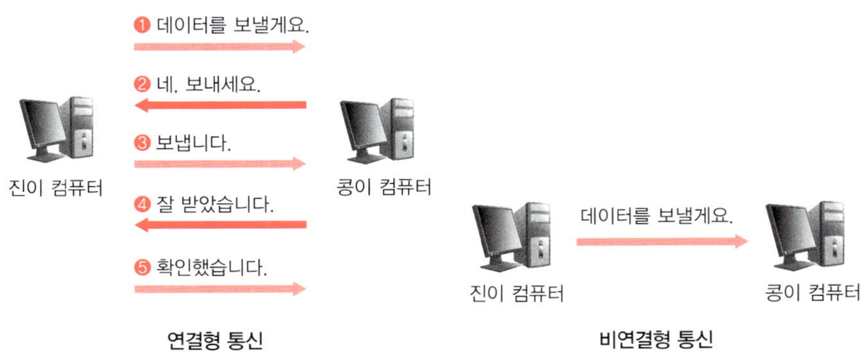

그림 6-5 연결형 통신과 비연결형 통신

전송 계층의 연결형 통신 프로토콜에는 TCP가 사용되고 비연결형 통신 프로토콜에는 UDP가 사용된다. 전송 계층에서 신뢰할 수 있는 정확한 통신을 제공하는 TCP를 다음 절에서 살펴보자.

02 TCP

연결 지향형 프로토콜인 TCP는 신뢰성 있는 바이트 스트림 서비스를 제공한다. 연결 지향이란 응용 프로그램이 데이터를 교환하기 전에 서로 TCP 연결을 확립해야 함을 의미하고, 신뢰성이 있다는 말은 데이터를 성공적으로 수신했거나 오류가 발생했음을 알려주는 것을 의미한다. 신뢰성 있게 순차적으로 데이터를 전송하는 서비스를 '연결형 서비스'라고 한다. 연결형 서비스는 송신 측 전송 계층 프로세스와 수신 측 전송 계층 프로세스 간에 연결이라는 논리적 관계를 설정하는 것이다. 또한 전송 계층 프로토콜은 신뢰성 있고 순차적인 데이터 전송 서비스를 지원하는 데 필요한 제어 기능을 수행한다.

1 TCP 연결형 데이터 서비스

TCP 전송 계층은 송신 측 TCP 포트에서 수신 측 TCP 포트로 바이트 스트림을 전송하는 연결형 데이터 전달 서비스를 제공한다. TCP 사용자가 연결을 요청하면 TCP 프로토콜과 수신 측 TCP 사용자가 연결 설정에 동의하여 TCP 연결을 설정한다.

데이터 전송 서비스는 두 통신 프로세스 간에 양방향으로 동시에 데이터를 전송할 수 있는 전이중 방식 서비스를 말한다. 전이중 방식은 동시에 데이터를 송수신하는 것으로, 전화를 대표적인 예로 꼽을 수 있다.

연결 지향형 프로토콜은 송신 측 컴퓨터와 수신 측 컴퓨터가 데이터를 전송하기 전에 먼저 데이터를 송수신할 수 있는 연결 통로를 만들고 데이터를 전송하는 프로토콜이다. 상대방과 통신할 때 송신 측 컴퓨터는 먼저 수신 측 컴퓨터까지의 연결 상태를 확인한 후 데이터 전송을 시작하고, 통신을 종료할 때까지 연결 상태를 유지한다. 또한 전송한 데이터가 제대로 전송되었는지 확인하는 작업도 한다. 연결 지향형 프로토콜은 신뢰성 있는 데이터 전송을 보장하며, 오류가 발생하면 수신자에게 알려준다. TCP는 대표적인 연결 지향형 프로토콜이다.

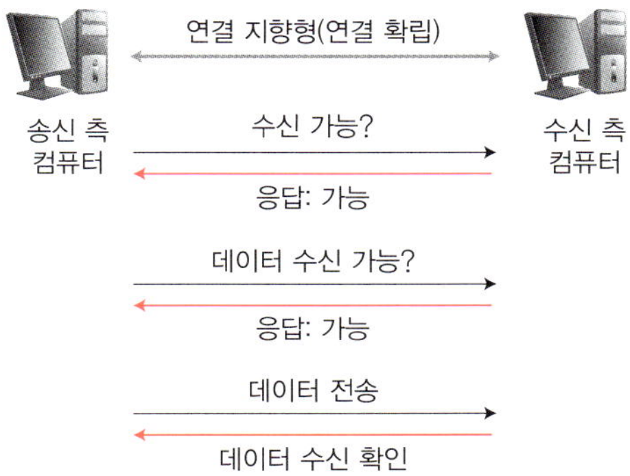

그림 6-6 연결 지향형 프로토콜

2 포트 번호

포트는 TCP가 상위 계층으로 데이터를 전송하거나 상위 계층에서 TCP로 데이터를 전송할 때 상호 간에 사용하는 데이터의 이동 통로를 말한다. 여러 포트를 이용하여 통신할 때 상위 계층에서는 TCP 포트 20번으로 하위 계층인 TCP와 통신하려 하고, 하위 계층인 TCP는 통신 포트 40번으로 상위 계층과 통신하려 한다면 상위 계층과 하위 계층 간에 통신이 되지 않는다. 즉 상위 계층 프로토콜과 하위 계층 프로토콜이 같은 포트를 사용해야만 통신할 수 있다.

통신할 때 여러 웹 사이트에서 동시에 파일을 다운로드할 수 있다. TCP 프로토콜이 포트를 여러 개 사용하여 상위 계층의 프로그램과 각각 따로 통신하기 때문에 동시에 파일을 다운로드할 수 있는 것이다.

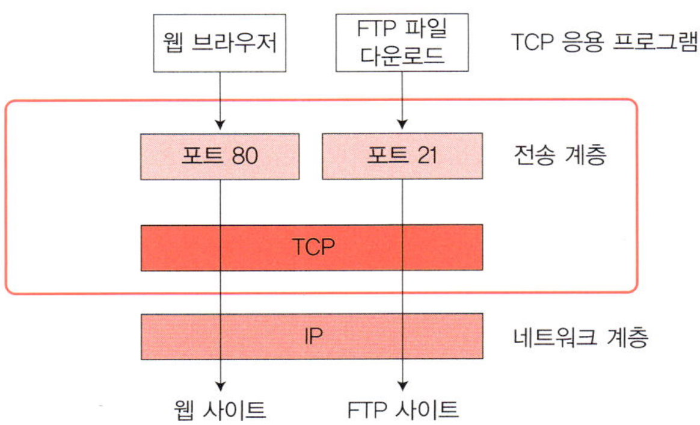

그림 6-7 TCP 포트를 이용한 통신

웹 브라우저(인터넷 익스플로러)로 서버에 접속하여 웹 페이지의 내용을 보려면 다음과 같은 과정을 거쳐야 한다.

❶ 웹 브라우저에서 접속하려는 서버의 IP 주소를 입력한 후 해당 서버에 액세스한다.

❷ 서버가 웹 서비스를 위해 열어놓은 포트(수신지 포트)를 이용하여 웹 서비스를 담당하는 상위 계층의 서버 프로그램에 웹 페이지의 내용을 요청한다.

❸ 웹 서비스를 하는 서버의 IP 주소가 163.152.18.73이고 포트 80번을 웹 서비스용으로 사용하는 경우, 서버(infornet.korea.ac.kr)에 접속하려는 클라이언트도 포트 80번으로 접속해야 한다.

웹 페이지의 내용을 클라이언트에 전송하려면 서버 또한 클라이언트가 웹 페이지의 내용을 보기 위해 열어놓은 클라이언트 소스 포트 번호를 알아야 한다. 웹 브라우저로 접속할 때는 웹 브라우저에 임의의 포트가 자동으로 할당된다. 클라이언트는 서버에 접속을 요청하면서 자신의 소스 포트 번호도 함께 전송한다. 즉 서버에 접속을 요청할 때 사용하는 포트 번호는 클라이언트의 포트 번호와 서버의 포트 번호이다. 마찬가지로 서버가 클라이언트에 웹 페이지의 내용을 전송할 때 사용하는 포트 번호도 서버의 포트 번호와 클라이언트의 포트 번호이다.

신호를 보내는 입장에서 보낸 신호의 응답을 받을 포트 번호를 '소스 포트 번호'라 하고, 연결을 요청할 포트 번호를 '수신지 포트 번호'라 한다. 소스 포트 번호는 해당 프로그램에서 랜덤으로 지정하지만 수신지 포트 번호는 정해진 번호를 사용해야 한다. 서버가 포트 80번이 아닌 다른 포트 번호를 웹 서비스용으로 사용할 때는 서버에 접속하려는 클라이언트도 포트 80번이 아닌 해당 포트 번호로 접속해야 한다. TCP 헤더에 포트 번호가 있기 때문에 애플리케이션을 구분할 수 있는 것이다. 웹 서비스나 메일 서비스 등은 클라이언트가 편리하게 접속할 수 있도록 해당 서비스에 미리 할당해놓은 포트 번호를 사용한다. 포트 번호는 0~65535번을 사용할 수 있다.

주요 인터넷 서비스에 정해놓은 포트 번호를 '잘 알려진 포트 번호'라고 하며 0~1023번이 할당되어 있다. 0~1023번은 일반적으로 서버 측 애플리케이션에서 사용한다. 1024번은 예약되어 있지만 잘 사용되지 않는 포트이고, 1025번 이상은 랜덤 포트로서 클라이언트 측의 송신 포트로 사용된다.

웹 서비스는 HTTP 프로토콜을 사용하므로 포트 번호가 80번이다. 우리가 웹 브라우저를 사용하여 웹 서버에 접속할 때 포트 번호를 입력하지 않아도 자동으로 80번이 할당된다. 포트 번호가 80번이 아닌 웹 페이지에 접속하려면 웹 브라우저에 주소를 입력할 때 포트 번호도 같이 입력해야 한다(http://도메인 이름:포트 번호). 다시 말해 웹 페이지의 포트 번호를 80번이 아닌 다른 번호로 할당하면 해당 포트 번호를 아는 사람만 웹 페이지에 접속할 수 있어 어느 정도 보안이 유지된다. 또한 하나의 웹 서버를 만들어(하나의 IP 주소만 있는) 포트 번호를 이용하면 여러 웹 사이트를 서비스할 수 있다.

표 6-2 잘 알려진 포트 번호

포트 번호	애플리케이션	포트 번호	애플리케이션
21	FTP	80	HTTP
25	SMTP	110	POP3
53	DNS	443	HTTPS

포트 번호를 사용하지 않고 네트워크 통신을 하면 데이터가 수신되더라도 애플리케이션까지 도착하지는 못한다. 데이터를 전송할 때는 수신 측의 IP 주소가 필요하지만, 어떤 애플리케이션이 사용되고 있는지 구분하려면 TCP는 포트 번호가 필요하다.

3 TCP 세그먼트

TCP 프로토콜은 전송을 위해 바이트 스트림을 세그먼트 단위로 나눈다. 세그먼트는 TCP를 이용하여 두 장치 간에 전달하는 데이터의 단위를 말한다. 다음 그림은 TCP 세그먼트를 IP 데이터그램으로 캡슐화하는 것을 보여준다.

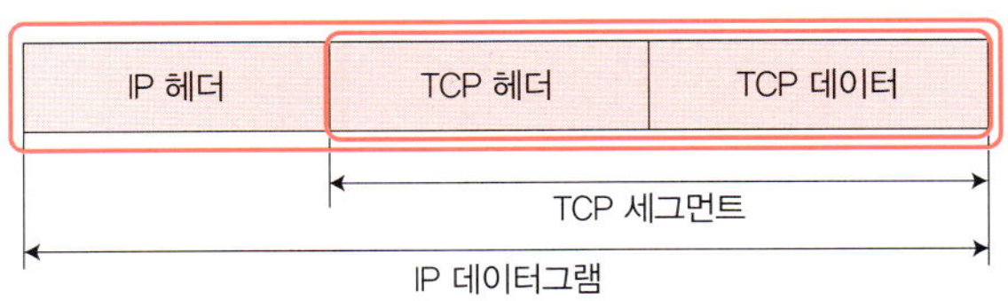

그림 6-8 캡슐화된 TCP 데이터

NOTE TCP로 전송할 때 추가하는 헤더를 TCP 헤더라 하고, TCP 헤더가 붙은 데이터를 TCP 세그먼트라 한다.

다음 그림은 TCP 세그먼트의 형식과 각 필드를 보여준다. 지면이 한정되어 가로로 나타내지 못했지만 실제로는 송신지 포트 번호부터 옵션 순으로 데이터가 나열되어 있다.

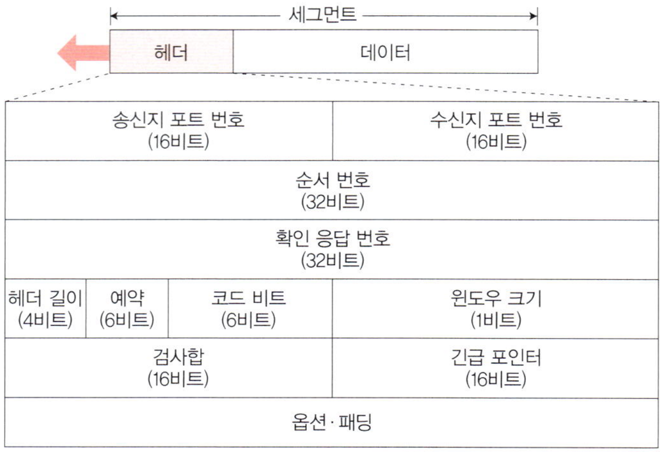

그림 6-9 TCP 헤더

TCP 헤더는 수신지까지 데이터를 제대로 전송하는 데 필요한 정보를 가지고 있다. 데이터를 전송하려면 먼저 연결을 확립해야 한다. 연결을 확립하는 방법이 궁금하다면 코드 비트 필드를 참고한다.

■ 송신지 포트 번호

송신지 포트 번호Source Port Address 필드는 세그먼트를 전송하는 송신지 호스트에 있는 응용 프로그램의 포트 번호이다.

■ 수신지 포트 번호

수신지 포트 번호Destination Port Address 필드는 수신지 호스트에서 수행하는 프로세스가 사용하는 포트 번호로, 클라이언트가 수신지 호스트를 요청하는 서버라면 대부분은 잘 알려진 포트 번호이다.

■ 순서 번호

순서 번호Sequence Number 필드는 세그먼트에 포함된 데이터의 첫 번째 바이트에 부여된 것으로 32비트의 부호 없는 번호이다. 0부터 시작해서 $2^{32}-1$을 초과하면 다시 0으로 되돌아온다. TCP는 신뢰성 있는 연결을 보장하기 위해 전송하는 바이트마다 번호를 부여한다. 순서 번호는 수신지 TCP에 세그먼트의 첫 번째 바이트가 순서 번호에 해당하는 바이트라는 것을 알려준다.

■ 확인 응답 번호

확인 응답 번호Acknowledgement Number 필드는 세그먼트를 수신하는 노드가 상대편 노드에서 수신하려는 바이트의 번호이다. 이 번호는 성공적으로 수신한 마지막 바이트의 순서 번호 +1이다.

■ 헤더 길이

헤더 길이Header Length 필드는 TCP 헤더 길이를 4바이트 워드 값으로 나타내며, 헤더 길이는 20~60바이트가 될 수 있다. 따라서 이 필드의 값은 5×4=20에서 15×4=60 사이이다.

■ 예약

6비트의 예약Reserved 필드는 나중에 사용하기 위해 예약된 필드이다.

■ 코드 비트

연결의 제어 정보가 기록되는 코드 비트Code Bit는 TCP 헤더의 107번째부터 112번째 비트이다. 코드 비트는 비트별로 역할이 정해져 있으며, 초깃값이 0이고 비트가 활성화되면 1이 된다. 데이터를 전송할 때 연결을 확립하려면 코드 비트 중 연결 요청을 하는 SYN과 확인 응답을 하는 ACK가 필요하다.

표 6-3 코드 비트

코드 비트	설명
URG	긴급하게 처리할 데이터가 들어 있음
ACK	응답 확인 번호 사용
PSH	TCP가 받은 데이터를 상위 계층에 전달
RST	연결 재설정
SYN	연결을 초기화하려고 순서 번호 동기화
FIN	데이터 송신 종료

URG	ACK	PSH	RST	SYN	FIN
0	1	0	0	1	0
1비트	1비트	1비트	1비트	1비트	1비트

신뢰할 수 있는 연결을 위해서는 데이터를 전송하기 전에 패킷을 교환해야 한다. 데이터를 전송하기 전에 연결을 확립하기 위해 패킷 요청을 세 번 교환하는 것을 3-way 핸드셰이킹

이라고 한다. 핸드셰이킹은 우리가 상대방을 확인하고 악수를 하는 것처럼 네트워크 통신에서도 확실하게 데이터가 전송되었는지 확인하면서 이루어지는 통신 방식이다. SYN과 ACK를 사용한 3-way 핸드셰이킹 과정은 다음과 같다.

❶ 네트워크 통신을 하려면 수신 측 컴퓨터의 허락을 받아야 하므로 먼저 송신 측 컴퓨터는 수신 측 컴퓨터에 연결 확립 허가를 받기 위한 SYN 요청을 보낸다.

❷ 수신 측 컴퓨터는 송신 측 컴퓨터가 보낸 요청을 받은 후 허가한다는 응답을 회신하기 위해 연결 확립 응답인 ACK를 보낸다. 동시에 수신 측 컴퓨터는 송신 측 컴퓨터로부터 데이터 전송 허가를 받기 위해 연결 확립 요청인 SYN을 보낸다. 이때 연결을 확립하기 위해 코드 비트의 SYN과 ACK가 1로 활성화된다.

❸ 수신 측 컴퓨터의 요청을 받은 송신 측 컴퓨터는 수신 측 컴퓨터에 허가한다는 응답으로 연결 확립 응답인 ACK를 보낸다.

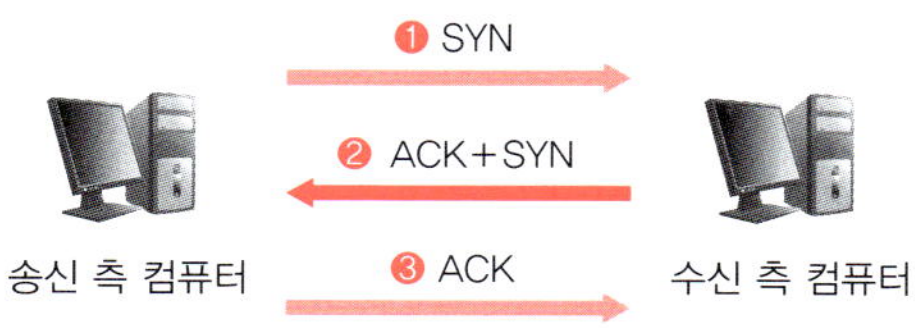

❶ 연결 확립 요청 (1로 활성화: SYN)

URG	ACK	PSH	RST	SYN	FIN
0	0	0	0	1	0

❷ 연결 확립 응답+연결 확립 요청

URG	ACK	PSH	RST	SYN	FIN
0	1	0	0	1	0

❸ 연결 확립 응답

URG	ACK	PSH	RST	SYN	FIN
0	1	0	0	0	0

그림 6-10 연결 확립 과정

데이터를 전송한 뒤에는 연결을 끊기 위한 요청을 교환해야 한다. 연결을 끊을 때는 FIN과 ACK를 사용하는데 FIN은 연결 종료를 뜻한다. FIN과 ACK를 사용한 연결 종료 과정은 다음과 같다.

❶ 송신 측 컴퓨터는 수신 측 컴퓨터로 연결 종료 요청(FIN)을 보낸다.

❷, ❸ 수신 측 컴퓨터는 송신 측 컴퓨터로 연결 종료 응답(ACK)을 반환한다. 또한 수신 측 컴퓨터는 송신 측 컴퓨터로 연결 종료 요청(FIN)을 보낸다.

❹ 송신 측 컴퓨터는 수신 측 컴퓨터로 연결 종료 응답(ACK)을 반환한다.

연결을 종료할 때는 다음 그림과 같이 FIN과 ACK가 1로 활성화된다.

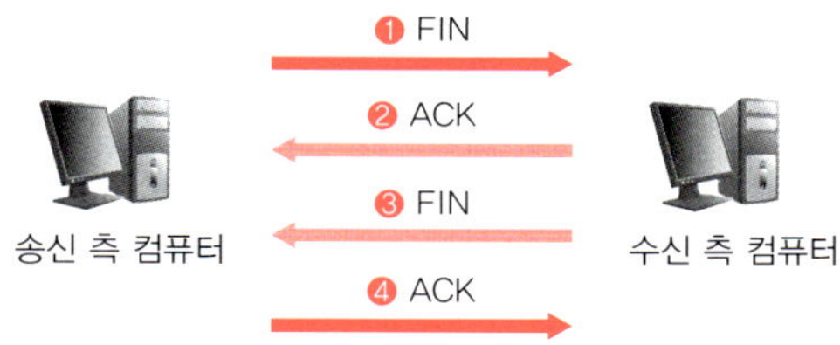

❶ 연결 종료 요청 (1로 활성화: FIN)

URG	ACK	PSH	RST	SYN	FIN
0	0	0	0	0	1

❷ 연결 종료 응답

URG	ACK	PSH	RST	SYN	FIN
0	1	0	0	0	0

❸ 연결 종료 요청

URG	ACK	PSH	RST	SYN	FIN
0	0	0	0	0	1

❹ 연결 종료 응답

URG	ACK	PSH	RST	SYN	FIN
0	1	0	0	0	0

그림 6-11 연결 종료 과정

3-way 핸드셰이킹 과정이 끝나고 실제 데이터를 전송하거나 수신 측이 수신할 때는 TCP 헤더의 순서 번호와 확인 응답 번호를 사용한다. TCP는 데이터를 분할해서 전송하는데, 이때 데이터에 일련번호, 즉 순서 번호를 부여하면 수신 측은 몇 번째 데이터를 받았는지 알 수 있다. 확인 응답 번호는 수신 측이 몇 번째 데이터를 수신했는지 송신 측에 알려주는 데 사용된다. 확인 응답 번호는 다음 번호의 데이터를 요청할 때도 사용된다. 예를 들어 50번 데이터를 수신하면 51번 데이터를 수신 측에 요청하는데 이를 확인 응답이라고 한다.

■ 윈도우 크기

윈도우 크기Window Size 필드는 상대방이 유지해야 하는 바이트 단위의 윈도우 크기를 정의한다. 필드의 길이가 16비트이므로 윈도우의 최대 크기는 65,535바이트이다.

■ 검사합

검사합Checksum 필드에는 의사 헤드를 포함한 헤드 부분의 오류를 검출하는 검사합 계산이 포함된다.

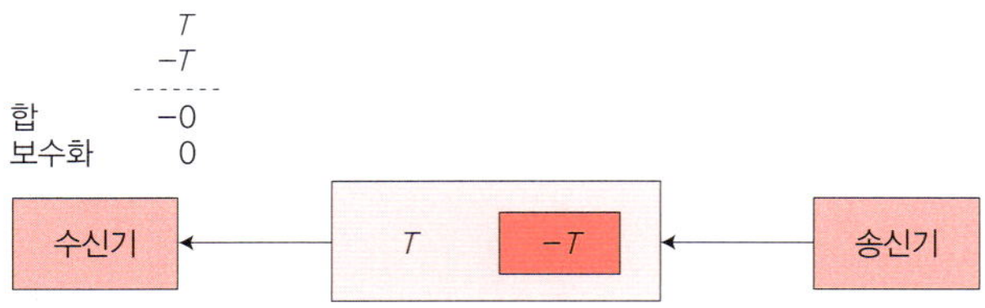

그림 6-12 검사합

상위 계층에서 사용하는 오류 검출 방법인 검사합을 수행하는 과정을 살펴보자. 송신 측에서는 다음과 같은 과정을 거친다.

❶ 데이터 단위를 각각 n(보통 16)비트인 섹션 m개로 나눈다.

❷ 모든 섹션은 합을 만들기 위해 1의 보수를 사용하여 서로 더한다.

❸ 합이 보수화되어 검사합이 된다.

❹ 검사합의 값을 데이터와 함께 보낸다.

한편 수신 측에서는 다음과 같은 과정을 거친다.

❶ 데이터 단위를 각각 n비트인 섹션 m개로 나눈다.

❷ 모든 섹션은 합을 만들기 위해 1의 보수를 사용하여 서로 더한다.

❸ 합이 보수화된다.

❹ 결과가 0이면 오류가 없는 것이고, 그렇지 않으면 오류가 발생한 것이다.

예를 들어 16비트 블록을 8비트 검사합을 사용하여 전송하는 경우를 생각해보자.

```
10101001 00111001
         10101001
         00111001
-----------------
     합: 11100010
 검사합: 00011101
```

전송 데이터: 10101001 00111001 00011101

수신 데이터: 10101001 00111001 00011101

섹션 3개를 모두 더한 후 1의 보수가 0인지 확인한다.

```
          10101001
          00111001
          00011101
---------------------
결과: 1  11111111
1의 보수: 00000000
```

TCP 헤더의 선택 사항 필드가 지정되지 않았다면 TCP 헤더의 크기는 20바이트이며, 전송되는 바이트는 보낸 순서대로 수신지 컴퓨터에 도착한다. 반면 TCP 하위 계층인 IP 계층은 연결형 서비스를 제공하므로 패킷이나 데이터 세그먼트가 수신 측의 IP 계층에 순서대로 도착하지 않을 수도 있다. 이때는 수신 측의 TCP 계층에서 도착한 패킷이나 데이터 세그먼트의 순서를 맞춘다. 또한 네트워크 문제로 패킷이 손실되면 TCP는 재전송을 요청한다.

그림 6-13 소켓 주소

각 종단 프로세스 간을 연결하려면 TCP는 IP 주소와 포트 번호라는 식별자가 필요하며, IP 주소와 포트 번호의 조합을 '소켓 주소socket address'라고 한다. TCP 서비스를 이용하려면 클라이언트의 소켓 주소와 서버의 소켓 주소가 필요하다. 클라이언트의 소켓 주소는 하나의 클라이언트 응용 프로그램을 정의하고, 서버의 소켓 주소는 하나의 서버 응용 프로그램을 정의한다.

■ 긴급 포인터

URG 플래그가 설정되면 긴급한 데이터의 마지막 바이트 순서 번호는 긴급 포인터urgent pointer 값과 순서 번호 값의 합으로 계산된다.

■ 옵션

송신지에서 수신하고자 하는 세그먼트의 최대 크기MSS를 나타낸다.

❹ TCP 연결 관리

포트 번호만 사용하여 응용 프로그램을 식별하는 UDP와 달리 TCP는 연결을 사용하여 응용 프로그램을 식별한다. 다음 그림을 통해 실제로 이루어지는 네트워크 통신의 흐름을 살펴보자.

그림 6-14 네트워크 통신의 흐름

데이터를 전송하기 전 단계에서 3-way 핸드셰이킹으로 연결 수립이 이루어질 때 해당 통신에 사용하는 순서 번호인 5001번과 확인 응답 번호인 6001번이 결정된다. 순서 번호 5001번은 지금 전송하는 300바이트 데이터의 첫 번째 바이트 번호이고, 확인 응답 번호는 다음에 전송하길 바라는 데이터의 첫 번째 바이트 번호이다.

❶ 송신 측 컴퓨터는 수신 측 컴퓨터로 300바이트의 데이터를 전송한다.

❷ 수신 측 컴퓨터는 300바이트를 수신하고 다음에 수신하고자 하는 데이터의 번호를 확인 응답 번호에 넣는다. 다음에 수신하고자 하는 데이터는 5001 + 300 = 5301이므로 5301번부터 전송해달라고 요청한다.

❸ 송신 측 컴퓨터는 수신 측 컴퓨터로 5301번부터 300바이트의 데이터를 전송한다.

❹ 수신 측 컴퓨터는 300바이트를 수신하고 다음에 수신하고자 하는 데이터의 번호를 확인 응답 번호에 넣는다. 다음에 수신하고자 하는 데이터는 5301 + 300 = 5601이므로 5601번부터 전송해달라고 요청한다.

데이터 전송이 완료될 때까지 ❶~❹를 반복한다. 전송된 데이터에 오류가 발생했을 때는 순서 번호와 확인 응답 번호를 사용하여 일정 시간 대기한 후 데이터를 재전송한다.

5 TCP 흐름 제어

TCP는 원래의 데이터를 패킷이라는 단위로 분할해서 전송하기 때문에 수신 측 컴퓨터는 수신한 패킷을 재결합하여 원래의 데이터로 만들어야 한다. 패킷을 전송할 때 네트워크 상황에 따라 패킷의 도착 순서가 바뀔 수도 있고 도중에 패킷이 사라질 수도 있다. 따라서 TCP는 패킷 번호를 사용하여 신뢰성 있는 데이터를 전송한다. 수신 측 컴퓨터는 패킷이 정상적으로 도착했는지 송신 측 컴퓨터에 알리고, 송신 측 컴퓨터는 정상적으로 전송되지 않은 패킷을 재전송한다.

패킷을 한 번에 하나씩 송수신하는 것보다 여러 패킷을 한 번에 송수신한 후 확인 응답 신호를 전송하는 것이 효율적이다. 예를 들어 3개의 패킷을 전송하는 경우 한 번에 하나씩 전송하면 확인 작업을 세 번 해야 하지만, 3개의 패킷을 한꺼번에 전송하고 확인 응답 신호를 받으면 훨씬 효율적이다.

■ 윈도우 크기

수신 측 컴퓨터로 대량의 데이터를 전송할 때 오버플로가 발생하지 않도록 얼마나 많은 용량의 데이터를 저장할 수 있는지를 나타내는 것이 윈도우 크기이다. 즉 윈도우 크기는 확인 응답을 하나하나 하지 않고 연속해서 송수신할 수 있는 데이터 크기를 말한다.

데이터를 전송할 때 한 번에 전송할 수 있는 전체 패킷의 크기를 'TCP 윈도우 크기'라고 하는데, 윈도우 크기가 크면 한 번에 여러 패킷을 전송할 수 있다. 윈도우 크기는 항상 고정되어 있지 않다. 윈도우 크기의 초깃값은 3-way 핸드셰이킹을 할 때 판단한다. 다음 그림에서는 송신 측 컴퓨터의 윈도우 크기가 5,000바이트이고 수신 측 컴퓨터의 윈도우 크기가 7,000바이트이다. 3-way 핸드셰이킹을 하는 동안 서로의 윈도우 크기를 확인한다.

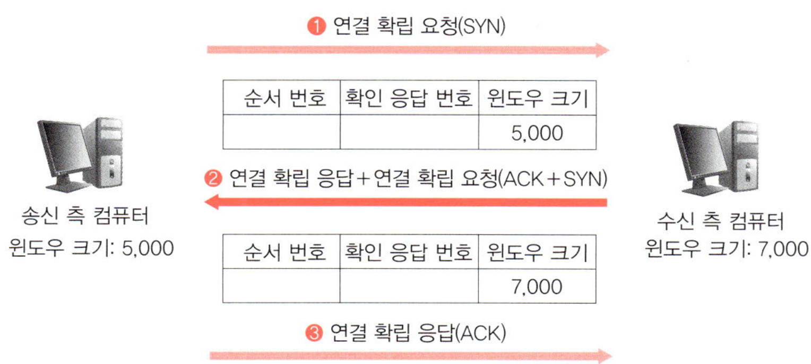

그림 6-15 윈도우 크기

❶ 연결 확립을 요청하면 수신 측 컴퓨터는 송신 측 컴퓨터의 윈도우 크기를 확인한다(SYN).

❷ 연결 확립 응답과 연결 확립 요청을 통해 송신 측 컴퓨터는 수신 측 컴퓨터의 윈도우 크기를 확인한다(ACK+SYN).

❸ 연결 확립 응답으로 윈도우 크기 확인 과정이 마무리된다(ACK, 3-way 핸드셰이킹).

이처럼 송수신 측 컴퓨터가 상대방의 윈도우 크기를 확인함으로써 오버플로가 발생하지 않게 데이터를 전송할 수 있다. 수신 측 컴퓨터는 처리할 패킷이 너무 많으면 한 번에 전송하는 패킷의 수를 줄이라는 신호를 송신 측 컴퓨터에 보내고, 이 신호를 받은 송신 측 컴퓨터는 요청한 수만큼 패킷을 한 번에 전송한다.

인터넷에서 파일이나 동영상을 다운로드할 때 다운로드 속도가 계속 변하는 것을 보았을 것이다. 이는 네트워크 자체의 영향일 수도 있지만 TCP 윈도우 크기와도 관련이 있다. 송신 측 컴퓨터가 TCP 윈도우를 사용하여 어떻게 데이터를 전송하는지 살펴보자.

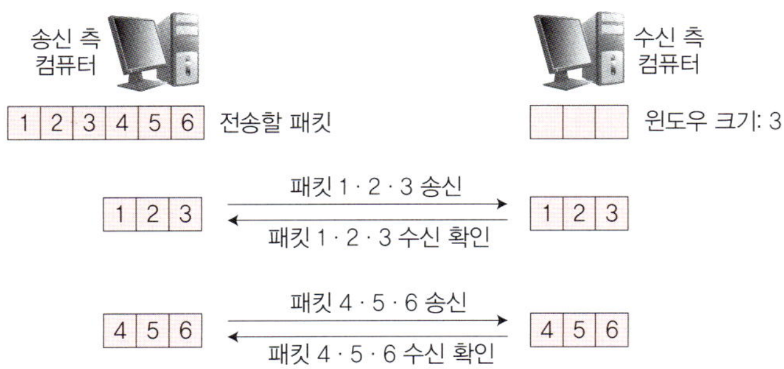

그림 6-16 윈도우 크기를 이용한 패킷 전송

■ 슬라이딩 윈도우

송신 측 컴퓨터에서 한 번에 전송할 송신 윈도우 크기가 패킷 4개 크기라고 가정해보자. 송신 측 컴퓨터는 윈도우 크기에 따라 1~4번 패킷을 전송하고, 수신 측 컴퓨터에서 수신 확인 ACK 신호를 수신하면 ACK 신호에서 요청한 5번 패킷 위치로 송신 윈도우를 옮긴다. 다시 윈도우 안의 패킷을 전송하고, 수신 측 컴퓨터에서 ACK 신호를 수신하면 ACK 신호에서 요청한 9번 패킷 위치로 송신 윈도우를 옮긴다. 이처럼 송신 버퍼 역할을 하기 위해 송신 윈도우를 이동하는 방식을 '슬라이딩 윈도우sliding window'라고 한다.

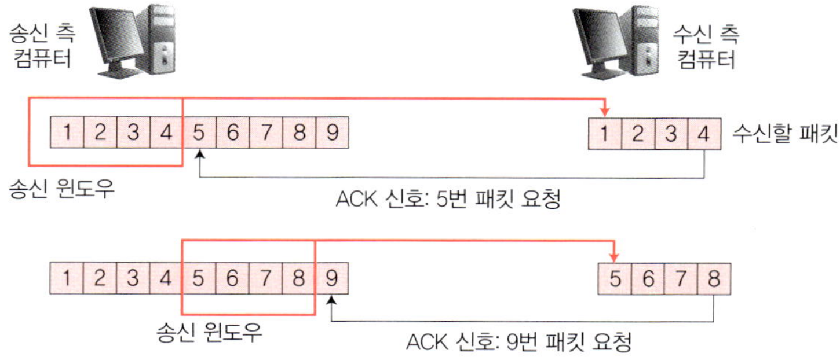

그림 6-17 슬라이딩 윈도우

03 UDP

UDPUser Datagram Protocol(사용자 데이터그램 프로토콜)는 RFC 768 문서에 정의된 비연결 지향 프로토콜로, TCP(연결 지향 프로토콜)와 달리 패킷이나 흐름 제어, 단편화 및 전송 보장 등의 기능을 제공하지 않는다. UDP 헤더는 TCP 헤더보다 간단하기 때문에 상대적으로 통신 과부하가 적다. UDP 헤더의 크기는 8바이트로 TCP 헤더의 크기(20바이트)보다 작다.

TCP 프로토콜이 연결을 설정·해제하기 위해 독립적인 메시지 패킷을 사용하는 데 반해 UDP 프로토콜은 독립적인 제어 메시지를 사용하지 않는다. UDP 통신은 요청 메시지와 응답 메시지만으로 구성되고 주로 적은 양의 데이터 전송에 사용된다. UDP를 사용하는 대표적인 응용 계층 프로토콜은 DNSDomain Name System, DHCP, SNMP 등이다.

다음 그림은 UDP 헤더의 구조를 보여준다. 각 영역의 기능을 살펴보자.

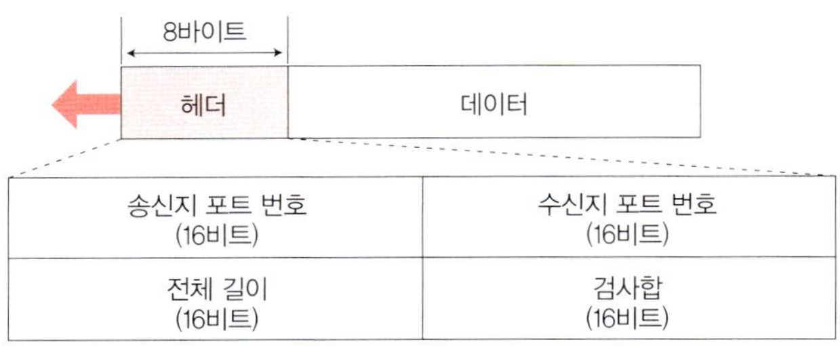

그림 6-18 UDP 헤더의 구조

■ **송신지 포트 번호**

16비트인 송신지 포트 번호는 데이터 영역의 데이터 정보를 만든 전송 시스템의 프로세스나 응용 프로그램을 말한다. TCP 헤더의 송신지 포트와 같은 기능을 수행한다.

■ **수신지 포트 번호**

16비트인 수신지 포트 번호는 데이터 영역의 데이터 정보를 처리할 수신 시스템의 프로세스나 응용 프로그램을 말한다. TCP 헤더의 송신지 포트와 같은 기능을 수행한다.

■ **전체 길이**

16비트인 전체 길이는 UDP 헤더와 데이터의 길이를 바이트 단위로 표현한 것으로, UDP 메시지에 얼마나 많은 데이터 정보가 포함되었는지를 나타낸다.

■ **검사합**

수신 측에서는 16비트인 검사합을 사용하여 UDP 헤더와 데이터 및 IP 헤더의 오류를 검사한다. UDP 표준에서는 검사합이 선택 사항이며, 이 영역을 사용하지 않으면 UDP 패킷의 영역은 값이 0이다.

■ **데이터**

송신지 포트의 응용 계층 프로세스가 만든 데이터 정보로 크기가 가변적이다.

UDP는 비연결형 서비스이고 데이터 전송의 신뢰성을 확보할 수 없기 때문에 네트워크에서 사용하기에 부적합하다고 생각할 수도 있다. 그러나 신뢰성을 확보하기 위한 부가적인 정보가 필요 없으므로 전송 데이터의 양이 적을 때 TCP보다 전송 속도가 더 빠르다. 또한 상위 계층에 신뢰성을 보장하는 프로토콜이 있거나 인터넷 방송의 멀티미디어 데이터 전송처럼 정확성보다는 전송 속도가 더 중요할 때 유용하다.

04 전송 계층 프로토콜

TCP/IP 모델의 전송 계층에는 TCP와 UDP 프로토콜이 있다. TCP는 송신지에서 수신지까지 문자 스트림을 전송하며, 두 응용 계층이 서로 대화하는 것을 허용하는 신뢰성 있는 프로토콜이다. TCP의 성능은 OSI 참조 모델의 전송 계층보다 뛰어나다. 예를 들어 TCP는 두 응용 계층 사이에서 양방향으로 연결할 수 있다.

UDP는 OSI 참조 모델에서 정의하는 전송 계층의 일부 역할을 무시하는 단순한 전송 프로토콜이다. UDP는 TCP보다 신뢰성이 낮고 흐름 제어, 오류 검출 등의 기능이 없어 패킷을 빠르게 전송해야 하는 경우에 사용한다.

전송 계층 프로토콜은 네트워크 계층과 응용 계층 사이에 위치하면서 최종 호스트에서 동작하는 응용 프로그램 간의 논리적인 통신을 제공한다. 전송 계층에서는 패킷 단위로 데이터를 전송하는데, 이러한 역할을 수행하는 기본 프로토콜이 TCP와 UDP이다. 데이터를 송수신할 때 TCP나 UDP 중 어느 것을 사용하든 상관없다. 그러나 UDP는 확실한 패킷 전송을 보장하지 못하고 TCP는 확실한 패킷 전송을 보장한다.

그림 6-19 TCP/IP 모델의 전송 계층

전송 계층 프로토콜은 기본적인 TCP, UDP 외에도 SPX Sequenced Packet eXchange, NCP NetWare Core Protocol 프로토콜이 있을 수 있으며, 응용 프로그램에서는 적절한 전송 프로토콜을 선택한다. TCP/IP와 마찬가지로 NetWare의 IPX/SPX도 여러 전송 계층 프로토콜을 이용하여 다양한 수준의 서비스를 제공한다. 대표적인 프로토콜인 SPX와 NCP는 전송 계층의 SPX와 NCP 패킷 세그먼트를 네트워크 계층으로 전송한다. 네트워크 계층에서는 IPX 프로토콜로 IPX 헤더를 첨가하여 데이터그램으로 변환한 후 데이터 링크 계층으로 전송한다. 또한 데이터 링크 계층에서는 NetWare 네트워크를 구성하는 토폴로지에 따라 이더넷이나 토큰링 프레임으로 만들고 전송 매체를 이용하여 전송한다.

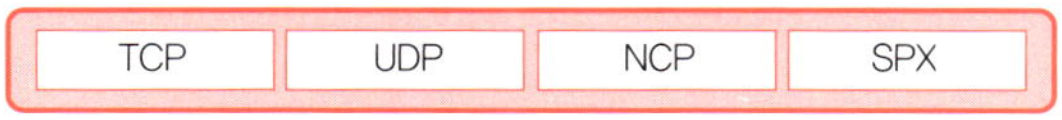

그림 6-20 전송 계층 프로토콜

1 SPX

SPX는 NetWare의 연결 지향 프로토콜로 패킷 접수 통지, 흐름 제어 등 TCP와 유사한 기능을 한다. NetWare 서버는 프린트 큐 사이에서 프린트 서버와 프린터 간의 통신에 SPX를 주로 사용하고 인터넷 통신에는 거의 사용하지 않는다. SPX 패킷은 42바이트의 헤더와 최대 534바이트의 데이터로 구성되므로 크기는 42~576바이트이다. 다음 그림은 SPX 헤더의 영역별 기능을 보여준다.

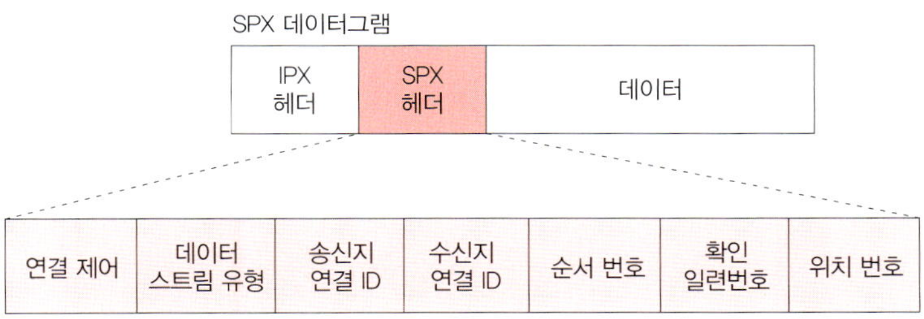

그림 6-21 SPX 헤더

- 연결 제어Connection Control 필드는 8비트이며 제어 기능 메시지를 포함한다.
- 데이터 스트림 유형Data Stream Type 필드는 8비트이며 데이터 영역의 정보 데이터 유형이나 연결 종료 과정에서 사용하는 코드 등을 포함한다.
- 송신지 연결 IDSource Connection ID 필드는 16비트이며 송신지 시스템이 현재의 연결을 구별하는 데 사용하는 수를 포함한다.
- 수신지 연결 IDDestination Connection ID 필드는 16비트이며 수신지 시스템이 현재의 연결을 구별하는 데 사용하는 수를 포함한다.
- 순서 번호Sequence Number 필드는 16비트이며 일련의 데이터 패킷 중에서 패킷의 위치를 지정한다.
- 확인 일련번호Acknowledgement Number 필드는 16비트이며 수신 시스템이 다음에 받을 패킷의 일련번호를 포함한다.

• 위치 번호Allocation Number 필드는 16비트이며 수신 시스템이 사용할 수 있는 패킷 수신 버퍼의 크기를 나타낸다.

• 데이터Data 필드는 응용 프로그램이나 상위 계층 프로토콜이 만든 데이터 정보로 크기가 가변적이다.

2 NCP

SPX가 프린트 관련 작업을 담당한다면 NCP는 NetWare 클라이언트와 서버 간의 파일 공유 등 다양한 네트워크 기능을 담당한다. NCP는 워낙 다양한 기능을 수행하기 때문에 NCP 프로토콜에 해당하는 OSI 계층을 하나로 규정하기는 어렵다. 클라이언트와 서버 간의 파일 전송은 분명 OSI 전송 계층의 기능이나, NetWare 클라이언트가 서버에 로그인하기 위해 사용하는 NCP 메시지는 OSI 세션 계층의 기능에 해당하기 때문이다. 또한 다양한 네트워크 기능을 담당하지만 모든 NCP 메시지를 IPX 데이터그램으로 캡슐화하여 전송하므로 전송 계층 프로토콜이라고 해도 틀린 말은 아니다.

NCP는 TCP/UDP나 SPX와 달리 서로 다른 포맷을 사용하며, NCPB라는 NCP 메시지로 여러 메시지를 한꺼번에 전송할 수 있는 기능도 구현하고 있다. 이러한 여러 포맷의 메시지를 이용하여 클라이언트와 서버 간의 해석기 또는 번역기의 기능을 제공한다. 다음 그림은 NCP 요청 메시지의 구조를 보여준다.

8비트	16비트
요청 유형	
일련번호	연결 번호 로
작업 번호	연결 번호 하이
요청 코드	

그림 6-22 NCP 요청 메시지

• 요청 유형Request Type 필드는 16비트이며 요청 메시지의 종류를 나타낸다. 서비스 연결 생성과 파일 서버 요청 등의 종류가 있다.

• 일련번호Sequence Number 필드는 8비트이며 현재 메시지의 순서를 나타낸다.

- 연결 번호 로Connection Number Low 필드는 8비트이며 NetWare 서버에 연결된 클라이언트의 수를 나타낸다.
- 작업 번호Task Number 필드는 8비트의 유일한 값으로, 서비스를 요청하는 작업이 무엇인지 구분한다. 시스템은 전송받은 응답 메시지를 요청한 작업에 반환할 때 이 값을 사용한다.
- 연결 번호 하이Connection Number High 필드는 8비트이며 현재 사용하지 않는다.

05 실습 TCP 덤프 분석

이 절에서는 다음 패킷에 대한 TCP 헤더를 분석해보자. [그림 6-23]에서는 55~57번 프레임에서 TCP 접속을 확립하는 3-way 핸드셰이킹이 이루어진다.

```
55 11.353092 192.168.35.7  40.77.226.92   TCP   66 50719 → 443 [SYN] Seq=0 Win=64240 Len=0 MSS=1460 WS=256 SACK_PERM=1
56 11.411388 40.77.226.92  192.168.35.7   TCP   66 443 → 50719 [SYN, ACK] Seq=0 Ack=1 Win=8192 Len=0 MSS=1440 WS=256 SACK_PERM=1
57 11.411490 192.168.35.7  40.77.226.92   TCP   54 50719 → 443 [ACK] Seq=1 Ack=1 Win=66048 Len=0
```

그림 6-23 분석할 패킷

1 TCP 헤더 분석(SYN)

55번 프레임을 확인해보자(프레임 번호는 분석할 패킷의 번호이다). 패킷 리스트 영역에서 프레임을 선택하고 패킷 상세 영역의 Transmission Control Protocol을 클릭한다.

```
∨ Transmission Control Protocol, Src Port: 50719, Dst Port: 443, Seq: 0, Len: 0
    Source Port: 50719
    Destination Port: 443
    [Stream index: 6]
    [TCP Segment Len: 0]
    Sequence number: 0    (relative sequence number)
    [Next sequence number: 0    (relative sequence number)]
    Acknowledgment number: 0
    1000 .... = Header Length: 32 bytes (8)
  > Flags: 0x002 (SYN)
    Window size value: 64240
    [Calculated window size: 64240]
    Checksum: 0xee7f [unverified]
    [Checksum Status: Unverified]
```

그림 6-24 TCP 헤더 분석

- Source Port: 클라이언트 측의 동적으로 할당된 번호(50719)가 16비트로 나타난다.
- Destination Port: 웹(HTTPS)을 나타내는 443번이 지정되어 있다.
- Stream index: 와이어샤크가 TCP 접속에 대해 순서 번호를 부여한 것이다. 번호가 0부터 시작하기 때문에 여기서는 일곱 번째의 TCP 접속이 된다.
- Sequence number: 32비트 필드로 패킷의 순서 번호가 저장되어 있다. 패킷 상세 영역을 보면 0이고 오른쪽에 상대적인 일련번호라고 표시되어 있다. 실제 초기 시퀀스 번호에

는 다른 번호가 설정되어 있으나 네트워크 통신의 시퀀스 번호를 알기 쉽게 상대적인 표기를 한다는 것을 의미한다.

TCP 세그먼트 패킷 데이터 영역을 살펴보자. 실제로는 초기 시퀀스 번호로 임의의 값이 설정되어 있다.

```
    Sequence number: 0    (relative sequence number)
0000  00 23 aa 88 cd 49 18 31  bf 28 31 75 08 00 45 00   ·#···I·1 ·(1u··E·
0010  00 34 0e ae 40 00 80 06  00 00 c0 a8 23 07 28 4d   ·4··@··· ····#·(M
0020  e2 5c c6 1f 01 bb fc 0e  20 92 00 00 00 00 80 02   ·\······ ········
0030  fa f0 ee 7f 00 00 02 04  05 b4 01 03 03 08 01 01   ········ ········
0040  04 02                                              ··
```

그림 6-25 초기 시퀀스 번호

Acknowledgment number는 패킷 데이터 영역에 0이 들어 있는 것을 확인할 수 있다.

```
Acknowledgment number: 0
1000 .... = Header Length: 32 bytes (8)
Flags: 0x002 (SYN)
Window size value: 64240
 00 23 aa 88 cd 49 18 31  bf 28 31 75 08 00 45 00
 00 34 0e ae 40 00 80 06  00 00 c0 a8 23 07 28 4d
 e2 5c c6 1f 01 bb fc 0e  20 92 00 00 00 00 80 02
 fa f0 ee 7f 00 00 02 04  05 b4 01 03 03 08 01 01
 04 02
```

그림 6-26 확인 응답 번호

- Header Length: TCP 헤더의 크기를 나타내며 여기서는 32이다.

TCP 플래그는 각각 1비트로 구성되며, 1이 삽입되면 플래그가 유효화된다.

```
v Flags: 0x002 (SYN)
    000. .... .... = Reserved: Not set
    ...0 .... .... = Nonce: Not set
    .... 0... .... = Congestion Window Reduced (CWR): Not set
    .... .0.. .... = ECN-Echo: Not set
    .... ..0. .... = Urgent: Not set
    .... ...0 .... = Acknowledgment: Not set
    .... .... 0... = Push: Not set
    .... .... .0.. = Reset: Not set
  > .... .... ..1. = Syn: Set
    .... .... ...0 = Fin: Not set
    [TCP Flags: ··········S·]
```

그림 6-27 TCP 플래그

- Nonce: ECN-Echo와 함께 네트워크가 혼잡할 때 일시적인 통지를 위해 사용한다.
- Congestion Window Reduced(CWR): 혼잡 제어에 사용하는 플래그이다.
- Urgent: 긴급 포인터 플래그라고 하며, 통신 도중에 중요한 데이터를 삽입하고 보낼 때 ON이 된다.
- Acknowledgment: 확인 응답 번호를 유효화하면 ON이 된다.
- Reset: 통신 도중에 강제 종료하면 ON이 된다.
- Syn: 통신을 시작할 때 동기화하는 경우 ON이 된다.
- Fin: 통신을 종료할 때 ON이 된다.

지금 분석하는 패킷은 3-way 핸드셰이킹을 할 때 Syn 플래그가 ON(1)이 되고 다른 플래그는 모두 OFF(0)가 된다.

- Window size value: TCP 소켓의 수신 버퍼인 윈도우 크기를 16비트로 나타내며 여기서는 64240이다. 윈도우 크기는 통신이 효율적으로 이루어질 수 있도록 네트워크의 상태에 따라 수시로 증가한다.

```
Window size value: 64240
[Calculated window size: 64240]
Checksum: 0xee7f [unverified]
[Checksum Status: Unverified]
```

그림 6-28 윈도우 크기 필드

- Checksum: 16비트이며 TCP 세그먼트의 에러를 확인한다.

2 TCP 헤더 분석(SYN, ACK)

56번 프레임은 웹 서버가 클라이언트 컴퓨터로 전송하는 TCP의 두 번째 세그먼트이다.

- Source Port: 웹 서버의 잘 알려진 포트 번호인 443이다.
- Destination Port: 클라이언트 컴퓨터가 보낸 임의의 포트 번호인 50719이다.
- Sequence number: 0으로 되어 있는데 실제로는 응답 측의 초기 시퀀스 번호가 설정된다.
- Acknowledgement number: 클라이언트 컴퓨터가 보낸 시퀀스 번호(상대적인 0)에 1(상대적인 1)을 더한 값인 1이다.

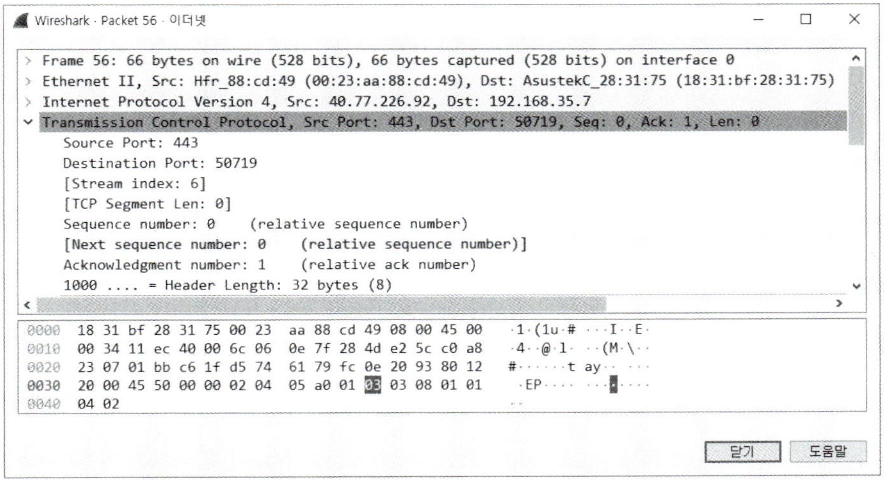

그림 6-29 56번 프레임

상대방이 보낸 시퀀스 번호에 1을 더한 값을 확인 응답 번호로 하는 과정에서 3-way 핸드셰이킹을 하는 것을 알 수 있다.

3 TCP 헤더 분석(ACK)

57번 프레임은 웹 서버의 응답을 받아 클라이언트 컴퓨터가 웹 서버로 보내는 세 번째 TCP 세그먼트이다.

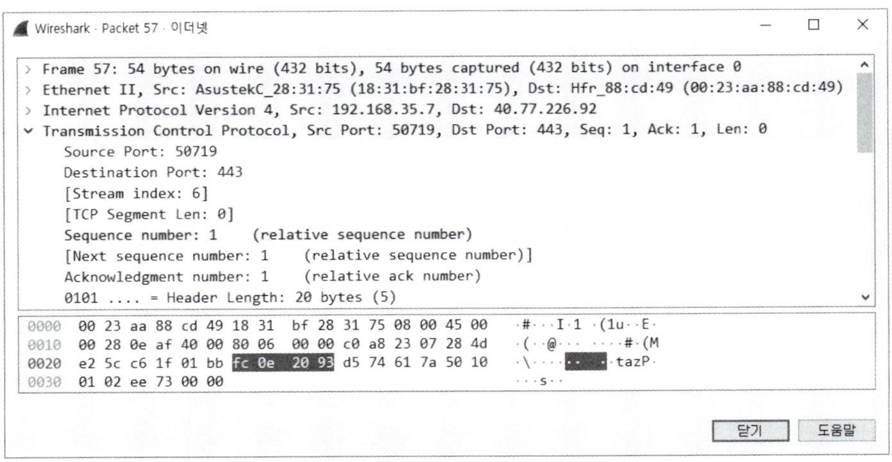

그림 6-30 57번 프레임

- Source Port: 클라이언트 컴퓨터가 사용하고 있는 포트 번호이다.
- Destination Port: 웹 서버의 잘 알려진 포트 번호인 443이다.
- Sequence number: 상대적인 번호인 1이지만 실제로는 클라이언트 컴퓨터의 초기 시퀀스 번호에 1을 더한 값이다.
- Acknowledgment number: 웹 서버의 초기 시퀀스 번호에 1을 더한 값이다.

3-way 핸드셰이킹의 마지막 세그먼트에서는 시퀀스 번호, 확인 응답 번호 모두 초깃값에 1을 더한 값이 된다.

지금까지 살펴본 3개의 세그먼트를 송수신하면서 3-way 핸드셰이킹이 종료된다. 접속 종료는 18~21번 패킷으로 확인할 수 있으며, 환경에 따라서는 [FIN, ACK], [ACK], 세그먼트 교환이 아닌 RST 플래그를 사용하여 접속을 중단하기도 한다.

```
18 3.678622  211.115.106.… 192.168.35.7     TCP   60 80 → 50716 [FIN, ACK] Seq=1 Ack=1 Win=30 Len=0
19 3.678661  192.168.35.7  211.115.106.203  TCP   54 50716 → 80 [ACK] Seq=1 Ack=2 Win=255 Len=0
20 3.679235  211.115.106.… 192.168.35.7     TCP   60 80 → 50715 [FIN, ACK] Seq=1 Ack=1 Win=30 Len=0
21 3.679256  192.168.35.7  211.115.106.203  TCP   54 50715 → 80 [ACK] Seq=1 Ack=2 Win=255 Len=0
```

그림 6-31 접속 종료 패킷

TCP 세그먼트를 교환하는 모습은 그래프 분석 화면의 화살표 선으로도 확인할 수 있다. 그래프 분석 화면을 보려면 메뉴에서 [Statistics]-[Flow Graph]를 선택한다.

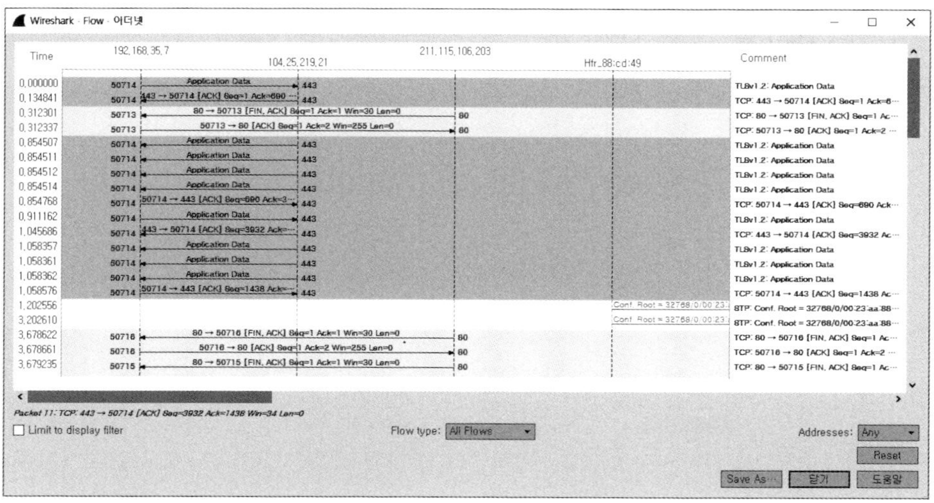

그림 6-32 Flow Graph

Flow type으로 'TCP Flows'를 선택하면 TCP 그래프 분석 화면을 볼 수 있다.

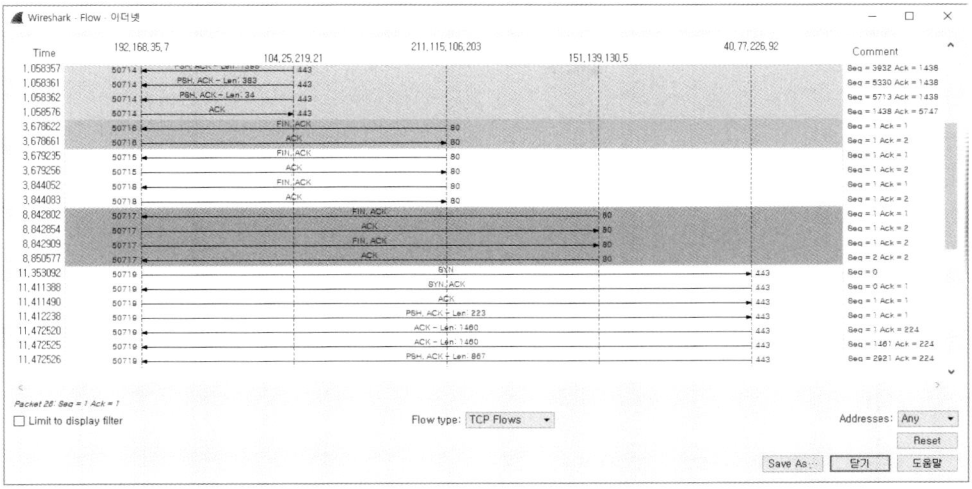

그림 6-33 TCP 그래프 분석 화면

시퀀스 번호는 송신한 데이터의 바이트만큼 추가하고 확인 응답 번호는 수신한 데이터의 바이트만큼 추가한다. 시퀀스 번호에 1을 더한 값을 확인 응답 번호로 하는 과정은 접속을 시작하고 종료할 때만 하는 작업이고 실제 TCP 통신에서는 그렇게 하지 않는다.

요약

01 전송 계층은 데이터를 수신지까지 문제없이(신뢰성, 정확성) 빠르고 효율적으로(효율성) 전송해야 한다.

02 신뢰할 수 있고 데이터를 정확하게 전송하는 통신을 연결형 통신이라 하고, 효율적으로 데이터를 전송하는 통신을 비연결형 통신이라 한다.

03 연결 지향형 프로토콜인 TCP는 신뢰성 있는 바이트 스트림 서비스를 제공한다.

04 연결 지향형 프로토콜은 송신 측 컴퓨터와 수신 측 컴퓨터가 데이터를 전송하기 전에 먼저 데이터를 송수신할 수 있는 연결 통로를 만들고 데이터를 전송하는 프로토콜이다.

05 포트는 TCP가 상위 계층으로 데이터를 전송하거나 상위 계층에서 TCP로 데이터를 전송할 때 상호 간에 사용하는 데이터의 이동 통로를 말한다.

06 통신할 때 여러 웹 사이트에서 동시에 파일을 다운로드할 수 있다. TCP 프로토콜이 포트를 여러 개 사용하여 상위 계층의 프로그램과 각각 따로 통신하기 때문에 동시에 파일을 다운로드할 수 있는 것이다.

07 TCP 프로토콜은 전송을 위해 바이트 스트림을 세그먼트 단위로 나눈다.

08 데이터를 전송할 때 연결을 확립하려면 코드 비트 중 연결 요청을 하는 SYN과 확인 응답을 하는 ACK가 필요하다.

09 신뢰할 수 있는 연결을 위해서는 데이터를 전송하기 전에 패킷을 교환해야 한다. 데이터를 전송하기 전에 연결을 확립하기 위해 패킷 요청을 세 번 교환하는 것을 3-way 핸드셰이킹이라고 한다.

10 검사합은 TCP/IP 프로토콜에서 많이 사용하는 오류 제어 방법으로, 패킷 전송 중 발생하는 헤더 부분의 오류를 검사한다.

11 각 종단 프로세스 간을 연결하려면 TCP는 IP 주소와 포트 번호라는 식별자가 필요하며, IP 주소와 포트 번호의 조합을 소켓 주소라고 한다.

12 TCP는 원래의 데이터를 패킷이라는 단위로 분할해서 전송하기 때문에 수신 측 컴퓨터는 수신한 패킷을 재결합하여 원래의 데이터로 만들어야 한다.

13 데이터를 전송할 때 한 번에 전송할 수 있는 전체 패킷의 크기를 TCP 윈도우 크기라고 하는데, 윈도우 크기가 크면 한 번에 여러 패킷을 전송할 수 있다.

14 UDP는 RFC 768 문서에 정의된 비연결 지향 프로토콜로, TCP(연결 지향 프로토콜)와 달리 패킷이나 흐름 제어, 단편화 및 전송 보장 등의 기능을 제공하지 않는다.

연습문제

01 여러 포트를 이용하여 통신할 때 상위 계층에서는 TCP 포트 2번을 사용하여 하위 계층인 TCP와 통신하려 하고, 하위 계층인 TCP는 통신 포트 4번을 사용하여 상위 계층과 통신하려 한다면 상위 계층과 하위 계층 간에 통신이 이루어지는가?

02 포트 번호가 80번이 아닌 웹 페이지에 접속하려면 웹 브라우저의 주소를 입력할 때 어떤 방법을 사용해야 하는가?

03 통신할 때 여러 웹 사이트에서 동시에 파일을 다운로드할 수 있는 이유는 무엇인가?

04 잘 알려진 포트 번호에 대해 설명하시오.

05 TCP를 이용하여 두 장치 간에 전달되는 데이터의 단위는 무엇인가?

06 전송 계층의 가장 대표적인 프로토콜은 무엇인가?

07 TCP가 상위 계층으로 데이터를 전송하거나 상위 계층에서 TCP로 데이터를 전송할 때 상호 간에 사용하는 데이터의 이동 통로는 무엇인가?

08 HTTPS 애플리케이션에서 사용하는 잘 알려진 포트 번호는 무엇인가?

09 SYN와 ACK를 사용한 3-way 핸드셰이킹 과정에 대해 설명하시오.

10 TCP 헤더의 필드에 대해 설명하시오.

기출문제

01 다음 중 전송 계층의 프로토콜로 올바른 것은?

① IP ② TCP ③ ARP ④ HTTP

02 HTTPS 애플리케이션에서 사용하는 잘 알려진 포트 번호로 올바른 것은?

① 21 ② 25 ③ 80 ④ 443

03 다음에서 설명하고 있는 TCP 헤더 필드로 올바른 것은?

> 이 필드는 세그먼트를 수신하는 노드가 상대편 노드에서 수신하려는 바이트의 번호이다.

① 순서 번호 ② 헤더 길이
③ 확인 응답 번호 ④ 코드 비트

04 긴급하게 처리할 데이터가 들어 있는 코드 비트로 올바른 것은?

① URG ② ACK ③ PSH ④ SYN

05 UDP에 대한 설명으로 가장 거리가 먼 것은?

① RFC 768 문서에 정의된 연결 지향 프로토콜이다.
② TCP와 달리 패킷이나 흐름 제어, 단편화 및 전송 보장 등의 기능을 제공하지 않는다.
③ TCP 헤더에 비해 간단하므로 상대적으로 통신 과부하가 적다.
④ 주로 적은 양의 데이터 전송에 사용한다.

06 TCP에 대한 설명으로 잘못된 것은?

① 비연결 지향형 프로토콜이다.
② 신뢰성 있는 바이트 스트림 서비스를 제공한다.
③ 포트는 TCP가 상위 계층으로 데이터를 전송하거나 상위 계층에서 TCP로 데이터를 전송할 때 상호 간에 사용하는 데이터의 이동 통로이다.
④ TCP 헤더에 포트 번호가 있기 때문에 애플리케이션을 구분할 수 있다.

07 전송 계층 데이터 단위에 대한 설명으로 잘못된 것은?

① 전송 계층의 데이터 헤더는 포트 주소나 소켓 주소를 포함하지 않는다.
② 헤더에는 순서 또는 세그먼트 번호가 포함된다.
③ 전송 계층은 세션 계층에서 온 데이터를 수신할 때 데이터를 전송할 수 있는 세그먼트로 나눈다.
④ 수신 측에서 수신자가 재조립할 수 있도록 헤더에 순서를 표시한다.

SELF-CHECK

01 자신이 사용하는 컴퓨터의 TCP/IP와 UDP를 확인한다. 네트워크 계층에 해당하는 IP와 전송 계층에 해당하는 TCP/UDP의 포트 주소를 확인한다. netstat -a 명령은 모든 활성 TCP 연결과 컴퓨터가 수신하는 TCP 및 UDP 포트를 보여준다.

```
명령 프롬프트
C:\Users\hjjin>netstat -a

활성 연결

  프로토콜  로컬 주소           외부 주소              상태
  TCP    0.0.0.0:80           DESKTOP-S5S2EJ3:0      LISTENING
  TCP    0.0.0.0:135          DESKTOP-S5S2EJ3:0      LISTENING
  TCP    0.0.0.0:445          DESKTOP-S5S2EJ3:0      LISTENING
  TCP    0.0.0.0:5040         DESKTOP-S5S2EJ3:0      LISTENING
  TCP    0.0.0.0:5357         DESKTOP-S5S2EJ3:0      LISTENING
  TCP    0.0.0.0:7680         DESKTOP-S5S2EJ3:0      LISTENING
  TCP    0.0.0.0:12380        DESKTOP-S5S2EJ3:0      LISTENING
  TCP    0.0.0.0:13411        DESKTOP-S5S2EJ3:0      LISTENING
  TCP    0.0.0.0:14430        DESKTOP-S5S2EJ3:0      LISTENING
  TCP    0.0.0.0:14440        DESKTOP-S5S2EJ3:0      LISTENING
  TCP    0.0.0.0:15018        DESKTOP-S5S2EJ3:0      LISTENING
  TCP    0.0.0.0:21300        DESKTOP-S5S2EJ3:0      LISTENING
  TCP    0.0.0.0:22380        DESKTOP-S5S2EJ3:0      LISTENING
  TCP    0.0.0.0:41728        DESKTOP-S5S2EJ3:0      LISTENING
  TCP    0.0.0.0:42235        DESKTOP-S5S2EJ3:0      LISTENING
  TCP    0.0.0.0:45875        DESKTOP-S5S2EJ3:0      LISTENING
  TCP    0.0.0.0:45876        DESKTOP-S5S2EJ3:0      LISTENING
  TCP    0.0.0.0:49664        DESKTOP-S5S2EJ3:0      LISTENING
  TCP    0.0.0.0:49665        DESKTOP-S5S2EJ3:0      LISTENING
```

02 tcping 프로그램을 사용하여 자신이 자주 접속하는 웹 서버의 열린 포트를 확인한다.

- tcping 프로그램은 네트워크 개론 웹 사이트에서 다운로드할 수 있다.
- 접속하려는 웹 서버의 IP 또는 주소를 입력하면 열린 포트를 확인할 수 있다.

• 웹 서버 주소 입력: 네이버와 한빛아카데미 웹 서버의 열린 TCP 포트를 확인할 수 있다(포트 번호 80).

```
명령 프롬프트
C:₩>tcping naver.com

Probing 125.209.222.141:80/tcp - Port is open - time=17.772ms
Probing 125.209.222.141:80/tcp - Port is open - time=12.812ms
Probing 125.209.222.141:80/tcp - Port is open - time=12.600ms
Probing 125.209.222.141:80/tcp - Port is open - time=12.589ms

Ping statistics for 125.209.222.141:80
     4 probes sent.
     4 successful, 0 failed.
Approximate trip times in milli-seconds:
     Minimum = 12.589ms, Maximum = 17.772ms, Average = 13.943ms

C:₩>tcping hanb.co.kr

Probing 218.237.65.4:80/tcp - Port is open - time=22.116ms
Probing 218.237.65.4:80/tcp - Port is open - time=12.690ms
Probing 218.237.65.4:80/tcp - Port is open - time=11.496ms
Probing 218.237.65.4:80/tcp - Port is open - time=11.373ms

Ping statistics for 218.237.65.4:80
     4 probes sent.
     4 successful, 0 failed.
Approximate trip times in milli-seconds:
     Minimum = 11.373ms, Maximum = 22.116ms, Average = 14.419ms
```

• 웹 서버 IP 입력: 웹 사이트의 열린 TCP 포트를 확인할 수 있다(포트 번호 80).

```
C:\>tcping 192.168.0.7

Probing 192.168.0.7:80/tcp - Port is open - time=7.611ms
Probing 192.168.0.7:80/tcp - Port is open - time=0.478ms
Probing 192.168.0.7:80/tcp - Port is open - time=0.468ms
Probing 192.168.0.7:80/tcp - Port is open - time=0.463ms

Ping statistics for 192.168.0.7:80
     4 probes sent.
     4 successful, 0 failed.
Approximate trip times in milli-seconds:
     Minimum = 0.463ms, Maximum = 7.611ms, Average = 2.255ms
```

• 공유 폴더 445, 원격 데스크톱 3389를 확인한다.

```
C:\>tcping 192.168.0.7 445

Probing 192.168.0.7:445/tcp - Port is open - time=6.761ms
Probing 192.168.0.7:445/tcp - Port is open - time=0.476ms
Probing 192.168.0.7:445/tcp - Port is open - time=0.476ms
Probing 192.168.0.7:445/tcp - Port is open - time=0.535ms

Ping statistics for 192.168.0.7:445
     4 probes sent.
     4 successful, 0 failed.
Approximate trip times in milli-seconds:
     Minimum = 0.476ms, Maximum = 6.761ms, Average = 2.062ms
```

```
C:\>tcping 192.168.0.7 3389

Probing 192.168.0.7:3389/tcp - Socket is not connected (10057) - time=201

Probing 192.168.0.7:3389/tcp - Socket is not connected (10057) - time=200

Probing 192.168.0.7:3389/tcp - Socket is not connected (10057) - time=201

Probing 192.168.0.7:3389/tcp - Socket is not connected (10057) - time=201


Ping statistics for 192.168.0.7:3389
     4 probes sent.
     0 successful, 4 failed.
Was unable to connect, cannot provide trip statistics.
```

CHAPTER 07

응용 계층

학습목표

- 응용 계층을 이해한다.
- 응용 계층 프로토콜 및 서비스를 이해한다.
- 와이어샤크를 통해 패킷을 분석한다.

01 응용 계층

우리는 웹 사이트에 접속할 때 크롬, 인터넷 익스플로러 등의 웹 브라우저를 사용하고 이메일을 송수신할 때 지메일, 아웃룩 익스프레스 등의 메일 프로그램을 사용한다. 웹 브라우저나 메일 프로그램은 클라이언트가 사용하는 애플리케이션이고, 웹 서버 프로그램이나 메일 서버 프로그램은 서버에서 제공한다. 이러한 애플리케이션은 응용 계층에서 동작한다.

TCP/IP 모델의 최상위 계층인 응용 계층을 살펴보자. 응용 계층에는 OSI 참조 모델의 세션 계층과 표현 계층이 포함된다. TCP/IP 모델의 응용 계층에 포함되어 있는 프로토콜과 프로그램은 원격으로 컴퓨터 자원에 접속하는 데 사용된다. 응용 프로그램을 통해 제공되는 서비스는 표현 계층과 세션 계층에 정의되어 있다.

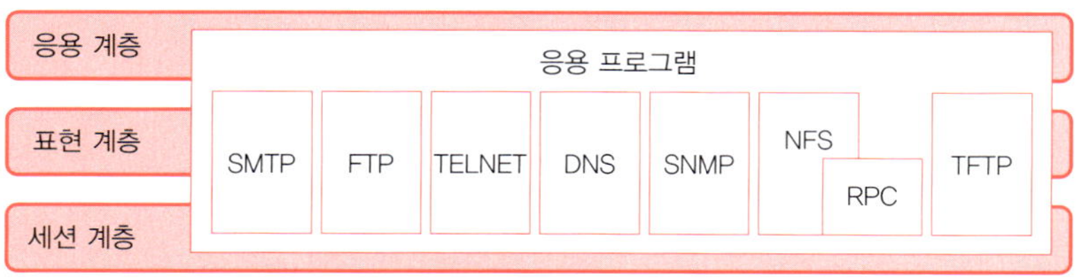

그림 7-1 TCP/IP 모델의 응용 계층

SMTP를 사용하는 응용 계층의 예를 살펴보자. 송신 측(❶)이 이메일을 보내면 메일 서버(❷)를 거쳐 수신 측(❸)에 이메일을 전송한다. 이때 응용 계층은 네트워크 접근 수단을 제공한다.

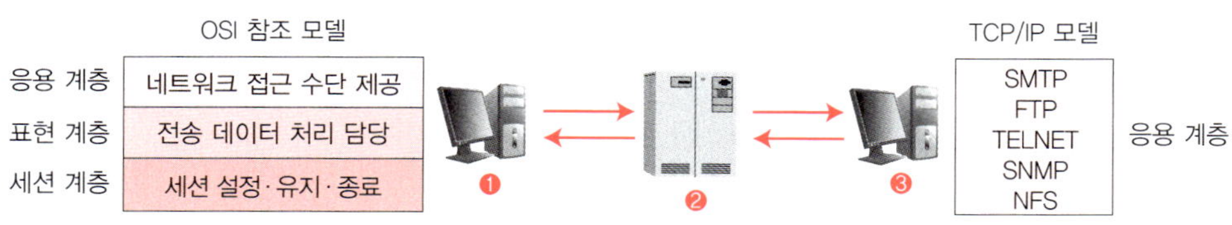

그림 7-2 OSI 참조 모델과 TCP/IP 모델의 응용 계층 비교

1 세션 계층

세션 계층은 응용 프로그램 계층 간의 통신을 제어하는 구조를 제공하기 위해 응용 프로그램 계층 사이의 접속을 설정 · 유지 · 종료하는 역할을 한다. 또한 사용자와 전송 계층 간의 인터페이스 역할을 하며, LAN 사용자가 서버에 접속할 때 이를 관리하는 기능도 수행한다.

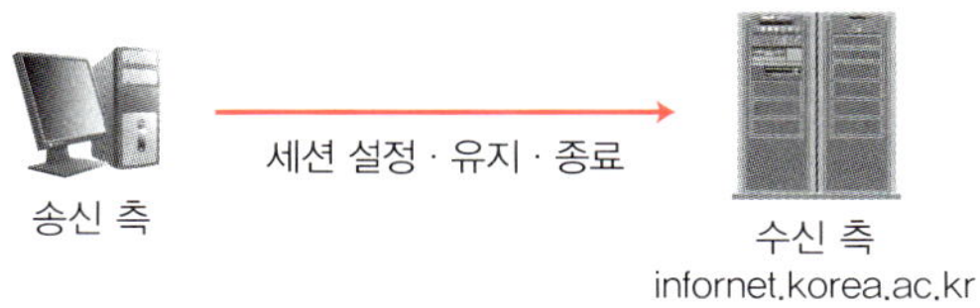

그림 7-3 세션 계층의 예

OSI 참조 모델의 다섯 번째 계층인 세션 계층은 통신 장치 간의 설정을 유지하고 동기화한다. 예를 들어 데이터를 100m 전송할 때 약 80m까지 전송하다가 갑자기 중단되었다고 하자. 이때 문제를 해결하고 연결을 재설정하면 데이터를 처음부터 다시 전송해야 할까, 아니면 작은 하위 세션으로 나누어 세션을 회복한 후 80m 이후부터 재전송해야 할까? 이러한 문제가 발생했을 때 세션 계층은 갑자기 연결을 끊어 사용자를 당황시키지 않고 적절하게 각 세션을 닫을 수 있도록 보장한다.

다음 그림과 같이 세션 계층에서는 데이터의 단위(메시지)를 전송 계층으로 전송할 순서를 결정하고, 데이터를 점검 및 복구하는 동기 위치synchronization point를 제공한다. 또한 세션을 종료할 필요가 있으면 종료할 적절한 시간을 수신자에게 알려준다.

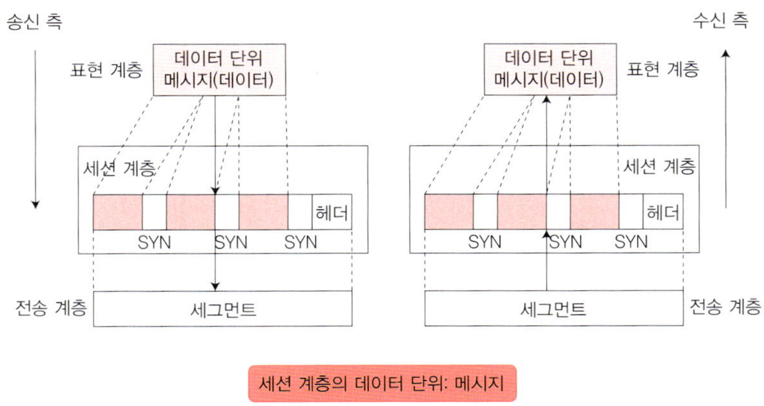

그림 7-4 세션 계층의 데이터 단위 전송

세션 계층의 기능을 정리하면 다음과 같다.

- **동기화**: 전송 계층으로 전송할 순서와 전송할 때 수신자 확인이 필요한 곳을 결정한다.
- **세션 연결의 설정과 종료**: 세션 연결의 설정과 종료 및 관리 절차를 정의한다.
- **대화 제어**: 누가 언제 보내는지 결정한다.

NetBIOS는 네트워크에 있는 시스템 간에 지속적으로 통신하기 위해 세션 유지, 오류 감지와 복구 등을 처리한다.

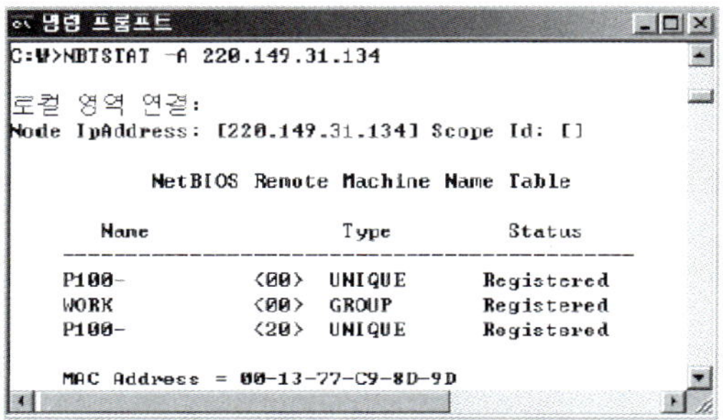

그림 7-5 NetBIOS

표 7-1 세션 계층의 예와 주요 기능

계층	예	주요 기능
세션 계층(5계층)	NetBIOS, SSH, TLS	통신 장치 간의 상호 작용을 설정 · 유지 · 동기화

2 표현 계층

표현 계층은 데이터 표현의 차이를 해결하기 위해 서로 다른 형식으로 변환하거나 공통 형식을 제공하는 계층이다. 송신 측에서는 수신 측에 맞는 형태로 변환(아스키코드→EBCDIC)하고, 수신 측에서는 응용 계층에 맞는 형태로 변환한다. 또한 그래픽 정보는 JPEG 형식으로, 동영상은 MPEG 형식으로 변환하여 송수신하는 기능과 데이터 압축 및 암호화 기능 등을 제공한다.

OSI 참조 모델의 여섯 번째 계층인 표현 계층은 송신 측과 수신 측 사이에서 표준화된 데이터 형식을 규정한다. 즉 전송하려는 이미지가 png인지, jpg인지, 압축되었는지 등 표현과 관련된 구분을 한다. 또한 두 시스템 간에 서로 다르게 사용하는 문자와 그래픽 문자 등을 번역하

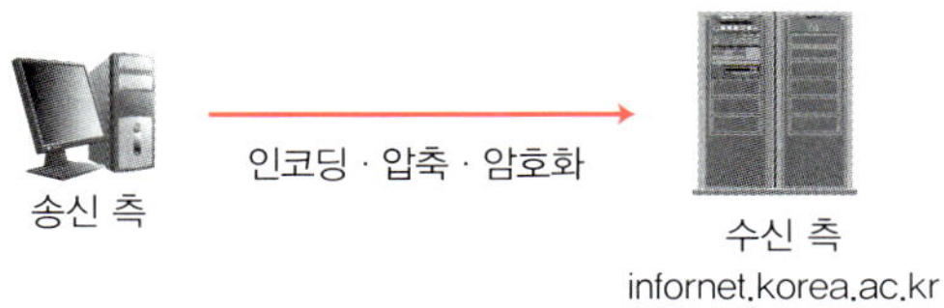

그림 7-6 표현 계층의 예

여 일관되게 전송 데이터를 이해할 수 있게 한다. 네트워크로 전송되는 데이터의 보안을 위해 송신 측에서는 암호화하고 수신 측에서는 복호화하며, 전송률을 높이기 위해 데이터를 압축하기도 한다.

다음 그림은 표현 계층, 응용 계층, 세션 계층의 관계를 보여준다. 표현 계층의 헤더에는 전송되는 데이터 유형과 전송 길이 등의 정보가 포함된다.

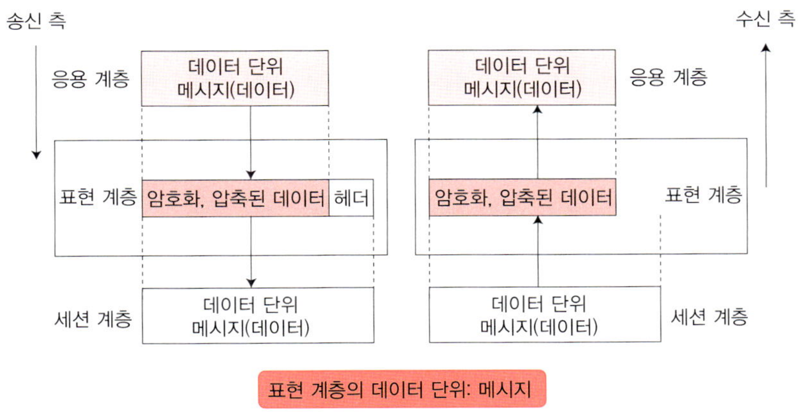

그림 7-7 표현 계층의 데이터 단위 전송

표현 계층의 기능을 정리하면 다음과 같다.

- **암호화**: 데이터의 보안을 위해 암호화와 복호화를 수행한다.
- **압축**: 데이터의 효율적인 전송을 위해 데이터 압축 및 압축 해제를 수행한다.
- **코드 변환**: 전송에 사용할 수 있도록 메시지(데이터)를 상호 간에 수용할 수 있는 형식으로 변환한 후 수신지에서 수신자가 이해할 수 있는 형식으로 변환한다.

표 7-2 표현 계층의 예와 주요 기능

계층	예	주요 기능
표현 계층(6계층)	JPEG, MPEG, ASCII	• 이해할 수 있는 포맷으로 변환 • 제어 코드나 문자, 그래픽의 확장자를 생각하면 됨

3 응용 계층

응용 계층은 파일 전송, 데이터베이스, 원격 접속, 메일 전송 등의 응용 서비스를 네트워크에 접속하는 역할을 하고 여러 가지 서비스를 제공한다. 사용자가 정보를 입력하면 하위 계층으로 전달하고, 하위 계층에서 전송한 데이터를 사용자에게 전달한다.

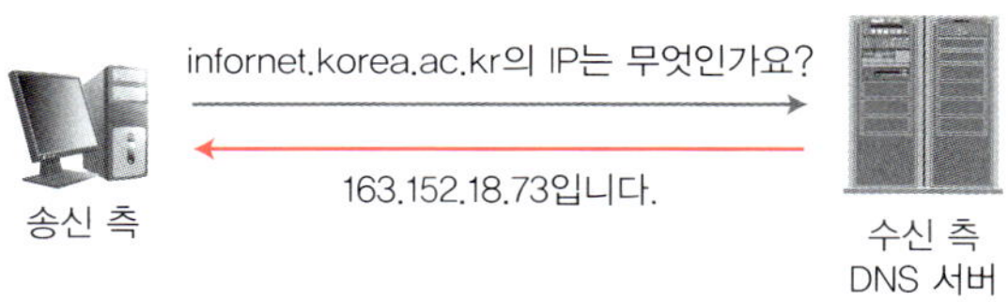

그림 7-8 응용 계층의 예

OSI 참조 모델의 최상위 계층인 응용 계층은 실제로 통신의 최종 목적에 해당하는 가장 중요한 계층이다. 응용 프로세스(사용자, 응용 프로그램)가 네트워크에 접근하는 수단을 제공하여 데이터를 서로 교환하는 창구 역할을 하고 사용자 인터페이스를 제공한다. 파일 전송에 사용되는 FTP, 메일 전송에 사용되는 SMTP와 POP3Post Office Protocol 3, 웹 서버에 접속할 때 사용하는 HTTP와 같이 실제 응용 프로그램에서 사용하는 프로토콜이 응용 계층에 해당한다. 예를 들어 웹 브라우저에서 https://ai-network.co.kr/을 입력하면 여러 응용 계층 중에서 웹 서비스를 담당하는 HTTP 클라이언트를 호출하기 때문에 네트워크 개론 웹 사이트를 확인할 수 있다.

네트워크 가상 터미널이나 메일 서비스, 파일 전송 서비스 등도 응용 계층에서 담당한다. 간혹 인터넷 익스플로러 등 응용 프로그램 자체를 응용 계층으로 생각하는 경우도 있지만 이런 프로그램은 응용 계층의 프로토콜을 사용하는 도구일 뿐이다.

다음 그림은 응용 계층과 사용자(사람 또는 소프트웨어), 표현 계층의 관계를 보여준다. 응용 계층에서는 헤더와 트레일러가 추가되지 않는다.

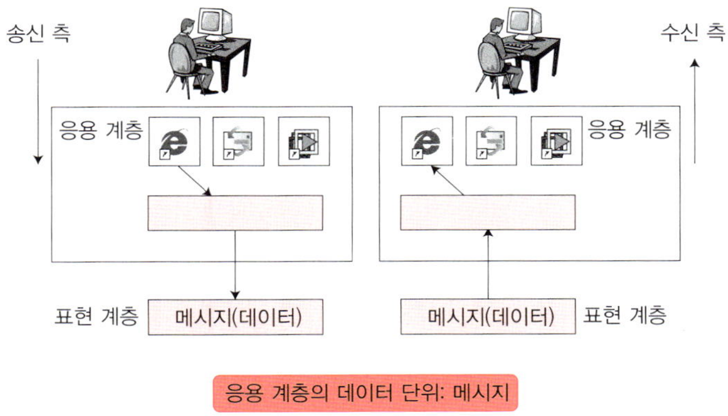

그림 7-9 응용 계층의 데이터 단위 전송

응용 계층의 기능을 정리하면 다음과 같다.

- **파일 접근 및 전송**: 원격으로 다른 호스트 파일에 접근할 수 있게 하고, 원격 컴퓨터에서 파일을 가져오며, 원격 컴퓨터의 파일을 관리하거나 제어한다.
- **메일 서비스**: 메일을 발송하고 저장할 수 있는 토대를 제공한다.

표 7-3 응용 계층의 예와 주요 기능

계층	프로토콜	예	주요 기능
응용 계층 (7계층)	DHCP, DNS, FTP, HTTP	애플리케이션(인터넷, 이메일, 동영상 플레이어)	통신 장치 간의 상호 작용 설정·유지·동기화

02 응용 계층 프로토콜 및 서비스

응용 계층은 클라이언트의 요청을 전송하기 위해 서버가 이해할 수 있는 메시지로 변환하고 전송 계층으로 전송한다. 이때 클라이언트 측 애플리케이션(예 웹 브라우저, 메일 프로그램)이 서버 측 애플리케이션과 네트워크 통신을 하려면 응용 계층의 프로토콜을 사용해야 한다. 즉 웹 사이트에 접속할 때는 HTTP, 파일을 전송할 때는 FTP, 이메일을 받을 때는 POP3, 이메일을 보낼 때는 SMTP 등의 프로토콜을 사용한다. 또한 DNS를 사용하여 네트워크에 있는 컴퓨터나 네트워크 장치의 도메인 네임을 바탕으로 IP 주소를 알아낼 수 있다.

TCP/IP의 응용 계층에는 최종 사용자가 직접 사용할 수 있는 프로토콜과 서비스가 정의되어 있다. 응용 계층 프로토콜은 TCP나 UDP가 제공하는 프로세스-프로세스 통신 서비스를 이용하여 유용한 기능을 수행한다. 보통 사용자는 TCP/UDP에 직접 접속하지 않고 응용 계층을 통해 통신 서비스를 사용하며, 응용 계층 프로그램은 시스템 소프트웨어가 아닌 응용 프로그램으로 제공한다.

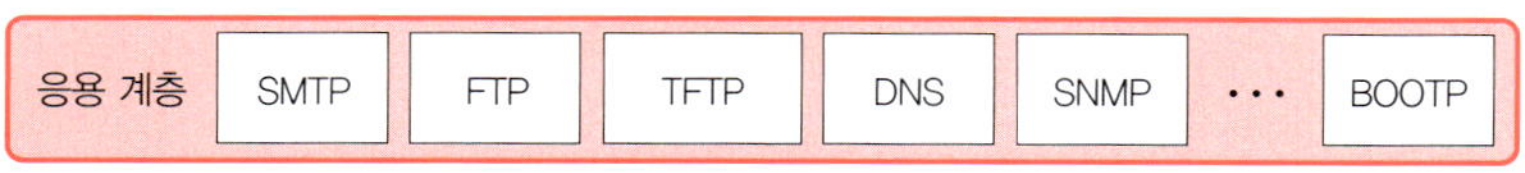

그림 7-10 응용 계층 프로토콜

용도에 따라 다양하게 사용하는 서비스와 특정 목적으로 사용하는 프로토콜을 살펴보자.

1 프로토콜

응용 계층에서 제공하는 프로토콜은 TCP 응용 계층 프로토콜인 FTP, HTTP, TELNET, SMTP, POP3, IMAPInternet Mail Access Protocol와 UDP 응용 계층 프로토콜인 DHCP, SNMP 프로토콜이다. 다음 그림은 이러한 응용 계층 프로토콜과 포트 번호를 보여준다.

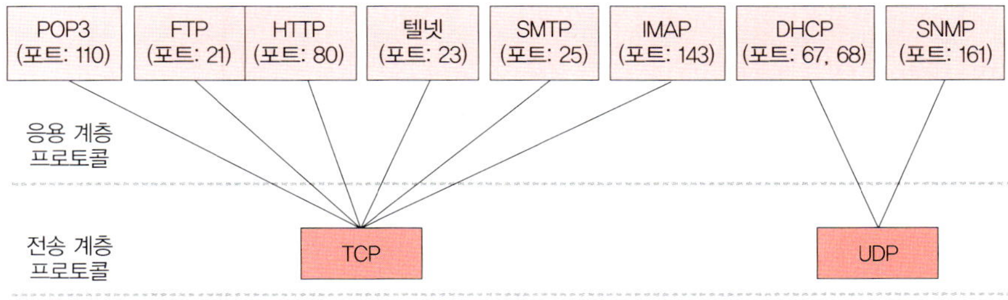

그림 7-11 응용 계층 프로토콜과 포트 번호

■ FTP(TCP 포트: 21)

FTP는 인터넷에서 파일을 전송하는 기본 프로토콜이다. 파일을 전송하는 접속 대상인 컴퓨터를 서버라 하고, 접속하려는 사용자의 컴퓨터를 클라이언트라 한다. FTP 클라이언트는 자신의 소스 포트 번호로 1023보다 큰 임의의 번호를 사용하고, FTP 서버의 포트 번호로 21을 사용한다. FTP 클라이언트 프로그램에서 서버의 주소(IP나 도메인)를 입력하여 접속이 되면 파일을 업로드하거나 다운로드할 수 있다.

FTP는 크게 두 가지 형태로 구분할 수 있다. 하나는 서버에서 부여한 사용자 식별자(ID)와 패스워드가 필요한 일반적인 FTP이고, 또 하나는 정보 공유라는 측면에서 ID와 패스워드 없이도 누구나 접속 가능한 익명 FTP이다. 익명 FTP는 ID 대신 익명이라는 뜻의 anonymous를, 패스워드 대신 자신이 사용하는 이메일 주소를 입력하면 서버에 접속할 수 있다.

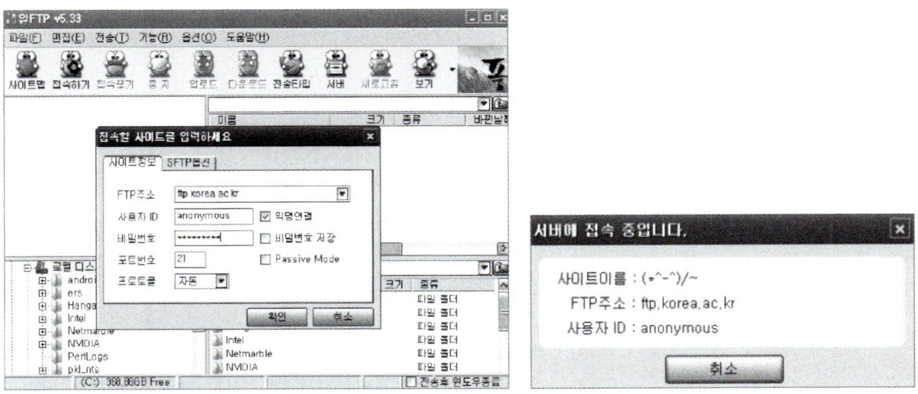

그림 7-12 FTP 사용 예

FTP는 기본적인 파일 관리 명령어를 실행할 수 있으므로 원격 시스템을 이용하여 파일 이름 수정 및 삭제, 액세스 권한 변경 등을 수행할 수 있다.

❶ 웹 페이지

FTP는 제어 프로세스 간의 통신을 설정하기 위해 제어 연결을 사용한다.

- 서버는 포트 번호를 21로 수동 설정한 후 응답을 기다린다.
- 클라이언트는 임시 포트를 사용하여 능동적 설정을 시도한다.

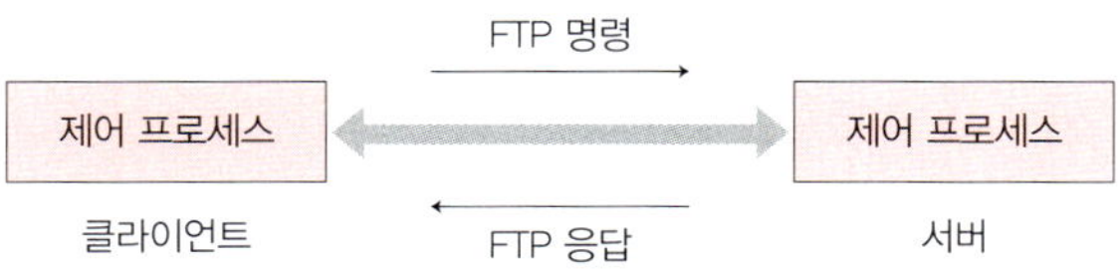

그림 7-13 제어 연결

❷ 데이터 연결

제어 연결에서 전송하는 명령을 제어하여 데이터 연결을 수행한다.

- 데이터 연결에는 포트 번호 20을 사용하며, 임시 포트를 사용하여 수동적 설정을 시도한다.
- 클라이언트가 PORT 명령어를 사용하여 포트 번호를 전송한다.
- 서버는 포트 번호를 수신한 후 능동적 연결을 설정한다.

■ HTTP 서비스(TCP 포트: 80)

HTTP는 클라이언트의 웹 브라우저가 서버에 웹 서비스를 요청하면 서버가 적절한 응답을 하여 클라이언트의 사용자에게 웹 페이지를 제공하는 서비스이다. 즉 HTTP는 서버와 클라이언트 간에 하이퍼텍스트 문서를 송수신하는 프로토콜이다.

HTTP의 동작 과정을 살펴보자. 클라이언트는 접속하려는 웹 사이트의 URL이나 IP 주소를 알고 있어야 한다. 클라이언트는 웹 브라우저에 URL 주소(http://www.hanb.co.kr)를 입력하고, TCP 포트 번호 80을 이용하여 접속하려는 서버(한빛출판네트워크)에 연결을 시도한다. 그러면 클라이언트는 TCP 요청 소켓을 이용하여 URL 주소를 포함한 요청 메시지를 서버에 전송한다. 서버는 클라이언트의 요청 메시지에 응답하여 소켓을 통해 메시지를 전송하고 TCP 연결 설정을 해제한다.

그림 7-14 HTTP 요청과 응답

- 클라이언트가 데이터를 요청할 때는 GET이라는 요청 정보, 파일 이름, 버전 등을 서버에 전송한다.
- 서버는 요청을 정상적으로 처리했다는 OK 정보를 응답으로 반환한다.

HTTP 프로토콜은 데이터를 요청한 후 데이터를 전송받고 나면 바로 소켓 연결을 해제한다. 지속적으로 연결하여 데이터를 송수신하는 것이 아니라 필요할 때마다 소켓을 연결하고 데이터를 전송받으면 바로 연결을 끊어버리는 방식이다.

HTTP 1.0에서는 전송받을 문서에 이미지가 있으면 문서를 받을 때와 이미지를 받을 때 각각 연결을 설정한다.

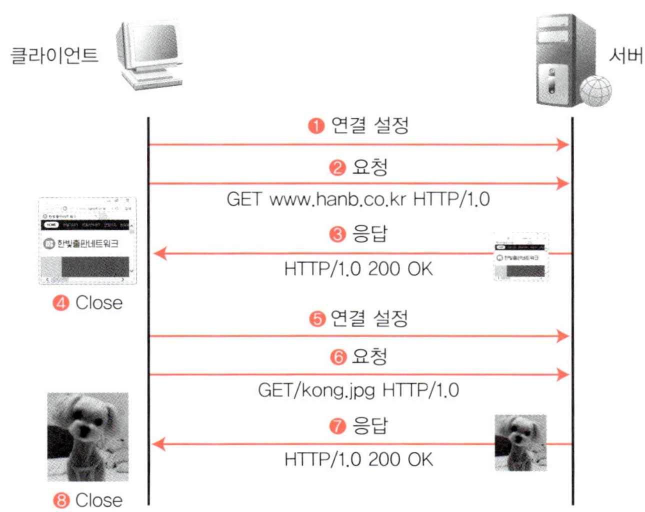

그림 7-15 문서에 이미지가 있을 때 HTTP 1.0의 동작 과정

HTTP 1.1에서는 다시 연결을 설정하지 않고 연결된 소켓을 통해 데이터(이미지)를 전송받는다. 이를 통해 프로토콜의 수행 성능이 향상된 것을 확인할 수 있다.

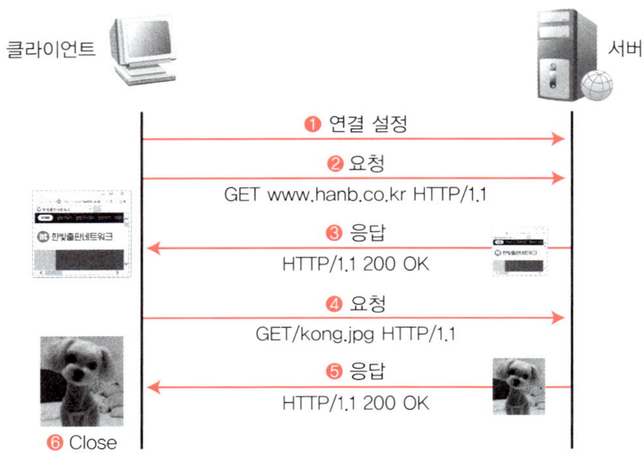

그림 7-16 문서에 이미지가 있을 때 HTTP 1.1의 동작 과정

HTTP 1.0에서는 문서에 이미지가 포함되어 있으면 연결 과정을 두 번 거쳐 전체 8단계로 모든 작업을 완료하지만 HTTP 1.1에서는 6단계로 모든 작업을 완료한다. 최근에는 빠르게 콘텐츠를 표시할 수 있는 프로토콜인 HTTP 2 버전도 사용하고 있다. HTTP 1.1에서는 요청을 전송한 순서대로 응답을 반환하는데, 이때 이전 요청을 처리하는 데 시간이 지연되면 다음 요청의 처리가 늦어진다. 그러나 HTTP 2는 요청을 전송한 순서대로 응답을 반환하지 않아도 되기 때문에 콘텐츠를 빠르게 표시할 수 있다. [그림 7-17]에서 보듯이 3번 요청에 대한 응답이 가장 먼저 도착하고 1번 요청에 대한 응답이 마지막에 도착할 수 있다.

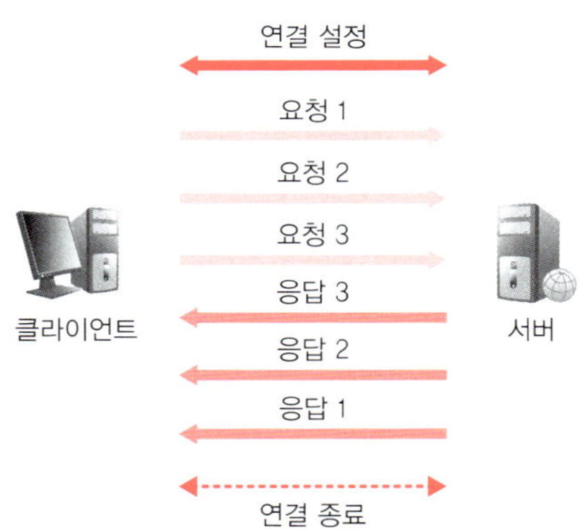

그림 7-17 HTTP 2의 동작 과정

❶ 특징

- HTTP를 통해 데이터를 전송할 때는 데이터 외에도 데이터 정보, 즉 메타 정보를 HTTP 헤더에 포함하여 전송한다.

- MIME Multipurpose Internet Mail Extension를 이용한 하이퍼미디어 이메일, 뉴스 등의 정보와 통합하기 위해 HTTP는 MIME 헤더를 확장한 헤더를 사용한다.
- 하이퍼텍스트 문서를 전송하는 프로토콜이지만 확장된 형태의 문서도 전송할 수 있다.
- 클라이언트는 서버와의 사이에 TCP를 기반으로 한 HTTP 연결을 만들고 메소드, URL, 프로토콜 버전, 클라이언트 정보, 사용자 데이터 등 규정된 요구 형식에 따라 서버에 요청 메시지를 전송한다.
- 서버는 프로토콜 버전, 성공 또는 오류 코드 번호, 서버 정보, 데이터 정보, 사용자 데이터 등을 포함한 메시지를 클라이언트에 전송한다.

❷ 요청 및 응답 형식

요청 및 응답 형식은 다음 표와 같다.

표 7-4 요청 및 응답 형식

요청	응답
• 기능 지정(문서를 요청하는 GET을 주로 사용) • 파일 이름 등 • HTTP 프로토콜 버전 • 일련의 지시 사항(데이터 형식이나 웹 브라우저 종류) 예 GET/index.html HTTP/1.0 Accept: text/plain Accept: text/html Accept: */* User-Agent: explore 6.0	• 서버에서 사용하는 프로토콜 버전 • 요청에 대한 실행 결과 • 전송할 데이터 형식 • 데이터의 길이 등 추가 정보 • 실제 데이터 예 HTTP/1.0 200 OK Server: MDMA/0.1 MIME-version: 1.0 Content-type: text/html Content-Length: 2303

■ SMTP, POP3, IMAP

TCP/IP 프로토콜에서는 클라이언트와 메일 서버, 메일 서버와 메일 서버 간에 이메일을 교환하기 위해 SMTP, POP3, IMAP를 사용한다. 다음 그림과 같이 메일 서버 간의 이메일은 SMTP로 교환하고, 메일 서버와 클라이언트 간에는 이메일 전송 과정에 따라 SMTP와 POP3 또는 IMAP를 각각 따로 사용한다. 클라이언트에서 메일 서버로 이메일을 업로드할 때는 SMTP를 사용하지만 메일 서버에서 클라이언트로 이메일을 다운로드할 때는 POP3나 IMAP를 사용한다.

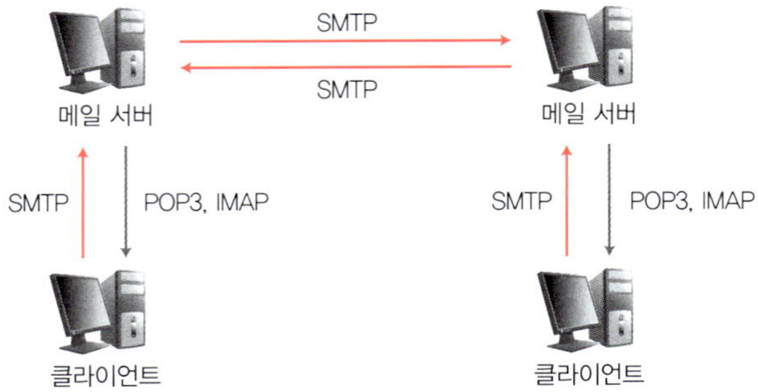

그림 7-18 이메일 교환 프로토콜

❶ SMTP(TCP 포트: 25)

SMTP는 네트워크의 두 메일 서버 간에 이메일을 송수신하는 데 사용하는 TCP/IP 프로토콜로, 응용 계층에 속하며 전송 계층의 TCP에 기반을 둔 프로토콜이다. 하지만 수신 측 큐 메시지 능력의 한계로 수신할 때는 보통 POP3나 IMAP 중 하나를 사용한다. 사용자가 이메일을 메일 서버로 보낼 때는 SMTP를 사용하고, 메일 서버에서 이메일을 다운로드할 때는 POP3나 IMAP를 사용한다. 대부분의 메일 프로그램은 SMTP와 POP 서버를 모두 설정할 수 있도록 허용한다. SMTP는 보통 TCP 25번 포트에서 운영하도록 만들어지며, 자세한 내용은 IETF의 RFC 821에 정의되어 있다.

❷ POP3(TCP 포트: 110)

이메일을 수신하는 표준 프로토콜인 POP3는 POP의 최신 버전이다. 이메일을 수신하고 보관하기 위해 인터넷 서버에서 사용하는 프로토콜로, TCP/IP의 응용 계층에 속하며 SMTP에 의존한다. SMTP와 POP는 서로 보완적인 기능을 수행하므로 독립적으로 동작할 수 없다.

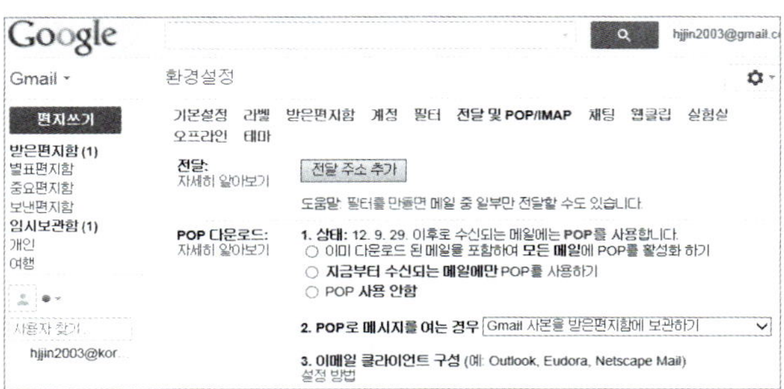

그림 7-19 POP3 설정 예

사용자나 이메일 수신 클라이언트 프로그램은 주기적으로 이메일 수신함을 점검하여 수신된 이메일이 있으면 클라이언트 쪽으로 다운로드한 후 POP 서버에서는 삭제한다. 어떤 사용자가 원격의 다른 시스템에서 POP 서버의 이메일을 확인한 후 자신의 컴퓨터로 돌아와서 다시 그 POP 서버에 접속할 때는 이메일 메시지를 찾을 수 없다. 따라서 자신이 열어본 파일을 다시 보려면 저장 장치에 따로 저장해야 한다. 이러한 POP3의 문제점을 해결한 것이 바로 IMAP이다.

❸ IMAP(TCP 포트: 143)

IMAP는 이메일을 저장·복사하는 프로토콜이다. POP3처럼 SMTP 프로토콜에 의존하지만, POP3와 달리 IMAP에서는 내 컴퓨터에서 지운 이메일도 서버에 남아 있어 언제 어디서든 이메일을 다시 볼 수 있다. IMAP가 이메일의 복사본만 클라이언트에 전송하고 원본 파일은 서버에 그대로 저장·유지하기 때문이다.

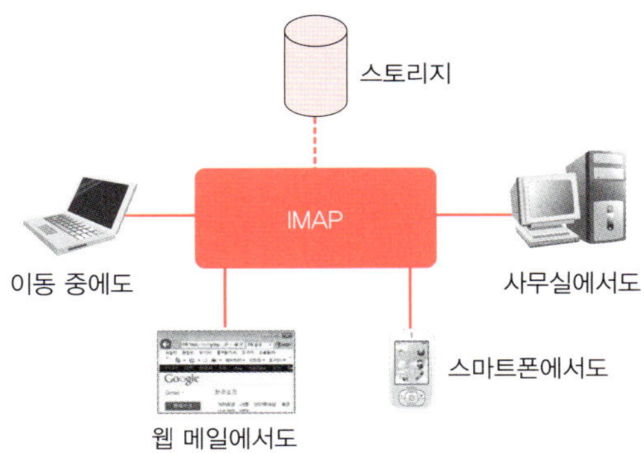

그림 7-20 IMAP의 특성

POP3가 이메일을 보관하고 전송하는 기능을 하는 서비스라면, IMAP는 원격 파일 서버라고 볼 수 있다. POP와 IMAP가 이메일을 수신하는 일을 담당한다고 해서 인터넷을 통해 이메일을 전달하는 프로토콜인 SMTP와 혼동해서는 안 된다. 다시 말해 송신자가 SMTP를 이용하여 이메일을 보내면 상대방 메일 서버에 있는 메일 처리기가 수신한 후 수신자가 POP나 IMAP를 이용하여 이메일을 읽는 것이다.

우리가 흔히 사용하는 다음 메일, 지메일 등의 웹 메일 서비스는 IMAP 프로토콜을 응용한 것이다. 얼마 전까지만 해도 메일 서버 대부분이 POP3로 운영되었으나 최근에는 IMAP4를 채용한 웹 서버가 주류를 이루고 있다.

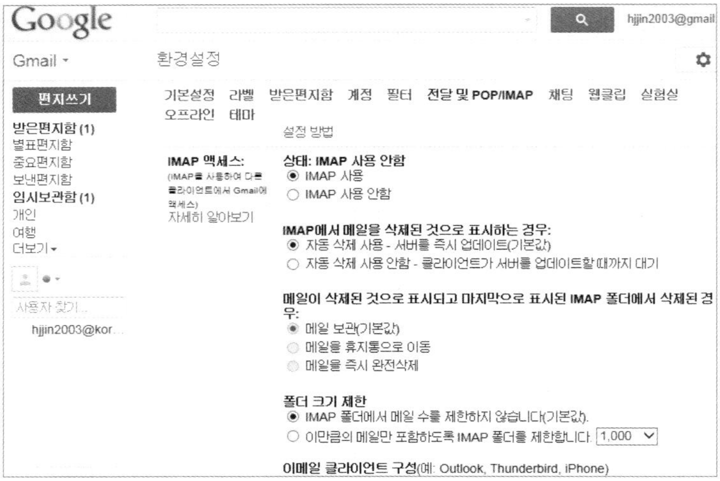

그림 7-21 IMAP 설정 예

- **SNMP(UDP 포트: 161)**

SNMP는 다른 네트워크 장치를 원격에서 관리할 수 있는 간단한 방법을 제공하는 인터넷 표준 프로토콜이다. 이 프로토콜을 적용할 수 있는 네트워크 장치는 네트워크 카드, 허브, 라우터 등이다. SNMP는 TCP/IP 응용 계층 프로토콜로, 네트워크 장치가 중앙의 관리 프로그램과 통신하는 데 사용하는 질의 언어이다. 라우터, 스위치, 허브 등 응용 프로그램에서 네트워크를 관리하는 많은 하드웨어와 소프트웨어에는 SNMP가 장착되어 있다.

SNMP는 네트워크를 관리하는 중앙 관리 시스템과 네트워크를 관리하는 데 사용하는 개체 정보인 MIBManagement Information Base로 구성되어 있다. 중앙 관리 시스템은 네트워크를 관리하기 위해 하나 이상의 MIB를 모니터링할 수 있다. 관리자는 중앙 관리 시스템을 이용하여 사무실을 벗어나지 않고도 원격으로 네트워크를 진단하고, SNMP로 네트워크 상태를 분석 및 선택할 수 있다.

- **DHCP(UDP 포트: 67, 68)**

DHCP는 네트워크의 각 노드에 유일한 IP 주소를 자동으로 할당하고 관리하는 서비스이다. 관리자는 DHCP로 IP 주소를 관리하는 시간과 노력을 크게 줄일 수 있을 뿐만 아니라 IP 주소 할당 과정에서 발생하는 잠재적인 오류도 줄일 수 있어 네트워크의 효율이 높다. 네트워크에서 컴퓨터나 프린터 등의 위치를 변경해도 TCP/IP를 새롭게 조정할 필요가 없으며, 노트북 등의 이동용 노드 사용자를 위해 IP 주소를 부여할 수 있다.

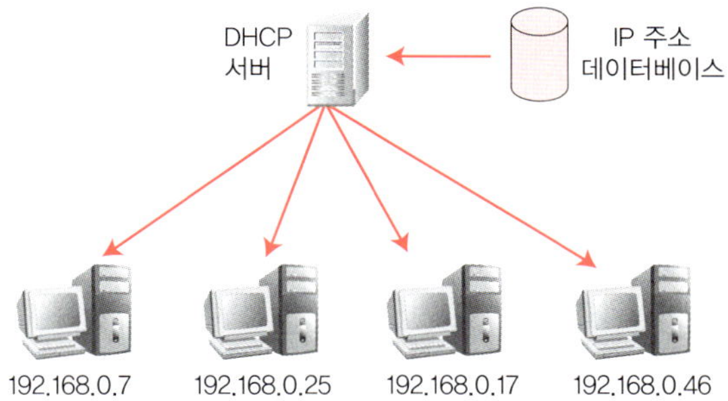

그림 7-22 DHCP 구성 예

대부분의 가정에서는 케이블 업체나 통신 업체 등 ISP의 인터넷 서비스를 제공받는다. 보통 ISP는 DHCP 방식을 이용하여 소비자에게 서비스를 제공하는데 DHCP 임대 과정을 살펴보자.

DHCP에서 네트워크에 연결된 장치나 컴퓨터는 IP 주소를 임대하여 사용하며, 네트워크 노드에 할당되는 IP는 임시 사용을 기본으로 한다. 예를 들어 A 사용자가 네트워크에서 로그오프하면 DHCP 서버는 A 사용자에게 부여했던 IP 주소를 다른 노드 장치(B 사용자)에 할당할 수 있다. 집에서 인터넷을 사용할 때 컴퓨터를 재부팅하거나 전원을 다시 켜면 IP 주소가 변경되는 것을 확인할 수 있는데 이는 DHCP 방식을 사용하기 때문이다. DHCP에는 관리자가 DHCP 서버에서 특정 네트워크 세그먼트의 노드에 임대할 IP 주소의 범위와 임대 기간이 포함되어 있다. DHCP 서버가 동작하면 클라이언트는 그 서버에 연결하여 유일한 IP 주소를 제공받는데 그 과정은 다음과 같다.

❶ 클라이언트 컴퓨터는 UDP 프로토콜을 사용하여 DHCP/BOOTP 서버 포트 67번으로 DHCP 패킷을 네트워크에 브로드캐스트한다.

❷ 서브넷에 연결되어 있는 각 DHCP 서버는 사용 가능한 IP 주소를 클라이언트 컴퓨터에 동시에 보내준다. 포트 번호 68로 DHCP 응답을 하는데, 응답 메시지에는 사용 가능한 IP 주소와 DHCP 서버의 IP 주소, 임대 기간 등의 정보가 포함되어 있다.

❸ 클라이언트는 가장 먼저 도착한 DHCP 응답 메시지의 IP 주소를 받아들이고 그 사실을 응답 메시지로 브로드캐스트한다.

❹ 선택된 DHCP 서버는 확인을 알리는 메시지를 브로드캐스트하고, 클라이언트가 사용할 DNS나 게이트웨이 IP 주소 등의 정보를 제공한다.

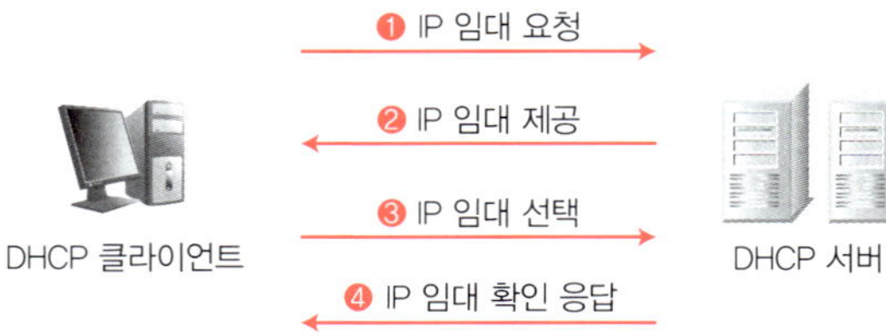

그림 7-23 DHCP의 동작 과정

[그림 7-24]는 DHCP 클라이언트를 보여준다. 컴퓨터의 DHCP 구성 정보는 [제어판]-[네트워크 및 인터넷]-[네트워크 및 공유 센터]-[이더넷]을 선택하여 확인한다. [그림 7-24]에서 〈자세히〉를 클릭하면 네트워크 연결 세부 정보를 확인할 수 있다. 여기서 DHCP 사용 속성을 확인해보자.

그림 7-24 DHCP 구성 정보 확인

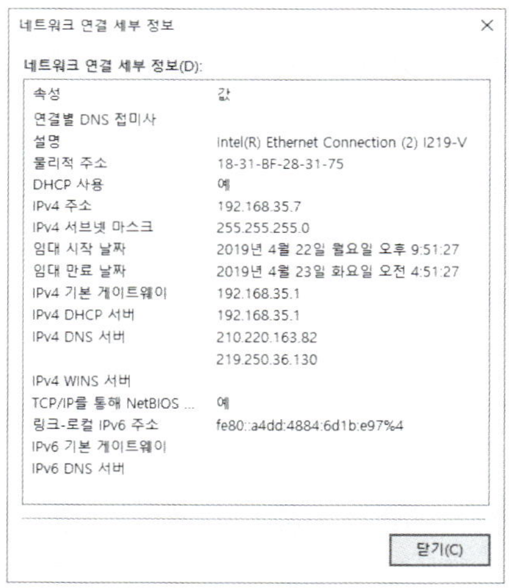

그림 7-25 DHCP 사용 속성 확인

다음 왼쪽 그림에서 〈속성〉을 클릭하면 네트워크 IP 설정이 자동으로 할당되도록 구성되어 있는 것을 확인할 수 있다.

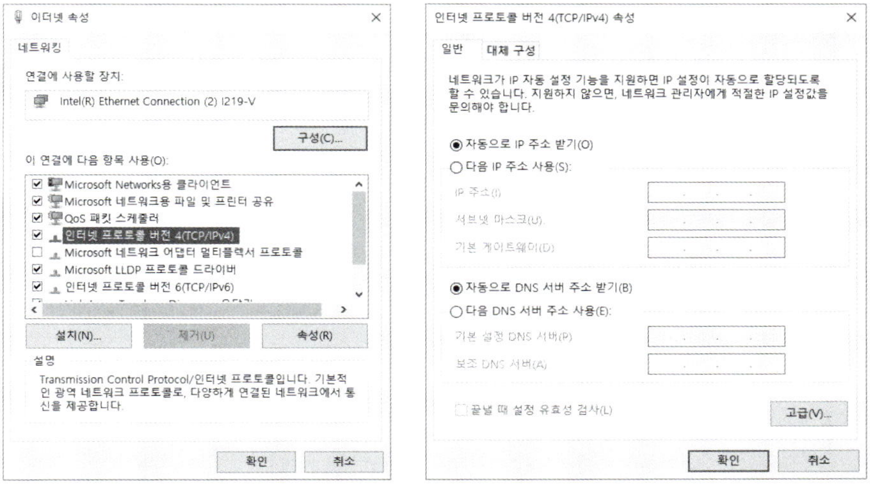

그림 7-26 네트워크 IP 자동 할당 확인

명령 프롬프트에서 'ipconfig/all'을 입력하면 DHCP 구성 정보를 확인할 수 있다.

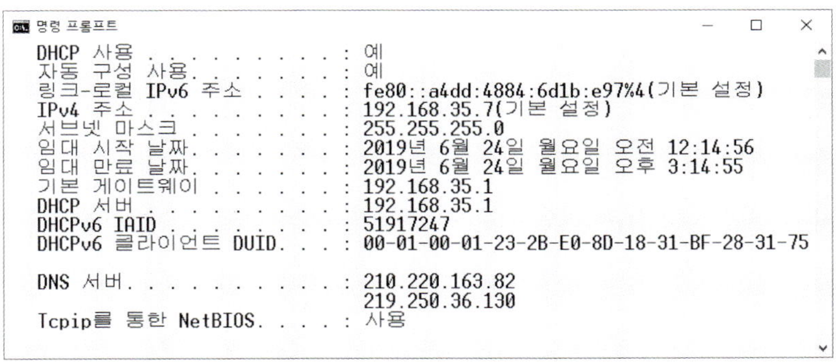

그림 7-27 ipconfig/all 명령어로 DHCP 구성 정보 확인

2 Ping 서비스

PingPacket InterNet Groper은 TCP/IP에서 널리 사용하는 서비스 중 하나로 모든 TCP/IP 설치에 포함되어 있다. 네트워크에 있는 다른 시스템에서 TCP/IP가 정상적으로 동작하는지 알려주는 프로그램으로, ICMP를 사용하여 일련의 에코 메시지를 만들어 지정한 컴퓨터 이름이나 IP 주소 시스템에 전송한다. 이때 두 시스템 간에 에코 메시지를 주고받는 과정을 '핑잉pinging'이라고 한다. Ping에서 사용하는 ICMP 에코 메시지에는 에코 요청과 에코 응답 메시지가 담

겨 있다. Ping 프로그램은 ARP 유틸리티를 이용하여 목적지 컴퓨터 이름을 IP 주소로 해석하고 그 판독 정보를 화면에 출력한다.

명령 프롬프트 상태나 시작 실행에서 'ping 호스트명 또는 IP 주소'(예 ping 58.142.193.69)를 입력하면 서비스를 이용할 수 있다. Ping 프로그램을 실행하여 에코 요청 메시지를 전송한 컴퓨터가 에코 응답 메시지를 수신하면 그 내용이 화면에 출력된다. 다음 그림은 Ping 프로그램을 윈도우 10에서 실행한 예로, 에코 요청 메시지 패킷의 수신지 시스템 IP 주소(58.142.193.69)와 패킷의 크기인 32바이트가 출력된 후 되돌아오는 에코 응답 메시지의 내용이 출력되었다. 기본적으로 Ping 4개를 처리하고 그 통계를 출력한다.

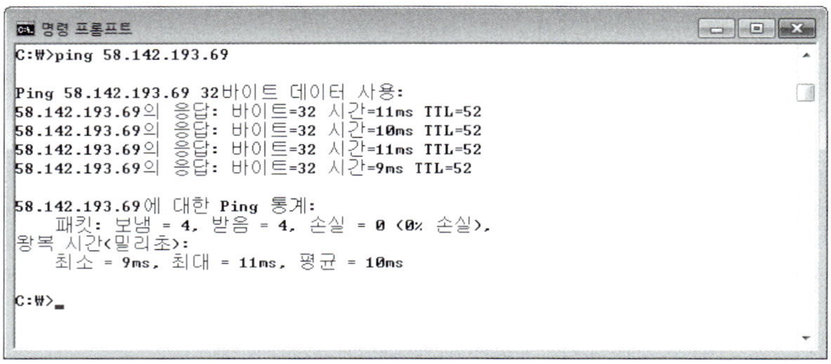

그림 7-28 Ping 서비스의 예

예를 들어 호스트의 IP 주소가 192.168.0.7, 게이트웨이 주소가 192.168.0.88, 수신지의 IP 주소가 58.142.193.69일 때 다음과 같은 과정을 거치면 어디에서 문제가 발생했는지 확인할 수 있다.

❶ ping 127.0.0.1 또는 ping localhost

먼저 루프백 주소loopback address에 ping을 보낸다. 루프백 주소는 127.0.0.1이고 이름은 localhost이다. 이 과정을 통해 컴퓨터에서 TCP/IP 서비스가 제대로 작동하는지 확인할 수 있다. 정상적으로 응답하면 해당 호스트의 내부적인 IP 설정에 문제가 없음을 의미하고, 그렇지 않으면 해당 호스트의 내부에 문제가 있는 것이다.

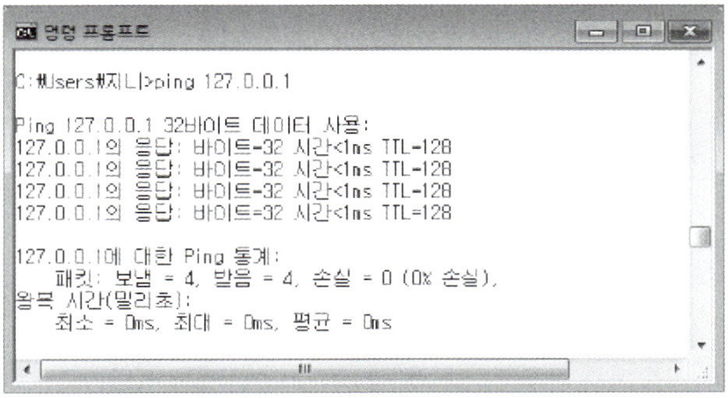

그림 7-29 ping 127.0.0.1 실행 화면

❷ ping 192.168.0.7

보통 LAN에서는 사설 IP 주소를 사용하므로 ping 192.168.0.7처럼 실행할 수 있으며, 이것으로 LAN 네트워크의 동작 상태를 확인할 수 있다. 자신의 IP 주소이므로 정상적으로 응답하면 자신의 LAN 카드까지는 문제가 없는 것이고, 그렇지 않으면(응답 메시지가 요청 시간이 만료되었습니다. 일 때) 내부에서 LAN 카드까지 가는 데 문제가 있는 것이다. NIC가 정상적으로 작동 중인지 알아보려면 컴퓨터 뒷면에 있는 네트워크 카드 슬롯의 램프가 깜빡이는지 확인한다.

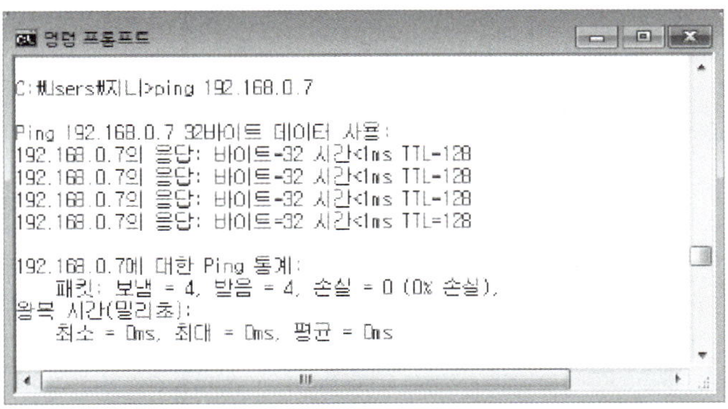

그림 7-30 ping 192.168.0.7 실행 화면

❸ ping 192.168.0.88

다음에는 기본 게이트웨이로 ping을 보낸다. 기본 게이트웨이의 IP 주소 정보는 TCP/IP 등록 정보를 출력하거나 ipconfig/all 명령어를 이용하면 쉽게 확인할 수 있다. 기본 게이트웨이(라우터) 주소이므로 정상적으로 응답하면 게이트웨이까지는 문제가 없는 것이다.

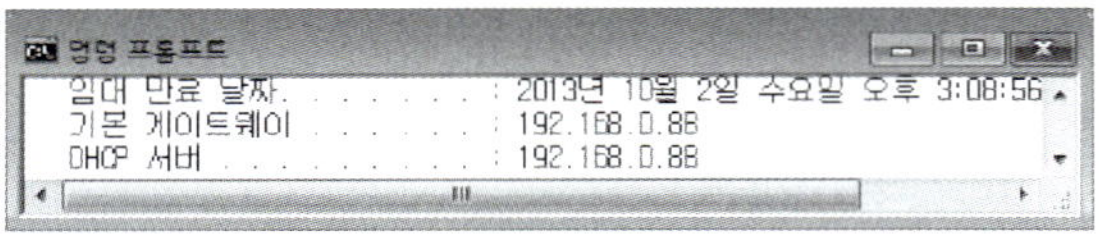

그림 7-31 기본 게이트웨이의 IP 주소 확인

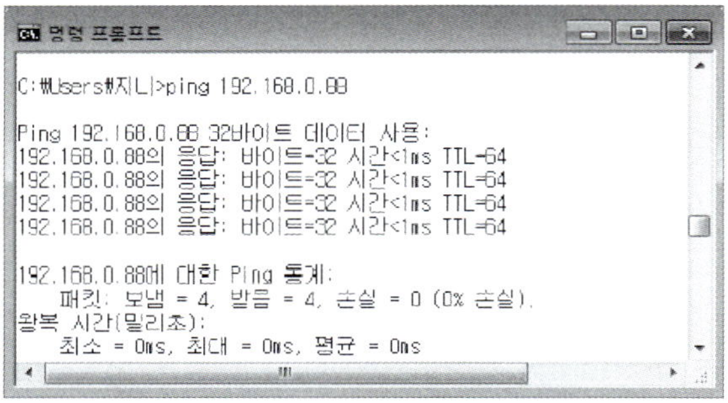

그림 7-32 ping 192.168.0.88 실행 화면

❹ ping 58.142.193.69

이제 웹에서 연결했던 원격 호스트에 ping을 보낸다. 수신지의 IP 주소이므로 정상적으로 응답하면 수신지까지 문제가 없음을 의미한다. 원격 호스트에 ping이 정상적으로 응답하지 않으면 해당 웹 사이트의 웹 페이지에 문제가 있거나 수신지 호스트에 문제가 발생한 것일 수도 있다.

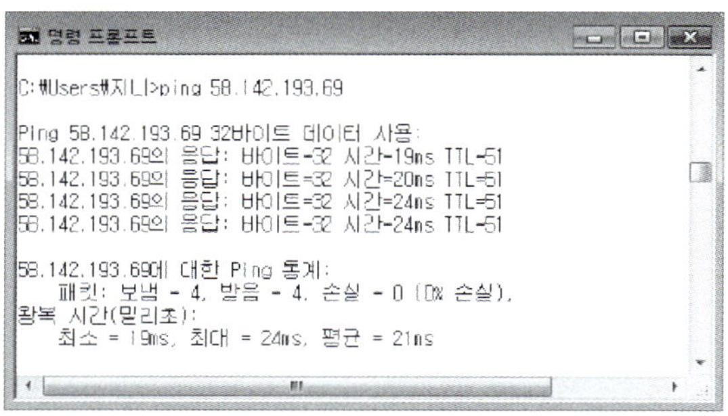

그림 7-33 ping 58.142.193.69 실행 화면

03 실습 HTTP 덤프 분석

1 HTTP 통신 추출

와이어샤크를 이용하여 간단한 웹 페이지 통신에서 이미지를 추출해보자. HTTP 통신을 추출하면 와이어샤크는 패킷에서 데이터를 복원해서 추출할 수 있다.

❶ 와이어샤크를 실행하고 추출하고자 하는 웹 페이지에 접속한다. 필자는 한빛출판네트워크의 네트워크 개론 도서 정보 페이지(http://www.hanbit.co.kr/store/books/look.php?p_code=B8069473976)에 접속했다.

그림 7-34 웹 페이지 접속

❷ 와이어샤크 화면으로 전환하여 패킷 캡처를 중지한다. HTTP로 통신된 이미지 데이터를 추출해보자.

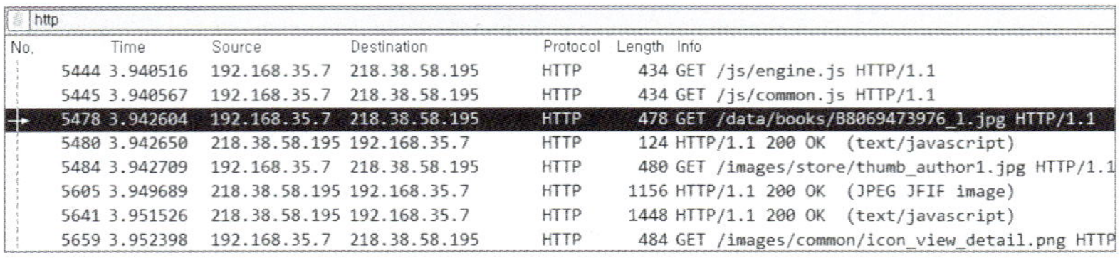

그림 7-35 캡처된 패킷

❸ 메뉴에서 [File]−[Export Objects]를 선택한 후 서브메뉴에서 [HTTP]를 선택하면 HTTP 오브젝트 리스트 화면을 확인할 수 있다.

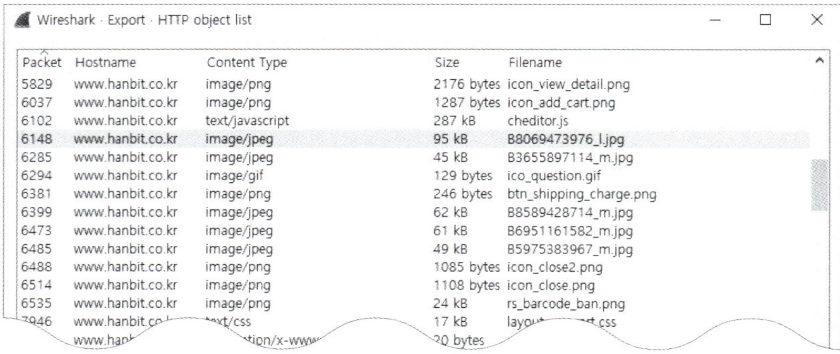

그림 7-36 HTTP 오브젝트 리스트

❹ 이미지 이름을 찾아 저장한다. 저장한 경로를 탐색기에서 확인하면 HTTP 통신에서 이미지 파일이 출력된 것을 확인할 수 있다.

그림 7-37 HTTP 통신 이미지

❺ 데이터를 모두 분석할 수 있는 것은 아니지만, 캡처한 HTTP 패킷에서 모든 데이터를 저장하려면 HTTP 오브젝트 리스트 화면에서 〈모두 저장〉을 클릭한다. 저장 경로에 모든 데이터가 저장되며, 이미지 파일뿐만 아니라 HTTP로 전송된 다양한 형식의 데이터가 파일로 복원된다.

그림 7-38 모든 데이터 복원

❷ HTTP 덤프 분석

HTTP는 웹 페이지 송수신을 위한 프로토콜이다. 서버의 80번 포트로 확립된 소켓상에서 HTTP 요청과 HTTP 응답을 교환함으로써 네트워크 통신이 이루어진다. HTTP 패킷의 덤프 분석을 해보자.

❶ HTTP 요청 메시지

패킷 리스트 영역의 Info 열에 GET /파일명 HTTP/1.1로 표시된 프레임이 HTTP 요청 메시지가 포함된 패킷이다. 이 프레임을 선택하고 패킷 상세 영역에서 Hypertext Transfer Protocol을 클릭한다.

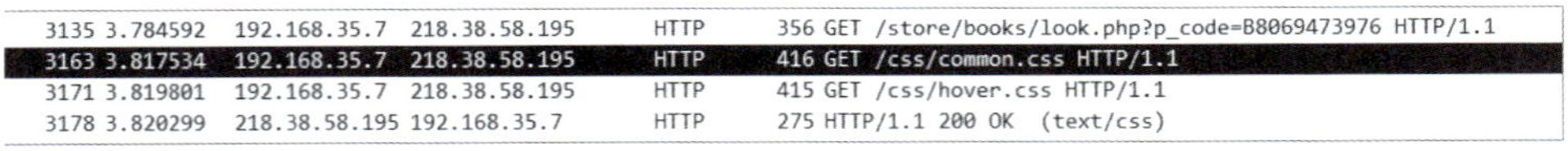

그림 7-39 HTTP 요청 메시지가 포함된 패킷

3163번 패킷은 GET 메소드를 사용하여 HTTP 1.1 프로토콜로 common.css 페이지를 가져오라는 명령이다.

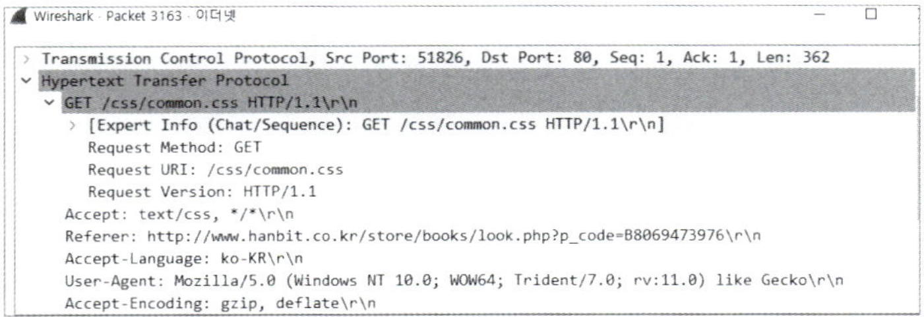

그림 7-40 HTTP 요청 메시지

- Request Method: 웹 페이지를 가져오라는 GET 메소드이다.
- Request URI: 웹 페이지의 위치에 대해 common.css 페이지를 가져오라는 명령을 나타낸다.
- Request Version: 웹 페이지를 가져올 때의 방식이며, HTTP 1.1 버전을 사용한다는 것을 나타낸다.
- Accept: 웹 브라우저가 받아들일 수 있는 필드 형식이 지정되어 있다.
- Accept-Language: 웹 브라우저가 받아들일 수 있는 언어가 지정되어 있다.

❷ HTTP 응답 메시지

패킷 리스트 영역의 Info 열에 HTTP/1.1 200 OK로 표시된 프레임이 HTTP 응답 메시지가 포함된 패킷이다. 이 프레임을 선택하고 패킷 상세 영역에서 Hypertext Transfer Protocol을 클릭한다.

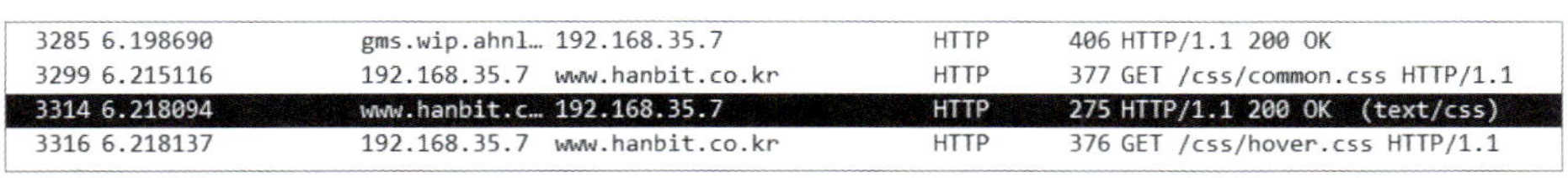

그림 7-41 HTTP 응답 메시지가 포함된 패킷

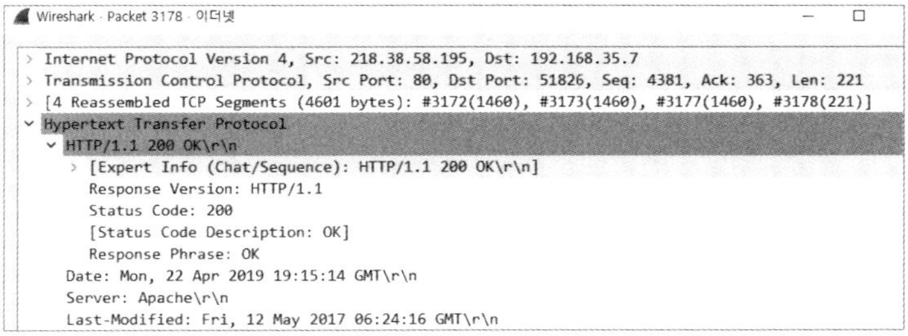

그림 7-42 HTTP 응답 메시지

- HTTP 응답 코드인 HTTP/1.1 200 OK는 정상 응답을 의미한다.
- Response Version: HTTP 1.1 버전을 사용한다는 것을 알 수 있다.
- Status Code: 200은 정상적인 응답을 의미한다. 비정상적인 응답일 때는 문서를 찾을 수 없음을 의미하는 404(Not Found) 등 다양한 오류 응답 코드가 나타난다.
- Date: 웹 서버가 응답을 한 시각을 나타낸다.
- Server: 응답을 한 서버의 정보로, 서버의 종류나 버전을 확인할 수 있다.

이와 같이 HTTP 응답 헤더가 구성되며, 이러한 내용이 웹 브라우저에 전송되면 웹 브라우저는 웹 페이지를 표시하기 위한 준비를 한다. 와이어샤크는 HTTP 통신을 분석하여 추가 필드를 기록한다.

요약

01 웹 브라우저나 메일 프로그램은 클라이언트가 사용하는 애플리케이션이고, 웹 서버 프로그램이나 메일 서버 프로그램은 서버에서 제공한다. 이러한 애플리케이션은 응용 계층에서 동작한다.

02 TCP/IP 모델의 응용 계층에 포함되어 있는 프로토콜과 프로그램은 원격으로 컴퓨터 자원에 접속하는 데 사용된다. 응용 프로그램을 통해 제공되는 서비스는 표현 계층과 세션 계층에 정의되어 있다.

03 세션 계층은 응용 프로그램 계층 간의 통신을 제어하는 구조를 제공하기 위해 응용 프로그램 계층 사이의 접속을 설정 · 유지 · 종료하는 역할을 한다.

04 NetBIOS는 네트워크에 있는 시스템 간에 지속적으로 통신하기 위해 세션 유지, 오류 감지와 복구 등을 처리한다.

05 표현 계층은 데이터 표현의 차이를 해결하기 위해 서로 다른 형식으로 변환하거나 공통 형식을 제공하는 계층으로, 송신 측과 수신 측 사이에서 표준화된 데이터 형식을 규정한다.

06 응용 계층은 파일 전송, 데이터베이스, 원격 접속, 메일 전송 등의 응용 서비스를 네트워크에 접속하는 역할을 하고 여러 가지 서비스를 제공한다.

07 웹 사이트에 접속할 때는 HTTP, 파일을 전송할 때는 FTP, 이메일을 받을 때는 POP3, 이메일을 보낼 때는 SMTP 등의 프로토콜을 사용한다. 또한 DNS를 사용하여 네트워크에 있는 컴퓨터나 네트워크 장치의 도메인 네임을 바탕으로 IP 주소를 알아낼 수 있다.

08 응용 계층에서 제공하는 프로토콜은 TCP 응용 계층 프로토콜인 FTP, HTTP, 텔넷, SMTP, POP3, IMAP와 UDP 응용 계층 프로토콜인 DHCP, SNMP 프로토콜이다.

09 FTP 클라이언트는 자신의 소스 포트 번호로 1023보다 큰 임의의 번호를 사용하고, FTP 서버의 포트 번호로 21을 사용한다. FTP 클라이언트 프로그램에서 서버의 주소(IP나 도메인)를 입력하여 접속이 되면 파일을 업로드하거나 다운로드할 수 있다.

10 HTTP는 클라이언트의 웹 브라우저가 서버에 웹 서비스를 요청하면 서버가 적절한 응답을 하여 클라이언트의 사용자에게 웹 페이지를 제공하는 서비스이다. 즉 HTTP는 서버와 클라이언트 간에 하이퍼텍스트 문서를 송수신하는 프로토콜이다.

11 SMTP는 네트워크의 두 메일 서버 간에 이메일을 송수신하는 데 사용하는 TCP/IP 프로토콜로, 응용 계층에 속하며 전송 계층의 TCP에 기반을 둔 프로토콜이다.

12 이메일을 수신하는 표준 프로토콜인 POP3는 POP의 최신 버전이다. 이메일을 수신하고 보관하기 위해 인터넷 서버에서 사용하는 프로토콜로, TCP/IP의 응용 계층에 속하며 SMTP에 의존한다.

13 DHCP는 네트워크의 각 노드에 유일한 IP 주소를 자동으로 할당하고 관리하는 서비스이다.

14 Ping에서 사용하는 ICMP 에코 메시지에는 에코 요청과 에코 응답 메시지가 담겨 있다. Ping 프로그램은 ARP 유틸리티를 이용하여 목적지 컴퓨터 이름을 IP 주소로 해석하고 그 판독 정보를 화면에 출력한다.

연습문제

01 인터넷에서 파일을 전송하는 기본 프로토콜에 대해 설명하시오.

02 클라이언트의 웹 브라우저가 서버에 웹 서비스를 요청하면 서버가 적절한 응답을 하여 클라이언트의 사용자에게 웹 페이지를 제공하는 서비스는 무엇인가?

03 HTTP 1.0과 HTTP 1.1의 차이점을 설명하시오.

04 네트워크의 각 노드에 유일한 IP 주소를 자동으로 할당하고 관리하는 서비스는 무엇인가?

05 ping 127.0.0.1 또는 ping localhost에 대해 설명하시오.

06 응용 프로그램 계층 간의 통신을 제어하는 구조를 제공하기 위해 응용 프로그램 계층 사이의 접속을 설정 · 유지 · 종료하는 역할을 하는 계층은 무엇인가?

07 응용 계층에서 제공하는 프로토콜에 대해 설명하시오.

08 Ping에서 사용하는 ICMP 에코 메시지에 대해 설명하시오.

기출문제

01 TCP/IP 모델의 응용 계층 프로토콜에 해당하지 않는 것은?

① HTTP ② FTP ③ POP3 ④ ARP

02 FTP에 대한 설명으로 잘못된 것은?

① 파일을 전송하는 접속 대상인 컴퓨터를 서버라 하고, 접속하려는 사용자의 컴퓨터를 클라이언트라 한다.
② FTP 서버의 포트 번호는 80을 사용한다.
③ 인터넷에서 파일을 전송하는 기본 프로토콜이다.
④ FTP 클라이언트는 자신의 소스 포트로 1023보다 큰 임의의 번호를 사용한다.

03 다른 네트워크 장치를 원격에서 관리할 수 있는 간단한 방법을 제공하는 인터넷 표준 프로토콜로 올바른 것은?

① SNMP ② DHCP ③ ICMP ④ IGMP

04 통신 장치 간의 설정을 유지하고 동기화하는 계층은?

① 세션 계층 ② 표현 계층 ③ 응용 계층 ④ 물리 계층

05 TCP 응용 계층 프로토콜의 종류로 잘못된 것은?

① FTP ② SMTP ③ HTTP ④ SNMP

SELF-CHECK

01 세션 계층은 통신 장치 간의 설정을 유지하고 동기화하는 역할을 한다. 네트워크에 있는 시스템 간에 지속적으로 통신하려면 세션 유지, 오류 감지와 복구 등을 처리할 수 있는 NetBIOS를 확인한다.

02 대부분의 가정에서는 케이블 업체나 통신 업체 등 ISP의 인터넷 서비스를 제공받는데, ISP는 보통 DHCP 방식을 이용하여 소비자에게 서비스를 제공한다. 자신이 사용하는 컴퓨터의 DHCP 구성 정보를 확인한다.

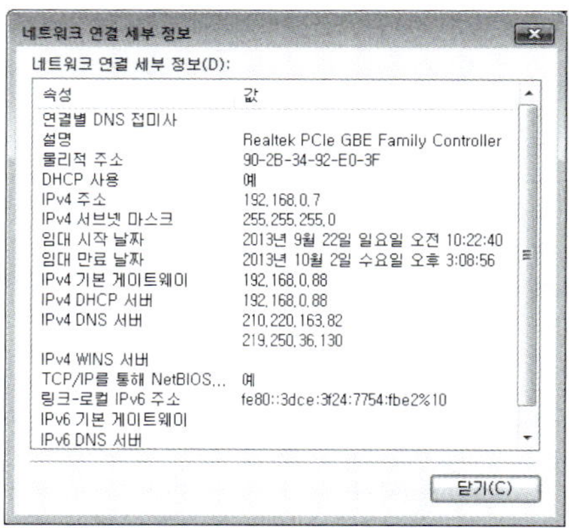

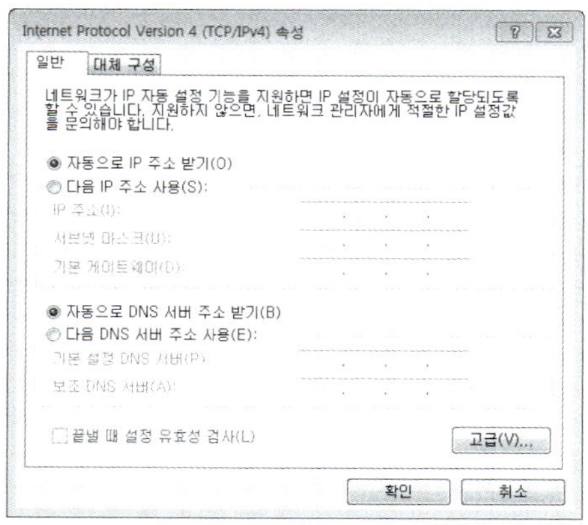

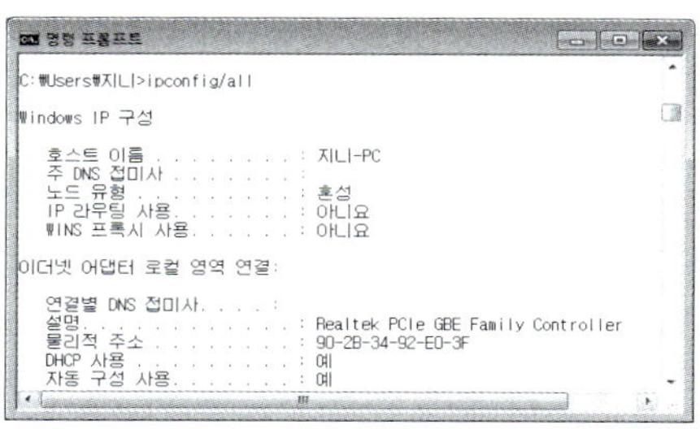

CHAPTER 08

네트워크 서비스

학습목표

- 다양한 네트워크 서비스를 이해한다.
- 인터넷 정보 서비스를 이해한다.
- 웹 서비스와 파일 전송 서비스를 이해한다.
- 메일 서비스를 이해한다.
- 와이어샤크를 통해 패킷을 분석한다.

01 인터넷 정보 서비스(IIS)

마이크로소프트의 인터넷 정보 서비스Internet Information Service, IIS는 인터넷을 포함한 TCP/IP 네트워크에서 파일 전송을 담당하는 FTP나 웹 서비스를 담당하는 WWW 등의 서버를 운영할 수 있게 도와준다. 윈도우 10에서는 사용자가 서버를 쉽게 설치할 수 있도록 IIS를 기본으로 제공하므로 추가 비용 없이 컴퓨터를 FTP 서버나 웹 서버로 구축할 수 있다.

표 8-1 IIS의 기능

종류	기능
WWW(HTTP) 서비스	컴퓨터를 웹 서버로 동작시킴
FTP 서비스	컴퓨터를 FTP 서버로 동작시킴
SMTP 서비스	컴퓨터가 다른 메일 서버로 이메일을 보내고, 다른 메일 서버에서 이메일을 전송받을 수 있게 함

지금까지 살펴본 네트워크 이론을 바탕으로 IIS를 이용하여 웹 서버와 FTP 서버를 구축해보자.

■ **윈도우 기능 설정**

윈도우 10은 운영체제를 설치할 때 자동으로 IIS를 설치하지 않기 때문에 사용자가 직접 추가해야 한다.

❶ [시작]–[제어판]–[프로그램]–[프로그램 및 기능]–[Windows 기능 켜기/끄기]를 선택한다.

그림 8-1 Windows 기능 켜기/끄기 설정

❷ [Windows 기능] 창에서 '인터넷 정보 서비스'에 체크한 후 〈확인〉을 클릭한다(불필요한 기능이 설치되었다면 체크를 해제한다).

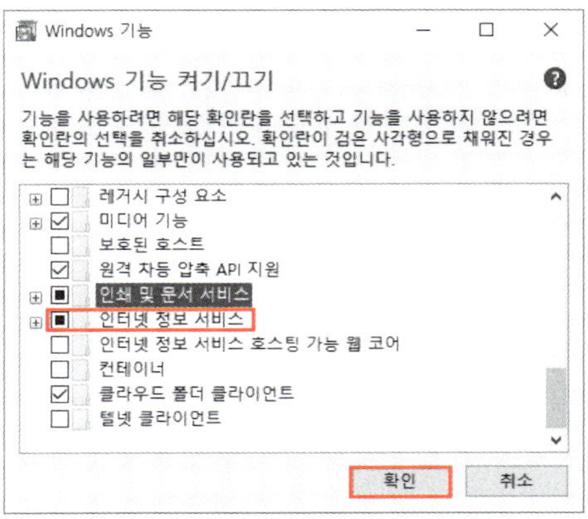

그림 8-2 '인터넷 정보 서비스' 체크

■ IIS 설치

❶ [제어판](오른쪽 위의 보기 기준을 큰 아이콘 또는 작은 아이콘으로 변경)–[관리 도구]를 선택한다.

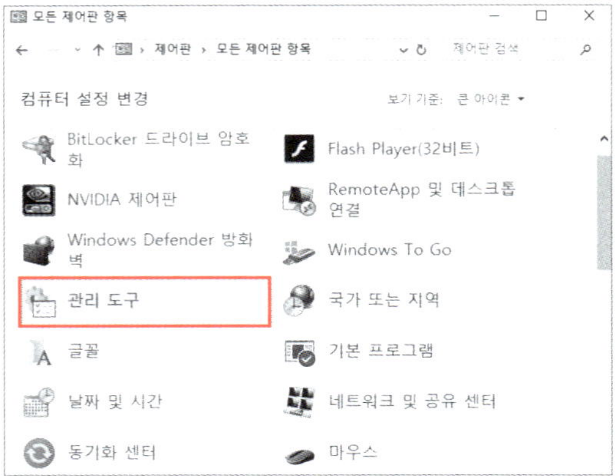

그림 8-3 '관리 도구' 실행

❷ 'IIS(인터넷 정보 서비스) 관리자'를 더블클릭하면 IIS 설정 화면이 나타난다.

그림 8-4 IIS(인터넷 정보 서비스) 관리자 실행

[시작] 메뉴의 검색 화면에서 'IIS'를 입력하면 [IIS(인터넷 정보 서비스) 관리자] 화면에 바로 접근할 수 있다.

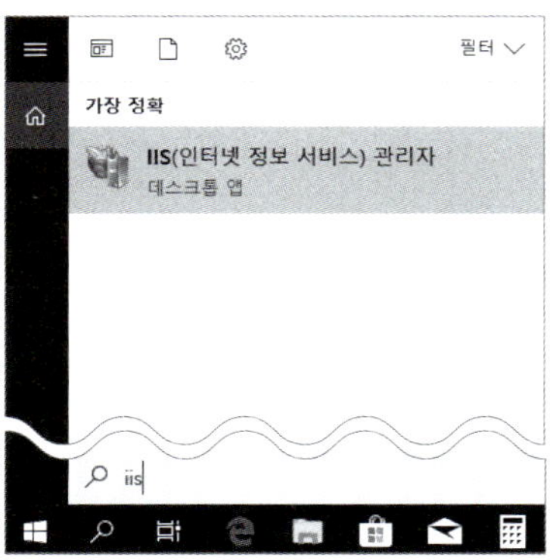

그림 8-5 'IIS' 검색

❸ [IIS(인터넷 정보 서비스) 관리자] 화면에서 웹 서버와 FTP 서버를 설정할 수 있다. 왼쪽에서 목록 펼침 버튼을 클릭하면 [사이트]–[Default Web Site](기본 웹 사이트)가 나타난다. 기본적으로 IIS 서버와 연결된 상태이므로 기본 웹 사이트로 연결할 것이다.

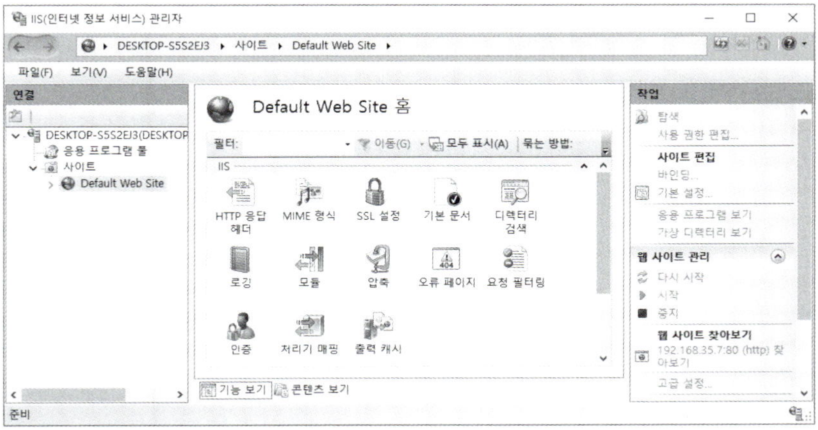

그림 8-6 Default Web Site 홈

❹ 이제 기본 웹 사이트가 제대로 동작하는지 확인해보자. 웹 브라우저의 주소 표시줄에 내 컴퓨터의 IP 주소(http://192.168.35.7/) 또는 http://localhost를 입력하면 클라이언트에 제공하는 기본 파일이 나타난다. IIS가 제대로 설치되었다면 다음과 같은 화면이 나타날 것이다.

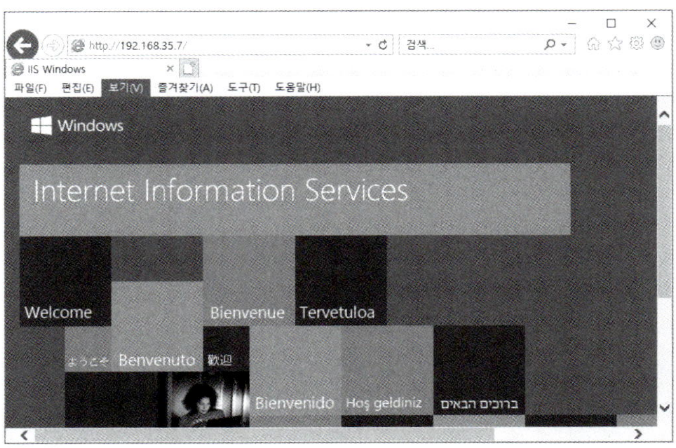

그림 8-7 기본 웹 사이트 실행

02 웹 서비스(HTTP, WWW)

WWW 서비스는 TCP/IP의 HTTP 프로토콜을 사용하고 기본적으로 HTML 문서를 웹 브라우저에 표시한다. HTTP는 WWW에서 정보를 주고받을 수 있는 프로토콜이며, 주로 HTML 문서를 송수신하는 데 사용한다.

다음 그림은 웹 서비스의 동작 방식을 보여준다. 웹 사이트를 서비스하는 TCP 포트는 WWW 서비스에서 사용하는 80번을 사용한다. 클라이언트가 웹 브라우저에서 포트 번호를 지정하지 않으면 자동으로 포트 번호 80을 지정한다. 80번 외의 포트 번호를 사용한다면 클라이언트가 웹 사이트에 접근할 때 포트 번호도 함께 지정해야 한다(예 http://192.168.0.7:2000). 이처럼 포트 번호를 변경하면 포트 번호를 아는 사용자만 접속 가능하기 때문에 보안을 유지할 수 있다.

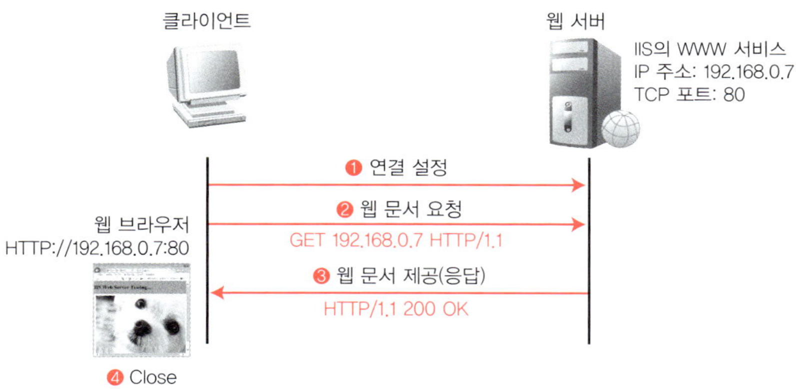

그림 8-8 웹 서비스의 동작 방식

■ 웹 서버 구축

IIS를 WWW 웹 서비스에 추가하면 인터넷으로 클라이언트에 웹 서비스를 제공할 폴더로 윈도우 10이 설치된 C:₩inetpub₩wwwroot 폴더에 기본 웹 사이트가 자동으로 생성된다. 간단한 웹 페이지를 생성하여 웹 서버를 구축해보자.

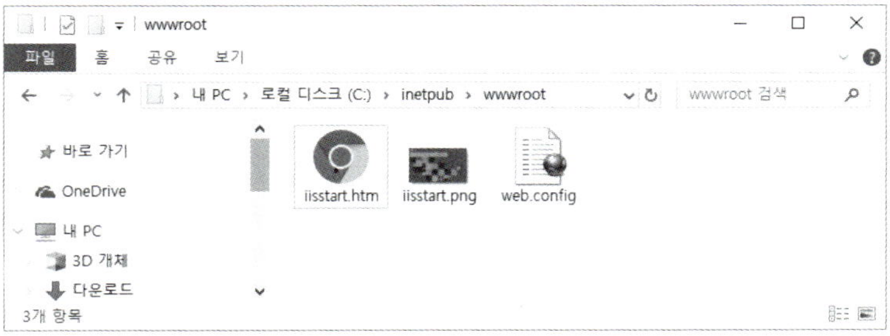

그림 8-9 C:₩inetpub₩wwwroot 폴더

❶ 웹 서버로 사용할 컴퓨터에 인터넷으로 제공할 문서를 HTML 파일로 작성하여 C:₩inetpub₩wwwroot에 저장한다.

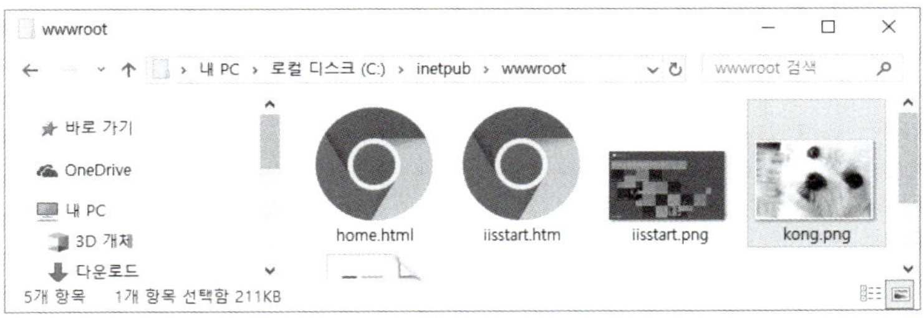

그림 8-10 인터넷으로 제공할 문서 저장

HTML 파일은 메모장에서 간단히 작성할 수 있다. 다음은 home.html 파일의 소스코드이다.

```
home.html - 메모장
파일(F) 편집(E) 서식(O) 보기(V) 도움말(H)
<html>
<head>
<title>jin hye jin</title>
</head>
<body>
<font face="휴먼모음T" size=7>
Welcome to HomePage
<br>
<img src ="kong.png" width="50% height="50%">
</html>
```

그림 8-11 home.html

❷ 클라이언트에 전송할 기본 문서를 웹 서버에 설정해놓았기 때문에 클라이언트는 웹 브라우저의 주소 표시줄에 URL을 입력할 때 파일 이름을 지정하지 않고 서버의 IP 주소만

입력해도 웹 페이지의 내용을 볼 수 있다. 또한 클라이언트에 전송할 기본 문서도 지정할 수 있다(윈도우 10에서 제공하는 기본 파일은 iisstart.htm이다).

[IIS(인터넷 정보 서비스) 관리자]-[사이트]-[Default Web Site]를 선택한 후 '기본 문서'를 더블클릭하면 웹 사이트에 표시할 기본 문서(home.html)를 설정할 수 있다.

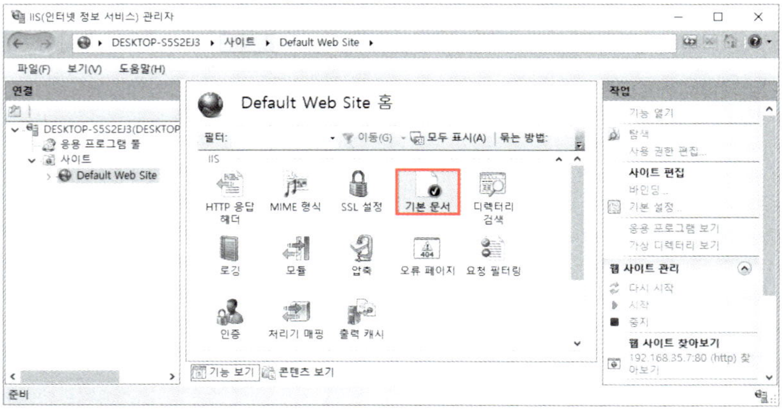

그림 8-12 Default Web Site 홈에서 기본 문서 실행

❸ [IIS(인터넷 정보 서비스) 관리자] 화면에서 기본 문서 부분에 자신이 생성한 파일의 이름을 추가하면(home.html) 웹 사이트에 접속할 때 기본 웹 페이지로 설정된다. 오른쪽에서 [작업]-[추가]를 선택한 후 home.html을 기본 문서로 추가하면 된다.

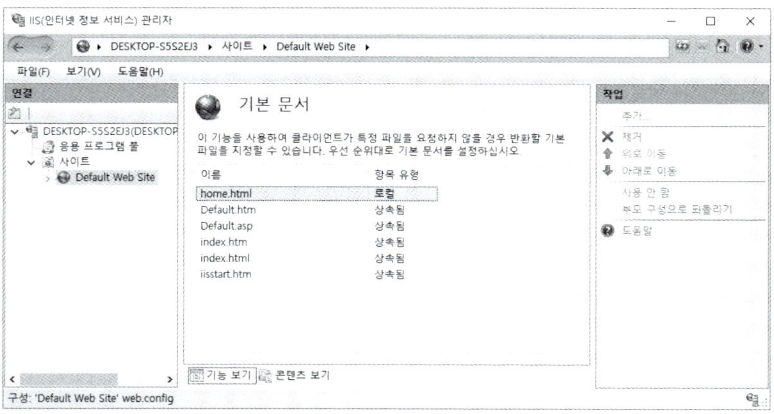

그림 8-13 기본 문서 설정

❹ 인터넷에서 WWW 서비스를 제공하기 위해 IIS의 WWW 서비스를 이용한다. WWW 서비스를 제공할 웹 사이트의 웹 페이지 홈 디렉터리는 C:₩inetpub₩wwwroot, IP 주소는 웹 서버로 사용할 컴퓨터의 IP 주소(http://192.168.35.7/), TCP 포트 번호는 80으로 설정한다. 오른쪽에서 [작업]-[바인딩]을 선택하면 포트 번호와 IP 주소를 확인할 수 있다.

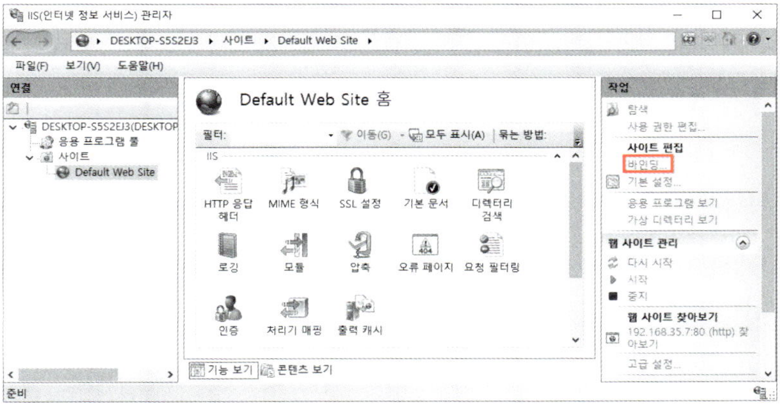

그림 8-14 바인딩 설정

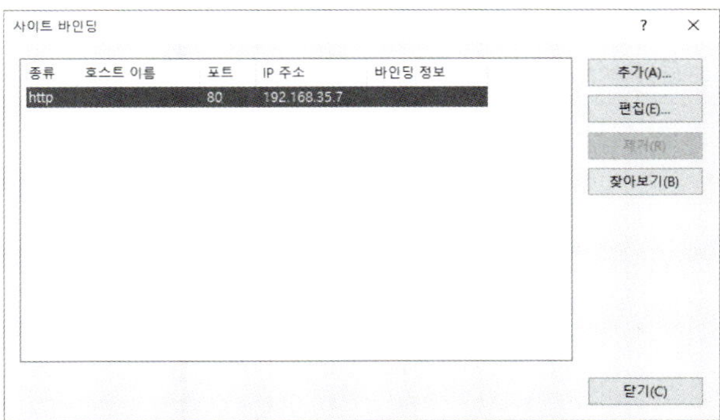

그림 8-15 사이트 바인딩(IP 주소와 포트 번호 설정 확인)

❺ 클라이언트는 웹 브라우저를 이용하여 원하는 문서가 있는 웹 사이트에 접속한 후 파일을 다운로드한다. HTTP 프로토콜로 해당 정보가 있는 웹 사이트의 IP 주소와 TCP 포트 번호 80을 요청하는데, 웹 서버로 사용할 컴퓨터의 IP 주소(http:// 192.168.35.7/)를 웹 브라우저의 주소 표시줄에 입력하면 된다.

❻ 클라이언트의 요청을 받은 웹 서버는 자신의 웹 페이지 홈 디렉터리의 내용을 클라이언

트에 전송한다. 클라이언트 컴퓨터의 웹 브라우저를 이용하여 자신이 만든 웹 사이트에 접속해보자. 웹 브라우저에서 웹 서버로 사용할 컴퓨터의 IP 주소(http://192.168.35.7/)를 입력했을 때 다음과 같이 자신이 생성한 웹 페이지가 나타나면 웹 서버를 제대로 구축한 것이다.

그림 8-16 웹 서버 구축 확인

[IIS(인터넷 정보 서비스) 관리자] 화면에서 WWW 서비스는 TCP/IP의 HTTP 프로토콜을 사용하고 TCP 포트 번호는 80임을 확인할 수 있다.

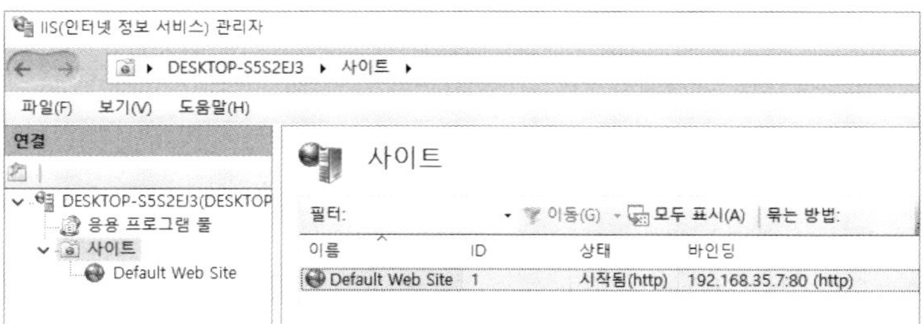

그림 8-17 사이트 정보 확인

하나의 컴퓨터(웹 서버)에서 IP 주소, 포트 번호, 호스트 헤더 정보 중 하나라도 다르면 별개의 웹 사이트로 인식한다. 따라서 자신이 구축한 웹 사이트를 포함하여 하나의 컴퓨터에서 여러 웹 사이트를 동시에 서비스할 수 있다.

- 하나의 네트워크 카드에 IP 주소 여러 개를 할당하거나 하나의 컴퓨터에 네트워크 카드 여러 개를 장착하여 복수의 IP 주소를 만들 수 있다. 이때 WWW 서비스는 클라이언트가 요청한 해당 IP 주소의 웹 사이트 내용을 전송한다.
- 동일한 IP 주소일 때도 포트 번호가 다르면 별개의 웹 사이트로 인식한다. 예를 들어 하나의 웹 사이트에서는 http://192.168.35.7:80/을 지정하여 사용하고 또 다른 웹 사이트에서는 http://192.168.35.7:2000/을 지정하여 사용할 수 있다.
- 호스트 헤더 정보는 클라이언트가 웹 브라우저에서 입력하는 주소 정보를 말한다. 예를 들어 웹 서버가 IP 주소 1개로 웹 사이트 2개를 사용할 때 IP 주소의 WWW 서비스는 클라이언트가 요청하는 웹 사이트의 도메인 이름으로 판단하여 웹 사이트(www.jinhyejin.com과 www.jinkong.com)를 전송한다. 즉 동일한 IP 주소를 사용하여 웹 사이트를 여러 개 서비스할 수 있다.

03 파일 전송 서비스(FTP)

TCP/IP 네트워크 환경이나 인터넷에서 많은 사람과 파일을 공유하는 가장 일반적인 방법은 FTP 서버를 사용하는 것이다. 웹 서버에 FTP를 설정하면 이 FTP 사이트를 이용하여 FTP 클라이언트는 FTP 서버가 지정한 폴더에 파일을 업로드하거나 해당 폴더에 있는 파일을 다운로드할 수 있다. 네트워크의 클라이언트는 FTP 서버의 홈 디렉터리로 지정한 폴더를 공유하여 사용할 수 있다.

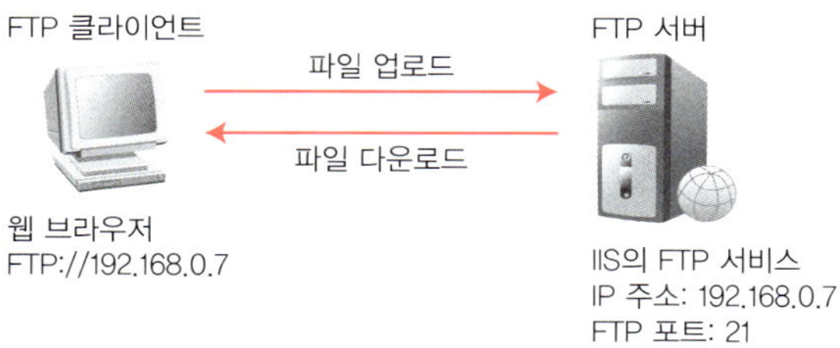

그림 8-18 FTP의 동작 과정

익명 FTP 사이트는 인터넷에 연결된 모든 컴퓨터의 사용자가 지정된 폴더에서 파일을 다운로드할 수 있도록 설정되어 있다. 인터넷 웹 브라우저도 FTP 클라이언트 기능을 지원하므로 FTP 서버 주소(ftp://192.168.35.7/)를 입력하면 FTP 서버의 폴더 내용을 확인할 수 있다.

■ FTP 사이트 추가

❶ [IIS(인터넷 정보 서비스) 관리자] 화면에서 왼쪽의 컴퓨터 이름에 마우스 커서를 놓고 오른쪽 버튼을 클릭하여 [FTP 사이트 추가]를 선택한다.

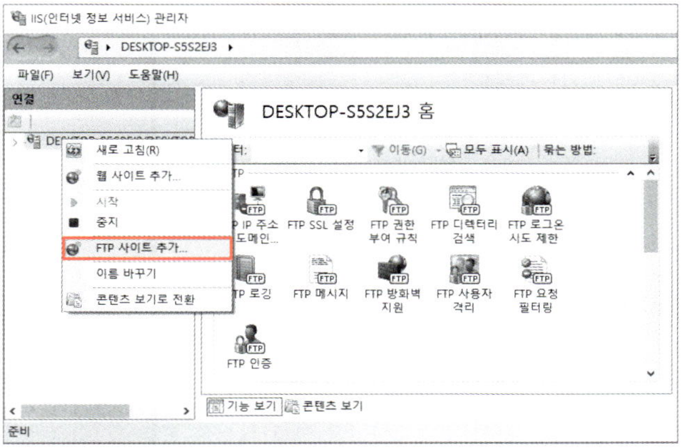

그림 8-19 FTP 사이트 추가

❷ Windows 기능이 제대로 설치되지 않았다면 FTP 사이트 추가 항목이 보이지 않을 것이다. [시작]–[제어판]–[프로그램]–[프로그램 및 기능]–[Windows 기능 켜기/끄기]를 선택한다. [Windows 기능] 창에서 '인터넷 정보 서비스'의 목록 펼침 버튼을 클릭한 후 'FTP 서버', 'FTP 서비스', 'FTP 확장성'에 모두 체크하여 기능을 추가한다.

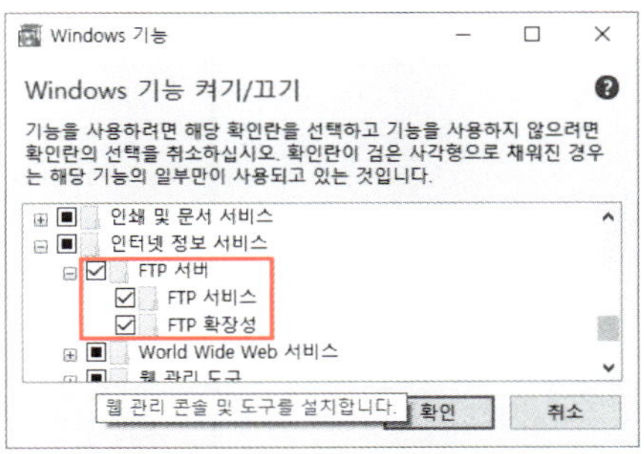

그림 8-20 FTP 사이트 추가 항목이 보이지 않을 때의 설정

❸ FTP 사이트 이름과 FTP에 연결할 경로(공유할 파일이 들어 있는 폴더)를 입력하고 〈다음〉을 클릭한다. 외부에서 접속하면 실제 경로(FTP 서버의 홈 디렉터리)로 저장된 장소에서 파일을 업로드하거나 다운로드할 수 있다.

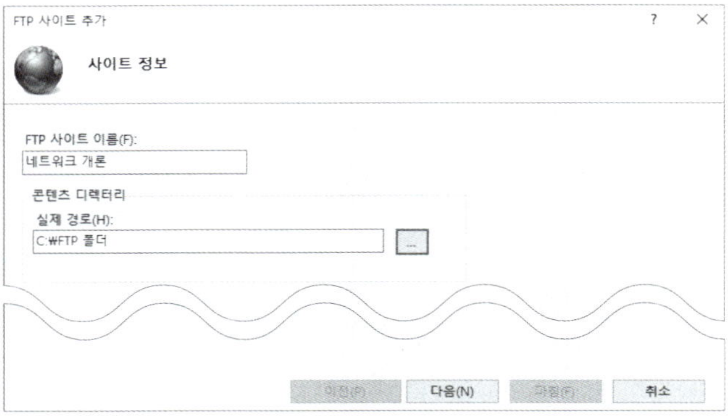

그림 8-21 FTP 사이트 이름과 경로 입력

❹ 'IP 주소'에서는 FTP 서버로 사용할 컴퓨터의 IP 주소를 선택한다. SSLSecure Sockets Layer은 네트워크에서 정보를 안전하게 보호할 수 있도록 암호화하여 전송하는 통신 규약으로, 인증서를 이용하여 FTP에 접속하는 방식이다. SSL을 사용하면 클라이언트와 웹 서버 간의 통신 내용을 모두 암호화한 후 인증서를 이용하여 신용카드 번호, 패스워드 등 중요한 정보를 안전하게 전송할 수 있다. 'SSL'에서는 'SSL 사용 안 함'을 선택한다. 만약 가지고 있는 SSL 인증서가 있다면 그 인증서를 선택하면 된다.

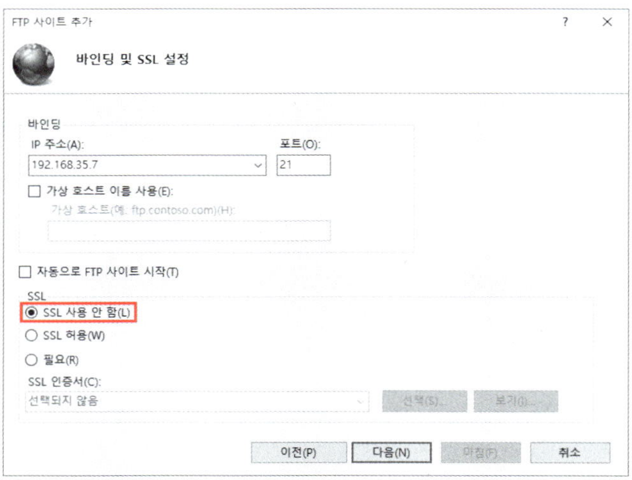

그림 8-22 바인딩 및 SSL 설정

❺ 마지막으로 인증 및 권한 부여 정보를 지정하고 〈마침〉을 클릭한다. 로그인 창에 입력한 사용자 이름과 암호는 텍스트 형태로 전송되고, 서버에서는 사용자 정보를 수신한 내용과

비교하여 인증을 완료한다. '인증'에서 '익명'에 체크하면 사용자의 이름과 암호를 텍스트로 전송하므로 인터넷에서 사용자 정보가 유출될 수 있다. 그러나 기본 인증과 SSL 보안을 함께 사용하면 사용자 이름과 암호의 보안이 강화되어 사용자 정보를 더욱 안전하게 관리할 수 있다. '사용 권한'은 업로드(쓰기)와 다운로드(읽기)에 관한 권한을 말한다.

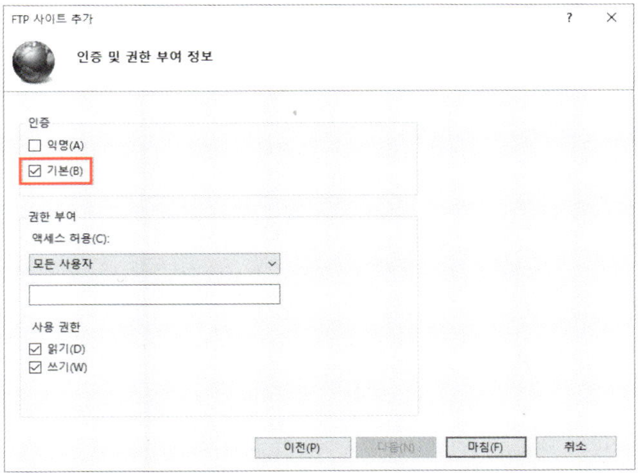

그림 8-23 인증 및 권한 부여 설정

❻ [IIS(인터넷 정보 서비스) 관리자] 화면의 왼쪽에서 사이트에 FTP 서버(네트워크 개론)가 추가된 것을 확인할 수 있다.

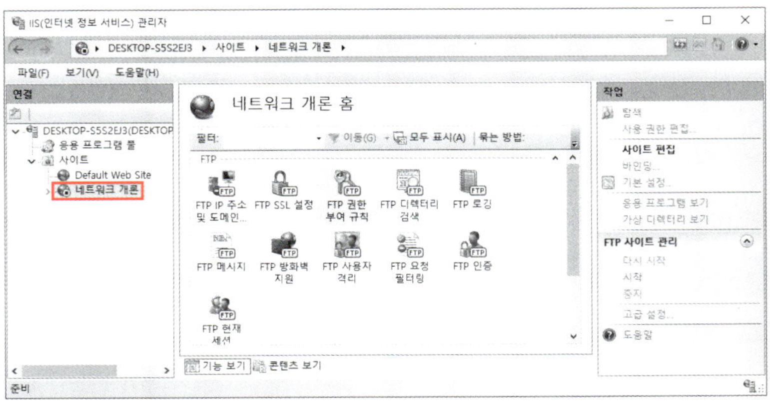

그림 8-24 FTP 서버 확인

❼ FTP 서버를 실행하기 위해 FTP 서버 이름(네트워크 개론)에 마우스 커서를 놓고 오른

쪽 버튼을 클릭하여 [FTP 사이트 관리]–[시작]을 선택한다.

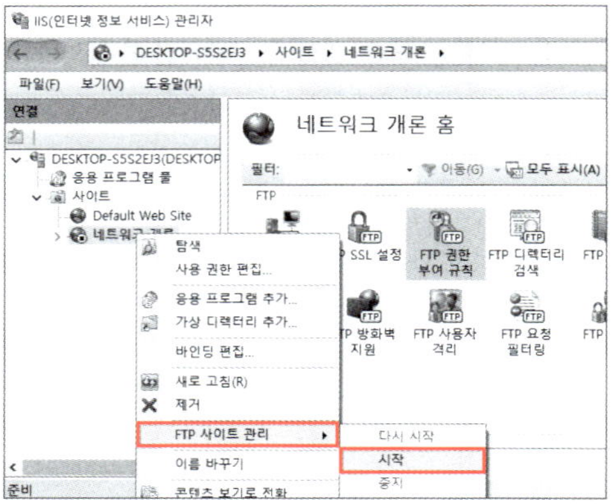

그림 8-25 FTP 사이트 시작 설정

■ 로그온 설정

❶ 웹 브라우저에 FTP 서버의 IP 주소(ftp://192.168.35.7/)를 입력하여 접속해보자. FTP 서버에 로그온하려면 사용자 이름과 암호를 입력해야 한다.

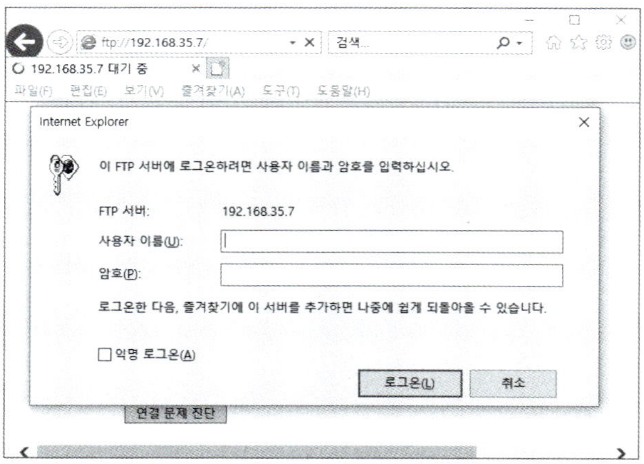

그림 8-26 FTP 서버에 로그온

❷ 외부 컴퓨터에서 FTP 사이트에 접근하려면 [제어판]–[시스템 및 보안]–[Windows Defender 방화벽]을 선택한 후 [Windows Defender 방화벽] 창의 왼쪽에서 '고급 설정'을 클릭한다.

그림 8-27 Windows Defender 방화벽 설정 변경

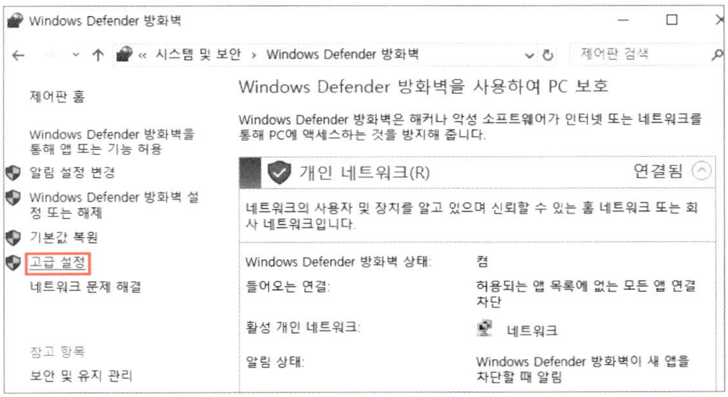

그림 8-28 '고급 설정' 선택

❸ [로컬 컴퓨터의 고급 보안이 포함된 Windows Defender 방화벽]-[인바운드 규칙]을 선택한 후 FTP 서버 규칙을 '규칙 사용'으로 변경한다.

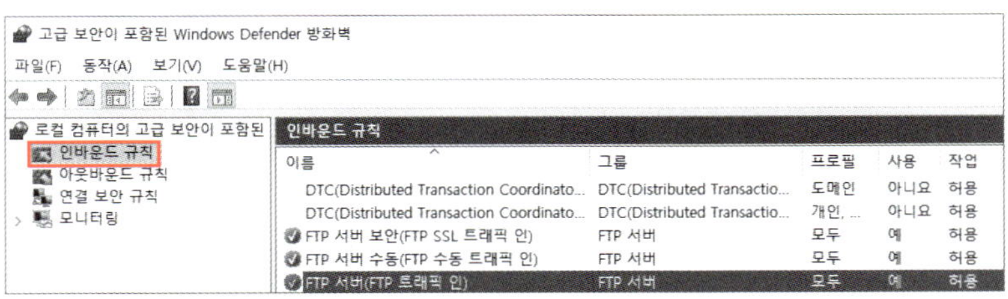

그림 8-29 FTP 서버 규칙을 '규칙 사용'으로 변경

❹ FTP 서버를 다시 시작하면 FTP 서버가 정상적으로 작동할 것이다.

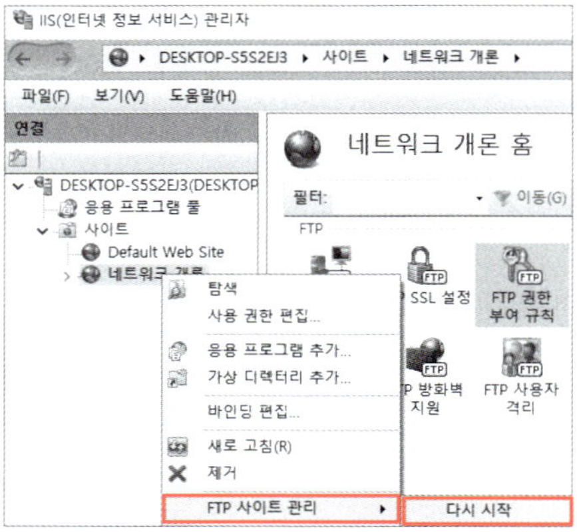

그림 8-30 FTP 서버 다시 시작

❺ [IIS(인터넷 정보 서비스) 관리자] 화면에서 FTP 서버가 FTP 프로토콜과 FTP 포트 번호 21을 사용한다는 것을 확인할 수 있다.

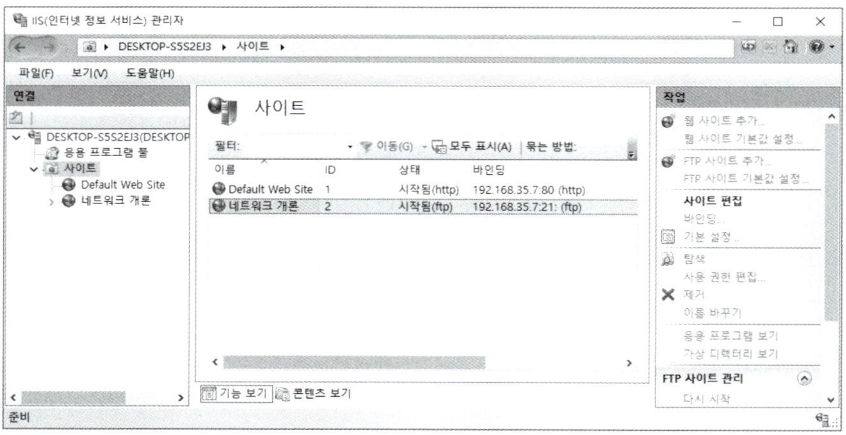

그림 8-31 FTP 서버의 프로토콜과 포트 번호 확인

■ FTP 서버용 IIS 전용 계정 생성 및 설정

앞에서 살펴보았듯이 FTP 서버에 로그온하려면 사용자 이름과 암호가 필요하다. 이제 윈도우 10에서 FTP 서버용 IIS 전용 계정을 생성하고 설정하는 방법을 살펴보자.

❶ [시작] 메뉴의 검색 화면에 'netplwiz'를 입력한 후 [사용자 계정] 창에서 〈추가〉를 클릭한다.

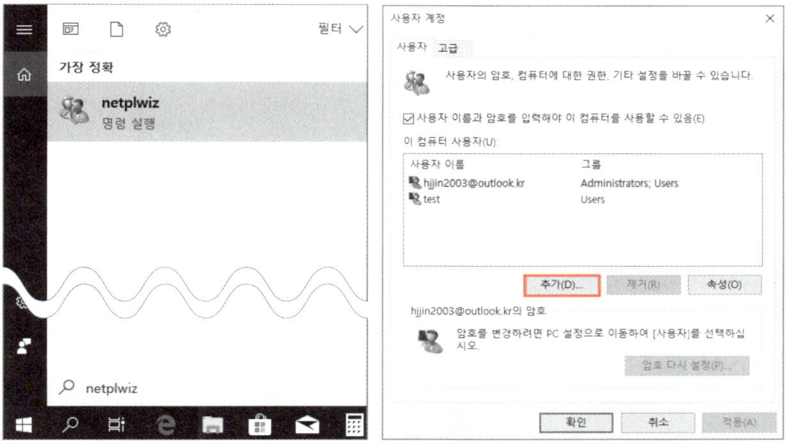

그림 8-32 netplwiz 실행 및 사용자 계정 추가

❷ [이 사용자의 로그인 방법] 화면에서 'Microsoft 계정 없이 로그인'을 클릭한다.

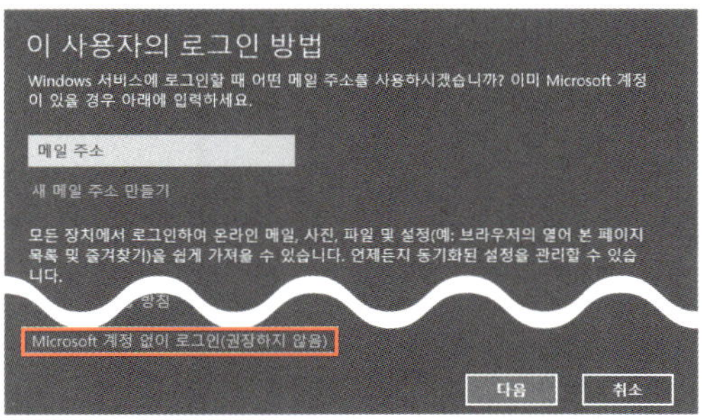

그림 8-33 'Microsoft 계정 없이 로그인' 클릭

❸ [사용자 추가] 화면에서 〈로컬 계정〉을 클릭하여 사용자를 추가할 수 있다.

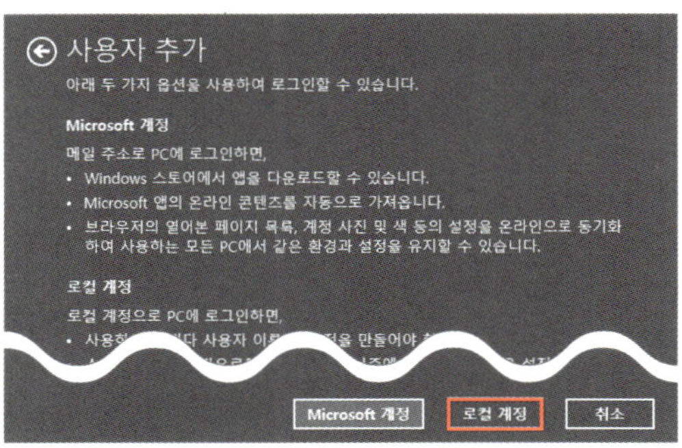

그림 8-34 〈로컬 계정〉 클릭

❹ 새로 만들 계정의 정보(사용자 이름과 암호)를 입력한다.

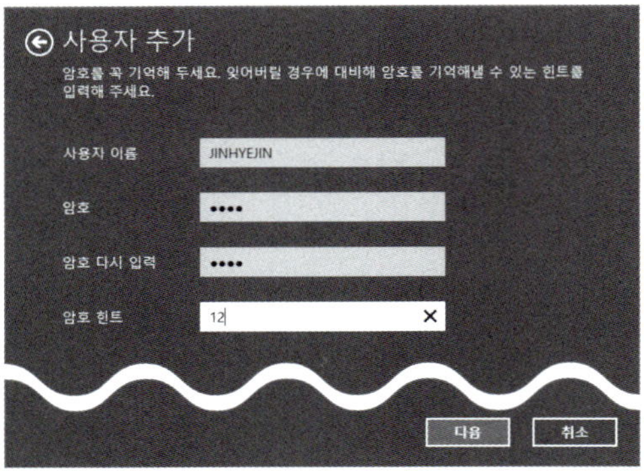

그림 8-35 사용자 이름과 암호 입력

❺ 사용자가 추가되면 〈마침〉을 클릭한다.

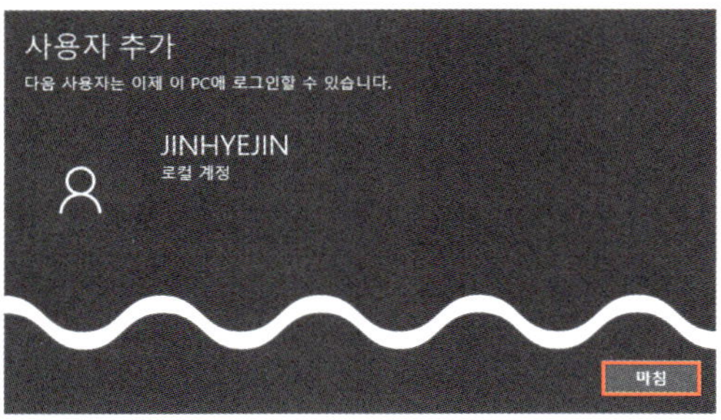

그림 8-36 사용자 추가 완료

❻ '이 컴퓨터 사용자' 항목에 사용자 계정(JINHYEJIN)이 추가된 것을 확인할 수 있다.

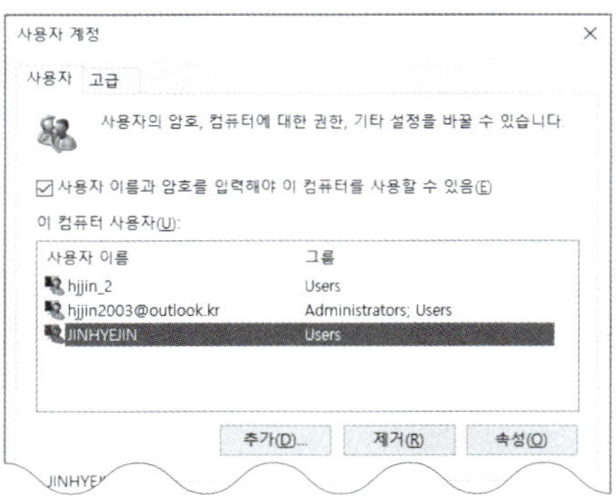

그림 8-37 추가된 사용자 계정 확인

❼ [IIS(인터넷 정보 서비스) 관리자] 화면의 FTP 사이트(네트워크 개론)에서 'FTP 권한 부여 규칙'을 더블클릭한다.

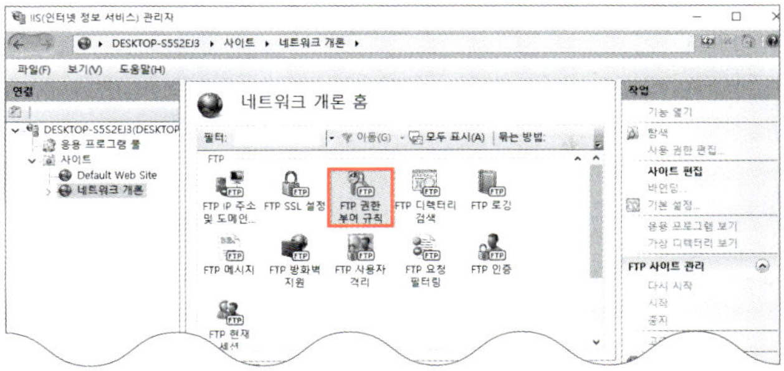

그림 8-38 FTP 권한 부여 규칙 실행

❽ 화면 오른쪽의 '허용 규칙 추가'를 클릭한 후 앞에서 생성한 계정을 입력하고 사용 권한에 체크한다.

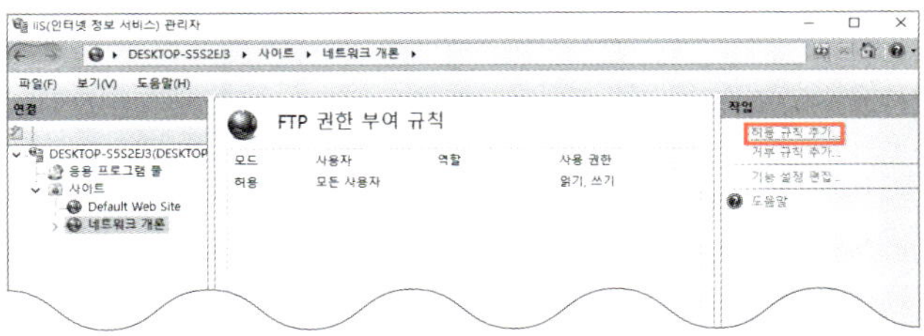

그림 8-39 '허용 규칙 추가' 실행

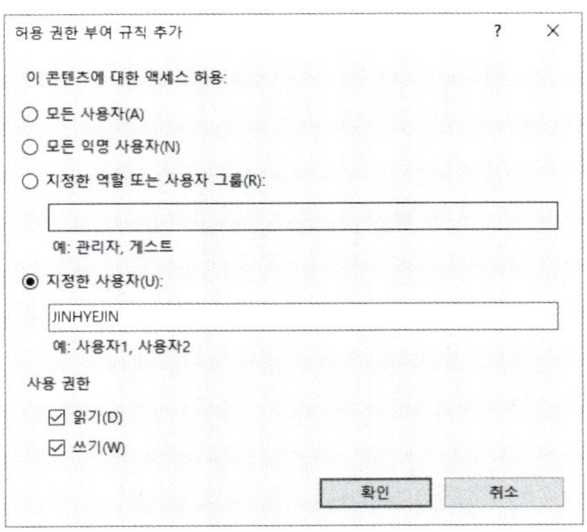

그림 8-40 지정한 사용자 추가와 권한 설정

❾ [IIS(인터넷 정보 서비스) 관리자] 화면에서 왼쪽의 FTP 서버(네트워크개론)에 마우스 커서를 놓고 오른쪽 버튼을 클릭하여 [사용 권한 편집]을 선택한다.

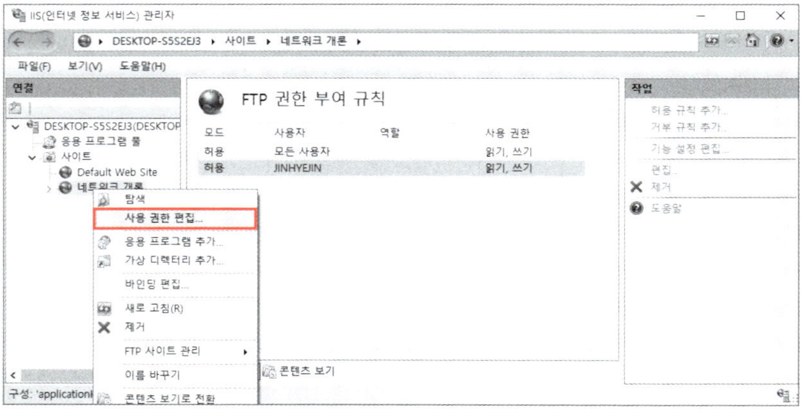

그림 8-41 FTP 서버의 사용 권한 편집 실행

❿ [보안] 탭에서 '그룹 또는 사용자 이름' 항목의 사용자 권한을 변경하려면 〈편집〉을 클릭한다.

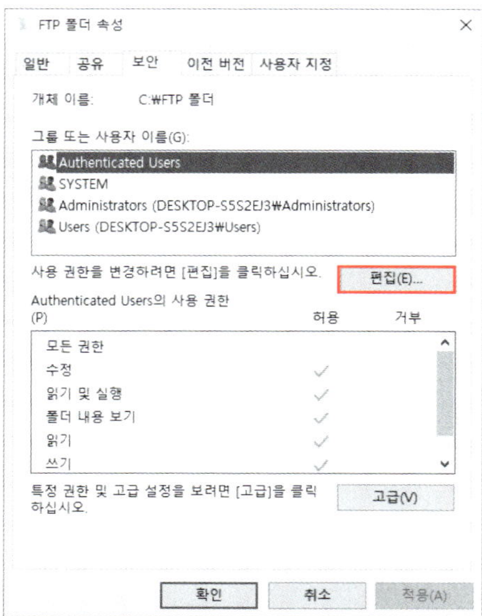

그림 8-42 사용자 권한 변경

⓫ 〈추가〉를 클릭한 후 개체 이름(JINHYEJIN)을 입력하고 〈이름 확인〉을 클릭한다. 변경된 개체 이름을 확인한 후 〈확인〉을 클릭한다.

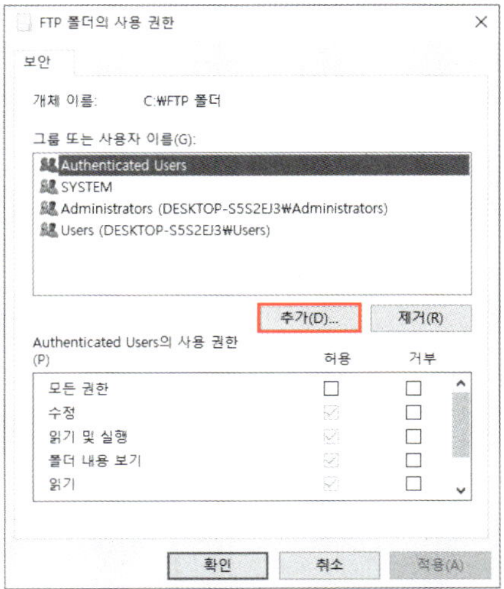

그림 8-43 [보안] 탭에서 〈추가〉 클릭

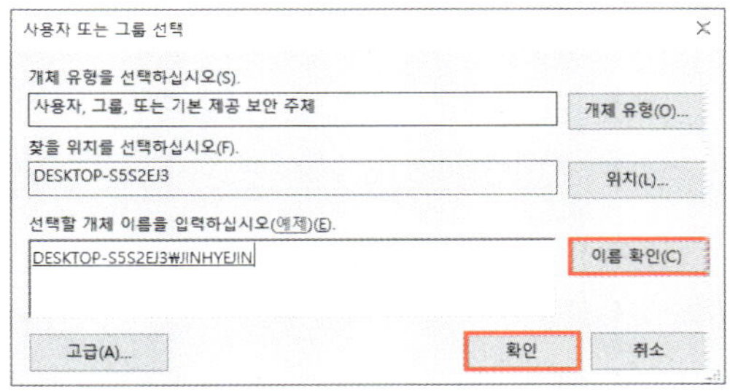

그림 8-44 개체 이름 입력

⓬ '그룹 또는 사용자 이름' 항목에서 추가한 개체 이름(JINHYEJIN)을 확인할 수 있다. 〈확인〉을 클릭하여 모든 설정을 완료한다.

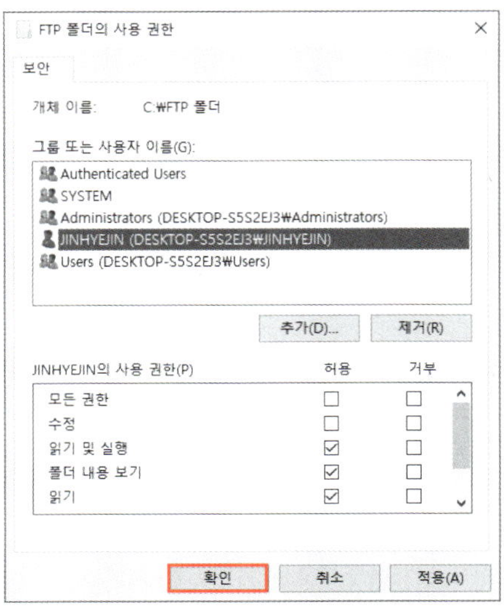

그림 8-45 JINHYEJIN의 사용 권한

■ FTP 서버 접속

❶ FTP 서버는 인터넷을 이용하여 공유할 파일을 FTP 서버의 홈 디렉터리로 지정한 폴더(C:₩FTP 폴더)에 저장한다.

그림 8-46 FTP 서버의 홈 디렉터리로 지정한 폴더에 파일 저장

❷ 클라이언트는 원하는 정보가 있는 FTP 사이트에 접속하여 해당 공유 파일을 내 컴퓨터에 다운로드하거나 업로드하기 위해 웹 브라우저 또는 FTP 프로그램을 사용한다. 공유 파일이 있는 FTP 사이트의 IP 주소와 FTP 포트 번호 21로 요청하는데, 여기서는 앞서 설정한 ftp://192.168.35.7/을 웹 브라우저의 주소 표시줄에 입력했다. 로그온 창에 사용자 이름과 암호를 입력하면 FTP 서버에 접속된다.

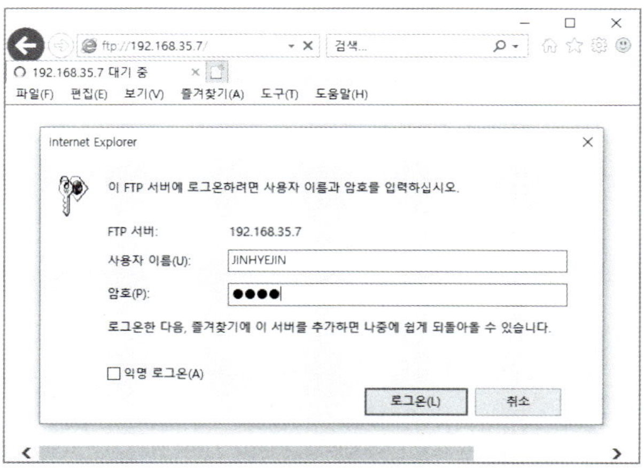

그림 8-47 FTP 서버 접속 인증 화면

❸ 클라이언트의 요청을 받은 FTP 서버는 자신의 홈 디렉터리 내용을 클라이언트에 전송한다. 다음 그림은 FTP 서버에 접속한 화면으로 FTP 서버에서 제공하는 파일을 확인할 수

있다.

그림 8-48 FTP 서버 접속 후 파일 확인

FTP 서버에서 파일을 선택하면 내 컴퓨터에 다운로드할 수 있다.

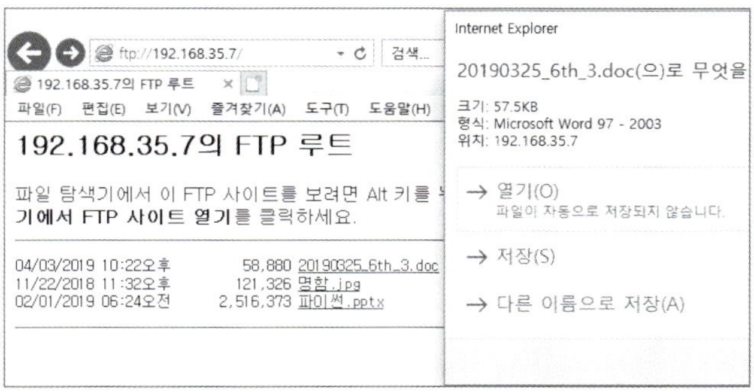

그림 8-49 파일 다운로드

다음으로 클라이언트 입장에서 파일을 업로드 및 다운로드해보자. FTP 클라이언트 프로그램인 알드라이브를 다운로드하여 설치한다.

■ FTP 클라이언트 프로그램(알드라이브) 사용법

❶ 알드라이브를 실행하고 〈접속하기〉를 클릭한다. 사이트 정보에 접속할 웹 사이트의 정보를 입력한다. FTP 서버의 주소와 사용자 아이디, 비밀번호를 입력한 후 〈연결〉을 클릭한다.

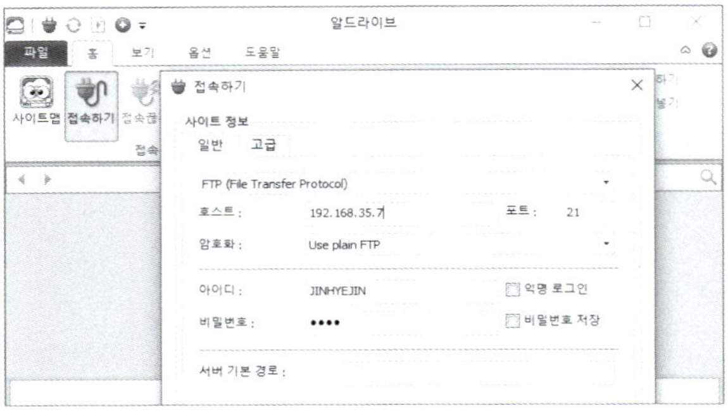

그림 8-50 알드라이브 접속 화면

❷ FTP 서버 접속 화면이 나타난다. FTP 서버의 디렉터리와 각 디렉터리에 포함된 파일을 확인할 수 있다.

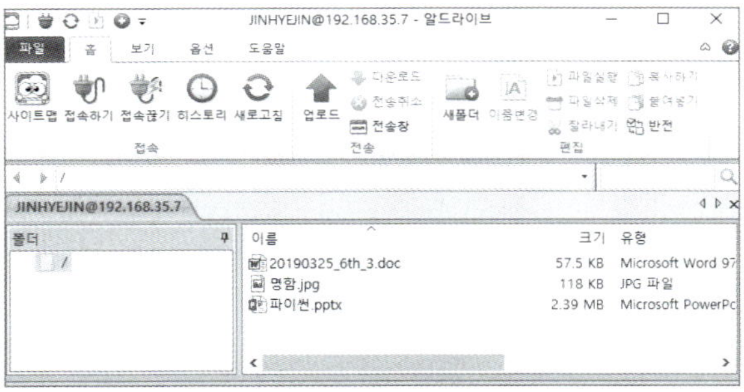

그림 8-51 FTP 서버 접속 성공 화면

❸ 내 컴퓨터(클라이언트)에 있는 파일을 FTP 서버에 업로드해보자. 메뉴에서 [업로드]를 클릭한다.

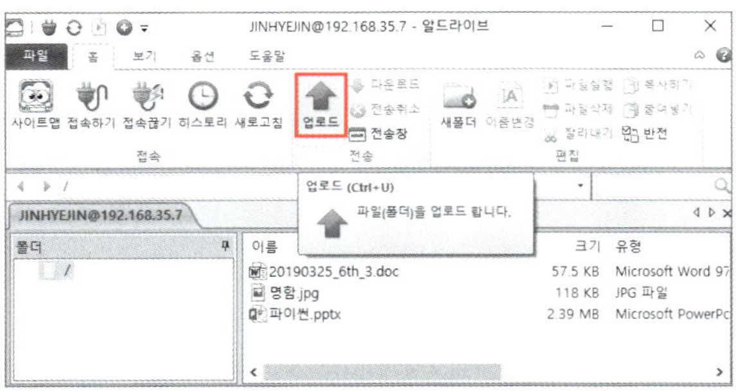

그림 8-52 파일 업로드 준비 과정

❹ 업로드할 파일(appery.PNG)을 선택하고 〈열기〉를 클릭한다. [전송창]에서 업로드 전송 상태를 확인할 수 있다.

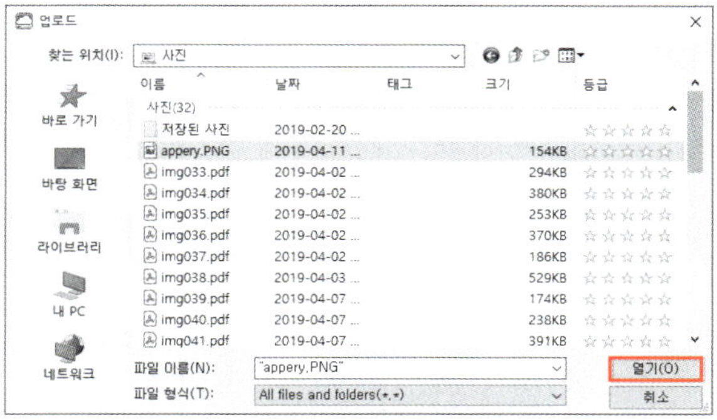

(a) 업로드할 파일 선택

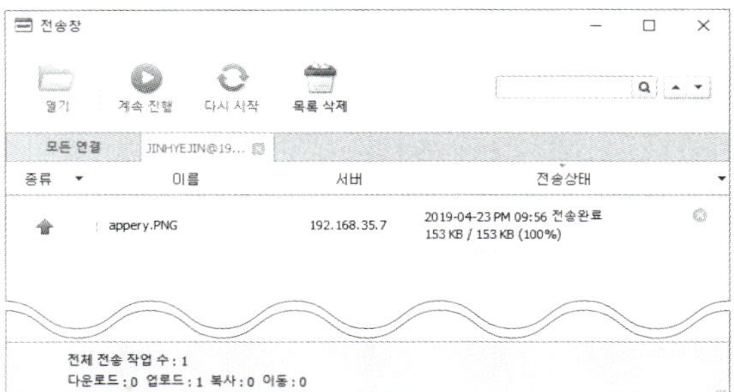

(b) 업로드 전송 상태

그림 8-53 파일 전송

❺ FTP 서버에서 업로드한 파일을 확인할 수 있다.

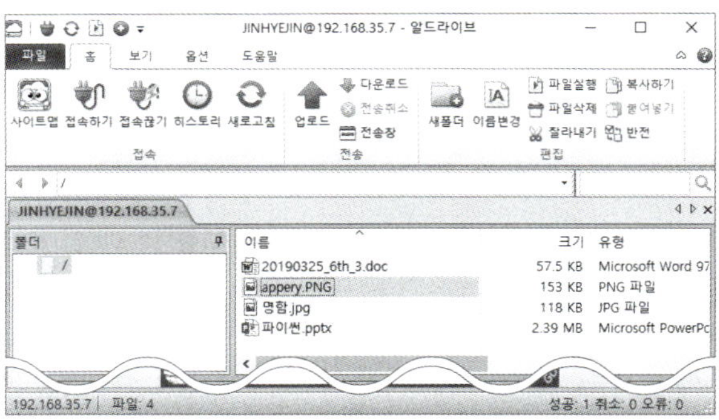

그림 8-54 파일 업로드 완료

❻ 이번에는 FTP 서버에 있는 파일을 내 컴퓨터(클라이언트)에 다운로드해보자. 다운로드할 파일(파이썬.pptx)을 선택하고 〈다운로드〉를 클릭한다.

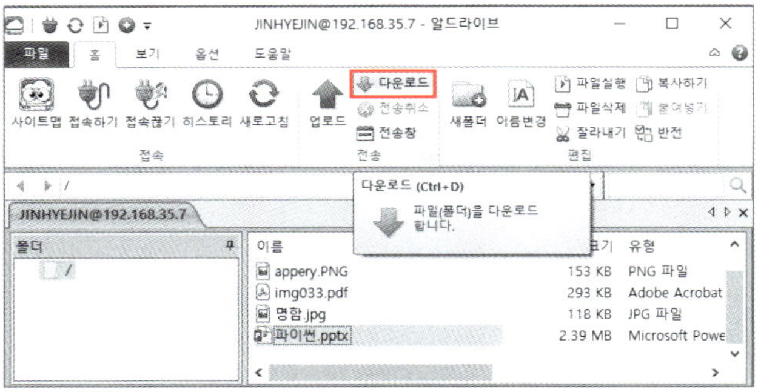

그림 8-55 파일 다운로드 준비 과정

❼ FTP 서버의 강의 자료 폴더에 있는 PPT 문서가 클라이언트 컴퓨터에 다운로드되었다.

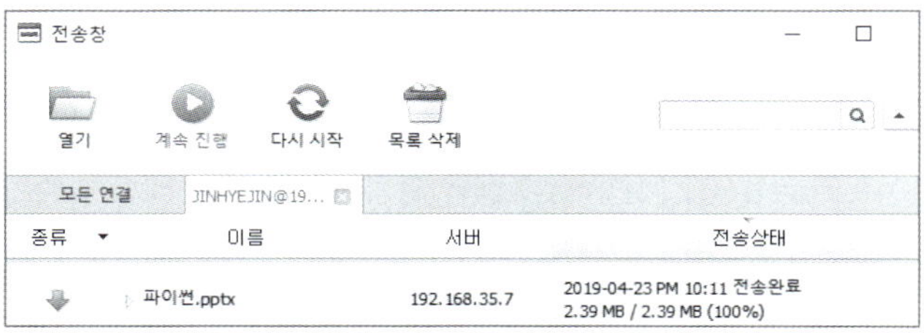

그림 8-56 다운로드 전송 상태

❽ [전송창] 상단의 [열기]를 클릭하면 클라이언트 컴퓨터에 다운로드한 파일을 확인할 수 있다.

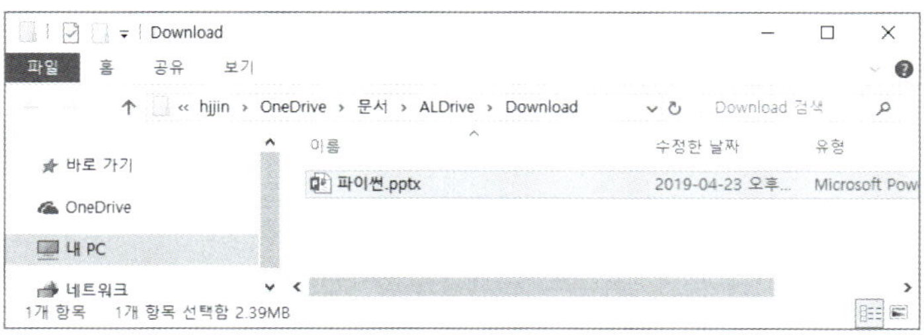

그림 8-57 클라이언트 컴퓨터에 다운로드한 파일

04 메일 서비스(SMTP)

1 메일 송수신

TCP/IP 네트워크 환경에서 인터넷 메일 서비스를 담당하는 응용 계층의 프로토콜은 POP3와 SMTP이다. 이러한 프로토콜을 사용하여 TCP/IP 네트워크 환경에서 어떻게 메일을 송수신하는지 살펴보자. 인터넷에서 클라이언트가 메일을 송수신하려면 다음과 같은 서비스가 필요하다.

■ SMTP 전송 서비스

메일 서버는 일종의 우체국 역할을 한다. 일단 전송된 메일을 분류하여 자신의 클라이언트에 보내는 메일은 자신의 메일 서버에도 저장하고, 다른 메일 서버로 전송되는 메일은 해당 메일 서버로 전송한다.

■ SMTP 수신 서비스

메일 서버는 클라이언트가 메일을 수신할 수 있도록 해야 한다. 이 서비스는 우편물을 넣는 우체통 기능을 한다.

■ POP3 서비스

TCP/IP 네트워크 환경에서 POP3 서비스는 클라이언트에 발송한 메일을 해당 메일 서버가 자동으로 전송하는 것이 아니라 클라이언트가 직접 네트워크(메일 서버)에 접속해서 다운로드할 수 있게 해주는 서비스이다. 이 서비스는 우편물을 받을 사람이 우체국에 직접 가서 우편물을 찾아가는 것에 비유할 수 있다.

2 메일 서버 구축

윈도우 10에 메일 서버를 구축해보자.

❶ [시작]-[제어판]-[프로그램]-[프로그램 및 기능]-[Windows 기능 켜기/끄기]를 선택한

다. [Windows 기능] 창에서 다음 그림과 같이 체크한 후 〈확인〉을 클릭한다.

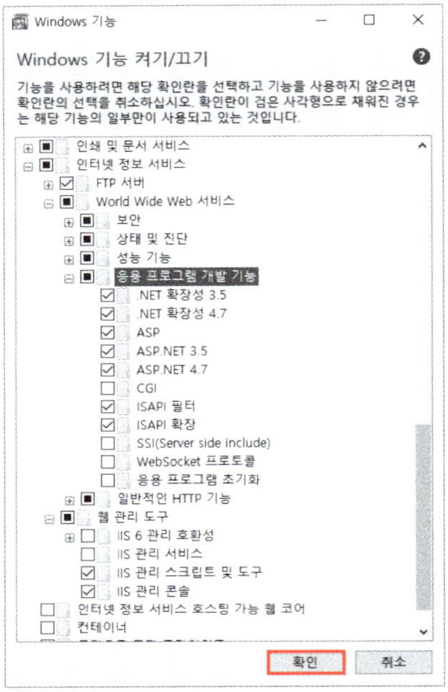

그림 8-58 메일 서버에 필요한 기능 선택

❷ [IIS(인터넷 정보 서비스) 관리자]에서 'SMTP 전자 메일'을 확인할 수 있다.

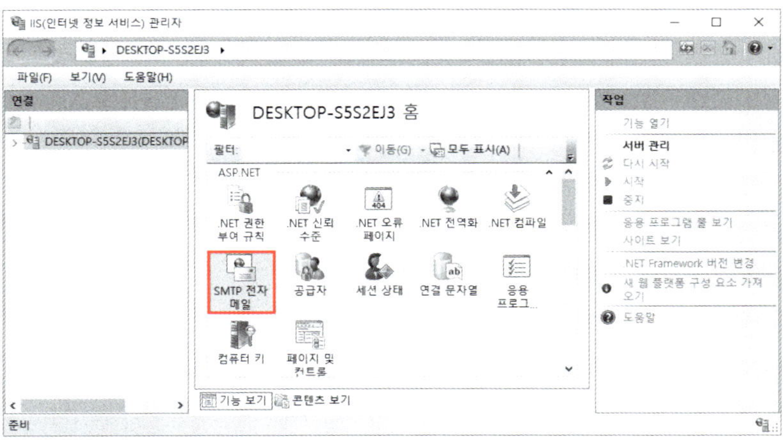

그림 8-59 SMTP 전자 메일 확인

❸ 'SMTP 전자 메일'을 더블클릭하여 전자 메일을 보낼 때 사용할 전자 메일 주소와 옵션을 지정한다. 오른쪽에서 '작업'의 '적용'을 클릭한다.

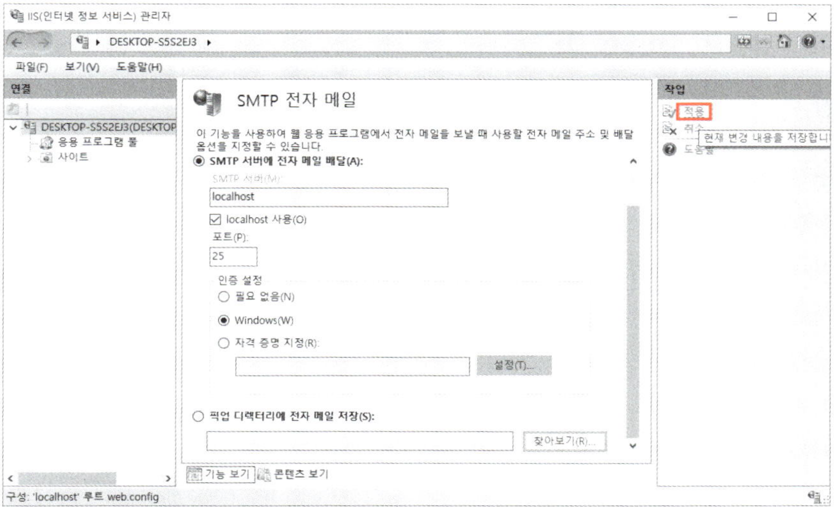

그림 8-60 SMTP 전자 메일 옵션 지정

❹ http://www.mailenable.com/download.asp에서 mailEnable를 다운로드하여 설치한다.

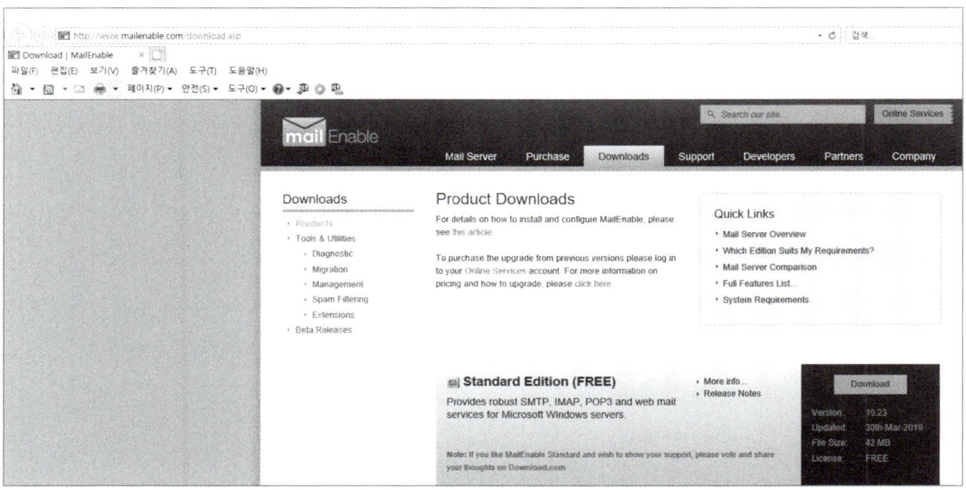

그림 8-61 mailEnable 다운로드

SMTP 환경 설정 창에서는 도메인 이름, DNS 서버의 IP 주소, 포트 정보를 입력할 수 있다.

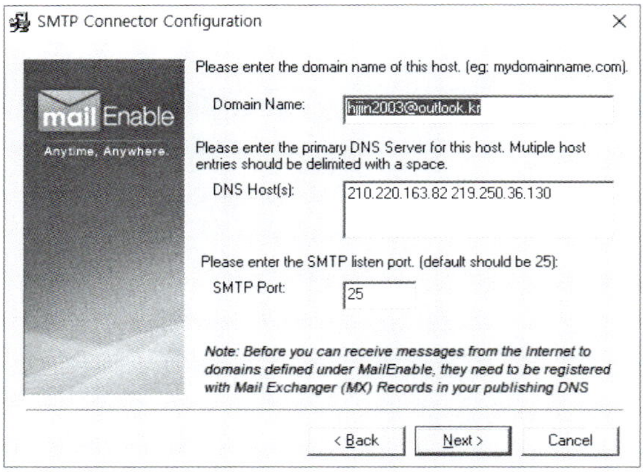

그림 8-62 SMTP 환경 설정

❺ [사이트]–[Default Web Site]에 MEAdmin과 MEWebMail이 추가된 것을 확인할 수 있다.

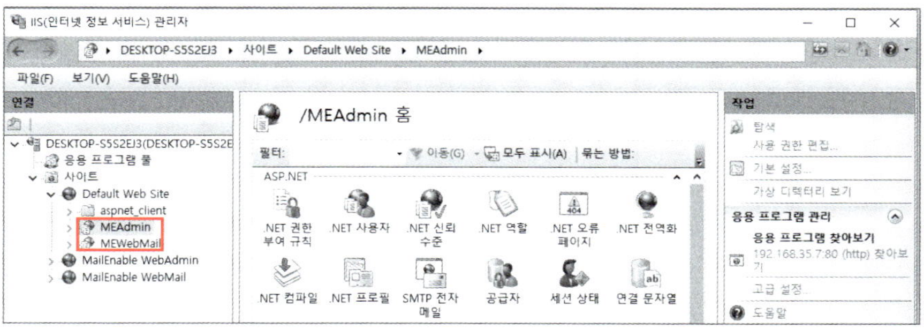

그림 8-63 추가된 MEAdmin과 MEWebMail

❻ 윈도우 방화벽 인바운드 규칙을 설정한다. [제어판]–[시스템 및 보안]–[Windows Defender 방화벽]–[고급 설정]–[인바운드 규칙]–[새 규칙]을 선택하여 설정한다.

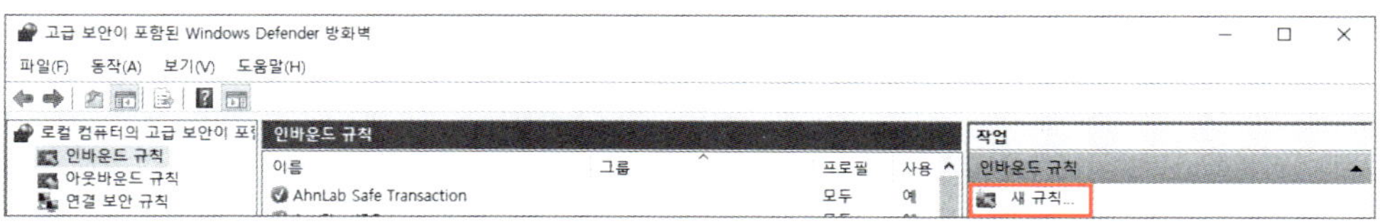

그림 8-64 윈도우 방화벽 인바운드 규칙 설정

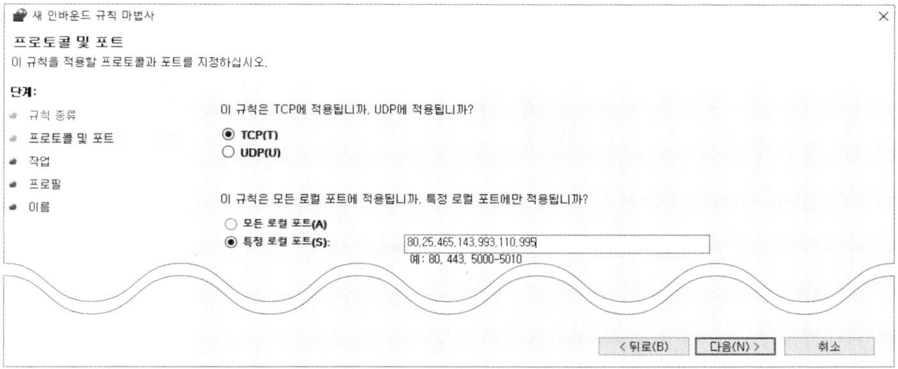

그림 8-65 프로토콜 및 포트 지정

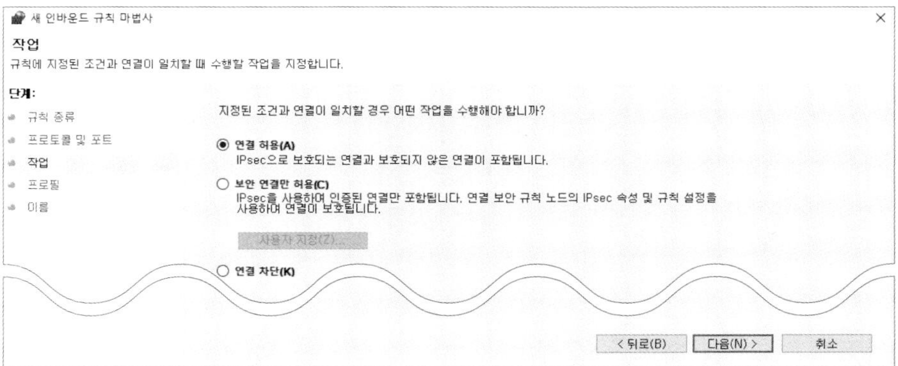

그림 8-66 연결 허용

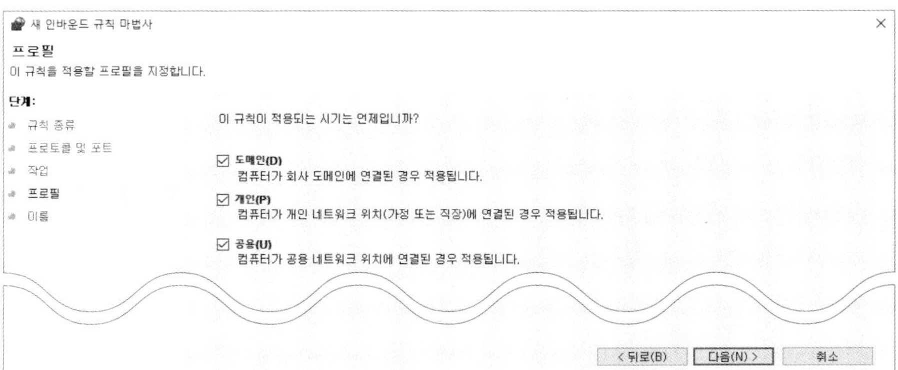

그림 8-67 규칙이 적용되는 시기 지정

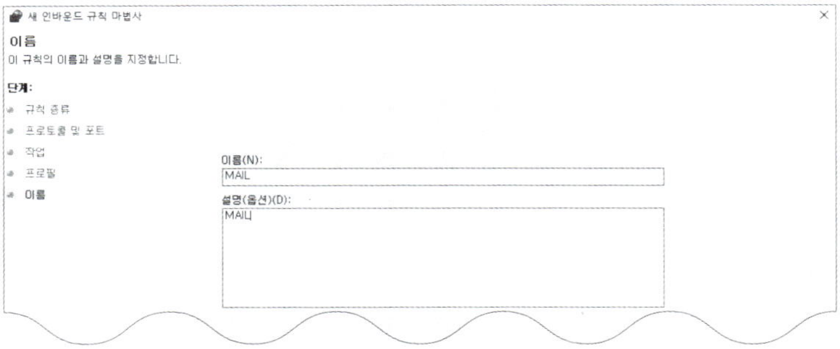

그림 8-68 규칙 이름과 설명 입력

❼ 규칙을 적용한 후 mailEnable을 실행한다.

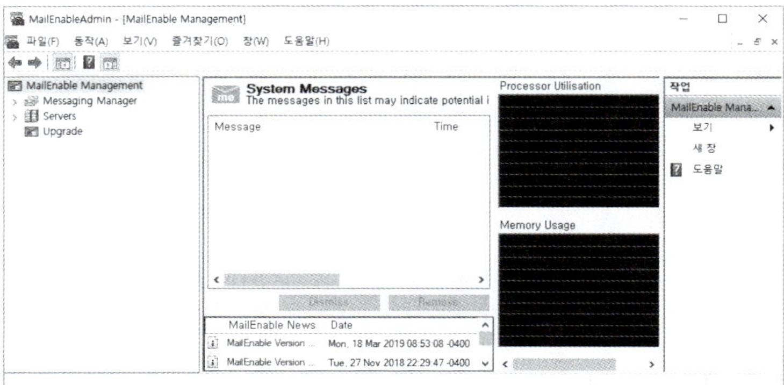

그림 8-69 mailEnable 실행

❽ Post Office를 생성하기 위해 [Create Postoffice]를 선택하고 이름과 패스워드를 입력한다.

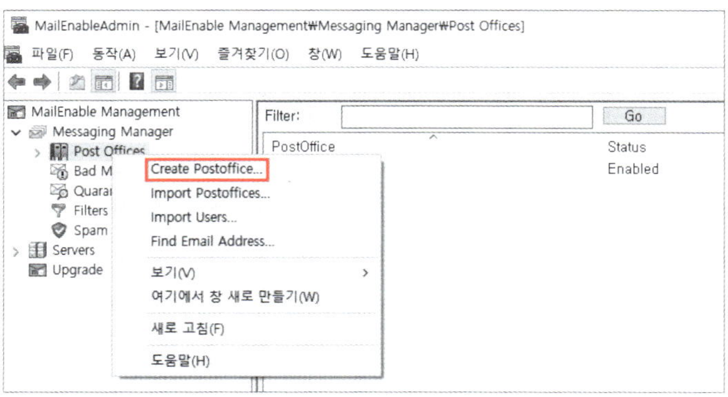

그림 8-70 Post Office 생성

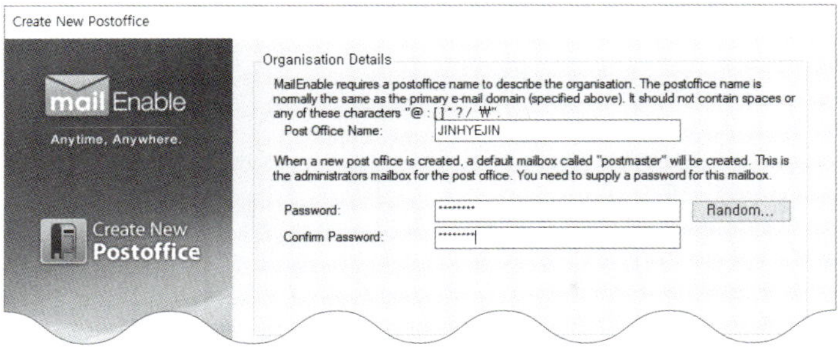

그림 8-71 Post Office의 이름과 패스워드 설정

❾ 생성한 메일박스(JINHYEJIN)가 왼쪽 디렉터리에 추가된 것을 확인할 수 있다.

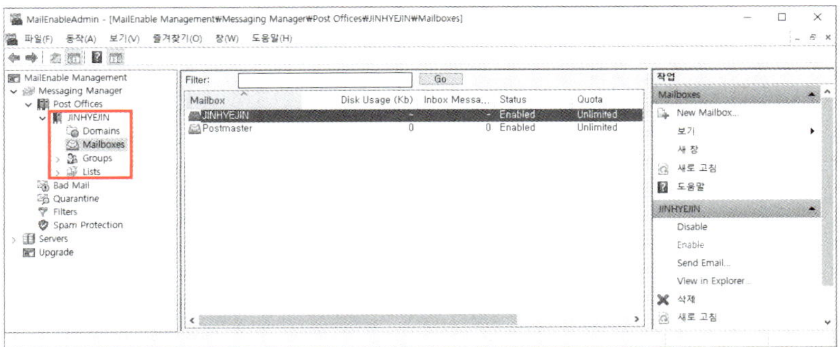

그림 8-72 추가된 메일박스(JINHYEJIN)

❿ 오른쪽에서 '작업'의 'New Mailbox'를 클릭한다.

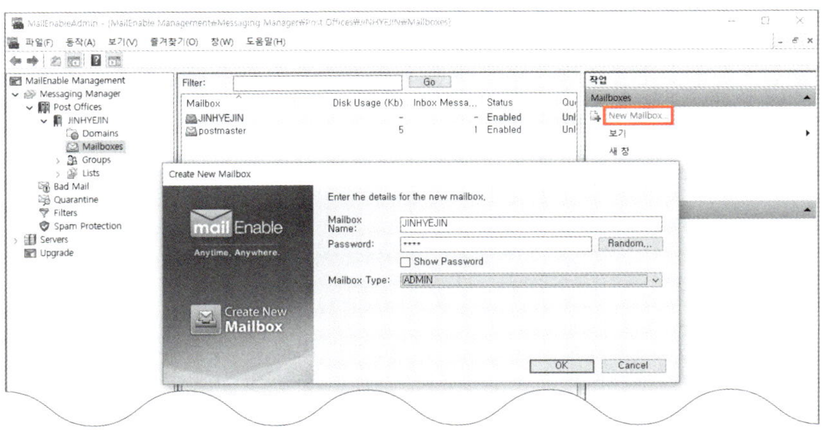

그림 8-73 New Mailbox 설정

⓫ 메일박스(JINHYEJIN)의 속성을 설정한다.

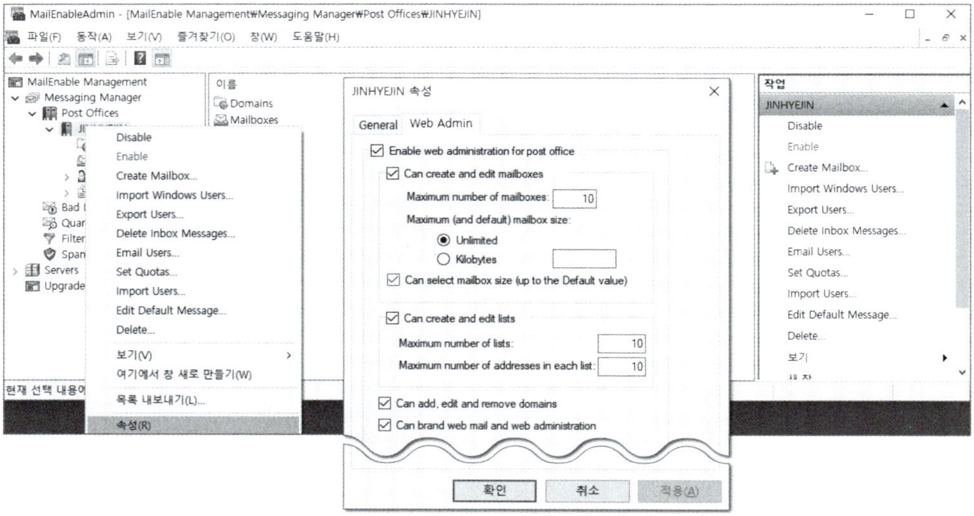

그림 8-74 메일박스 속성 설정

⓬ mailEnable에 접속해보자.

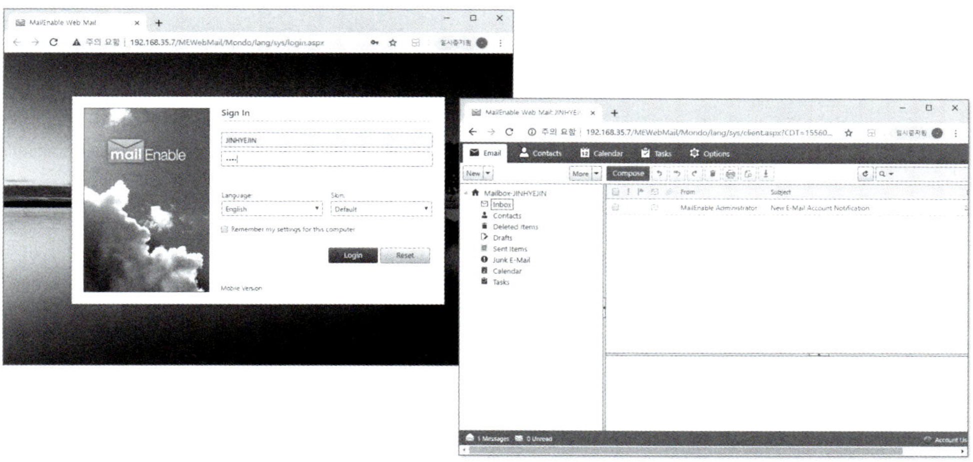

그림 8-75 mailEnable 접속

05 실습 FTP 덤프 분석

1 FTP 명령

인터넷에서 파일을 송수신할 때 사용하는 FTP 통신을 분석해보자. 먼저 FTP는 전송을 위해 TCP를 사용하고 FTP 연결은 TCP 핸드셰이크로 시작한다. 클라이언트는 명령을 보내고 서버는 숫자 코드로 응답한다.

3410	16.927358	192.168.35.7	103.22.220.133	TCP	66	52946 → 21 [SYN] Seq=0 Win=65535 Len=0 MSS=1460 WS=256 SACK_PERM=1
3411	16.932560	103.22.220.1…	192.168.35.7	TCP	66	21 → 52946 [SYN, ACK] Seq=0 Ack=1 Win=29200 Len=0 MSS=1460 SACK_PERM=1 WS=512
3412	16.932605	192.168.35.7	103.22.220.133	TCP	54	52946 → 21 [ACK] Seq=1 Ack=1 Win=262144 Len=0
3413	16.939071	103.22.220.1…	192.168.35.7	FTP	96	Response: 220 KAIST File Archive (ftp.kaist.ac.kr)
3414	16.939120	192.168.35.7	103.22.220.133	TCP	54	52946 → 21 [ACK] Seq=1 Ack=43 Win=261888 Len=0
3415	16.939242	192.168.35.7	103.22.220.133	FTP	70	Request: USER anonymous
3416	16.944436	103.22.220.1…	192.168.35.7	TCP	60	21 → 52946 [ACK] Seq=43 Ack=17 Win=29696 Len=0
3417	16.944468	103.22.220.1…	192.168.35.7	FTP	88	Response: 331 Please specify the password.
3418	16.944494	192.168.35.7	103.22.220.133	TCP	54	52946 → 21 [ACK] Seq=17 Ack=77 Win=261888 Len=0

그림 8-76 TCP를 사용한 FTP 전송

■ FTP 클라이언트 명령

FTP 서버에 로그인을 시도하는 모든 호스트를 찾으려면 필터에서 ftp.request.command == "USER"를 입력한다.

ftp.request.command=="USER"

No.	Time	Source	Destination	Protocol	Length	Info
3415	16.939242	192.168.35.7	103.22.220.133	FTP	70	Request: USER anonymous
3461	20.385897	192.168.35.7	103.22.220.133	FTP	70	Request: USER anonymous
3925	149.717322	192.168.35.7	103.22.220.133	FTP	70	Request: USER anonymous
3977	149.783114	192.168.35.7	103.22.220.133	FTP	70	Request: USER anonymous
4421	152.025578	192.168.35.7	103.22.220.133	FTP	70	Request: USER anonymous

그림 8-77 로그인을 시도하는 호스트

FTP 서버에서 파일을 검색할 때는 RETR 명령을 사용하고, FTP 서버로 파일을 전송할 때는 STOR 명령을 사용한다.

ftp.request.command=="RETR"

No.	Time	Source	Destination	Protocol	Length	Info
3998	149.820266	192.168.35.7	103.22.220.133	FTP	81	Request: RETR /.self/css/style.css
3952	149.750844	192.168.35.7	103.22.220.133	FTP	72	Request: RETR /index.html

그림 8-78 RETR 명령

■ 수동 모드 연결 분석

PASV 명령은 클라이언트가 보내며, FTP 클라이언트가 설정한 별도의 데이터 연결을 서버가 수신하도록 요청한다. 서버가 PASV 명령에 응답할 때는 응답에 PASV 연결을 수신하는 IP 주소와 포트 번호를 포함한다.

다음 그림과 같이 FTP 클라이언트는 수동 모드 연결을 요구하고 데이터 채널 연결을 시작한다. 서버는 수동 모드에 진입하는 것을 나타내는 227 응답을 한다. 227 응답 코드는 수동 모드 진입을 의미하고, (103,22,220,133,81,105)에서 103,22,220,133은 IP 주소를 나타내고 80,105는 포트 번호를 나타낸다.

```
4658 42.927688    192.168.35.7  103.22.220.133   FTP    60 Request: PASV
4659 42.932804    103.22.220.1… 192.168.35.7     FTP   106 Response: 227 Entering Passive Mode (103,22,220,133,81,105).
```

그림 8-79 PASV 명령

2 FTP 패킷 구조 분석

FTP 패킷의 구조는 매우 간단하다.

❶ FTP 클라이언트 명령은 TCP 헤더 뒤에 나온다.

```
> Frame 4658: 60 bytes on wire (480 bits), 60 bytes captured (480 bits) on interface 0
> Ethernet II, Src: AsustekC_28:31:75 (18:31:bf:28:31:75), Dst: Hfr_88:cd:49 (00:23:aa:88:cd:49)
> Internet Protocol Version 4, Src: 192.168.35.7, Dst: 103.22.220.133
> Transmission Control Protocol, Src Port: 53509, Dst Port: 21, Seq: 46, Ack: 1482, Len: 6
v File Transfer Protocol (FTP)
  v PASV\r\n
      Request command: PASV
  [Current working directory: /]
```

그림 8-80 FTP 클라이언트 명령

❷ 응답에 숫자 코드와 텍스트가 포함된다.

```
4703 49.770108    192.168.35.7  103.22.220.133   FTP    62 Request: TYPE I
4704 49.775355    103.22.220.1… 192.168.35.7     FTP    85 Response: 200 Switching to Binary mode.

> Frame 4704: 85 bytes on wire (680 bits), 85 bytes captured (680 bits) on interface 0
> Ethernet II, Src: Hfr_88:cd:49 (00:23:aa:88:cd:49), Dst: AsustekC_28:31:75 (18:31:bf:28:31:75)
> Internet Protocol Version 4, Src: 103.22.220.133, Dst: 192.168.35.7
> Transmission Control Protocol, Src Port: 21, Dst Port: 53511, Seq: 1415, Ack: 39, Len: 31
v File Transfer Protocol (FTP)
  v 200 Switching to Binary mode.\r\n
      Response code: Command okay (200)
      Response arg: Switching to Binary mode.
  [Current working directory: ]
```

그림 8-81 FTP 응답 코드

❸ 데이터 패킷은 더 간단하다. FTP 데이터 전송에서 데이터는 TCP 헤더 뒤에 붙는다.

```
4718 49.798013   103.22.220.1… 192.168.35.7   FTP-D…  1514 FTP Data: 1460 bytes (PASV) (SIZE /index.html)

> Frame 4718: 1514 bytes on wire (12112 bits), 1514 bytes captured (12112 bits) on interface 0
> Ethernet II, Src: Hfr_88:cd:49 (00:23:aa:88:cd:49), Dst: AsustekC_28:31:75 (18:31:bf:28:31:75)
> Internet Protocol Version 4, Src: 103.22.220.133, Dst: 192.168.35.7
> Transmission Control Protocol, Src Port: 28060, Dst Port: 53512, Seq: 1, Ack: 1, Len: 1460
  FTP Data (1460 bytes data)
  [Setup frame: 4707]
  [Setup method: PASV]
  [Command: SIZE /index.html]
  Command frame: 4712
  [Current working directory: ]
> Line-based text data (30 lines)

0000  18 31 bf 28 31 75 00 23  aa 88 cd 49 08 00 45 00   ·1·(1u·# ···I··E·
0010  05 dc 7e d8 40 00 32 06  9c f8 67 16 dc 85 c0 a8   ··~·@·2· ··g·····
0020  23 07 6d 9c d1 08 69 47  f2 70 69 13 2a 44 50 10   #·m···iG ·pi·*DP·
0030  00 3a c2 3a 00 00 3c 21  44 4f 43 54 59 50 45 20   ·:·:··<! DOCTYPE
0040  68 74 6d 6c 3e 0a 3c 68  74 6d 6c 3e 0a 3c 68 65   html>·<h tml>·<he
0050  61 64 3e 0a 20 20 20 20  3c 6d 65 74 61 20 63 68   ad>·     <meta ch
0060  61 72 73 65 74 3d 22 75  74 66 2d 38 22 3e 0a 20   arset="u tf-8">·
0070  20 20 20 3c 74 69 74 6c  65 3e 66 74 70 2e 6b 61      <titl e>ftp.ka
```

그림 8-82 데이터 패킷

3 FTP 트래픽 필터

FTP를 위한 디스플레이 필터는 간단하게 ftp이다. 와이어샤크에서 사용할 수 있는 추가적인 FTP 디스플레이 필터의 목록을 확인해보자.

❶ FTP USER 또는 PASV 패킷은 ftp.request.command=="USER" ||ftp.request.command=="PASV" 필터를 통해 확인할 수 있다.

ftp.request.command=="USER" ||ftp.request.command=="PASV"

No.	Time	Source	Destination	Protocol	Length	Info
4641	42.906683	192.168.35.7	103.22.220.133	FTP	70	Request: USER anonymous
4658	42.927688	192.168.35.7	103.22.220.133	FTP	60	Request: PASV
4690	49.759024	192.168.35.7	103.22.220.133	FTP	70	Request: USER anonymous
4706	49.775629	192.168.35.7	103.22.220.133	FTP	60	Request: PASV
4797	49.860579	192.168.35.7	103.22.220.133	FTP	70	Request: USER anonymous
4931	49.877374	192.168.35.7	103.22.220.133	FTP	60	Request: PASV
5187	52.125273	192.168.35.7	103.22.220.133	FTP	70	Request: USER anonymous
5206	52.146786	192.168.35.7	103.22.220.133	FTP	60	Request: PASV

그림 8-83 FTP USER 또는 PASV 패킷 확인

❷ FTP 로그인에 성공한 목록은 ftp.response.code==230 필터를 통해 확인할 수 있다.

ftp.response.code==230

No.	Time	Source	Destination	Protocol	Length	Info
4646	42.916836	103.22.220.1…	192.168.35.7	FTP	60	Response: 230-
4648	42.916889	103.22.220.1…	192.168.35.7	FTP	209	Response: 230- Welcome to KAIST File Archive, ftp.kaist.ac.kr!
4650	42.917113	103.22.220.1…	192.168.35.7	FTP	1231	Response: 230-
4695	49.769684	103.22.220.1…	192.168.35.7	FTP	60	Response: 230-
4697	49.769749	103.22.220.1…	192.168.35.7	FTP	645	Response: 230- Welcome to KAIST File Archive, ftp.kaist.ac.kr!
4699	49.769865	103.22.220.1…	192.168.35.7	FTP	269	Response: 230- network connectivity. SPARCS operates the whole service.
4701	49.769946	103.22.220.1…	192.168.35.7	FTP	580	Response: 230- responsible for any problems that might be caused by this service.

그림 8-84 FTP 로그인 성공

❸ FTP 데이터 패킷은 ftp-data 필터를 통해 확인할 수 있다.

ftp-data

No.	Time	Source	Destination	Protocol	Length	Info
4667	42.944210	103.22.220.1…	192.168.35.7	FTP-D…	1514	FTP Data: 1460 bytes (PASV) (LIST)
4669	42.944347	103.22.220.1…	192.168.35.7	FTP-D…	1514	FTP Data: 1460 bytes (PASV) (LIST)
4670	42.944348	103.22.220.1…	192.168.35.7	FTP-D…	1514	FTP Data: 1460 bytes (PASV) (LIST)
4671	42.944348	103.22.220.1…	192.168.35.7	FTP-D…	1025	FTP Data: 971 bytes (PASV) (LIST)
4718	49.798013	103.22.220.1…	192.168.35.7	FTP-D…	1514	FTP Data: 1460 bytes (PASV) (SIZE /index.html)
4720	49.798093	103.22.220.1…	192.168.35.7	FTP-D…	1514	FTP Data: 1460 bytes (PASV) (SIZE /index.html)
4721	49.798094	103.22.220.1…	192.168.35.7	FTP-D…	1514	FTP Data: 1460 bytes (PASV) (SIZE /index.html)

그림 8-85 FTP 데이터 패킷 확인

❹ 새로운 사용자를 위한 서비스 준비는 ftp.response.code==220 필터를 통해 확인할 수 있다.

ftp.response.code==220

No.	Time	Source	Destination	Protocol	Length	Info
4639	42.906558	103.22.220.1…	192.168.35.7	FTP	96	Response: 220 KAIST File Archive (ftp.kaist.ac.kr)
4688	49.758847	103.22.220.1…	192.168.35.7	FTP	96	Response: 220 KAIST File Archive (ftp.kaist.ac.kr)
4795	49.860477	103.22.220.1…	192.168.35.7	FTP	96	Response: 220 KAIST File Archive (ftp.kaist.ac.kr)

그림 8-86 새로운 사용자를 위한 서비스 준비

FTP 통신의 특징은 다음과 같다.

- FTP 명령에 사용하는 일반적인 포트 번호는 21이지만 다른 포트 번호로 구성하여 동작하게 할 수 있다.
- 데이터는 20번 포트를 사용하거나 PASV 또는 PORT 명령 프로세스를 통해 설정된 포트를 사용한다.
- 수동 모드 데이터 전송에는 PASV 명령을 사용하고, 데이터 전송 연결은 FTP 클라이언트가 FTP 서버로 설정한다.
- FTP는 사용자가 put 명령을 입력하면 STOR 명령을 생성하고, 사용자가 get 명령을 입력하면 RETR 요청을 전송한다.

요약

01 IIS는 인터넷을 포함한 TCP/IP 네트워크에서 파일 전송을 담당하는 FTP나 웹 서비스를 담당하는 WWW 등의 서버를 운영할 수 있게 도와준다.

02 HTTP는 WWW에서 정보를 주고받을 수 있는 프로토콜이며, 주로 HTML 문서를 송수신하는 데 사용한다.

03 [IIS(인터넷 정보 서비스) 관리자] 화면에서 WWW 서비스는 TCP/IP의 HTTP 프로토콜을 사용하고 TCP 포트 번호는 80임을 확인할 수 있다.

04 하나의 컴퓨터(웹 서버)에서 IP 주소, 포트 번호, 호스트 헤더 정보 중 하나라도 다르면 별개의 웹 사이트로 인식한다. 따라서 자신이 구축한 웹 사이트를 포함하여 하나의 컴퓨터에서 여러 웹 사이트를 동시에 서비스할 수 있다.

05 TCP/IP 네트워크 환경이나 인터넷에서 많은 사람과 파일을 공유하는 가장 일반적인 방법은 FTP 서버를 사용하는 것이다.

06 TCP/IP 네트워크 환경에서 인터넷 메일 서비스를 담당하는 응용 계층의 프로토콜은 POP3와 SMTP이다.

연습문제

01 웹 서비스의 동작 방식을 그림으로 설명하시오.

02 웹 사이트를 서비스하는 TCP 포트는 무엇인가?

03 WWW 서비스가 TCP/IP의 HTTP 프로토콜을 사용하고 TCP 포트 번호는 80임을 확인하는 방법은 무엇인가?

04 FTP의 동작 과정을 설명하시오.

05 인터넷에서 클라이언트가 메일을 송수신하는 데 필요한 서비스는 무엇인가?

기출문제

01 컴퓨터가 다른 메일 서버로 메일을 보내고, 다른 메일 서버에서 메일을 전송받을 수 있게 하는 IIS 서비스로 올바른 것은?

① SMTP ② HTTP ③ FTP ④ SNMP

02 WWW 서비스에 대한 설명으로 잘못된 것은?

① TCP/IP의 HTTP 프로토콜을 사용한다.
② HTML 문서를 인터넷 웹 브라우저에 표시한다.
③ HTTP는 WWW에서 정보를 주고받을 수 있는 프로토콜이다.
④ 웹 사이트를 서비스하는 TCP 포트는 23번을 사용한다.

03 WWW 서비스를 제공할 웹 사이트의 웹 페이지 홈 디렉터리로 올바른 것은?

① C:₩inetpub₩temp ② C:₩inetpub₩ftproot
③ C:₩inetpub₩history ④ C:₩inetpub₩wwwroot

04 파일을 업로드하거나 다운로드할 때 사용하는 프로토콜은?

① HTTP ② FTP ③ UDP ④ IGMP

05 인터넷 메일 서비스를 담당하는 응용 계층의 프로토콜로 올바른 것은?

① DHCP ② ARP ③ POP3 ④ HTTP

SELF-CHECK

01 다음과 같이 네트워크 관련 웹 서버를 구축한다. 웹 서버가 구축되면 웹 페이지를 확인할 수 있다.

02 네트워크 개론 FTP 서버를 구축한 후 FTP 프로그램을 사용하여 FTP 서버의 파일을 다운로드하거나 업로드하는 과정을 확인한다.

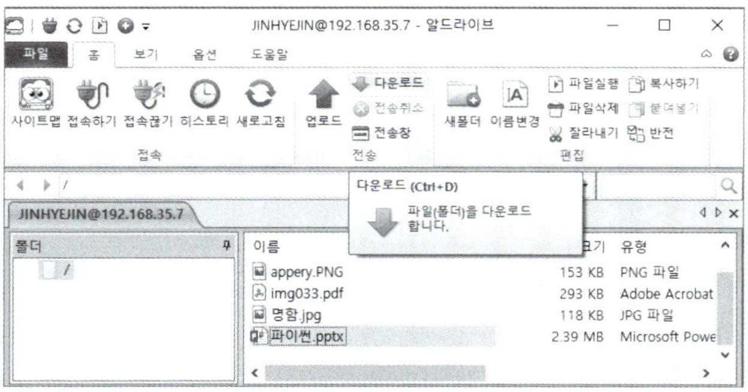

CHAPTER 09

네트워크 관리

학습목표

- 네트워크 관리의 개념과 필요성을 이해한다.
- 네트워크 관리 기능의 종류를 파악한다.
- 네트워크 분석 도구를 이해한다.
- 네트워크 관리 프로토콜의 종류와 특징을 파악한다.
- 네트워크 관리 명령어를 익힌다.
- 와이어샤크를 통해 패킷을 분석한다.

01 네트워크 관리

1 네트워크 관리의 개념

한 대학원에서 두 연구실의 자료를 공유하기 위해 네트워크를 설계한다고 가정해보자. 아마 대부분은 현재 많이 사용하는 방법인 케이블에 기반을 둔 이더넷 네트워크를 만들어 적용할 것이다. 이 방법은 초기 단계에는 사용할 만하다. 하지만 나중에 대학원의 연구실 전체로 네트워크를 확장하는 경우 각 시스템 추가에 대한 구체적인 계획이 없으면 전체 시스템의 네트워크 속도가 심각하게 느려져 결국 네트워크의 성능이 엉망이 되어버릴 것이다.

이처럼 많은 기업이나 학교에서는 네트워크에 심각한 문제가 발생할 때까지 네트워크 관리를 소홀히 하는 경향이 있다. 그러나 네트워크 관리는 네트워크를 설치할 때부터 계획하고, 네트워크를 확장할 때마다 관리 기술과 관리 도구도 업그레이드해야 한다. 네트워크 관리는 전문가에게도 어렵고 많은 시간을 소비하는 작업이며, 네트워크의 많은 자원을 유지하는 것조차 큰 부담이 될 수 있다.

복잡하고 관리하기 어려운 네트워크를 소수의 관리자에게만 전적으로 맡겨두기보다는 일정한 체계를 세워 유지하고 발전시켜 나간다면 좀 더 효율적일 것이다. 이러한 필요에 따라 생겨난 네트워크 관리는 제한된 인력과 비용을 활용하여 네트워크의 효율성과 생산성을 높일 수 있도록 복잡한 네트워크를 제어하는 일련의 과정이다. 여기에는 네트워크에 분산된 각종 자원을 분배·관리·분석·평가하는 기능이 포함된다.

네트워크 관리의 목적은 효율적으로 자원 사용을 극대화함과 동시에 서비스 품질의 측면에서 가용성과 신뢰성을 최상의 상태로 유지하고 응답 시간을 단축하는 것이다. 또한 자원 사용의 효율성 측면에서는 네트워크 시스템의 처리 능력인 처리율과 이용률을 극대화하는 것이다.

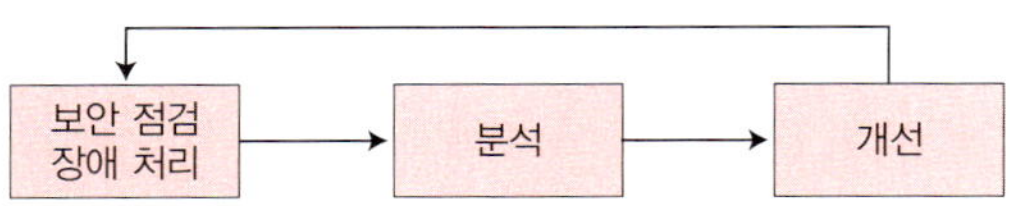

그림 9-1 네트워크 관리 프로세스

2 네트워크 관리의 필요성

네트워크를 관리하면 네트워크 모니터링, 트러블 슈팅trouble shooting, 유지·보수 등을 능률적으로 수행할 수 있다. 컴퓨터 30대와 몇 개의 서버, 이것을 연결한 허브와 스위치가 있는 소규모 네트워크를 생각해보자. 관리자는 현재 시스템 업그레이드가 가능한지 확인하기 위해 먼저 컴퓨터 하드웨어의 호환 목록HCL을 검사하여 하드웨어 정보를 직접 작성하거나 업그레이드가 필요한 시스템을 점검할 것이다. 이때 네트워크 관리 도구를 이용한다면 자동으로 관리해야 할 컴퓨터의 목록을 만들 수 있고, 각 시스템의 하드웨어와 소프트웨어 구성의 자세한 기록도 만들 수 있다.

즉 네트워크 관리 도구는 네트워크 관리자가 직접 컴퓨터를 살펴보지 않아도 하드웨어와 소프트웨어를 평가하는 기능을 제공한다. 또한 중앙 관리 콘솔을 이용하여 원격지에서 업데이트 등 기본적인 컴퓨터 유지 작업을 할 수 있으며, 디스크 공간 문제나 쿨링팬 결함 문제 등도 자동으로 관리자에게 보고된다.

02 네트워크 관리 기능

네트워크의 규모가 점점 커지고 네트워크를 이용한 업무 환경이 다양해짐에 따라 체계적인 네트워크 관리가 필요하게 되었다. 따라서 네트워크 관리자는 서비스 품질과 안정적인 운영을 보장하기 위해 수많은 서비스를 직접 관리하기보다는 다양한 도구와 소프트웨어를 사용하여 관리한다.

네트워크를 구축하는 일도 중요하지만, 구축된 네트워크를 효과적으로 관리하여 성능을 유지하고 비용을 줄이는 일 또한 매우 중요하다. 네트워크를 효과적으로 관리하려면 기본적으로 알아야 할 다섯 가지 기능이 있다.

OSI 표준에서는 효율적인 네트워크 관리를 위해 다음 그림과 같이 장애 관리fault management, 구성 관리configuration management, 성능 관리performance management, 계정 관리account management, 보안 관리security management 기능을 제안한다. 이 외에도 운영 환경을 고려하여 유지·보수, 자산 관리, 사용자 관리, 문서화, 백업 등 부수적인 관리 기능을 다양하게 실행할 수 있다.

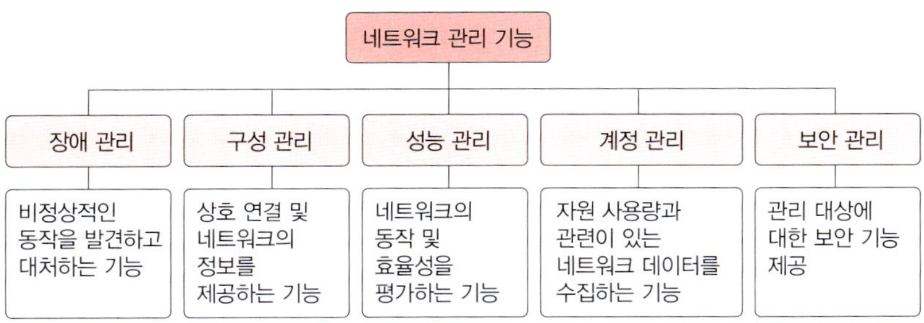

그림 9-2 네트워크 관리 기능

1 장애 관리

장애 관리는 네트워크 구성 요소에 문제가 발생하거나 비정상적으로 작동할 때 이를 검출하여 격리·기록·조사·분석·정정함으로써 복잡한 네트워크가 원활하게 작동하도록 하는 것이다. 장애가 발생한 시점을 기준으로 사전 장애 관리와 사후 장애 관리로 구분하는데, 네트워크에 장애가 발생했을 때 문제점을 파악하므로 사전 장애 관리보다는 사후 장애 관리의 의미가 더 크다고 볼 수 있다.

- **사전 장애 관리**: 장애 발생을 억제하는 것으로, 관리 대상을 지속적으로 모니터링하며, 사전에 정의된 규칙이나 정책 등을 이용하여 장애 발생 원인을 사전에 파악하고 처리하는 과정이다.
- **사후 장애 관리**: 장애가 발생한 시점부터 장애를 처리하여 정상적인 상태로 전환될 때까지의 과정을 말한다.

라우터의 포트에 장애가 발생하면 포트다운port down이라는 장애 메시지가 나타나고 장애 탐지기가 장애 사실을 통보한다. 네트워크 관리자는 이를 통해 장애 유무를 확인하고, 장애 탐지 방식을 이용하여 문제가 발생한 위치의 정보를 탐지한 후 원인을 분석한다. 네트워크 관리자는 경험으로 얻은 노하우로 원인을 파악하고, 해당 모듈을 교체하거나 구성 설정 등을 처리하여 포트를 정상화함으로써 장애를 해결한다. 최근의 장애 관리는 리포팅 툴을 이용하여 해당 내용을 보여주거나 웹을 이용하여 인터페이스를 제공하는 등 다양한 관리 기능을 포함하고 있다.

■ 모니터링 기법

SLMService Level Management은 장애 정보 항목에 승인과 시간 체크 항목을 추가함으로써, 실제로 장애가 발생했을 때 관리자의 인지 여부를 파악하는 항목과 파악 당시의 시간을 기록하여 장애 발생부터 관리자의 인지 및 처리까지 걸린 시간에 대한 SLAService Level Agreement 수치를 기록 및 관리할 수 있다. 관리 항목은 관리 시스템이 자동으로 탐지한 노드 중에서 선택하거나 관리자가 수동으로 생성한다. 관리 항목을 생성한 후 관리 시스템은 각 노드에 대한 장애를 탐지하기 위해 모니터링을 시작한다.

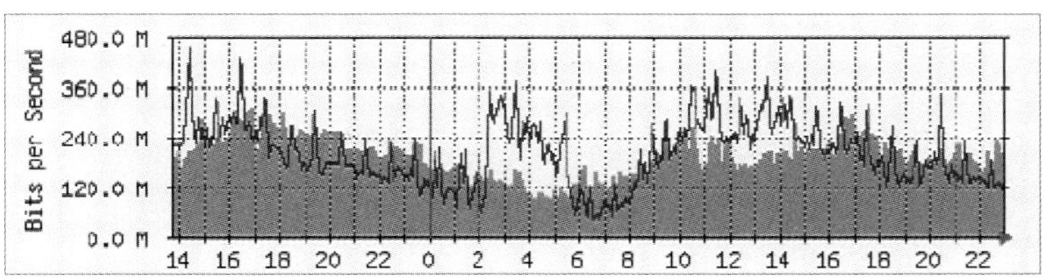

그림 9-3 네트워크 모니터링의 예

모니터링은 관리 프로토콜인 CMIPCommon Management Information Protocol와 SNMP를 이용하는 방식, ICMP의 Ping을 이용하는 방식, 소켓 프로그램을 이용하는 방식 등을 사용한다. 현재 많이 이용하는 모니터링은 SNMP 폴링/트랩poling/trap과 ICMP Ping이다. 그러나 Ping을 이용하여 모니터링할 수 있는 것은 노드의 단순 정보에 국한되기 때문에 더 상세한 장애 정보를 얻을 수 있는 SNMP 폴링 모니터링 방식을 많이 사용하고 있다(SNMP는 뒤에서 자세히 다루겠다).

■ **트러블 슈팅**

트러블 슈팅은 네트워크 또는 시스템에 장애가 발생했을 때 원인을 빠르게 규명하고 장애를 복구하는 일련의 작업을 말한다. 트러블 슈팅을 하려면 많은 장애 요인을 고려하여 다양한 각도에서 접근해야 하므로 다양한 활용 사례가 도움이 될 것이다.

트러블 슈팅 작업 단계는 문제 정의, 자료 수집, 원인 추론, 조치 방안 작성, 조치 방안 구현으로 나눌 수 있다. 문제 정의는 현상을 파악하고 원인을 찾아내기 전에 시스템의 문제를 명확히 규정하는 단계이다. '웹 서버에 접속이 불가능하다', '라우터로 Ping이 되지 않는다' 등의 현상을 파악하는 것이다. 자료 수집은 정의된 문제의 전체적인 점검 항목과 내용을 결정하고 적합한 해결책을 선정하여 자료를 수집하는 단계로, 문제 유형(반응 시간 등)

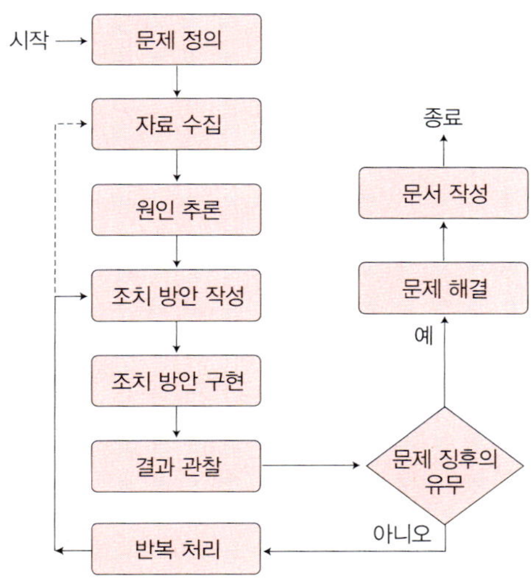

그림 9-4 트러블 슈팅 작업 단계

에 맞는 해결책을 선택하여 수집하는 방법을 결정하는 것이 중요하다. 원인 추론은 수집된 자료를 바탕으로 문제 장비나 환경 등을 추론하는 단계로, 수집한 정보를 체계적으로 분석하여 신속하게 원인을 규명하는 것이 중요하다.

각 트러블 슈팅 사례는 또 다른 트러블 슈팅의 원인을 추론하는 단계에서 활용할 수 있다. 원인을 추론하는 단계가 끝나면 그에 따른 조치 방안을 마련하고 구현 단계를 거쳐 문제를 해결한다.

2 구성 관리

장애 관리나 성능 관리에서 문제가 되었던 원인을 제거하여 네트워크 장치가 정상적으로 동작하도록 시스템에 적절한 설정을 하는 것을 말한다. 구성 관리는 네트워크 구성에 관한 정보를 수집하고 이러한 정보를 바탕으로 장치의 구성을 업데이트하여 최신 정보를 유지하고 보고서를 작성하는 기능을 담당한다.

구성 관리의 목적은 시스템의 구성을 최적의 상태로 유지하는 것으로, 하드웨어와 소프트웨어의 구성 내역을 관리하는 기법을 사용한다. 사용자의 요구와 네트워크 상황이 계속 변하기 때문에 응용 프로그램의 변화와 사용자의 요구 사항을 유연하게 수용하려면 지속적으로 구성을 관리해야 한다.

일반적으로 항목별 성능을 개선하는 관리는 하지 않고 네트워크 운영에 필수적인 최소한의 IP 주소, ID, 패스워드 등 기본 구성만 관리한다. 최적의 성능을 유지하면서 장애 문제를 해결하려면 다른 관리 기능과 연계해서 관리해야 한다.

■ **모니터링**

성능 개선이나 장애 방지를 목적으로 CPU, 메모리, 버퍼 등의 주요 구성 요소를 지속적으로 모니터링하는 기능을 말한다. 이 기능이 없다면 다양한 네트워크 상황을 파악할 때 설계 도면을 살펴보아야 할 것이다. 하지만 네트워크 상황이 수시로 변하기 때문에 도면만으로는 현재의 네트워크 상태를 정확하게 판단할 수 없다.

네트워크 관리 시스템의 구성 관리 기능을 통해 현재 네트워크의 구성을 정확하게 파악할 수 있을 뿐 아니라 현재 네트워크 장치의 회선 속도와 같은 정보도 파악할 수 있다. 또한 원격으로 해당 장치를 액세스하여 인터페이스의 구성 정보를 살펴봄으로써 문제 해결에도 도움이 된다.

■ **변경 관리**

관리 시스템의 구성 관리 기능만으로 장치의 동작 상태를 변경하여 구성을 쉽게 바꿀 수 있다. 네트워크 장치 설정 및 변경, 가입 변경 시 구성 정보 변경, 네트워크 장치 구성 정보의 버전 관리, 네트워크 관리 체계 소프트웨어의 백업 등이 해당된다.

■ **주소 관리**

구성 관리의 핵심 기능 중 하나로, 모든 네트워크 장치에는 고유한 주소가 있으므로 종합적으로 관리를 수행해야 한다. 사용자에게 부여하는 주소 체계의 관리, 사용자 호스트의 IP 주소 및 라우터 주소 관리 등이 해당된다.

3 성능 관리

정상적으로 작동하던 시스템에 트래픽이 발생하면 성능이 현저히 떨어지거나 다운되기도 한다. 성능 관리의 목적은 성능 저하가 장애로 이어지지 않도록 방지하는 데 있다. 성능 관리는 통계 정보를 수집하고, 시스템 상태 이력 기록을 유지·검사하며, 시스템 성능을 측정하고, 지연 시간과 대역폭 사용률, 패킷 처리율 등을 단계별 또는 시간별로 관리한다.

4 계정 관리

계정 관리는 개방 시스템에서 일어나는 활동에 따라 소비하는 자원에 관한 모든 정보를 관리하고, 자원 사용량과 관련이 있는 네트워크 데이터를 수집하는 것을 말한다. 네트워크 자원에 접근하는 사용자의 권한을 관리하고, 네트워크 자원에 접근하려는 사용자가 정당한 사용자인지 인증하며, 인증되지 않은 사용자라면 네트워크 자원에의 접근을 차단하는 기능을 한다. 사용자가 네트워크 자원을 어떤 방식으로 사용했는지에 관한 정보를 네트워크 구성을 설계하는 데 활용하여 사용자가 많이 사용하는 자원을 좀 더 효율적으로 사용할 수 있도록 한다. 또한 네트워크 자원의 사용에 따라 사용료를 부과하고 네트워크 관리 대상 요소의 사용에 따른 비용을 산출한다.

5 보안 관리

네트워크의 발전과 더불어 컴퓨터 범죄, 해커, 지적재산권 침해 등의 사회 문제도 증가하고 있다. 보안 관리는 이러한 위험을 방지하여 네트워크 관리가 올바로 이루어지게 하고, 네트워크 자원과 정보를 보호하며, 패스워드와 인증, 접근 제어 정보를 관리 및 분배하는 역할을 한다.

지금까지 살펴본 네트워크 관리 기능을 다음 표에 비교·정리했다.

표 9-1 네트워크 관리 기능과 용도

구분	장애 관리	구성 관리	성능 관리	계정 관리	보안 관리
신속한 장애 회복	○	○			
사용자 정보 보호		○			○
성능 약화 방지	○	○	○		
설비 최적 가동		○	○		
운영 및 보수 비용 절감	○	○	○		○
공정한 비용 부담				○	

03 네트워크 분석 도구

네트워크 분석 도구는 네트워크의 정보 수집과 분석을 자동으로 처리하는 도구이다. 네트워크를 지속적으로 모니터링하고, 네트워크 구성 자원의 상태를 표시하며, 응답 시간, 과도한 회선 오류 등의 네트워크 문제를 분석하고, 성능과 용량 관리를 위한 보고서 작성 등의 정보를 제공한다. 네트워크 관리에 사용하는 분석 도구를 살펴보자.

1 네트워크 분석 도구의 유형

네트워크 분석 도구는 네트워크에 있는 장치 또는 정보의 내용에 따라 다양한 형태로 개발되었으며 크게 두 가지 유형으로 구분할 수 있다.

■ 유형 1

네트워크의 특정 세그먼트에 접속해서 사용하는 유형 1은 문제가 발생했을 때 원인을 진단하는 데 필요한 모니터링 기능으로 개발되었다. 이 유형에는 원격 네트워크를 모니터링하는 RMONRemote MONitoring, Expert Sniffer 등의 프로토콜 분석기가 있다.

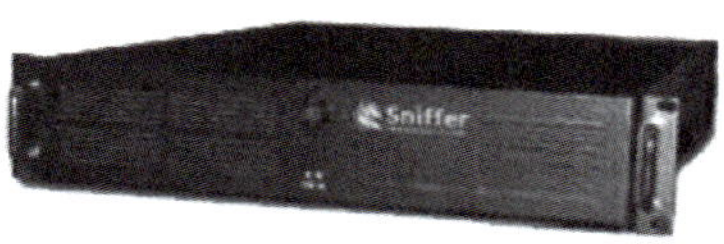

그림 9-5 Sniffer

모든 세그먼트를 감시하려면 세그먼트마다 분석기를 설치해야 하는데, 이렇게 하면 비용이 많이 들어 전체 네트워크 분석용으로는 적합한 방식이 아니다. 하지만 네트워크에 문제가 발생했을 때 집중적으로 분석할 수 있어 문제를 해결하는 용도로는 가장 적합하다. 이러한 유형에 속하는 네트워크 분석기는 네트워크 감시, 데이터 해석, 트래픽 생성 등의 기본적인 기능을 처리한다.

- **모니터링 기능**: 트래픽 부하 측정, 사용하는 프로토콜 확인, 오류 통계, 모니터링 결과 보

고서 작성 기능 등을 제공한다. 대표적인 모니터링으로는 전송 프레임의 유형과 길이 분석을 들 수 있다. 모니터링은 실시간 또는 비실시간 분석을 제공하는데, 실시간 모니터링 기능을 사용하면 트래픽 수준을 실시간으로 살펴볼 수 있고, 비실시간 모니터링 기능을 사용하면 트래픽 동향을 분석하여 문제가 발생하는 시점을 확인할 수 있다.

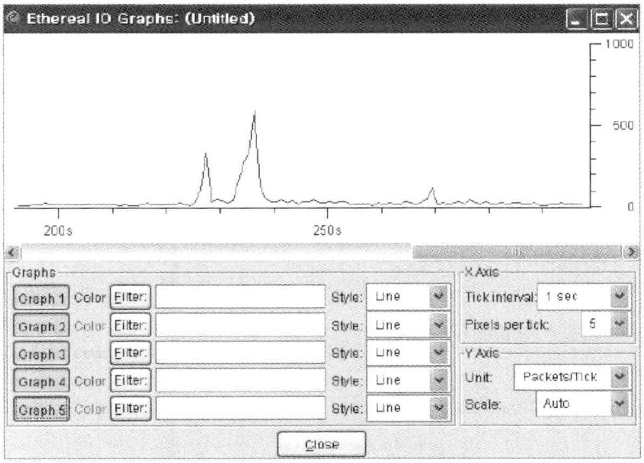

그림 9-6 모니터링의 예

- **해석 기능**: 네트워크에서 전송하는 프레임을 수집한 후 프레임 헤더에 있는 정보를 이용하여 프레임의 내용을 해석한다. TCP/IP, 이더넷, IPX/SPX 등 서로 다른 유형의 프로토콜 패킷을 속성별로 해석할 수 있다.
- **트래픽 생성 기능**: 브리지나 라우터, 서버 등의 트래픽 부하를 측정하기 위해 트래픽을 생성한다. 실제 네트워크 트래픽을 정확하게 측정하기 위해 다른 유형의 프레임을 생성하거나 프레임 길이, 프레임 발생 빈도, 송수신지 주소 등을 조정할 수 있다.

■ 유형 2

이 유형의 도구는 허브, 브리지, 라우터 등 네트워크 장비에 있는 에이전트에서 데이터를 수집하여 분석하는 기능을 제공한다. 유형 1보다 비교적 단순하고 비용이 저렴하여 광범위한 네트워크도 지속적으로 분석하고 경제적으로 분석 시스템을 구축할 수 있기 때문에 가장 많이 사용하는 네트워크 분석 도구이다.

유형 2는 분석 정보를 제공하는 에이전트와 분석 기능을 처리하는 네트워크 분석 소프트웨어로 구성되며, 에이전트와 분석 소프트웨어 간에는 주로 SNMP 프로토콜을 이용하여 정보를 교환한다. 이 유형의 네트워크 분석 도구에는 SNMP 장치의 구성과 장애, 성능을 모니터링하는 네트워크 분석 소프트웨어, 서버와 클라이언트 등 각종 시스템을 관리하는 시스템 관리 소프트웨어, 응용 프로그램 차원의 트래픽 이동 경로와 특성을 파악하는 응용 프로그램 분석 소프트웨어 등이 있다.

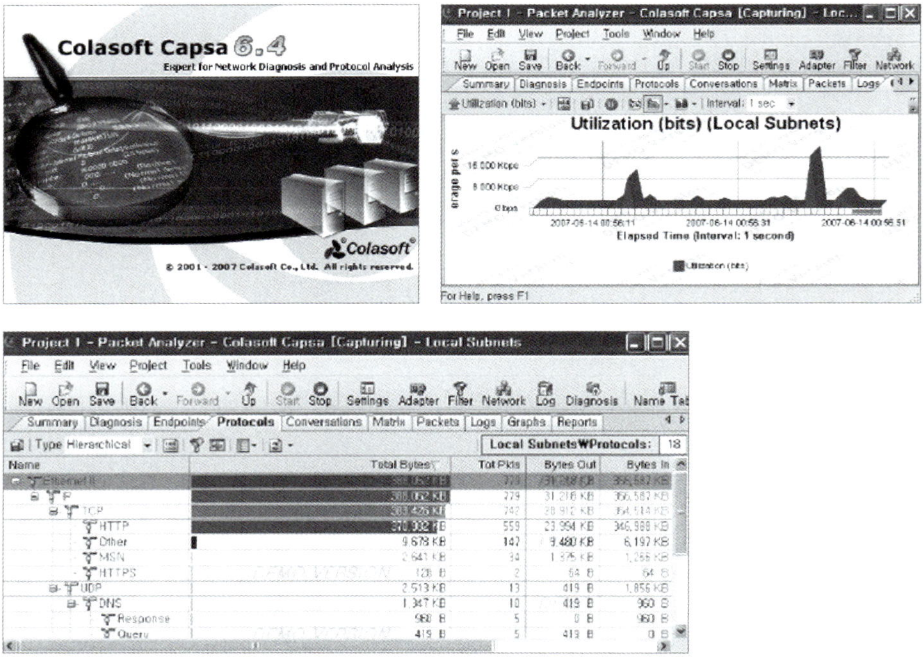

그림 9-7 네트워크 분석 도구 사용 예

2 RMON

RMON은 SNMP에 기반을 둔 RMON 매니저와 프로브probe로 구현된다. SNMP는 에이전트가 있는 장비 상태의 처리 결과를 알려주는 데 반해, RMON은 전체 네트워크의 구획에서 발생한 트래픽을 알려준다. RMON MIB가 제공하는 정보는 통계, 히스토리, 경보, 호스트, HostTopN, 트래픽 매트릭스, 필터, 패킷 캡처, 이벤트 등이다.

이러한 정보를 이용하여 관리자는 트래픽 동향 분석, 주요 장비의 트래픽 분석, 사전 문제 발생 제거 등을 할 수 있다. 그러나 RMON은 한 세그먼트의 트래픽을 감시하는 용도로는 적당하지만 MAC 계층까지만 분석이 가능하다는 것이 단점이었다. 이는 어떤 프로토콜을 사용했는지, 어떤 응용 프로그램이 네트워크에 영향을 주는지는 거의 파악할 수 없음을 의미한다.

이에 RMON에 프로토콜별 분포 현황, 네트워크 계층인 IP, IPX, DECnet, 애플토크 등의 호스트별 트래픽 수집 기능을 추가한 RMON 2가 발표되었다.

RMON 2의 등장으로 네트워크 관리자는 OSI 참조 모델 7계층을 모두 관찰할 수 있다. 하지만 에이전트의 시스템 자원이 충분하고 성능이 좋아야 하며 단독 장비를 구성해야 한다는 부담이 있다. 따라서 스위치로 네트워크 구획을 분리하여 스위치의 각 포트에 연결된 허브에 RMON을 탑재하는 방안이 대두되고 있다.

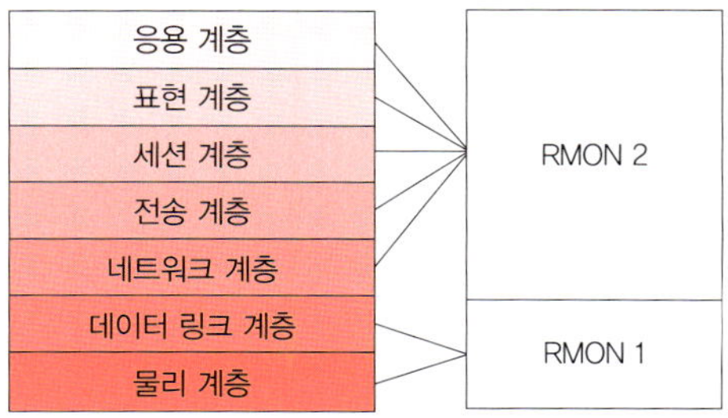

그림 9-8 OSI 참조 모델 7계층과 RMON

04 네트워크 관리 프로토콜

TCP/IP 환경의 네트워크를 처음 사용할 당시에는 주로 ICMP를 이용하여 네트워크 장비 간의 연결 상태 등을 관리했다. 우리가 많이 사용하는 Ping 테스트는 ICMP를 이용한 것이다. 하지만 ICMP는 상대방 호스트의 동작 여부와 응답 시간 측정 등 단순한 기능만 제공하므로, 인터넷 사용자가 증가하고 네트워크의 구성이 복잡해지면서 표준화된 새로운 프로토콜의 필요성이 대두되었다. 그리고 1980년대 후반 SNMP가 표준 프로토콜로 등장하면서 대부분의 네트워크 관리 제품이 SNMP를 지원하기 시작했다.

네트워크 시스템을 관리하는 프로토콜로는 SNMP, CMIP를 주로 사용하고 있다. SNMP는 구현하기 쉽고 간편하여 현재 가장 일반적인 네트워크 관리 프로토콜인 반면, CMIP는 구현이 복잡하고 방대하여 아직 네트워크 관리의 중심에 자리 잡지 못한 실정이다. 이러한 네트워크 관리 프로토콜을 자세히 살펴보자.

1 SNMP(UDP 포트: 161)

SNMP는 현재 가장 많이 사용하는 프로토콜로 구현하기 쉽고 간편한 것이 장점이다. SNMP는 네트워크 관리 소프트웨어를 실행하는 메인 컴퓨터에서 서버 컴퓨터, 라우터, 브리지, 허브 등의 네트워크 호스트를 관리하는 방법을 제공한다. 또한 관리 시스템과 에이전트의 분산 구조를 사용하여 관리 서비스를 수행한다.

SNMP를 사용하려면 SNMP 에이전트와 SNMP 매니저가 필요하다. SNMP 에이전트는 관리 시스템에 설치하며, SNMP 매니저에 관리 시스템의 MIB 정보를 제공한다. 관리해야 할 특정 정보나 자원을 '개체'라 하고, 이 개체를 모아놓은 집합체를 'MIB Management Information Basement'라 한다.

SNMP는 OSI 참조 모델 7계층 중 4계층인 전송 계층에 해당하는 UDP를 사용하므로 에이전트와 매니저 간에 메시지를 송수신하기 위해 지속적으로 연결을 유지할 필요가 없다. 따라서 자원을 많이 사용하지 않는다는 것이 장점이지만 에이전트와 매니저 간 메시지 교환의 신뢰성을 보장하지 않는다.

다음 그림은 SNMP의 동작 방법을 보여준다. SNMP 매니저는 아래로 향한 화살표처럼 폴링(질의)을 할 수 있다. SNMP 에이전트 소프트웨어를 실행하는 컴퓨터가 SNMP 에이전트이며, 이는 관리 시스템의 정보 요청에 응답한다. 라우터나 스위치는 SNMP 요구에 응답하지만 에이전트가 없는 노트북은 응답하지 않는다. 에이전트에서 시작하는 유일한 SNMP 통신인 트랩trap 메시지는 보안을 강화한다. 트랩은 에이전트에서 시스템 재부팅이나 허용되지 않은 액세스 같은 경고를 호출하는 이벤트이다(인터럽트와 같은 개념이다).

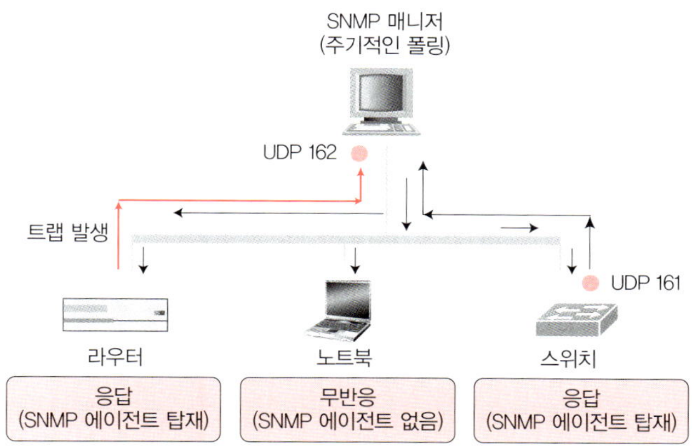

그림 9-9 SNMP 동작 예

SNMP는 가장 많이 사용하는 네트워크 시스템 관리 프로토콜이지만 IP 네트워크에만 특화되어 있다. 따라서 방대한 양의 데이터 정보를 가져오기에는 효율이 떨어지고 보안 기능이 취약하여 이러한 문제를 해결하기 위해 등장한 프로토콜이 바로 SNMP v2이다.

SNMP v2에서는 분산 관리의 도입과 한 번의 요청으로 여러 데이터 값을 읽어오는 것이 가능하고, SNMP v1의 가장 큰 문제였던 보안 기능도 향상되었다. 예를 들면 전송하는 데이터의 보안을 위해 DESData Encryption Standard 알고리즘을, 인증 절차의 보안을 위해 MD5Message Digest 5 알고리즘을 사용한다. 또한 SNMP v1은 UDP를 기본으로 사용했지만 SNMP v2의 경우 OSI 참조 모델의 전송 계층에서 CLNSConnectionLess Network Services, 노벨의 IPX 등도 이용할 수 있다.

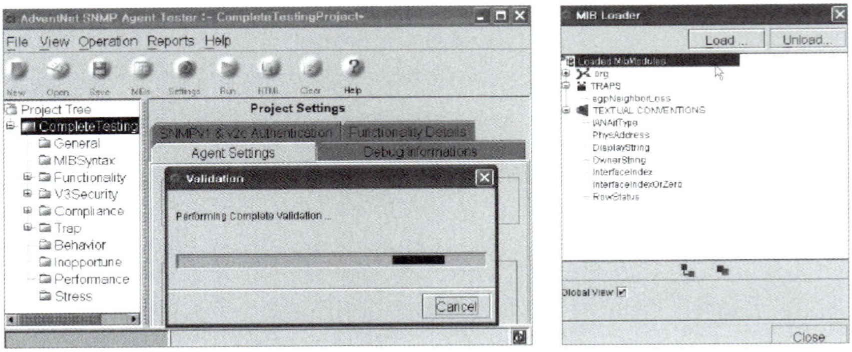

그림 9-10 SNMP 에이전트 사용 예

2 CMIP(TCP)

CMIS는 네트워크를 관리하기 위해 각 네트워크 구성 요소로 제공하는 일반적인 서비스를 정의하며, CMIP는 이러한 CMIS 서비스를 구현하는 프로토콜이다. CMIS 서비스는 시스템 관리에 대한 기본적인 구조와 실질적인 역할을 제공하며, 시스템 관리를 수행하는 응용 프로그램을 'CMISE'라고 한다.

CMIP는 인증, 접근 제어, 보안 로그 등 네트워크 관리 정보에 보안 체계를 갖춘 프로토콜이다. 이러한 특성 때문에 SNMP를 채택한 관리 시스템보다 안정성이 뛰어나다고 할 수 있다. SNMP를 사용하는 관리 시스템에서 어떤 관리 대상의 장애 목록을 파악하려면 네트워크 관리자가 해당 관리 대상의 동작을 계속 모니터링하고 있어야 한다. 하지만 CMIP는 이벤트 발생 기능을 지원하므로 관리 프로세스가 관리 대상을 계속 모니터링할 필요가 없다. 즉 관리 대상에서 장애가 발생하면 그 내역을 CMIP의 서비스 중 하나인 이벤트 리포트 기능을 이용하여 전송하면 된다. 따라서 CMIP를 채택하면 SNMP보다 더 능률적으로 네트워크를 관리할 수 있다.

또한 CMIP는 OSI 참조 모델 7계층 프로토콜을 사용하여 정보를 전송하지만 SNMP는 UDP/IP 프로토콜을 사용한다. 다시 말해 CMIP는 연결 지향 네트워크 프로토콜을 사용하고, SNMP는 비연결 지향 네트워크 프로토콜을 사용한다. 결국 SNMP를 사용하는 네트워크 관리 시스템은 네트워크에서 관리 정보가 손실될 수 있으나 CMIP를 사용하면 관리 정보가 손실되지 않는다. CMIP에는 TCP/IP에서 동작하는 CMIP 라이브러리 제품(CMOT)도 있다.

그러나 CMIP는 SNMP보다 기능이 많고 OSI 참조 모델 7계층의 통신 프로토콜에서 동작하기 때문에 프로세스 자체가 무거울 뿐만 아니라 시스템 자원도 많이 소모한다. 게다가 비용이 많이 들고 구현하기도 어렵기 때문에 아직까지는 SNMP를 대체하지 못하고 있는 실정이다. 현재는 시스템 관리 프로토콜로 SNMP를 가장 많이 사용하지만 최근 TMNTelecommunication Management Network이 도입되면서 CMIP가 새로이 주목받고 있다. 또한 TMN을 이용한 네트워크 시스템 관리 도구도 속속 발표되고 있다. 앞으로 CMIP는 무선과 텔레커뮤니케이션 관리의 중요한 수단으로 떠오를 것으로 기대된다.

05 네트워크 관리 명령어

네트워크 관리 명령어를 사용하여 네트워크 상태를 모니터링하고 네트워크 문제를 진단할 수 있다. [시작] 메뉴의 검색 화면에서 'cmd'를 입력하면 명령 프롬프트 창이 나타난다.

■ nbtstat –A

컴퓨터를 사용하다 보면 가끔 IP 주소가 충돌했다는 경고 메시지가 나타나곤 한다. DHCP를 사용하여 IP 주소를 관리하는 곳(가정)에서는 잘 발생하지 않지만, 네트워크 관리자가 수동으로 고정 IP 주소를 설정하는 네트워크 환경(학교)에서는 하나의 IP 주소를 컴퓨터 두 대에 입력하면 충돌 메시지가 발생한다.

이럴 때 nbtstat –A는 충돌하는 컴퓨터를 찾아준다. IP 주소 충돌 메시지가 나타나면 컴퓨터를 종료한 후 다른 컴퓨터에서 nbtstat 명령어로 중복된 IP 주소를 사용하는 컴퓨터의 이름을 확인하고(nbtstat –A 중복된 IP 주소) 충돌하는 컴퓨터의 IP 주소를 바꾸면 된다. nbtstat –n 명령어를 입력하면 NetBIOS가 사용하는 통계 및 이름 정보를 확인할 수 있다.

```
명령 프롬프트
Microsoft Windows [Version 10.0.17134.706]
(c) 2018 Microsoft Corporation. All rights reserved.

C:\Users\hjjin>nbtstat -A 192.168.35.7

이더넷:
노드 IpAddress: [192.168.35.7] 범위 ID: []

    호스트를 찾을 수 없습니다.
```

그림 9-11 nbtstat –A 사용 예

■ netstat

시스템에서 TCP 전송 프로토콜의 상태를 보여주는 명령어이다. 네트워크에서 현재 열려 있는 포트를 모두 확인할 수 있다.

```
명령 프롬프트

C:\Users\hjjin>netstat

활성 연결

  프로토콜  로컬 주소              외부 주소                상태
  TCP    192.168.35.7:55413     40.90.189.152:https    ESTABLISHED
  TCP    192.168.35.7:55427     211.231.103.152:https  ESTABLISHED
  TCP    192.168.35.7:55429     ti-in-f188:5228        ESTABLISHED
  TCP    192.168.35.7:55625     a-0001:https           ESTABLISHED
  TCP    192.168.35.7:55626     211.115.106.72:http    CLOSE_WAIT
  TCP    192.168.35.7:55629     13.107.18.11:https     ESTABLISHED
  TCP    192.168.35.7:55630     211.115.106.72:http    CLOSE_WAIT
  TCP    192.168.35.7:55631     13.107.246.254:https   ESTABLISHED
  TCP    192.168.35.7:55632     a23-35-220-114:https   CLOSE_WAIT
  TCP    192.168.35.7:55633     204.79.197.254:https   ESTABLISHED
  TCP    192.168.35.7:55634     204.79.197.222:https   ESTABLISHED
```

그림 9-12 netstat 사용 예

■ netstat –p

특정 전송 프로토콜의 상태를 보여주는 명령어이다.

```
명령 프롬프트

C:\Users\hjjin>netstat -p tcp

활성 연결

  프로토콜  로컬 주소              외부 주소                상태
  TCP    192.168.35.7:55413     40.90.189.152:https    ESTABLISHED
  TCP    192.168.35.7:55427     211.231.103.152:https  ESTABLISHED
  TCP    192.168.35.7:55429     ti-in-f188:5228        ESTABLISHED
  TCP    192.168.35.7:55643     13.107.18.11:https     ESTABLISHED
  TCP    192.168.35.7:55644     a-0001:https           ESTABLISHED
  TCP    192.168.35.7:55645     65.55.163.76:https     ESTABLISHED
  TCP    192.168.35.7:55647     13.107.42.254:https    ESTABLISHED
  TCP    192.168.35.7:55648     211.115.106.78:http    CLOSE_WAIT
  TCP    192.168.35.7:55649     204.79.197.254:https   ESTABLISHED
  TCP    192.168.35.7:55650     13.107.18.254:https    ESTABLISHED
  TCP    192.168.35.7:55651     211.115.106.78:http    CLOSE_WAIT
  TCP    192.168.35.7:55652     204.79.197.222:https   ESTABLISHED
```

그림 9-13 netstat -p 사용 예

■ netstat –an

컴퓨터에 트로이 목마 등 백도어 해킹 프로그램 등이 설치되어 정보를 빼내지는 않는지 확인할 수 있다. –an 옵션은 주소와 포트 번호를 숫자 형식으로 표시한다. netstat –an은 현재 서비스를 대기하고 있는 'LISTENING 정보'와 TCP 통신을 하는 'ACTIVE 서비스'의 연결 상태를 도메인 정보 없이 보여준다. ESTABLISHED는 다른 컴퓨터와 연결된 상태를, CLOSE_WAIT는 연결이 종료된 상태를, TIME_WAIT는 연결은 종료되었지만 소켓은 열어놓은 상태를 나타낸다. 컴퓨터의 사용 포트를 확인하여 불필요한 포트가 열려 있다면 외부에서 해킹 중인지 의심해보아야 한다.

```
명령 프롬프트

C:\Users\hjjin>netstat -an

활성 연결

  프로토콜  로컬 주소              외부 주소              상태
  TCP    0.0.0.0:25             0.0.0.0:0              LISTENING
  TCP    0.0.0.0:80             0.0.0.0:0              LISTENING
  TCP    0.0.0.0:110            0.0.0.0:0              LISTENING
  TCP    0.0.0.0:135            0.0.0.0:0              LISTENING
  TCP    0.0.0.0:143            0.0.0.0:0              LISTENING
  TCP    0.0.0.0:445            0.0.0.0:0              LISTENING
  TCP    0.0.0.0:587            0.0.0.0:0              LISTENING
  TCP    0.0.0.0:5040           0.0.0.0:0              LISTENING
  TCP    0.0.0.0:5357           0.0.0.0:0              LISTENING
  TCP    0.0.0.0:7680           0.0.0.0:0              LISTENING
  TCP    0.0.0.0:12380          0.0.0.0:0              LISTENING
  TCP    0.0.0.0:13411          0.0.0.0:0              LISTENING
  TCP    0.0.0.0:14430          0.0.0.0:0              LISTENING
  TCP    0.0.0.0:14440          0.0.0.0:0              LISTENING
  TCP    0.0.0.0:15018          0.0.0.0:0              LISTENING
  TCP    0.0.0.0:21300          0.0.0.0:0              LISTENING
  TCP    0.0.0.0:22380          0.0.0.0:0              LISTENING
  TCP    0.0.0.0:42235          0.0.0.0:0              LISTENING
  TCP    0.0.0.0:45876          0.0.0.0:0              LISTENING
  TCP    0.0.0.0:49664          0.0.0.0:0              LISTENING
  TCP    0.0.0.0:49665          0.0.0.0:0              LISTENING
  TCP    0.0.0.0:49666          0.0.0.0:0              LISTENING
```

그림 9-14 netstat -an 사용 예

■ netstat -e 5

윈도우의 NetBIOS는 TCP 포트 139를 이용하여 다양한 정보를 넘겨주는 API가 있어 보안에 취약하며, 인증되지 않은 사용자가 ID나 패스워드 인증 없이도 원격 컴퓨터의 정보를 가져갈 수 있다. 또한 악성 코드, 케이블 불량, 허브의 포트 불량 등으로 송수신 속도가 느릴 때 5초 주기로 이더넷 인터페이스의 데이터 송수신을 계속 표시하여 악성 코드나 기타 바이러스 때문에 트래픽이 증가하지는 않는지 확인할 수 있다.

```
선택 명령 프롬프트 - netstat -e 5
C:\Users\hjjin>netstat -e 5
인터페이스 통계

                           받음            보냄

바이트                    33094660         6544560
유니캐스트 패킷              31735           24315
비유니캐스트 패킷            17470            4545
버림                             0               0
오류                             0               0
알 수 없는 프로토콜              0
인터페이스 통계

                           받음            보냄

바이트                    33094660         6544560
유니캐스트 패킷              31735           24315
비유니캐스트 패킷            17470            4545
버림                             0               0
오류                             0               0
알 수 없는 프로토콜              0
인터페이스 통계
```

그림 9-15 netstat -e 5 사용 예

■ netstat –r

로컬 호스트의 라우팅 테이블을 보여주는 명령어이다. 라우팅 테이블을 통해 호스트의 알려진 모든 경로 상태를 확인할 수 있다.

```
명령 프롬프트

C:\Users\hjjin>netstat -r
===========================================================================
인터페이스 목록
  4...18 31 bf 28 31 75 ......Intel(R) Ethernet Connection (2) I219-V
  1...........................Software Loopback Interface 1
===========================================================================

IPv4 경로 테이블
===========================================================================
활성 경로:
네트워크 대상      네트워크 마스크     게이트웨이      인터페이스     메트릭
          0.0.0.0          0.0.0.0     192.168.35.1    192.168.35.7     25
        127.0.0.0        255.0.0.0           연결됨         127.0.0.1    331
        127.0.0.1  255.255.255.255           연결됨         127.0.0.1    331
  127.255.255.255  255.255.255.255           연결됨         127.0.0.1    331
     192.168.35.0    255.255.255.0           연결됨      192.168.35.7    281
     192.168.35.7  255.255.255.255           연결됨      192.168.35.7    281
   192.168.35.255  255.255.255.255           연결됨      192.168.35.7    281
        224.0.0.0        240.0.0.0           연결됨         127.0.0.1    331
        224.0.0.0        240.0.0.0           연결됨      192.168.35.7    281
  255.255.255.255  255.255.255.255           연결됨         127.0.0.1    331
  255.255.255.255  255.255.255.255           연결됨      192.168.35.7    281
===========================================================================
영구 경로:
  없음

IPv6 경로 테이블
===========================================================================
활성 경로:
 IF  메트릭 네트워크 대상            게이트웨이
  1    331 ::1/128                  연결됨
  4    281 fe80::/64                연결됨
  4    281 fe80::a4dd:4884:6d1b:e97/128
                                    연결됨
  1    331 ff00::/8                 연결됨
  4    281 ff00::/8                 연결됨
===========================================================================
영구 경로:
  없음
```

그림 9-16 netstat –r **사용 예**

■ netstat –s

IP, ICMP, TCP, UDP에 대한 프로토콜 통계를 보여주는 명령어이다. 통계를 이용하여 프로토콜에 문제가 있는 영역을 확인할 수 있다. 예를 들어 ICMP의 통계 정보를 통해 ICMP 프로토콜에서 오류가 발견된 위치를 확인할 수 있다.

```
C:\Users\hjjin>netstat -s

IPv4 통계

  받은 패킷                              = 253890
  받은 헤더 오류                         = 0
  받은 주소 오류                         = 24
  전달된 데이터그램                        = 0
  알 수 없는 프로토콜 받음               = 0
  받은 패킷 버림                         = 2206
  받은 패킷 배달됨                         = 255931
  출력 요청                              = 204840
  라우팅 버림                            = 0
  버린 출력 패킷                       = 0
  무경로 출력 패킷                       = 45
  리어셈블리 필요                        = 0
  리어셈블리 성공                        = 0
  리어셈블리 실패                        = 0
  성공적으로 조각화된 데이터그램             = 0
  조각화에 실패한 데이터그램                 = 0
  만든 조각                              = 0

IPv6 통계

  받은 패킷                              = 861
  받은 헤더 오류                         = 0
  받은 주소 오류                         = 159
  전달된 데이터그램                        = 0
  알 수 없는 프로토콜 받음               = 0
  받은 패킷 버림                         = 314
  받은 패킷 배달됨                         = 987
  출력 요청                              = 1872
  라우팅 버림                            = 0
  버린 출력 패킷                       = 0
  무경로 출력 패킷                       = 0
  리어셈블리 필요                        = 0
  리어셈블리 성공                        = 0
  리어셈블리 실패                        = 0
  성공적으로 조각화된 데이터그램             = 0
  조각화에 실패한 데이터그램                 = 0
  만든 조각                              = 0
```

```
ICMPv4 통계

                            받음          보냄
  메시지                    9             86
  오류                      0             0
  대상에 연결할 수 없음       0             69
  초과 시간                 0             0
  매개 변수 문제            0             0
  원본 중지                 0             0
  리디렉션                  0             0
  에코 응답                 9             0
  에코                      0             17
  타임스탬프                0             0
  타임스탬프 응답           0             0
  주소 마스크               0             0
  주소 마스크 응답          0             0
  라우터 요청               0             0
  라우터 알림               0             0

ICMPv6 통계

                            받음          보냄
  메시지                    702           36
  오류                      0             0
  대상에 연결할 수 없음       0             0
  패킷이 너무 큼              0             0
  초과 시간                 0             0
  매개 변수 문제            0             0
  에코                      0             0
  에코 응답                 0             0
  MLD 쿼리                  702           0
  MLD 보고서                0             0
  MLD 완료                  0             0
  라우터 요청               0             20
  라우터 알림               0             0
  인접 라우터 요청        0             8
  인접 라우터 알림        0             8
  리디렉션                  0             0
  라우터 번호 다시 매기기   0             0
```

그림 9-17 netstat -s 사용 예

■ netstat -e

컴퓨터의 송수신 패킷 관련 정보를 확인할 수 있다.

```
명령 프롬프트
C:\Users\hjjin>netstat -e
인터페이스 통계

                           받음            보냄

바이트                    34423835         6903025
유니캐스트 패킷              33190           25615
비유니캐스트 패킷            18990            4665
버림                             0               0
오류                             0               0
알 수 없는 프로토콜              0
```

그림 9-18 netstat -e 사용 예

■ netstat -f

특정 주소 그룹의 패킷 전송과 관련된 통계를 확인할 수 있다.

```
명령 프롬프트

C:\Users\hjjin>netstat -f

활성 연결

  프로토콜  로컬 주소              외부 주소              상태
  TCP    192.168.35.7:55427     211.231.103.152:https  ESTABLISHED
  TCP    192.168.35.7:55429     ti-in-f188.1e100.net:5228  ESTABLISHED
  TCP    192.168.35.7:55660     117.18.232.200:https   CLOSE_WAIT
  TCP    192.168.35.7:55665     a96-16-99-34.deploy.static.akamaitechnol
ogies.com:https  CLOSE_WAIT
  TCP    192.168.35.7:55668     211.115.106.76:http    CLOSE_WAIT
  TCP    192.168.35.7:55671     211.115.106.77:http    CLOSE_WAIT
  TCP    192.168.35.7:55673     40.90.189.152:https    ESTABLISHED
  TCP    192.168.35.7:55674     52.229.175.79:https    ESTABLISHED
```

그림 9-19 netstat -f 사용 예

■ ping 사이트 주소

ping은 원격의 호스트 컴퓨터, 서버 장비, 네트워크 장비와 통신이 잘되고 있는지 확인하는 명령어이다. ping을 실행하면 ICMP 프로토콜에서 지정한 호스트 컴퓨터로 데이터그램을 전송하여 응답을 요청한다. ICMP는 TCP/IP 네트워크에서 오류 처리를 담당하는 프로토콜이며, ping 명령어를 사용하여 원격의 호스트 컴퓨터에 IP가 연결되어 있는지 확인할 수 있다.

집에서 작업하다 사무실의 컴퓨터를 끄고 왔는지 확인하고 싶다면 ping 명령어를 이용한다. 사무실의 컴퓨터가 꺼져 있다면 'Request timed out(요청 시간이 만료되었습니다.)'이라는 메시지가 출력되고, 누군가가 컴퓨터로 인터넷을 사용하고 있다면 'Reply from

163.152.19.114: bytes=32times<10ms TTL=128'이라는 메시지가 출력될 것이다. 'Request timed out' 메시지는 상대방의 컴퓨터가 꺼져 있거나, IP 주소가 잘못되었거나, 케이블 연결이 잘못되었거나, 인터넷에 연결되지 않았음을 나타낸다.

```
명령 프롬프트

C:\Users\hjjin>ping 163.153.19.114

Ping 163.153.19.114 32바이트 데이터 사용:
요청 시간이 만료되었습니다.
요청 시간이 만료되었습니다.
요청 시간이 만료되었습니다.
요청 시간이 만료되었습니다.

163.153.19.114에 대한 Ping 통계:
    패킷: 보냄 = 4, 받음 = 0, 손실 = 4 (100% 손실),
```

그림 9-20 ping 사용 예(연결이 안 될 때)

ping 명령어의 TTL 값으로 사용하는 운영체제를 알 수 있다. TTL 값이 100번대이면 윈도우 계열이고 200번대이면 유닉스 계열이다.

```
명령 프롬프트
C:\Users\hjjin>ping 192.168.35.7

Ping 192.168.35.7 32바이트 데이터 사용:
192.168.35.7의 응답: 바이트=32 시간<1ms TTL=128
192.168.35.7의 응답: 바이트=32 시간<1ms TTL=128
192.168.35.7의 응답: 바이트=32 시간<1ms TTL=128
192.168.35.7의 응답: 바이트=32 시간<1ms TTL=128

192.168.35.7에 대한 Ping 통계:
    패킷: 보냄 = 4, 받음 = 4, 손실 = 0 (0% 손실),
왕복 시간(밀리초):
    최소 = 0ms, 최대 = 0ms, 평균 = 0ms
```

그림 9-21 ping 사용 예(연결이 잘될 때)

■ **ping -n count 사이트 주소**

count 옵션은 보낼 에코 요청의 수를 나타낸다. count에 3을 입력하면 사이트에 에코 요청을 세 번 한다.

```
명령 프롬프트
C:\Users\hjjin>ping -n 3 hanb.co.kr

Ping hanb.co.kr [218.38.58.195] 32바이트 데이터 사용:
218.38.58.195의 응답: 바이트=32 시간=1ms TTL=54
218.38.58.195의 응답: 바이트=32 시간=1ms TTL=54
218.38.58.195의 응답: 바이트=32 시간=1ms TTL=54

218.38.58.195에 대한 Ping 통계:
    패킷: 보냄 = 3, 받음 = 3, 손실 = 0 (0% 손실),
왕복 시간(밀리초):
    최소 = 1ms, 최대 = 1ms, 평균 = 1ms
```

그림 9-22 ping -n count 사용 예

■ ping −t 사이트 주소

−t 옵션은 중지할 때까지 지정한 호스트에 ping을 실행한다(중지하려면 Ctrl+C를 클릭한다).

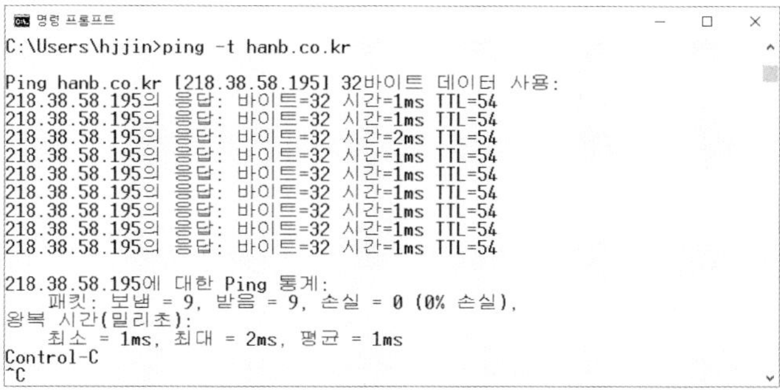

```
명령 프롬프트
C:\Users\hjjin>ping -t hanb.co.kr

Ping hanb.co.kr [218.38.58.195] 32바이트 데이터 사용:
218.38.58.195의 응답: 바이트=32 시간=1ms TTL=54
218.38.58.195의 응답: 바이트=32 시간=1ms TTL=54
218.38.58.195의 응답: 바이트=32 시간=2ms TTL=54
218.38.58.195의 응답: 바이트=32 시간=1ms TTL=54
218.38.58.195의 응답: 바이트=32 시간=1ms TTL=54
218.38.58.195의 응답: 바이트=32 시간=1ms TTL=54
218.38.58.195의 응답: 바이트=32 시간=1ms TTL=54
218.38.58.195의 응답: 바이트=32 시간=1ms TTL=54
218.38.58.195의 응답: 바이트=32 시간=1ms TTL=54

218.38.58.195에 대한 Ping 통계:
    패킷: 보냄 = 9, 받음 = 9, 손실 = 0 (0% 손실),
왕복 시간(밀리초):
    최소 = 1ms, 최대 = 2ms, 평균 = 1ms
Control-C
^C
```

그림 9-23 ping −t 사용 예

■ ping −f −l size 사이트 주소

−f 옵션은 패킷 조각화하지 않고 플래그를 설정(라인 테스트용)하며, −size 옵션은 전송할 버퍼 크기를 의미한다.

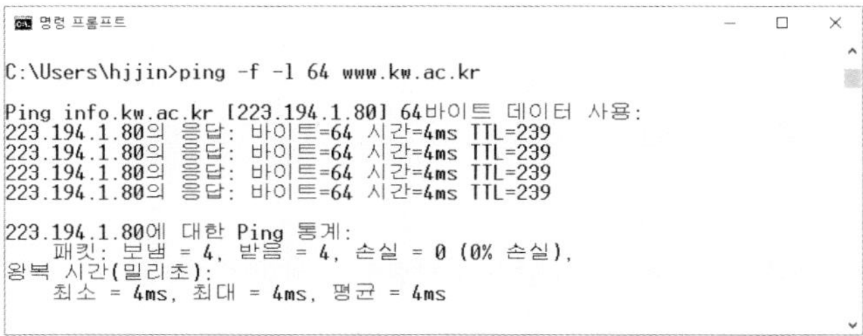

```
명령 프롬프트

C:\Users\hjjin>ping -f -l 64 www.kw.ac.kr

Ping info.kw.ac.kr [223.194.1.80] 64바이트 데이터 사용:
223.194.1.80의 응답: 바이트=64 시간=4ms TTL=239
223.194.1.80의 응답: 바이트=64 시간=4ms TTL=239
223.194.1.80의 응답: 바이트=64 시간=4ms TTL=239
223.194.1.80의 응답: 바이트=64 시간=4ms TTL=239

223.194.1.80에 대한 Ping 통계:
    패킷: 보냄 = 4, 받음 = 4, 손실 = 0 (0% 손실),
왕복 시간(밀리초):
    최소 = 4ms, 최대 = 4ms, 평균 = 4ms
```

그림 9-24 ping −f −l size 사용 예

■ route

서버나 방화벽 장비에 LAN 카드를 여러 개 설치할 때 route 명령어를 이용하여 패킷이 전달되는 경로를 확인하거나 지정할 수 있으며, route print는 라우팅 테이블을 보여준다. 라우팅 테이블은 라우터나 다른 네트워크 장치에 저장된 데이터베이스를 말하며, 네트워크의 특정 수신지까지 경로를 계속 저장하기 위해 사용한다.

```
명령 프롬프트

C:\Users\hjjin>route print
===========================================================================
===
인터페이스 목록
  4...18 31 bf 28 31 75 ......Intel(R) Ethernet Connection (2) I219-V
  1...........................Software Loopback Interface 1
===========================================================================
===

IPv4 경로 테이블
===========================================================================
===
활성 경로:
네트워크 대상        네트워크 마스크      게이트웨이        인터페이스      메
트릭
          0.0.0.0          0.0.0.0      192.168.35.1      192.168.35.7
 25
        127.0.0.0        255.0.0.0            연결됨         127.0.0.1
   331
        127.0.0.1  255.255.255.255            연결됨         127.0.0.1
   331
  127.255.255.255  255.255.255.255            연결됨         127.0.0.1
   331
     192.168.35.0    255.255.255.0            연결됨      192.168.35.7
   281
     192.168.35.7  255.255.255.255            연결됨      192.168.35.7
   281
   192.168.35.255  255.255.255.255            연결됨      192.168.35.7
   281
```

그림 9-25 route print 사용 예

■ tracert 사이트 주소

인터넷은 원격의 컴퓨터 또는 서버와 직접 연결되어 있지 않고 라우터 등의 네트워크 장비를 거쳐 접속한다. tracert 명령어는 최종 수신지 컴퓨터에 도달하기까지 중간에 거치는 라우터 여러 개의 경로 및 응답 속도를 보여준다. 갑자기 특정 웹 사이트와의 접속이 느릴 때 tracert 명령어로 내부 네트워크나 회선 구간 등을 확인할 수 있다. 또한 전용 회선 관리나 장애 복구에도 이 명령어를 많이 사용한다.

tracert 뒤에 수신지 서버의 이름이나 IP 주소를 입력하면 1행씩 중계 라우터의 수, 즉 1부터 시작하는 hop 수, 지연 시간, IP 주소 또는 이름순으로 수신지 서버까지의 경로를 보여준다. 통신 오류가 발생했을 때는 지연 시간이 *로 나타난다. 다음 그림은 클라이언트 컴퓨터에서 수신지 서버인 구글 서버까지 8대의 라우터 또는 레이어3 스위치 등을 경유하여 도착했음을 보여준다.

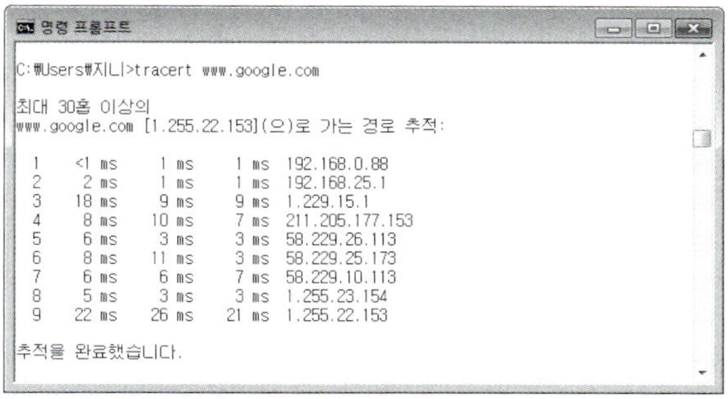

그림 9-26 tracert 사용 예

■ arp –a, arp –s, arp –d

ARP에서 사용하는 인터넷 IP 주소에서 물리 주소로 변환된 값을 확인하고 수정(관리자 권한)할 수 있다.

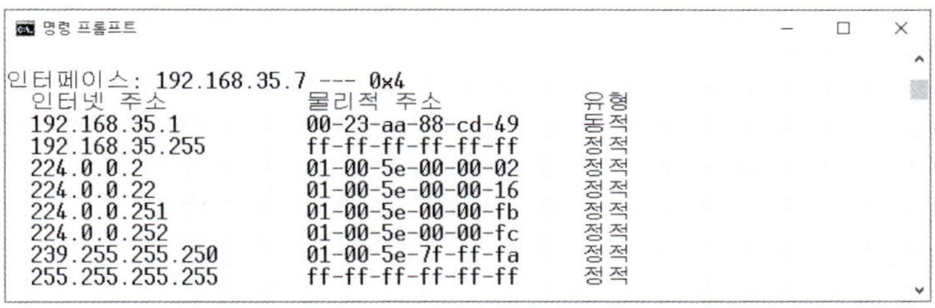

그림 9-27 arp -a 사용 예

관리자 권한으로 명령 프롬프트를 사용하려면 [시작] 메뉴의 [명령 프롬프트]에 마우스 커서를 놓고 오른쪽 버튼을 클릭하여 [관리자 권한으로 실행]을 선택한다.

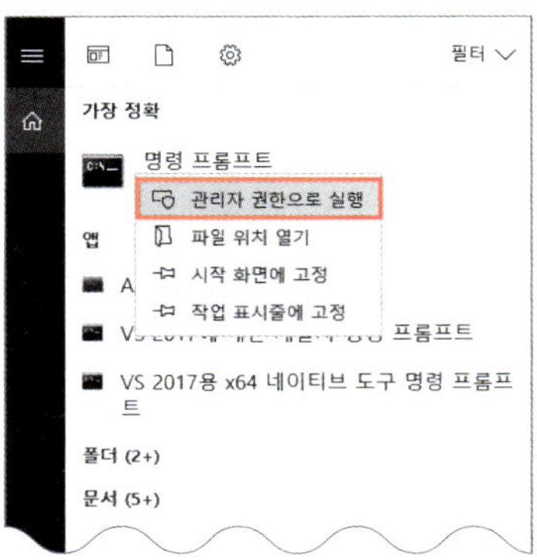

그림 9-28 관리자 권한으로 명령 프롬프트 실행

ARP 표에 새로운 ARP 항목을 추가해보자.

- **항목 추가**: arp –s 163.152.19.114 00–aa–00–62–c6–09
- **ARP 표 표시**: arp –a

결과 화면에서 새로운 ARP 항목이 추가된 것을 확인할 수 있다.

```
관리자: 명령 프롬프트

C:\Windows\system32>arp -s 163.152.19.114 00-aa-00-62-c6-09

C:\Windows\system32>arp -a

인터페이스: 192.168.35.7 --- 0x4
  인터넷 주소           물리적 주소           유형
  163.152.19.114        00-aa-00-62-c6-09     정적
  192.168.35.1          00-23-aa-88-cd-49     동적
  224.0.0.2             01-00-5e-00-00-02     정적
  224.0.0.22            01-00-5e-00-00-16     정적
  224.0.0.251           01-00-5e-00-00-fb     정적
  224.0.0.252           01-00-5e-00-00-fc     정적
  239.255.255.250       01-00-5e-7f-ff-fa     정적
```

그림 9-29 arp –s 사용 예

이번에는 ARP 표에서 ARP 항목을 삭제해보자.

- **항목 삭제**: arp –d 163.152.19.114

결과 화면에서 ARP 항목(163.152.19.114)이 삭제된 것을 확인할 수 있다.

```
관리자: 명령 프롬프트

C:\Windows\system32>arp -d 163.152.19.114

C:\Windows\system32>arp -a

인터페이스: 192.168.35.7 --- 0x4
  인터넷 주소           물리적 주소           유형
  192.168.35.1          00-23-aa-88-cd-49     동적
  224.0.0.2             01-00-5e-00-00-02     정적
  224.0.0.22            01-00-5e-00-00-16     정적
  224.0.0.251           01-00-5e-00-00-fb     정적
  224.0.0.252           01-00-5e-00-00-fc     정적
  239.255.255.250       01-00-5e-7f-ff-fa     정적
```

그림 9-30 arp –d 사용 예

사무실에 있는 한 컴퓨터가 ARP 스푸핑(트로이 목마) 등 악성 코드에 감염되면 이 컴퓨터는 사무실에 있는 모든 컴퓨터의 ARP 값을 변조한다. 악성 코드에 감염된 컴퓨터 때문에 ARP 값이 변조되어 네트워크가 되지 않는 컴퓨터는 ARP 값을 초기화하면 된다. 명령 프롬프트 창에 'arp –d'를 입력하면 ARP 표의 정보가 초기화된다.

```
관리자: 명령 프롬프트

C:\Windows\system32>arp -d

C:\Windows\system32>arp -a

인터페이스: 192.168.35.7 --- 0x4
  인터넷 주소           물리적 주소           유형
  224.0.0.2             01-00-5e-00-00-02     정적
```

그림 9-31 arp -d 사용 예

표 9-2 ARP 명령어

명령어	설명
arp -a	• 현재의 ARP 항목 표시 • 둘 이상의 네트워크 인터페이스가 ARP를 사용할 때 각 ARP 표 항목 표시
arp -s 인터넷 주소 물리 주소	• 호스트 컴퓨터를 추가하고 인터넷 주소를 물리 주소와 연결 • 물리 주소는 -(하이픈)으로 분리된 6바이트의 16진수 형태
arp -d 인터넷 주소	• IP 주소로 지정한 호스트 컴퓨터 삭제

06 실습 트러블 슈팅

1 트러블 슈팅과 계층의 관계

지금까지 패킷 캡처를 통해 패킷에는 층별로 헤더가 붙어 있다는 것을 알 수 있었다. 네트워크 통신이 사용자와 통신 매체 사이에서 이루어지듯이 트러블도 사용자와 통신 매체 사이에서 발생한다. 트러블 슈팅을 하려면 층별로 장애의 원인을 조사하여 문제가 발생한 곳을 찾아내고 장애를 분리하는 것이 중요하다. 트러블 슈팅은 통신 매체부터 시작하여 하위 계층에서 상위 계층으로 진행하는 것이 좋다.

동일 계층에서 장애를 분리할 때는 먼저 접속 테스트용 루프백 주소인 127.0.0.1, 그다음에 컴퓨터의 IP 주소, 그다음에 라우터나 디폴트 게이트웨이와 같이 가까이 있는 IP 주소부터 멀리 있는 것 순으로 확인하는 것이 좋다. 즉 장애를 분리할 때는 상위 계층에서 하위 계층 순으로 분리하고, 동일 계층이라면 가까운 곳에서 먼 곳 순으로 분리한다.

표 9-3 트러블 슈팅과 계층의 관계

계층	주요 프로토콜	트러블 원인
응용 계층	HTTP	소프트웨어
전송 계층	TCP	운영체제(소켓)
네트워크 계층	IP	운영체제(소켓)
네트워크 접속 계층	Ethernet II	하드웨어
통신 매체		케이블

2 Ping 테스트 패킷 캡처

Ping 테스트를 실행하기 전에 먼저 패킷 캡처를 시작한다. 패킷 캡처가 진행되면 Ping 테스트를 실행하여 결과를 확인한다.

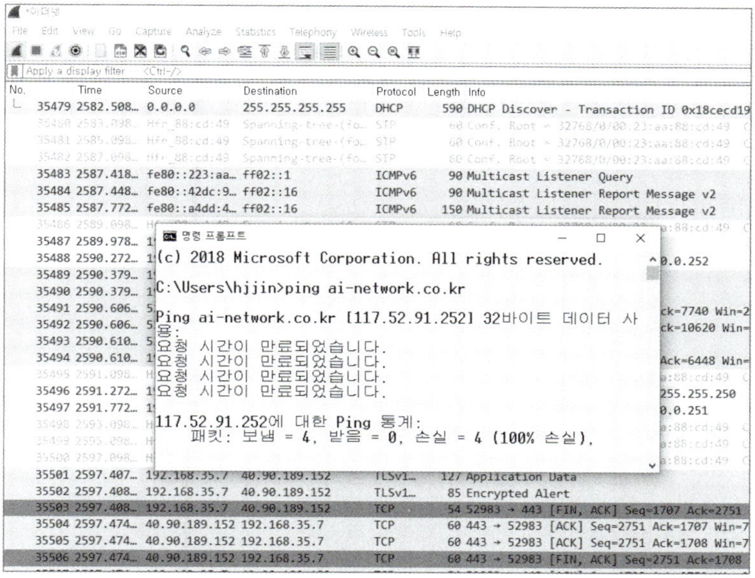

그림 9-32 패킷 캡처 시작 후 Ping 테스트 실행

❶ Ping 테스트가 실패한 경우

네트워크 개론 사이트의 Ping 테스트가 실패한 결과는 다음 그림과 같다. 컴퓨터에서 회신 테스트용 패킷을 4회 송신했으나 한 번도 응답이 없었다는 것을 알 수 있다. '요청 시간이 만료되었습니다.'는 원래 Ping에 정해져 있는 시간(1,000밀리 초) 동안 상대 서버(네트워크 개론)의 응답이 없어서 만료 시간이 되었다는 의미이다. 4회 시도하여 4회 모두 실패했을 때는 다음 그림과 같이 요청 시간 만료 메시지 4개가 반복해서 나타난다.

그림 9-33 Ping 테스트가 실패한 경우

❷ Ping 테스트가 성공한 경우

한빛출판네트워크 사이트의 Ping 테스트가 성공한 결과는 다음 그림과 같다.

```
명령 프롬프트
C:\Users\hjjin>ping hanb.co.kr

Ping hanb.co.kr [218.38.58.195] 32바이트 데이터 사용:
218.38.58.195의 응답: 바이트=32 시간=1ms TTL=54
218.38.58.195의 응답: 바이트=32 시간=1ms TTL=54
218.38.58.195의 응답: 바이트=32 시간=1ms TTL=54
218.38.58.195의 응답: 바이트=32 시간=1ms TTL=54

218.38.58.195에 대한 Ping 통계:
    패킷: 보냄 = 4, 받음 = 4, 손실 = 0 (0% 손실),
왕복 시간(밀리초):
    최소 = 1ms, 최대 = 1ms, 평균 = 1ms

C:\Users\hjjin>
```

그림 9-34 Ping 테스트가 성공한 경우

- **ping hanb.co.kr [218.38.58.195] 32바이트 데이터 사용:** 수신 측 서버의 FQDN Fully Qualified Domain Name인 hanb.co.kr(IP 주소 218.38.58.195)과의 사이에서 32바이트의 응답 테스트용 메시지를 송수신했음을 나타낸다.
- **218.38.58.195의 응답: 바이트=32 시간=1ms TTL=54:** IP 주소 218.38.58.195로부터 응답이 있고 데이터의 크기는 32바이트, Ping 테스트의 송신부터 수신까지 걸린 왕복 지연 시간이 1밀리초이며, IP 패킷의 유효 기간(TTL)이 54이다. 메시지가 4개 반복된 것은 테스트를 4회 했음을 나타낸다.

3 Ping 테스트 덤프 분석

앞에서 Ping 테스트를 실행하고 그 상태의 패킷을 캡처했는데 이제 패킷을 자세히 살펴보자. 와이어샤크 메인 화면에서 패킷 캡처를 정지한다. 이때 화면에는 Ping 패킷뿐만 아니라 캡처한 시간 동안 컴퓨터가 송수신한 다른 패킷도 나타난다. 필터 표시 기능을 사용하여 Ping에 이용되는 ICMP 패킷만 필터링해보자. 필터 툴바의 텍스트 박스에 'arp or icmp'를 입력하고 Enter를 누르면 ARP 프로토콜과 ICMP 프로토콜을 이용하는 패킷을 추출할 수 있다.

패킷 리스트 영역 Protocol 열의 처음에 ARP 패킷이 있고 그다음에 ICMP 패킷이 있다면 제대로 패킷을 캡처한 것이다.

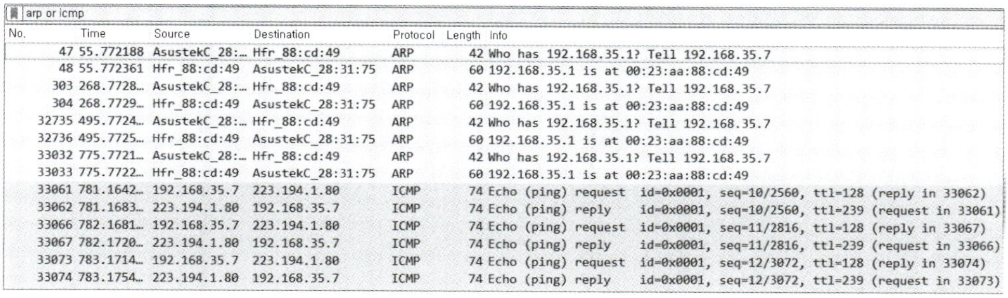

그림 9-35 'arp or icmp' 입력

❶ 패킷 리스트 영역을 살펴보면, ARP 패킷 중에서 Info 열에 Who has…로 표시된 것은 ARP 요청 패킷이고 …is at…으로 표시된 것은 ARP 응답 패킷이다. 그리고 ICMP 패킷 중에서 Echo (ping) request로 표시된 것은 ICMP 에코 요청 패킷이고 Echo (ping) reply로 표시된 것은 ping 에코 응답 패킷이다.

❷ 4개의 패킷을 각각 마크하여 해당 패킷만 저장해보자. 패킷을 클릭하고 메뉴에서 [Edit]-[Mark/Unmark Packet]을 선택하면 해당 패킷이 마크된다.

❸ 메뉴에서 [File]-[Export Specified Packets]를 선택하여 패킷을 저장한다. 파일 저장 창의 Packet Range에서 'Captured'와 'Marked packets'를 선택하고 파일명을 입력한 후 저장한다.

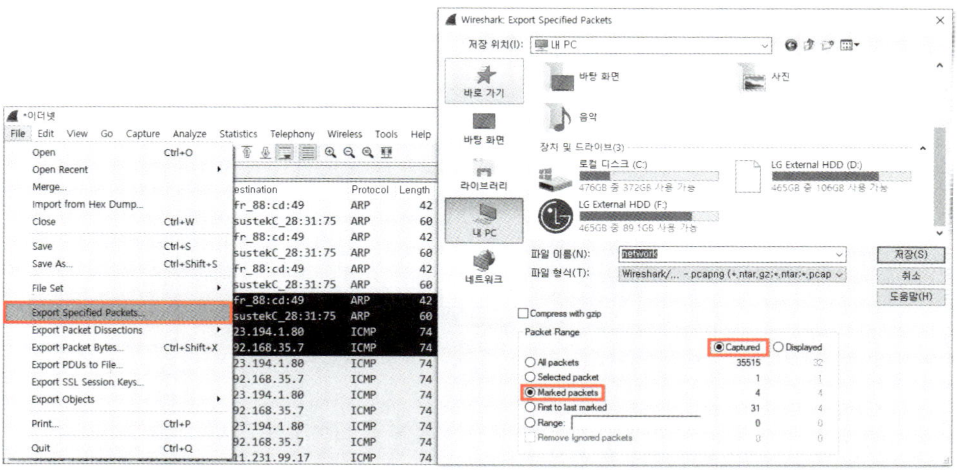

그림 9-36 마크된 패킷 저장

❹ 저장한 파일을 열어보면 4개의 패킷을 확인할 수 있다.

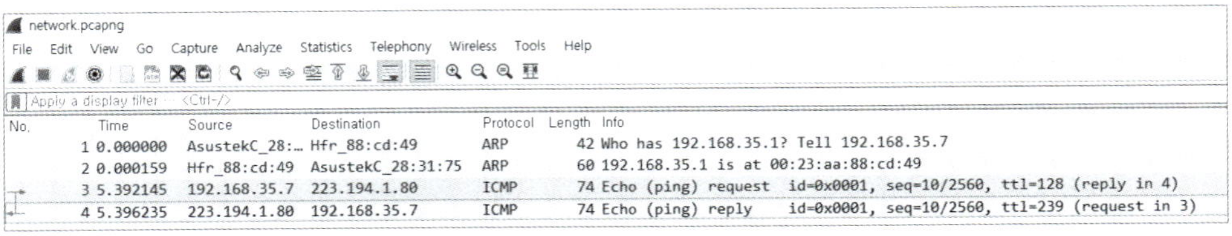

그림 9-37 저장된 패킷 확인

❺ [Statistics] 메뉴에서 'Flow Graph'를 클릭하면 그래프 분석 화면이 나타난다.

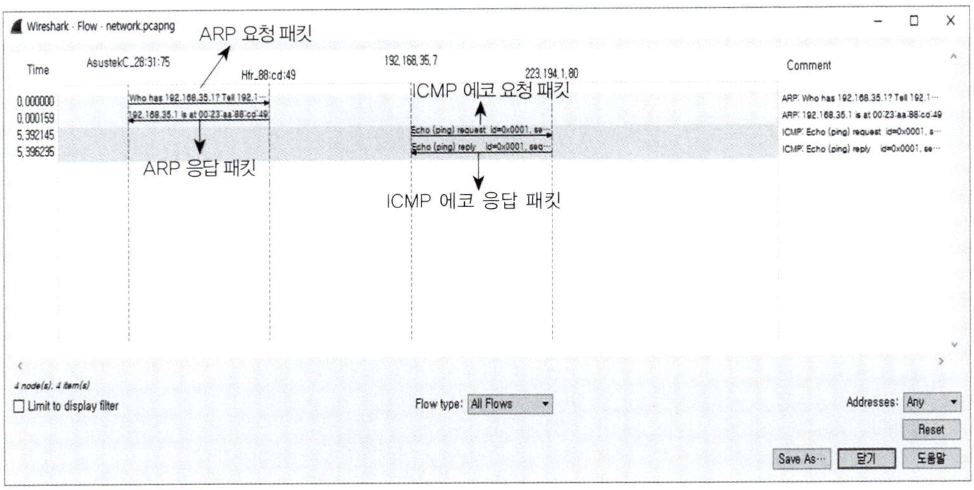

그림 9-38 그래프 분석 화면

4 ICMP 덤프 분석

ICMP는 IP 접속 테스트를 하기 위한 프로토콜이다. 에코 요청과 에코 응답 등의 메시지 종류가 정의되어 있는 ICMP는 네트워크 상태를 확인하는 데 사용한다. 앞에서 캡처한 패킷 중에서 Echo (ping) request, Echo (ping) reply로 표시된 패킷 2개에 대해 덤프 분석을 해보자.

❶ Echo (ping) request 패킷

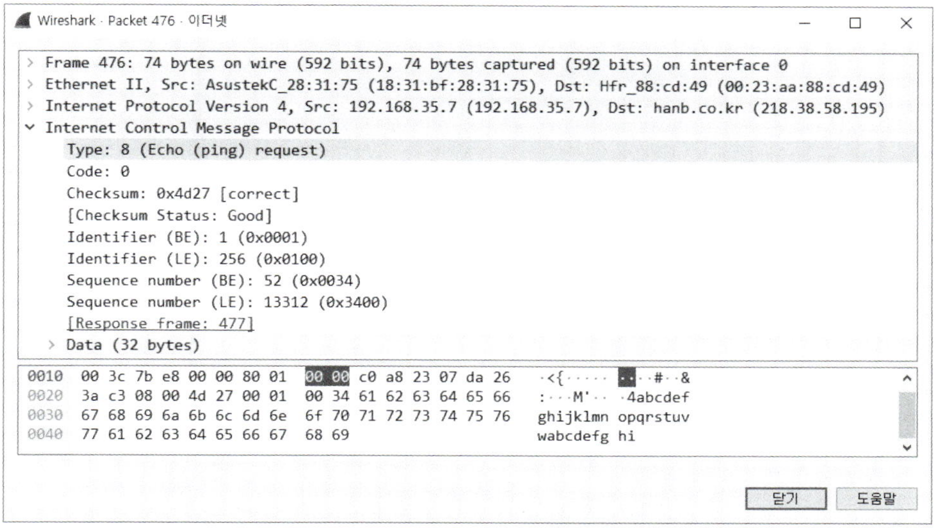

그림 9-39 Echo (ping) request 패킷

- Type: ICMP 패킷의 종류를 나타낸다. 에코 요청이므로 8로 지정되어 있다.
- **Code**: 회신 에코 테스트이므로 0으로 지정되어 있다. Ping은 에코 요청과 에코 응답 패킷을 송수신함으로써 접속을 확인한다.
- Checksum: ICMP 메시지가 도중에 변형되지 않도록 데이터의 내용을 검사하기 위해 사용한다.
- Identifier: ICMP 메시지가 여러 개 있을 때 각각을 구별하기 위한 필드이다.
- Sequence number: 비트열의 상위부터 하위 방향으로 오른쪽 정렬하여 비트를 나열해가는 빅엔디언(BE)과 하위부터 상위 방향으로 왼쪽 정렬하여 비트를 나열해가는 리틀엔디언(LE)으로 표시된다. 일반적으로 TCP/IP 통신에서는 빅엔디언 방식을 사용한다.
- Request frame: ICMP 에코 요청의 패킷 번호로의 링크를 연결한다.
- Response time: Ping 패킷의 왕복 지연 시간(RTT)을 나타낸다.
- Data: Ping에서 사용하는 메시지의 초기 크기는 윈도우에서는 32바이트, 유닉스에서는 64바이트인 경우가 많다.

❷ Echo (ping) reply 패킷

```
Wireshark · Packet 4 · network.pcapng
> Frame 4: 74 bytes on wire (592 bits), 74 bytes captured (592 bits) on interface 0
> Ethernet II, Src: Hfr_88:cd:49 (00:23:aa:88:cd:49), Dst: AsustekC_28:31:75 (18:31:bf:28:31:75)
> Internet Protocol Version 4, Src: 223.194.1.80, Dst: 192.168.35.7
v Internet Control Message Protocol
    Type: 0 (Echo (ping) reply)
    Code: 0
    Checksum: 0x5551 [correct]
    [Checksum Status: Good]
    Identifier (BE): 1 (0x0001)
    Identifier (LE): 256 (0x0100)
    Sequence number (BE): 10 (0x000a)
    Sequence number (LE): 2560 (0x0a00)
    [Request frame: 3]
    [Response time: 4.090 ms]
  > Data (32 bytes)
0020  23 07 00 00 55 51 00 01  00 0a 61 62 63 64 65 66   #···UQ·· ··abcdef
0030  67 68 69 6a 6b 6c 6d 6e  6f 70 71 72 73 74 75 76   ghijklmn opqrstuv
0040  77 61 62 63 64 65 66 67  68 69                     wabcdefg hi
                                                          [닫기] [도움말]
```

그림 9-40 Echo (ping) reply 패킷

- Type: ICMP 패킷의 종류를 나타낸다. 에코 응답이므로 0으로 지정되어 있다.
- 나머지 필드는 Echo (ping) request 패킷과 동일하다.

5 클라이언트/서버 트러블 슈팅

❶ 텔넷 접속 트러블 슈팅

텔넷 접속이 불가한 경우의 트러블 슈팅을 살펴보자. 텔넷 서비스가 실행되고 있지 않은 네트워크 개론 서버에 텔넷으로 접속한다. 다음 그림은 클라이언트 컴퓨터(192.168.35.7)에서 서버(117.52.91.252)로 텔넷 접속을 한 것을 보여준다.

```
명령 프롬프트
Microsoft Windows [Version 10.0.17134.706]
(c) 2018 Microsoft Corporation. All rights reserved.

C:\Users\hjjin>telnet 117.52.91.252
'telnet'은(는) 내부 또는 외부 명령, 실행할 수 있는 프로그램, 또는
배치 파일이 아닙니다.

C:\Users\hjjin>
```

그림 9-41 텔넷 클라이언트 사용 불가

''telnet'은(는) 내부 또는 외부 명령, 실행할 수 있는 프로그램, 또는 배치 파일이 아닙니다.'라는 메시지가 출력되면 텔넷 클라이언트 기능을 활성화해야 한다. [제어판]-[프로그램]-[프로그램 및 기능]-[Windows 기능 켜기/끄기]를 선택하고 텔넷 클라이언트 부분에 체크하면 된다.

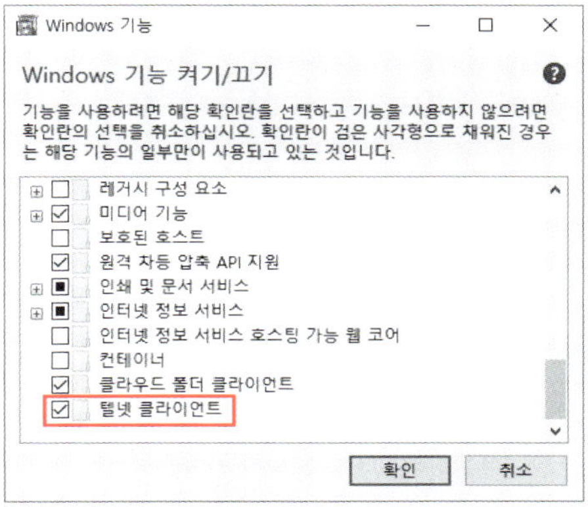

그림 9-42 텔넷 클라이언트 사용

먼저 와이어샤크를 실행하여 패킷 캡처를 시작한다. 명령 프롬프트 창에서 telnet 117.52.91.252 명령을 실행한 결과 '호스트에 연결할 수 없습니다. 포트 23'이라는 오류 메시지가 출력되었다.

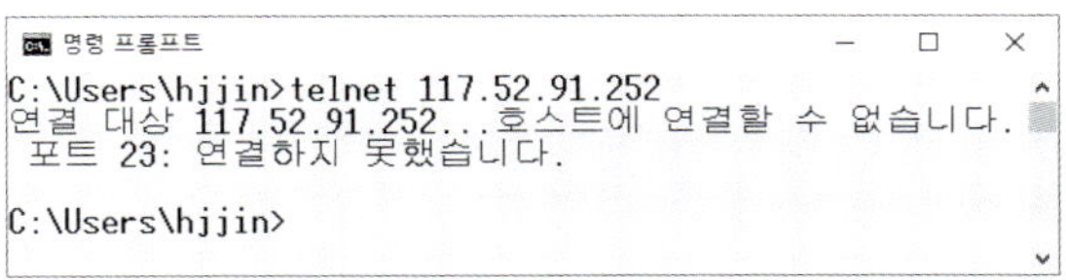

그림 9-43 텔넷 접속 실패

텔넷 접속을 했을 때 오류 메시지가 출력되고 접속이 실패하기까지의 네트워크 통신 과정을 살펴보자. 텔넷 접속이 이루어지지 않고 오류가 발생한 상태이므로 와이어샤크의 표시 필터에 'telnet'을 입력해도 패킷이 나타나지 않는다.

송수신지에 TCP 23번 포트가 포함된 TCP 패킷만 나타나도록 표시 필터에 'tcp.port==23'을 입력하고 Enter를 누른다. TCP 23번 포트를 포함한 통신의 컴퓨터에서의 접속 시도만 나타나는 것을 확인할 수 있다.

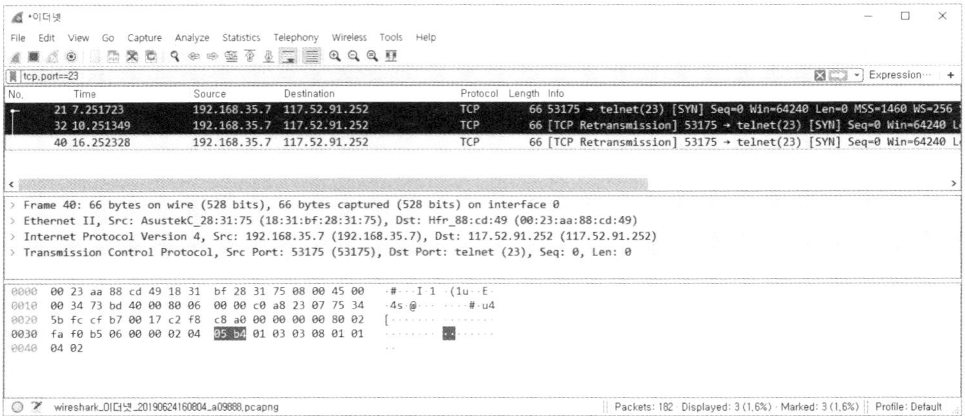

그림 9-44 tcp.port==23 실행 결과

- **패킷 리스트 영역**: 클라이언트 컴퓨터에서 서버의 텔넷 포트(23번)로 접속 요청 패킷을 송신했지만 서버 측에서 응답이 없어 접속이 끊겼다. 클라이언트와 서버 간의 통신 흐름을 화살표 선으로 나타내는 플로 그래프 기능을 이용하여 시퀀스를 확인해보자.

메뉴에서 [File]−[Statistics]−[Flow Graph]를 클릭한 후 화면에서 시퀀스 그림을 생성하는 범위를 지정한다. 화면 하단의 'Limit to display filter'에 체크하면 시퀀스를 확인할 수 있다.

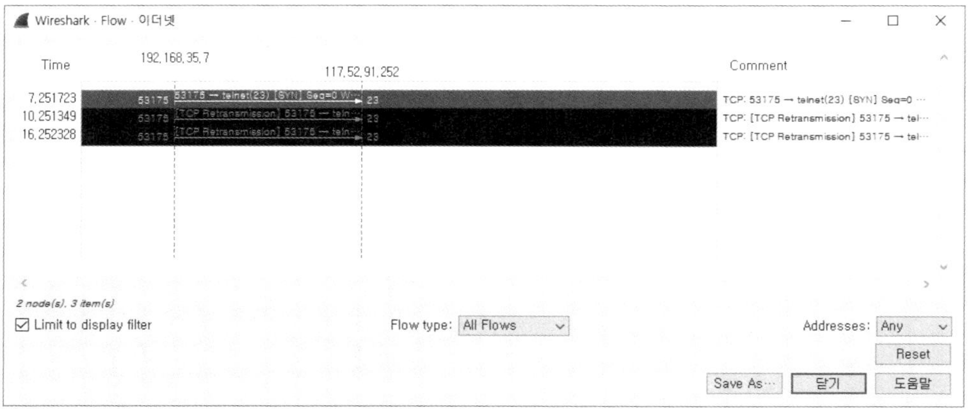

그림 9-45 플로 그래프

왼쪽에 있는 Time 열에는 첫 패킷으로부터의 경과 시간이 나타난다. 첫 번째 패킷과 두 번째 패킷 사이의 경과 시간은 약 3초, 두 번째 패킷과 세 번째 패킷 사이의 경과 시간은 약 6초이다. 클라이언트와 서버의 IP 주소 열에는 사용 중인 전송 계층의 프로토콜, 포트 번호, 통신 방향이 나타나고, Comment 열에는 TCP 그래프 상태가 나타난다.

클라이언트가 패킷 송신 시간을 두 배로 늘려가면서 연결 설정을 위한 SYN 패킷을 3회 전송했는데 서버 측에서는 아무 응답이 없다. 따라서 접속이 끊겨 클라이언트 컴퓨터의 화면에 오류 메시지가 출력된다.

❷ 통신이 느린 경우의 트러블 슈팅

와이어샤크에는 트래픽의 양을 확인하는 IO 그래프 기능이 있는데 이를 이용하면 모든 패킷의 통신량과 TCP 오류를 확인할 수 있다. 캡처한 패킷을 화면에 표시하고 메뉴에서 [Statistics]-[IO Graphs]를 선택하면 통신량이 꺾은선 그래프로 표현된 IO 그래프 설정 화면이 나타난다.

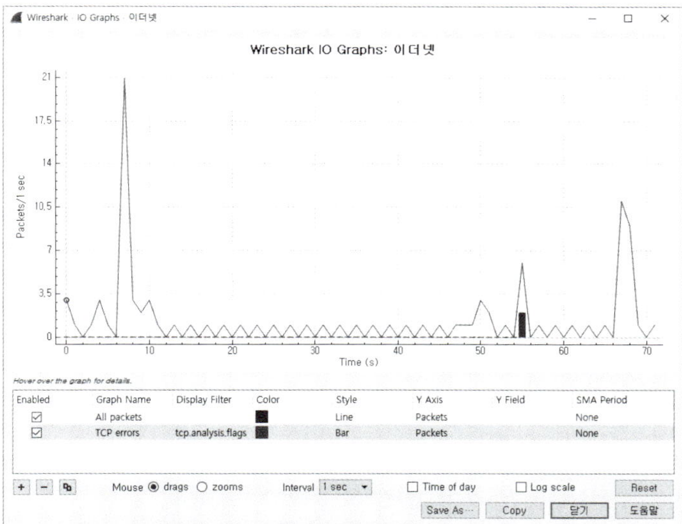

그림 9-46 IO 그래프 설정 화면

메뉴에서 [Statistics]-[Conversations]를 선택하면 표나 리스트를 생성하고 수치로 정렬하여 트래픽양을 확인할 수 있다. 이더넷 탭은 클라이언트와 서버의 IP 주소에 관한 통계를 보여주어 특정 서버를 중심으로 트래픽을 파악할 수 있다.

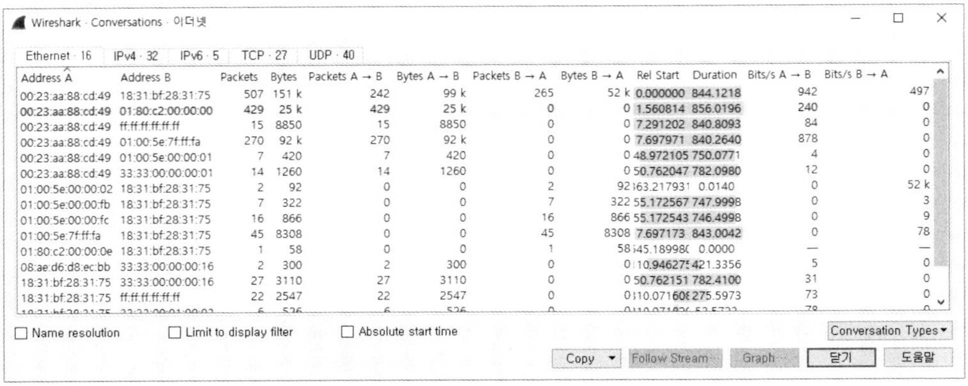

그림 9-47 이더넷 탭

- Address A, Adress B: 각각 통신하고 있는 컴퓨터의 주소이다.
- Packets, Bytes: 패킷 수와 바이트 수이다.
- Packets A → B: 주소 A에서 주소 B로 가는 패킷의 수이다.
- Bytes A → B: 주소 A에서 주소 B로 가는 바이트 수이다.
- 왼쪽 하단의 'Name resolution'에 체크하면 주소 대신 FQDN이 나타난다.

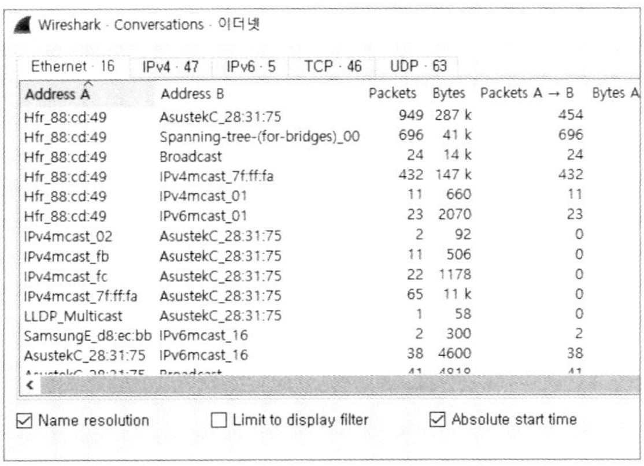

그림 9-48 'Name resolution'에 체크한 경우

- 'Limit to display filter'에 체크하면 리스트의 내용이 표시 필터로 필터링한 범위로 제한된다.
- 〈Copy〉를 클릭하면 표시 내용이 클립보드에 복사된다.

요약

01 네트워크 관리는 제한된 인력과 비용을 활용하여 네트워크의 효율성과 생산성을 높일 수 있도록 복잡한 네트워크를 제어하는 일련의 과정이다. 여기에는 네트워크에 분산된 각종 자원을 분배·관리·분석·평가하는 기능이 포함된다.

02 네트워크를 관리하면 네트워크 모니터링, 트러블 슈팅, 유지·보수 등을 능률적으로 수행할 수 있다.

03 장애 관리는 네트워크 구성 요소에 문제가 발생하거나 비정상적으로 작동할 때 이를 검출하여 격리·기록·조사·분석·정정함으로써 복잡한 네트워크가 원활하게 작동하도록 하는 것이다.

04 구성 관리는 네트워크 구성에 관한 정보를 수집하고 이러한 정보를 바탕으로 장치의 구성을 업데이트하여 최신 정보를 유지하고 보고서를 작성하는 기능을 담당한다.

05 성능 관리는 통계 정보를 수집하고, 시스템 상태 이력 기록을 유지·검사하며, 시스템 성능을 측정하고, 지연 시간과 대역폭 사용률, 패킷 처리율 등을 단계별 또는 시간별로 관리한다.

06 계정 관리는 개방 시스템에서 일어나는 활동에 따라 소비하는 자원에 관한 모든 정보를 관리하고, 자원 사용량과 관련이 있는 네트워크 데이터를 수집하는 것을 말한다.

07 보안 관리는 네트워크 관리가 올바로 이루어지게 하고, 네트워크 자원과 정보를 보호하며, 패스워드와 인증, 접근 제어 정보를 관리 및 분배하는 역할을 한다.

08 네트워크 분석 도구는 네트워크를 지속적으로 모니터링하고, 네트워크 구성 자원의 상태를 표시하며, 응답 시간, 과도한 회선 오류 등의 네트워크 문제를 분석하고, 성능과 용량 관리를 우한 보고서 작성 등의 정보를 제공한다.

09 SNMP는 구현하기 쉽고 간편하여 현재 가장 일반적인 네트워크 관리 프로토콜인 반면, CMIP는 구현이 복잡하고 방대하다.

10 네트워크 관리 명령어를 사용하여 네트워크 상태를 모니터링하고 네트워크 문제를 진단할 수 있다.

연습문제

01 네트워크 관리의 필요성을 설명하시오.

02 다섯 가지 네트워크 관리 기능에 대해 설명하시오.

03 네트워크 분석 도구의 감시 기능과 해석 기능에 대해 설명하시오.

04 SNMP에 대해 설명하시오.

05 인터넷 속도가 떨어질 때 나타날 수 있는 문제점과 해결 방법을 설명하시오.

06 파일을 다운로드하던 중 오류가 발생했을 때 나타날 수 있는 문제점과 해결 방법을 설명하시오.

07 동시에 여러 파일을 다운로드할 때 나타날 수 있는 문제점과 해결 방법을 설명하시오.

08 네트워크 관리자가 수동으로 고정 IP 주소를 설정하는 네트워크 환경(학교)에서는 하나의 IP 주소를 컴퓨터 두 대에 입력하면 충돌 메시지가 발생하여 네트워크 통신이 되지 않는다. 이럴 때 충돌되는 컴퓨터를 찾는 명령어는 무엇인가?

09 컴퓨터에 트로이 목마 등 백도어 해킹 프로그램 등이 설치되어 정보를 빼내는지 확인하는 명령어는 무엇인가?

10 특정 웹 사이트와의 접속이 느릴 때 내부 네트워크나 회선 구간 등을 확인하는 명령어는 무엇인가?

11 ARP 명령어 옵션에 대해 설명하시오.

기출문제

01 네트워크 구성 요소에 문제가 생기거나 비정상적으로 작동할 때 이를 검출하여 격리·기록·조사·분석·정정함으로써 복잡한 네트워크가 원활하게 작동하도록 하는 네트워크 관리 기능은?

① 장애 관리 ② 구성 관리 ③ 성능 관리 ④ 보안 관리

02 네트워크 또는 시스템에 장애가 발생했을 때 원인을 빠르게 규명하고 장애를 복구하는 일련의 작업은?

① 모니터링 ② 트러블 슈팅 ③ 문제 정의 ④ 원인 추론

03 RMON에 대한 설명으로 잘못된 것은?

① SNMP에 기반을 둔 RMON 매니저와 프로브로 구현된다.
② RMON MIB에서 제공하는 정보로 통계, 히스토리, 경보, 패킷 캡처, 이벤트 등이 있다.
③ 에이전트가 있는 장비의 상태만 처리한 결과를 알려준다.
④ RMON 2의 등장으로 네트워크 관리자는 OSI 참조 모델 7계층을 모두 관찰할 수 있다.

04 SNMP v1에 대한 설명으로 가장 거리가 먼 것은?

① SNMP를 사용하려면 SNMP 에이전트와 SNMP 매니저가 필요하지 않다.
② 구현이 쉽고 간편하다.
③ 관리 시스템과 에이전트의 분산 구조를 사용하여 관리 서비스를 수행한다.
④ SNMP는 OSI 참조 모델 7계층 중 4계층인 전송 계층에 해당하는 UDP를 사용한다.

05 CMIP에 대한 설명으로 가장 거리가 먼 것은?

① CMIS 서비스를 구현하는 프로토콜이다.
② 인증, 접근 제어, 보안 로그 등 네트워크 관리 정보에 보안 체계를 갖춘 프로토콜이다.
③ UDP/IP 프로토콜을 사용한다.
④ 이벤트 발생 기능을 지원하므로 관리 프로세스가 관리 대상을 계속 모니터링할 필요가 없다.

06 네트워크 통신 시 충돌하는 컴퓨터를 찾아주는 명령어는?

① nbtstat –A ② ipconfig ③ ipconfig/all ④ netstat

07 netstat 명령어에 대한 설명으로 잘못된 것은?

① netstat –s는 해당 시스템에서 UDP 전송 프로토콜의 상태를 표시한다.
② netstat –an은 모든 연결과 수신 대기 포트를 표시한다.
③ netstat –e 5는 이더넷 통계를 표시한다.
④ netstat –r은 알려진 경로의 상태를 표시한다.

08 중지(Ctrl+C)할 때까지 지정한 호스트에 Ping을 실행하는 명령어는?

① ping –a 사이트 주소 ② ping –c 사이트 주소
③ ping –f 사이트 주소 ④ ping –t 사이트 주소

09 route에 대한 설명으로 가장 거리가 먼 것은?

① 라우팅 테이블은 라우터나 다른 네트워크 장치에 저장된 데이터베이스를 말한다.
② 네트워크의 특정 수신지까지 경로를 계속 저장하려고 사용한다.
③ route –a 명령어로 라우팅 테이블을 확인할 수 있다.
④ 서버나 방화벽 장비에 LAN 카드를 여러 개 설치할 때 route 명령어를 이용하여 패킷이 전달되는 경로를 확인하거나 지정할 수 있다.

10 최종 수신지 컴퓨터에 도달하기까지 중간에 거치는 라우터 여러 개의 경로 및 응답 속도를 표시해주는 네트워크 명령어는?

① arp ② rarp ③ tracert ④ route

11 전송 계층의 트러블 원인으로 가장 올바른 것은?

① 소프트웨어 ② 하드웨어 ③ 운영체제(소켓) ④ 케이블

SELF-CHECK

01 네트워크 분석 도구를 사용하여 네트워크 감시, 데이터 해석, 트래픽 생성 등 기본적인 기능을 테스트한다.

02 네트워크 관리 명령어를 사용하여 네트워크 상태를 모니터링하고 네트워크 문제를 진단한다.

[확인 사항]

- nbtstat
- ping
- route
- tracert
- arp

03 Ping 테스트 덤프 분석을 실습해본다.

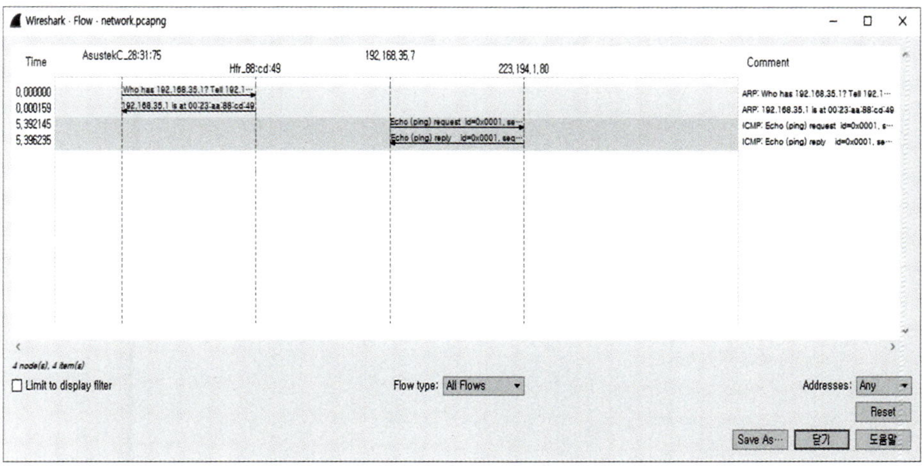

04 클라이언트/서버 트러블 슈팅을 실습해본다.

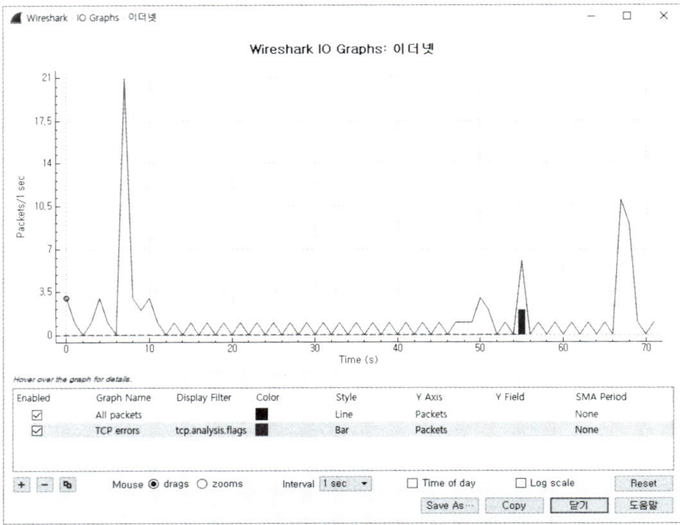

CHAPTER 10

네트워크 보안

학습목표

- 네트워크 보안의 개념과 특징을 이해한다.
- 네트워크 공격 기술의 유형을 파악한다.
- 시스템 보안 기술을 이해한다.
- 암호 보안 기술의 종류와 특징을 파악한다.
- 메일 보안 기술의 종류와 특징을 파악한다.

01 네트워크 보안

1 네트워크 보안의 개요

해킹, 바이러스 유포, 정보 유출 등 각종 사이버 범죄가 늘어나면서 네트워크 보안의 중요성도 커지고 있다. 인터넷과 모바일 등 정보 기술의 발전으로 수많은 데이터를 공유함으로써 보안을 위협하는 데이터 무단 유출·파괴·변조, 불건전한 데이터 대량 유통 등의 부작용이 발생하고 있다. 네트워크가 개방되고 성능 및 시스템 간 연결성이 강화될수록 이에 비례해서 취약성도 증대될 것이다.

보안은 크게 컴퓨터 보안과 네트워크 보안으로 구분할 수 있다. 쉽게 말해 컴퓨터 보안은 컴퓨터 자체의 데이터를 보호하는 것이고, 네트워크 보안은 컴퓨터 간에 데이터를 안전하게 전송하는 것이다. 하지만 사이버 범죄의 가장 전형적인 형태인 바이러스는 USB로 감염될 수도 있고 네트워크로 옮겨질 수도 있으므로 컴퓨터 보안과 네트워크 보안의 경계를 명확하게 짓기 어렵다.

■ **보안 위협**

송신 측이 수신 측으로 메시지를 전송할 때 네트워크 보안을 위협하는 위험 요소를 살펴보자. 다음 그림은 정상적으로 전송한 경우이다.

그림 10-1 정상적인 전송

- **전송 차단**: 다음 그림은 송신 측이 수신 측으로 메시지를 전송할 때 제삼자가 수신 측과 연결할 수 없도록 하는 데이터 전송 차단을 보여준다. 즉 송신 측과 수신 측 사이에 있는 제삼자가 데이터를 전송할 수 없다는 메시지를 만들어 송신 측에 전송하는 것이다.
- **가로채기**: 다음 그림은 송신 측과 수신 측이 데이터를 주고받는 사이에 제삼자(공격자)가 도청하는 가로채기$_{\text{interruption}}$를 보여준다. 이때 송신 측과 수신 측의 중요한 정보가 유출

되는 심각한 문제가 발생할 수 있다.

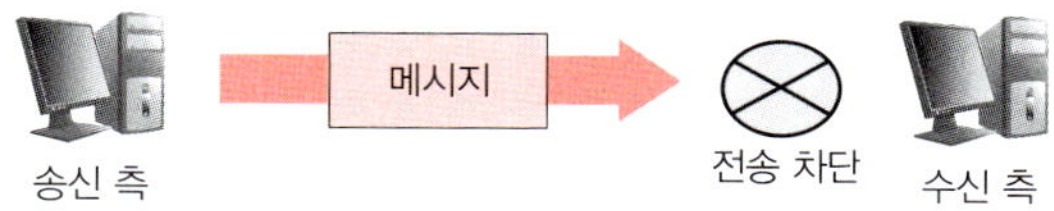

그림 10-2 전송 차단

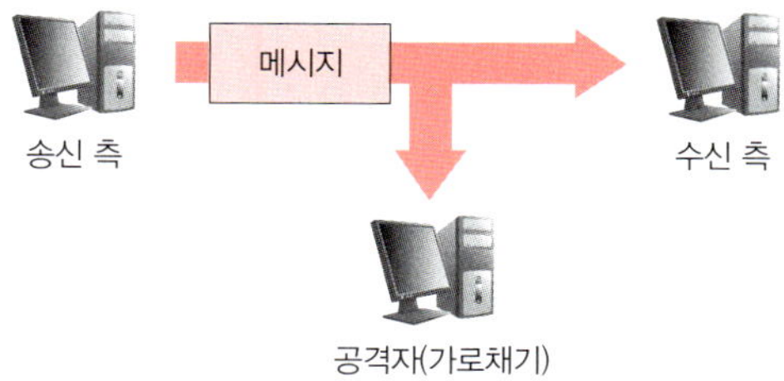

그림 10-3 가로채기

■ 변조

다음 그림은 송신 측이 수신 측으로 전송할 데이터를 제삼자가 가로채서 데이터의 일부 또는 전부를 변경하여 잘못된 데이터를 수신 측에 전송하는 경우이다. 이를 변조modification라고 하며, 수신 측은 송신 측이 잘못된 데이터를 전송한 것으로 오인하게 된다.

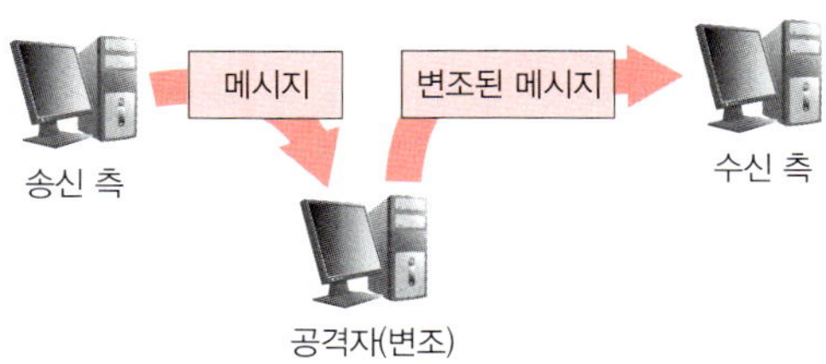

그림 10-4 변조

■ 위조

다음 그림은 제삼자가 메시지를 위조fabrication하여 송신 측이 전송한 것처럼 수신 측으로 전송하는 것을 보여준다. 이때 변조와 달리 송신 측이 전송하지 않은 메시지를 수신 측으로 전송하는 문제가 발생한다.

그림 10-5 위조

2 네트워크 보안의 필요성

TCP/IP 네트워크 프로토콜 구조는 전 세계의 서로 다른 기종 간 효율적인 상호 접속을 보장한다. 하지만 유닉스 시스템과 MS 계열, 통신 유틸리티의 소스 개방으로 여러 가지 보안상 문제가 있어 침입자의 피해 사례가 계속 증가하는 실정이다. 텔넷을 통해 네트워크에 침입하여 이용하는 것, 침입 후 시스템에 불법적인 행위를 가하는 것, 인터넷 웜과 같은 불법 프로그램을 유통하는 것 등 인터넷 기관의 시스템이나 네트워크에 피해를 주는 다양한 사례가 보고되고 있다.

■ 네트워크 보안

방화벽firewall은 인터넷과 내부 네트워크 사이에서 세관과 같은 역할을 수행한다. 외부 네트워크에서는 네트워크 전면에 있는 방화벽만 보이고 그 뒤에 있는 내부 네트워크는 보이지 않는다. 따라서 해커가 침입하더라도 다가갈 수 있는 한계는 방화벽까지이다. 보통 방화벽 자체에는 중요한 정보가 없고 외부의 접근을 차단하여 해킹 위험을 방지할 뿐이다. 이러한 방화벽을 적절히 운영하면 보안 강도가 높은 시스템을 구축할 수 있는데, 이처럼 보안 수준을 결정하는 것을 '보안 정책'이라고 한다.

똑같은 방화벽을 구축하더라도 어떤 네트워크는 통신의 많은 부분을 제약하고 어떤 네트워크는 자유로운 통신을 허용한다. 제약이 많으면 보안 강도가 높아지겠지만 사용자가 외부와 원활하게 통신하기 어렵고, 심지어 인터넷 사용도 어려울 수 있다. 반대로 제약이 거의 없으면 사용자가 인터넷을 사용하는 데 지장이 없고 외부와 원활하게 통신할 수 있다. 그 대신 보안 강도가 낮아 외부의 공격을 받을 가능성이 커진다.

어느 정도 선으로 보안 강도를 결정할지는 정책적 판단에 따라야 한다. 이때 보유하고 있는 정보를 파악하고 어느 수준으로 보호할지 결정해야 한다. 보안 시스템의 구축은 이러한 정보 분류에서 출발한다.

3 네트워크 보안의 요구 사항

네트워크 보안의 요구 사항은 크게 비밀성privacy, 무결성integrity, 가용성availability이며, 이 중에서 우선순위는 조직의 특성 및 환경에 따라 달라질 수 있다.

■ **비밀성**

데이터의 소유자가 원하는 대로 비밀을 유지하는 것을 말한다. 소유자의 인증을 받은 사람만 데이터에 접근할 수 있어야 하며, 인증되지 않은 데이터는 절대로 공개하면 안 된다. 비밀성을 보장하는 방법에는 암호화와 접근 통제가 있다. 접근 통제는 운영체제 수준에서의 접근 제어와 네트워크 수준에서의 접근 제어로 구분되며, 접근 제어에 실패해도 데이터가 암호화되어 있으면 공격자가 이해할 수 없으므로 비밀성을 유지할 수 있다.

예 A가 B의 SNS 패스워드를 알아내어 B인 것처럼 SNS에 접속해서 게시판에 글을 올린다(B의 비밀성 침해).

■ **무결성**

인증되지 않은 사용자가 데이터를 임의로 변경·수정·삭제하지 못하게 함으로써 데이터의 정확성과 완전성을 보장하는 것을 말한다. 무결성을 통제하는 방법에는 물리적인 통제와 접근 제어가 있으며, 정보가 이미 변경되었거나 변경 위험이 있을 때는 이를 탐지하여 복구하는 방법이 필요하다.

예 A가 B에게 '고려대에서 보자'는 내용의 이메일을 보냈는데 제삼자가 해킹하여 '한양대에서 보자'고 A의 이메일을 변조해서 B에게 보낸다(데이터 무결성 침해).

■ **가용성**

가용성은 정당한 방법으로 권한을 받은 사용자가 데이터 또는 자원이 필요할 때 아무런 방해를 받지 않고 데이터에 접근하여 사용할 수 있음을 보장하는 원칙이다. 이는 데이터나 시스템의 백업, 중복성 유지, 물리적 위협 요소로부터의 보호 등으로 통제할 수 있다.

예 image viewer 프로그램을 삭제하면 더 이상 그림을 볼 수 없다(정보 보안 차원에서 데이터 가용성 침해).

02 네트워크 위협

1 스미싱

스미싱smishing은 문자 메시지SMS와 피싱phising의 합성어로, SMS에 포함된 URL을 클릭하면 악성 앱이 설치되고, 개인 정보나 금융 정보 등을 탈취하여 금전적인 피해를 입히거나 이차 공격 도구로 활용하기도 한다.

■ **스미싱 동작 과정**

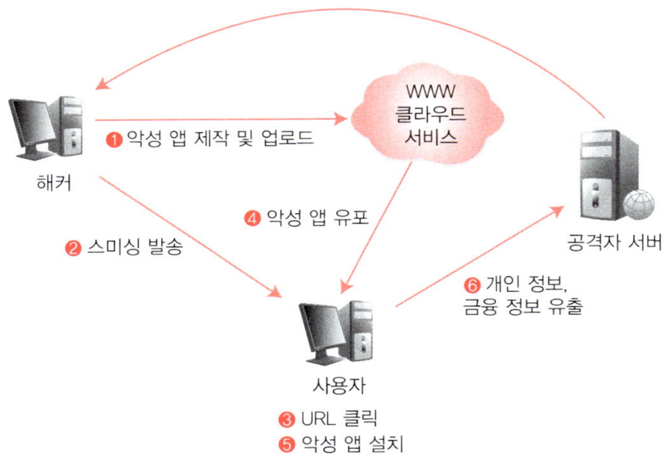

그림 10-6 스미싱 동작 과정

❶ 해커가 악성 앱을 제작하여 사용자가 다운로드하도록 클라우드 서비스에 업로드한다.

❷ 해커가 사용자에게 스미싱 문자 메시지를 발송한다.

❸, ❹ 사용자가 문자 메시지에 포함된 URL을 클릭하면 악성 앱 설치 파일인 APK 파일이 자동으로 다운로드된다.

❺ 다운로드된 APK 파일을 사용자가 클릭하면 악성 앱이 설치된다.

❻ 설치된 악성 앱을 실행하면 개인 정보, 금융 정보 등이 해커가 지정한 공격자 서버로 전송된다.

■ 스미싱의 특징

- 스마트폰에 많이 설치되는 정상 어플(예 플레이스토어, 크롬, 모바일 백신 등)을 사칭하여 악성 앱 설치를 유도한다.
- 크롬, 모바일 뱅킹 등 특정 앱이 실행되면 '업데이트 파일입니다'와 같은 안내 메시지를 띄워 사용자가 악성 앱을 다운로드하도록 유도한다.
- 사용자가 악성 앱을 설치하도록 유도하기 위해 관심을 끄는 다양한 형태의 SMS(청첩장, 돌잔치 초대장, 배송 지연이나 수령 확인 등의 택배 사칭, 지인 사칭 등)를 전송한다.
- URL은 단축 서비스를 사용하여 사용자가 사이트의 정보를 알기 어렵고, 정상적인 사이트와 매우 유사하게 제작된 피싱 사이트로 연결된다. 최근에는 정상적인 사이트와 유사한 인터넷 주소를 사용하는 경우도 있으므로 주의해야 한다.

■ 스미싱 예방

- 출처가 불분명한 APK 파일이 다운로드되어 악성 앱이 설치되는 것을 방지하려면 스마트폰 환경 설정에서 '알 수 없는 출처 앱 설치' 기능을 해제한다.
- 스미싱 차단 앱을 설치하면 스미싱으로 의심되는 SMS를 사전에 차단할 수 있다.
- 모바일 백신을 설치하여 스마트폰의 보안 상태를 주기적으로 점검하고, 설치된 앱에 악성 코드가 포함되었는지 확인한다.
- 스마트폰 운영체제를 항상 최신 버전으로 업데이트하여 보안상 취약점이 없도록 관리한다.
- 보호되지 않는 무선 공유기의 사용을 금지한다.

2 랜섬웨어

랜섬웨어ransomware는 몸값ransom과 소프트웨어software의 합성어로, 시스템을 잠그거나 데이터를 암호화하여 사용할 수 없게 하고 이를 인질로 금전을 요구하는 악성 프로그램이다. 랜섬웨어는 신뢰할 수 없는 사이트, 스팸메일, 파일 공유 사이트, 네트워크를 통해 유포된다.

■ 랜섬웨어 감염 경로

- **신뢰할 수 없는 사이트:** 단순한 사이트 방문만으로도 감염될 수 있으며 드라이브 바이 다운로드drive-by-download 기법을 통해 유포된다.

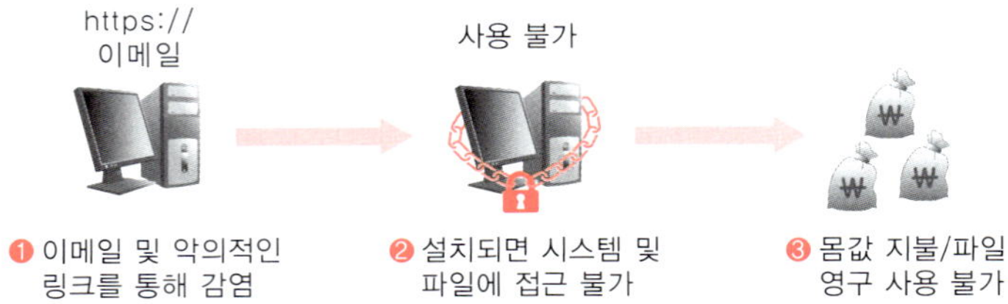

그림 10-7 랜섬웨어 동작 과정

NOTE 드라이브 바이 다운로드(drive-by-download)

취약한 사이트에 방문했을 때 사용자 모르게 악성 스크립트가 동작하여 취약점을 유발하는 코드가 실행됨으로써 악성 코드가 다운로드 및 실행되어 사용자의 컴퓨터를 감염시키는 기법이다.

- **파일 공유 사이트**: 토렌트, 웹하드 등의 P2P 사이트에서 동영상 등의 파일을 다운로드하여 실행하면 악성 코드에 감염될 수 있다.
- **SNS**: 페이스북, 인스타그램 등의 SNS에 업로드된 단축 URL와 이미지를 통해 유포된다.
- **네트워크망**: 네트워크를 통해 최신 보안 패치가 적용되지 않은 컴퓨터를 스캔하여 악성 코드를 감염시킨다.

■ 랜섬웨어의 종류

❶ 워너크라이WannaCry

- 스페인, 영국, 러시아 등을 시작으로 전 세계에서 피해가 보고된 악성 코드이다. 다양한 문서 파일(hwp, ppt, doc)과 파일을 암호화한다.
- 윈도우 운영체제의 SMBSever Message Block를 이용하여 악성 코드를 감염시킨 후 해당 컴퓨터 또는 서버에서 접속 가능한 IP를 스캔하여 네트워크로 전파시킨다.
- 파일을 암호화하여 바탕화면을 변경하고 확장자를 .wncry 또는 .wncryt로 변경한다.
- 변종이 지속적으로 발견되고 있으며, 미진단 변종이 존재할 수 있으므로 MS 윈도우 최신 보안 패치를 반드시 적용해야 한다.

❷ 로키Locky

- 수신자를 속이기 위해 Invoice, Refund 등의 제목을 붙인 이메일을 통해 유포한다.
- 자바스크립트 파일이 들어 있는 압축 파일을 첨부하여 수신자가 이를 실행하면 감염된다.
- 감염되면 파일이 암호화되고 확장자가 .locky로 변경되며, 바탕화면과 텍스트 파일로 복

구 관련 메시지를 출력한다.

- 최근에는 연결 IP 정보를 동적으로 복호화하고 특정 파라미터를 전달해서 실행하는 경우만 동작한다.

❸ 크립트XXX CryptXXX

- 해외 백신사의 복호화 툴 공개 이후에 취약한 암호화 방식을 보완한 크립트XXX 3.0 버전이 유포되었다.
- 크립트XXX에 감염되면 파일 확장자가 .crypt 등으로 변경되고, 바탕화면에 복구 안내 메시지인 비트코인 지불 안내 페이지가 한글로 번역되어 나타난다.
- 실행 파일(exe)이 아닌 동적 링크 라이브러리DLL 형태로 유포된다.
- 정상 rundll32.exe를 svchost.exe 파일로 복사한 후 동작한다.
- 최신 버전은 네트워크 연결 없이도 파일을 암호화할 수 있다.

■ 랜섬웨어 예방

- 모든 소프트웨어는 최신 버전으로 업데이트하여 사용한다.
- 백신 소프트웨어를 설치하고 최신 버전으로 업데이트한다.
- 출처가 불명확한 이메일과 URL 링크는 실행하지 않는다.
- 파일 공유 사이트 등에서 파일을 다운로드하여 실행할 때 주의한다.
- 중요 자료는 정기적으로 백업한다.

3 공유기 보안 위협

보안 설정이 되어 있지 않은 무선 LAN은 외부에서 무선 공유기를 무단으로 사용할 수 있고, 해커가 접속하여 해킹 및 개인 정보 유출 등의 다양한 보안 위협을 유발할 수 있다. 무선 공유기에서 제공하는 보안 기술은 [표 10-1]과 같다.

■ 공유기 보안 위협의 종류

- 공유기 사용자는 무선 인증 패스워드를 기본으로 설정하거나 취약한 인증 방식WEP을 사용하고 있기 때문에 해커는 해당 공유기를 통해 제공되는 무선 네트워크에 접속할 수 있다. 해커는 ARP 스푸핑spoofing 등의 공격 기법을 통해 평문으로 전송되는 사용자의 계정, 금융 정보 등의 개인 정보를 탈취한다.

표 10-1 무선 공유기의 보안 기술

구분	WEP (Wired Equivalent Privacy)	WPA (Wi-Fi Protected Access)	WPA2 (Wi-Fi Protected Access2)
암호 방법	• 고정 암호키 사용 • RC4 알고리즘 사용	• 암호키 동적 변경(TKIP) • RC4 알고리즘 사용	• 암호키 동적 변경 AES 등 • 강력한 암호 알고리즘 사용
인증	• 사전 공유된 비밀키 사용	• 사전에 공유된 비밀키를 사용하거나 별도의 인증 서버 이용	• 사전에 공유된 비밀키를 사용하거나 별도의 인증 서버 이용
보안성	• 가장 취약하기 때문에 널리 사용되지 않음	• WEP 방식보다 안전하지만 불완전한 RC4 알고리즘 사용	• 가장 강력한 보안 기능 제공

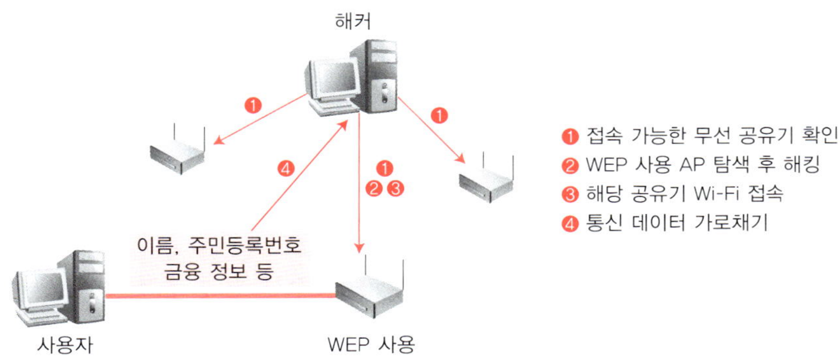

그림 10-8 개인 정보 탈취

- 일부 공유기는 유지·보수를 위해 텔넷 포트를 이용하는데, 관리의 편의성 때문에 쉬운 계정이나 추측하기 쉬운 패스워드를 사용하는 경우가 많다. 해커는 감염된 다수의 공유기를 통한 통신사 DDoS 공격 등 다양한 공격을 할 수 있다.
- 인터넷에서 접속 가능한 공유기의 DNS 주소를 변조하는 방법으로 공유기 사용자에게 사칭 앱 유포, 금융 정보 유출 등의 피해를 입힐 수 있다.

■ 공유기 보안 위협 예방

- 불필요한 외부 접속 포트나 FTP, 텔넷 등의 서비스를 비활성화한다. 필요한 경우에는 패스워드를 설정한다.
- 무선 암호화 방식은 보안 강도가 높은 WPA2가 기본으로 설정되게 한다.
- 공유기 펌웨어를 업데이트할 때 파일 고유 해시 값을 비교하여 변조 여부에 대한 무결성 검증을 실시하게 한다. 또한 무결성 인증 시 SHA-256 이상의 암호화 알고리즘을 사용한다.

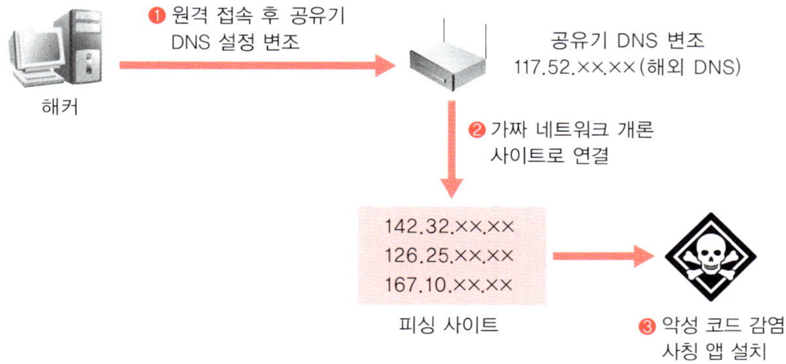

그림 10-9 DNS 주소 변조

03 네트워크 공격 기술

네트워크 공격 기술은 점점 그 영향력이 미치는 범위를 넓혀가고 있다. 네트워크에 연결된 모든 단말기는 바이러스와 웜, 해커의 공격으로부터 안전하지 못하다. 오늘날 네트워크 공격 기술은 점점 더 정교해지고 있다. 특히 최근 몇 년간 공격 기술이 복잡해지고 발생 건수가 크게 증가했으며, 컴퓨팅 환경에 심각한 위협을 가하고 있다. 여기서는 IP 스푸핑과 IP 스니핑을 예로 살펴보자.

1 IP 스푸핑

IP 스푸핑은 IP 주소를 속이는 행위를 말한다. 'spoof'는 '속이다'라는 뜻이며, 스푸핑은 외부 네트워크 공격자가 임의로 웹 사이트를 구성하여 일반 사용자의 방문을 유도하고, 인터넷 프로토콜인 TCP/IP의 구조적인 결함을 이용하여 사용자 시스템 권한을 획득한 후 정보를 빼가는 해킹 수법이다. 다시 말해 공격 대상 컴퓨터를 무력화하여 자신이 그 컴퓨터인 양 위장하는 것이다. 아무리 방어가 잘되어 있는 컴퓨터라도 스스로 공격하면 무방비 상태가 되기 때문이다.

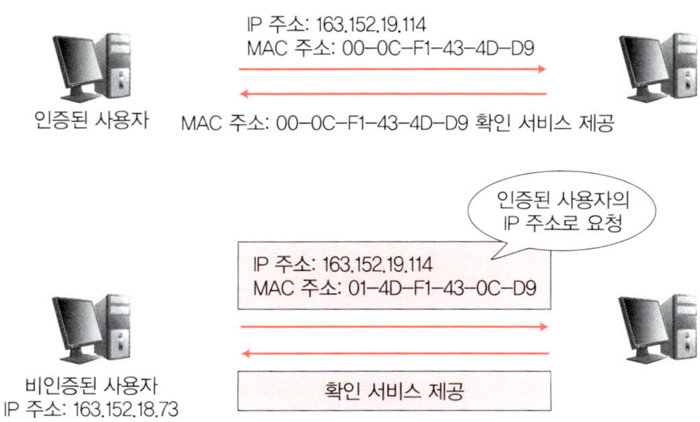

그림 10-10 IP 스푸핑

IP 스푸핑에는 거짓 송신 주소를 이용하는 IP 주소 스푸핑 공격과 인증되지 않은 패스워드로 접근하여 공격하는 사용자 인증 스푸핑 공격이 있다. 내부 네트워크를 외부의 IP 스푸핑으로부터 보호하려면 패킷 필터링 기능과 보안 취약성이 보완된 라우팅 프로토콜을 포함한 라우터를 설치해야 한다. 내부 도메인과 일치하는 IP 주소를 포함한 패킷이 외부에서 들어오는 것을 필터링한다면 외부의 공격을 예방할 수 있다. IP 스푸핑을 차단하는 방법은 다음과 같이 크게 세 가지이다.

■ **액세스 제어**

IP 스푸핑을 차단하는 가장 일반적인 방법으로, 내부 네트워크에 있는 송신지 주소를 가진 외부 네트워크의 패킷을 모두 거부함으로써 IP 스푸핑 공격을 줄일 수 있다.

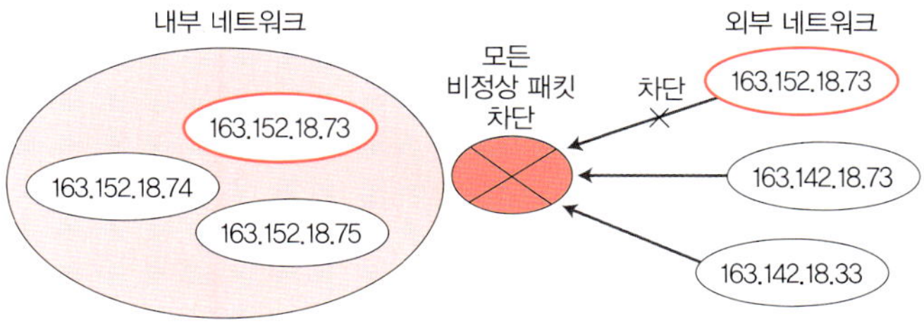

그림 10-11 액세스 제어

■ **필터링**

내부 네트워크의 IP 주소 범위에서 송신지 주소를 보유하지 않은 패킷이 외부로 나가는 것을 차단함으로써 사용자가 다른 네트워크를 스푸핑하는 것을 막을 수 있다.

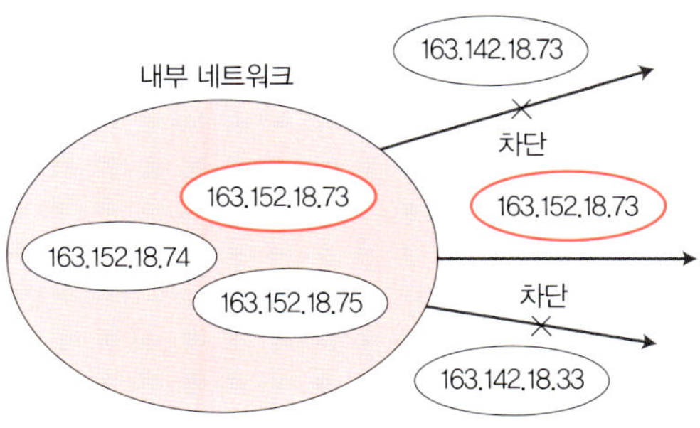

그림 10-12 필터링

■ 암호화

IP 스푸핑을 차단하는 가장 좋은 방법은 패킷을 암호화하는 것이다. SSHSecure SHell는 암호화하여 전송하므로 노출되더라도 이해할 수 없는 암호화된 문자로 나타난다. 따라서 SSH를 사용하면 IP 스푸핑을 차단할 수 있다.

2 IP 스니핑

'sniff'는 '코를 킁킁거리다', '냄새를 맡다'라는 뜻이며, IP 스니핑은 네트워크를 이용하여 전송하는 데이터를 엿듣는 일종의 도청eavesdropping 행위를 말한다. 즉 네트워크 트래픽을 도청하는 과정이 스니핑이라고 할 수 있다. 스니핑하는 도구를 스니퍼sniffer라고 하며, 스니퍼를 설치하는 과정은 전화기 도청 장치를 설치하는 과정에 비유할 수 있다.

TCP/IP 프로토콜은 인터넷이 시작되기 전부터 설계된 프로토콜이기 때문에 패킷 암호화 및 인증 등을 고려하지 않아 데이터 통신 보안의 기본 요소 중 비밀성과 무결성을 보장할 수 없었다. 특히 스니핑은 비밀성을 해치는 대표적인 공격 방법 중 하나이다. 스니핑은 여러 업체가 같은 네트워크를 공유하는 환경에서는 매우 위험한 공격이 될 수 있다. 같은 네트워크에 있는 하나의 시스템이 공격당하면 그 시스템을 이용하여 네트워크 전체를 도청할 수 있고, 결국 네트워크에 속한 모든 시스템 사용자의 ID와 패스워드를 알아낼 수 있기 때문이다.

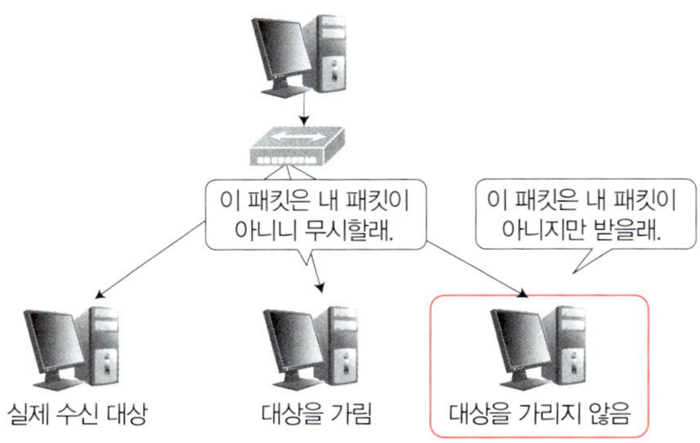

그림 10-13 IP스니핑

LAN 카드는 모든 트래픽을 보도록 설정할 수 있는데 이를 '프로미큐어스 모드promiscuous mode'라고 한다. 스니핑은 LAN 카드를 프로미큐어스 모드로 설정하여 모든 트래픽을 도청할 수 있다.

■ 스니핑 피해 감소 방법

- **가상 LAN 작게 나누기**: 스니핑은 동일한 가상 LAN에서 가능하기 때문에 가상 LAN을 작게 나누면 피해를 줄일 수 있다. 즉 하나의 C 클래스가 하나의 가상 LAN으로 구성되어 있다면 그만큼 스니핑 당할 수 있는 범위가 넓어진다. 반대로 서비스에 따라 가상 LAN을 세분하면 그만큼 피해 범위를 줄일 수 있다.

- **암호화 전송 프로토콜**: 기본적으로 스니핑은 텔넷이나 FTP, POP3 등이 평문으로 전송되는 트래픽을 모니터링하여 ID나 패스워드를 빼내는 것이므로, 암호화 전송 프로토콜을 이용하면 중간에서 패킷을 가로채도 분석하기 어렵다. 따라서 최근에는 텔넷 대신 SSH, HTTP 대신 HTTPS, POP3 대신 POP3S 등의 프로토콜을 이용하는 추세이다. 그러나 프로토콜마다 별도의 암호화 전송 프로토콜과 응용 프로그램을 사용해야 하는 등 현실적으로 불편하기 때문에 VPN(Virtual Private Network)을 이용하는 방법을 권한다.

표 10-2 암호화 전송 프로토콜의 종류

종류	설명
SSL	• HTTP, POP, SMTP, 텔넷 등에 SSL을 적용하여 HTTPS, POP3S, SMTPS, 텔넷 등으로 대치 • HTTP에 가장 많이 활용하며, 이를 적용하여 ID와 패스워드 암호화 가능
SSH	• 암호화 통신을 제공하여 FTP, 텔넷 대치 가능
VPN	• 스니핑 피해가 우려되는 네트워크에 전용선을 직접 연결함으로써 도청 방지 • 인터넷 회선을 이용하여 사설망의 효과를 낼 수 있으며, 각 VPN 장비 간의 암호화를 이용하여 도청 방지

04 시스템 보안 기술

인터넷 등 외부 네트워크에 연결된 내부 네트워크를 보호하려면 네트워크를 연결하는 장치에서 입출력되는 패킷을 분석하여 트래픽을 제어하거나 차단하는 방화벽 시스템을 사용해야 한다. 방화벽은 기관의 보안 정책에 따라 인증된 인터넷 서비스의 접근을 허용하고 인증되지 않은 서비스의 트래픽을 철저하게 막음으로써 보안 서비스를 제공한다. 물론 방화벽이 기관의 보안을 완벽하게 보장하지는 못하지만 비교적 비용이 적게 드는 효과적인 방법이라고 할 수 있다.

또 다른 네트워크 시스템 보안 장비로는 단순한 접근 제어 수준의 방화벽 기능을 보완하기 위해 등장한 침입 탐지 시스템Intrusion Detection System, IDS과 침입 방지 시스템Intrusion Prevention System, IPS이 있다. 시스템 보안 기술인 방화벽과 침입 탐지 시스템, 침입 방지 시스템을 살펴보자.

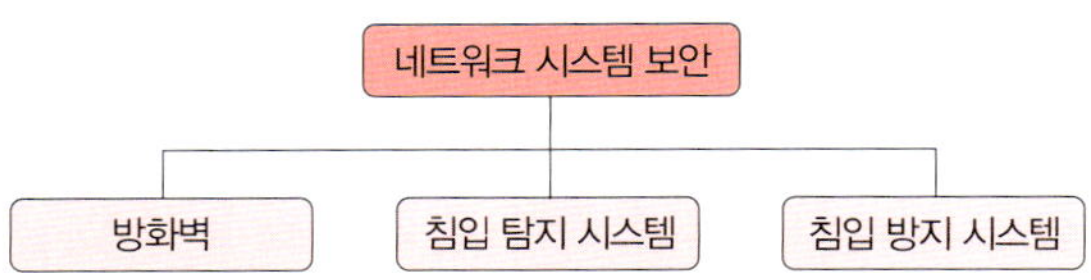

그림 10-14 네트워크 시스템 보안의 분류

1 방화벽

방화벽은 외부 네트워크에서 내부 네트워크로 접근하려면 반드시 방화벽을 통과하도록 함으로써 내부 네트워크의 자원과 정보를 보호하는 시스템이다. 즉 어떤 기관의 내부 네트워크를 보호하기 위해 외부에서 불법적인 트래픽이 들어오는 것을 막고, 허가했거나 인증된 트래픽만 허용하는 적극적인 방어책이라고 할 수 있다.

다음 그림은 방화벽의 구조를 보여준다. 외부 네트워크와 내부 네트워크의 유일한 경로에 방화벽을 둠으로써 보안 서비스를 제공하여 불법적인 트래픽을 거부하거나 막을 수 있다. 투명성을 보장하지는 않지만 내부 네트워크를 안전하게 보호할 수는 있다.

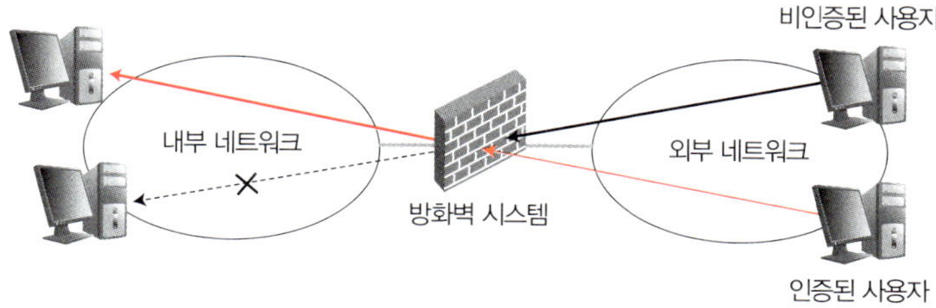

그림 10-15 방화벽의 구조

방화벽을 구축하면 호스트의 보안이 강화됨으로써 다음과 같은 이점이 있다.

- 네트워크 보안을 강화하고, 기본적으로 안전하지 않은 서비스를 필터링함으로써 위험을 감소시킨다.
- 시스템의 액세스를 제어할 수 있다. 외부 네트워크에서 내부 네트워크로 접속할 때 원치 않는 액세스를 차단할 수 있다.
- 수정된 대부분의 소프트웨어와 추가된 보안 소프트웨어를 여러 호스트에 분산하는 것이 아니라 원하는 호스트에 방화벽을 설치할 수 있으므로 경제적이다. 특히 일회용 패스워드 시스템과 추가적인 인증 소프트웨어를 방화벽에 설치할 수 있다.
- 웹 사이트 시스템에 관한 DNS 정보를 막을 수 있다. 도메인명과 IP 주소를 사용하지 못하게 함으로써 침입자에게 유용한 정보를 숨길 수 있다.
- 시스템의 모든 액세스가 방화벽을 통과한다면 방화벽은 액세스를 기록하고 네트워크 사용에 대한 유용한 통계 자료를 제공한다. 네트워크가 침입 시도를 받고 있는지, 침입을 받았는지 등의 세부 사항을 알려준다.

■ 방화벽의 기본 구성 요소

방화벽의 여러 기능과 보안 대처 수준에 따라 다양한 유형의 방화벽을 사용할 수 있다. 방화벽을 구성하는 요소를 자세히 살펴보자.

❶ 네트워크 정책

방화벽의 설계 · 설치 · 사용에 직접적으로 영향을 줄 수 있는 두 가지 수준의 네트워크 정책이 있다. 상위 수준 정책은 제한된 네트워크에서 서비스를 허용할 것인지 또는 명확하게 거부할 것인지 정의하는 네트워크 액세스 정책과 예외 조건을 제시한다. 그리고 하위 수준 정책은 방화벽이 실질적으로 어떻게 액세스를 제한하고, 상위 수준 정책에서 정의한 서비스를 필터링할 것인지 제시한다.

❷ 방화벽 사용자 인증 시스템

방화벽은 기관의 네트워크 전체를 보호하기 때문에 리눅스 시스템에서처럼 패스워드로 사용자를 인증하는 식의 단순한 방법을 사용하지 않는다. 보통 방화벽에서는 스마트카드 smartcard, 인증 토큰authentication token, 소프트웨어 메커니즘 등을 인증 수단으로 사용한다. 최근 많이 사용하는 우수한 인증 시스템으로 일회용 패스워드가 있다. 일회용 패스워드는 사용자가 로그인을 시도할 때마다 새로운 패스워드를 이용하게 함으로써 공격자가 스니핑(도청)으로 시스템에 침입하는 것을 근본적으로 막아준다.

❸ 패킷 필터링

라우터 인터페이스를 지나는 패킷을 필터링하는 패킷 필터링 라우터packet filtering router는 IP 패킷 중 송신지 IP 주소, 수신지 IP 주소, TCP/IP 송신지 포트, TCP/IP 목적지 포트 등을 전부 또는 일부 필터링할 수 있다.

❹ 응용 계층 게이트웨이

응용 계층 서비스는 축적 전달store-and-forward 방법을 사용하는 경우가 많으며, 게이트웨이는 송신자 응용 서비스가 보내는 정보를 그대로 전달하면 된다. 실제로 응용 계층 게이트웨이에서는 보안을 위한 특별한 서비스를 제공한다. 예를 들어 내부 네트워크와 외부 네트워크 간 모든 응용 레벨의 트래픽 로깅이나 텔넷, FTP 등에서 사용자 인증이 필요할 때 우수한 인증 방법을 사용한다.

응용 계층의 게이트웨이는 프록시 서버proxy server라는 기능을 제공한다. 이는 예를 들어 외부 네트워크의 메일 클라이언트가 내부 네트워크의 어떤 호스트 메일 서버와 접속하기를 원하면 중간의 프록시 서버가 이를 받아서 내부의 서버에 전달하는 방식이다.

■ 방화벽의 종류

❶ 스크리닝 라우터

스크리닝 라우터screening router는 네트워크에서 사용하는 프로토콜의 형태, 송신지 주소와 수신지 주소, 프로토콜의 제어 필드, 통신에 사용하는 포트 번호를 분석하여 내부 네트워크에서 외부 네트워크로 나가는 패킷 트래픽의 진입을 허가 또는 거절하거나 외부 네트워크에서 내부 네트워크로 진입하는 패킷 트래픽의 진입을 허가 또는 거절하는 라우터이다.

이러한 진입 허가/거절은 라우팅 테이블이 결정한다.

스크리닝 라우터는 OSI 참조 모델의 네트워크 계층과 전송 계층에서 동작하기 때문에 네트워크 계층과 전송 계층에서 동작하는 프로토콜인 IP, TCP 또는 UDP의 헤더에 포함된 내용을 분석한다. 스크리닝 라우터는 속도가 빠르고 비용이 저렴하지만 로그 관리가 어렵고 패킷 데이터의 분석이 불가능하다. 스크리닝 라우터는 어느 정도 수준의 보안 접근을 제어하여 방화벽 시스템 환경을 구현할 수 있다. 하지만 라우터에서 구현된 펌웨어의 수준에서는 제한이 많고 복잡한 정책을 구현하기 어렵기 때문에 보통 스크리닝 라우터와 배스천(요새) 호스트bastion host를 같이 운영한다.

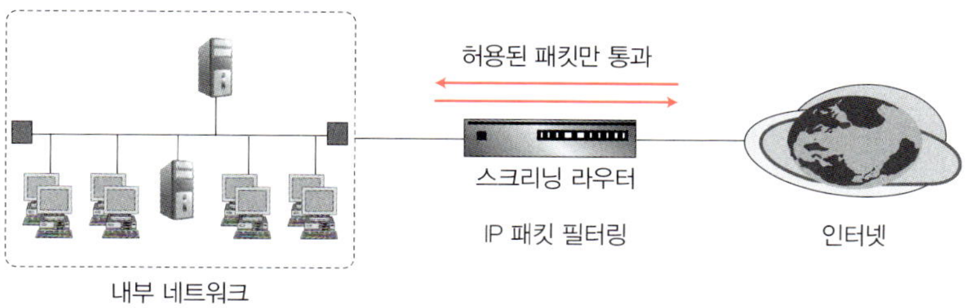

그림 10-16 스크리닝 라우터

표 10-3 스크리닝 라우터의 장단점

장점	단점
• 필터링 속도가 빠르고 비용이 적게 듦 • 네트워크 계층과 전송 계층에서 동작하기 때문에 클라이언트와 서버에 변화가 없어도 됨 • 하나의 스크리닝 라우터로 보호하려는 네트워크 전체를 동일하게 보호할 수 있음	• 네트워크 계층과 전송 계층의 트래픽만 방어할 수 있음 • 패킷 필터링 규칙을 구성하여 검증하기 어려움 • 패킷 내의 데이터 공격을 차단할 수 없음 • 스크리닝 라우터를 통과하거나 거절당한 패킷의 기록을 관리하기 어려움

❷ 배스천 호스트

배스천 호스트는 보호된 네트워크에서 유일하게 외부의 공격에 노출된 컴퓨터 시스템을 말하며, 내부 네트워크와 외부 네트워크 간의 게이트웨이 역할을 한다. 네트워크 보안상 가장 중요한 위치를 차지하므로 관리자가 철저하게 감시하고, 불법적인 침입 의도로 접속한 모든 시스템의 기록을 주기적으로 검사해야 한다.

배스천 호스트로 상용 제품인 IBM/AIX, NT 서버 등을 사용할 수 있으며, 이는 방어 기능이 철저히 구현된 호스트이다. 보통 방화벽 솔루션을 판매한다는 말은 배스천 호스트를 판매한다는 의미이다.

배스천 호스트는 인터넷 등 외부 네트워크와 내부 네트워크를 연결하는 방화벽 시스템 역할을 한다. 인터넷 사용자가 내부 네트워크에 접근하려 할 때 우선 배스천 호스트를 통과해야만 내부 네트워크에 접근하여 자원과 정보를 사용할 수 있다. 해커 등 불법 침입자가 배스천 호스트에 있는 중요한 정보를 악용하여 내부 네트워크에 접근하는 것을 방지하려면 호스트에 있는 모든 사용자 ID를 지워야 한다. 또한 중요하지 않은 파일이나 명령, 유틸리티, 라우팅 정보 등도 삭제해야 한다. 배스천 호스트는 내부 네트워크 접근 기록, 모니터링 기능도 수행할 수 있어야 한다.

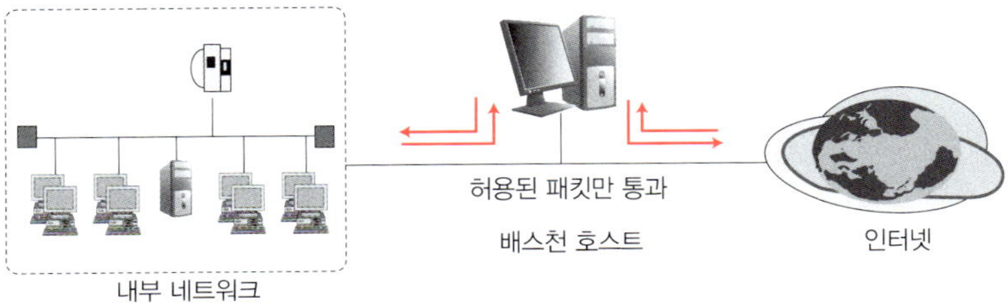

그림 10-17 배스천 호스트

표 10-4 배스천 호스트의 장단점

장점	단점
• 응용 서비스의 종류에 종속적이므로 스크리닝 라우터보다 안전성이 높음 • 데이터 공격을 확실하게 방어할 수 있음 • 로그 정보의 생성 및 관리가 용이함	• 모든 보안 기능이 배스천 호스트에 집중되어 있으므로 배스천 호스트가 손상되면 내부 네트워크를 전혀 보호할 수 없음 • 각종 로그인 정보가 누출되면 방화벽 역할을 할 수 없음 • 스크리닝 라우터와 배스천 호스트를 복합적으로 사용하여 방화벽의 효과를 배가할 수 있다고 알려져 있음

■ 방화벽 시스템 방식

방화벽 시스템 방식에는 패킷 필터링, 응용 프로그램 게이트웨이, 회로 레벨 게이트웨이, 여러 유형의 방화벽을 혼합한 혼용 방화벽 등이 있다.

❶ 패킷 필터링

패킷 필터링 방식의 방화벽은 OSI 참조 모델의 네트워크 계층(IP 프로토콜)과 전송 계층(TCP 프로토콜)에서 패킷의 송신지 및 목적지 IP 주소 정보, 각 서비스의 포트 번호를 이용한 접속을 제어한다.

❷ 응용 프로그램 게이트웨이

응용 프로그램 게이트웨이는 OSI 참조 모델의 응용 계층에 방화벽 기능이 들어 있다. 서비스별 프록시를 사용하며, 패킷 필터링 방식처럼 IP 주소와 TCP 포트를 이용하여 네트워크의 접근을 제어할 수 있다. 추가로 사용자 인증 및 파일 전송 시 바이러스 검색 기능과 같은 부가 서비스를 지원한다.

프록시는 클라이언트와 서버 간의 접속을 관리하고, 이미 접속된 연결에서는 데이터를 전송하는 전달자 역할을 한다. 따라서 클라이언트는 프록시를 통해서만 서버와 데이터를 주고받을 수 있으며, 클라이언트와 실제 서버 간의 직접적인 연결은 허용하지 않는다.

❸ 회로 레벨 게이트웨이

회로 레벨 게이트웨이는 OSI 참조 모델의 세션 계층과 응용 계층 사이에 있으며, 응용 프로그램 게이트웨이와 달리 서비스별로 프록시가 있는 것이 아니라 어떤 응용 프로그램이든 이용할 수 있는 일반적인 프록시만 있다. 방화벽을 통해 내부 시스템에 접속하려면 먼저 클라이언트 측의 회로 레벨 게이트웨이를 인식할 수 있는 수정된 클라이언트 프로그램이 필요하다. 따라서 수정된 클라이언트 프로그램이 설치되어 있는 클라이언트만 형성할 수 있다.

❹ 혼용 방화벽

때에 따라 여러 유형의 방화벽을 복합적으로 구성하기도 한다. 이러한 혼용 방화벽은 서비스의 종류에 따라 사용자의 편의성, 보안성 등을 고려하여 방화벽 기능을 선택적으로 부여할 수 있다. 하지만 서비스의 종류에 따라 다양한 보안 정책을 사용함으로써 구축 및 관리에 어려움이 따를 수도 있다.

■ 방화벽 구축 시 고려 사항

앞서 설명한 구성 요소로 방화벽 시스템에 필요한 대부분의 기능을 구현할 수 있다. 방화벽을 구축할 때는 다음과 같은 고려 사항을 염두에 두고 방화벽의 설계 및 사양을 작성하거나 설치 방법을 판단해야 한다.

- 보호하려는 하드웨어, 소프트웨어, 각종 중요 정보 및 시스템 관리 문서 등을 정의하여 방화벽 시스템을 구축할 때 고려한다.
- 보호하려는 자원과 정보에 어떤 위협이 있는지 분석한다.

- 사용자 계정이 있는 사용자만 네트워크를 이용하게 할 것인지, 아니면 비인증자라도 제한된 자원을 사용하게 할 것인지 결정한다.
- 해커 등 불법 침입자가 내부 시스템을 공격했을 때 취할 대응책을 마련한다.
- 조직의 시스템 운영 정책을 반영하는 차원에서 중요한 작업을 제외한 모든 접속을 거부하는 식으로 시스템을 운영할 것인지, 아니면 덜 위협적인 방법으로 접속하는 트래픽을 조사하고 점검하는 식으로 시스템을 운영할 것인지 선택할 수 있다. 이러한 선택은 보안 결정권자에게 달려 있다.
- 어느 정도 수준의 감시, 백업, 제어를 원하는지 결정한다. 기관이 받아들일 수 있는 위험 수준을 결정했다면 무엇을 감시하고, 허용하고, 거부할 것인지 체크리스트를 작성한다. 즉 기관의 전체적인 목적을 결정하고 위험 평가에 근거한 필요성을 분석하며, 구현하고자 계획했던 목록과 구별되는 문제점을 가려낸다.
- 구매와 구현에 드는 비용을 정확하게 정량적으로 산출하는 것이 중요하다.
- 기술적인 측면에서 기관 내부의 네트워크와 네트워크 서비스 제공자 간의 고정적 트래픽 라우팅 서비스 등도 결정해야 한다.

방화벽 시스템을 설계할 때는 이러한 사항을 고려하여 불법 공격자로부터 내부 네트워크를 좀 더 효과적으로 보호할 수 있도록 해야 한다.

한편 방화벽 시스템을 설계할 때 사용하는 패러다임은 보통 두 가지로 구분된다. 하나는 내부 네트워크 접근을 명확하게 허용하지 않는 트래픽을 내부 네트워크에 접근하지 못하게 막는 것이다. 또 하나는 접근 방지가 명확하게 드러나지 않는 트래픽의 모든 접근을 허용하는 것이다.

내부 네트워크와 인터넷을 연결할 때 방화벽을 설치하는 것이 효과적인 보안 대책이라고 할 수 있지만, 상용 방화벽 제품은 하드웨어 플랫폼, 컨설팅, 네트워크 재설계 등으로 인해 비용 문제가 발생한다. 상용 방화벽을 사용했을 때 비용 대비 완벽한 보안 해결책을 마련할 수 있을지는 의문이다.

방화벽은 완벽한 보안을 제공하지 않는다. 방화벽은 단순히 전산망의 기술적인 보안 문제를 해결해줄 뿐이며, 호스트에서 보안 문제, 보안 감시, 중앙 집중적인 보안 관리 · 정책 · 교육 등을 총체적으로 고려해야 한다. 구체적인 대책과 관리에 신경을 쓴다면 효율적인 보안 대책을 수립할 수 있을 것이다.

2 방화벽 설정

방화벽은 바이러스나 악성 코드가 네트워크를 통해 사용자의 컴퓨터에 액세스하는 것을 막아 준다. 컴퓨터의 방화벽 설정은 [제어판]-[시스템 및 보안]-[Windows 방화벽]을 선택하여 확인할 수 있다.

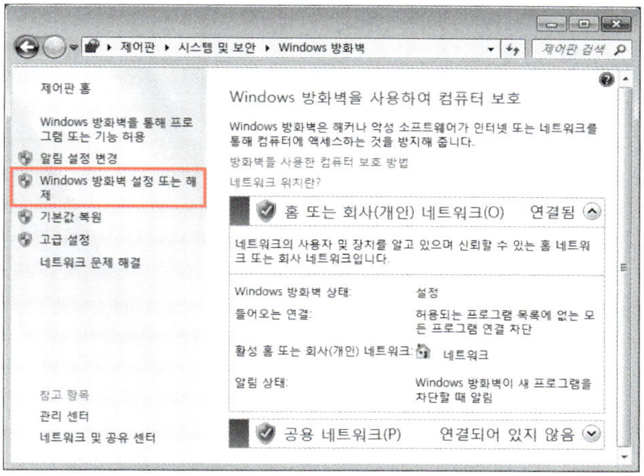

그림 10-18 방화벽 설정 확인

왼쪽의 [Windows 방화벽 설정 또는 해제]를 클릭하면 사용하는 네트워크의 위치 유형별로 방화벽을 설정하거나 수정할 수 있다.

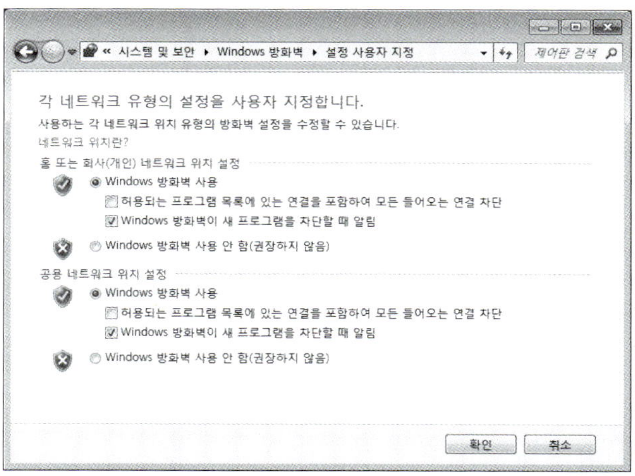

그림 10-19 네트워크 위치 유형별 방화벽 설정

방화벽은 대부분의 프로그램을 차단하여 컴퓨터의 보안을 향상하며, 사용하려는 일부 프로그램을 정상적으로 작동하려면 통신이 가능하도록 허용해야 한다. 통신을 허용하려면 왼쪽의 [Windows 방화벽을 통해 프로그램 또는 기능 허용]을 클릭한다.

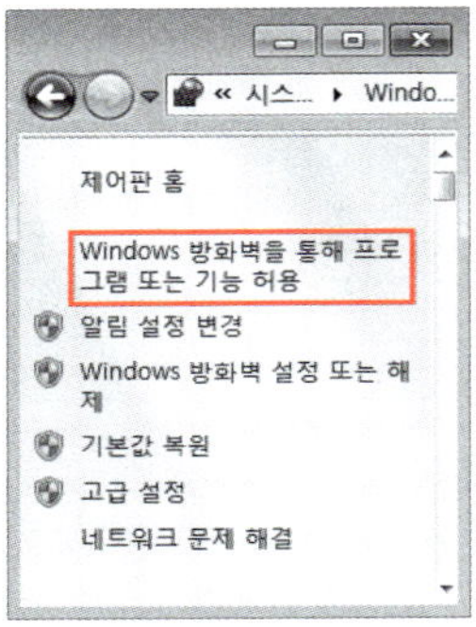

그림 10-20 통신을 허용할 프로그램이나 기능 허용 설정

다음 그림에서 보듯이 통신을 허용하는 프로그램을 확인할 수 있으며, 〈설정 변경〉을 클릭하면 허용하는 프로그램 및 포트를 추가할 수 있다.

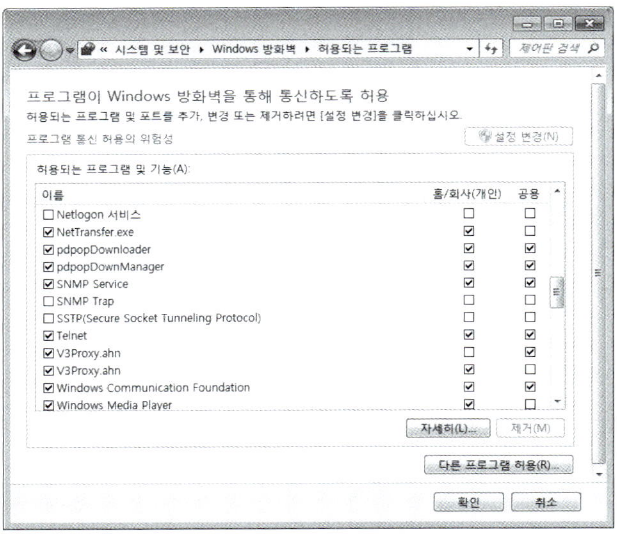

그림 10-21 허용하는 프로그램 및 포트 추가

허용하는 프로그램을 추가하거나 방화벽 포트를 열면 해당 프로그램이 방화벽을 통해 컴퓨터와 데이터를 송수신할 수 있다. 단, 통신을 허용할 때마다 컴퓨터의 보안 상태가 취약해질 수

있으므로 주의한다.

방화벽에서 열린 포트나 허용하는 프로그램이 많아질수록 바이러스나 악성 코드가 쉽게 전파되며, 파일에 액세스하거나 해당 컴퓨터를 사용하여 다른 컴퓨터로 악성 코드를 쉽게 전파할 수 있다. 한 번 열린 방화벽 포트는 프로그램의 포트 사용 여부와 상관없이 해당 포트를 닫을 때까지 계속 열려 있기 때문에 방화벽 포트를 여는 것보다는 허용하는 프로그램 목록에 프로그램을 추가하는 방법이 그나마 안전한 편이다. 따라서 꼭 필요할 때만 프로그램을 허용하거나 포트를 열고, 필요하지 않을 때는 프로그램을 제거하거나 포트를 닫는 것이 보안 위험을 줄이는 데 도움이 된다.

프로그램을 제거하려면 허용되는 프로그램 및 기능 목록에서 프로그램 이름 옆의 체크를 해제한다. 방화벽 포트를 닫으려면 [그림 10-20]의 [Windows 방화벽] 창에서 [고급 설정]을 클릭하거나 고급 보안이 포함된 Windows 방화벽을 설정해야 한다(관리자로 로그인). 또는 [제어판]-[시스템 및 보안]-[관리 도구]-[고급 보안이 포함된 Windows 방화벽]에서도 설정할 수 있다.

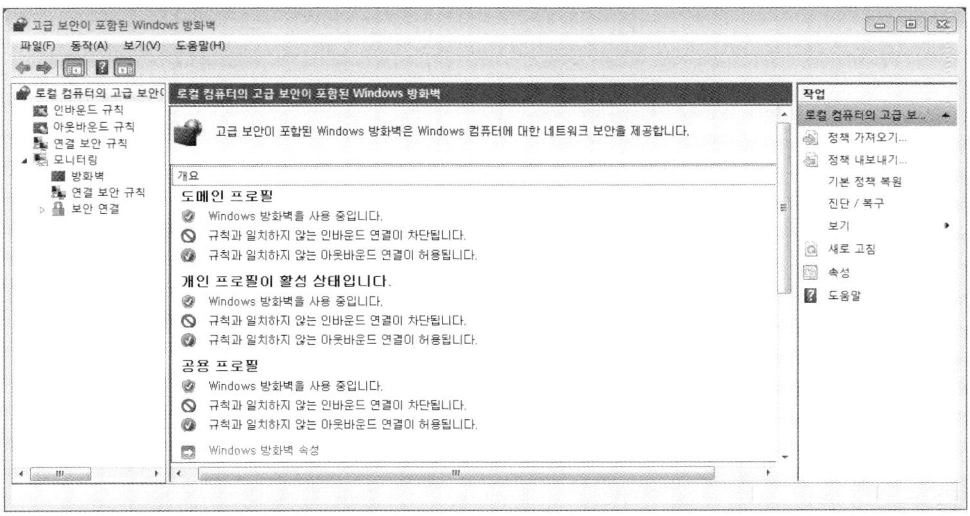

그림 10-22 고급 보안이 포함된 Windows 방화벽 1

왼쪽의 [인바운드 규칙]을 클릭한 후 가운데 부분에서 사용하지 않을 규칙을 선택하고 오른쪽의 [규칙 사용 안 함]을 클릭한다.

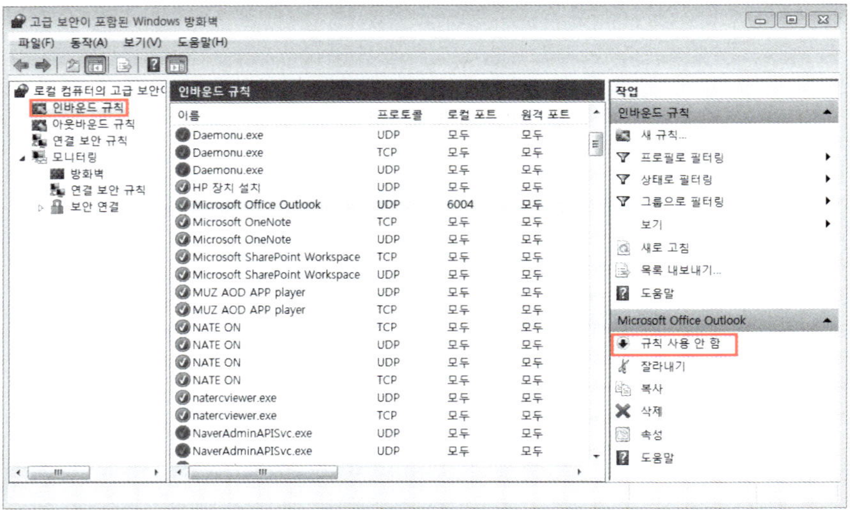

그림 10-23 고급 보안이 포함된 Windows 방화벽 2

고급 보안이 포함된 Windows 방화벽은 네트워크 보안을 관리하는 네트워크 관리자를 위한 기능으로 추가 고급 옵션을 제공하는 관리 콘솔이다. 이 기능은 홈 네트워크에서는 사용할 수 없다. 개인 사용자는 앞에서 살펴보았듯이 Windows 방화벽을 사용해야 한다.

고급 방화벽을 사용하면 인바운드 및 아웃바운드 규칙을 설정하고 확인할 수 있으며 인터넷 프로토콜 보안IPsec과 통합할 수 있다. 고급 보안에는 네트워크에서 트래픽을 이동할 때 인터넷 프로토콜 보안을 사용하여 보호할 수 있는 연결 보안 규칙, 컴퓨터와 네트워크 간에 전송할 수 있는 네트워크 트래픽을 결정하는 상태 저장 방화벽이 포함되어 있다. 고급 보안이 포함된 방화벽은 인터넷 프로토콜 보안과 호스트 방화벽이 합쳐진 기능으로, 네트워크를 통과하거나 조직에서 발생할 수 있는 다양한 네트워크 공격으로부터의 보안 기능을 제공한다. 또한 네트워크 통신에 데이터 인증과 보안을 요구함으로써 컴퓨터 연결 보안 기능도 제공한다.

3 방화벽 규칙과 연결 보안 규칙

컴퓨터와 프로그램, 서비스, 다른 컴퓨터 간에 트래픽을 송수신하는 방화벽 규칙을 만들 수도 있다. 이러한 방화벽 규칙은 조건과 일치하는 모든 연결에서 연결 허용, IPsec를 사용하여 보안할 때만 연결 허용, 연결 차단 중 하나를 수행하게 한다. 이것으로 권한 있는 사용자, 그룹, 컴퓨터 연결만 허용하거나 인증된 연결만 허용할 수 있다. 기본적으로 인바운드 연결은 허용 규칙과 일치하면 허용하고, 아웃바운드 연결은 차단 규칙과 일치하지 않으면 허용한다.

특정 프로그램의 연결(예 카카오톡)을 허용하는 방화벽 규칙과 연결 보안 규칙을 만들어보자.

■ 인바운드 규칙

❶ 새로운 인바운드 규칙 생성

[고급 보안이 포함된 Windows 방화벽] 창에서 왼쪽의 [인바운드 규칙]을 선택한 후 오른쪽의 [새 규칙]을 클릭한다.

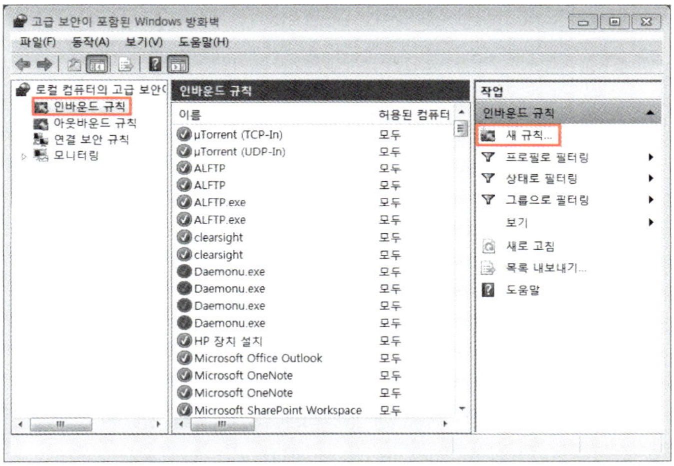

그림 10-24 새로운 인바운드 규칙 생성

❷ 규칙 종류 선택

만들려는 방화벽 규칙의 종류를 선택한다. 방화벽 규칙의 종류는 네 가지인데 그중 하나를 선택하면 방화벽을 통한 연결을 명시적으로 허용하거나 거부하는 예외 항목을 만들 수 있다. 인바운드 규칙과 아웃바운드 규칙을 만들 때는 동일한 마법사와 속성 페이지를 사용한다.

- **프로그램**: 연결을 시도하는 프로그램에 따라 연결을 허용할 수 있다. 이렇게 하면 카카오톡이나 기타 프로그램의 연결을 쉽게 허용할 수 있다. 액세스를 허용하는 데 필요한 포트나 기타 설정을 모르는 사용자는 프로그램 실행 파일(exe)의 경로만 지정하면 되므로 쉽게 사용할 수 있다. 프로그램은 모든 포트에서 연결을 허용할 수 있기 때문에 지정한 포트 번호에서만 트래픽을 허용하도록 규칙을 제한하려면 규칙을 생성한 후 프로토콜 및 포트 탭을 사용하여 규칙 속성을 변경해야 한다.

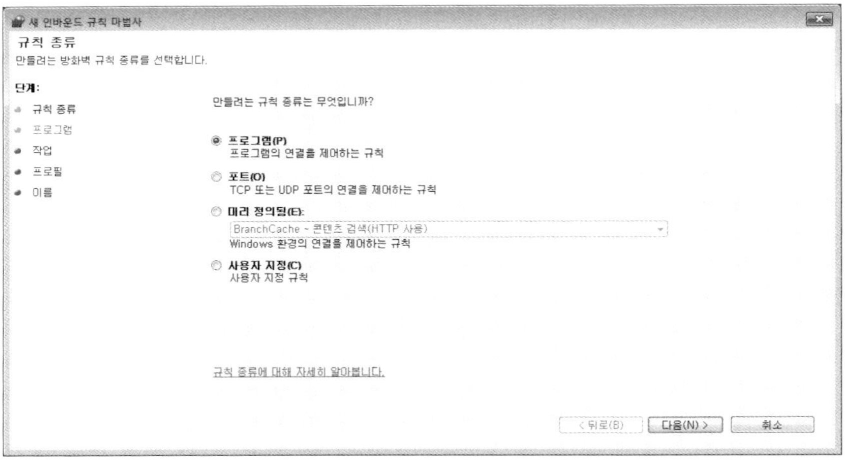

그림 10-25 규칙 종류 선택

- **포트**: 컴퓨터에서 연결을 시도하는 데 사용하는 프로토콜(TCP/UDP)과 로컬 포트 번호를 지정할 수 있다. 포트 번호는 여러 개를 지정할 수 있다. 실행 중인 모든 프로그램은 열려 있는 포트에서 네트워크 트래픽을 전송받을 수 있다. 열려 있는 포트를 지정한 프로그램으로만 제어하려면 규칙을 생성한 후 프로그램 및 서비스 탭을 사용하여 규칙 속성을 변경하면 된다.
- **미리 정의됨**: 정의된 목록 또는 서비스 중 하나를 선택하여 연결을 허용할 수 있다. 컴퓨터에서 사용할 수 있는 잘 알려진 프로그램 및 서비스는 대부분 목록에 나타난다. 네트워크 프로그램을 설치하면 목록에 해당 항목으로 추가되므로 네트워크 프로그램을 사용하거나 사용하지 않도록 설정할 수 있다.

그림 10-26 미리 정의된 목록 또는 서비스 중 선택

- **사용자 지정**: 다른 방화벽 규칙 종류에 포함하지 않은 조건에 따라 연결을 허용하도록 구성하는 규칙을 만들 수 있다.

❸ 일치시킬 프로그램 경로 및 실행 파일 이름 지정

규칙과 일치하는 프로그램의 전체 프로그램 경로 및 실행 파일 이름을 지정한다. 방화벽이 네트워크 패킷을 일치시키는 방식 중 하나를 선택할 수 있다.

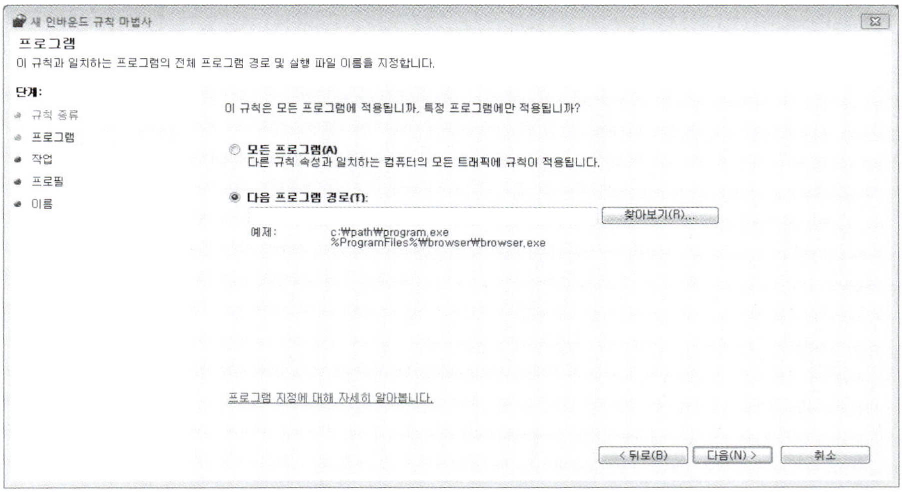

그림 10-27 일치시킬 프로그램 경로 및 실행 파일 이름 지정

- **모든 프로그램**: 다른 규칙 속성과 일치하는 컴퓨터의 모든 트래픽에 규칙이 적용된다. 로컬 컴퓨터에서 실행 중인 프로그램을 송수신하는 네트워크 패킷을 일치시키려면 이 옵션을 선택한다.
- **다음 프로그램 경로**: 지정한 프로그램에서 보내는 패킷을 일치시키려면 이 옵션을 선택한다. 프로그램 전체 경로를 입력하거나 〈찾아보기〉를 클릭하여 디렉터리에서 프로그램을 찾는다.

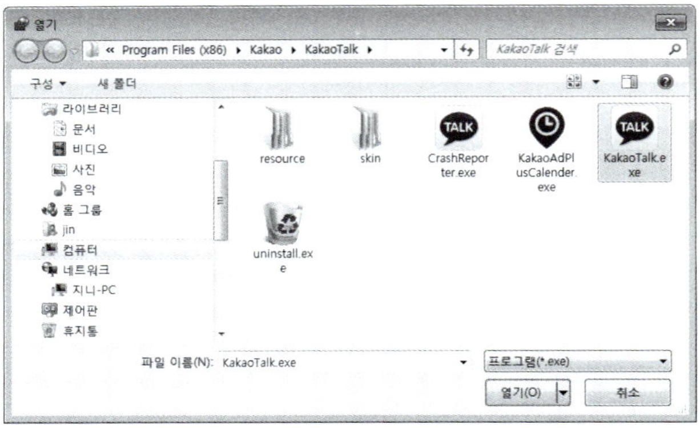

그림 10-28 일치시킬 프로그램 지정

❹ 일치할 때 수행할 작업 지정

규칙에 지정한 조건과 연결이 일치할 때 수행할 작업을 지정한다. 방화벽에서 방화벽 규칙 조건과 일치하는 송수신 패킷이 들어오면 실행할 동작을 선택할 수 있다.

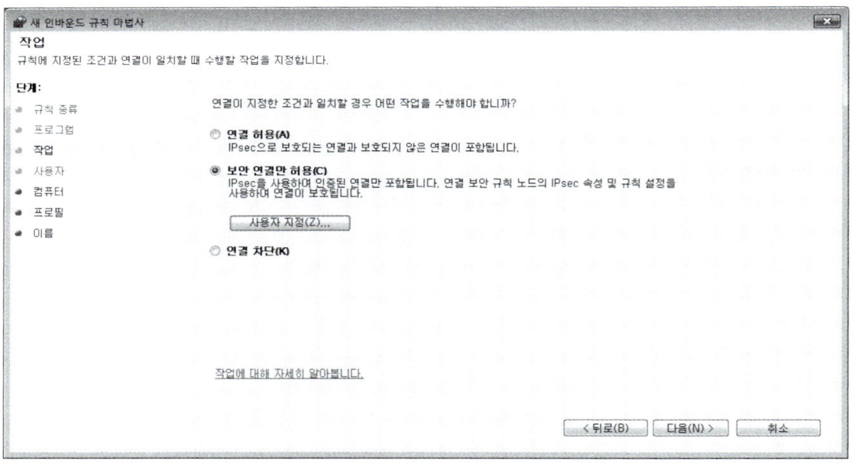

그림 10-29 일치할 때 수행할 작업 지정

- **연결 허용**: 방화벽 규칙의 조건과 일치하는 모든 네트워크 패킷을 허용한다.
- **보안 연결만 허용**: IPsec로 보호되는 연결만 허용한다. IPsec는 연결 보안 규칙에서 정의할 수 있다. '보안 연결만 허용'을 사용하려면 인증 및 무결성 보호가 모두 필요하다. 〈사용자 지정〉을 클릭하여 요구 사항을 구성할 수 있다.
- **연결 차단**: 방화벽 규칙의 조건과 일치하는 모든 네트워크 패킷을 차단한다.

❺ 사용자 지정

규칙에 지정된 연결을 허용할 사용자를 지정한다. 로컬 컴퓨터에 연결할 수 있는 사용자와 그룹을 선택한다.

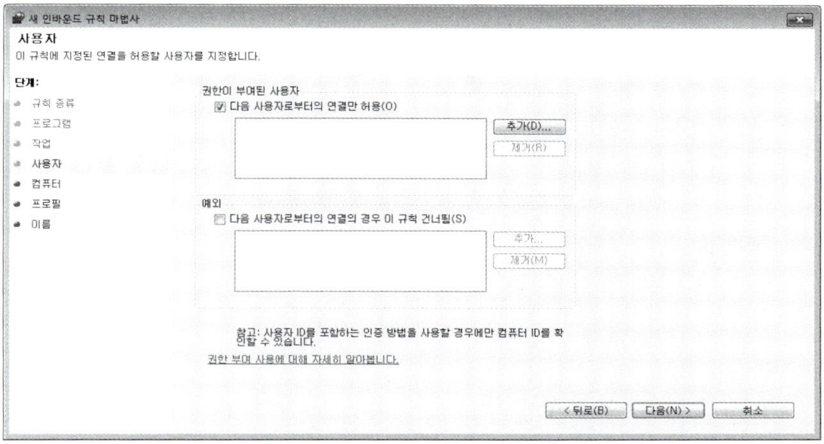

그림 10-30 사용자 지정

이 옵션을 사용하려면 방화벽 규칙 동작을 '보안 연결만 허용'으로 설정해야 한다. 사용자 식별 정보를 포함하는 방법을 사용하여 인증을 수행하는 연결 보안 규칙으로 보호해야 한다. 〈추가〉를 클릭하여 사용자를 추가할 수 있다.

[사용자 또는 그룹 선택] 창에서 선택할 개체 이름을 입력한다. 개체 이름을 모를 때는 〈고급〉을 클릭한다.

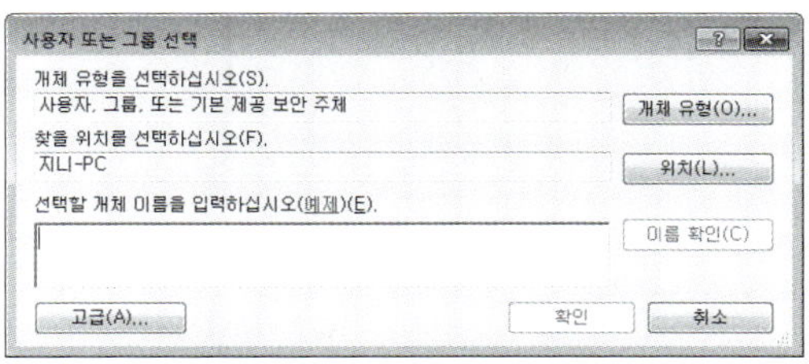

그림 10-31 사용자 추가

개체 유형과 찾을 위치를 선택한 후 〈지금 찾기〉를 클릭하면 아래쪽에 검색 결과가 나타나는데 그중에서 개체를 선택한다.

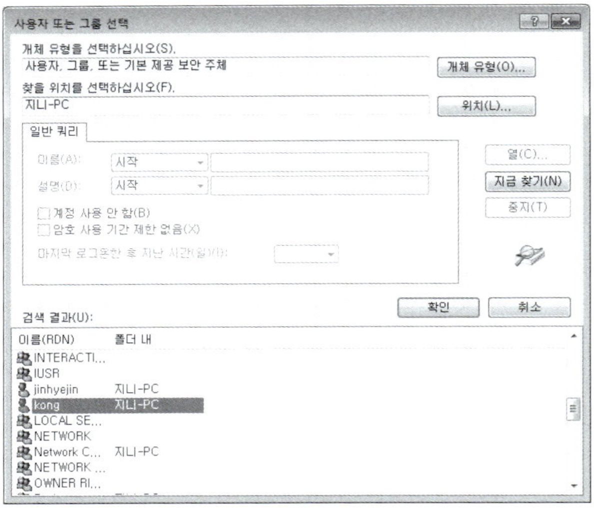

그림 10-32 사용자 검색 결과

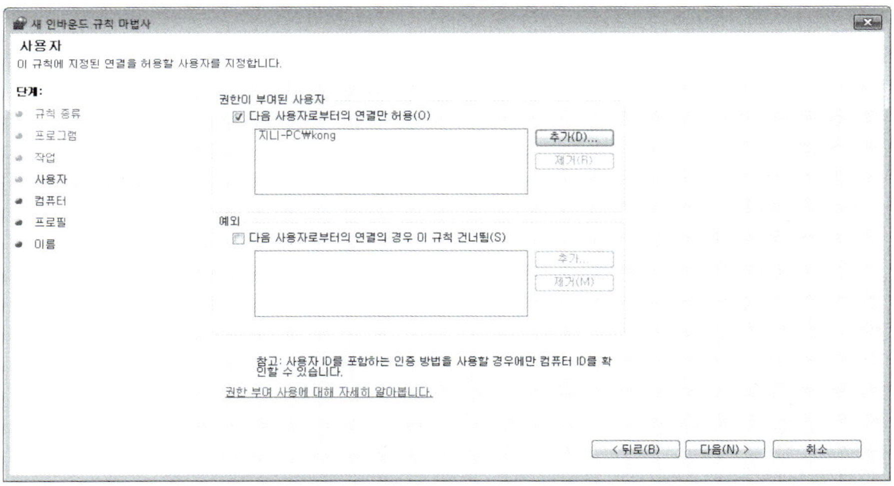

그림 10-33 사용자 지정 완료 화면

❻ 연결을 허용할 컴퓨터 지정

규칙에 지정한 연결을 허용할 컴퓨터를 선택한다.

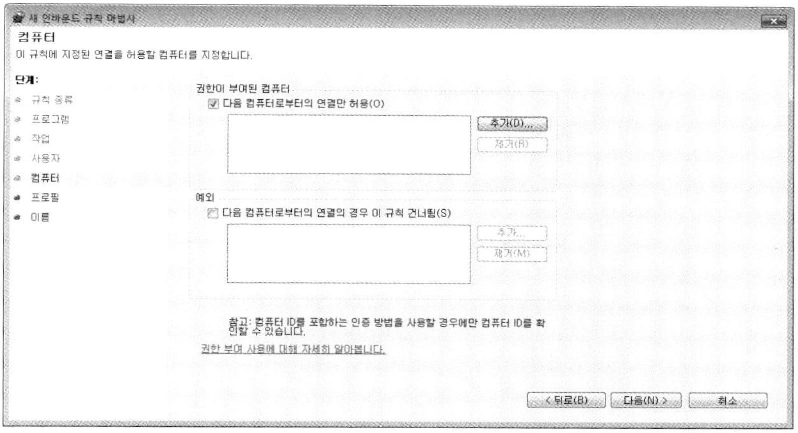

그림 10-34 연결을 허용할 컴퓨터 지정

〈추가〉를 클릭한 후 선택할 개체 이름을 입력한다.

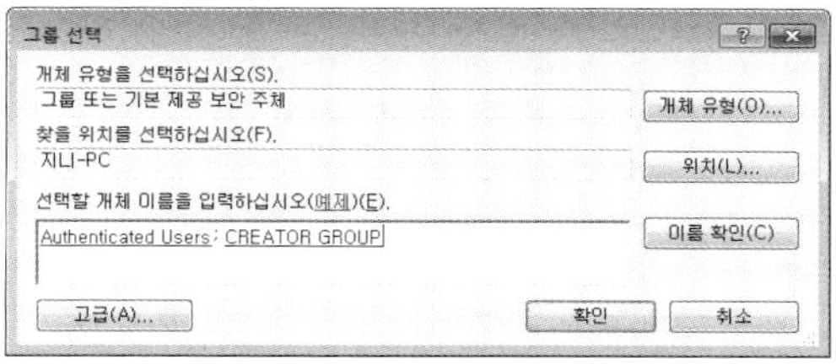

그림 10-35 컴퓨터 추가

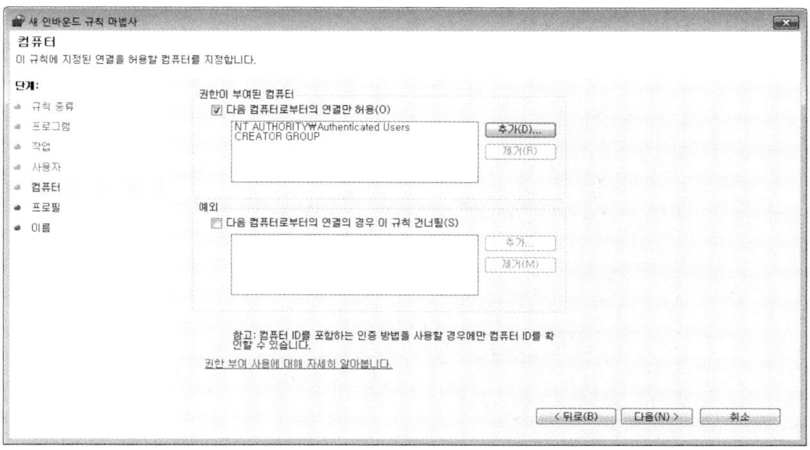

그림10-36 컴퓨터 지정 완료 화면

❼ 규칙을 적용할 프로필 지정

규칙을 적용할 프로필을 지정한다. 네트워크에 연결된 각 컴퓨터의 LAN 카드는 연결된 네트워크에서 검색된 프로필에 따라 프로필 중 하나를 할당받는다.

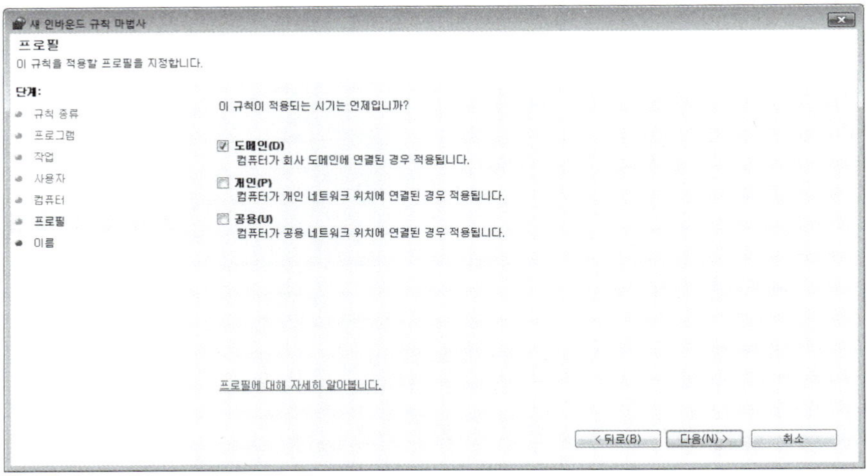

그림 10-37 규칙을 적용할 프로필 지정

❽ 규칙의 이름과 설명 지정

새로운 규칙의 이름과 설명을 지정한다.

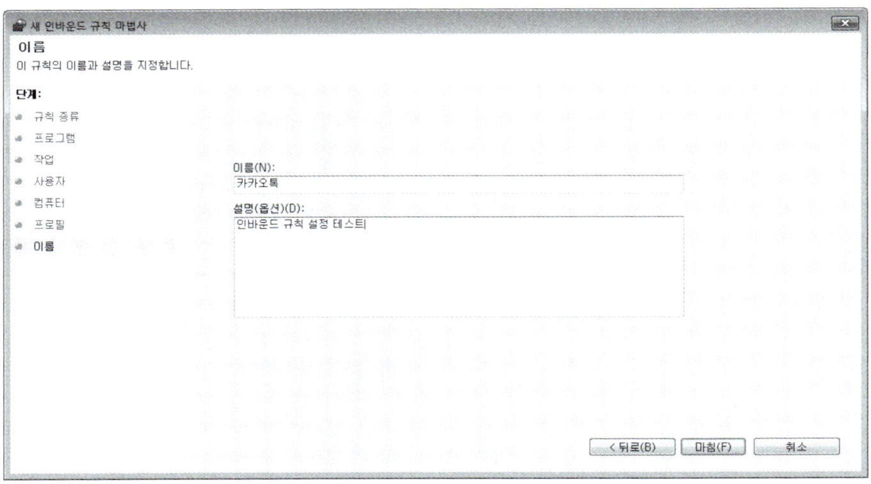

그림 10-38 규칙의 이름과 설명 지정

이제 고급 보안이 포함된 Windows 방화벽의 인바운드 규칙에 카카오톡 프로그램이 추가된 것을 확인할 수 있다.

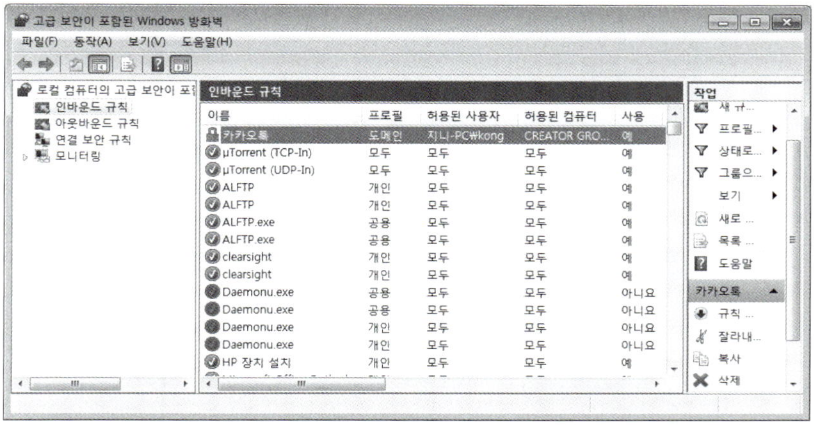

그림 10-39 새로운 인바운드 규칙 확인

■ 연결 보안 규칙

❶ 새로운 연결 보안 규칙 생성

[고급 보안이 포함된 Windows 방화벽] 창에서 왼쪽의 [연결 보안 규칙]을 선택한 후 오른쪽의 [새 규칙]을 클릭한다.

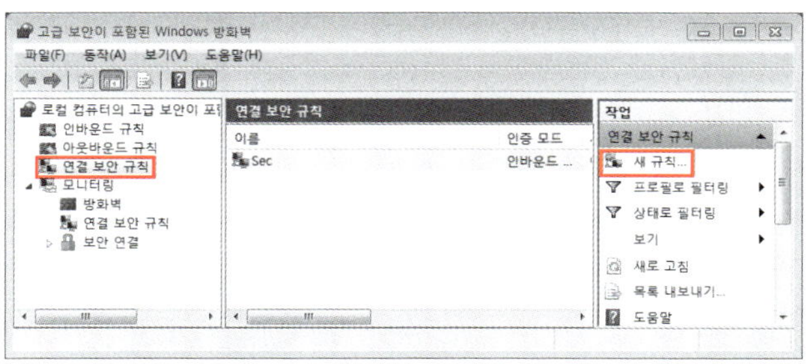

그림 10-40 새로운 연결 보안 규칙 생성

❷ 규칙 종류 선택

[새 연결 보안 규칙 마법사] 창에서 만들려는 연결 보안 규칙의 종류를 선택한다. 다양한 네트워크 보안 목적에 맞는 IPsec 규칙을 만들 수 있다.

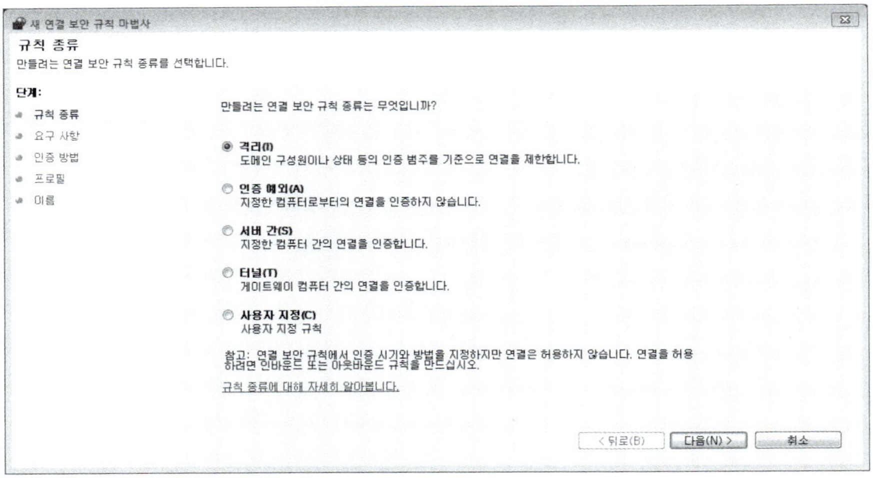

그림 10-41 규칙 종류 선택

❸ 요구 사항 지정

규칙과 일치하는 연결에 대한 인증 요구 사항을 지정한다. 연결 보안 규칙과 일치하는 인바운드 및 아웃바운드 연결에 인증이 적용되는 방식을 선택할 수 있다. 인증 필요를 선택하면 인증에 실패했을 때 연결이 끊어지지만, 인증 요청을 선택하면 인증에 실패하더라도 연결이 허용된다.

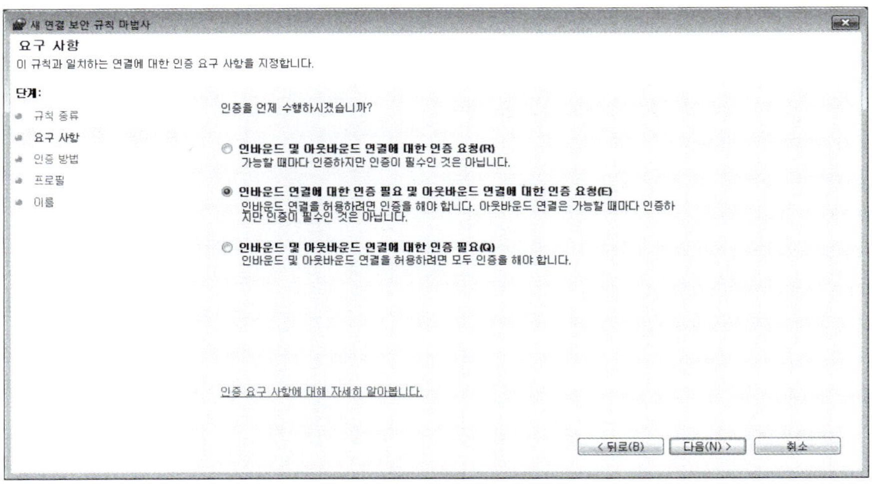

그림 10-42 규칙과 일치하는 연결에 대한 인증 요구 사항 지정

- **인바운드 및 아웃바운드 연결에 대한 인증 요청**: 모든 인바운드 및 아웃바운드 트래픽이 인증에 실패하더라도 연결을 허용하기 때문에 보안 수준이 낮은 네트워크 환경에서 사용한다.
- **인바운드 연결에 대한 인증 필요 및 아웃바운드 연결에 대한 인증 요청**: 모든 인바운드 트래픽은 반드시 인증을 받아야 한다. 인바운드 트래픽이 인증에 실패하면 연결을 차단하지만, 아웃바운드 트래픽은 인증에 실패하더라도 연결을 허용한다. 고급 보안이 포함된 방화벽에서 제공하는 인증 형태를 지원할 수 있는 네트워크 환경에서 사용한다.
- **인바운드 및 아웃바운드 연결에 대한 인증 필요**: 모든 인바운드 및 아웃바운드 트래픽은 반드시 인증을 받아야 한다. 높은 보안 수준의 네트워크 환경에서 사용한다.

❹ 인증 방법 지정

규칙과 일치하는 연결에서 인증을 수행할 방법을 지정한다. 연결 보안 규칙에서 사용하는 인증 유형을 선택할 수 있다.

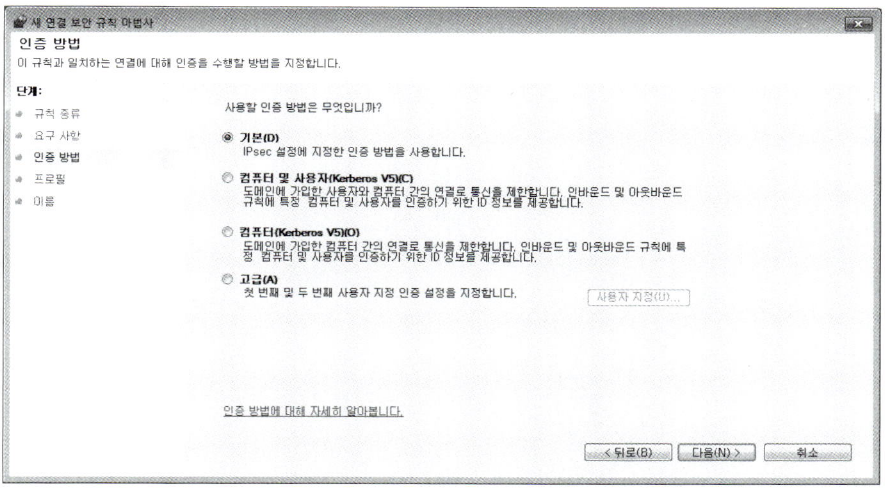

그림 10-43 인증 방법 지정

❺ 규칙을 적용할 프로필 지정

규칙을 적용할 프로필을 지정한다.

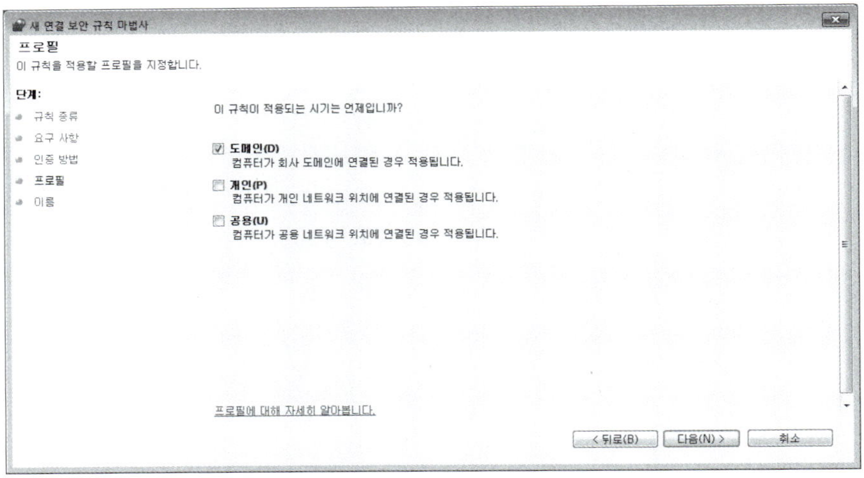

그림 10-44 규칙을 적용할 프로필 지정

❻ 규칙의 이름과 설명 지정

연결 보안 규칙의 이름과 설명을 지정한다.

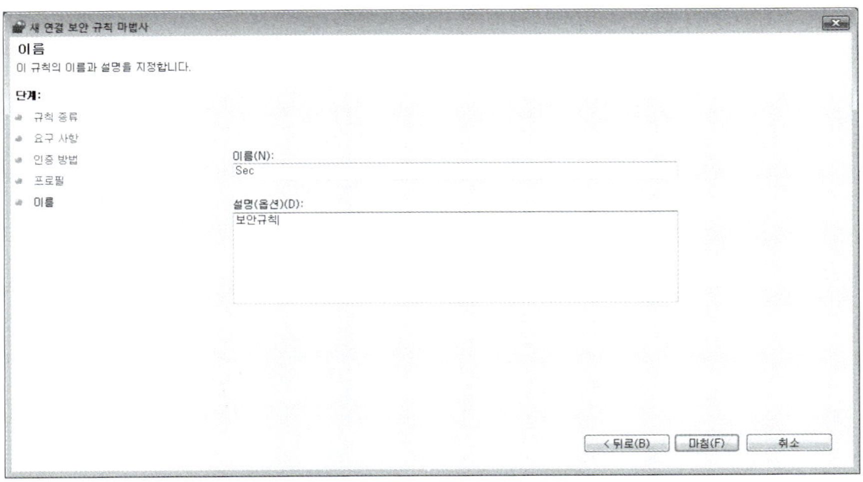

그림 10-45 규칙의 이름과 설명 지정

이제 [고급 보안이 포함된 Windows 방화벽]에서 새로운 연결 보안 규칙이 추가된 것을 확인할 수 있다.

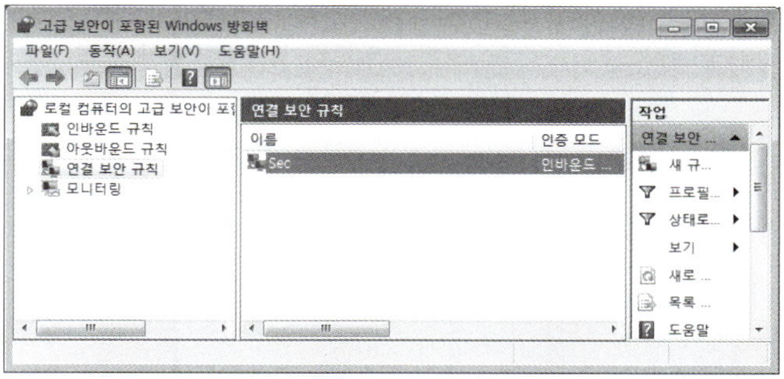

그림 10-46 새로운 연결 보안 규칙 확인

4 침입 탐지 시스템(IDS)

방화벽 등 네트워크 보안 시스템은 인증받은 사용자나 네트워크, 응용 프로그램만 네트워크 자원에 접근하는 것을 허용한다. 따라서 많은 사람은 방화벽만 도입하면 외부에서 들어오는 모든 종류의 바이러스나 악성 코드 등을 차단할 수 있다고 믿는다. 하지만 방화벽도 이전에 인증받은 사용자나 이를 위장한 침입자의 공격은 차단하기 어렵다.

방화벽은 기본적으로 구축해야 하는 보안 시스템이지만 IP/Port 기반으로 차단하는 시스템이기 때문에 외부에서 내부로 반드시 들어와야 하는 서비스(웹이나 메일 서비스 등)는 외부에서 무엇이 들어올지 정의할 수 없으므로 해당 서비스 포트를 모두 허용으로 설정해야 한다. 포트를 모두 허용하면 일반 사용자뿐만 아니라 악의적인 의도로 접근하는 해킹, 트로이 목마, 스파이웨어 등의 악성 코드와 스팸메일 등도 필터링 없이 들어올 수 있다. 침입 탐지 시스템과 침입 방지 시스템은 이러한 방화벽의 한계를 보완하기 위해 등장한 시스템이다.

방화벽처럼 단순한 접근 제어 수준의 통제만으로는 악의적인 공격에 효과적으로 대처할 수 없다. 따라서 네트워크와 시스템의 사용을 실시간으로 모니터링하고 침입을 탐지하는 침입 탐지 시스템이 등장하게 되었다. 컴퓨터에서 일어나는 활동을 감시하고 침입 시도를 알아내는 침입 탐지 시스템을 'H-IDSHost-based IDS'라 하고, 네트워크에서 일어나는 활동을 감시하고 침입 시도를 알아내는 침입 탐지 시스템을 'N-IDSNetwork-based IDS'라 한다. H-IDS는 컴퓨터에 탑재하고 N-IDS는 네트워크에 설치한다. 국내에서는 일반적으로 N-IDS를 IDS라고 부른다.

그림 10-47 침입 탐지 시스템

■ 침입 탐지 시스템의 분류

침입 탐지 시스템은 기초 자료의 종류나 침입 행위의 기준에 따라 분류할 수 있다.

❶ 기초 자료의 종류에 따른 분류

- **단일 호스트 기반**: 침입 탐지 시스템을 설치한 단일 호스트에서 생성되고, 수집된 자료를 침입 탐지에 활용하는 방식이다.
- **다중 호스트 기반**: 단일 호스트 기반과 동일한 방식이지만 여러 호스트의 자료를 활용한다.
- **네트워크 기반**: 해당 네트워크 전체의 패킷 관련 자료를 수집하여 침입 탐지에 활용하는 방식이다.

❷ 침입 행위의 기준에 따른 분류

- **정상적인 행위 탐지**: 정상적으로 시스템을 사용하는 행위의 프로파일을 보유하고 있다가 프로파일의 기준에서 벗어나면 즉시 탐지 작업을 수행하는 방식이다.
- **잘못된 행위 탐지**: 시스템의 잘 알려진 취약점을 공격하는 행위의 프로파일을 보유하고 있다가 해당 공격이 들어오면 즉시 탐지 작업을 수행하는 방식이다.

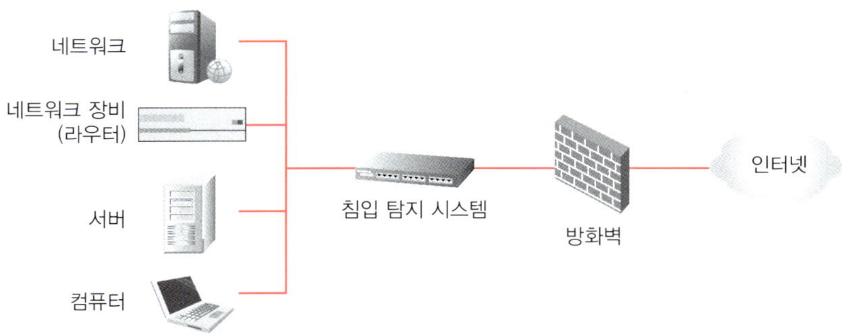

그림 10-48 침입 탐지 시스템의 구조

침입 탐지 시스템의 특징은 다음과 같다.

- 침입 탐지는 가능하지만 차단은 불가능하다.
- 네트워크에 기반을 둔 침입 탐지 시스템은 네트워크에서 떨어져 있기 때문에 진행 중인 공격을 중단하거나 속도를 늦추는 능력이 없다.
- 침입을 탐지하고 조치를 취하기까지 오랜 시간이 걸린다.
- 탐지되지 않은 패킷이 공격에 이용될 수도 있다.

침입 탐지 시스템과 침입 방지 시스템은 검사하는 영역이 비슷하지만, 전자는 단순히 탐지 기능만 수행하는 데 반해 후자는 차단 기능까지 수행한다는 점이 다르다. 침입 탐지 시스템은 1990년대 말부터 방화벽과 함께 많이 도입되었다. 그러나 정상적인 트래픽을 악성 트래픽으로 오인하는 문제 등과 차단 기능의 부재로 현재는 많이 사용되지 않는다.

5 침입 방지 시스템(IPS)

방화벽은 외부의 침입을 차단하기 위해 내부 네트워크와 인터넷이라는 외부 공개망의 접점에 위치한 보안의 일차 저지선이다. 하지만 해킹 기술이 발전하고 외부 사용자뿐만 아니라 내부 사용자의 해킹도 많아 방화벽만으로 해킹을 차단하는 데에는 한계가 있다. 취약점을 탐지하여 보안 관리자가 조치하기까지는 어느 정도 시간이 걸리기 때문이다. 이러한 이유로 공격자의 공격으로 손상된 시스템을 복구하는 데 많은 비용과 시간이 든다. 또한 침입 탐지 시스템은 침입을 탐지할 수 있도록 지원하지만 공격이 증가하면 탐지 능력에 한계가 있다.

방화벽과 침입 탐지 시스템을 이용한 보안 관리의 한계를 극복하기 위해 침입 방지 시스템의 도입에 대한 관심이 커졌다. 능동형 네트워크 보안 솔루션인 침입 방지 시스템은 네트워크에 상주하면서 트래픽을 모니터링하여 악성 코드 및 해킹 등의 유해 트래픽을 차단하고, 의심스러운 세션을 종료시키거나 공격에 대처하는 등 다양한 조치를 취하여 적극적으로 네트워크를 보호한다. 또한 운영체제나 응용 프로그램의 취약점을 능동적으로 보완하고, 웜을 예방하며, 정상적인 네트워크 트래픽 상태를 기억했다 비정상적인 트래픽이 발생하면 알려지지 않은 공격까지 차단할 수 있기 때문에 침입 탐지 시스템보다 보안 수준이 높다.

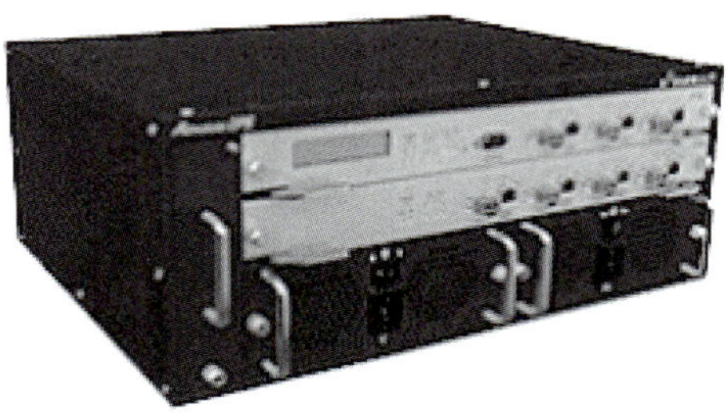

그림 10-49 침입 방지 시스템

침입 방지 시스템은 다음과 같은 능력을 갖추고 있어야 한다.

- 통합 보안 관리 시스템의 중앙 허브 역할을 수행함으로써 방화벽과 침입 탐지 시스템이 제공하는 기능을 조합할 수 있는 통합성을 제공해야 한다.
- 알려진 공격 유형은 물론 새로운 공격에도 적절히 대응할 수 있도록 업데이트가 가능해야 한다.

침입 방지 시스템은 비정상 탐지 기술anomaly detection, statistical detection과 공격 패턴 기반 기술misuse/knowledge로 분류할 수 있다.

- **비정상 탐지 기술**: 평균적인 경우를 기준으로 하여 상대적으로 급격한 변화가 발생하거나 일어날 확률이 낮은 상황이 발생했을 때 이를 알려주는 기술이다. 비정상 탐지 기술에는 통계적인 분석, 정량적인 분석, 비특성 통계 분석 등이 있으며, 평균적인 상태와 비교하여 이상 상태를 추정하므로 잘못 탐지할 확률이 높다.
- **공격 패턴 기반 기술**: 이미 발견되고 정립된 공격 패턴을 미리 입력하여 데이터베이스화한 후 이에 해당하는 패턴을 탐지하면 알려주는 기술이다. 잘못 탐지할 확률이 비교적 낮지만, 알려진 공격 외에는 탐지할 수 없고 방대한 자료를 분석하기에는 부적합하다는 것이 단점이다. 또한 공격 순서 정보를 얻기가 쉽지 않다.

네트워크 환경에서는 잘못 탐지할 가능성이 낮은 공격 패턴 기반 기술을 탐지 및 차단 정책에 적용하고 있다. 비정상 탐지 기술의 경우 탐지 기능만 적용하여 관리자가 탐지된 데이터를 바탕으로 분석 및 수동 조치하는 식으로 운영한다.

6 방화벽, 침입 탐지 시스템, 침입 방지 시스템의 비교

방화벽과 침입 탐지 시스템, 침입 방지 시스템의 차이는 네트워크 장비에 유입되는 트래픽을 검사하는 영역의 차이에서 비롯된다. 방화벽은 전송 계층과 네트워크 계층의 IP/Port 데이터를 기반으로 동작한다. 반면 침입 방지 시스템은 방화벽이 검사할 수 없는 응용 계층의 데이터까지 검사한다. 침입 탐지 시스템과 침입 방지 시스템 등의 네트워크 보안 시스템에서는 비정상 트래픽을 탐지하기 위해 네트워크 패킷의 헤더뿐만 아니라 헤더를 제외한 페이로드에 포함된 데이터까지 심층적으로 분석하는 기술로 DPIDeep Packet Inspection를 사용한다.

트래픽을 처리할 때 물리 계층에 가까울수록 하드웨어에 근접하므로 성능이 좋고, 응용 계층에 가까울수록 응용 데이터 정보를 심층적으로 검사한다. 방화벽에서도 응용 계층의 데이터를 검사할 수는 있지만(예 프록시 방식) 상위 계층으로 올라갈수록 트래픽 처리 속도가 지연

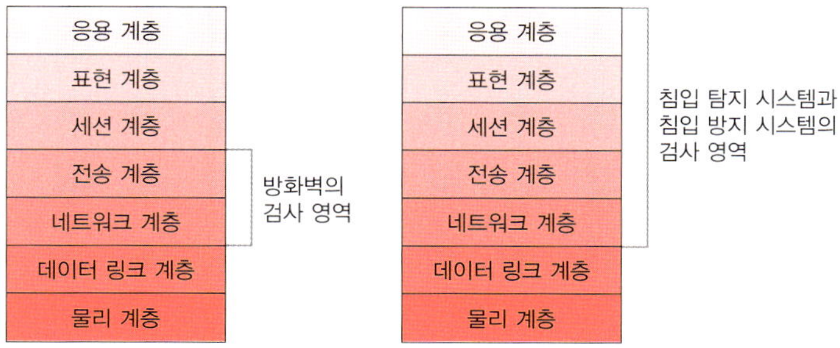

그림 10-50 방화벽, 침입 탐지 시스템, 침입 방지 시스템의 검사 영역

되고 방화벽의 성능이 저하된다.

침입 탐지 시스템과 침입 방지 시스템에서는 IP 변경 없이 네트워크 구성을 설치하므로 설치하는 구간의 제약이 없다. 일반적으로 인터넷 구간의 방화벽 뒤편에 설치하여 방화벽으로 필터링할 수 없는 트래픽을 차단하며, 필요에 따라 사용자와 서버를 보호하는 역할을 수행하기 위해 내부 네트워크에 설치하기도 한다. 하지만 보통은 외부에서 접근할 수 있는 구간(인터넷으로 외부에 서비스를 제공하는 웹 서버와 메일 서버가 위치하는 구간으로, 정보 보안을 강화하기 위해 방화벽으로 내부 네트워크와 분리하도록 구성) 앞쪽에 설치한다.

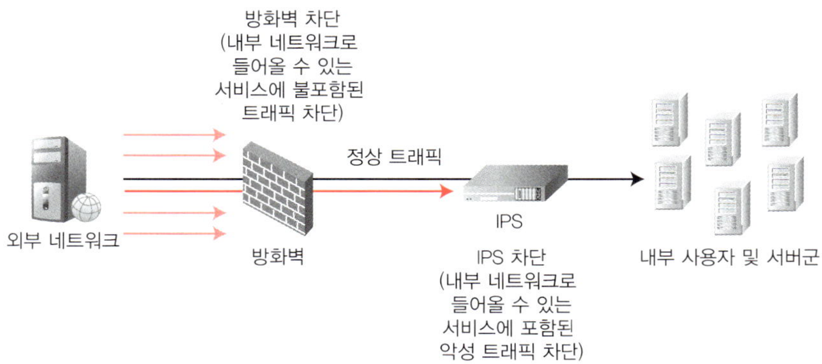

그림 10-51 방화벽과 침입 방지 시스템의 설치 위치

05 암호 보안 기술

1 암호화

네트워크로 전송하는 데이터는 누군가 쉽게 훔쳐볼 수 있기 때문에 인터넷 역시 안전하지 못한 네트워크이다. 따라서 인터넷을 이용하여 기업의 데이터나 신용카드 번호 등의 중요한 정보를 전송할 때는 특히 안전에 주의해야 한다. 온라인에서 다른 사람으로 위장하여 중요한 정보를 가로채는 사기 수법이 성행하고 있으므로 금융 기관이나 기업의 정보를 보내는 사람이 정보를 받는 사람을 확인할 수 있는 방법이 필요하다.

이를 해결하기 위해 몇 가지 방법이 개발되었는데 그중에서도 핵심은 암호화이다. 암호화는 평문을 해독할 수 없게 변경하거나 암호화된 문장을 해독 가능한 형태로 변환하는 수단과 방법 등을 취급하는 기술을 말한다.

암호 시스템은 키key라는 비밀 값을 수학 공식으로 된 복잡한 알고리즘과 함께 사용하여 메시지를 암호화하고 해독한다. 즉 어떤 사람이 키를 가지고 메시지를 암호화하면 그 키를 아는 사람만 메시지를 해독할 수 있다. 암호는 다양한 정보 보안 서비스를 위한 기본적인 방법으로, 현재 인터넷 뱅킹이나 쇼핑몰 결제 등에 적극적으로 이용되고 있다.

암호 보안 기술은 크게 비밀키 암호 시스템과 공개키 암호 시스템으로 나뉜다. '비대칭형 암호 시스템'이라고도 하는 공개키 암호 시스템은 인터넷에서 많이 사용된다. 또 다른 암호 보안 기술로 인증, 전자 서명 등이 있다. 암호 보안 기술에 사용하는 비밀키 암호화 방식secret-key algorithm, symmetric algorithm, 공개키 암호화 방식public-key algorithm, asymmetric algorithm, 인증, 전자 서명을 자세히 살펴보자.

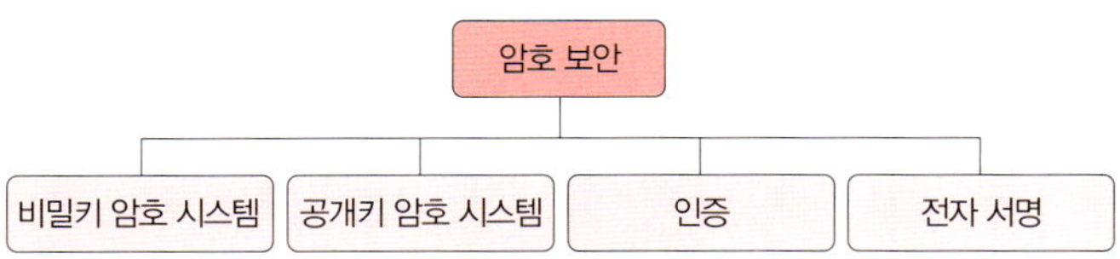

그림 10-52 암호 보안 기술의 분류

2 암호 보안 기술

■ 암호화 방식

입력되는 원문 메시지를 '평문plain text'이라 하고, 이 메시지를 읽을 수 없도록 암호화한 것을 '암호문cipher text'이라 한다. 반대로 암호문을 평문으로 변환하는 것은 '복호화decryption'이다. 암호화는 키와 알고리즘으로 구성되고 키 값에 따라 알고리즘의 출력이 바뀐다. 키는 매우 큰 수 중 하나이며, 키 값의 범위를 '키스페이스keyspace'라고 한다. 이 키를 이용하여 암호화 및 복호화하고, 키 값을 제외하고는 모든 사용자가 동일한 암호화 및 복호화 알고리즘을 사용한다. 암호를 사용하려면 송신자와 수신자가 메시지를 암호문으로 바꿀 때 사용한 규칙이 무엇인지 알아야 한다.

키 기반 암호화 알고리즘은 비밀키 암호화 방식과 공개키 암호화 방식으로 구분한다. 암호화와 복호화에 동일한 키를 사용하는 암호화 기법도 있고, 처리 과정에서 다른 키를 사용하는 기법도 있다. 전자를 '대칭키 또는 비밀키 암호화 방식', 후자를 '비대칭키 또는 공개키 암호화 방식'이라고 한다.

대칭 암호 구조는 다음과 같은 요소로 구성된다.

- **평문**: 알고리즘의 입력으로 사용되는 원문이나 데이터이다.
- **암호 알고리즘**: 입력된 원문을 다양한 방법으로 치환하고 변환한다.
- **비밀키**: 알고리즘의 한 입력으로 사용된다. 비밀키를 사용하는 알고리즘에 의해 정확한 대체와 전환이 이루어진다.
- **암호문**: 출력으로 나오는 암호화된 메시지이다. 평문과 비밀키에 따라 달라지며, 주어진 메시지에 대해 서로 다른 키를 사용하면 두 암호문이 다르게 출력된다.
- **복호 알고리즘**: 암호 알고리즘을 역으로 수행하는 것과 같다. 암호문에 알고리즘과 암호에 사용했던 동일한 키를 적용하여 원문으로 복구하는 것이다.

■ 비밀키 암호화 방식

비밀키 암호화 방식은 암호키와 복호키가 동일하므로 두 개체가 같은 키를 공유하면서 하나의 키를 사용하여 암호화하고 복호화한다. 암호키에서 복호키를 계산하거나 복호키에서 암호키를 계산할 수 있을 때 비밀키 암호화 방식이라고 한다. 다음 그림은 비밀키 암호화 과정을 보여준다. 암호문을 만들어 전송한 후 같은 키로 해독하여 평문으로 바꿀 수 있다.

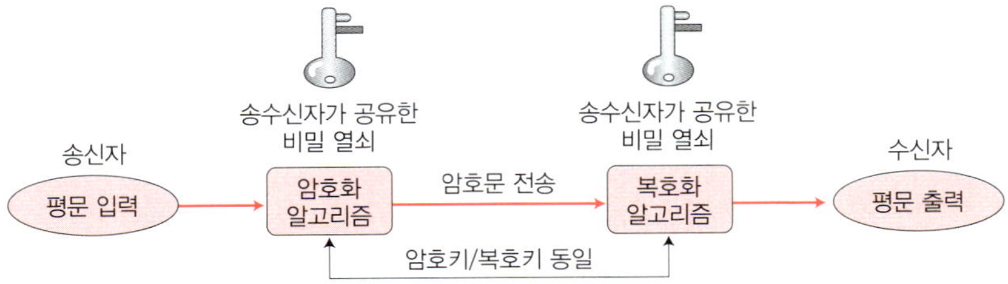

그림 10-53 비밀키 암호화 방식

비밀키 암호화 방식의 장점은 암호화와 복호화가 빠르다는 것과 다양한 암호화 기법이 개발되어 있다는 것이다. 그러나 복수의 사용자가 관련되어 있을 때 키의 공유 문제가 발생하여 키 자체를 상대방에게 안전하게 보내는 것이 해결 과제이다. 수신자와 송신자 외의 사람이 키를 알면 메시지를 암호화하는 의미가 없기 때문이다. 예를 들어 사용자 A가 4명의 사용자에게 암호화된 문서를 전송하려면 각각 하나씩 총 4개의 대칭키가 있어야 한다.

■ 공개키 암호화 방식

공개키 암호화 방식은 암호키와 복호키가 다르고 암호키에서 복호키를 계산할 수 없다. 암호키가 공개되어 있어 누구나 원하는 내용을 암호화할 수 있지만 복호키를 가진 사람만 암호문을 복호화할 수 있기 때문에 이 알고리즘에서는 암호키를 '공개키'라 하고 복호키를 '개인키private key'라 한다. 이 방식은 전송 도중 메시지가 도청당하더라도 개인키가 있어야만 메시지를 볼 수 있기 때문에 안전할 뿐만 아니라 개인키를 공개할 필요가 없어 외부에 알려질 위험도 없다.

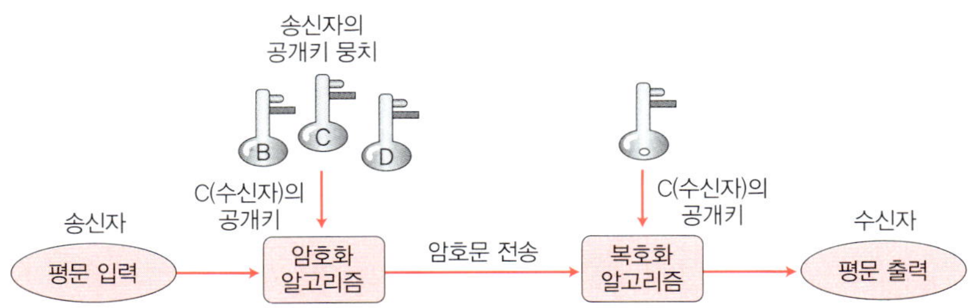

그림 10-54 공개키 암호화 방식

공개키 암호화 방식은 키를 상대방에게 보낼 때 보안상 허점이 없다는 것과 정보의 비밀 유지 외에 다른 목적으로도 사용할 수 있다는 것이 장점이다. 반면 암호화 및 복호화 속도가 비밀키 암호화 방식보다 느리고, 많은 양의 자료를 암호화 또는 복호화하기 불편하다는 것이 단점이다.

쉽게 말하자면 비밀키 암호화 방식은 상대방과 다른 비밀 열쇠를 가지고 거래하는 것이고, 공개키 암호화 방식은 서로 다른 열쇠 2개 중 하나만 공개하는 것이다. 예를 들어 비밀키 암호화 방식으로 5명과 거래하려면 열쇠가 5개 필요하지만 공개키 암호화 방식에서는 자신의 열쇠 하나로 거래할 수 있다. 그러므로 인터넷에서 많은 사람과 거래할 때는 주로 공개키 암호화 방식을 선호했으나 최근에는 두 방식의 장점을 혼합한 것을 많이 사용하고 있다.

■ 인증

네트워크 보안의 중요한 내용 중 하나는 권한이 있는 사용자만 정보에 접근할 수 있도록 하는 것이다. 이를 위해 시스템에 접근하는 사용자가 권한이 있는 사용자인지 확인해야 하고, 각 사용자가 본인 여부를 확인하는 과정도 필요하다.

현재 정부가 추진하는 공개키 암호화 방식은 패스워드 입력 방식의 인증서를 사용하고 있음에도 여전히 보안 취약성이 존재한다. 최근 정보 보호의 중요성이 부각되면서 기존의 ID나 패스워드 방식 사용자 인증 보안을 대체하거나 보완하는 수단으로 생체 인식(지문, 얼굴, 홍채, 서명, 음성, 정맥 인식 등)에 주목하여 전 세계가 제품 개발에 열을 올리고 있다.

■ 생체 인식

생체 인식은 개인의 유일한 생체 정보(지문, 목소리, 홍채 등 개인의 신체적 · 행동적 특징)를 패스워드로 활용하여 인증하는 방식이다. 외국에서는 이미 생체 정보를 이용한 다양한 방법을 연구하고 있다. 예를 들어 공항(영국의 히드로, 미국의 JFK, 네덜란드의 스키폴)의 보안 검색대에서 생체 인식 시스템을 사용하며, 미국에서는 2004년 10월부터 대테러 방지법에 따라 외국인은 여권에 생체 인식 정보를 포함하도록 의무화했다.

생체 인식과 공개키 암호화 방식은 네트워크를 보안할 수 있는 좋은 방법이며, 두 기술의 장점을 통합한다면 좀 더 안전하고 신뢰성 있는 보안도 가능할 것이다. 공개키 암호화 방식은 온라인에서 데이터 보안을 위해 사용할 수 있고, 키에 중요한 정보가 포함되지 않기 때문에 정보 누설의 위험이 없다는 것이 장점이다. 또한 생체 인식은 자신의 생체 정보를 사용하기 때문에 사용하기 편리할 뿐만 아니라 제삼자가 도용하기 어렵다는 것이 장점이다. 따라서 사용자 인증에 생체 인식 정보를 이용하고 데이터의 무결성을 위해 공개키 암호화 방식을 사용할 수 있다.

■ 전자 서명

일상생활에서 신원을 확인하거나 거래할 때 주민등록증이나 서명, 인감이 필요하듯 인터넷을 사용할 때도 신원 확인이나 거래 증명 수단이 필요한 경우가 있다. 이럴 때 사용할 수 있는 것이 바로 전자 서명이다. 신원을 확인하기 어려운 사이버 공간에서 한 쌍의 키(개인키+공개키)를 사용하여 자신을 증명하는 것이 전자 서명의 원리이다.

전자 서명은 인터넷 쇼핑이나 사이버 금융 거래 등에서 발생할지도 모를 정보 유출 등의 위험을 줄여주는 효과적인 도구로, 적절히 활용하면 개인 정보 도용이나 변조를 원천적으로 차단할 수 있다. 전자 상거래에서 신원 확인이 어려운 점을 악용한 범죄나 개인 정보 해킹 등의 문제를 방지하려면 반드시 전자 서명을 사용해야 한다.

전자 서명은 송신자가 작성한 전자 문서 자체를 암호화하는 것이 아니므로 제삼자가 문서 내용을 열람하는 데 아무런 문제가 없다. 다만 전자 서명에는 작성자가 전자 문서를 작성했다는 사실과 작성 내용이 송수신 과정에서 위조 또는 변조되지 않았음을 증명하고, 나중에 작성자가 작성 사실을 부인할 수 없게 하는 정보가 들어 있어야 한다.

전자 서명의 대표적인 예로 인터넷 뱅킹 등의 금융 거래, 인터넷 민원 서비스, 인터넷 쇼핑몰 결제 등을 들 수 있다. 앞으로 국제적인 전자 상거래와 전자 투표 등에도 전자 서명이 적용될 것으로 보인다. 인터넷 뱅킹이나 온라인 주식 거래에 필요한 공인 인증서는 국가가 지정한 공인 인증 기관이 발행하고 공개키를 관리하는 대표적인 전자 서명이다.

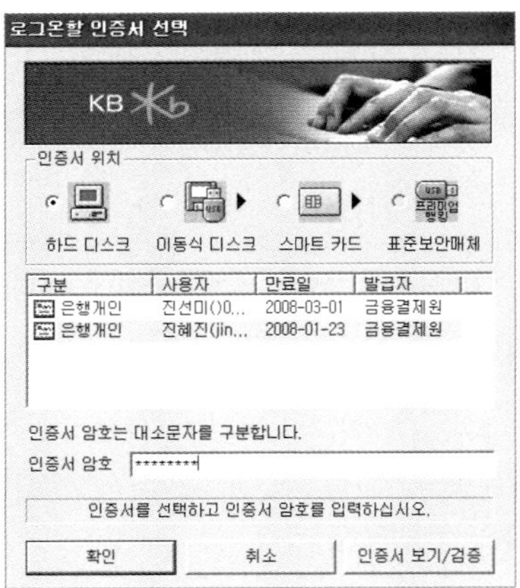

그림 10-55 공인 인증서

그림 10-56 공인 인증서 사용 예(안전 결제)

06 메일 보안 기술

인터넷이 우리의 일상생활에 자리 잡기 시작하면서부터 가장 많이 사용하는 인터넷 서비스는 웹과 이메일일 것이다. 하지만 사용 빈도와 중요성에 비해 이메일 보안은 매우 취약한 편이다. 봉투에 넣어 밀봉된 상태로 전달하는 편지와 달리, 수신지에 도달할 때까지 여러 게이트웨이를 거치는 이메일은 송신지의 주소와 내용까지도 그대로 드러나는 엽서와 같은 구조라 마음만 먹으면 얼마든지 탈취 또는 변조할 수 있다. 현재 표준으로 지정된 이메일 암호화 방식은 PGPPretty Good Privacy와 PEMPrivacy Enhanced Mail이다.

1 PGP

PGP는 인터넷으로 전송하는 이메일을 암호화 또는 복호화하여 제삼자가 알아볼 수 없게 하는 보안 프로그램이다. 1991년 필 짐머맨Phil Zimmermann이 개발한 후 사실상 이메일 보안의 표준이 되었다. 이 방식은 이메일을 편지 봉투 안에 들어 있는 편지처럼 만드는 것이다. 일반 편지 봉투는 뜯어서 편지 내용을 보거나 바꿀 수 있지만 PGP는 암호 알고리즘을 이용하여 이메일 내용을 암호화하기 때문에 특정 키가 있어야만 내용을 확인할 수 있다.

PGP는 프리웨어 또는 저가의 상용 버전으로 출시되어 개인과 많은 기업이 광범위하게 사용하고 있다. 수신자가 아닌 사용자는 내용을 볼 수 없게 하고, 전송 도중 불법적으로 내용이 변경되었는지 확인해주며, 실제로 이메일을 보낸 사람이 누군지 확실히 알 수 있다. 또한 송신자가 이메일을 받고서도 받지 않았다고 발뺌할 수 없게 한다.

PGP는 1991년 개발된 후 매사추세츠공과대학MIT에서 공개 버전을 발표하고 보안 회사인 비아크리프트ViaCrypt에서 상업 버전을 출시했다. 공개 버전과 상업 버전 모두 원칙적으로는 미국과 캐나다에서만 사용할 수 있고 두 나라 밖에서는 유닉스 버전만 사용할 수 있으나 우리나라에서도 공개 버전을 별다른 제약 없이 사용할 수 있다.

PGP를 사용하려면 먼저 프로그램을 다운로드하여 자신의 시스템에 설치해야 한다. PGP 프로그램은 사용자가 자주 이용하는 메일 프로그램과 함께 동작하는 사용자 환경을 제공한다.

사용자는 자신의 PGP 프로그램을 이용하여 공개키를 등록함으로써 메시지를 교환할 사람들이 자신의 공개키를 찾을 수 있게 해야 한다.

PGP를 사용하여 파일이나 메시지를 교환할 때는 자료 보안과 관련하여 다음과 같은 효과를 얻을 수 있다.

- 메시지를 수신하는 사람 외에는 내용을 볼 수 없다.
- 보내는 사람의 이름이 송신자와 정확히 일치해야 한다. 즉 다른 사람 이름으로는 메시지를 보낼 수 없다.
- 앞의 두 가지 특징이 프로그램에 연결된 키의 충돌 없이 편리하게 제공된다. 안전한 채널을 위해 사용자 간에 키를 교환할 필요가 없으므로 사용하기 편리하다.

2 PEM

인터넷 이메일 전송 프로토콜인 SMTP에는 메시지를 암호화하거나 메시지가 중간에 수정되는 것을 검증하는 보안 기능이 포함되어 있지 않다. 기존의 메시지 전송 시스템을 그대로 이용하여 전송하는 이메일의 보안을 강화한 것은 인터넷 표준으로 제안된 PEM이다.

IETF가 개발한 PEM의 사양은 RFC 1421~RFC 1424에 정의되어 있다. PEM에는 메시지를 암호화하여 통신 내용을 보호하는 기능, 메시지 인증자나 디지털 서명을 추가하여 메시지 수정을 검증하고 메시지 작성자를 인증하는 보안 기능이 있다. PEM의 목적은 안전한 메일 시스템을 실현하는 것이다. 메시지 본체를 암호화하는 대칭키 암호의 키 전달이나 이메일 송신자가 본인이 맞는지 확인하려고 추가하는 디지털 서명에 공개키 암호 알고리즘을 이용하기 때문에 그 공개키가 진짜인지 검증하는 장치가 필요하다.

PEM에서는 CCITT(현 ITU)의 권고서 X.509(The Directory: Authentication Framework)를 기준으로 한 인증 구조를 좀 더 구체화하여 보안 기능을 한층 더 강화한 표준을 제시한다. PEM으로 정의된 공개키의 증명서 형식이나 증명 기관의 계층 구조는 전자 상거래의 보안을 실현하는 공개키 기반 구조의 기능으로 참조된다.

PEM은 대칭키와 비대칭키 암호화 알고리즘을 사용하여 메시지를 봉투화한 후 PEM에서 사용하는 인코딩 방식(BASE64)에 따라 텍스트로 변환하여 이메일로 전송한다. 이처럼 여러 가지 암호화 기술을 사용함으로써 비밀성과 메시지의 인증 및 무결성을 유지하는 PEM의 특징은 다음과 같다.

- SMTP와 달리 이메일을 암호화하여 보내기 때문에 전송 도중 데이터가 유출되면 내용을 알아보기 힘들다.
- 인터넷 표준안이며 군사용, 은행 시스템용으로 많이 사용한다.

3 PGP와 PEM

이메일의 보안을 유지하는 방법은 내용을 암호화하여 중간에서 가로채더라도 알아볼 수 없게 만드는 것뿐이다. 앞에서 설명한 PGP와 PEM은 보내려는 내용을 암호화 알고리즘으로 암호화하므로 이메일을 엽서가 아닌 밀봉된 봉투에 넣어서 보내는 개념이다. 일반 우편은 배달 도중 누군가 몰래 봉투를 뜯어 내용을 바꾼 후 다시 봉투를 붙여놓을 수 있지만, 특정 키가 있어야만 내용을 볼 수 있는 PGP나 PEM은 비밀성, 인증, 무결성, 부인 방지 등의 기능을 지원한다.

IETF가 인터넷 드래프트로 채택한 PEM은 보안성이 높지만 구현하기 어려워 널리 사용되지 않는다. 반면 PGP는 PEM보다 보안성이 조금 취약하지만 비교적 구현하기 쉽고 키 인증 등의 권한을 한곳에 집중하지 않고 사용자 스스로 가질 수 있어 현재 가장 많이 사용하고 있다.

표 10-5 PGP와 PEM

구분	PGP	PEM
개발자	필 짐머맨	IETF
키 인증 방식	분산화된 키 인증	중앙 집중화된 키 인증
특징	• 응용 프로그램 • 구현하기 쉬움 • 익명의 메시지 허용 • PEM보다 낮은 보안성 • 현재 많이 사용하고 있음	• 인터넷 표준안 • 구현하기 어려움 • 익명의 메시지 불허 • 높은 보안성(금융용, 군사용) • 현재 많이 사용하지 않음

07 실습 GeoIP 덤프 분석

캡처한 패킷의 IP 주소를 가지고 이를 관리하고 있는 ISP 등의 위치를 표시하는 GeoIP 기능을 살펴보자. GeoIP 기능은 IP 주소와 지리 정보를 서로 연결하는 GeoIP 데이터베이스와 연계해서 실행한다.

1 GeoIP 데이터베이스 다운로드

미국의 MaxMind(https://www.maxmind.com/)에서 제공하는 무료 버전 GeoIP 데이터베이스를 사용한다. GeoIP 데이터베이스는 C 언어 또는 Apache 등에서 사용 가능한 라이브러리를 제공하여 와이어샤크와도 연계해서 IP 주소로부터 국가, 위도, 경도 등의 정보를 조사할 수 있다.

GeoIP 데이터베이스의 국가 정보 데이터베이스는 GeoLite Country, 도시 정보 데이터베이스는 GeoLite City, AS 번호 데이터베이스는 GeoLite ASN 및 IPv6 버전으로 구성되어 있다.

NOTE AS 번호는 ISP와 ISP 사이를 연결할 때 사용되는 사업자를 구분한다.

❶ 무료로 사용할 수 있는 GeoLite 데이터베이스 3개를 https://dev.maxmind.com/geoip/geoip2/geolite2에서 다운로드한다.

와이어샤크에서는 GeoIP 바이러니 형식의 파일을 읽어 IP 주소로부터 국가명, 도시명, AS 번호의 이름을 변환할 수 있다.

- **GeoLite2 City**: IPv4 주소와 도시명 데이터베이스
- **GeoLite2 Country**: IPv4 주소와 국가명 데이터베이스
- **GeoLite2 ASN**: IPv4 주소와 AS 번호 데이터베이스

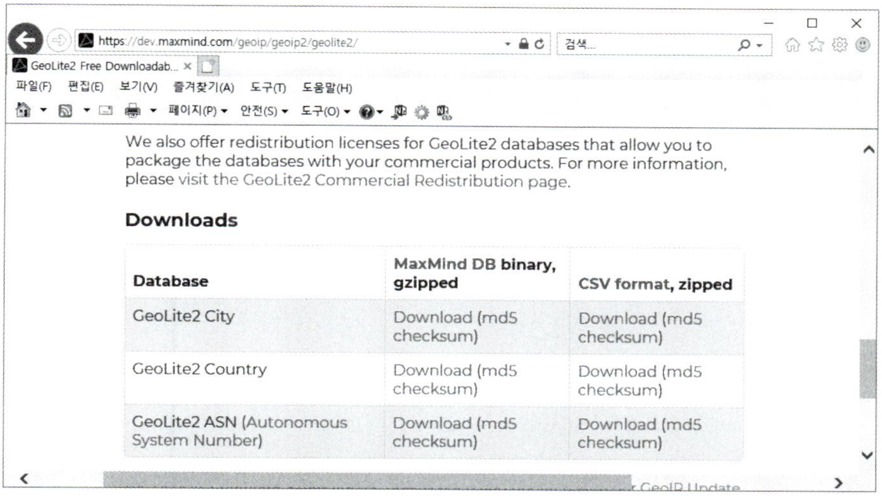

그림 10-57 GeoLite2 데이터베이스 다운로드

❷ 다운로드한 파일의 압축을 풀고 한 폴더에 저장한다. 예를 들어 와이어샤크의 설치 디렉터리에 GeoIP 폴더를 생성한 후 저장한다.

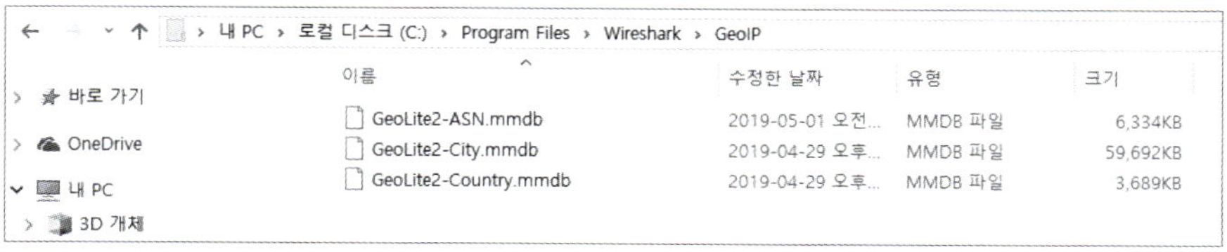

그림 10-58 압축 해제 후 저장

2 GeoIP 데이터베이스 설정

❶ [Edit] 메뉴에서 [Preferences]를 클릭하면 설정 화면이 나타난다.

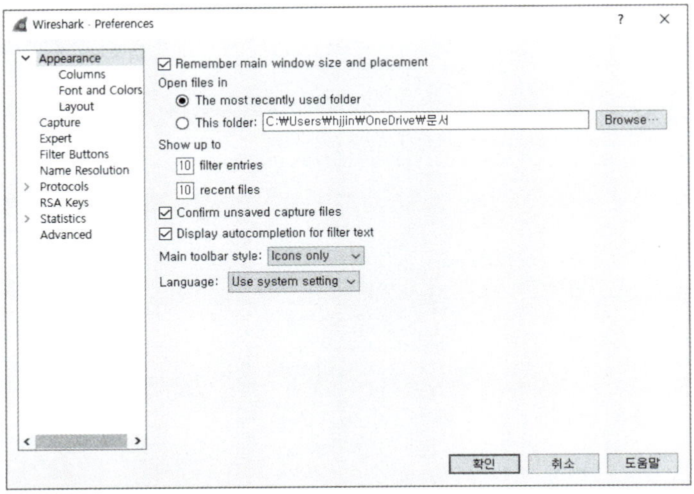

그림 10-59 Preferences 설정

❷ 왼쪽에서 [Name Resolution]을 선택하고 오른쪽에서 'MaxMind database directories'의 〈Edit〉를 클릭한다.

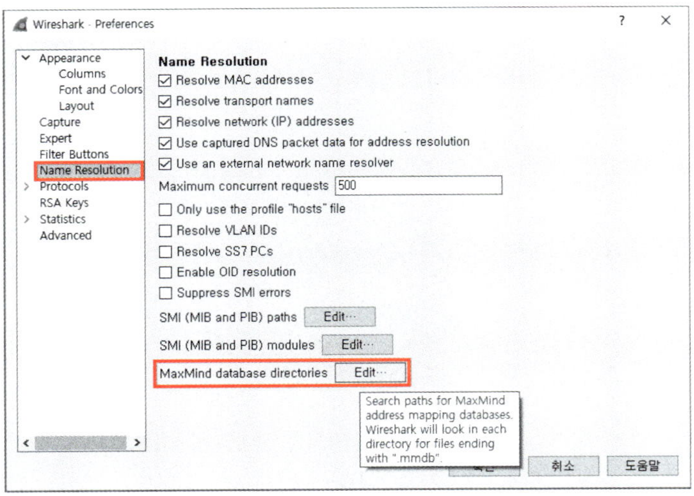

그림 10-60 Name Resolution 선택

❸ 하단의 + 아이콘을 클릭한 후 와이어샤크가 액세스할 수 있도록 GeoIP 데이터베이스가 저장되어 있는 폴더의 경로를 지정하고 〈확인〉을 클릭한다.

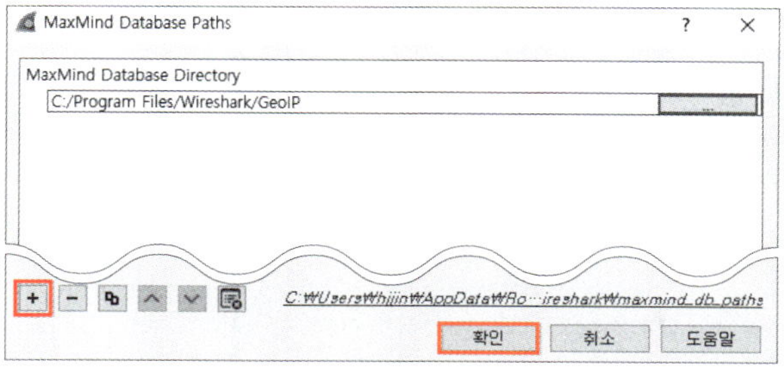

그림 10-61 GeoIP 데이터베이스 저장 경로 지정

GeoIP 데이터베이스를 와이어샤크 화면에서 확인해보자. 와이어샤크에서 패킷을 캡처한 후 통계(Endpoints) 기능을 이용하여 캡처한 패킷의 국가별, 지역별, 도시별, AS 번호별 등의 통계를 살펴볼 수 있다.

3 GeoIP 데이터베이스 확인

❶ 와이어샤크를 실행한 후 패킷을 캡처하고 싶은 국가나 도시의 웹 사이트에 접속하여 일정 시간이 지나면 캡처를 정지한다.

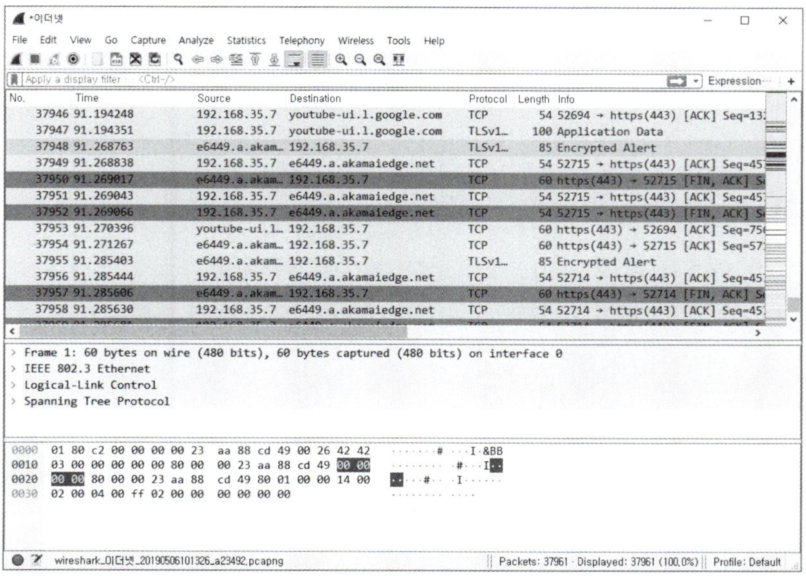

그림 10-62 웹 사이트 패킷 캡처

❷ [Statistics] 메뉴의 [Endpoints]를 클릭하면 리스트 화면이 나타난다. 주소, 패킷, 바이트, 송신 패킷Tx Packets, 송신 바이트, 수신 패킷Rx Packets, 수신 바이트와 함께 국가, 도시, AS 번호, AS 조직 등의 정보를 확인할 수 있다. 데이터나 보안상의 이유 등으로 정보가 나타나지 않는 부분도 있다.

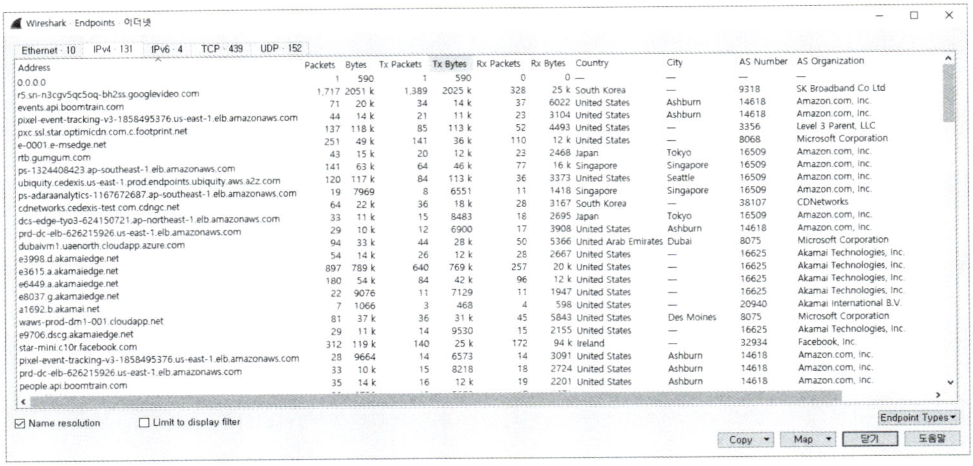

그림 10-63 Endpoints 리스트

Endpoints 리스트 화면의 IPv4 탭에서 추출한 지리 정보를 Map으로 확인할 수 있다.

4 지리 정보 확인

Endpoints 리스트 화면의 정보를 세계 지도에서 확인할 수 있다.

❶ Endpoints 리스트 화면 하단의 〈Map〉을 클릭한다. 패킷에 포함된 IP 주소로부터 GeoIP 데이터베이스를 참조하여 지도 화면을 컴퓨터에 파일로 생성해서 보여준다. 지도는 디폴트로 지정된 웹 브라우저에 나타나는데 보안상의 이유 등으로 스크립트 실행이 실패하는 경우가 있다. 이럴 때는 다른 웹 브라우저에서 확인하면 된다.

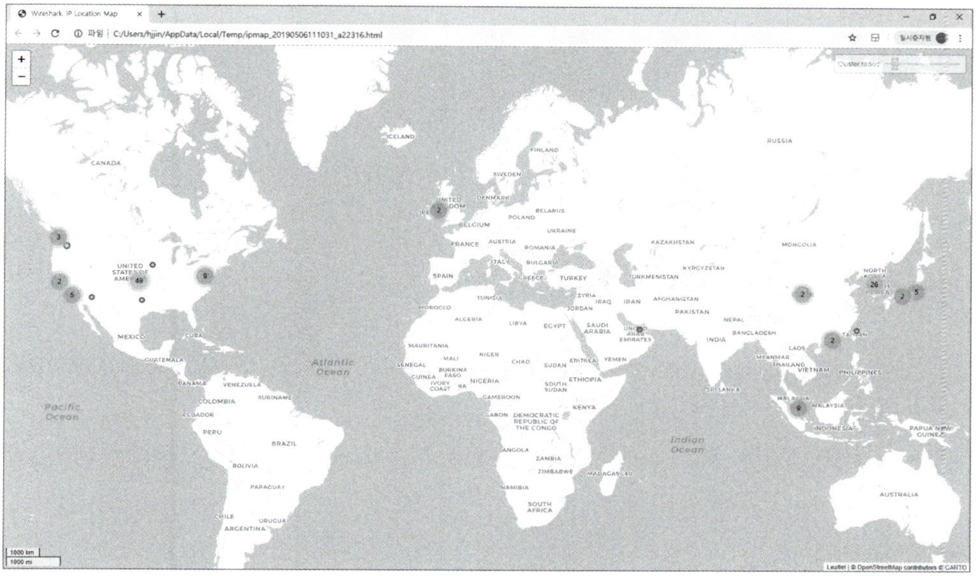

그림 10-64 지리 정보 확인

❷ 지도에서 임의의 위치를 클릭하면 ISP명, 국가, 도시, 패킷 수, 바이트 수와 같은 정보가 나타난다.

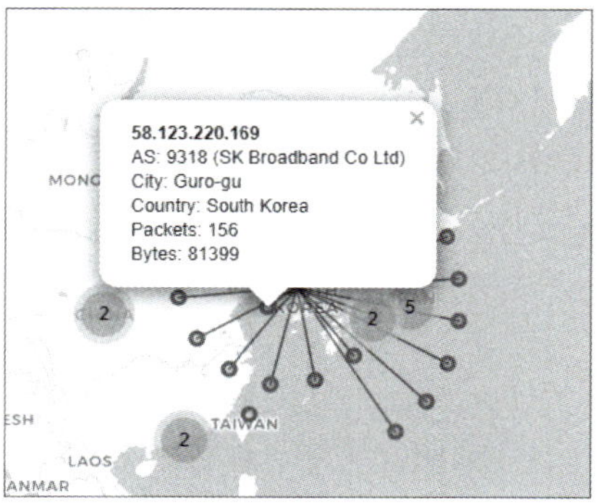

그림 10-65 South Korea **선택**

와이어샤크에서 GeoIP와 연계함으로써 해커의 출발지를 확인할 수 있다.

요약

01 컴퓨터 보안은 컴퓨터 자체의 데이터를 보호하는 것이고, 네트워크 보안은 컴퓨터 간에 데이터를 안전하게 전송하는 것이다.

02 네트워크 보안의 요구 사항은 크게 비밀성, 무결성, 가용성이며, 이 중에서 우선순위는 조직의 특성 및 환경에 따라 달라질 수 있다.

- 비밀성은 데이터의 소유자가 원하는 대로 비밀을 유지하는 것을 말한다.
- 무결성은 인증되지 않은 사용자가 데이터를 임의로 변경 · 수정 · 삭제하지 못하게 함으로써 데이터의 정확성과 완전성을 보장하는 것을 말한다.
- 가용성은 정당한 방법으로 권한을 받은 사용자가 데이터 또는 자원이 필요할 때 아무런 방해를 받지 않고 데이터에 접근하여 사용할 수 있음을 보장하는 원칙이다.

03 IP 스푸핑은 IP 주소를 속이는 행위이고, IP 스니핑은 네트워크를 이용하여 전송하는 데이터를 엿듣는 일종의 도청 행위를 말한다.

04 방화벽은 외부 네트워크에서 내부 네트워크로 접근하려면 반드시 방화벽을 통과하도록 함으로써 내부 네트워크의 자원과 정보를 보호하는 시스템이다.

05 배스천 호스트는 보호된 네트워크에서 유일하게 외부의 공격에 노출된 컴퓨터 시스템을 말하며, 내부 네트워크와 외부 네트워크 간의 게이트웨이 역할을 한다.

06 컴퓨터와 프로그램, 서비스, 다른 컴퓨터 간에 트래픽을 송수신하는 방화벽 규칙을 만들 수 있다.

07 방화벽처럼 단순한 접근 제어 수준의 통제만으로는 악의적인 공격에 효과적으로 대처할 수 없다. 따라서 네트워크와 시스템의 사용을 실시간으로 모니터링하고 침입을 탐지하는 침입 탐지 시스템이 등장하게 되었다.

08 방화벽과 침입 탐지 시스템을 이용한 보안 관리의 한계를 극복하기 위해 침입 방지 시스템의 도입에 대한 관심이 커졌다.

09 방화벽은 전송 계층과 네트워크 계층의 IP/Port 데이터를 기반으로 동작한다. 반면 침입 방지 시스템은 방화벽이 검사할 수 없는 응용 계층의 데이터까지 검사할 수 있다.

10 암호 보안 기술은 크게 비밀키 암호 시스템과 공개키 암호 시스템으로 나뉜다. 비대칭형 암호 시스템이라고도 하는 공개키 암호 시스템은 인터넷에서 많이 사용한다. 또 다른 암호 보안 기술로 인증, 전자 서명 등이 있다.

11 비밀키 암호화 방식은 암호키와 복호키가 동일하므로 두 개체가 같은 키를 공유하면서 하나의 키를 사용하여 암호화하고 복호화한다.

12 PGP는 인터넷으로 전송하는 이메일을 암호화 또는 복호화하여 제삼자가 알아볼 수 없게 하는 보안 프로그램이다.

연습문제

01 네트워크 보안을 위협하는 네 가지 위험 요소에 대해 설명하시오.

02 네트워크 보안의 필요성을 설명하시오.

03 IP 스푸핑을 차단하는 가장 좋은 방법은 무엇인가?

04 시스템 보안 기술인 방화벽, 침입 탐지 시스템, 침입 방지 시스템에 대해 설명하시오.

05 방화벽의 종류를 설명하시오.

06 침입 탐지 시스템의 구조를 설명하시오.

07 침입 방지 시스템의 비정상 탐지 기술과 공격 패턴 기반 기술에 대해 설명하시오.

08 방화벽, 침입 탐지 시스템, 침입 방지 시스템의 검사 영역에 대해 설명하시오.

09 암호 보안 기술에 대해 설명하시오.

10 메일 보안 기술인 PGP와 PEM을 비교하여 설명하시오.

11 송신자와 복호화 정보(키)를 공유할 필요가 없어 안전한 암호화 방식은 무엇인가?

기출문제

01 송신 측에서 만들지 않은 메시지를 수신 측으로 전송하는 문제가 발생하는 네트워크 보안 위협 요소는?

① 전송 차단 ② 가로채기 ③ 변조 ④ 위조

02 데이터는 소유자의 인증을 받은 사람만 접근할 수 있어야 하며, 인증되지 않은 데이터는 절대로 공개되어서는 안 된다는 보안 요구 사항으로 올바른 것은?

① 비밀성 ② 무결성 ③ 가용성 ④ 독립성

03 SMS에 포함된 URL을 클릭하면 악성 앱이 설치되고, 개인 정보나 금융 정보 등을 탈취해서 금전적인 피해를 일으키거나 이차 공격 도구로도 활용될 수 있는 네트워크 위협 요소는?

① 스미싱 ② 랜섬웨어 ③ 피싱 ④ 메모리 해킹

04 공유기 보안 위협 예방 방법으로 가장 거리가 먼 것은?

① 불필요한 외부 접속 포트나 FTP, 텔넷 등의 서비스는 비활성화한다.
② 반드시 필요할 경우에는 비밀번호를 설정하여 사용한다.
③ 무선 암호화 방식은 보안 강도가 높은 WEP이 기본으로 설정되도록 한다.
④ 공유기 펌웨어 업데이트 시 파일 고유 해시 값을 비교하여 변조 여부에 대한 무결성 검증을 실시할 수 있도록 한다.

05 외부 네트워크 공격자가 임의로 웹 사이트를 구성하여 일반 사용자의 방문을 유도하고, 인터넷 프로토콜인 TCP/IP의 구조적인 결함을 이용하여 사용자 시스템 권한을 획득한 후 정보를 빼가는 해킹 수법은?

① DDoS ② 스니핑 ③ 스푸핑 ④ 트로이 목마

06 HTTP에 가장 많이 활용되며, 이를 적용하여 ID 및 패스워드를 암호화할 수 있는 암호화 전송 프로토콜은?

① SSL ② SSH ③ VPN ④ TCP

07 방화벽에 대한 설명으로 가장 거리가 먼 것은?

① 시스템의 액세스를 제어할 수 있다.
② 웹 사이트 시스템에 관한 DNS 정보를 막을 수 없다.
③ 시스템의 모든 액세스가 방화벽을 통과한다면 방화벽은 액세스를 기록할 수 있다.
④ 네트워크 보안을 강화하고 기본적으로 안전하지 않은 서비스를 필터링함으로써 위험을 감소시킨다.

08 대칭 암호 구조에서 알고리즘의 입력으로 사용되는 원문이나 데이터는?

① 평문 ② 암호문 ③ 비밀키 ④ 암호 알고리즘

09 인터넷을 이용하여 전송하는 이메일을 암호화하거나 복호화하여 제삼자가 알아볼 수 없도록 만드는 보안 프로그램은?

① POP ② SMTP ③ PGP ④ SNMP

SELF-
CHECK

01 방화벽은 바이러스나 악성 코드가 네트워크를 이용하여 사용자 컴퓨터에 액세스하는 것을 방지한다. 자신의 컴퓨터에 방화벽을 설정한다.

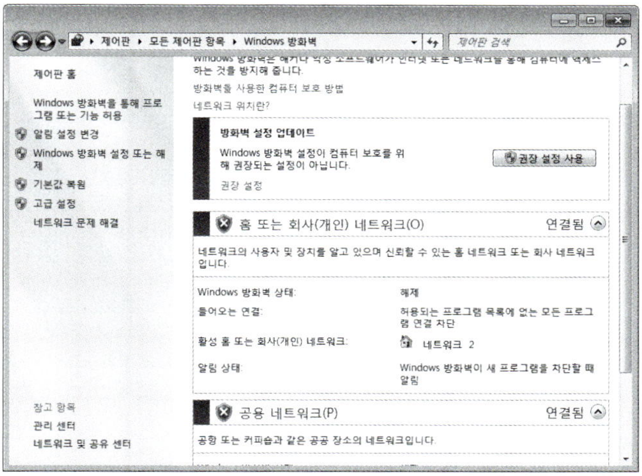

방화벽을 사용하지 않는 경우

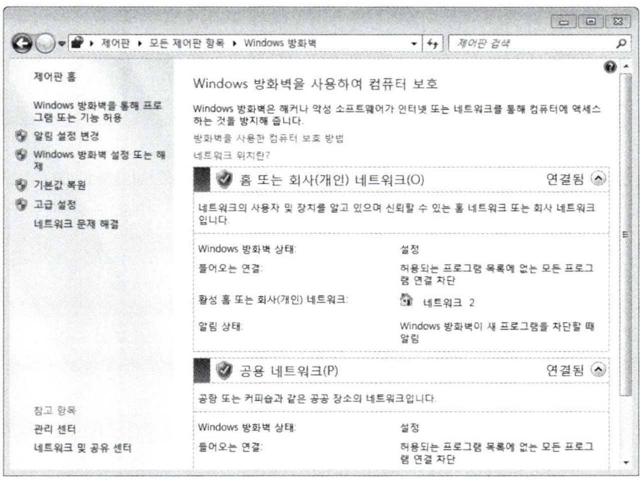

방화벽을 사용하는 경우

02 고급 보안이 포함된 Windows 방화벽에서 특정 프로그램의 연결을 허용하는 방화벽 규칙과 연결 보안 규칙을 만든다.

03 패킷을 캡처하고 싶은 국가나 도시의 웹 사이트에 접속하여 MAP을 통해 지리 정보를 확인한다.

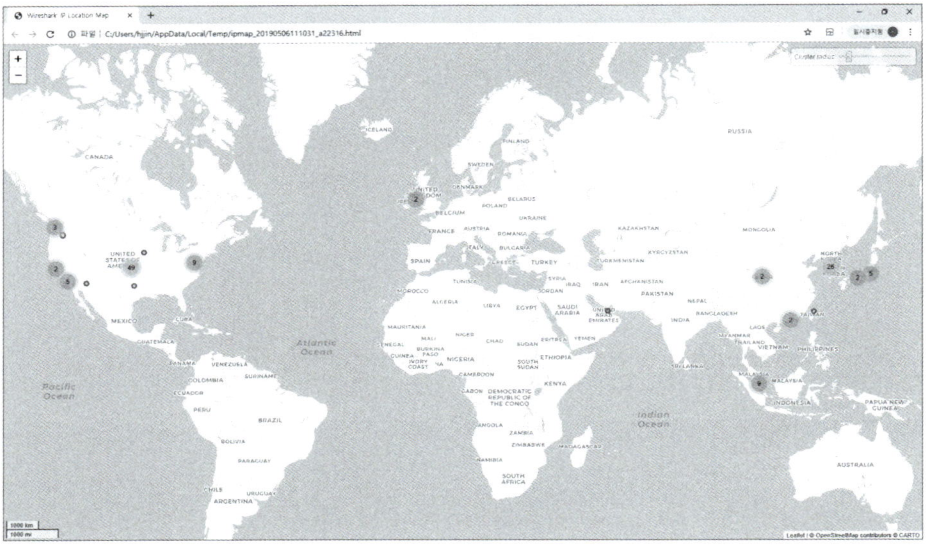

찾아보기